Lehr- und Handbücher zu Tourismus, Verkehr und Freizeit
Herausgegeben von Univ.-Prof. Dr. Walter Freyer

Bisher erschienene Titel:

Agricola: Freizeit
Althof: Incoming-Tourismus
Arlt, Freyer: Deutschland als Reiseziel chinesischer Touristen
Bastian, Born, Dreyer: Kundenorientierung im Touristikmanagement
Bieger: Management von Destinationen
Bochert: Tourismus in der Marktwirtschaft
Conrady, Fichert, Sterzenbach: Luftverkehr
Dörnberg, Freyer, Sülberg: Reiseveranstalter-Management
Dreyer: Kulturtourismus
Dreyer, Dreyer, Obieglo: Krisenmanagement im Tourismus
Dreyer, Dehner: Kundenzufriedenheit im Tourismus
Finger-Benoit, Gayler: Animation im Urlaub
Freericks, Hartmann, Stecker: Freizeitwissenschaft
Freyer, Pompl: Reisebüro-Management
Freyer: Tourismus
Freyer: Tourismus-Marketing
Groß, Stengel: Mietfahrzeuge im Tourismus

Günter: Handbuch für Studienreiseleiter
Henselek: Hotelmanagement
Illing: Gesundheitstourismus
Kaspar: Management der Verkehrsunternehmungen
Krüger, Dreyer: Sportmanagement
Landgrebe: Internationaler Tourismus
Landgrebe, Schnell: Städtetourismus
Müller: Tourismus und Ökologie
Pomp, Lieb: Qualitätsmanagement im Tourismus
Schreiber: Kongress- und Tagungsmanagement
Schulz, Baumann: Wiedenmann: Flughafen Management
Schulz, Weithöner, Goecke: Informationsmanagement im Tourismus
Schulz, Auer: Kreuzfahrten und Schiffsverkehr im Tourismus
Schulz: Verkehrsträger im Tourismus
Steinbach: Tourismus
Thimm, Freyer: Indien-Tourismus

Reiseveranstalter-Management

Funktionen, Strukturen, Management

von
Prof. Dr. Adrian von Dörnberg,
Univ.-Prof. Dr. Walter Freyer,
Diplom-Volkswirt Werner Sülberg

Oldenbourg Verlag München

Bibliografische Information der Deutschen Nationalbibliothek

Die Deutsche Nationalbibliothek verzeichnet diese Publikation in der Deutschen
Nationalbibliografie; detaillierte bibliografische Daten sind im Internet über
http://dnb.d-nb.de abrufbar.

© 2013 Oldenbourg Wissenschaftsverlag GmbH
Rosenheimer Straße 145, D-81671 München
Telefon: (089) 45051-0
www.oldenbourg-verlag.de

Das Werk einschließlich aller Abbildungen ist urheberrechtlich geschützt. Jede Verwertung
außerhalb der Grenzen des Urheberrechtsgesetzes ist ohne Zustimmung des Verlages unzulässig
und strafbar. Das gilt insbesondere für Vervielfältigungen, Übersetzungen, Mikroverfilmungen
und die Einspeicherung und Bearbeitung in elektronischen Systemen.

Lektorat: Wirtschafts- und Sozialwissenschaften
Herstellung: Constanze Müller
Titelbild: thinkstockphotos.de
Einbandgestaltung: hauser lacour
Gesamtherstellung: Beltz Bad Langensalza GmbH, Bad Langensalza

Dieses Papier ist alterungsbeständig nach DIN/ISO 9706.

ISBN 978-3-486-70580-5
eISBN 978-3-486-71101-1

Inhaltsübersicht

Inhaltsverzeichnis VII

Vorwort XVII

Teil I:
Grundlagen des Reiseveranstaltergeschäfts 1
1 Merkmale von Reiseveranstaltern 5
2 Geschäftsmodelle von Reiseveranstaltern 27
3 Entwicklung des Reiseveranstaltermarktes – von den Pionieren der Reiseorganisation zu horizontal und vertikal integrierten Reisekonzernen 51
4 Zukünftige Polarisierung und Oligopolisierung des Reisemarktes: horizontale und vertikale Konzentrationstendenzen im Spannungsfeld schrumpfender Ertragsmargen und Wertschöpfungsprozesse 71
5 Exkurs: Benchmark zwischen Handel und Touristik – Besonderheiten der Touristik der REWE Group 79

Teil II:
Funktionen und exogene Rahmenbedingungen von Reiseveranstaltern 87
1 Funktionale Prozessorganisation von Reiseveranstaltern 91
2 Rechtliche, steuerliche und wirtschaftliche Rahmenbedingungen 169
3 Übergreifende Aufgaben und Verantwortlichkeiten eines Reiseveranstalters ... 193

Teil III:
Marketing und Vertrieb von Reiseveranstaltern 205
1 Grundlagen des Marketing-Managements von Reiseveranstaltern 209
2 Grundlagen des Vertriebs von Reiseveranstaltern 237
3 Entwicklung der Reisebürobranche in Deutschland – vom selbstständigen Einzelreisebüro zu spezialisierten, gesteuerten Reisebüroorganisationen 247
4 Struktur und Funktionen der deutschen Reisebürobranche 259
5 Struktur und Funktionen der Online Portale 279

Teil IV:
Marktstrukturen, Wettbewerber und Zielgruppen
des Reiseveranstaltermarktes 293
1 Marketingforschung – Methoden, Instrumente, Anwendungen 297
2 Marktgrößen und Marktstrukturen 305

Literaturverzeichnis 377

Abbildungsverzeichnis 387

Stichwortverzeichnis 393

Die Autoren 401

Inhaltsverzeichnis

Inhaltsübersicht... V

Vorwort XVII

Teil I	Grundlagen des Reiseveranstaltergeschäfts 1	
1	**Merkmale von Reiseveranstaltern... 5**	
1.1	Das Phänomen „Reiseveranstalter" 5	
1.2	Bandbreite des Tätigkeitsspektrums von Reiseveranstaltern 7	
1.3	Ziele von Reiseveranstaltern.. 8	
1.4	Die Stellung des Reiseveranstalters in der touristischen Wertschöpfungskette...10	
1.5	Phasenorientierte Reiseveranstaltertätigkeit 12	
1.6	Struktur der Reiseveranstalterbranche in Deutschland (Überblick)...............13	
1.6.1	Konzernveranstalter..15	
1.6.2	Eigentümergeführte Großveranstalter..15	
1.6.3	Mittelständische Veranstalter 16	
1.6.3.1	Generalisten..16	
1.6.3.2	Spezialisten...17	
1.6.3.2.1	Spezialisten für Reisearten...17	
1.6.3.2.2	Zielgebietsspezialisten..20	
1.6.3.2.3	Spezialisten für Reisethemen 20	
1.6.3.3	Reisebüros mit Veranstaltertätigkeit..21	
1.6.3.4	Leistungsträger als Reiseveranstalter...22	
1.6.3.5	Angebotsregionen und globale Organisationen als Reiseveranstalter bei Events 22	
1.6.4	Nicht-Kommerzielle Veranstalter 23	
1.6.4.1	Gelegenheitsveranstalter..23	
1.6.4.2	„Schwarz-Touristik"..25	
2	**Geschäftsmodelle von Reiseveranstaltern 27**	
2.1	Einteilung nach der Architektur der Wertschöpfung 29	
2.1.1	Klassische Reiseveranstalter..29	
2.1.2	Bausteinreiseveranstalter 30	
2.1.3	Vertikale Integration und horizontale Konzentration 33	

2.2	Einteilung nach Produktionsfunktionen und Herstellungsformen von Veranstalterreisen	37
2.2.1	Händlerfunktion oder Produzentenfunktion der Reiseveranstalter	37
2.2.2	Die differenzierte Herstellung von Veranstalterreisen: Pauschal- und Bausteinreisen	39
2.2.2.1	Formen und Elemente von Pauschal- und Bausteinreisen	39
2.2.2.2	Herstellung von Pauschalreisen: Charakteristika eines Pauschalreiseveranstalters	43
2.2.2.3	Herstellung von Bausteinreisen : Charakteristika eines Bausteinreiseveranstalters	44
2.2.2.4	Marktabgrenzung und Unterschiede von Pauschal- und Bausteintouristik	46
3	**Entwicklung des Reiseveranstaltermarktes – von den Pionieren der Reiseorganisation zu horizontal und vertikal integrierten Reisekonzernen.**	**51**
3.1	Überblick über die historischen Epochen des deutschen Reisemarktes	51
3.2	Der Reisemarkt zwischen Antike und Neuzeit	53
3.3	Entwicklung von Reiseveranstaltern durch Initiativen und Reaktionen der Reisebüros und des Handels in Deutschland	54
3.4	Lagerbildung durch Ver- und Entflechtung von Wertschöpfungsstufen und Beteiligungsverhältnissen	56
3.5	Strategische Ausgestaltung des Reiseveranstaltermarktes im Spannungsfeld voll-, teil- und nicht-integrierter Konzerne	62
3.6	Globalisierung der Reiseveranstaltermärkte	67
4	**Zukünftige Polarisierung und Oligopolisierung des Reisemarktes: horizontale und vertikale Konzentrationstendenzen im Spannungsfeld schrumpfender Ertragsmargen und Wertschöpfungsprozesse**	**71**
4.1	Gründe für horizontale und vertikale Konzentrationsentwicklung	72
4.2	Zukunftserwartungen für Konzentrationsentwicklungen	75
5	**Exkurs: Benchmark zwischen Handel und Touristik – Besonderheiten der Touristik der REWE Group**	**79**
5.1	Genossenschaftliche Organisationsstrukturen	79
5.2	Gemeinsamkeiten und Unterschiede zwischen Handel und Touristik	80
Teil II	**Funktionen und exogene Rahmenbedingungen von Reiseveranstaltern**	**87**
1	**Funktionale Prozessorganisation von Reiseveranstaltern**	**91**
1.1	Produktstrategie und Produktplanung	93
1.1.1	Sortimentsauswahl	93
1.1.2	Destinationsplanung	94
1.1.3	Kapazitätsgrobplanung	95
1.1.4	Festlegung von Zielgruppen und Qualitätsstandards	95

1.1.5	Planung von Preissegmenten und Preisstrategien	95
1.1.6	Saisonalitäts- und Yield-Planung	96
1.1.7	Kombinationsfähigkeit von Leistungskomponenten	96
1.1.8	Planung der Markenzuordnung der Produkte bzw. konzerninterne Abstimmung	97
1.1.9	Planung der Produktionszwecke: Katalogproduktion, Online-Produktion, Auftragsproduktion, Aktionsproduktion	97
1.1.10	Planung der Produktionsarten: Eigenveranstaltung, Vermittlung, Consolidierung	97
1.2	Einkauf Flug und sonstige Transportleistungen	98
1.2.1	Geschäftsmodelle von Fluggesellschaften: touristische Carrier im Reiseveranstaltermanagement	98
1.2.1.1	Network Carrier	98
1.2.1.2	Leisure Carrier	100
1.2.1.3	Regional Carrier	102
1.2.1.4	Business Aviation	102
1.2.1.5	Low Cost Carrier	103
1.2.1.6	Low Cost-Geschäftsmodell als Ansatz für hybride Carrier	109
1.2.2	Flugkapazitätsplanung zwischen Quell- und Zielmärkten	110
1.2.3	Flugplan- und Slot-Koordination mit Bedarfsfluggesellschaften	110
1.2.4	Arten von Charterflug-Verträgen	111
1.2.5	Strecken- und Tarifauswahl mit Linien-Fluggesellschaften	111
1.2.6	Pro-Rata-Kapazitäten	112
1.2.7	Release-Disposition	112
1.2.8	Risikominimierungsplanung	113
1.2.9	Yield-Kalkulation nach Saison und Quellmarkt	113
1.2.10	Touristische Bahnprodukte	114
1.2.11	Einkauf sonstiger Transportkapazitäten	115
1.3	Einkauf Unterkunftskapazitäten	116
1.3.1	Kapazitätsvorgabe nach eingekauften Risikoflugplätzen pro Destination	116
1.3.2	Bedeutung verschiedener Bindungsmodelle von Zielgebiets-Hotels	117
1.3.3	Hotel-Kapazitätsdisposition bei gebundenen eigenen Hotels	119
1.3.4	Kriterien für den Einkauf fremder Hotels	119
1.3.5	Kalkulation und Pricing von Pauschalveranstaltern mit Hotelgarantien	120
1.3.6	Unterkunfts-Einkauf ohne Transportrisiken	121
1.3.7	Flexibler Hoteleinkauf zu Tagespreisen	121
1.3.8	Kalkulation und Pricing von Veranstaltern und Vermittlern ohne Garantieabnahmen	122
1.3.8.1	Merchant-Modell	122
1.3.8.2	Vermittler-Modell	123
1.3.9	Währungsdisposition analog der saisonalen vertraglichen Zahlungsverpflichtungen	123

1.4	Einkauf von Zusatzleistungen über Zielgebietsagenturen	124
1.4.1	Aufgaben und Funktionen von Zielgebietsagenturen in der Prozesskette der Reiseveranstalter	124
1.4.1.1	Transferplanung und Transfersteuerung	124
1.4.1.2	Organisation von Ausflügen und Rundreisen im Zielgebiet	125
1.4.1.3	Reiseleiter-Disposition	125
1.4.1.4	Krisen-Management im Zielgebiet	126
1.4.1.5	Weitere Services und Dienstleistungen von Zielgebietsagenturen im Rahmen der Prozesskette der Reiseveranstalter	127
1.4.2	Arten von Zielgebietsagenturen	127
1.4.3	Geschäftsmodelle von Zielgebietsagenturen	128
1.5	Produktkalkulation und Pricing	128
1.5.1	Begrifflichkeiten und Grundlagen	128
1.5.1.1	Yield-Management	129
1.5.1.2	Kalkulation	130
1.5.1.3	Pricing	130
1.5.2	Pricing und Kalkulation bei verschiedenen Produktarten und Geschäftsmodellen	131
1.5.2.1	Kalkulation von Einzelleistungen	131
1.5.2.2	Kalkulation von Pauschalpaketen	131
1.5.2.3	Kalkulation von Vermittlungsprodukten	132
1.5.3	Gesetzliche Rahmenbedingungen für das Pricing	132
1.5.4	Funktionen und Wirkungsparameter von Preisen	133
1.5.4.1	Frühbucherpreise	133
1.5.4.2	Last-Minute-/Kurzfristpreise	133
1.5.4.3	Tagesaktuelle Preise	134
1.5.4.4	Aktionspreise	134
1.6	Stammdaten-Erfassung und -Pflege	134
1.6.1	Leistungsträger-Vertragsverwaltung	135
1.6.2	Dokumentation garantierter Qualitätsstandards und Leistungsmerkmale der Leistungsträger	135
1.6.3	Erfassung der Produkt- und Leistungsträgerdaten im Veranstalter-Reservierungssystem	135
1.6.4	Erfassung und Kontrolle der Kalkulationslogiken	136
1.6.5	Hinterlegung der Abrechnungsdaten in den Buchhaltungssystemen	136
1.6.6	Vorgaben für Reiseunterlagen- und Reisebeilagen-Konfektionierung	136
1.6.7	Erstellung von Dispositionslisten für den Versand	137
1.7	Angebotsdarstellung	137
1.7.1	Katalogproduktion für den Reisebürovertrieb	137
1.7.1.1	Angebotsbeschreibungen	138
1.7.1.2	Bildauswahl	138
1.7.1.3	Layoutgestaltung	139
1.7.1.4	Katalogauflagenplanung	139
1.7.1.5	Papiereinkauf und Druck	140
1.7.1.6	Gebindegrößen und Katalogdistribution	140

1.7.2	Printmedienproduktion für alternative Vertriebskanäle	141
1.7.3	Website-Erstellung und Website-Management	141
1.7.3.1	Angebotsbeschreibungen	141
1.7.3.2	Bild-/Videoauswahl und visuelle Animation	142
1.7.3.3	Website- und IBE-Gestaltung	142
1.7.3.4	Navigations- und Buchungsfunktionalitäten sowie Suchmaschinen-Logiken	142
1.8	Vertriebskanäle	143
1.8.1	Vertriebskanalauswahl	143
1.8.1.1	Stationärer Vertrieb	143
1.8.1.2	Online-Vertrieb	144
1.8.1.3	Klassischer Direktvertrieb	144
1.8.1.4	Alternativer Vertrieb	144
1.8.2	Funktionale Gliederung der Vertriebkanäle	145
1.8.2.1	Beratungsvertrieb	145
1.8.2.2	Bedienungsvertrieb	145
1.8.2.3	Selbstbedienungsvertrieb	146
1.8.3	Internationaler Vertrieb	146
1.9	Vertriebssteuerung	147
1.9.1	Agenturverwaltung	147
1.9.2	Provisions- und Vergütungssysteme für die Agenturpartner	148
1.9.2.1	Standard-Agenturverträge	148
1.9.2.2	Key-Account-Agentur-Vereinbarungen und Gruppenverträge	148
1.9.3	Agenturbetreuung	148
1.9.3.1	Agenturberater und Reisebüro-Außendienst	148
1.9.3.2	Key-Account-Betreuung	149
1.9.3.3	Betreuung sonstiger Key Accounts	149
1.9.4	Agentur-Kommunikation	149
1.10	Marketing- und Kommunikations-Dienstleistungen	150
1.10.1	Markenführung und Markenpolitik	150
1.10.2	Media-/Anzeigenplanung	152
1.10.3	Image- versus Angebots-Werbung	152
1.10.4	CRM-/Kundenbindungs-Systeme	152
1.10.5	Kundenkommunikation und Verwendung von Werbekostenzuschüssen	153
1.10.6	Verkaufsförderung	153
1.10.7	Public Relations-Maßnahmen	154
1.11	Operative und administrative Buchungsabwicklung	154
1.11.1	Buchungsmedien und Buchungstechnik	154
1.11.1.1	GDS-Systeme	154
1.11.1.2	Call Center für Reisebüros	155
1.11.1.3	Call Center für Kunden	155
1.11.1.4	Internet Booking Engine (IBE)	155
1.11.2	Buchungs-Avisierung an Leistungsträger	156
1.11.3	Erstellung von Reisebestätigungen und Rechnungen	156

1.11.4	Kunden-Inkassoverfahren	157
1.11.4.1	Bankeinzug	157
1.11.4.2	Banküberweisung/Zahlungsträgerüberweisung	157
1.11.4.3	Kreditkarte	157
1.11.5	Agentur-Inkasso/-Abrechnung	158
1.11.6	Mahnverfahren	158
1.11.7	Reisedokumentenerstellung	159
1.11.8	Reiseunterlagen-Konfektionierung	159
1.11.9	Leistungsträgerabrechnung und Voucher-Clearing	159
1.11.10	Kundendienst und Reklamationsbearbeitung	160
1.12	Unterstützende zentrale Backoffice-Funktionen	160
1.12.1	IT-Dienstleistungen	161
1.12.1.1	Reservierungssystem-Entwicklung	161
1.12.1.2	IT-Wartung und Netzwerkbetreuung (intern und extern)	161
1.12.2	Datawarehouse-Steuerung/Verkaufsstatistiken	162
1.12.3	Marktforschung	162
1.12.4	Finanz- und Rechungswesen	163
1.12.5	Controlling	163
1.12.6	Personal-Dienstleistungen	164
1.12.6.1	Personal-Beschaffung	164
1.12.6.2	Personaleinsatzplanung und Organisation	165
1.12.6.3	Mitarbeiter-Qualifizierung und Schulung	166
1.12.7	Rechtsdienstleistungen und Versicherungsdienstleistungen	167
1.12.7.1	Reisevertragsrecht und Allgemeine Geschäftsbedingungen (AGB)	167
1.12.7.2	Insolvenzhaftung	167
1.12.7.3	Sonstige Rechtsdienstleistungen	167
1.12.8	Sonstige zentrale Dienstleistungen	168
2	**Rechtliche, steuerliche und wirtschaftliche Rahmenbedingungen**	**169**
2.1	Rechtliche Rahmenbedingungen	169
2.1.1	Reisevertragsrecht	169
2.1.2	EU-Pauschalreiserichtlinie	170
2.1.3	Rechtsbeziehungen zwischen den Vertragspartnern der Reiseorganisation	171
2.1.3.1	Allgemeine Geschäftsbedingungen (AGB)	173
2.1.3.2	Reisevermittlungsverträge (Geschäftsbesorgungs- und Agenturverträge)	173
2.1.3.3	Verträge mit Leistungsträgern	174
2.2	Versicherungen	175
2.2.1	Allgemeine Versicherungen	175
2.2.2	Branchenspezifische Versicherungen	176
2.2.2.1	Reiseveranstalter-Haftpflichtversicherung	176
2.2.2.2	Insolvenz-Haftpflichtversicherung für Reiseveranstalter	176
2.3	Steuerregelungen für Reiseveranstalter	177
2.3.1	Die Regelbesteuerung bei der Umsatzsteuer	178
2.3.2	Margenbesteuerung	180

2.4	Finanz- und Devisenmanagement	182
2.4.1	Aufgaben des Finanzbereichs	182
2.4.2	Währungsrisiko	183
2.4.3	Grundformen der Kursabsicherung	185
2.4.3.1	Devisenkauf und Anlage des Fremdwährungsbetrages	185
2.4.3.2	Devisentermingeschäfte	186
2.4.3.3	Devisenoptionsgeschäfte	187
2.4.3.4	Kombination von Devisenoptionsgeschäften	188
2.4.4	Prozessmanagement des Devisenkaufs	189
3	**Übergreifende Aufgaben und Verantwortlichkeiten eines Reiseveranstalters**	**193**
3.1	Nachhaltigkeit/CSR bei Reiseveranstaltern	193
3.1.1	Kriterien der Nachhaltigkeit von Reiseveranstaltern	194
3.1.2	Nachhaltigkeitscontrolling	195
3.1.3	Maßnahmen für eine nachhaltige Leistungserstellung von Reiseveranstaltern	196
3.2	Krisenmanagement bei Reiseveranstaltern	197
3.2.1	Ursachen touristischer Krisen	198
3.2.2	Maßnahmen im Krisenmanagement von Reiseveranstaltern	199
Teil III	**Marketing und Vertrieb von Reiseveranstaltern**	**205**
1	**Grundlagen des Marketing-Managements von Reiseveranstaltern**	**209**
1.1	Marketingschritte im Tourismus (Übersicht)	209
1.2	Analysephase: Informationsmarketing	210
1.3	Konzeptionsphase: Strategisches Marketing	213
1.4	Gestaltungsphase: Taktisches Marketing (Marketing-Mix)	217
1.4.1	Produkt- oder Leistungspolitik	217
1.4.2	Preispolitik	218
1.4.3	Absatz- oder Vertriebspolitik (Distributions(wege)politik, Multi-Channeling)	220
1.4.4	Kommunikationspolitik	221
1.4.5	Zusammenfassung	223
1.5	Marketing-Implementierung: Realisierungs- und Kontrollphase	224
1.6	Exkurs: Inwieweit sind touristische Marken für die Kunden identifizierbar und funktional sinnvoll? – Eine von der klassischen Lehre abweichende Sichtweise	225
1.6.1	Wirkungszusammenhänge von Markenimages	225
1.6.2	Unklare Markenimages in der touristischen Praxis	226
1.6.3	Kundenzufriedenheit und Markenwahrnehmung	228
1.6.4	Marktforschung zu Markenbekanntheit und Kundenzufriedenheitsmessung	229
1.6.5	Bedeutung von Marken in verschiedenen Wertschöpfungsstufen offline und online	230

1.6.6	Ausgewählte touristische Markenhistorien	233
1.6.7	Hohe Bedeutung von Markenimages bei Busreiseveranstaltern und Kreuzfahrtreederein als Sonderfälle	234
2	**Grundlagen des Vertriebs von Reiseveranstaltern**	**237**
2.1	Vertrieb/Vertriebswege im Tourismus – allgemein	237
2.1.1	Wandel der Vertriebswege: vom klassischen Reisebüro- zum „Multi-Channel-Vertrieb"	237
2.1.2	Indirekte Vertriebswege	238
2.1.3	Direktvertrieb	238
2.1.4	Multi-Channel-Vertrieb	240
2.2	Merkmale von Reisemittlern	241
2.3	Abgrenzung Reiseveranstalter und Reisebüro	241
2.4	Das „Produkt": die Vermittlungsleistung	243
2.5	Arten von Reisebüros	245
3	**Entwicklung der Reisebürobranche in Deutschland – vom selbstständigen Einzelreisebüro zu spezialisierten, gesteuerten Reisebüroorganisationen**	**247**
3.1	Reisebüros als alles umfassende Reisedienstleister mit teilweise hoheitlichen Funktionen	247
3.2	Ausgliederung der Veranstalterfunktionen und Etablierung der Vertriebsbindung	248
3.3	Markt-Konzentration durch Expansion von Reisebüroketten und vertikale Integration mit Veranstaltern und Leistungsträgern nach Aufhebung der Vertriebsbindung	250
3.4	Beschleunigung der Markt-Konzentration durch abgestufte Bindungsmodelle von Ketten, Franchiseorganisationen und Kooperationen	252
3.5	Spezialisierung in stationäre Reisebüros und Business Travel Dienstleister mit differenzierten Geschäftsmodellen für Urlaubs- und Geschäftsreisende	254
3.6	Die Zukunft der Reisebürobranche	256
4	**Struktur und Funktionen der deutschen Reisebürobranche**	**259**
4.1	Struktur, Funktionen und quantitative Entwicklung des Reisebüromarktes	259
4.1.1	Relevanter Markt – Funktionsweise und Geschäftsmodelle	259
4.1.2	Von stationär zu online – Vertriebsmarktstrukturen vor und nach dem Aufkommen des Internet	262
4.1.3	Anzahl und Struktur der Reisevermittlungsstellen in langfristigen Entwicklungszyklen	264
4.1.4	Volumen und Struktur der Reisevermittlungsumsätze	268
4.1.5	Regionale Struktur und Vertriebsformen von Reisevermittlungsstellen	269

4.2	Bindungsmodelle von Reisebüros	274
4.2.1	Filialvertrieb	274
4.2.2	Franchisevertrieb	274
4.2.2.1	Leistungsträger-Franchise (z. B. TUI Reisecenter)	275
4.2.2.2	Reisebürobetriebs-Franchise (z. B. Reiseland, LH City Center)	275
4.2.2.3	Mischformen (u. a. DERPART)	275
4.2.3	Kooperationsvertrieb	276
4.2.4	Ungebundene Reisebüros	276
4.2.5	Stabilität der Bindungssysteme	277
5	**Struktur und Funktionen der Online Portale**	**279**
5.1	Entwicklung der Internetnutzung in Deutschland	279
5.2	Web 2.0 und Social Media	281
5.2.1	Social Media und Web 2.0-Anwendungen	282
5.2.2	Möglichkeiten der Nutzung von Web 2.0- und Social Media Anwendungen für die Reiseindustrie	285
5.2.3	Herausforderungen und Gefahren des Einsatzes von Social Media und Web 2.0-Anwendungen	288

Teil IV Marktstrukturen, Wettbewerber und Zielgruppen des Reiseveranstaltermarktes 293

1	**Marketingforschung – Methoden, Instrumente, Anwendungen**	**297**
1.1	Grundlagen der Marketingforschung	297
1.2	Methoden der Marketingforschung	298
1.3	Untersuchungsbereiche und Datengrundlagen der Marketingforschung	300
1.3.1	Umfeldanalysen	301
1.3.2	Marktanalysen	301
1.3.3	Marketingbezogene Betriebsanalysen	302
1.4	Ausgewählte Informationsquellen im Tourismus	302
2	**Marktgrößen und Marktstrukturen**	**305**
2.1	Die Angebotseite des Marktes: Volumina, Strukturen, Marktanteile, Konzentration	305
2.1.1	Reisequellmarkt Deutschland	305
2.1.1.1	Reiseveranstaltermarkt	310
2.1.1.1.1	Gesamtbetrachtung	310
2.1.1.1.2	Destinationsbetrachtung	313
2.1.1.1.3	Segment-Betrachtung	320
2.1.1.1.4	Exkurs: Kreuzfahrtmarkt-Studie	322
2.1.1.2	Reisevermittlungsmarkt	329
2.1.1.3	Online-Reisen-Markt	333

2.1.2	Europäische Reiseveranstaltermärkte	336
2.1.2.1	Marktvolumina und Marktpotenziale	337
2.1.2.2	Marktstrukturen	340
2.1.2.3	Wettbewerbsverhältnisse und Marktzugangsbedingungen in den europäischen Veranstaltermärkten	350
2.1.2.4	Divergierende Marktcharakteristika ausgewählter europäischer Länder	351
2.1.2.5	Abweichendes Destinations-Portfolio in anderen europäischen Märkten	353
2.2	Die Nachfrageseite des Marktes: Volumina, Strukturen, Zielgruppen	355
2.2.1	Grundstrukturen der deutschen Reisenachfrage	355
2.2.2	Ausgewählte Einzelergebnisse	357
2.3	Zielgruppen	362
2.3.1	Definition, Ermittlung, Anwendung	362
2.3.2	Beispiel einer Zielgruppenstudie: Auswirkungen der demographischen Entwicklung auf die touristische Nachfrage	362
2.3.2.1	Demografische Strukturen und Entwicklungen im gesamtwirtschaftlichen Umfeld bis 2050	363
2.3.2.2	Folgen der demografischen Entwicklung für die Tourismusbranche	368
2.3.2.3	Zukunftsperspektiven demografischer Zielgruppen	373

Literaturverzeichnis 377

Abbildungsverzeichnis 387

Stichwortverzeichnis 393

Die Autoren 401

Vorwort

Reiseveranstalter nehmen eine zentrale Stellung in der Tourismuswirtschaft ein und sind entlang der gesamten touristischen Wertschöpfungskette aktiv. Sie kombinieren Transport-, Beherbergungs- und weitere Zielgebietsleistungen zu Pauschal- oder Bausteinreisen und bieten Sie ihren Kunden direkt, über Reisevermittler oder andere Vertriebskanäle an. Aufgrund der zunehmenden Komplexität der technischen Voraussetzungen und der internen Prozessabläufe arbeiten sie mit unterschiedlichen Geschäftsmodellen, auf die im Folgenden detailliert und praxisorientiert eingegangen wird.

Das Buch enthält eine umfangreiche Dokumentation aller Typen von Reiseveranstaltern von internationalen Konzernen über kleine und mittlere Spezialveranstalter bis hin zu den Besonderheiten von Kreuzfahrt-, Studienreisen- und Busreisen-Veranstaltern. Es beschreibt detailliert die Prozessabläufe, Funktionen und Management-Aufgaben und zeigt ferner analytisch die Marktentwicklungen und Marktstrukturen in langen Zeitreihen auf. Hinzu kommen viele Spezialthemen und Exkurse, wie u. a. über die differierenden Strukturen und Rahmenbedingungen internationaler Veranstaltermärkte, die Herausforderungen der zukünftigen demografischen Nachfrageverschiebungen, die Komplexität des Devisenmanagements von Reiseveranstaltern, die Kommentierung unterschiedlicher Lehrmeinungen oder eine ausführliche historisch-strategische und wettbewerbspolitische Betrachtung des Reiseveranstaltermarktes.

Das Buch richtet sich einerseits an **Lehrende** und **Studierende** der Tourismuswirtschaft, für die ein umfassender Einblick sowohl in die wissenschaftlichen Grundlagen des Reiseveranstalter-Managements als auch in die praktischen Arbeitsweisen und Marktbedingungen solcher Betriebe gegeben wird. Andererseits werden die **Praktiker** in der Tourismus- und vor allem Reiseveranstalterbranche angesprochen, die etwas mehr über die Hintergründe ihres täglichen Geschäfts und die Grundstrukturen der Branche wissen wollen.

Unser ganz besonderer Dank gilt Frau Diplom-Kauffrau Nicole Gehre und Frau Diplom-Verkehrswirtschaftlerin Jana Koschemann am Lehrstuhl für Tourismuswirtschaft der TU Dresden für die umfangreiche formale und inhaltliche Koordination, sowie dem Oldenbourg Verlag für die editoriale Betreuung.

Es war eine lange Reise, die die Autoren gemeinsam unternommen haben, um dieses umfassende Werk zum Reiseveranstalter-Management zu verfassen. Wir hoffen, dass es den Lesern bei ihren täglichen Aufgaben eine stetige Hilfe sein wird. Das Autorenteam freut sich über Anregungen der Leser bezüglich inhaltlicher Ergänzungen und Vertiefungen, weiterführender Themen und Korrekturen, damit die Grundlagen für die Ausbildung zukünftiger touristischer Fachkräfte kontinuierlich verbessert werden können.

Prof. Dr. Adrian von Dörnberg, Prof. Dr. Walter Freyer und Werner Sülberg

Teil I

Grundlagen des Reiseveranstaltergeschäfts

1   Merkmale von Reiseveranstaltern

2   Geschäftsmodelle von Reiseveranstaltern

3   Entwicklung des Reiseveranstaltermarktes – von den Pionieren der Reiseorganisation zu horizontal und vertikal integrierten Reisekonzernen

4   Zukünftige Polarisierung und Oligopolisierung des Reisemarktes: horizontale und vertikale Konzentrationstendenzen im Spannungsfeld schrumpfender Ertragsmargen und Wertschöpfungsprozesse

5   Exkurs: Benchmark zwischen Handel und Touristik – Besonderheiten der Touristik der REWE Group

Übersicht Teil I

In Teil I werden die allgemeinen Grundlagen zu Reiseveranstaltern und der Reiseveranstalterbranche dargestellt. Nach einem kurzen Überblick über das Phänomen Reiseveranstalter inklusive einer Begriffsklärung folgt eine Vorstellung der Ziele solcher Betriebe und eine Einordnung in die touristische Wertschöpfungskette. Es werden außerdem die grundsätzlichen Aufgaben eines Reiseveranstalters auf Basis des dienstleistungsorientierten Phasenmodells erläutert. Anschließend wird die Struktur der Branche in Deutschland überblicksartig mit den vorherrschenden Organisationstypen und deren Merkmalen aufgezeigt. (Kapitel I.1)

Im zweiten Abschnitt dieses Teil werden die Geschäftsmodelle von Reiseveranstaltern aufgeführt mit besonderer Schwerpunktsetzung auf die beiden dominanten Modelle klassischer Reiseveranstalter und Bausteinreiseveranstalter. Dabei wird insbesondere auf die Formen, Elemente und Charakteristika der unterschiedlichen Geschäftsmodelle eingegangen, sowie abschließend eine Marktabgrenzung für die Veranstaltertypen gegeben. (Kapitel I.2)

Im Anschluss wird die historische Entwicklung der Reiseveranstalterbranche praxisnah anhand wichtiger Ereignisse aufgezeigt und die Herausbildung von horizontaler und vertikaler Integration aufgrund der Besonderheiten des Marktes abgeleitet. Abschließend werden die Schritte der Globalisierung des Reiseveranstaltermarktes und wie diese in den einzelnen Unternehmen vollzogen wurden anschaulich dargestellt. (Kapitel I.3 und I.4)

Ein Exkurs zu den Besonderheiten der Touristik der REWE Group bildet den Abschluss des ersten Teils dieser Publikation. Hierbei werden die Unternehmensstrukturen des REWE Konzerns als klassischer Handelskonzern vorgestellt und es wird auf die Gemeinsamkeiten zwischen Handel und Touristik hingewiesen. (Kapitel I.5)

Ziele des Teils I

Im Teil I sollen vermittelt werden:

- der Begriff Reiseveranstalter, Arten von Reiseveranstaltern und die Einordnung solcher Betriebe in die Tourismuswirtschaft (I.1)
- die Geschäftsmodelle von Reiseveranstaltern (I.2)
- die Entwicklung der Reiseveranstalterbranche und die Veränderung der Branchenstrukturen mit besonderem Schwerpunkt auf der horizontalen und vertikalen Integration (I.3 und I.4)
- Besonderheiten der Touristik REWE Group (I.5)

1 Merkmale von Reiseveranstaltern

1.1 Das Phänomen „Reiseveranstalter"

Reiseveranstalterhaben aufgrund ihrer Funktionen in der Tourismuswirtschaft eine zentrale Bedeutung: sie kombinieren verschiedene Teilleistungen einzelner Leistungsträger zu einem neuen Produkt (i. d. R. der Pauschal- oder Bausteinreise) und bietet diese unter eigenem Namen und auf eigenes Risiko an. Reiseveranstalter schaffen somit aus ökonomischer Sicht marktfähige Produkte, die für die Nachfragen einen Nutzen erfüllen bzw. „Problemlösungen" bieten.

> **Reiseveranstalter** sind Tourismusbetriebe oder Betriebsteile, die überwiegend Leistungen Dritter zur Befriedigung des zeitweiligen Ortsveränderungsbedürfnisses und damit zusammenhängender anderweitiger Bedürfnisse zu einer neuen, eigenständigen Leistung verbinden und diese im eigenen Namen anbieten und in Rechnung stellen.

Diese Definition beinhaltet wesentliche Elemente, die herausstellen, wie sich Reiseveranstalter von anderen Tourismusbetrieben, insbesondere gegenüber den Reisemittlern und Leistungsträgern wie Beherbergungs- und Transportbetrieben, abgrenzen. Diese Differenzierung ist vor allem aus haftungsrechtlichen Gründen des Reisevertragsgesetzes von Bedeutung. Reiseveranstalter sind demnach durch folgende wesentliche Elemente gekennzeichnet:

- eigenständige Leistung,
- Verbinden von Leistungen Dritter,
- Auftreten im eigenen Namen (und in eigener Verantwortung),
- eigenständiges Unternehmen bzw. Unternehmensteil.

Die bekanntesten Produkte von Reiseveranstaltern sind Pauschal- und Bausteinreisen. Diese beiden Angebotsformen unterscheiden sich vor allem hinsichtlich der Risikoübernahme der Reiseveranstalter für verschiedene Leistungen (siehe Kapitel I.2.1). Veranstalter von Pauschalreisen, auf die ca. 70% aller Veranstalterreisen entfallen, werden häufig als klassische Reiseveranstalter bezeichnet, weil sie die historische Basis der Branche bilden.

Die wichtigsten praktischen Formen einer klassischen Veranstalterreise sind Flugpauschalreisen, Bahnpauschalreisen, Busurlaubsreisen, Kreuzfahrten sowie Studien- und Gruppenreisen aller Art. Im Geschäftsmodell der Bausteinreiseveranstalter gibt es zudem Formen, bei denen der Übergang vom Veranstalten zum reinen Vermitteln von Reisen fließend ist. Die

Abgrenzung von Reiseveranstaltern und Reisemittlern wird in Kapitel III.2.3 ausführlich erläutert.

Hauptzielgruppe von Reiseveranstaltern sind die Urlaubsreisenden. Geschäftsreisende hingegen zählen nur in wenigen Fällen zum Kundenkreis z. B. bei Spezialveranstaltern für Geschäfts- und Tagungsreisen oder Incentive-Reisen. Dieses Segment gewinnt allerdings im Rahmen der integrierten Konzerne zunehmend an Bedeutung. Zu den typischen Aufgaben der Reisemittler im Geschäftsreisebereich zählt die Vermittlung von Teilleistungen, wie z. B. Flug, Hotel und Mietwagen, wobei der Übergang zwischen Reiseveranstaltern, -mittlern und -konzernen auch hier fließend ist.

Neben den Leistungen für die Endkunden erfüllen Reiseveranstalter sehr unterschiedliche Aufgaben bzw. Funktionen für die Leistungsträger und letztendlich für sich selbst:

- **Organisationsfunktion/-aufgaben:** Für die Reisenden übernehmen die Reiseveranstalter in ihrer Hauptfunktion die organisatorischen Aufgaben der Auswahl und Sicherstellung der Transport- und Beherbergungsleistungen sowie verschiedene weitere Teilleistungen. Des Weiteren erfüllen die Veranstalter dem Reisenden gegenüber eine Informationsfunktion. Durch dieses Angebot einer „**gebündelten Problemlösung**" für den Kunden tragen die Veranstalter zudem das Haftungsrisiko bezüglich einer ordnungsgemäßen Reisedurchführung.
- **Vertriebsfunktion/-aufgaben:** Für die Leistungsträger nehmen Reiseveranstalter hauptsächlich Vertriebsaufgaben oder Handelsfunktionen wahr, indem sie zur Kundengewinnung und Kapazitätsauslastung beitragen. Insbesondere für die Destinationen erfüllen Reiseveranstalter aber auch eine Zielgebietserschließungsfunktion. Die Investitionen, die in den Urlaubsgebieten für eine Infrastruktur bezüglich Verkehr und Energie, sowie für eine touristische Suprastruktur nötig sind, werden vorrangig durch den veranstalterorganisierten Tourismus und damit durch hohe prognostizierte Gästezahlen induziert.
- **Wertschöpfungsfunktion**: Für die Reiseveranstalter selbst steht die gewinnwirtschaftliche Produktion durch die Schaffung von Mehrwert im Mittelpunkt des Interesses („Wertschöpfungsfunktion" der Reiseveranstalter).
- **Gesellschaftlich-soziale Funktionen:** Für die Gesellschaft insgesamt haben die Reiseveranstalter eine soziale bzw. emanzipatorische Funktion, indem sie zum einen durch das Angebot von organisierten Reisen, das Risiko für den Kunden mindern. Dadurch wird auch Personengruppen, die sich vor einer individuellen Reiseorganisation scheuen, das Reisen ermöglicht. Zum anderen können die touristischen Leistungsträger aufgrund hoher Kapazitäten und großer Auslastung, die durch Pauschalreisen generiert werden, Preise anbieten, die das Reisen auch für Bevölkerungsschichten mit geringerer Kaufkraft möglich machen.

1.2 Bandbreite des Tätigkeitsspektrums von Reiseveranstaltern

Ursprünglich waren es Reisebüros, die sich in den 60er Jahren und danach zu den „typischen" Reiseveranstaltern entwickelt haben. Hierbei waren es eigenständige Betriebe, deren Hauptfunktion die Organisation und der Verkauf von Pauschalreisen war. Dazu stellten sie Leistungen Dritter zu einer Pauschalreise zusammen und boten diese unter eigenem Namen und auf eigenes Risiko über eigene oder fremde Vertriebswege an. Aus dieser „Reinform" der typischen Reiseveranstalter haben sich verschiedene Mischformen entwickelt, welche die Kriterien der klassischen Reiseveranstalter nur teilweise erfüllen.

Die wichtigste Entwicklung verlief in Richtung der Integrierten Konzerne, welche neben der „reinen" Reiseveranstaltertätigkeit auch andere Funktionen der gesamten Wertschöpfungskette wahrnehmen. Insbesondere werden dabei der Vertrieb sowie die Leistungsträger Transport (v. a. Flug) und Beherbergung in das Unternehmensprofil aufgenommen. Außerdem setzte sich das Geschäftsmodell der Bausteinreiseveranstalter durch, welche durch ihre Arbeitsweise das Risiko minimieren, indem sie verstärkt eine Händlerfunktion einnehmen. Mit der Fortentwicklung elektronischer Reservierungssysteme haben sich zudem virtuelle Reiseveranstalter als weitere eigene Form entwickelt. (vgl. zu den Formen von Reiseveranstaltern: Kapitel I.2)

Um 2010 sind in Deutschland einige wenige größere konzernunabhängige, etwa 1400 mittlere und viele kleine Reiseveranstalter auf dem Markt vertreten.

Neben diesen Unternehmen gibt es eine Reihe weiterer Betriebe, die in einer Teilfunktion ihrer Geschäftstätigkeit als Reiseveranstalter auftreten.

- Beispielsweise können **Leistungsträger** wie Tourismusorte oder Transport- und Beherbergungsbetriebe zu den Reiseveranstaltern gezählt werden, sofern sie Pauschalprogramme erstellen. Auf der anderen Seite übernehmen die Reiseveranstalter wiederum bei der Vermarktung der Pauschalreisen Aufgaben der Leistungsträger und Tourismusdestinationen z. B. im Bereich der Werbung.
- Ebenso können **Reisebüros**, welche in ihrer Hauptaufgabe Reisen lediglich vermitteln, als Veranstalter auftreten.
- Des Weiteren existieren Reiseveranstalter im **nicht-kommerziellen** Bereich, welche in ihrer Leistungserstellung nicht gewerblich oder gewinnorientiert handeln. Dazu zählen bspw. Vereinsreisen sowie Reisen, die durch Schulen, Volkshochschulen oder Kirchen organisiert werden, sofern nicht ausdrücklich die bloße Vermittlerrolle zum Ausdruck gebracht wird. Bei diesen Veranstaltern besteht allerdings ein schmaler Übergang zur so genannten „Schwarz-Touristik".

Einen aktuellen Überblick über die in den verschiedenen Formen tätigen Reiseveranstalter auf dem deutschen Markt sowie einen Einblick in deren Geschäftstätigkeit liefert Kapitel I.1.6.

1.3 Ziele von Reiseveranstaltern

Die Ziele eines Unternehmens wirken als „übergeordnete Philosophie" oder als zukünftige Wunschorte, bestimmen somit die Unternehmensstrategien und geben die Instrumente zur Zielerreichung vor. Die jeweiligen Unternehmensziele sind dabei zahlreich und vielfältig und können nach unterschiedlichen Kriterien strukturiert werden. Eine Möglichkeit einer solchen Strukturierung ist die in Abb. I. 1-1 dargestellte Zielpyramide, wobei sechs Ebenen bzw. Teilschritte betrachtet werden.

Die **übergeordneten Orientierungsziele** legen die allgemeinen betrieblichen Grundlagen fest, wobei zumeist allgemeine Wertvorstellungen, der Unternehmenszweck und die Corporate Identity durch qualitative Vorgaben definiert werden. In der jüngeren Vergangenheit werden dabei umfassende abgestimmte Unternehmensleitbilder entwickelt, die zusätzlich Handlungsmaximen, Compliance-Regeln, Nachhaltigkeits- und **CSR**-Rahmenbedingungen (**Corporate Social Responsibility**) festlegen. Darauf basierend konkretisieren die operativen Handlungsziele bzw. Zielsysteme die Ziele hinsichtlich Umfang und Ausmaß und sind zumeist quantitativer Art.

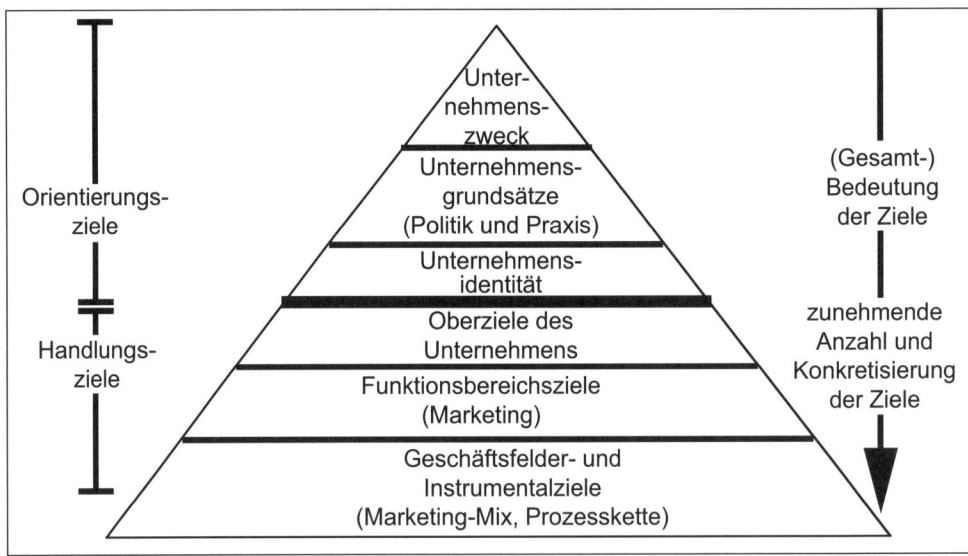

Abb. I. 1-1 Zielpyramide (Quelle: FREYER 2011 (Tourismus-Marketing): 354)

Im Bereich **Handlungsziele** verfolgen Reiseveranstalter auf der Ebene der Oberziele vorwiegend profitwirtschaftliche Ziele, d. h. es stehen im operativen Bereich Zielgrößen wie Gewinn, Umsatz, Ertrag, Rendite (kurz: „Profit") oder Marktanteil im Vordergrund. Nur als Sonderbereich sind auch gemeinnützige Organisationen (sog. Non-Profit-Organisationen) als Reiseveranstalter tätig.

Übergeordnet sind aber auch gesellschaftliche Ziele primär oder sekundär für Reiseveranstalter von Bedeutung. Dieser Bereich wird aktuell als **CSR – Corporate Social Responsibility**

1 Merkmale von Reiseveranstaltern

– bezeichnet und diskutiert, ist jedoch schon lange als soziale Verantwortung von Unternehmen bekannt. Gerade die internationale Tätigkeit von Reiseveranstaltern erfordert eine ausgeprägte Berücksichtigung der sozio-kulturellen Aspekte des Reisens. „Nachhaltigkeit" (sustainability) ist eine weitere Forderung im Bereich der Orientierungsziele und befasst sich mit der Übernahme von Verantwortung für künftige Generationen. Sie umfasst vor allem die drei Teilbereiche der ökologischen, sozio-kulturellen sowie der ökonomischen Nachhaltigkeit – auch als „Dreiklang der Nachhaltigkeit" bezeichnet (vgl. FREYER 2011 (Tourismus): 390f.). Reiseveranstalter können solche Ziele z. B. mithilfe des Einsatzes von Umweltbeauftragten im Unternehmen und in den Zielgebieten umsetzen. Maßnahmen für eine nachhaltige Leistungserstellung könnten z. B. Ausgleichszahlungen für Flugemissionen, CRS-Zertifizierungen, ein Engagement für ECPAT (End Child Prostitution, Child Pornography & Trafficking of Children for Sexual Purposes) oder auch die Beteiligung an sozialen Projekten in den Zielgebieten sein. Zur letztgenannten Maßnahme hat sich aktuell die Sonderform „Volunteer Tourism" entwickelt, bei der sich Reisende während ihres Reiseaufenthaltes freiwillig sozial engagieren (vgl. ausführlich zu CSR und Nachhaltigkeit bei Reiseveranstalter: Kapitel II.3.1). Neben den quantitativen spielen auch qualitative Ziele eine zunehmend größere Rolle. Diese zielen häufig auf definierte Service- und Ausbildungs-Standards der Mitarbeiter, Reklamationsquoten, Wiederholer- und Stammkundenquoten etc., die mit Marktforschungstools regelmäßig kontrolliert werden.

Wichtig ist es, dass die Unternehmensziele aufeinander abgestimmt und somit konfliktfrei sind, denn auch die Zieladressaten können sehr unterschiedlich sein: unternehmensbezogen, organisationsbezogen (profitcenterbezogen) oder personenbezogen. Die Konfliktfreiheit ist dabei nicht selbstverständlich, da Profit-Center auch gegeneinander arbeiten können, wenn sie auf unterschiedlichen Wertschöpfungsebenen arbeiten oder z. B. aus Auslastungsgründen Drittgeschäfte mit verschiedenen Wettbewerbern betreiben müssen. Die operative Zielerfüllung ist mit unterschiedlicher Gewichtung der Hierarchieebenen häufig Grundlage für personenbezogene Entlohnungen, Prämien, Boni, Tantiemen bis hin zu Fringe Benefits und Aktienoptionen und können auch im Hinblick auf den internen Betriebsfrieden manchmal konfliktär sein.

Um Zielkonflikte zu verringern entwickelten Kaplan und Norton Mitte der 90er Jahre die so genannte **Balanced Scorecard** (vgl. KAPLAN/NORTON 1997). Die Balanced Scorecard ist ein strategieorientiertes Managementsystem aus quantitativen und qualitativen hierachisch aufgebauten Zielbündeln oder Zielsystemen. Für alle Ziele werden dabei Steuerungs- und Messvariablen zugrunde gelegt. Diese ganzheitliche Zielstrategie war die Alternative zum reinen Shareholder-Value-Ansatz großer zumeist börsennotierter Konzerne, die zunehmend ihre Kunden aus den Augen verloren und ihre Profits auf Druck ihrer Aktionäre eher in riskante Anlagen und Marktanteile als in das Kerngeschäft investierten. Interessant an diesem strategischen Zielsystemansatz war die gleichzeitige und gleichgewichtige Fokussierung auf die vier wichtigsten Zieladressaten: die Kunden, die Mitarbeiter, die Wettbewerber und die Gesellschafter. Wer bei allen Vieren seine Ziele weitgehend erfüllt, kann unternehmerisch eigentlich nichts falsch gemacht haben. Aktuell wird die Balanced Scorecard allerdings in der originären Ausprägung aufgrund ihrer Komplexität auch von großen Unternehmen nur noch selten angewendet.

1.4 Die Stellung des Reiseveranstalters in der touristischen Wertschöpfungskette

Strukturell agiert die Reisebranche in einem mehrstufigen Wertschöpfungsprozess (vgl. Abb. I. 1-2). Reiseveranstalter kaufen Leistungen von Hotels, Zielgebiets-Agenturen und anderen Leistungsträgern in den Urlaubsgebieten ein, kombinieren sie mit Transportleistungen von Verkehrsträgern (Airlines, Bahnen, Busunternehmen etc.) zu einem Reisepaket, der so genannten Pauschalreise, oder bereiten sie zur flexiblen und individuell kombinierbaren Reisebausteinen auf, die sie über Reisevermittlungsstellen oder direkt an die Reisekunden vertreiben. Dabei übernehmen sie weit reichende Garantien gegenüber den Leistungsträgern für die Kapazitätsauslastung (Hotels, Airlines etc.) und das Inkasso der Kundengelder sowie Verpflichtungen aufgrund rechtlicher Standards gegenüber den Kunden (Insolvenzschutzversicherung, Rücktransport-Verpflichtung in Krisenfällen, Veranstalterhaftung etc.) und den Reisebüros (Handelsvertreterschutz, Preisbindung etc.). Daneben veräußern Leistungsträger ihre originären Leistungen aber auch ohne Bündelung und Aufbereitung eines Reiseveranstalters oder Consolidators über Reisemittler oder direkt an die Kunden.

Beispiel: Wertschöpfungskette einer Flugpauschalreise

Bei der Betrachtung der touristischen Wertschöpfung am Beispiel einer Flugreise zeigt sich, dass die bereits erwähnte Wertschöpfungsfunktion der Reiseveranstalter nur einen relativ geringen Anteil von 8% an der gesamten Pauschalreise ausmacht (vgl. Abb. I. 1-3). Die größten Anteile liegen bei den touristischen Leistungsträgern der Kernleistungen Unterkunft mit 39% und Flug mit 37%. Selbst die Reisebüros können immerhin einen Anteil von 11% erwirtschaften. Hinzu kommen verschiedene Umsatzrenditen (0,5% bei den Reisemittlern und bis 8% im Hotelbereich). Durch diese recht geringen Anteile der Reiseveranstalter an der touristischen Wertschöpfung und die damit verbundenen begrenzten Umsatzmöglichkeiten entstand bei den Reiseveranstaltern der Kerngedanke, zunehmend die verschiedenen Leistungsträger (rückwärts) und Absatzmittler (vorwärts) in das eigene Unternehmen zu integrieren. Dadurch ist es möglich von der gesamten Wertschöpfungskette, die der Reiseveranstalter als Leistungskette zusammenstellt, zu profitieren. Diese Überlegung war Grundlage der Entstehung des Geschäftsmodells der Integrierten Konzerne: „Der integrierte Konzern kann demnach an den lukrativen Margen verschiedener Wertschöpfungsstufen partizipieren." (PICHLER 2004: 77f.)

Eine grundlegende Auseinandersetzung mit dem Modell der Integrierten Konzerne findet in Kapitel I.2.1.3 statt.

1 Merkmale von Reiseveranstaltern

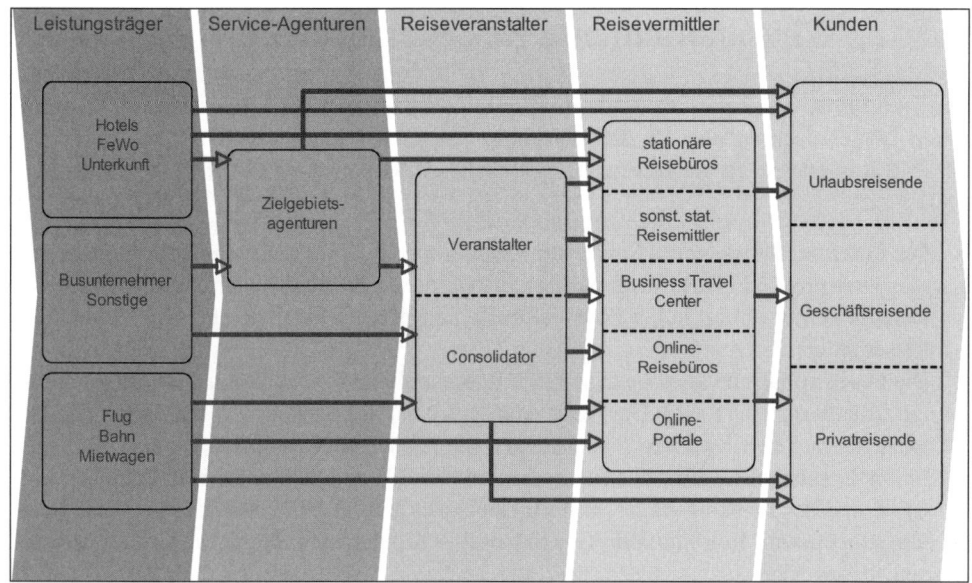

Abb. I. 1-2 Wertschöpfungsstufen des Reisemarktes

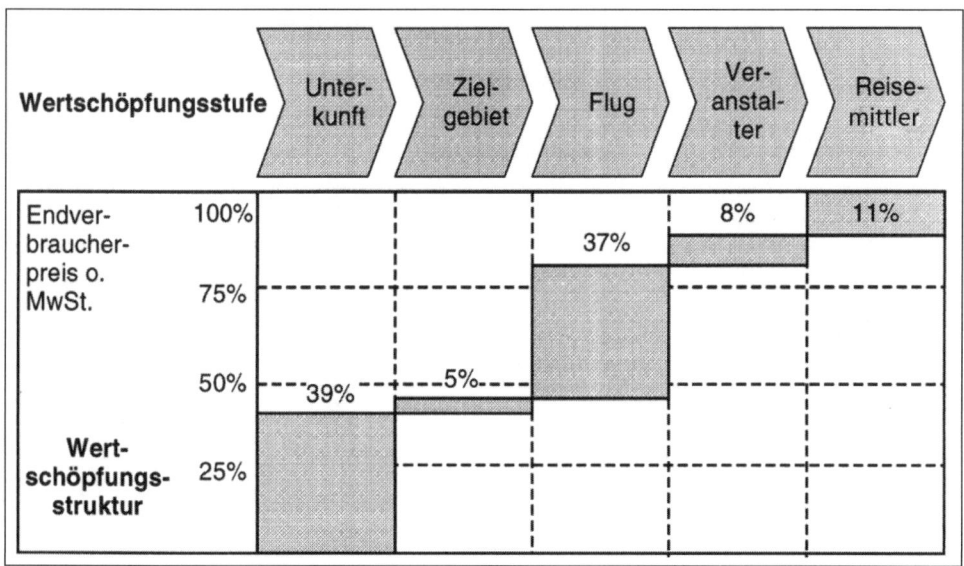

Abb. I. 1-3 Wertschöpfungsstufen einer Flugpauschalreise (Quelle: FREYER 2011 (Tourismus-Marketing): 297 nach DRV 1995)

1.5 Phasenorientierte Reiseveranstaltertätigkeit

Die Tätigkeiten von Reiseveranstaltern im Zusammenhang mit der Produktion von Pauschalreisen können auch entlang des **dienstleistungsorientierten Phasenmodells** aus Abb. I. 1-4 dargestellt werden (vgl. genauer zur Dienstleistungsorientierung: FREYER 2011 (Tourismus-Marketing):

- Die **Potentialaufgaben** des Reiseveranstalter umfassen die Bereitstellung (den „Einkauf") von Transport- und Beherbergungskapazitäten, die in Prospekten den Kunden angeboten werden. Ferner erfolgt in der Potentialphase die Buchung/Reservierung (direkt oder über Reisemittler).
- Die **Prozessphase** umfasst die eigentliche Reisedurchführung, die durch verschiedene Leistungsträger realisiert wird. Der Reiseveranstalter hat hierfür lediglich die Garantiefunktion zu übernehmen, dass alle Teilleistungen wie gebucht auch realisiert werden.
- In der **Ergebnisphase** hat der Reiseveranstalter im Wesentlichen die Nachbetreuung der Gäste und der Leistungsträger zu übernehmen. Es erfolgt die Abrechnung mit den Leistungsträgern und Reisemittlern. Gegenüber den Kunden sind mögliche Reisereklamationen abzuwickeln.

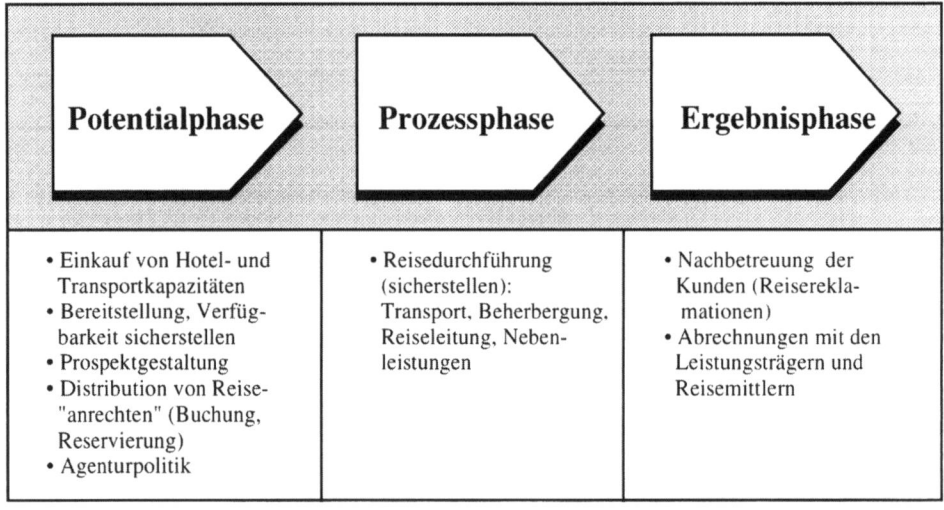

Abb. I. 1-4 Aufgaben von Reiseveranstaltern im phasenorientierten Betriebsmodell (Quelle: FREYER 2011 (Tourismus): 213)

Die einzelnen Tätigkeiten werden in Kapitel II.1 anhand einer ähnlichen Prozesskette basierend auf dem Wertkettengedanken von PORTER 1992 detailliert erläutert.

1.6 Struktur der Reiseveranstalterbranche in Deutschland (Überblick)

Auf dem deutschen Reiseveranstaltermarkt sind derzeit etwa 1.500 Haupterwerbsreiseveranstalter tätig. Die marktführenden Positionen nehmen die 3 großen Integrierten Konzerne TUI, Thomas Cook und die Touristik-Division der REWE Group ein. Trotz dieser Konzentrationsprozesse ist der Reiseveranstaltermarkt in Deutschland insgesamt stark mittelständisch geprägt. Eine genaue Erfassung der Zahlen der am Markt agierenden Reiseveranstalter ist nur rudimentär vorhanden (vgl. dazu Kapitel IV.2.1.1.1.1, S. 310, da es in Deutschland keine gewerberechtliche Lizenzierung gibt, die meisten Unternehmen weder auskunftspflichtig noch auskunftsbereit sind und zudem die Abgrenzung zwischen Reiseveranstaltern und Reisemittlern recht problematisch ist (vgl. dazu Kapitel III.2.3, S. 241).

Die Beschreibung von Reiseveranstaltern (siehe S. 4) umfasst eine Vielzahl von Unternehmen, die sich vor allem hinsichtlich Größe und Struktur stark unterscheiden.

Die Struktur und Differenzierung der Reiseveranstalterbranche wird vor allem hinsichtlich der Kriterien Unternehmensgröße, Angebotsregion, Angebotspalette/Programmspezialisierung sowie ihrem wirtschaftlichen Status sowie dem Geschäftsmodell vorgenommen (vgl. Abb. I. 1-5):

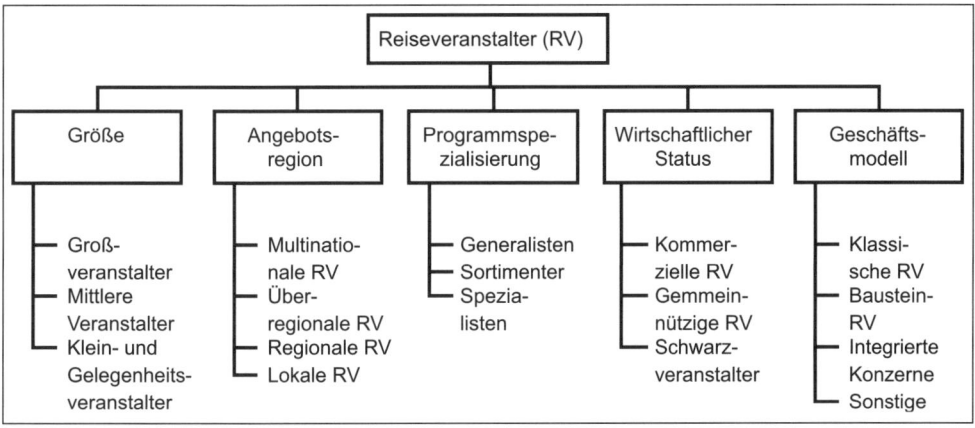

Abb. I. 1-5 Arten von Reiseveranstaltern (Quelle: nach POMPL 1997:37)

(1) Größe: Reiseveranstalter werden hinsichtlich ihrer Größe in Großveranstalter, mittlere Veranstalter sowie Klein- und Gelegenheitsveranstalter unterschieden. Die Einteilung erfolgt dabei auf Basis der Höhe des Umsatzes und der Anzahl der Teilnehmer sowie der bei ihnen beschäftigten Mitarbeiter. Zu den „Großen" zählen in Deutschland neben den bereits erwähnten marktführenden Integrierten Konzernen derzeit außerdem Alltours und FTI. Insgesamt vereinen diese fünf Unternehmen bereits etwa 60% des Marktanteils auf dem Reisemarkt auf sich. Zusammen mit den etwa 50 „mittelgroßen" Reiseveranstaltern werden bereits 80% des deutschen Reisemarktes abgedeckt. So verleibt noch ein Marktanteil von etwa 20%

für die vielen Klein- und Gelegenheitsveranstalter, welche sich entweder regional, angebots- oder zielgruppenspezifisch spezialisiert haben.

(2) Angebotsregion: Der Markt lokaler Reiseveranstalter ist stark begrenzt, meist auf eine Stadt (z. B. Dresden, München, Berlin). Der Großteil der deutschen Veranstalter bietet seine Reisen in einem regionalen Umfeld in Bezug auf die Kundenansprache an. Typische regionale Veranstalter sind z. B. Busreiseveranstalter. Flugreiseveranstalter hingegen sind meist überregional zur Zielgruppenansprache präsent. Insgesamt sind nur etwa 100 (von 1500) der deutschen Reiseveranstalter überregional tätig. Weniger als 10 der deutschen Veranstalter offerieren ihre Angebote auch multinational, d. h. auch außerhalb Deutschlands, was vor allem an den geringen Synergien bei der Leistungserstellung liegt, da sich die verschiedenen Quellmärkte hinsichtlich ihrer Bedürfnisse und Anforderungen an das Reisedienstleistungspaket sehr unterscheiden.

(3) Programmumfang und -spezialisierungsgrad: Je nachdem in welcher Breite und Tiefe ein Reiseveranstalter verschiedene Reisearten (Erholungs-, Bildungs-, Sportreisen), Zielgebiete (Mittelmeer, Fernreisen), Transportformen (Flug-, Bahn-, Bus-, Pkw-Reisen) und Beherbergungsmöglichkeiten (Hotel, Club, Pension) anbietet, wird er als Generalist, Sortimenter oder Spezialist bezeichnet. Während Generalisten Reisen unterschiedlicher Arten der einzelnen Kategorien (breites und tiefes Angebot) offerieren, beschränken Spezialisten ihr Angebot bspw. auf ein Transportmittel wie den Reisebus, auf eine Destination wie Afrika oder auf eine Reiseart wie Sportreisen. Dadurch können sie ein Programm mit geringer Breite aber großer Tiefe für eine klar definierte Zielgruppe anbieten. Sortimenter erstellen hingegen Angebote für mehrere große Zielgruppen, bieten allerdings eine geringer Programmbreite als die Generalisten.

(4) Wirtschaftlicher Status: Nicht alle Reiseveranstalter verfolgen als Unternehmenszweck wie die kommerziellen Veranstalter eine Gewinnerzielungsabsicht. Neben diesen profitorientierten Unternehmen sind im Tourismus einige gemeinnützige Organisationen als Reiseveranstalter tätig, die eher soziale oder bildungspolitische Ziele verfolgen. Hierzu zählen unter anderem Vereine, Schulen, Parteien oder auch karitative und medizinische Einrichtungen. Gelegentlich werden einige dieser Institutionen und andere Gelegenheitsveranstalter z. T. unwissentlich als „Schwarzveranstalter" tätig, wenn sie ihre Aktivitäten ohne gewerbliche und/oder steuerliche Anmeldung betreiben.

(5) Geschäftsmodell: Die Geschäftstätigkeit eines Reiseveranstalters unterscheidet sich je nachdem welches Geschäftsmodell dieser zugrunde legt. Eine ausführliche Darstellung der verschiedenen Geschäftsmodelle von Reiseveranstaltern findet sich in Kapitel I.2.

Nachfolgend sind die wichtigsten Organisationstypen von deutschen Reiseveranstaltern und ihre wichtigsten Merkmale aufgeführt.

1.6.1 Konzernveranstalter

Es gibt in Deutschland vier Konzernveranstalter. Davon sind drei direkt oder über ihre jeweiligen Muttergesellschaften börsennotiert und international tätig. Dazu zählt zum einen die **TUI**, die sowohl als Reiseveranstalterkonzern in London als plc wie auch deren Mehrheitsaktionär TUI AG in Deutschland nach den Regeln des Börsenrechts agieren. Die TUI Group plc wurde 2007 durch Fusion mit den britischen Touristikunternehmen Thomson und First Choice gegründet und agierte 2010 in 16 verschiedenen Ländern mit eigenen Veranstaltern, Reisebüros, Hotels, Fluggesellschaften und Zielgebietsagenturen.

Auch die **Thomas Cook** Group plc ist eine in London registrierte Publikumsgesellschaft und nach der TUI der zweitgrößte Reisekonzern Europas. Thomas Cook (früher Airtours GB) wurde ebenfalls seit 2007 nach der Fusion mit dem britischen My Travel Konzern als plc an der Londoner Börse registriert. Der damalige Mehrheitsaktionär Arcandor (Karstadt Quelle Konzern) schied 2009 aus dem Aktionärskreis aus. Seitdem sind die Aktien breit gestreut zwischen institutionellen und privaten Anlegern. Auch Thomas Cook agiert mit der kompletten Palette an touristischen Dienstleistungen in rund 20 verschiedenen Ländern.

Der dritte Konzern ist der in Panama börsennotierte **Carnival** Konzern mit seinen in Deutschland tätigen Tochtergesellschaften **AIDA** Cruises und und dessen italienischem Pendant Costa Crociere. Carnival ist dabei ausschließlich als Reeder und Veranstalter von Hochseekreuzfahrten tätig. Zur Carnival Corporation gehören neben AIDA die Reederei-Marken Carnival Cruise Liness, Cunard Lines, P&OCruises, Princess Cruises, Holland-America-Line, Ibero Cruises, Costa Cruises, Star Cruises, und Yachts of Seabourn mit insgesamt 97 Schiffen in 2010, darunter 10 AIDA-Schiffe, und weiteren 10 Neubauten bis 2013.

Der vierte Konzern, die **REWE** Zentralfinanz eG, ist primär im Lebensmittel- und im Facheinzelhandel sowie in der Touristik international tätig und dabei als Genossenschaft organisiert. Nur rund acht Prozent des Gesamtumsatzes von 53 Mrd. Euro kommen aus der Touristik. REWE besaß seit 1988 rund 30 Reisbüros und stieg ab 1996 mit Übernahme der touristischen Aktivitäten des Wettbewerbers Metro (ITS Reisen und Atlasreisen Reisebüros) in die Touristik ein. 2000 erfolgte die Übernahme des DER-Konzerns von der Deutschen Bahn AG (DERTOUR, ADAC Reisen, DER- und DERPART-Reisebüros) und 2001 der LTU Gruppe (Meiers Weltreisen, Jahn Reisen, Tjaereborg und 40% der Airline LTU, die 2006 an die Air Berlin weiterverkauft wurde). Die Touristik der REWE deckt wie TUI und Thomas Cook die gesamte Palette touristischer Dienstleistungen ab mit Ausnahme einer eigenen Fluggesellschaft, ist international aber nur im deutschsprachigen Raum und Osteuropa tätig.

1.6.2 Eigentümergeführte Großveranstalter

Zu den eigentümergeführten Großveranstaltern zählen vor allem die Umsatz-Miliardäre FTI und Alltours sowie der Türkei-Spezialist Öger, der 2010 an den Thomas Cook Konzern verkauft wurde. FTI und Alltours sind Generalisten, die alle gängigen Massen-Zielgebiete anbieten. Während Alltours überwiegend Sun&Beach-Ziele anbietet, ist FTI mit mehreren Marken auch in einigen Spezialgebieten tätig wie Bausteinreisen, Sprachreisen, Kreuzfahrten, Auftragsproduktionen (u. a. BigXtra, Lidl-Reisen), Vertrieb über Fernsehsender (Sonnenklar TV).

Ein wesentliches Merkmal eigentümergeführter Veranstalter ist, dass sie unabhängig von Ihrer Größe und Ausrichtung keine externen Gesellschafter für ihre Kapitalbeteiligung entlohnen müssen. Eine Bedienung umfangreicher Kredite und Darlehen für Investments aus erwirtschafteten Überschüssen fällt in der Regel ebenfalls kaum an, da diese Unternehmen fast ausschließlich organisch aus eigener Kraft wachsen und derartige Kreditvolumina kaum besichern können. Die Geschäftsführung erhält neben einem marktüblichen Gehalt auch die komplette Gewinnausschüttung und kommt daher unter vergleichbaren Verhältnissen gegenüber den Konzernen mit einer deutlich geringeren Umsatz- und Kapitalrendite aus.

1.6.3 Mittelständische Veranstalter

Große mittelständische Veranstalter: Diese Veranstalter haben zwischen 200.000 bis 1.000.000 Teilnehmer. Hierzu zählen ca. 50 Unternehmen wie z. B. Ameropa, Nazar, Olimar Interhome, Hapag-Lloyd Kreuzfahrten, Transocean, Schauinsland, Phönix, etc.

Kleine mittelständische Veranstalter: Diese Veranstalter haben zwischen 20.000 und 100.000 Teilnehmer. Dies sind meist regionale meist spezialisierte Veranstalter z. B. Studiosus und viele Busreisen-Veranstalter. Ebenfalls gehören hierzu auch junge, starke expandierende Unternehmen.

1.6.3.1 Generalisten

Generalisten bieten ein breites (Anzahl der angebotenen Reisearten und Reiseziele) und zugleich tiefes (Anzahl der für jede Reiseart und jede Destination angebotenen Produkte) Programm an. Die Generalisten unter den Reiseveranstaltern versuchen den Markt so umfassend wie möglich abzudecken und sind daher eher unter den Großveranstaltern zu finden (z. B. TUI, Thomas Cook, REWE, Alltours). Aber auch unter den mittelständischen Veranstalter haben sich seit etwa 2005 durch die Möglichkeiten der dynamischen Paketierung, die einen weitgehend risikofreien Einkauf von Flug- und Hotelkapazitäten über die GDS und Online-Vertriebssysteme wie Traveltainment ermöglicht, neue Anbieter in den Vordergrund gespielt.

Dazu zählt u. a. Schauinsland Reisen in Duisburg, ein Unternehmen das bis 2001 noch fast ausschließlich Busreisen anbot und zwischen 2005 und 2010 den Umsatz in einem stagnierenden Flugpauschalreisenmarkt um 400 Mio. Euro auf über 500 Mio. Euro im Wettbewerb mit allen „Platzhirschen" überwiegend im klassischen Reisebürovertrieb ausbaute. Andere mittelständische Generalisten wie V-Tours und LMX profitierten hingegen von den neu geschaffenen Geschäftsmodellen der dynamischen Paketierung.

1.6.3.2 Spezialisten

Spezialisten oder „Sortimenter" bieten nicht die gesamte Breite und Tiefe des Programms an, sondern sie konzentrieren („spezialisieren") sich entweder auf bestimmte Reisearten (vgl. (I.1.6.3.2.1)), auf Zielgebiete (vgl. (I.1.6.2.2)) oder auf Reisethemen (vgl. (I.1.6.2.3)). Einige Möglichkeiten der Spezialisierung hinsichtlich der Tiefe und Breite des Produktprogramms von Reiseveranstaltern werden in Abb. I. 1-6 dargestellt.

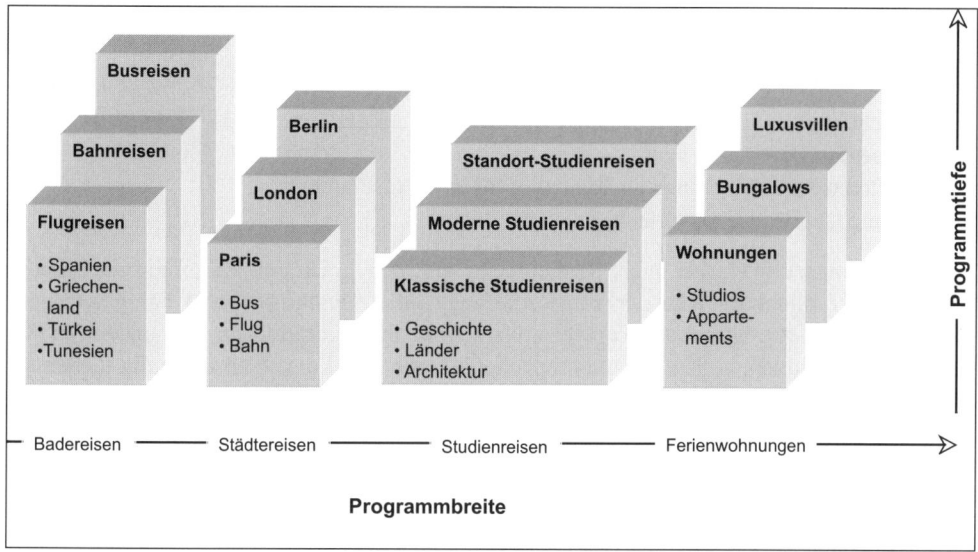

Abb. I. 1-6 *Programmstruktur von Reiseveranstaltern (Quelle: FREYER 2011 (Tourismus-Marketing) 468, nach POMPL 1996: 135)*

1.6.3.2.1 Spezialisten für Reisearten

(1) Kreuzfahrt-Veranstalter
Das Kreuzfahrten-Segment umfasste 2010 einen Gesamtumsatz von 2,54 Mrd. Euro. Dabei ist generell zu unterscheiden in Hochsee-Anbieter (rund 2,1 Mrd. Euro) und Flusskreuzfahrten-Veranstalter (rund 0,5 Mrd. Euro. Im Segment der deutschen Kreuzfahrtspezialisten befindet sich mit AIDA ein Anbieter, der mit fast 1 Mrd. Euro Umsatz bereits den großen Konzernen zugerechnet werden muss und zudem über die Muttergesellschaft Carnival Cruises börsennotiert ist. Gleiches gilt für TUI Cruises und Hapag Lloyd Kreuzfahrten, die mit Umsatzvolumina von rund 130 und 180 Mio. Euro eher mittelständische Größenordnungen haben, aber im Besitz der börsennotierten TUI AG sind. Weitere deutsche Hochsee-Kreuzfahrt-Spezialisten sind Phoenix Reisen (300 Mio. Euro), sowie Transocean (100 Mio. Euro), Deilmann, Plantours und Delphin/Hansa Kreuzfahrten (jeweils rund 50 Mio. Euro). Daneben sind einige internationale Hochsee-Kreuzfahrtanbieter im deutschen Markt tätig wie u. a. MSC Kreuzfahrten, Costa Crociere, Royal Carribean Cruises, Celebrity Cruises, Norwegian Cruise Line, Cunard, Holland-Amerika-Linie, Louis Cruise Line und Hurtigru-

ten, die im Eigentum ausländischer Konzerne stehen und in Deutschland Umsätze von bis zu 200 Mio. Euro erzielen.

Im Flusskreuzfahrten-Segment sind fast ausschließlich mittelständische Spezialisten aus Deutschland tätig. Dazu zählen u. a. Arosa, Nicko Tours, Viking sowie, die auch im Hochsee-Segment tätigen Unternehmen Phoenix, Transocean und Deilmann und die Konzernmarken TUI, ADAC Reisen und DERTOUR. Keiner dieser Anbieter erzielt einen Jahresumsatz von mehr als 100 Mio. Euro in diesem Segment.

(2) Studienreisen-Veranstalter
Studienreise beziehungsweise Studienfahrt respektive Bildungsreise steht:

- im schulisch-universitären Bereich für eine längere Exkursion oder Schulfahrt (auch: Klassenfahrt)
- im älteren Sprachgebrauch als Synonym für eine Forschungsreise
- für eine Kulturreise als Urlaub

Als **Forschungsreise** (früher auch: Studienreise) bezeichnet man eine Reise, die ein Wissenschaftler oder bildender Künstler zur Vertiefung von Erkenntnissen und Fähigkeiten auf seinem Fachgebiet unternimmt. Teilweise werden sie durchgeführt, um in fremden Städten befindliche Bibliotheken, Kunstsammlungen und Archive zu konsultieren. Häufig dienen sie aber auch dem Studium des Wissenschafts- oder Kunstobjekts selbst, etwa von Gemälden, Ausgrabungen, Baudenkmälern, Gesteinsformationen oder fremden Tier- und Pflanzenarten. Eine Sonderform der Forschungsreise ist die meist in entlegene und unzugängliche Gebiete führende Expedition.

Eine **Exkursion** ist ein Ausflug, eine Wanderung oder eine Reise *(Lehr- und Studienfahrt)* unter bildender oder wissenschaftlicher Leitung und Zielsetzung. Studienreisen im heutigen Branchenverständnis sind Urlaubsreisen, die sich durchaus auch im wissenschaftlichen Sinn vertieft mit Kulturen, Natur, Landschaften, Historie, Archäologie, Politik und anderen Themen von Ländern auseinandersetzen und dabei Sightseeing und Entspannung miteinander kombinieren.

Der Gesamtumsatz des Studienreisen-Segmentes umfasst nur ca. 0,65 Mrd. Euro. Davon entfällt fast 60% auf die beiden Marktführer Studiosus (inkl. Marco Polo Reisen rund 240 Mio. Euro) und Gebeco (inkl. Dr. Tigges rund 100 Mio. Euro), wobei letzterer zum TUI Konzern gehört. Weitere Studienreisen-Spezialisten sind u. a. Ikarus, Lernidee, Wikinger, Karawane, Windrose, Hauser und Rotel Tours, von denen keiner auf mehr als 50 Mio, Euro Umsatz pro Jahr kommt.

(3) Anbieter von Ferienwohnungen und Ferienhäusern
Ferienwohnungen werden vorrangig von Pkw-Touristen gebucht, seltener als Bestandteil einer Flugpauschalreise. Daher werden die meisten Ferienwohnungen/-häuser von Individualtouristen direkt bei den Anbietern gebucht. Die meisten Veranstalter, die erdgebundene Reisen anbieten haben ebenfalls Ferienwohnungen im Angebot, sind jedoch nicht auf dieses Marktsegment spezialisiert, darunter auch die drei Konzerne TUI, REWE, Thomas Cook mit ihren verschiedenen Marken sowie Ameropa, eine Tochtergesellschaft der Deutsche Bahn

AG. Zusammen erzielen sie mehr Umsatzvolumen im Marktsegment Ferienwohnungen/-häuser als alle Spezialisten zusammen.

Zu den Spezialisten in diesem Segment zählen u. a. Interchalet, Interhome (bis 2011 Beteiligung des Schweizer Hotelplan-Konzerns) sowie die Cendant-Gruppe mit den Marken Novasol, Dansommer und Landal, die insgesamt auf einen Gesamtumsatz von ca. 350 Mio. Euro Umsatz kommen.

(4) Anbieter von Busreisen
Der RDA („**R**eise-Ring **D**eutscher **A**utobusunternehmungen") Internationaler Bustouristik Verband e.V. (gegründet 1951) vertritt die gesamte Vielfalt der bustouristischen Wertschöpfungskette. Mit rund 3.000 Mitgliedsbetrieben sowie mehreren angeschlossenen Verbänden in mehr als 40 Ländern und über 70 Branchen ist der RDA der in Europa führende Verband für die Bus- und Gruppentouristik. Vom Busunternehmen und Reiseveranstalter über Tourismusverbände, Kultur- und Eventanbieter bis hin zu Busausstattern, Hotellerie oder gastronomischen Einrichtungen im RDA sind alle Branchen, die Dienstleistungen rund um die touristische Gruppenreise anbieten, zusammengeschlossen.

Der Busreisenmarkt unterscheidet im Wesentlichen drei Segmente:

(4-1) Bus-Linienfernverkehr
Linienfernverkehr wird in Konkurrenz zu Bahn und Flugzeug vor allem in internationalen Städterelationen betrieben und sehr häufig von ethnischen Kundengruppen genutzt. Innerhalb Deutschlands war der Linienfernverkehr bis 2011 reglementiert durch ein gesetzliches Vetorecht der Deutschen Bahn, das zukünftig von der EU untersagt wird. Aus der deutsch-deutschen Geschichte heraus sind bis heute lediglich Linienbusverkehre zwischen Berlin und ausgewählten Großstädten erlaubt. Die bekanntesten Anbieter sind Bayern Express/Severin&Kühn, Deutsche Touring, Eurolines und Berlin Linien Bus. Dieser Markt wird sich durch die EU-Deregulierung künftig deutlich verändern.

(4-2) Touristische Busunternehmen
Daneben bestehen einige wenige große Busunternehmen und viele kleine lokale Anbieter, die einen bunten Strauß von Reiseanlässen per Bus abdecken wie Tagesausflüge, Stadtrundfahrten, Transfers, Busrundreisen etc.. Busreisen werden in der Regel aus lokalen und regionalen Quell-Märkten heraus organisiert und sind daher der Regel nicht im Sortiment bundesweit operierender Reiseveranstalter zu finden, ausgenommen im Rahmen von Rund- und Studienreisen in Flugzielen. Die lokale Organisationsstruktur von Busreisen ist allerdings sehr gut geeignet für eine eigene Reiseveranstaltertätigkeit stationärer Reisebüros. Zu den größten touristischen Busreiseveranstaltern in diesem polypolistisch zersplittern Marktsegment (ca. 2,1 Mrd. Euro Umsatz) sind Eberhardt Reisen in Stuttgart und Dresden, Hafermann Reisen in Witten, Graf Reisen in Herne, TRD Reisen in Dortmund, Gauf Reisen in Köln und Mundstock Reisen in Braunschweig. Der stark gewachsene zweitgrößte Busreiseveranstalter Schumann Reisen in Leipzig musste 2010 Insolvenz anmelden. Keiner der genannten Anbieter übertrifft nennenswert ein jährliches Umsatzvolumen von 50 Mio. Euro.

(4-3) Buspaketer

Die so genannten Bus-Paketer verfügen in der Regel nicht über eigenen Busflotten, sondern arbeiten auftragsgebunden oder auf eigenen Initiative komplette Busrundreisen (inkl. Hotels, Besichtigungen, Eintrittskarten, Verpflegungsleistungen, Ausflügen, Gepäcktransport etc.) in verschiedene Destinationen aus, die von den Busunternehmen als komplettes Paket eingekauft werden. Viele kleinere Bus-Paketer haben sich auf bestimmte Zielregionen spezialisiert und bieten inzwischen auch Gruppenreisen mit Bahn, Flug und Schiff an. Die größten Unternehmen sind dabei u. a. GTW-Grimm Touristik, Service Reisen, Behringer Reisen, Frankenland Touristik, Alpetour und Wolff-Ost-Touristik, von denen nur der Marktführer 100 Mio. Euro Umsatz überschreitet.

1.6.3.2.2 Zielgebietsspezialisten

Zielgebietsspezialisten konzentrieren ihr Angebot auf bestimmte Destinationen. Dabei ist das Sortiment breiter und flexibler als das der klassischen Massenveranstalter und enthält auch Spezialitäten, die für größere Nachfragevolumina kaum organisierbar sind. Häufig spielen dabei auch ethnische Faktoren eine Rolle, weil das entsprechende Unternehmen oder dessen Management seinen Ursprung im Zielgebiet hat wie bei Öger Tours (seit 2010 von Thomas Cook übernommen) und GTI in der Türkei, die beide als Marktführer jeweils rund 300 Mio. Euro Umsatz für dieses Zielgebiet erwirtschaften.

Weitere Zielgebiets-Spezialisten, von denen keiner wesentlich mehr als 50 Mio. Euro Umsatz erzielt sind u. a. Olimar für Portugal, Attika Reisen und Medina Reisen für Griechenland, OFT (gehört mehrheitlich dem TUI-Konzern) und Niltours für Ägypten, Canusa für Nordamerika, Reisefieber und Lotus Travel für Asien/Fernost, Superstar Holiday für Israel, Scandtrack und Troll Tours für Skandinavien etc.

Bei entsprechender Spezialisierung ist es auch leichter ein Markenimage aufzubauen und Stammkunden für die Destination zu betreuen. Auch die Markteinstiegsbarrieren sind deutlich geringer als beim Volumengeschäft, bei dem zumeist Auslastungsrisiken finanziert werden müssen.

1.6.3.2.3 Spezialisten für Reisethemen

Reisethemen unterliegen oft dem Modetrends und wandeln sich im Zeitablauf. Auch sind die Zielgruppen häufig überschaubar. Daher sind Themenspezialisten oftmals sehr klein, wie zum Beispiel Anbieter von Jagd-, Tauch- oder Angel-Reisen.

Es gibt aber auch Großveranstalter, die in Ihrem Beteiligungs-Portfolio Themenspezialisten besitzen, wie z. B. DERTOUR mit dem **Gesundheitsreisen**-Anbieter Dr. Holiday oder FTI mit LAL Sprachreisen. Mit RUF Reisen, Rainbow Tours und DB-Klassenfahrten und Jugendreisen gibt es ein stattliches Sortiment an Spezialangeboten für **Reisen junger Menschen**. Auch für **Familien** mit sehr kleinen Kindern und Babysitter-Betreuung gibt es Spezialisten wie Vamos Eltern und Kind Reisen. Für Fans von Bahnreisen weltweit bieten neben größeren Veranstaltern wie Ameropa oder Lernidee auch kleine Spezialisten wie LGB Tours an. Dass **Produktmarken** auch zum Vertrieb themenbezogener Reisen geeignet sind, zeigen der Porsche Travel Club oder die inzwischen eingestellten Marlboro-Reisen.

Besonders reichhaltig ist das Angebot von **Sport- und Aktivitätsanbietern** für Golf, Wandern, Radfahren, Tauchen, Segeln etc. Eine vollständige Aufzählung ist im Rahmen dieser Darstellung nicht möglich. Aber es gibt auch außergewöhnliche Themenspezialisten wie Hadsch Travel, ein Anbieter von Reisen für in Deutschland ansässige Muslime zur Hadsch nach Mekka.

1.6.3.3 Reisebüros mit Veranstaltertätigkeit

Im Gegensatz zu den herkömmlichen Reiseveranstaltern, deren Kerntätigkeit ausschließlich die Erstellung von Reisen beinhaltet, werden Reisebüros meistens nur gelegentlich als Reiseveranstalter tätig. Es lässt sich zwischen verschiedenen Anlässen differenzieren.

- **Reisegruppen:** Dabei produzieren und organisieren Reisebüros für bereits bestehende Gruppen (wie private Freizeitgruppen, Kegelclubs etc.) Transport-, Beherbergungs- und sonstige Dienstleistungen. Auf Wunsch kann die Reise individuell auf die Wünsche der homogenen Gruppe angepasst werden. Diese Art der Gruppenreise tritt häufig im Geschäftsreisensegment als Incentive- oder Kongressreise auf.
- **Individualgruppenreisen:** Dabei organisieren Reisebüros selbst eine Reise für eine Gruppe, deren individuelle Teilnehmer über Werbe- und Marketingmaßnahmen akquiriert werden müssen; individuelle Leistungsanpassungen für einzelne Reiseteilnehmer sind dabei in der Regel nicht möglich.

In beiden Fällen kann es sich um Reisen handeln, die direkt bei Leistungsträgern und/oder Reiseveranstalter eingebucht werden, die den Reisebüros das Veranstalterrisiko (einschl. der Insolvenzhaftung) abnehmen. Das Reisebüro kann aber auch mit eigenem Auslastungsrisiko und bei Übernahme der Insolvenzhaftung beide Arten von Gruppenreisen selbst produzieren, wobei die Preise und Kontingente jeweils einzeln mit den Leistungsträgern und sonstigen Dienstleistern verhandelt und garantiert werden müssen.

Bei Individualreisen tritt ein Reisebüro heute nicht mehr als Reiseveranstalter auf, da sowohl die Transportleistungen/Flüge wie auch die Unterkunfts- und sonstigen Dienstleistungen nur noch im Namen und für Rechnung der jeweiligen Leistungsträger zumeist im Direktinkassoverfahren eingebucht werden. Als Veranstalter fungieren dabei Consolidator und Bausteinveranstalter, bei Kooperationen und Franchiseorganisationen ggf. auch die jeweiligen Zentralen.

Die charakteristischen Merkmale der Tätigkeitsfelder von einerseits Reisebüros und andererseits Reiseveranstaltern lassen vermuten, dass eine klare Abgrenzung der Reisevermittlung auf der einen Seite von der eigenverantwortlichen Reiseorganisation auf der anderen Seite, grundsätzlich ohne weiteres möglich ist. In der Praxis stellt sich allerdings häufig das Problem der Zuordnung von Tätigkeiten zum einen oder anderen Bereich, weshalb es manchen Reisemittlern oftmals nicht bewusst ist, dass sie durch bestimmte Buchungsvorgänge in den

Status eines Reiseveranstalters mit den entsprechenden haftungsrechtlichen Konsequenzen versetzt werden.

1.6.3.4 Leistungsträger als Reiseveranstalter

Leistungsträger bieten häufig ergänzende Reiseleistungen zu Ihren eigenen Leistungen an, z. B. wie die Bahn oder Fluggesellschaften Mietwagen oder Hotelübernachtungen. Wenn dabei nicht ausdrücklich daraufhin gewiesen wird, dass die ergänzenden Leistungen lediglich vermittelt und nur in fremdem Namen verkauft werden, kann damit ein Leistungsträger unfreiwillig zum Reiseveranstalter mutieren und müsste dann die vorgeschriebenen rechtlichen Auflagen erfüllen wie z. B. den Abschluss einer Insolvenzschutzversicherung sowie die Übernahme der Delkredere- und Veranstalter-Haftung.

In besonderen Fällen kann dies vom jeweiligen Leistungsträger auch so gewollt sein, z. B. wenn eine Airline Stopover-Übernachtungen/Programme in Ihrem Drehkreuz oder Heimatmarkt anbietet. Besondere Vorsicht ist geboten bei Internetportalen, die mit verschiedenen IBEs (Internet Booking Engines) zusammenarbeiten und alles über einen gemeinsamen Warenkorb verkaufen. Derzeit wird die EU-Pauschalreiserichtlinie diesbezüglich im Hinblick auf den Verbraucherschutz im Internet verschärft.

1.6.3.5 Angebotsregionen und globale Organisationen als Reiseveranstalter bei Events

Angebotsregionen oder Städte aber auch globale Organisationen können ein eigenständiges Interesse daran haben Ihre Region bzw. Events in Ihrer Region selbst zu vermarkten, vor allem, wenn Sie ein eigenständiges Profitinteresse und/oder eine Exklusivität für das Event haben. Das beste Beispiel sind die FIFA und die UEFA als exklusive Veranstalter von Fußball-Welt- und Europameisterschaften oder das IOC hinsichtlich der Olympischen Spiele. Auch wenn diese Organisationen das meiste Geld mit der Vermarktung der Rechte an diesen Exklusivveranstaltungen verdienen, werden insbesondere von den jeweiligen nationalen Gastgeber-Verbänden (DFB bzw. NOK/DSOB) in weiten Bereichen touristische Kapazitätsgarantien übernommen, um die begehrten Tickets so teuer wie möglich zu veräußern. Bis Mitte der 90er Jahre hatte man dieses Geschäft nationalen Reiseveranstaltern überlassen, die aber oftmals die Karten auch ohne Reise-Arrangements über alle erdenklichen Vertriebskanäle zu „Schwarzmarktpreisen" vertrieben. Heute kontrolliert der Eventveranstalter-Verband den Verkauf und das Pricing selbst und nutzt nationale Generalagenten, die sich den Exklusivitätsstatus oft teuer von IOC, FIFA oder UEFA erkaufen müssen. Andere Sportarten und Events, wie z. B. die EXPO in Hannover haben in der Vergangenheit versucht, dieses Modell zu kopieren. Mangels Attraktivität des Events und infolge des Ausbleibens des erwarteten Nachfragebooms endeten diese Experimente oft mit hohen Verlusten für die Veranstalterorganisationen.

Ein anderes Beispiel für die Veranstaltertätigkeit einer Angebotsregion sind die alle 10 Jahre stattfindenden Passionsfestspiele in Oberammergau. Dazu hat die Gemeinde Oberammergau eine Vermarktungsgesellschaft gegründet, die exklusiv sowohl die Tickets als auch die Reise- und Übernachtungsarrangements vermarktet und so selbst zum Reiseveranstalter wird. 50% der Geschäftsanteile an dieser Gesellschaft hält seit 1950 die Deutsches Reisebüro GmbH&Co OHG, die das Management, das notwendige Vermarktungs-Know-How, die Vertriebskanäle sowie die technischen und wirtschaftlichen Abwicklungssysteme betreibt. Bislang waren alle Passionsfestspiele ein wirtschaftlicher Erfolg für beide Seiten.

Städte werden oft über ihre privatwirtschaftlich organisierten Tourismus GmbHs zu Reiseveranstaltern, wenn Sie eigene touristische Liegenschaften wie Hotels, Kongresszentren, Stadt- und/oder Messehallen etc. besitzen und deren Leistungen im Rahmen von Reise-Arrangements quasi als Incoming-Veranstalter vermarkten. Auch dabei sind im B2C-Geschäft mit den Endkunden die rechtlichen Veranstalterbedingungen einzuhalten, bei Vermarktung an B2B- bzw. Geschäftskunden z. B. bei Kongressen oder Messen ist dies allerdings nicht erforderlich.

1.6.4 Nicht-Kommerzielle Veranstalter

1.6.4.1 Gelegenheitsveranstalter

Unter dem Begriff Gelegenheitsveranstalter werden z. B. Organisationen, Kirchen, Schulen, Vereine und Unternehmen verstanden, für die die Reiseveranstaltung nur eine Nebentätigkeit darstellt. Teilweise dient die Reiseveranstaltung auch als Mittel der Öffentlichkeitsarbeit wie z. B. bei Leserreisen.

(1) Sportvereine[1]
Sportvereine führen regelmäßig auch Sportreisen durch. Viele werden sich wahrscheinlich gar keine Gedanken darüber machen, dass bei der Vorbereitung und Durchführung solch einer Reise bestimmte Regeln und Vorschriften bedacht und eingehalten werden müssen. Anderenfalls wird man ganz schnell zum Pauschalreiseveranstalter. Dadurch kann sich u. a. die Haftungsproblematik erheblich verschärfen. Außerdem wird der Verein/Verband von den gewerblichen Reiseveranstaltern als Konkurrent betrachtet, so dass sie sehr genau darauf achten, ob das Reisevertragsrecht (§§ 651 ff BGB) und das Personenbeförderungsgesetz eingehalten werden. Anderenfalls kann das zu einer Anzeige führen, die eine kostenpflichtige Abmahnung durch die „Zentrale zur Bekämpfung unlauteren Wettbewerbs e.V." zur Folge haben kann.

Beispiel: Ein Verein organisiert ein Wintertrainingslager mit Anfahrt, Übernachtung, Verpflegung, Skipass, Besichtigung einer Tropfsteinhöhle und einen Bandabend für Vereinsmitglieder aber auch deren Ehepartner bzw. Eltern, Geschwister, Freunde usw. – also Nichtmitglieder. Der Verein geht in Vorkasse, wie das meistens so üblich ist, und lässt sich die gesamten oder einen Teil der Leistungen von den Teilnehmern erstatten.

---

[1] Die folgenden Ausführungen am Beispiel von Sportvereinen gelten weitgehend analog auch für andere Vereine aus dem – gemeinnützigen – Kultur-, Sozial-, Umweltbereich usw.

Auch, wenn die Vereinsmitglieder vorrangig einer sportlichen Betätigung nachgehen, handelt es sich hier aus rechtlicher Sicht klar um eine Pauschalreise, da wenigstens zwei im Voraus festgelegte touristische Leistungen als „Bündel" angeboten und zu einem Gesamtpreis „verkauft" wurden (z. B. Eintrittskarten für die Tropfsteinhöhle und die Bezahlung der Band zum Bandabend). Weiterhin gilt der Grundsatz, dass die Öffnung eines Angebots für Nicht-Vereinsmitglieder darauf schließen lässt, dass es sich um eine Pauschalreise handelt, zumindest im Rechtsverhältnis zu den Außenstehenden.

Der Veranstalter einer Pauschalreise ist verpflichtet, eine Insolvenzversicherung zugunsten der Teilnehmer sowie zur Kundengeldabsicherung für den Fall seiner Zahlungsunfähigkeit abzuschließen und den sog. Sicherungsschein auszuhändigen. Führen Sportorganisationen als Reiseveranstalter Pauschalreisen durch, sind sie von dieser Pflicht gemäß § 651 k Abs. 5 BGB als sog. „Gelegenheitsveranstalter" befreit, wenn die folgenden Voraussetzungen erfüllt sind:

- Die Sportorganisation führt die Reisen nicht gewerblich durch. Der Umstand, dass sie gemeinnützig ist, entlastet sie nicht automatisch. Maßgeblich für die Bewertung sind die Form und Inhalte der Kalkulation, Ausschreibung und Abwicklung. Ein kleiner Gewinn für den Verein lässt wiederum nicht sofort auf eine gewerbliche Tätigkeit schließen. Aber Achtung! Das Steuerrecht beachten!
- Der Reisepreis wird erst nach Abschluss der Reise fällig und es besteht kein Rücktransportrisiko.
- Es handelt sich um Tages-Pauschalreisen. Diese dürfen aber nicht länger als 24 Stunden dauern, nicht mehr als ca. 75 Euro pro Person kosten und es darf auch keine Übernachtung dabei sein.

(2) Kirchen und andere religiöse Einrichtungen
Die Angebote von Kirchen und anderen religiösen Einrichtungenrichten sich meist an bedürftige Kinder und einkommensschwache Erwachsene, die sich sonst keinen Urlaub leisten könnten. Die preiswerten Ferienprogramme sind beliebt: allein vom nordelbischen Jugendpfarramt nehmen jährlich rund 4200 Personen an Freizeiten der Hamburger evangelischen Kirchen teil, die in der Regel 14 Tage dauern. Die Reisen werden durch Eigenmittel der Kirchen, öffentliche Zuschüsse und Beiträge der Teilnehmer mitfinanziert. Mehr als die Hälfte der Ziele liegen in Deutschland.

(3) Bildungseinrichtungen wie Schulen, Universitäten, Hochschulen und Volkshochschulen
Hinsichtlich von Gastschulaufenthalten mit Partnerschulen im Ausland hat es der Europäische Gerichtshof abgelehnt, die Unterbringung in einer Gastfamilie, in der der Schüler wie ein Mitglied dieser Familie behandelt wird und deren Kinder gleichgestellt ist, unter Reiseleistung zu summieren, auch die Auswahl von Schule und Gastfamilie ist keine andere touristische Dienstleistung.

Auch Klassenfahrten fallen unter den Status einer Gelegenheitsreiseveranstaltung. Durch einen Erlass der Kultusministerien sind Lehrer und Schulen gegen Ansprüche aus dem Reisevertragsrecht abgesichert.

1.6.4.2 „Schwarz-Touristik"

Unter Schwarztouristik versteht man Gruppenreisen, die beispielsweise eigenständig von Kirchen oder Volkshochschulen organisiert werden, ohne den Tatbestand einer Gelegenheitsreiseveranstaltung zu erfüllen oder dabei einen professionellen Reiseveranstalter/Leistungsträger mit einzubeziehen.

Schwarz-Touristik-Veranstalter agieren häufig in Unwissenheit der gesetzlichen Vorschriften. Da sie zumeist auch nur sporadisch Reisen veranstalten, und melden ihre Tätigkeit auch nicht bei den Gewerbebehörden an. Hauptsächlich vertreiben diese Schwarzveranstalter Gruppenreisen. Das Volumen an Veranstalterreisen, die die gesetzlichen Normen nicht erfüllen, wird in Deutschland auf ca. 500 Mio. Euro geschätzt.

2 Geschäftsmodelle von Reiseveranstaltern

Neben der im vorherigen Kapitel vorgestellten Einteilung von Reiseveranstaltern in Deutschland hinsichtlich Größe, Struktur, Programmspezialisierung und dem wirtschaftlichen Status unterscheiden sich diese auch bezüglich ihrer Geschäftsmodelle. Einige Aspekte der verschiedenen Geschäftsmodelle wurden zuvor schon erwähnt, wobei die Betrachtung allerdings nicht unter dem expliziten Blickwinkel der Geschäftsmodelle stattfand. Auch im nachfolgenden Kapitel werden einige der in diesem Abschnitt erläuterten Facetten der derzeitigen Geschäftsmodelle von Reiseveranstaltern noch einmal aufgegriffen.

Der Begriff **Geschäftsmodell** (engl. business model) ist in der Literatur nicht eindeutig und klar definiert. Insbesondere mangelt es an einem theoretischen Fundament für die wissenschaftliche Klärung des Terminus. Eine Vielzahl von Autoren hat die Elemente und den Zweck eines Geschäftmodells in eigenen Definitionen wiedergegeben, die zum Teil weit voneinander abweichen. (vgl. u. a. SCHEER/DEELMANN/LOOS 2003 STÄHLER 2001, WIRTZ 2010)

Dieses große Interesse an dem Begriff Geschäftsmodell zeigt dessen Relevanz und die Notwendigkeit einer wissenschaftlich fundierten Definition des Terminus.

In der Mannigfaltigkeit der Definitionsversuche lassen sich einige Elemente von Geschäftsmodellen erkennen, die in vielen Formulierungen auftauchen. Diese werden in der Definition nach STÄHLER 2001 in prägnanter Form herausgearbeitet. Jener stellt seinen Ausführungen voran, dass „[e]in Geschäftsmodell immer nur eine Annäherung an die wirkliche Organisation eines Unternehmens oder der gesamten Wertschöpfungskette eines Produktes sein [kann]" (STÄHLER 2001: 42). Der Aspekt der Abstraktion spiegelt den Modellcharakter eines Geschäftsmodells wider und wird in nahezu allen Definitionen erwähnt. Des Weiteren betont STÄHLER, dass sich der Begriff Geschäftsmodell im eigentlichen Sinne zwar auf nur ein Geschäft eines Unternehmens bezieht, er aber in einigen Fällen auch auf ganze Branchen oder strategischen Gruppen einer Branche angewendet werden kann. (vgl. STÄHLER 2001: 42)

Nach STÄHLERS Definition enthält ein Geschäftsmodell die **drei Elemente** Value Proposition, Architektur der Leistungserstellung und Ertragsmodell. Durch die **Value Propostion** (dt. Nutzenversprechen) wird der Nutzen des Geschäftsmodells für Kunden und Wertschöpfungspartner des Unternehmens beschrieben. Die **Architektur** der Leistungserstellung behandelt die verschiedenen Wertschöpfungsstufen sowie die darin handelnden Akteure und deren Rollen in der Leistungserstellung. Durch das **Ertragsmodell** wird beschrieben, woraus und woher das Unternehmen Einnahmen generiert (vgl. STÄHLER 2001: 41ff.)

Eine Übersicht über die Elemente eines Geschäftsmodells und deren Komponenten gibt Abb. I. 2-1.

I) Value Proposition
    a) Für Kunden
    b) Für Wertschöpfungspartner
II) Architektur der Leistungserstellung
    1) Produkt-/Marktentwurf
    2) Interne Architektur
        a) Ressourcen als Bausteine
            (i) Kernkompetenzen
            (ii) Strategische Vermögenswerte
        b) Stufen der Wertschöpfung
        c) Kommunikationskanäle und Koordinationsmechanismen
        d) Abgrenzung zur externen Architektur
    3) Externe Architektur
        a) Kundenschnittstelle
            (i) Distributionskanäle
            (ii) Kundeninformationen
            (iii) Kommunikationskanäle
        b) Wertschöpfungspartner
            (i) Aktive Wertschöpfungspartner
            (ii) Passive Wertschöpfungspartner
        c) Kommunikationskanäle und Koordinationsmechanismen
    4) Grad der Stabilität der Architektur
III) Ertragsmodell

Abb. I. 2-1 Bestandteile eines Geschäftsmodells (Quelle: STÄHLER 2001: 47)

Allerdings erklärt auch STÄHLERS Definition das Konstrukt des Geschäftsmodells nicht abschließend, u. a. da keine Markt- oder Wettbewerbsbeobachtung vorgenommen wird und auch eine explizite Kostenbetrachtung ausbleibt (vgl. SCHEER/DEELMANN/LOOS 2003: 19). Dennoch soll sie an dieser Stelle zur Veranschaulichung der Geschäftmodelle von Reiseveranstaltern herangezogen werden.

Durch die Darstellung der Geschäftstätigkeit einer zu betrachtenden Organisationseinheit mittels eines Geschäftsmodells ist es möglich, Aussagen über Prozesse, Finanzströme und kritische Erfolgsfaktoren zu treffen. Der Nutzen solcher Modelle für bereits existierende Unternehmen liegt vor allem in der Möglichkeit Ansatzpunkte für Verbesserungen zu identifizieren. Für eine geplante Geschäftstätigkeit kann ein Geschäftsmodell zur Übertragung einer vorhandenen Geschäftsidee in einen konkreten Geschäftsplan dienen. (vgl. SCHEER/ DEELMANN/LOOS 2003: 7)

2.1 Einteilung nach der Architektur der Wertschöpfung

2.1.1 Klassische Reiseveranstalter

Das Geschäftsmodell der klassischen Reiseveranstalter basiert auf der Erstellung von Pauschalreisen (vgl. Kapitel I.2.2.2.2), wobei dies die alleinige Aufgabe solcher Unternehmen – in Abgrenzung zu Integrierten Konzernen, vgl. Kapitel I.2.1.3 – ist. Typisch für klassische Reiseveranstalter sind u. a. folgende Kriterien:

- **Vorgefertigtes Angebot:** Traditionelle Reiseveranstalter produzieren ihre Angebote vorab und bieten diese dann i. d. R. für den Zeitraum einer Saison typischerweise in einem Prospekt an. Die konfektionierten Angebote werden auf diese Weise in den Markt gedrückt („Push-Strategie").
- **Angebot eines Leistungsbündels:** Es werden Leistungen Dritter ausgewählt und zu einem Gesamtpaket gebündelt. Durch die zielgruppenspezifische Ausgestaltung der Angebote entsteht zudem ein Mehrwert, weshalb Reiseveranstalter in diesem Zusammenhang auch als Produzenten zu betrachten sind. Weiterhin nimmt der klassische Reiseveranstalter dem Kunden so die organisatorische Arbeit ab, wie bspw. die Informationssuche über das Reiseziel inklusive Ein- und Ausreisebestimmungen, die Koordination der gewünschten Leistungen und die Reservierung bei verschiedenen Leistungsträgern
- **Angebot zu einem Pauschalpreis:** Die Leistungen der klassischen Reiseveranstalter werden zu einem festen Gesamtpreis angeboten. Die Preise der enthaltenen Einzelleistungen sind für den Kunden nicht mehr nachvollziehbar. In der Regel ergeben sich Kostenvorteile gegenüber der individuellen Organisation einer Reise.
- **Angebot unter eigenem Namen:** Obwohl die Leistungen von verschiedenen Unternehmen erbracht werden, tritt der Reiseveranstalter gegenüber dem Kunden unter eigenem Namen auf.
- **Risikoübernahme:** Der klassische Reiseveranstalter übernimmt für den Kunden das Risiko der mangelfreien Erbringung der in der Pauschalreise enthaltenen Leistungen. Er ist somit auch für die Qualitätssicherung bei den beteiligten Leistungsträgern verantwortlich. Des Weiteren trägt er das Auslastungsrisiko verschiedener Teilleistungen gegenüber den Leistungsträgern, soweit die Kapazitäten im Voraus fest eingekauft werden. Dadurch entsteht für den Veranstalter zum Teil ein erhebliches finanzielles Risiko.

Zusammenfassend lässt sich das Geschäftsmodell der klassischen Reiseveranstalter wie folgt charakterisieren:

> „[Es] ist geprägt durch vertragliche Beziehungen mit wirtschaftlich und rechtlich eigenständigen Partnern sowohl [...] bei der Beschaffung von Produktkomponenten als auch beim Vertrieb der Pauschalreisen." (BASTIAN 2004: 33)

Aus diesen Kriterien ergeben sich spezifische Bedingungen für das Management eines Reiseveranstalters, die sich in den touristischen Kernprozessen des Geschäftsmodells der klassischen Reiseveranstalter widerspiegeln (vgl. Abb. I. 2-2).

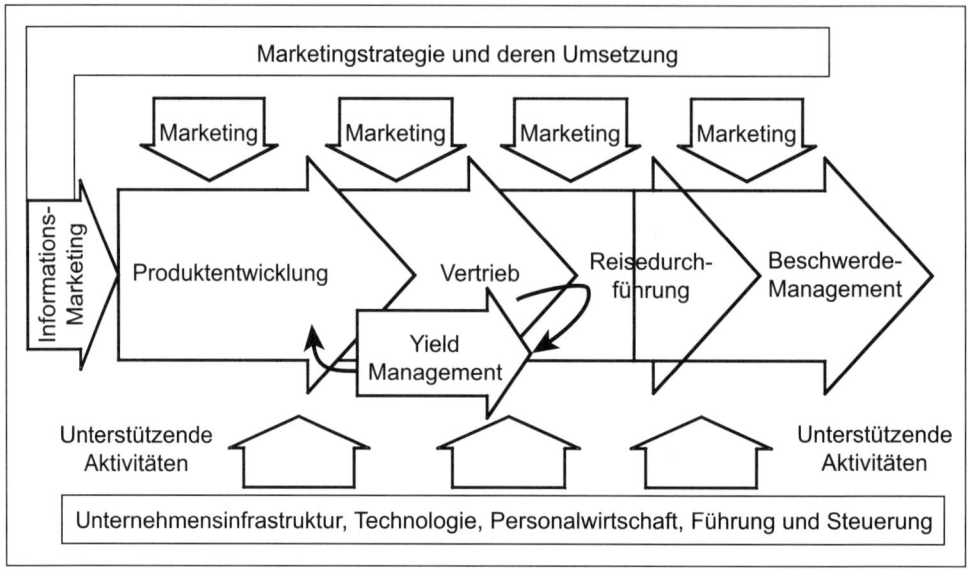

Abb. I. 2-2 Die touristischen Kernprozesse eines Reiseveranstalters (Quelle: BASTIAN 2004: 36)

Eine übergreifende Funktion nimmt hierbei das Marketing ein. Dadurch können „...alle betrieblichen Aktivitäten konsequent auf die gegenwärtigen und zukünftigen Erfordernisse der Märkte..." (FREYER 2011 (Tourismus-Marketing): 41) ausgerichtet werden. Die einzelnen Prozesse sind in einer zeitlichen Abfolge voneinander abhängig, wodurch sich Verzögerungen durch die gesamte Prozesskette ziehen können. Eine ausführliche Darstellung der einzelnen Funktionen im Rahmen der internen Prozessorganisation eines Reiseveranstalters ist in Teil II.1 zu finden.

Teile der klassischen Funktionen traditioneller Reiseveranstalter haben sich im Laufe der Zeit gewandelt und zu weiteren Formen von Reiseveranstaltern geführt. Eine bedeutende Abwandlung der traditionellen Reiseveranstalter ist in der Entwicklung des Geschäftsmodells der **Baustein-Reiseveranstalter** zu sehen, welches im nächsten Abschnitt näher betrachtet wird.

2.1.2 Bausteinreiseveranstalter

(1) Klassische Bausteinreiseveranstalter
Neben den noch dominierenden klassischen (Pauschal-)Reiseveranstaltern sind schon seit vielen Jahren so genannte **Bausteinreiseveranstalter** am Markt vertreten. Diese bieten im Gegensatz zu den klassischen Veranstaltern keine vorgefertigten Leistungsbündel im Sinne von Pauschalreisen an, sondern stellen dem Kunden individuell kombinierbare Reisebausteine zur Verfügung. Der Kunde stellt sich die Teilleistungen – in der traditionellen Variante aus einem Katalog – selbst zusammen. Konträr zur Preispolitik der klassischen Reiseveranstalter sind die Preise einer Bausteinreise für den Kunden hierbei transparent und werden

einzeln für jeden gebuchten Reisebaustein aufgelistet. Dadurch ist es für den Kunden auch möglich einzelne Leistungen, z. B. Nur-Flug oder Nur-Hotel, zu buchen. Die Leistungen selbst werden in der Ausgangsform dieses Geschäftsmodells, ähnlich wie bei den klassischen Reiseveranstaltern, von externen Leistungsträgern eingekauft. Im Gefolge der elektronischen Möglichkeiten haben sich aus dieser ursprünglichen Form weitere Möglichkeiten der „Produktion" von Bausteinreisen entwickelt, die sich vor allem durch die Nutzung von Buchungsmaschinen (Booking Engines) auszeichnen. In diesem Zusammenhang werden im Folgenden die Verfahren Dynamic Packaging und Dynamic Bundling sowie das Geschäftsmodell der virtuellen Reiseveranstalter kurz vorgestellt.

(2) Dynamic Packaging
Hierbei handelt es sich um eine dynamische bzw. flexible Bausteinreise, bei der in Echtzeit Reisekomponenten auf Kundenwunsch zusammengestellt werden. Die Einzelleistungen werden aus unterschiedlichen Quellen bezogen und die Preise dieser Leistungen können sich stetig ändern. Das Angebot erfolgt letztendlich zu einem Gesamtpreis und unter dem Namen des Reiseveranstalters. Im Gegensatz zu den klassischen Reiseveranstaltern, welche die Einzelleistungen wie Flüge und Unterkünfte im Voraus zu festen Kontingente einkaufen, werden beim Dynamic Packaging erst im Moment der Buchung die Einkäufe getätigt. In diesem Zusammenhang wird auch vom „Pull-Konzept" gesprochen, da sich der Kunde die Angebote, die er möchte, aus dem Markt herauszieht. Die rechtlichen Konsequenzen einer solchen Buchung gleichen denen einer Pauschalreise, d. h. der Veranstalter haftet dem Reisenden bei Mängeln etc. (vgl. Kapitel II.2.1.2). Allerdings hat der Veranstalter kaum eine Kontrolle über die Qualität der maschinell zusammengestellten und paketierten Teilleistungen, die er in den meisten Fällen nicht bewusst eingekauft hat.

(3) Dynamic Bundling
Während der Anbieter im Zuge des Dynamic Packaging zumeist als Reiseveranstalter auftritt und dadurch auch die entsprechenden Haftungsrisiken trägt, wird er beim Verfahren des Dynamic Bundling lediglich als Reisemittler tätig. Das Unternehmen fungiert hier in den meisten Fällen als Makler, d. h. es kauft keine eigenen Kapazitäten bei den Leistungsträgern. Der Mittler zieht die Angebote lediglich aus verschiedenen Datenbanken bspw. aus dem Flug- und Hotelbereich und schlägt sie dem Kunden vor. Der Kunde schließt im Falle einer Buchung ausschließlich Verträge mit verschiedenen Leistungsanbietern ab. Dadurch entzieht sich der Vermittler jeglichen Haftungs- und Mängelansprüchen. Der Vermittler übernimmt lediglich eine Koordinations- und Beratungsfunktion.

(4) Virtuelle Reiseveranstalter
Im Falle einer rein internetbasierten Buchung einer Bausteinreise wird auch vom virtuellen Reiseveranstalter gesprochen. „Virtuelle Reiseveranstalter integrieren und automatisieren internet-basiert den Prozess der kunden-individuellen Beschaffung von Reiseleistungen, der Reiseproduktion sowie der Reservierung und ihrer Abwicklung zum Zeitpunkt der Kundenbuchung, online und in Echtzeit." (FUCHS/MUNDT/ZOLLONDZ 2008: 588). Diese Veranstalter bieten Reisen durch das Verfahren Dynamic Packaging an.

Die Bezeichnung „virtuell" ist hierbei nicht unumstritten, da das Geschäftsmodell der virtuellen Unternehmen im betriebswirtschaftlichen Umfeld das Konzept der Netzwerkorganisation beinhaltet. Dies würde bedeuten, dass die gesamte Organisation virtuell erfolgt. Als zutreffender wird deshalb die Bezeichnung Internet-basierter Veranstalter genannt (vgl. FÜHRICH 2006: 53).

(5) Individualreise als Bausteinreise

Im eigentlichen Sinne sind auch die meisten individuell zusammengestellten Reisen eine Form von Bausteinreisen. Bei Individualreisen werden separate Leistungen verschiedener Anbieter gebucht, in der Regel direkt bei den Leistungsträgern, und ergeben ebenfalls eine „individuell gebündelte" Gesamtreise. Diese sind allerdings strikt von den Veranstalterreisen zu trennen.

Beispiel:
- Individuelle Flugbuchung bei Lufthansa (oder bei Expedia, Opodo),
- Hotelbuchung direkt im Hotel (oder über Hotelreservierungssysteme wie HRS, hotel.de usw. ..., eventuell auch bei Expedia, Opodo).
- Leistungen vor Ort: direkt bei Ticketagenturen, z. B. Ticket für Michael Jackson Musical London, oder Sport-Event Formel 1, oder Museums-Eintritt Grünes Gewölbe Dresden usw.

Aber: Bereits im Fall einer Flug- und Hotelbuchung über Expedia ist der Übergang zur Paketreise fließend: Wenn die Einzelleistungen getrennt ausgewiesen sind und kein Gesamtpreis angegeben wird, ist die – juristische – Frage der Reiseveranstalterhaftung eindeutig zu verneinen, die organisatorisch-funktionale Frage der Reiseveranstaltertätigkeit aber evtl. zu bejahen!

Zusammenfassend zu den ersten beiden vorgestellten Reiseveranstalterformen liefert Abb. I. 2-3 einen Überblick über die wichtigsten Abgrenzungskriterien zwischen Pauschal- und Bausteinreiseveranstaltern.

Reiseveranstalter als Produzenten oder Händler?

Die Frage nach der Funktion eines Reiseveranstalters als Produzent oder als Händler ist eng mit der Abgrenzung von Pauschal- und Bausteinreisen verbunden (vgl. Kapitel I.2.2.1, siehe Seite 37).

Klassischer Reiseveranstalter	Sonderformen Reiseveranstalter (Baustein-, dynamischer Veranstalter)
vorgefertigt, konfektioniert, statisch	just-in-time, flexibel
standardisiert	personifiziert, individuell
hohe Eigenleistung („Produzent")	geringe Eigenleistung („Händler")
bündelt selbst („Push")	Kunde bündelt („Pull")
Risikoübernahme	kein/geringes Risiko
Haupttätigkeit	Teil- oder Nebentätigkeit
Mehr/Weniger erfüllt	Mehr/Weniger erfüllt

Abb. I. 2-3 Abgrenzung Pauschal- vs. Bausteinreiseveranstalter

2.1.3 Vertikale Integration und horizontale Konzentration

Wie bereits in Kapitel I.1.4 an einem Beispiel veranschaulicht, ist der tatsächliche Anteil der Reiseveranstalter an der Wertschöpfung der touristischen Leistungskette mit etwa 8% relativ gering. Im Geschäftsmodell der Integrierten Konzerne sind verschiedene Wertschöpfungsstufen der touristischen Leistungskette mehr oder weniger in ein Unternehmen integriert. Dadurch können die Erträge mehrerer Stufen der Wertschöpfungskette durch ein Unternehmen abgeschöpft werden. Dieser strategische Ansatz wird als „Multi Value" bezeichnet und ist dadurch gekennzeichnet, dass von jedem Kunden ein multipler Ertrag erzielt wird. (vgl. BORN 2004: 91) Definiert werden können Integrierte Konzerne wir folgt:

Ein Integrierter Konzern ist ein aus gleichartigen, rechtlich selbstständigen Unternehmen zu einem einheitlichen, übernationalen Marktgebiet zusammengeschlossenes Großunternehmen, welches unter gemeinsamer Leitung und Verwaltung steht.

Im Tourismussegment sind Integrierte Konzerne i. d. R. sowohl horizontal als auch vertikal integriert und umfassen laut BASTIAN/BORN 2004 mindestens vier Säulen: Reiseveranstalter-, Reisemittler-, Verkehrsträger- und Hotel-Management. Darüber hinaus werden gegebenenfalls auch das Destinations-, Kongress- und Business Travel Management in die Unternehmenstätigkeit aufgenommen. Das Ziel einer solchen Integration sollte sein:

- „Der Kunde bucht im eigenen Reisebüro die Reise des eigenen Veranstalters,
- fliegt mit der eigenen Fluggesellschaft,
- wohnt im eigenen Hotel,
- wird von und zum Flughafen mit der eigenen Incoming-Gesellschaft transferiert,
- bucht im Zielgebiet nur Ausflüge mit der eigenen Ausflugsagentur." (BORN 2004: 91)

Im Falle einer ausschließlich **horizontalen** Konzentration bleibt das Unternehmen ein reiner Reiseveranstalter, da dieses hierbei lediglich durch Fusion oder Übernahme innerhalb der gleichen Wertschöpfungsstufe einer Branche expandiert.

Bei der **vertikalen** Integration werden Prozesse vor- und/oder nachgelagerter Wertschöpfungsstufen übernommen, wodurch neben der reinen Reiseveranstaltertätigkeit auch die Produktionsfunktionen von Leistungsträgern wie Transport- und Beherbergungsbetrieben ins Unternehmensportfolio integriert werden.

Einen Überblick über die Möglichkeiten der vertikalen Integration und horizontalen Konzentration liefert Abb. I. 2-4.

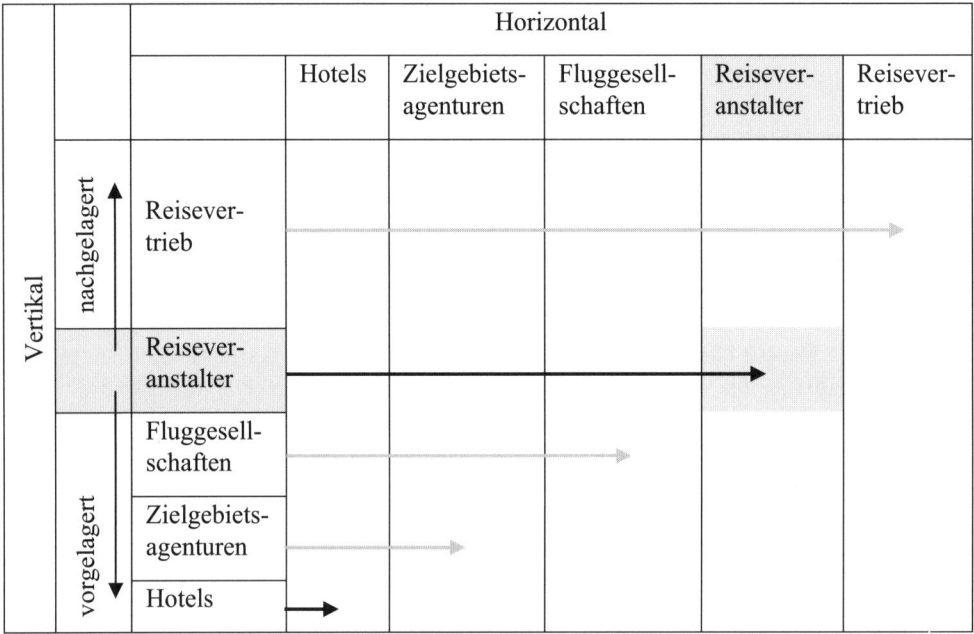

***Abb. I. 2-4** Horizontale und vertikale Expansionsmöglichkeiten von Reiseveranstaltern (Quelle: in Anlehnung an MUNDT 2011: 19)*

Strategische Gründe für eine vertikale Integration können sein:

- Sicherung von Hotelbetten in Destinationen in bevorzugten Lagen, v. a. qualitativ hochwertige Angebote, saisonale Verfügbarkeit
- Verfügung über Flugkapazitäten auch in saisonstarken Zeiten, Unabhängigkeit von Low Cost Carriern
- Präsenz im Vertrieb und Chancen der Verkaufssteuerung über eigene Reisebüros
- Durchgängiges Qualitätsmanagement auf allen Stufen, Markenbildung
- Zukunftssicherung des Unternehmens, v. a. vor dem Hintergrund alternativer Vertriebssysteme

2 Geschäftsmodelle von Reiseveranstaltern

Das Geschäftsmodell des vertikal integrierten Reisekonzerns ist allerdings kritisch zu betrachten, da es neben den offensichtlichen Vorteilen auch verschiedene Nachteile in sich birgt. Dadurch ist es Gegenstand zahlreicher Pro- und Contra-Diskussionen (vgl. ausführlich zum vertikal integrierten Touristikkonzern BASTIAN/BORN 2004):

- **Pro:** Die vertikale Integration ermöglicht die Realisierung eines höheren Wertschöpfungsanteils für den Konzern. Des Weiteren können dadurch sowohl die gesamte Wertschöpfungskette simultan nach Qualitäts-, Rendite- und Auslastungszielen gesteuert als auch vorhandene Ressourcen (Finanz-, Personal-, Vertriebsplattform) effizienter verteilt werden. Außerdem ist eine bessere Qualitätssteuerung möglich, da nun ein Konzern für alle „moments of truth" verantwortlich ist. Die integrierten Leistungsträger selbst profitieren vor allem durch höhere Auslastungen, da der vertikal integrierte Reiseveranstalter vorrangig die Kapazitäten der konzerneigenen Wertschöpfungsstufen, also der Flug-, Hotel- und Pauschalangebote innerhalb des eignen Konzerns, auslastet.
- **Contra:** Das damit einhergehende Risiko besteht allerdings darin, dass in buchungsschwachen Zeiten die gesamte Wertschöpfungskette verstärkt betroffen ist. Werden bspw. beim Reiseveranstalter A (z. B. TUI) weniger Buchungen getätigt, so führt dies automatisch zu geringeren Auslastungen bei der A-Fluggesellschaft und den A-Hotels. Es ist durch die Konzernbindung kaum möglich diese Buchungsrückgänge beim eigenen Konzern durch möglicherweise höhere Buchungen bei anderen Konzernen auszugleichen und dadurch das Risiko zu streuen. Zum Beispiel können Zusatzflüge oder -Übernachtungen vom B-Konzern nicht mit A-Airlines oder in A-Hotels gebucht werden, sondern werden an konzernunabhängige Airlines und Hotels vergeben. Aufgrund des erforderlichen Airline- und Hotelbesitzes erfordert die vertikale Integration eine sehr hohe Kapitalbindung, die praktisch nur für börsennotierte Unternehmen finanzierbar ist. Eine ausführliche Diskussion der Nachteile von horizontaler und vertikaler Konzentration findet sich in Kapitel I.4.2 (S. 75ff.)

Die **Nachteile** des vertikal integrierten Konzerns liegen damit vorrangig in der notwendigen Steuerung von Flug- und Hotelauslastungen, was sich insbesondere in buchungsschwachen Zeiten negativ auf die Flexibilität auswirkt. Aus diesem Grund wird diskutiert, ob das Geschäftsmodell des Integrierten Konzerns nur ein „Schönwettermodell" sei. In Zeiten großer Nachfrage können durch diese Strategie hohe Gewinne auf allen Wertschöpfungsstufen erzielt werden. Allerdings wird argumentiert, dass solche Konzerne in Krisenzeiten anstatt eines „Multi Value" einen „Multi Loss" erwirtschaften würden, da alle Wertschöpfungsstufen von dem Nachfragerückgang betroffen wären. Um eine solche Entwicklung zu vermeiden, sind ein richtiger Strategieansatz und eine richtige Strategieumsetzung von großer Bedeutung. Das optimale Geschäftssystem sollte in Bezug auf das Engagement in den einzelnen Wertschöpfungsstufen **trichterförmig** aufgebaut sein (siehe Abb. I. 2-5, vgl. BORN 2004: 92f.)

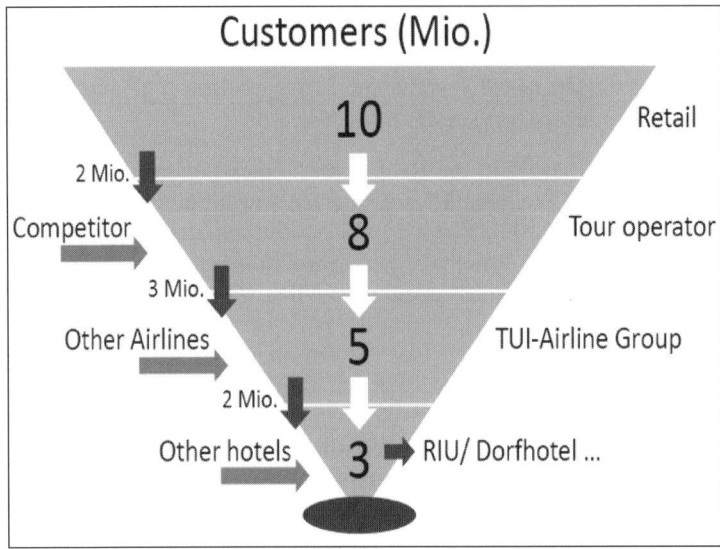

Abb. I. 2-5 Trichtermodell: Optimale Verteilung über die verschiedenen Wertschöpfungsstufen (Quelle: nach BORN 2004: 91)

Den größten Marktanteil sollte der Vertrieb über die verschiedenen Kanäle haben um möglichst viele Kunden anzusprechen. Das geringste Engagement liegt demnach im Bereich der Leistungsträger Transport und Beherbergung. Durch eine solche Ausgestaltung des Unternehmensportfolios ist es möglich, auf Nachfrageschwankungen schnell zu reagieren und die Kapazitäten der integrierten Leistungsträger bestmöglich auszulasten. (vgl. BORN 2004: 91)

Ja nachdem wie hoch der Integrationsgrad der Unternehmen ist, umso stärker oder schwächer kommen die Vor- und Nachteile dieses Geschäftsmodells zum Tragen. Generell werden drei Modelle der Integration unterschieden:

- Modell 1: Bei **Vollintegration** über alle Stufen der Wertschöpfungskette erfolgt die Steuerung und Gewichtung der Wertschöpfungsebenen zentral durch den Reiseveranstalter. Dieses Modell konnte sich nachhaltig nur in Großbritannien, Irland und Skandinavien etablieren und wird begünstigt durch Insellagen der Quellmärkte, die eine vollständige Kontrolle über die Flugkapazitäten erfordern und kaum Wettbewerb mit anderen erdgebundenen Anreiseformen zulassen. In fast allen anderen Ländern ist das voll integrierte Modell gescheitert.
- Modell 2: Bei **Teilintegration** der Wertschöpfungsstufen werden nur ausgewählte vor- oder nachgelagerte Wertschöpfungsstufen mit der Veranstalterorganisation fest verknüpft. Beispielsweise wenn Reisebüros exklusiv nur das Sortiment ihres Konzernveranstalters vermitteln und bestenfalls das einiger ergänzender weitgehend konkurrenzfreier Wettbewerber. Oder wenn die Konzernveranstalter ausschließlich mit einer eigenen exklusiven Zielgebietsorganisation zusammenarbeiten. Dies trifft auch partiell zu, wenn ein Veranstalter exklusiv eigene Hotels betreibt wie z. B. TUI mit den Robinson Clubhotels. Bei einer Teilintegration werden somit in der Regel auch Leistungen kon-

zernfremder Unternehmen eingekauft bzw. die Angebote der Leistungsträger des teilintegrierten Konzerns werden auch an fremde Veranstalter vermittelt. Dieses Modell erlaubt es eine (teil-)marktorientierte eigene Profitcenter-Verantwortung auf allen Wertschöpfungsstufen und in allen Geschäftsfeldern flexibel zu etablieren und eine Integration nur dort aufzubauen, wo es sich rechnet und für das Kerngeschäft der Konzernveranstalter erforderlich ist. Das teilintegrierte Modell haben die großen Konzernveranstalter wie TUI, Thomas Cook, REWE, Kuoni oder Hotelplan mit unterschiedlicher Intensität in den mitteleuropäischen Märkten gewählt. Einen Sonderfall der Teilintegration stellen Kreuzfahrtveranstalter und Busreiseveranstalter dar, die ausschließlich ihre eigenen Schiffe und Busse vermarkten, aber sowohl in den Zielgebieten als auch im Vertrieb nicht integriert agieren.

- Modell 3: **Keine Integration** der Wertschöpfungsstufen liegt vor, wenn ein Veranstalter die Geschäftsbeziehungen zu den vor- und/oder nachgelagerten Wertschöpfungsstufen nicht über Beteiligungsverhältnisse sondern über vertragliche Vereinbarungen gestaltet. Dieses Modell ist der Standard für alle kleinen und mittelgroßen Veranstalter in Deutschland einschließlich Alltours, FTI und Schauinsland. Große internationale Veranstalter wie TUI, Thomas Cook und Kuoni operieren inzwischen flexibel mit allen drei Modellen je nachdem, wie die Anforderungen der jeweilig nationalen Märkte sind.

2.2 Einteilung nach Produktionsfunktionen und Herstellungsformen von Veranstalterreisen

2.2.1 Händlerfunktion oder Produzentenfunktion der Reiseveranstalter

Reiseveranstalter haben zu einem bedeutenden Teil die heutige standardisierte Form des Reisens geprägt. Sie haben u. a. zur „Demokratisierung des Reisens" beigetragen, indem sie durch günstig organisierte Pauschalangebote allen Bevölkerungsschichten die Teilnahme am weltweiten Reisen ermöglicht bzw. erleichtert haben. Die Reiseveranstalter haben neben dieser sozialen Rolle ferner wirtschaftliche und juristische Funktionen.

Die **wirtschaftliche Hauptaufgabe** der Reiseveranstalter ist die Kombination verschiedener (Teil-)Leistungen von Hotels, Transportunternehmen und Reise-Zusatzleistungen **zur (Pauschal-)Reise**.

Strittig ist in der Literatur, ob die Tätigkeit des Reiseveranstalters eine **Produktionsleistung** darstellt, bei der ein **neues** Produkt entsteht, da durch die Reiseveranstalterleistung die Inputfaktoren der Leistungsträger zu einem neuen modifizierten Produkt, der Pauschalreise, zusammengefügt werden und damit eine Wertschöpfungsfunktion wahrgenommen wird. Eine andere Sichtweise betont, dass sich die Inputfaktoren, z. B. Transport- und Beherbergungsleistung oder auch das natürliche Angebot der Fremdenverkehrsorte nicht verändern. Nach dieser Auffassung haben Reiseveranstalter lediglich eine **Vermittlungsfunktion** oder agieren als (Groß-)Händler.

Je mehr sich Reiseveranstalter von der Übernahme von Garantieleistungen und dem Chartern von Kontingenten zurückziehen umso dominanter tritt die Händlerfunktion gegenüber der Produzentenfunktion in den Vordergrund.

Reiseveranstaltung ist „die Planung, Organisation, der Verkauf und die Durchführung von vorgefertigten Pauschalreisen" (HEBESTREIT 1992: 15) oder etwas komplizierter: „Wir definieren das Produkt (Leistungsergebnis) des Reiseveranstalters als ein Dienstleistungspaket, bestehend aus mindestens zwei aufeinander abgestimmten Reisedienstleistungen, das im Voraus für einen noch nicht bekannten Kunden hergestellt wurde und geschlossen zu einem Gesamtpreis vermarktet wird, so dass die Preise der Einzelleistungen nicht mehr identifizierbar sind" (ders.: 20f.).

Vorgefertigte bzw. konfektionierte Reisen bedingen allerdings auch die Verfügbarkeit großer Kontingente, die in der Regel nur durch Übernahme von Auslastungsgarantien oder den Besitz eigener Flugzeuge und/oder Hotels sichergestellt werden können. Insoweit ist bei klassischen Pauschalreisen die Produktionsfunktion des Reiseveranstalters weitgehend gegeben. Bei allen anderen Formen von Veranstalterreisen dominiert hingegen die Händlerfunktion des Reiseveranstalters. Anbieter von Reise-Bausteinen und Dynamic Packaging sind somit reine Händler.

Neben der produktionsseitigen Betrachtung gibt es auch die juristische Betrachtung, die in der EU-Richtlinie 90/314 und in den §§ 651 a–m BGB definiert ist (vgl. Kapitel II.2.1):

Pauschalreise: die im Voraus festgelegte Verbindung von mindestens zwei der folgenden Dienstleistungen, die zu einem Gesamtpreis verkauft oder zum Verkauf angeboten wird, wenn diese Leistung länger als 24 Stunden dauert oder eine Übernachtung einschließt:

a) Beförderung,

b) Unterbringung,

c) andere touristische Dienstleistungen, die nicht Nebenleistungen von Beförderung oder Unterbringung sind und einen beträchtlichen Teil der Gesamtleistung ausmachen).

(Quelle: EU-Richtlinie 90/314 vom 13.06.1990 über Pauschalreisen)

Die juristische Definition bezieht sich dabei primär auf die Bündelung bzw. Paketierung bestimmter Leistungen in eigenem Namen und auf eigene Rechnung des Veranstalters zu einem Gesamtpreis. Die Herstellungsform der Veranstalterreise spielt dabei keine Rolle.

2.2.2 Die differenzierte Herstellung von Veranstalterreisen: Pauschal- und Bausteinreisen

2.2.2.1 Formen und Elemente von Pauschal- und Bausteinreisen

Veranstalterreisen als Oberbegriff werden nicht nur funktional unterschieden sondern auch nach den Herstellungsformen. Bündelt ein Veranstalter verschiedenartige Leistungen einer Reise – wie Transport und Unterkunft als Hauptleistungen sowie Verpflegung, Transferleistungen, Reiseleitung, Animation, Betreuung, Versicherungen, Ausflüge, Aktivitäten, Eintrittskarten, Kulturleistungen als optionale Zusatzleistungen – so tritt er als **Produzent** oder **Händler** auf. Bündelt ein Veranstalter gleichartige Produkte in großen Mengen so nimmt er eine **Consolidator**-Funktion war. Geschieht dies in eigenem Namen auf eigene Rechnung, ist er (Groß-)Händler, geschieht dies auf Rechnung der Leistungsträger, ist er reiner Vermittler.

Werden vorkonfektionierte Veranstalterreisen mit Auslastungsrisiken zu einem Gesamtpreis produziert, so spricht man in der Regel von **Pauschalreisen**. Werden sie weitgehend ohne Kapazitätsgarantien hergestellt und sind auch einzeln mit separaten Preisen erhältlich, so spricht man von **Bausteinreisen** (vgl. Abb. I. 2-6).

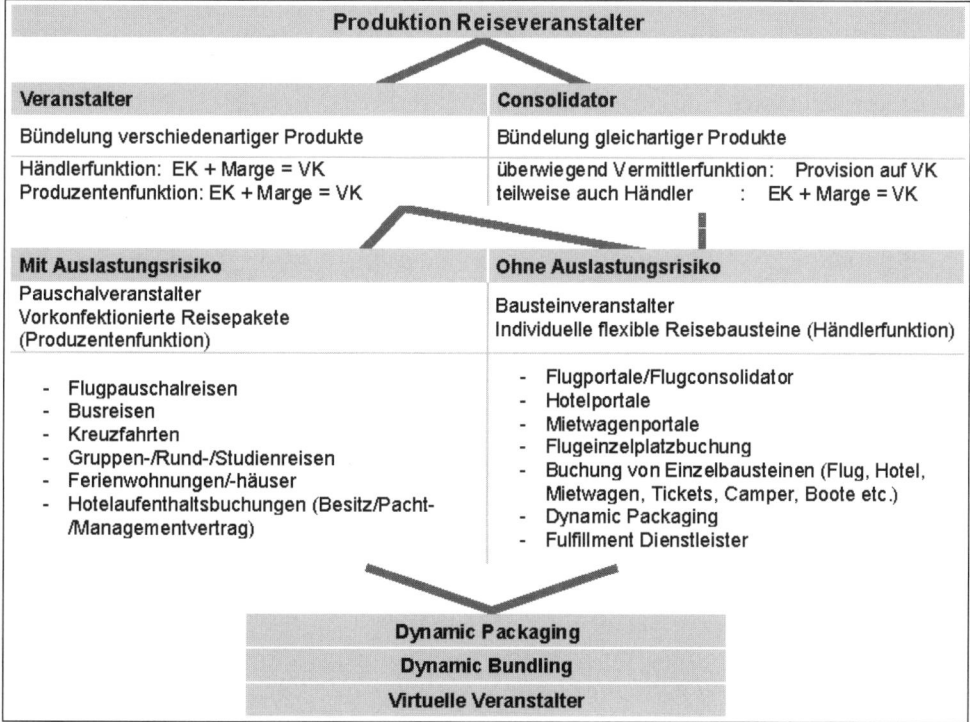

Abb. I. 2-6 Produktionsformen eines Reiseveranstalters

Klassische Veranstalterpauschalreisen nach der vorgenannten Definition können in verschiedenen Erscheinungsformen auftreten:

- **Flugpauschalreisen** mit den Kernleistungen Flug, Unterkunft sowie optional weiteren Zusatzleistungen
- **Bahnpauschalreisen** mit den Kernleistungen Bahnfahrt, Unterkunft sowie optional weiteren Zusatzleistungen
- **Buspauschalreisen** mit den Kernleistungen Busfahrt, Unterkunft sowie optional weiteren Zusatzleistungen
- **Kreuzfahrt** mit den untrennbaren Kernleistungen der Schiffstransports und der Unterkunft sowie optional weiteren Zusatzleistungen
- **Gruppenreisen** unabhängig von der Wahl des Verkehrsmittels und der Unterkunft als Kernleistung, da diese nur auf Kontingentsbasis produziert werden können und mindestens einen Gruppen-Reiseleiter benötigen; Sonderformen dieser Reiseart sind u. a. Studienreisen; als Synonyme werden auch die Begriffe Gruppenpauschalreise, Gesellschaftsreise oder GIT – Group Inclusive Tour – verwendet.
- **Beherbergungspauschalreisen**: Im Falle des Besitzes eigener exklusiver Hotel-, Ferienhaus- oder Ferienwohnungsanlagen, für die Auslastungsrisiken bestehen und die in der Regel auch weitere Zusatzleistungen mit anbieten, kann sowohl produktionstechnisch als auch juristisch eine Pauschalreise entstehen.

All diese Formen von Pauschalreisen beinhalten die in Abb. I. 2-7 genanten Elemente. Hierin sind kategorisch alle relevanten Faktoren, die vor allem aus Kundensicht eine Pauschalreise ausmachen, aufgelistet.

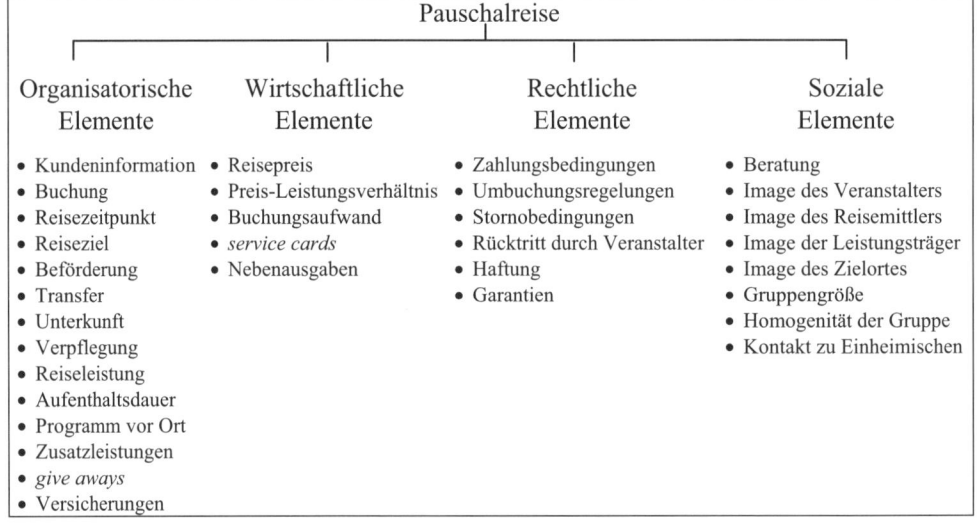

Abb. I. 2-7 Elemente der Pauschalreise (Quelle: POMPL 2011: 70)

Alle anderen Arten von Veranstalterreisen ohne Auslastungsrisiko und auch solche, bei denen lediglich gleichartige Leistungen als Consolidator oder Vermittler gebündelt werden zählt man produktionstechnisch zu den **Bausteinreisen**, bei denen mehrere Bausteine zusammen, in der Regel aber auch jede einzelne Leistung zu separaten Einzelpreisen buchbar ist. Dabei können die verschiedenen Einzelbausteine auch bei mehreren Veranstaltern zu unterschiedlichen Zeitpunkten und/oder über verschiedene Vertriebskanäle gebucht werden. Die Koordination der einzelnen Teilleistungen liegt entweder in der Verantwortung des Kunden oder des/der von ihm beauftragten Reisevermittler.

Vor allem die **Produktportale** im Internet, die sich wie hrs.de., hotel.de, booking.com (Hotels) oder opodo.com (Flüge) oder auch bahn.de auf wesentliche Produktbausteine spezialisiert haben, sind in den letzten Jahren mit neuen Geschäftsmodellen als **reine Vermittler** ohne Kapazitätsrisiken, ohne Qualitätskontrolle und ohne Inkassofunktionen in den Bausteinreisemarkt eingestiegen. Dies betrifft auch den Flugeinzelplatzverkauf der Bedarfsfluggesellschaften (Condor, Air Berlin, TUIFly etc.), die ebenso wie Mietwagenportale dem Baustein-Veranstaltergeschäft zuzurechnen sind. Auch **virtuelle Veranstalter** mit Dynamic Packaging und Dynamic Bundling zählen produktionstechnisch zum Segment der Bausteinveranstalter, da die Reiseleistungen erst in Echtzeit und damit in ihrer Zusammensetzung unkontrollierbar zusammengeführt werden. Aber bei Anlegen juristischer Maßstäbe ist die durch Dynamic Packaging entstehende Reise in jedem Fall eine Pauschalreise, die durch Dynamic Bundling entstehende Reise hingegen nicht.

Begründer des klassischen Baukastens für individuelle und flexibel kombinierbare Reisebausteine war Anfang der 70er Jahre die **DER-Touristik**, die bis heute unter der Marke DERTOUR Marktführer mit dem breitesten und tiefsten Sortiment in allen Preiskategorien in diesem expansiven Marktsegment ist. Die Produktionsform Bausteinreisen entstand aufgrund einer Wettbewerbsklausel, die es dem DER als Gründungsgesellschafter der TUI verbot, die TUI mit Pauschalreisen in Badeziele zu konkurrenzieren (vgl. Kapitel I.3). Es dauerte bis Ende der 80er Jahre, bis der Veranstalter FTI die enormen Chancen des Bausteinveranstaltergeschäftes erkannte und als erster wichtiger Wettbewerber auftrat.

Für einen Kunden ist zumeist kaum ersichtlich ob er eine Pauschal- oder Bausteinreise gebucht hat. Die Produktionsform ist eigentlich für ihn nebensächlich. Wie vielfältig eine Bausteinreise sein kann, wird ihm zumeist erst bewusst, wenn er einzelne Bausteine teilweise über einen Veranstalter, teilweise auch selbst im Internet oder über Call Center direkt bei einem Leistungsträger bucht und dabei die Verantwortung für die Koordination der Leistungen selbst übernimmt. Nur durch eine komplexe vierstufige Fragestellung nach den gebuchten Leistungen, dem jeweiligen Vertriebskanal, dem Buchungsmedium und dem Leistungsträger, Veranstalter und/oder Vermittler im Rahmen von Sonderfragen in der F.U.R Reiseanalyse lässt sich ermitteln, wie sich der Markt nach Herstellungsformen aufgliedert (vgl. Abb. I. 2-8).

Organisierte 55% (35,8 Mio. Reisen)					Selbst arrangierte Reisen 45% (29,2 Mio. Reisen)		
Pauschalreise 41% (26,8 Mio.)	Bausteinreise 14% (9,0 Mio.) 2,5%)				Direkt gebucht 31% (20,1 Mio. Reisen) (30,9/28,9/28,8/28%)		Nichts gebucht 14% (9,1 Mio.)
Pauschalreise	Bausteinreise nach RA-Def. bei einem Anbieter zu einem Gesamt-Preis gebucht	2 oder mehr Leistungen nicht zu einem Gesamt- preis in def. Buchungsstelle * gebucht	Nur eine Leistung in def. Buchungsstelle * gebucht	2 oder mehr Leistungen direkt gebucht	Nur eine Leistung direkt gebucht		Nichts gebucht
26,8 Mio. Reisen 41,2%	2,3 Mio. Reisen 3,5%	1,1 Mio. Reisen 1,7%	5,6 Mio. Reisen 8,6%	2,8 Mio. Reisen 4,3%	17,3 Mio. Reisen 26,6%		9,1 Mio. Reisen 14,0%
27,6 Mio. Reisen 42,5%	2,3 Mio. Reisen 3,5%	1,2 Mio. Reisen 1,9%	4,6 Mio. Reisen 7,1%	2,8 Mio. Reisen 4,3%	15,4 Mio. Reisen 23,7%		11,0 Mio. Reisen 16,9%

* **Buchungsstelle:** Reisebüro, direkt bei Reiseveranstalter, Onlineportal mit ausschl. Reiseangeboten, Onlineportal auch mit Reiseangeboten, Busunternehmen, Kreuzfahrtreederei; direkt gebucht nicht bei einer der vorher genannten Buchungsstellen direkt gebucht (also nicht RB, nicht RV oder Portal, Bus, Kreuzf.)

2010   2007

Abb. I. 2-8 Organisationsformen von Reisen

Von den 65 Mio. Haupturlaubsreisen in 2010 wurden 14% ohne jegliche Vorausbuchung angetreten, davon dürfte der größte Teil der Reisenden Urlaub bei Freunden oder Verwandten bzw. in einer eigenen Immobilie verbracht haben. Der größte Anteil entfiel mit 41% auf klassische Pauschalreisen aller Art. 31% aller Haupturlaubsreisen wurden direkt bei Leistungsträgern ohne Reiseveranstalter und/oder Reisebüro getätigt und 14% waren Bausteinreisen die teilweise oder ganz mit Unterstützung von Reiseveranstaltern und/oder Reisebüros gebucht wurden. Bei mehr als die Hälfte der Bausteinreisen wurde lediglich eine einzelne Leistung gebucht (8,6%), bei einem Viertel der Bausteinreisen wurden alle Leistungselemente zu Einzelpreisen bei nur einem Anbieter gebucht. Bei jeder achten Bausteinreise wurden mindestens zwei verschiedene Leistungen bei verschiedenen Anbietern gebucht.

Die Herstellung von Pauschal- und Bausteinreisen ist in den meisten Fällen nicht allein eine wirtschaftliche oder unternehmerische Entscheidung, sondern sie wird maßgeblich von den Voraussetzungen in den Ziel- und Quellmärkten und von exogenen Rahmenbedingungen bestimmt. Die Parameter, die sich in den unterschiedlichen Produktionsprozessen darstellen werden im Teil II dieses Buches detailliert dargestellt. Nachfolgend soll vorab auf die wesentlichen Unterschiede und Charakteristika von Pauschal- und Bausteinreinreisen eingegangen werden.

2.2.2.2 Herstellung von Pauschalreisen: Charakteristika eines Pauschalreiseveranstalters

Ein Pauschalreiseveranstalter ist ein Veranstalter, der mindestens einen Teil des Reisepaketes exklusiv produziert und für diesen Teil ein Kapazitätsrisiko eingeht. Dies ist der Fall bei einem **Kreuzfahrtveranstalter**, dem ein Schiff gehört oder der es komplett gechartert hat. Gleiches gilt für einen Busreisenveranstalter im Hinblick auf eigene oder gecharterte Busse, einen Bahnreisenveranstalter hinsichtlich von gecharterten Sonderzügen oder einen Flugreisenveranstalter in Bezug auf eigene oder gecharterte Flugzeuge. Diese Voraussetzung trifft auch auf eine Studien- oder Gruppenreisenveranstalter zu, der für die geplante Gruppengröße Risikokontingente bei Verkehrsunternehmen und Unterkunftsanbietern garantiert.

Bei Bussen und Schiffen steht meistens die Vermarktungsexklusivität und Produktqualität an erster Stelle. Dies ist bei den **Flugreisenveranstaltern**, die den größten Teil der Pauschalreisen produzieren und häufig austauschbare oder gar identische Reisen herstellen, in der Regel nicht der Fall. Die Notwendigkeit zum Chartern von Flugkapazität ergibt sich, wenn die frei verfügbaren Flüge von Linien-Carriern vom Quell- zum Zielmarkt begrenzt und/oder saisonal nicht ausreichend sind, im Zielland kein leistungsfähiger Homecarrier existiert oder überhaupt keine Direktflugverbindung in ein Urlaubsziel besteht. In all diesen Fällen muss ein Reiseveranstalter die notwendige **Flugkapazität** selbst im Quellmarkt chartern. Dieses Charterrisiko nimmt in stattlichen Sprüngen zu, da immer eine ganze Charterkette pro Zielflughafen für eine Saison garantiert werden muss (25–26 Abflüge an jeweils einem Tag pro Woche). Ein bundesweit anbietender Veranstalter kommt aber nicht mit einem Quellflughafen pro Ziel aus sondern benötigt je nach Größe des Zieles mindestens vier bis sechs für die meist frequentierten Ziele wie Palma de Mallocra und Antalya auch 12–16 Quellflughäfen. Allein für das Ziel Antalya wären bei einem Vollcharter zwischen 56.000 und 75.000 garantierte Flugzeugsitze zu füllen. Für jedes weitere Ziel steigt das wirtschaftliche Auslastungsrisiko entsprechend.

Für die vielen mit Charterflügen in ein Ziel gebrachten Urlauber werden dann entsprechende umfangreiche **Übernachtungskapazitäten** benötigt. Wenn beispielsweise in einer Saison 56.000 Charterflugplätze aus 12 deutschen Quellflughäfen in ein Ziel befördert werden, so sind bei durchschnittlich zweiwöchigen Aufenthalten mindestens rund 4.300 Hotelzimmer in verschiedenen Lagen und Qualitäten erforderlich, die jeweils 13mal belegt werden müssen. Derart große Hotelkapazitäten sind in der Regel ohne Kapazitäts-Garantien und/oder Vorauszahlungen nicht erhältlich, zumal auch eine entsprechende Vielfalt an Hotelunterkünften angeboten werden muss.

Bei einer so großen Anzahl von Urlaubern pro Ziel benötigt ein Pauschalreiseveranstalter auch eine entsprechende Infrastruktur im Zielmarkt in Form einer eigenen **Zielgebietsagenturen**, die die **Transfers** zwischen Hotel und Flughafen, Ausflüge organisieren sowie eine Reiseleitung zur Kundenbetreuung und Qualitätskontrolle der Hotels.

Charakteristisch für einen Flugpauschalreisenveranstalter ist die **Konzentration des Sortimentes** auf maximal 50 große Zielgebiete sowie auf wenige Hotelobjekte mit hohen Zimmerkapazitäten pro Zielgebiet. Durch die Kapazitätsgarantien ist eine kontinuierliche Verfügbarkeit im Zielgebiet sichergestellt ohne das Risiko von Stopsales durch die Leistungsträger sowie ohne Kapazitätsengpässe durch Zubucher oder aus anderen Quellmärkten, Im Gegensatz zu Bausteinveranstaltern haben Pauschalveranstalter daher ein überschaubares Sortiment mit einem relativ stabilen Hotelangebot, das ohne komplexe IT-Schnittstellen zu Leistungsträgern auskommt und nur wenige Veränderungen in den Produktstammdaten pro Saison erfordert. Angesichts der umfangreichen Auslastungsrisiken benötigen Pauschalreiseveranstalter eine saison- und nachfrageabhängige Preis- und Angebotssteuerung (Yieldmanagement). Dabei werden nach den zu erwartenden Nachfragespitzen durch Schulferien, Feiertage und Klimabedingungen gestaffelte Preisaufschläge kalkuliert. Erfüllen sich die Kalkulations- und/oder Auslastungserwartungen nicht und können in Nachverhandlungen mit den Leistungsträgern neue Konditionen erzielt werden, erfolgt eine komplett neue Kalkulation des Yield. Zur Auslastungsoptimierung werden häufig schon von Anfang an geplante und kalkulierte Frühbucher- und/oder Last-Minute-Angebote eingesetzt, letztere oft auch kurz vor dem jeweiligen Reisetermin zur Verlustminimierung.

2.2.2.3 Herstellung von Bausteinreisen: Charakteristika eines Bausteinreiseveranstalters

Reine Bausteinreiseveranstalter gehen in der Regel **keine Auslastungsrisiken** ein. Ohne Auslastungsrisiko kann ein Bausteinreiseveranstalter aber Ziele, die nicht mit individuellen Verkehrsmitteln (vor allem Pkw und Bahn) erreicht werden können sowie Ziele ohne ausreichende Flugkapazität gar nicht oder nur saisonal in geringem Umfang im Rahmen verfügbarer Linienflugverbindungen und dies oft auch nur mit Umsteigen über Hubs innerhalb einer Airline-Allianz anbieten.

Dieser vordergründige Nachteil bietet aber auch **Vorteile** gegenüber Pauschalveranstaltern. Ein Bausteinveranstalter steht nicht unter dem Druck, Risikokapazitäten mit großen Unterkunftskapazitäten in wenigen Zielen auslasten zu müssen, sondern kann sich auf kleine spezialisierte Marktsegmente sowie bei den Unterkünften auf eine große Vielfalt im Zielgebiet stützen in allen Qualitäten und Lagen. Selten stehen dann mehr als 5–10 Zimmer pro Hotel zur Verfügung, aber dies in einer enormen Angebotsbreite. Hinzu kommt ein weiterer Vorteil durch die Konzentration auf Linienflugverbindungen und individuelle Anreiseformen, da flexibel eine tägliche An- und Abreise möglich ist, oftmals sogar mehrmals zu unterschiedlichen Tageszeiten. Diese Flexibilität erlaubt es auch verschiedene Unterkunfts- und andere Reiseleistungen wie in einem Baukasten beliebig für ein oder sogar mehrere Zielgebiete im Rahmen einer Reise zu kombinieren. Daher auch der Begriff **Bausteinreise** (Englisch: ‚modular travel' oder ‚component travel') im Gegensatz zur Pauschalreise (Englisch: ‚package travel') und zur Individualreise (Englisch: ‚individual travel'), die ohne jegliche Organisation bzw. Online- oder Offline-Unterstützung durch einen Reiseveranstalter und/oder Reisevermittler vom Kunden selbst gebucht wird.

Jede Bausteinreise wird damit zu einem **individuellen Reiseprodukt**, das in dieser Kombination und im gleichen Zeitraum nur sehr selten noch ein zweites Mal vorkommt und somit für jeden einzelnen Kunden maßgeschneidert ist. Die Arten und Typen von Reisebausteinen umfassen ein breites Sortiment: Flüge, Bahntickets, Fährtickets, Hotelzimmer, Appartements, Ferienhäuser, Mietwagen, Campmobile, Haus-, Segel- und Motorboote, Rundreisen und Kreuzfahrten im Zielgebiet, Eintrittskarten zu Sport- und Kulturevents etc.. Die Reise ist nicht vorkonfektioniert sondern eine Summe von Einzelleistungen, die noch nicht einmal zum gleichen Zeitpunkt oder beim gleichen Veranstalter gebucht werden müssen. Zumeist lassen sich auch die Kunden eines Baustein-Reiseveranstalters weder im Quellmarkt(-Flughafen) noch im Zielgebiet(-Flughafen, -Hotel) bündeln. Folglich gibt es in der Regel auch keine Zielgebietsreiseleitung, zumal die Kunden selten lange im gleichen Hotel bleiben, sondern das Zielgebiet individuell mit lokalen Verkehrsmitteln oder Mietwagen und verschiedenen Unterkünften bereisen. Oftmals sind diese Reisen auch keine reinen Urlaubsreisen, da sie mit Verwandten-/Bekannten-Besuchen oder Geschäftsreisen im gleichen Zielgebiet verknüpft sind, was bei Pauschalreisen logistisch kaum möglich ist. Bei Reklamationen fungiert der jeweilige Leistungsträger selbst als Reiseleiter für seine Teilleistung. Für Notfälle hat der Kunde lediglich die Telefonnummer einer Hotline. Da der Bausteinveranstalter somit im Zielgebiet und während der Reise praktisch nicht in Erscheinung tritt, erinnert der Kunde eher die Marken der gebuchten Airline, der Hotels oder des Anbieters des Mietwagens oder anderer Leistungen.

Anders als bei fest eingekauften Risikokapazitäten von Pauschalveranstaltern mit saisonaler Yield-Kalkulation kann ein Bausteinveranstalter die Reiseleistungen weitaus flexibler auch innerhalb einer Saison sowohl zu langfristigen Kontraktpreisen als auch zu tagesaktuellen Preisen ein- oder nachkaufen, ohne dadurch seine Ertragskalkulation zu gefährden. Bausteinveranstalter **kalkulieren** üblicherweise nach dem so genannten **Merchant-Modell** mit prozentualen Margenaufschlägen und abgesicherten Wechselkursen auf die jeweiligen ggf. tagesaktuellen Einkaufspreise. Da das Geschäftsmodell keine Vorauszahlungen an Leistungsträger erfordert, ein Kunden- und/oder Reisebüro-Inkasso vor Reisebeginn und eine zeitlich nachgelagerte Voucher-Abrechnung vorsieht, verfügen Bausteinveranstalter über einen hohen Cash-Flow. Neben dem Merchant-Modell gibt es auch das **Vermittler-Geschäftsmodell**. Hierbei erfolgt kein Einkauf und keine Kontingentverwaltung sondern lediglich die Vermittlung einer Reiseleistung für einen Leistungsträger zu tagesaktuellen Preisen und Kapazitäten, die mit sehr kurzfristigen Buchungsfristen bereitgestellt werden. Der Kunde zahlt direkt an den Leistungsträger in der jeweiligen Landeswährung, beim Hotel auch vor Ort. Ein derartiger Bausteinvermittler wie zum Beispiel das Hotelportal HRS trägt somit kein Währungs- und Inkassorisiko und hat auch keine qualitative Verantwortung für das in fremdem Namen vermittelte Angebot. Das Zahlungs-, Storno- und No-Show-Risiko trägt der Leistungsträger selbst. Der Vermittler hat keinen Einfluss auf den Endpreis und die Zielgruppensteuerung. Für die Vermittlung bekommt er ein geringes Vermittlungsentgelt, das in der Regel nicht ausreicht weitere Vertriebskanäle wie u. a. Reisebüros zu honorieren.

Durch die Flexibilität und das fehlende Auslastungsrisiko kann ein Bausteinveranstalter bei hoher Nachfrage pro Zielgebiet ein sehr **breites und tiefes Sortiment** an Reiseleistungen anbieten und gewinnt bei entsprechender Kompetenz sogar den Status eines Zielgebietsspezialisten. Darüber hinaus kann er ein quellmarktunabhängiges flächendeckendes Angebot auch für ausländische Märkte mit guter Hub-Anbindung an deutsche Flughäfen anbieten, ohne im ausländischen Quellmarkt selbst als Reiseveranstalter mit allen rechtlichen Verpflichtungen operativ tätig zu sein; dafür reicht ein Generalagent als Vermittler.

Angesichts der vielen dargestellten **Vorteile** stellt sich natürlich die Frage, warum dieses Geschäftsmodell nur von wenigen Anbietern erfolgreich betrieben wird. Ein Bausteinveranstalter muss sich darüber im Klaren sein, dass er niemals zu einem Volumenveranstalter in einem Zielland werden kann, da er ohne Garantieverträge nicht über entsprechend große Anreise- und Unterkunfts-Kapazitäten verfügen kann. Hinzu kommt, dass die ohnehin kleinen Kontingente pro Objekt jederzeit durch Stopsales der Leistungsträger geschlossen werden können, so dass im Verlaufe einer Saison für besonders gefragte Angebote oder Termine keine Verfügbarkeiten mehr gegeben sind, vor allem wenn Wettbewerber oder auch andere Quellmärkte die angebotenen Objekte schnell auslasten. Dadurch steigt im Verlauf einer Saison die Optionierungs- und Request-Buchungs-Quote und erschwert auch den Reisebüros den Buchungserfolg. Dies kann nur durch ein umfassendes Angebots an Alternativ-Objekten in allen Qualitäts- und Preisklassen kompensiert werden.

Um die Masse der vielen kleinen Kontingente tagesaktuell steuern und überwachen zu können sind viele direkte IT-Schnittstellen zu den Reservierungssystemen der Leistungsträger erforderlich, so dass ein Bausteinveranstalter ein sehr komplexes, intelligentes, mandaten- und mehrwährungsfähiges Reservierungs- und Abwicklungssystem verfügen muss, das es als Marktstandard nicht gibt und in weiten Bereichen ein Selbstentwicklung erfordert. Aufgrund der Vielzahl der Objekte besteht ein extrem hoher Aufwand für Einkauf, Stammdaten-Erfassung und -Verwaltung. Dies bedingt auch sehr umfangreiche Kataloge mit einem vergleichsweise geringen Umsatz pro Objekt. So benötigt die REWE-Bausteintouristik gegenüber der REWE-Pauschaltouristik für den gleichen Umsatz die rund zehnfache Menge an angebotenen Objekten (ca. 50.000) bei der dreifachen Anzahl an Katalogseiten und einer sehr hohen Objektfluktuation von Saison zu Saison.

2.2.2.4 Marktabgrenzung und Unterschiede von Pauschal- und Bausteintouristik

Aus den Darstellungen zur Pauschal- und Bausteintouristik wird schnell deutlich, dass beide Veranstaltertypen nach unterschiedlichen zum Teil sogar gegensätzlichen Produktions-Methoden und -Prozessen arbeiten. Beide Herstellungsprozesse erfordern Spezialisierung und Experten-Know-How. Was in der Pauschaltouristik an Spezialwissen für Flug- und Hotelinfrastruktur in den großen Massenzielen, Einkaufsstrategien für Risikokapazitäten, Yield-Managment, Auslastungssteuerung und Abverkaufskanäle erforderlich ist, betrifft in der Bausteintouristik primär den technisch unterstützten Einkauf über viele direkte IT-Schnittstellen, eine weltweite Vernetzung mit vielen zum Teil kleinen und hoch spezialisierten Leistungsträgern, die extrem schnelle Verfügbarmachung tagesaktueller Preise und Kapazitäten in allen Vertriebskanälen, die freie Kombinierbarkeit aller einzelnen Sortimentsangebote und die Schulung des Vertriebs zur effizienten Nutzung einer komplexen IT-System-Technik. Die Bausteintouristik ist durch eigene selbst entwickelte Systeme wesentlich stärker Technik getrieben als die Pauschaltouristik, die branchenweit oftmals mit einem Standard-

2 Geschäftsmodelle von Reiseveranstaltern

System wie Blank arbeitet (u. a. 1,2 Fly (TUI), Öger Tours (Thomas Cook), Alltours, REWE-Pauschaltouristik, Bucher, Ameropa, Wolters, Phoenix Reisen, Olimar). Das wird von vielen klassischen Reiseveranstaltern unterschätzt.

Es gibt in der Praxis mit Ausnahme bei den REWE-Veranstaltern keine klare und eindeutige Marktabgrenzung für die beiden so unterschiedlichen Produktionsmethoden weder nach Marken noch nach Unternehmenseinheiten. Sowohl TUI als auch Thoma Cook sind in beiden Segmenten tätig, legen aber mit rund 80% ihres Sortimentes den Schwerpunkt auf Pauschalreisen. Lediglich bei FTI, deren Sortiment sich jeweils hälftig auf beide Segmente verteilt, gibt es zumindest intern eine Spezialisierung auf die beiden Herstellungsprozesse. Hingegen sind die REWE-Veranstalter mit der Pauschaltouristik unter den Marken ITS, Jahn und Tjaereborg und der Bausteintouristik mit den Marken DERTOUR, Meier's Weltreisen und ADAC Reisen sowohl nach Unternehmenseinheiten, Marken, Standorten, Einkaufsstrukturen, Abwicklungsprozessen, Marketing und IT-Systemen komplett eigenständig und spezialisiert. Lediglich im Eigen-, Fremd- und teilweise im Online-Vertrieb gibt es Gemeinsamkeiten. Im Ergebnis zeigt sich dabei, dass durch diese produktionstechnische Spezialisierung die Pauschal- und Baustein-Veranstalter der REWE stark unterschiedliche Angebots-Portfolios nach Zielländern haben (vgl. Abb. I. 2-9).

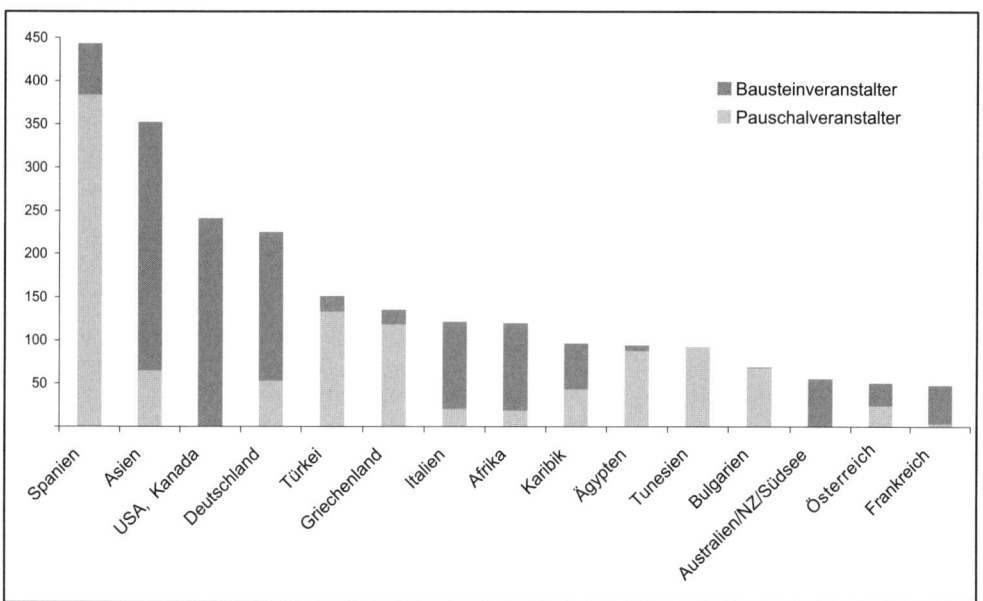

Abb. I. 2-9 REWE Pauschal- und Bausteinveranstalter Umsatzanteile TOP 15 Destinationen

Aus Markt- und Kundensicht entfallen rund zwei Drittel des Gesamtumsatzes des Veranstaltermarktes auf klassische Pauschalreisen und ein Drittel rund auf die Bausteinreisen. Allerdings erweist sich seit etwa 2000 das Bausteingeschäft mit seinen flexiblen Kombinations- und Spezialangeboten als wesentlich wachstumsstärker als das Pauschalreisengeschäft, bei dem die rückläufigen Flugpauschalreisen lediglich noch durch den Kreuzfahrt-Boom kompensiert werden. Dazu trägt auch die demografische Entwicklung bei, da es immer weniger

Familien für ein preiswertes Massenangebot im Sun&Beach-Segment gibt und zunehmend ältere Paare ohne Kinder mit höherer Kaufkraft steigende Individualisierungs-Ansprüche haben (vgl. Kapitel IV.2.3).

Dem **Kunden** sind die zuvor dargestellten Produktionsmethoden und Charakteristika des Veranstalterangebotes ziemlich gleichgültig. Er versteht unter Bausteintouristik die flexibel und individuell kombinierbaren Reisebausteine mit täglicher An- und Abreise, die es ihm ermöglichen mit der rechtlichen Sicherheit einer Veranstalterreise eine für ihn maßgeschneiderte Reise in allen Preiskategorien zusammenzustellen. In der Pauschaltouristik hat er gelernt, dass er dort standardisierte und vorkonfektionierte Reisepakete aus mehreren definierten Reiseleistungen erhält, die aufgrund des identischen Verkaufs an viele Mitreisende besonders preiswert sind und ebenfalls unter dem rechtlichen Schutz der Veranstalterreise stehen. Alles andere interessiert den Kunden nicht. Dies bedeutet aber auch, dass Pauschal- und Bausteintouristik völlig unabhängig von den Produktionsbedingungen für Marketing und Angebotsdarstellung gegenüber den Kunden **besondere Rahmenbedingungen** beachten müssen:

- Eine Pauschalreise muss für die Kunden erkennbar preiswerter, schneller buchbar, sicherer und vollständiger als die individuelle Organisation einer vergleichbaren Reise sein.
- Reisebausteine dürfen aufgrund von Volumenseinkauf und Kontingent-Handling nicht teurer sein als eine direkte Reservierung durch den Kunden beim Leistungsträger.
- Die Bausteintouristik ist weitgehend unabhängig von Zielgruppen, wenn alle Reiseleistungen nach individuellen Anforderungen preislich und inhaltlich flexibel zusammengestellt werden können und das Sortiment an Reisebausteinen breit und tief genug ist.
- Die Pauschaltouristik ist stärker auf ein saisonales Quellmarkt-Aufkommen ausgerichtet (so liegt der Anteil von Familien mit Kindern Pauschal je nach Marke bei ca. 10–15%, hingegen Baustein bei nur ca. 1–2%); die verschiedenen Reisepakete müssen von Anfang an zielgruppengerecht geplant und vorkonfektioniert werden und sind daher stärker von der Entwicklung dieser Zielgruppen abhängig.
- Pauschalreiseveranstalter konzentrieren sich eher auf Zielgebiete mit hohem punktuellen und saisonalen Aufkommen (vor allem Inseln), für das es ohne eigene Garantien oder Investments zumeist keine ausreichende Anreise- und Aufenthaltskapazitäten gibt; eine alternative Verwendung dieser Kapazitäten für andere Reisanlässe als Urlaubsreisen ist zumeist nicht gegeben.
- Bausteinreisenveranstalter konzentrieren sich eher auf Zielgebiete mit geringerem Aufkommen und geringen saisonalen Spitzen, für die das vorhandene Linienflugaufkommen oder Eigenanreise per Pkw ausreichend ist (Städtereisen, Fernreisen, Spezialangebote etc.) und genügend Unterkunftskapazitäten gibt, die außerhalb der Urlaubssaison auch für andere Reiseanlässe wie Geschäftsreisen, ethnische und Reisen, Messen/Kongresse, und andere Quellmärkte genutzt werden können.
- Aufgrund des Risikoeinkaufs von großen Kontingenten sowie bei hohem Integrationsgrad mit eigenen Hotels, Zielgebietsagenturen und Reiseleitungen hat die Pauschaltouristik eine hohe Abhängigkeit von der wirtschaftlichen und politischen Entwicklung sowie Naturkatastrophen in den jeweiligen Zielgebieten; viele Pauschalveranstalter sind mit über einem Drittel ihres Angebotsvolumens von einem einzigen Zielland abhängig.

- Bausteinveranstalter haben eine wesentlich geringere Zielgebietsabhängigkeit und somit breitere Risikostreuung, wobei das größte Zielgebiet zumeist nur auf maximal 10% des Angebotsvolumens kommt.

Trotz des aktuell stärkeren Trends zur Bausteintouristik als zur Pauschaltouristik wird es auch zukünftig einen breiten Markt für beide Angebots- und Produktionsformen geben. Für die zukünftig wachsenden älteren Bevölkerungsschichten könnten neue Formen der Pauschalreise entwickelt werden mit speziell für sie ausgearbeiteten Inclusive-/Zusatzangeboten (inkl. Gepäcktransport, An-/Abreise-Transfers, Erlebnis-/Unterhaltungsangeboten etc.). Diese Merkmale sind ja ohnehin bereits heute Bestandteil der Pauschalreiseformen Kreuzfahrten und Busreisen, die beide stark von den zunehmenden älteren Bevölkerungsschichten nachgefragt werden.

3 Entwicklung des Reiseveranstaltermarktes – von den Pionieren der Reiseorganisation zu horizontal und vertikal integrierten Reisekonzernen

3.1 Überblick über die historischen Epochen des deutschen Reisemarktes

Einführend ist in Abb. I. 3-1 die Entwicklung der Reiseveranstalter in Deutschland überblicksartig dargestellt. Die einzelnen Elemente der Übersicht werden in den nachfolgenden Abschnitten detailliert erläutert.

Im Unterschied zu den meisten anderen Ländern haben sich die kommerziellen Reisemarktstrukturen in Deutschland unter maßgeblichem Einfluss des Reisevermittler-Gewerbes entwickelt. Insbesondere das Entstehen der großen Reiseveranstalter ist auf vertriebsstrategische Interessen der deutschen Reisevermittler zurückzuführen. Die Reisemärkte anderer Länder wurden zumeist von starken Direkt- und Eigenvertriebssystemen der Leistungsträger dominiert und überließen dem Reisevertrieb eine relativ einflusslose Position. Die bisherige Sonderstellung des Reisevermittler-Gewerbes in Deutschland hing bis etwa zum Jahr 2000 vor allem mit seiner historischen Entwicklung zusammen (siehe auch Kapitel III.3). Nach dem 2. Weltkrieg kooperierten verschiedene große Reisebüros und Filialketten miteinander, um Reisen zu veranstalten und Auslastungsrisiken zu vermindern. Sie gründeten nachfolgend gemeinsam Reiseveranstalter und fusionierten diese im Zuge der Entwicklung des Massentourismus in den 60er und 70er Jahren des letzten Jahrhunderts und blieben aber weiterhin Gesellschafter dieser Unternehmen.

Erst in den 90er Jahren verschoben sich die Machtverhältnisse als die starke Gründergeneration der Nachkriegszeit auch ihre Reisebüros und Reisebüroketten fusionierten und anschließend an die von ihnen zum Teil selbst gegründeten Veranstalterkonglomerate veräußerten. Diese spalteten um die Jahrtausendwende ihre erworbenen Reisebüroorganisationen in jeweils spezialisierte Geschäftsbereiche für das stationäre Privatkundengeschäft und Geschäftsreise-Dienstleistungen auf. Während die Veranstalterkonzerne die stationären Reisebüros als integrierte und steuerbare Vertriebseinheiten benötigten und diese seit der Jahrtausendwende um Franchise- und Kooperationssysteme ergänzten, wurden die Business Travel Geschäftsbereiche teilweise an weltweit agierende Geschäftsreise-Konzerne verkauft oder im Wege einer regionalen Partnerschaft in entsprechende Organisationen eingebunden.

50er Jahre: Anfänge des Pauschaltourismus	60er u. 70er: „Kaufhaus-Tourismus"	80er u. 90er: Die „Top Five"	Ende 90er/Anf. 2000er Lagerbildungen/ Konzerne
1951 Touropa DER, Hapag Loyd, abr, Dr. Degener 1953 Scharnow 1953 Hummel	1962 Quelle Reisen (Quelle-Schickedanz) 1968 TUI-Touristik Union Internation Touropa, Scharnow, Hummel, Dr. Tigges	1. TUI Touropa, Scharnow, Transeuropa, Hummel, Dr. Tigges, twen-tours, hit	1998 TUI Group („Rotes Lager") (Preussag) Hapag Lloyd, TQ3, 400 Beteiligungsges.
1955 Deutsche Flugdienst GmbH (später Condor)	1965 Neckermann Reisen (Karstadt ab 1976)	2. NUR-Touristic (1982) Neckermann Reisen, GUT Reisen, Club 28, Club Aldiana, Terramar	2003 Thomas Cook AG 1998 C&N Touristik AG („Gelbes Lager") (Karstadt-Quelle AG, Lufthansa) Condor, NUR Touristik
1955 LTU-Lufttransport GmbH & Co KG 1951 Ameropa (Dt. Bahn AG) 1947 DER-Deutsches Reisebüro (gegr. 1917 als MER)	1970 ITS-International Tourist Services (Kaufhof bis 1994) (1974 alltours)	3. LTU-Touristik (1986) THR Tours, Jahn Reisen, Meier's Weltreisen, Tjaereborg, smile & fly, Marlboro Reisen, 4. ITS (1995 REWE) Club Calimera, Direct Reisen, Eurojet 5. DERTOUR (1985) (1983 Frosch Touristik) (1988 alltours, deutschlandweit)	1999 REWE Gruppe • LTU Touristik (2001) • IST • DERTOUR FTI Frosch Touristik FTI International (Airtours, GB, 2000) alltours

Abb. I. 3-1 Entwicklung der Reiseveranstalter in Deutschland

Die in diesem Zeitraum parallel dazu verlaufende internationale Konsolidierung der touristischen Veranstalterkonzerne hatte dann allerdings nichts mehr mit den instrumentalisierten Reisebüros zu tun. Diese mussten sich seit der Jahrtausendwende einem neuen Wettbewerb stellen: dem Vertrieb von Reiseleistungen ohne Beratung über Internet, Ticketautomaten und alternative Vertriebskanäle – und dies in Konkurrenz zu ihren eigenen Lieferanten, d. h. Leistungsträgern und Veranstaltern, die oftmals zugleich auch ihre Eigentümer bzw. Franchisegeber sind.

Diese historische Dokumentation der Historie des Reiseveranstaltermarktes in Deutschland wäre nicht vollständig, wenn nicht zwei sehr wesentliche exogene Ereignisse erwähnt werden, die starken Einfluss auf dessen Entwicklung hatten: Die Wiedervereinigung der beiden deutschen Staaten am 9. November 1989, die den deutschen Reiseveranstaltern und Reisebüros schlagartig ein zusätzliches Kundenpotenzial von rund 25% zuführte, von denen der deutsche Reisemarkt mit zum Teil extremem Wachstum bis etwa 1996 profitierte. Und der 11. September 2001 mit dem Anschlag auf das World Trade Center in New York, der in den Folgejahren in vielen europäischen Reisemärkten zu tief greifenden Umsatz-Einbrüchen um 20% bis 30% führte, die erst 2008 wieder aufgeholt wurden. Ob der 11. September der alleinige Auslöser einer weitgehenden Stagnation bzw. Sättigung der Reisemärkte war oder nur der Gipfel ökonomischer Probleme (Platzen der E-Commerce-Blase, Einführung des Euro, geringes Wirtschaftswachstum bzw. Stagnation vor allem in Deutschland) und vieler militärischer und terroristischer Konflikte in den 90er Jahren (Golfkriege, Bürgerkriege in Jugoslawien, Bosnien- und Kosovo-Krieg, Anschläge am Hatschepsut-Tempel/Ägypten, auf Djerba, in der Türkei etc.) mag umstritten sein. Das Jahr 2001 bescherte jedenfalls den bis dahin erfolgsverwöhnten Reiseunternehmen die bislang deutlichsten Nachfrageeinbußen und dokumentierte die nachhaltige Volatilität der Reisebranche.

Die Geschichte des Reiseveranstaltermarktes lässt sich in **fünf Epochen** untergliedern:

1. Antike, Mittelalter und Neuzeit **bis zum 2. Weltkrieg**, in der sich Reisen von Personen überwiegend an geschäftlichen und politischen/militärischen Erfordernissen orientierte oder aber ethnisch motiviert waren.
2. Die Entwicklung des **Massentourismus** in hoch entwickelten Wirtschaftsnationen mit Hilfe von Reiseveranstaltern und Reisebüros in der zweiten Hälfte des 20. Jahrhunderts bis zur Wiedervereinigung Deutschlands.
3. Die **Lagerbildung** des deutschen Veranstaltermarktes durch Ver- und Entflechtung der verschiedenen Wertschöpfungsstufen und Beteiligungsstrukturen des Reisemarktes nach der Aufhebung der Vertriebsbindung.
4. Die **Neugestaltung von Geschäftsmodellen** durch horizontale und vertikale Voll-, Teil- oder Nicht-Integration von Wertschöpfungsstufen.
5. Die **Globalisierung** der Reiseveranstaltermärkte zu Beginn des 21. Jahrhunderts.

3.2 Der Reisemarkt zwischen Antike und Neuzeit

Der Ursprung allen Reisens liegt im **Handel** und damit im Transport von Gütern. Als erste Reisegesellschaften kann man die Karawanen des Altertums bezeichnen, die neben Waren auch vereinzelt Personen beförderten. Im Zuge der regelmäßigen Ausgestaltung derartiger Handelsströme wurden Reiseorganisationen geschaffen, die sich zu Lande als **Speditionen** und zu Wasser als **Reedereien** betätigten. Historisch überliefert ist die Existenz einer offiziellen, reisebüroähnlichen Organisation bereits bei den Römern, die Reiseinformationen erteilte, Platzreservierungen für Schiffe und Kutschen vornahm, Fahrausweise ausstellte und Unterkunftsleistungen vermittelte. Als Arbeitsunterlagen dienten dazu Reisebeschreibungen und Itinerarien, die Vorläufer der Kursbücher. Mit zunehmender Arbeitsteilung wuchs neben dem bis dahin vorherrschenden Güterverkehr die Nachfrage nach Personenverkehrsleistungen überwiegend zu geschäftlichen Zwecken. Diese Zusatzfunktionen wurde zunächst von Reedereien und Speditionen übernommen, zumal es noch keine reinen Personenverkehrsmittel gab.

Ein nennenswerter Personenreiseverkehr entwickelte sich erst im Zuge von **Pilgerreisen** und **Auswanderungsbewegungen** im 18. und 19. Jahrhundert. In zunehmendem Maße etablierten namhafte Reedereien auch im Binnenland Vermittlungsbüros für den Fracht- und Personenverkehr. Durch die Ausbreitung des Schienenverkehrs vollzog sich eine parallele Entwicklung bei den Speditionen. Mit der Veranstaltung von Gesellschaftsreisen per Eisenbahn ermöglichte der Engländer Thomas Cook Mitte des vergangenen Jahrhunderts erstmalig touristische Reisen für größere Personenkreise. Durch Ausdehnung seiner Reisen auf ganz Europa übertrug er seine Ideen auch auf andere Länder. 1865 eröffnete Thomas Cook in London ein Reisebüro und baute in den Folgejahren in ganz Europa und in Übersee ein Netz eigener Reiseagenturen aus, bei denen Bahnpauschalreisen, Schiffsreisen, aber auch einzelne, internationale Bahnfahrausweise erhältlich waren. Diese Reisebüros übernahmen auch angesichts der weit verbreiteten Visapflicht und fehlenden Währungskonvertibilität viele hoheitliche Aufgaben und wurden stark von staatlichen Behörden und Institutionen kontrolliert. Sie vermittelten Reiseleistungen und veranstalteten Reisen gleichermaßen (vgl. Kapitel III.3).

3.3 Entwicklung von Reiseveranstaltern durch Initiativen und Reaktionen der Reisebüros und des Handels in Deutschland

Die heutige Struktur des Reisegewerbes hat sich aus einer kumulativen Ausweitung der Vertriebswege des Reisebürofachhandels sowie der Waren- und Versandhäuser ergeben. Dabei blieb der größte Reiseveranstalter, die TUI, bis 1995 weitgehend im Besitz der Gründer der fusionierten Veranstalterunternehmen und somit der Eigentümer eines großen Teils ihres eigenen Vertriebsnetzes. Aber auch die Entstehung der zum Jahrtausendwechsel zweit-, viert- und fünftgrößten deutschen Veranstalter, NUR, DER und ITS, erklärt sich im Wesentlichen aus vertriebsstrategischen Überlegungen und Aktivitäten im Handels- und Reisevermittlungsgewerbe. Eine Ausnahme bildeten dabei lediglich der 1981 mit den Marken Meier's Weltreisen, Transair und THR Jet und Bett gegründete drittgrößte Veranstalter LTU Touristik GmbH & Co KG (LTT), der später durch die Zukäufe von Jahn Reisen (1979 von Wienerwald-Inhaber Jahn gegründet, 1981 an LTU verkauft) und Tjaereborg (1974 als Beteiligung des dänischen Veranstalters in Deutschland gegründet, 1981 von Handelskette Allkauf gekauft, 1986 an LTU weiterveräußert) expandierte. Er entstand aufgrund produktionsstrategischer Anforderungen zur Kapazitätsauslastung der Charter-Fluggesellschaft LTU.

Im Zuge des Neuaufbaus nach dem 2. Weltkrieg entschlossen sich die drei Reisebüroketten DER, abr und Hapag Lloyd neben ihrer breitgefächerten Vermittlungstätigkeit auch als Reiseveranstalter tätig zu werden. Sie gründeten 1948 gemeinsam mit dem österreichischen Reisebüro Dr. Karl Degener die Arbeitsgemeinschaft DER-Gesellschaftsreisen, aus der 1951 die **Touropa** hervorging. Durch regelmäßige Fahrten zu festen Reiseterminen mit großen Teilnehmerzahlen, die einen kompletten Sonderzug auslasteten, konnten Erholungsreisen wesentlich preiswerter angeboten werden, als es bis dahin für ein einzelnes Reisebüro im Rahmen kleiner Gruppen möglich war. 1953 entstanden durch den Zusammenschluss mehrerer Reisebürogruppen zwei weitere Fahrgemeinschaften, die als selbständige Reiseveranstalter ausgegliedert wurden: Die Reisebüros Scharnow, Kahn, Bangemann, Dr. Friedrich und das Essener Reisebüro gründeten das Unternehmen **Scharnow Reisen**; die Reisebüros Lührs, Strickrodt sowie die Verlagsreisebüros der Zeitungen ‚Die Welt' und ‚Hamburger Abendblatt' (Springer-Verlag) gründeten die Firma **Hummel Reisen**. Ab Mitte der 50er Jahre kooperierten diese drei Reiseveranstalter in verschiedenen Marktsegmenten, vor allem, um nach Aufnahme des Flugpauschalreiseverkehrs ihre Auslastungsrisiken zu vermindern. 1968 gründeten sie gemeinsam mit dem seit 1928 bestehenden Studienreisen-Veranstalter Dr. Tigges den Veranstalter-Verbund **Touristik Union International (TUI)**. Dieser Veranstalter-Verbund wurde 1970 ergänzt um das von Hummel 1969 gegründete, auf Jugendreisen spezialisierte Unternehmen Twen Tours. Im gleichen Jahr brachten DER, abr, Hapag Lloyd und Airtour-Flugreisen, wiederum ein Verbund selbständiger Reisebüros, den IT-Flugreiseveranstalter airtours international in die TUI ein. Nach einer langen Übergangsphase und einem gezielten Co-Branding ersetzte die TUI 1988 ihre bisherigen Einzelmarken (ausgenommen airtours) durch die Dachmarke TUI.

Während die genannten sechs Veranstalter-Marken aus den traditionellen Reisebüros und Reisebüroketten hervorgingen, die bis 1996 ein wesentliches Standbein ihres Vertriebsnetzes waren, drangen mit Beginn der 60er Jahre zunächst Versand- und später auch **Warenhäuser** in den lukrativen, im Aufschwung befindlichen Reisemarkt ein. Quelle und Neckermann boten in ihren Versandkatalogen sowie in ihren eigenen Warenhäusern und Verkaufsstellen vor allem Flugpauschalreisen zu den Sonnenzielen des Mittelmeeres an. Mit Beginn des Massentourismus, etwa Mitte der 60er Jahre, erwies sich jedoch dieser Vertriebsweg als zu eng. Da ihnen das Verkaufsnetz der traditionellen Reisebüros aufgrund von deren enger Bindung an die Veranstaltermarken der TUI verschlossen blieb, gründete die **Neckermann** Versand AG 1965 den Reiseveranstalter Neckermann + Reisen (ab 1980 NUR Touristic, ab 1998 C&N Touristic, seit 2001 Thomas Cook). Dieser Veranstalter betrieb bis zum von den Kartellbehörden betriebenen Wegfall der Vertriebsbindung im deutschen Veranstaltermarkt 1994 neben der konzerneigenen Versandhandels-Organisation ein eigenes Netz von selbständigen Touristik-Agenturen als bewusste Alternative zu den traditionellen Voll-Sortiment-Reisebüros.

Das **Versandhaus Quelle** war zurückhaltender bei seinen Aktivitäten im touristischen Sektor. 1968 übernahm das Unternehmen den Flugreiseveranstalter Trans-europa und veräußerte die nunmehr selbst produzierten Touristik-Programme über die eigenen Warenhäuser. 1971 übernahm die Karstadt AG 50% der Anteile von Transeuropa, die 1972 als siebte Veranstaltermarke vollständig in die TUI eingebracht wurde, wodurch Quelle und Karstadt TUI-Gesellschafter wurden. Nachdem Karstadt die Aktienmehrheit an der Neckermann-Versand AG erworben und damit Einfluss auf das Reise-Tochterunternehmen NUR gewonnen hatte, erfolgte 1976 durch Auflage des Bundeskartellamtes der Austausch der Karstadt-Kapitalanteile an der TUI gegen Anteile der Kaufhaus Horten AG. Beide Kaufhaus-Konzerne betrieben darüber hinaus innerhalb ihrer Warenhäuser als Ergänzung ihrer Handelspalette je nach Standort Touristik-Vermittlungsstellen oder Mehrlizenz-Reisebüros.

Neben NUR umging auch der 1970 von der Kaufhof AG gegründete Reiseveranstalter **ITS (International Tourist Services GmbH)** die traditionellen Reisebüros. Das Unternehmen bot bis 1994 seine Produkte in den Warenhäusern Kaufhof und Hertie, in Verbrauchermärkten (u.a. Ratio, Coop, Massa, Metro), über die Versandhäuser Otto und Schwab sowie in zahlreichen Lotto- und Toto-Annahmestellen an. Auf diese Weise wurde einer großen Zahl von branchenfremden Nebenerwerbsbetrieben der Zugang zum Reiseveranstaltermarkt erschlossen.

3.4 Lagerbildung durch Ver- und Entflechtung von Wertschöpfungsstufen und Beteiligungsverhältnissen

In den 90er Jahren haben sich nach der Wiedervereinigung Deutschlands bei nahezu allen großen Reiseveranstaltern durch vertikale und horizontale Expansion sowie durch Veränderung der Eigentumsverhältnisse neue Interessenskonstellationen entwickelt. Den Auftakt hierzu bildete das Engagement der **Westdeutschen Landesbank (West LB)** im deutschen Tourismusgewerbe. Diese übernahm zunächst 34,6% der bislang im Familienbesitz Conle befindlichen LTU-Gruppe. 1992 bündelte und erwarb sie die Anteile der kleinen Reisebürogesellschafter an der TUI wie u.a. von Scharnow, Bangemann, Strickrodt, Kahn, Essener Reisebüro, Lührs und der Familie Tigges Erben. Nach langwierigen Verhandlungen über die Vorkaufsrechte mit den anderen bisherigen Mitgesellschaftern DER, abr Reisebüro, Hapag Lloyd sowie Horten und Quelle einigte man sich auf eine neue Gesellschafterstruktur. Gemäß dieser sollten die Westdeutsche Landesbank und Hapag Lloyd jeweils 30% der Anteile an der TUI halten, Quelle 20% sowie DER und abr je 10%. Horten zog sich 1994 nach dem Verkauf an die Metro-Tochtergesellschaft Kaufhof zugunsten von Quelle aus der Beteiligung an TUI zurück. 1995 wurden schließlich im Zuge der Verschmelzung des abr auf das DER die abr-Anteile auf die Deutsche Bahn AG übertragen, die als Mehrheitsgesellschafter des DER auch über dessen Anteile an der TUI mit verfügte. Im gleichen Jahr erwarb die Westdeutsche Landesbank von der British Midland Bank alle Anteile an der bis dahin weltweit drittgrößten Reisebürokette Thomas Cook plc, deren internationale Geschäftsreisetätigkeit bereits ein Jahr später ausgegliedert und an American Express (Amex) verkauft wurde, das damit zum mit großem Abstand größten Geschäftsreisen-Dienstleister der Welt aufstieg.

Völlig konträr hierzu verlief das touristische Engagement der **Metro-Gruppe** mit ihrer Tochtergesellschaft **Kaufhof**. Die Kaufhof AG hatte im Laufe der zweiten Hälfte der 80er Jahre neben den deutschen Unternehmen ITS, Jet-Reisen, ATT-Reisen und EVS (später: Berge & Meer) ein internationales Portfolio an Reiseveranstaltern zusammengekauft. Aufgrund eines außerhalb der beiden Kaufhausketten Kaufhof und Hertie schwachen Vertriebs im deutschen Reisemarkt, der nicht zuletzt auch ein Ergebnis der bis 1994 bestehenden, auf dem Handelsvertreterrecht basierenden und juristisch umstrittenen Vertriebsbindung war, blieben die deutschen Veranstalter der ITS-Gruppe wachstums- und ergebnisschwach. Mit der Übernahme der drei Reisebüroketten Europäisches Reisebüro/Reisewelt (zuvor Reisebüro der DDR), Jugendtourist und Palm-Touristik sollten diese Vertriebsdefizite vor allem im neu hinzugekommenen ostdeutschen Reisemarkt behoben werden. Man übernahm jedoch zugleich mit diesen Ketten erhebliche finanzielle Altlasten. Aufgrund der vom Kartellamt genehmigten Fusionen der vier großen Warenhausketten Kaufhof/Horten und Karstadt/Hertie, erfolgte 1993 und 1994 eine vollständige **Umstrukturierung**. Die Hertie-Büros wurden sukzessive an Karstadt übergeben und Kaufhof übernahm die Horten-Reisebüros, wobei Horten aus kartellrechtlichen Gründen seine Beteiligung an der TUI an den Quelle Versand (Schickedanz-Gruppe) veräußerte. Da der Deckungsbeitrag des gesamten touristischen Engagements für Metro und Kaufhof nach wie vor unbefriedigend war, entschloss sich Metro zum vollständigen **Rückzug** aus der Touristik. Der Türkei-Spezialist ATT-Reisen wurde an den 1983 gegründeten Türkei-Spezialveranstalter Öger-Tours veräußert. Die Geschäftstätigkeit von Jet-Reisen wurde 1994 auf ITS verschmolzen und ITS-Reisen einschließlich der Reisebüroketten Reisewelt, Palm-Touristik, Jugendtourist, Kaufhof- und Horten-Reisebüro an die Lebensmittel-Handelsgruppe **REWE** verkauft. REWE hatte 1989 eine kleine Reisebürokette namens Atlasreisen mit 20 Betriebsstellen übernommen und diese durch eine flächendeckende Eröffnung von Reisebüros bis zu diesem Zeitpunkt bereits auf über 500 Vertriebsstellen ausgeweitet.

Auch die im Gegensatz zu den Inlandsaktivitäten fast ausnahmslos profitablen und attraktiven Auslandsbeteiligungen wurden bis Ende 1996 schrittweise veräußert. Die Beteiligung an Kuoni (Schweiz) wurde an die Hugentobler-Stiftung zurückverkauft und von dieser an der Schweizer Börse platziert. Die Beteiligung an Holland International (Niederlande) erwarb die TUI und verschmolz sie mit der eigenen Tochtergesellschaft Arke Reizen, so dass durch die Fusion dieser beiden Marktführer der mit Abstand größte vertikal integrierte holländische Reisekonzern (Veranstalter, Geschäftsreisen und stationäre Reisebüros) entstand. Travelplan (Spanien) wurde von der spanischen Hidalgo-Gruppe übernommen. Sun international (Belgien) und Voyages Conseil (Frankreich) wurden an den zweitgrößten britischen Reiseveranstalter Airtours plc (ab 2003 My Travel plc, seit 2007 Thomas Cook plc) veräußert. Schließlich verkaufte Metro Ende 1995 ihre eigenen teilweise unter dem Namen FINASS firmierenden Verbrauchermarkt-Reisebüros an die deutsche Thomas Cook Reisebüro GmbH, eine 100%-Beteiligung der West LB.

Auch die **Deutsche Lufthansa** hatte sich seit Beginn der 80er Jahre sukzessive im Reisemittler- und Veranstaltergewerbe, zunächst durchweg als Minderheitsgesellschafter, engagiert.

Sie erwarb 1978 10% am DER und stockte ihre Anteile bis 1995 im Zuge des Ausscheidens der DER-Mitgesellschafter abr und Hapag Lloyd auf 33,2% auf. Zwischenzeitlich wurden weitere Beteiligungen an Hapag Lloyd AG (18% in 1983), und der TUI-Tochtergesellschaft airtours (50%, 1994), an der Reisebürokette FIRST (20,1% in 1980), und Eurolloyd (Erwerb von 100% in 1979, Verkauf von 51% an Karstadt in 1995) übernommen sowie 1991 die Reisebüro-Franchise-Organisation Lufthansa City Center gegründet. Die 100%-ige Lufthansa-Charterflug-Tochtergesellschaft Condor erwarb in mehreren Tranchen seit 1993 alle Anteile an den Reiseveranstaltern Fischer Reisen, Kreutzer Reisen und Air Marin einschl. deren Reisebürokette Alpha Reisen sowie 10% an dem Türkei-Spezialisten Öger Tours, die 2007 an Öger zurückgegeben wurde. Ziel der Käufe war es, die Flugkapazitäten dieser bisherigen Condor-Kunden abzusichern.

Als die West LB 1997 plante, unter Führung ihrer Beteiligung **Preussag AG** (Beteiligung von 29,1% direkt und 3,5% indirekt über die Niedersachsen Holding) den Hapag Lloyd Konzern (Linienschifffahrt, Charterfluggesellschaft, Kreuzfahrtreederei, Seereisenveranstalter, Reisebüros und Geschäftsreiseservice) vollständig zu übernehmen und mit TUI (Anteile 30% direkt und 30% über Hapag Lloyd), LTU (34,6%) und der stationären deutschen Thomas Cook Reisebürokette (100%) einschließlich von deren Beteiligungen zu einem vertikal integrierten globalen Reisekonzern (Preussag/TUI, so genanntes **rotes Lager**) zusammenzuführen, änderten die Lufthansa und Condor ihre Strategie. Sie erzielten mit dem Karstadt-Konzern Einigung, die NUR-Touristic und Condor einschließlich aller Reiseveranstalter- und Reisebürobeteiligungen zur C&N Touristic zu integrieren (Karstadt/Lufthansa, so genanntes **gelbes Lager**), um einen Gegenpol zum roten Lager zu bilden und die Condor gegen die Übermacht der beiden Charterflug-Konkurrenten LTU und Hapag Lloyd abzusichern. Beide Lager mussten ihre Vorhaben bei den Kartellbehörden anmelden, die angesichts des entstehenden engen Oligopols vor allem bei Flugpauschalreisen und Charterflügen im deutschen Reisemarkt erhebliche Auflagen für alle Beteiligten erteilten, um insbesondere die bislang bestehenden gesellschaftsrechtlichen Querverbindungen zwischen den beiden Lagern aufzuheben. Lufthansa veräußerte daraufhin 1997 und 1998 binnen weniger Monate ihre Beteiligungen an den First-Reisebüros (an die West LB), an airtours (zurück an die TUI), am DER (an die Deutsche Bahn AG), an Hapag Lloyd (an die Preussag AG) und an Eurolloyd (gemeinsam mit Mitgesellschafter Karstadt an Kuoni/Schweiz). C&N Touristic erhielt die Genehmigung des Bundeskartellamtes im November 1997. Dem roten Lager wurde die Integration der Fluggesellschaft LTU und der LTU-Veranstalter verweigert. Die West LB erhielt die Auflage, ihre LTU-Beteiligungen auf einen Treuhänder zu übertragen und binnen zwei Jahren zu veräußern. Die Genehmigung des roten Lagers (ohne LTU) erfolgte schließlich im März 1998.

Anfang 1999 verkaufte die West LB 49,9% der LTU-Gruppe an die Swissair. Zeitgleich stiegen auch die Einzelgesellschafter der LTU wie u. a. die Familie Conle als Gesellschafter aus. Die Mehrheit von 50,1% musste zur Wahrung der Flugrechte in deutschem Besitz bleiben. Mangels operativer Investoren wurden diese Anteile treuhänderisch von der Stadtsparkasse Düsseldorf und dem Bankhaus Sal. Oppenheimer übernommen. Der operative Betrieb der Fluggesellschaft wurde zur Nutzung der Synergien in eine Tochtergesellschaft unter alleinigem Management der Swissair ausgegliedert.

3 Entwicklung des Reiseveranstaltermarktes

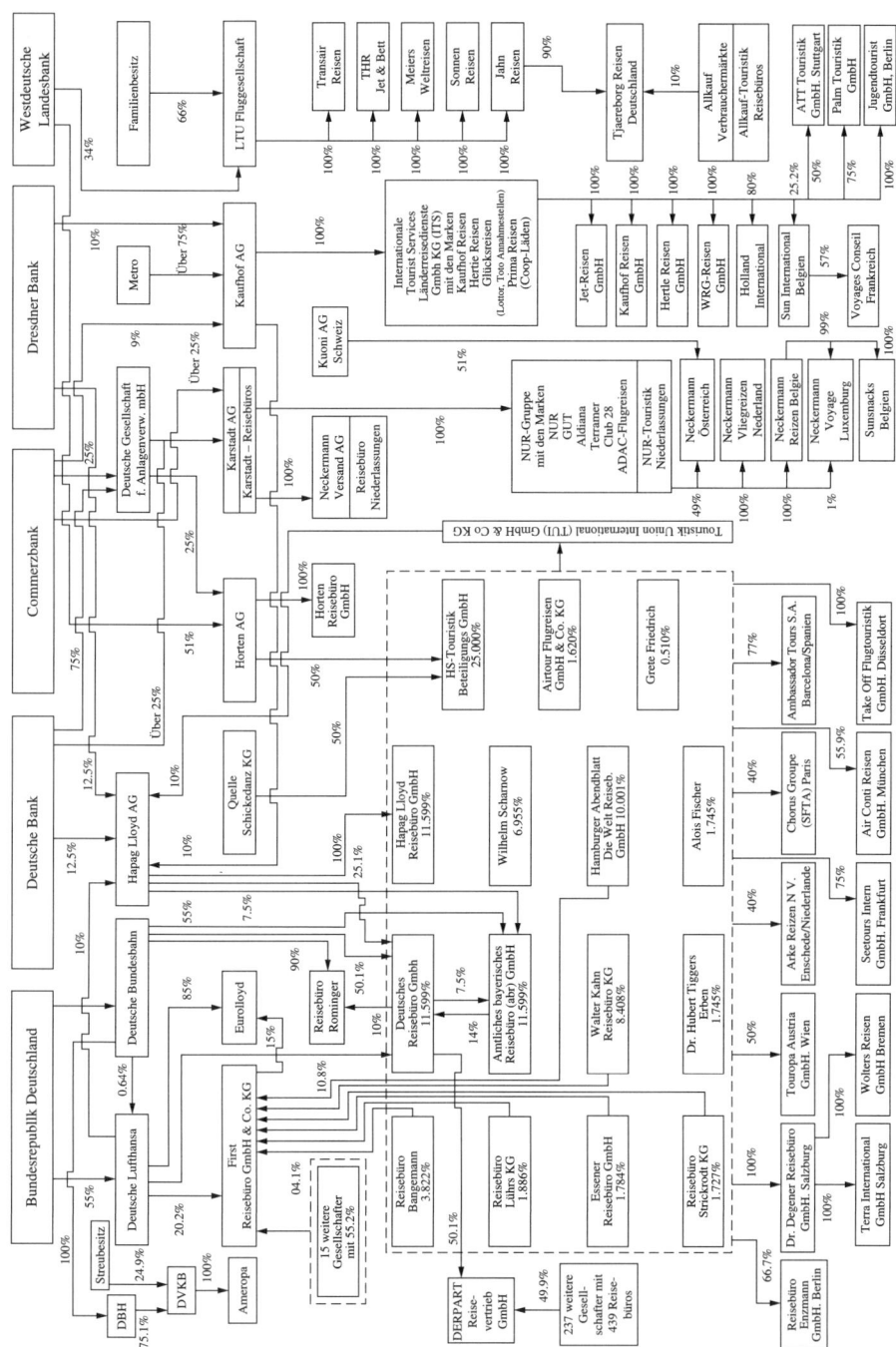

Abb. I. 3-2 *Verflechtung der Reisebranche Stand 31.10.1991 (Quelle: Erhebungen der Deutsches Reisebüro GmbH)*

Teil I: Grundlagen des Reiseveranstaltergeschäfts

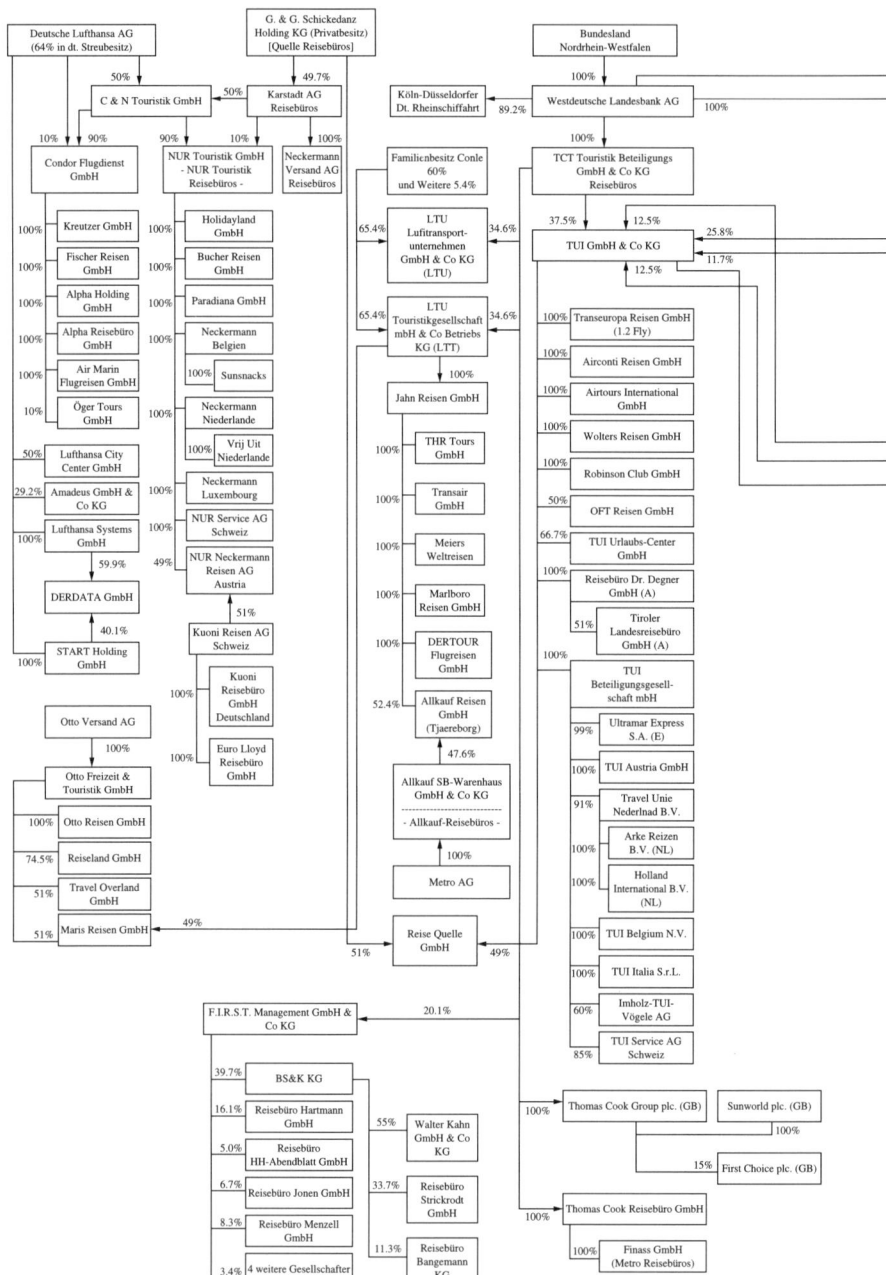

3 Entwicklung des Reiseveranstaltermarktes

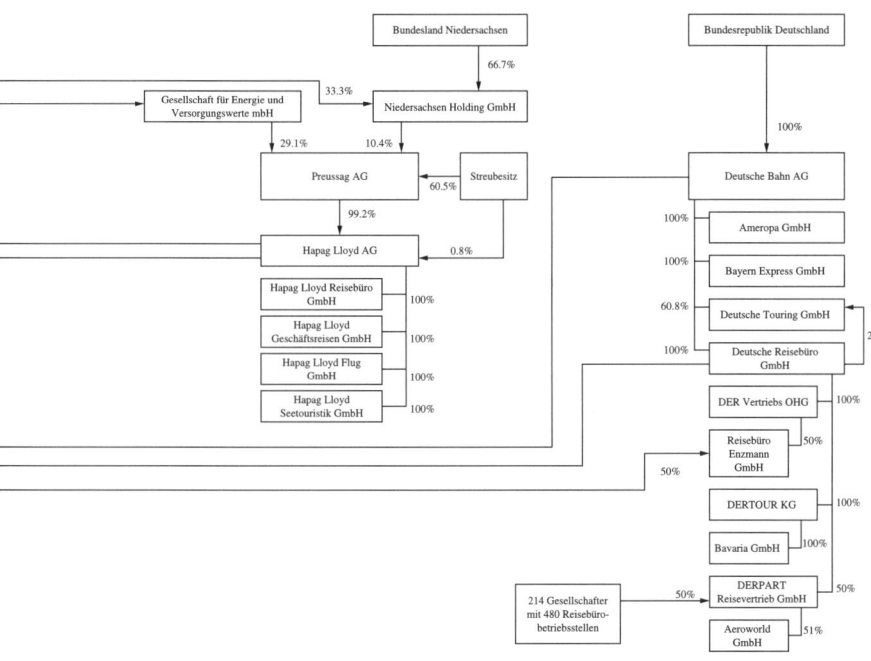

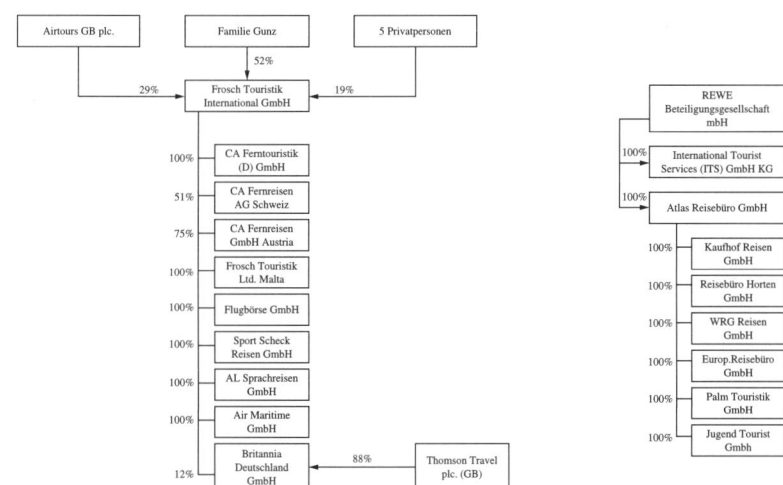

Abb. I. 3-3 *Verflechtung der Reisebranche Stand 31.10.1998 (Quelle: Erhebung der Deutsches Reisebüro GmbH)*

Im März 1998 erwarb die **Schickedanz Holding** (Versandhaus-Gruppe **Quelle**) alle 49,7% an der Karstadt AG, die sich nicht im Streubesitz befanden, und erhielt kartellrechtlich die Auflage, sich im Gegenzug von ihrer 20%-Beteiligung an der TUI zu trennen, da Karstadt gemeinsam mit Lufthansa hälftiger Eigentümer am größten Wettbewerber C&N Touristic (gelbes Lager) wurde. Die verbliebenen TUI-Gesellschafter nutzten dabei ihr quotales Vorkaufsrecht, so dass die TUI einstweilen zu jeweils 37,5 % Hapag Lloyd/Preussag und West LB sowie zu jeweils 12,5% der Deutsche Bahn AG (DB) und deren 100%-iger Tochtergesellschaft DER gehörte. Bis Ende 1998 erwarb die Preussag AG über Hapag Lloyd AG eine konsolidierungsfähige Mehrheit (75%) an der TUI durch den Zukauf der Anteile der West LB. Dies veranlasste schließlich die DB ihr Beteiligungspaket an der TUI (je 12,5% direkt sowie indirekt über das DER) ebenfalls an die Preussag zu verkaufen, die damit ab 1999 alleiniger Eigentümer der TUI wurde und sich vorübergehend in Hapag Touristik Union (HTU) umbenannte. Nach dem Umbau des Beteiligungsportfolios der Preussag AG durch Veräußerung der meisten traditionellen Industriebeteiligungen wurde im Jahr **2002**, die **Preussag AG in TUI AG umbenannt** und die meisten Konzernmarken im Co-Branding mit dem neuen TUI-Logo – dem so genannten Smiley – versehen. Damit waren die vielfältigen Verflechtungen des deutschen Reisemarktes endgültig aufgelöst und eine neue Ära der Globalisierung begann.

Mit kartellrechtlichen Genehmigung dieser Entflechtung und Schaffung zweier umfassender deutscher Reisekonzerne endete zugleich die Epoche des starken gestalterischen Einflusses der Reisebüros auf den deutschen Reisemarkt und die Zeit der mächtigen Veranstalterkonzerne, die national und international auf nahezu allen Wertschöpfungsstufen tätig sind, begann. Die Abbildungen I. 3-2 und I. 3-3 zeigen, wie sich der Reisemarkt am Anfang und am Ende der 90er Jahre, vor und nach der gesellschaftsrechtlichen Entflechtung darstellten – zwei wahrlich historische Dokumente deutscher Wirtschaftsgeschichte.

3.5 Strategische Ausgestaltung des Reiseveranstaltermarktes im Spannungsfeld voll-, teil- und nicht-integrierter Konzerne

Im Zuge der Neuordnung nach der von den Kartellbehörden initiierten Entflechtung des deutschen Reisemarktes – seit der Wiedervereinigung der größte in Europa – stellten sich zur Jahrtausendwende schnell neue Herausforderungen. Während sich die West LB in den Folgejahren bemühte, unter dem Dach der alten Industrie-Mischkonzern-Holding Preussag AG (u. a. Salzgitter-Werke/Stahl/Lokomotivbau, VTG/Logistik, Babcock/Maschinen-/Anlagenbau, Hapag Lloyd/Containerschifffahrt etc.), die verschiedenen erworbenen Touristik-Beteiligungen zusammenzuführen und zu ordnen sowie sich zugleich von den alten, traditionellen Industriebeteiligungen zu trennen, versuchten Karstadt und Lufthansa ihre Beteiligungen, den als Preisbrecher bekannten Veranstalter Neckermann mit der Qualitäts-Charter-Airline Condor und deren Beteiligungen an den Veranstaltern Fischer, Kreutzer und Air Marin zu integrieren. Beide Konzerne übertrugen diese Herkulesaufgaben neuen Managern:

Michael Frenzel (Preussag/TUI), der von der West LB kam, und Stefan Pichler (C&N Touristic), den die Lufthansa entsandte. Beide gerieten recht schnell unter öffentlichen Druck von Banken sowie institutionellen Anlegern und Gesellschaftern hinsichtlich ihrer Strategien zur Portfolio-Bereinigung der Beteiligungen, der geweckten Renditeansprüche sowie der Expansionserwartungen. Schließlich waren die drei Gesellschafter der neuen Reisekonzerne börsennotierte Unternehmen: Preussag AG (rotes Lager) sowie Karstadt AG und Lufthansa AG (gelbes Lager).

Nachdem die vertikalen und horizontalen Konzentrationsbewegungen zwischen Leistungsträgern, Reiseveranstaltern und Reisevermittlern in den nationalen Märkten zunehmend an Grenzen stießen, strebten viele Unternehmen angesichts der Öffnung des EU-Marktes seit 1993 und der zunehmenden Globalisierung ihrer internationalen Großkunden nunmehr auch **internationale Verflechtungen** an. Die größten Initiativen gingen dabei von den Fluggesellschaften und Reiseveranstaltern aus, die sich über Beteiligungen neue ausländische Märkte und Vertriebsnetze zur Füllung ihrer Flug- und/oder Beherbergungs-Kapazitäten erschließen wollten. Während deutsche Touristik-Unternehmen und Leistungsträger zahlreiche internationale Beteiligungen vor allem in Benelux, Österreich und der Schweiz unterhalten, ist es allerdings außer den weltweit bedeutenden Hotel- und Mietwagenunternehmen sowie den Veranstaltern Club Méditerranée (Frankreich), Center Parcs (Niederlande) und Hotelplan/Esco/Interhome (Schweiz) bislang keinem Produzenten von Reiseleistungen gelungen, sich dauerhaft und in nennenswerter Größenordnung im nachfragestarken deutschen Reisemarkt zu etablieren. Kuoni zog sich mit seiner Veranstalterbeteiligung nach fünf erfolglosen Jahren 1997 wieder aus Deutschland zurück.

Von Airtours zu My Travel
Im Mai 1998 erwarb der britische Veranstalter **Airtours plc** zunächst eine Minderheitsbeteiligung an der 1983 gegründeten FTI-Gruppe (Frosch Touristik) mit Vor- und Rückkaufsoptionen. Bis 2001 wurde die Mehrheit und das Management übernommen. Gleichzeitig versuchte Airtours vergeblich den ebenfalls börsennotierten viertgrößten britischen Veranstalter First Choice im Wege einer feindlichen Übernahme zu erwerben; zuvor hatte bereits die Kuoni AG eine Fusion mit First Choice ergebnislos geprüft. Als Airtours 2003 kurz vor dem Konkurs stand, trennte sich die Gesellschaft von allen Auslandsbeteiligungen auf dem Kontinent, wobei auch die inzwischen völlig defizitäre deutsche FTI-Gruppe an ihren Gründer Dietmar Gunz schuldenfrei rückübertragen wurde. Damit endete ein weiteres Abenteuer ausländischer Veranstalter in Deutschland beinahe tragisch. Mit Hilfe von Banken konnte Airtours gerettet werden, firmierte danach als My Travel und konzentrierte sich nur noch auf die Märkte Großbritannien, Irland und Skandinavien. Airtours hatte 1999 außerdem noch eine wichtige Rolle bei der Gründung des dritten deutschen Reiskonzerns gespielt.

Vom DER zum REWE Touristik Konzern
Nachdem die Deutsche Bahn AG und ihre Tochtergesellschaft Deutsches Reisebüro GmbH mit ihren umfangreichen Reisebürobeteiligungen (DER, abr, Rominger, DERPART) und dem Baustein- und Fernreisenveranstalter DERTOUR als Gesellschafter bei der TUI ausgeschieden war und sich die restlichen DER-Gesellschafter Lufthansa und Hapag Lloyd zurückgezogen hatten, stellte sich die Frage nach der zukünftigen strategischen Ausrichtung. Viele Veranstalter und Leistungsträger hatten ein starkes Interesse, das hochwertige und

dichte und starke Reisebürovertriebsnetz des DER mit Filial- und Franchisebüros für sich zu nutzen und sich damit zu verbünden.

Der 1973 gegründete Bausteinveranstalter DER-Touristik (ab 1985 unter der Marke DERTOUR fortgeführt) war 1999 der viertgrößte deutsche Veranstalter hinter TUI, C&N und LTU-Touristik, hatte aber als Spezialveranstalter ein zwar hoch attraktives, aber eingeschränktes Sortimentsportfolio, da DERTOUR bis zu diesem Zeitpunkt aufgrund des Gesellschaftervertrages mit der TUI keine Zielgebiete auf Charterflugstrecken in Mittelmeer-Destinationen (einschl. Nordafrika und Kanarische Inseln) anbieten durfte. Damit konnte DERTOUR nicht die klassischen Massenmärkte bedienen und konzentrierte sich bereits in den 70er Jahren auf damalige Randmärkte wie Nordamerika (auch Charter), Fernreisen weltweit in Linienflugziele, Städtereisen, Individual-Destinationen wie Irland, Osteuropa (u. a. UdSSR und DDR vor der Wende), Aktivitäts-Tourismus für Golf, Reiten, Rad, Boote, Wellness- und Gesundheitsreisen, Sport- und Kultur-Events sowie erdgebundene Reisen aller Art auf dem europäischen Kontinent – alles tageweise buchbar mit flexibler An- und Abreise. DERTOUR entwickelte sich in vierzig Jahren zum Marktführer in den meisten Segmenten und blieb in einigen über viele Jahre sogar fast konkurrenzlos. Aber die Kompetenz für die Massenprodukte in die klassischen Sonnenziele fehlte und war bei allem Bemühen nicht aufholbar. Der Wunsch einen klassischen Pauschalveranstalter aus dem Verkaufserlös der TUI-Anteile hinzuzukaufen und damit auch das konzerninterne Reisebürosortiment anzureichern, wurde von der DB und ihrem Eigentümer Bundesrepublik Deutschland zurückgewiesen. Der Verkaufserlös der TUI-Anteile war bereits in den Verlusten der DB AG untergegangen und eine Genehmigung für Investitionen in Touristikunternehmen angesichts der Finanzlage der DB vom verantwortlichen Verkehrsministerium nicht zu erhalten.

Die DB entschloss sich 1999, das DER mit allen Beteiligungen zu veräußern. An dem Bieterverfahren beteiligten sich viele renommierte Reiseunternehmen wie Kuoni, eine spanische Investoren-Gruppe und die C&N Touristic, die damit die Marktführerschaft der TUI brechen wollte. Das Höchstgebot kam zunächst vom britischen Veranstalter Airtours, der im Jahr zuvor die Beteiligung an FTI erworben hatte und deren Vertriebsschwäche über den DER-Reisebürovertrieb kompensieren wollte. Den Zuschlag zum Erwerb per 1.1.2000 erhielt aber der erst kurz vor Ende der Bieterfrist in den Wettbewerb eingestiegene Lebensmittelkonzern REWE, dem bereits seit 1995 der Pauschalreiseveranstalter ITS sowie fast 600 Atlas-Reisebüros gehörten. Noch zum gleichen Stichtag beteiligte sich das DER über den Veranstalter DERTOUR mehrheitlich an ADAC Reisen. Über den größten europäischen Automobilclub mit mehr als 17 Mio. Mitgliedern erschloss DERTOUR ein neues bislang eher Pkw-affines Kundensegment.

Während der Grundstein zum dritten großen Konzernveranstalter gelegt wurde, ereilte die bis dahin als Vorzeige-Beteiligung der West LB geführte und als nordrhein-westfälischer Landes-Airline auch politisch besonders protegierte **LTU** ein fast schon tragisches Schicksal. Dies war bei der vom Kartellamt der West LB auferlegten Abgabe ihrer LTU-Beteiligung an die Swissair so nicht absehbar. Zwar galt die Schweizer Fluggesellschaft zu diesem Zeitpunkt noch als eine der weltweit renommiertesten Airline-Adressen, jedoch steckte sie bereits bei Übernahme der LTU-Beteiligung in erheblichen wirtschaftlichen Schwierigkeiten. Die Insellage innerhalb der Europäischen Union und eine zu große und aufwändige Flotte für den kleinen Quellmarkt Schweiz sowie die dort traditionell hohen Personalkosten behinderten trotz hoher Produkt- und Dienstleistungs-Qualität die Wettbewerbsfähigkeit im europäischen Vergleich. Der Zukauf der LTU sollte die Flottenauslastung durch einen Zugang zum bevölkerungsstärksten deutschen Quellmarkt Nordrhein-Westfalen erheblich verbessern und über Kostendegressionen zugleich zu besseren Ergebnissen führen. Die starke touristische Ausrichtung der LTU hinsichtlich der Flugziele durch ihre Veranstalterkunden erwies sich jedoch dabei als ebenso hinderlich wie die Veranstalterbeteiligungen, die letztendlich nur als Platzfüller für die Flugzeuge instrumentalisiert wurden und ihre Profitabilität einbüßten. Nach mehreren Liquiditätsdarlehen durch die Schweizer Regierung ging die Swissair im Jahr 2000 schließlich in Konkurs, wobei der LTU ein Anschlusskonkurs drohte. Die Anteile an der LTU wurden schließlich aus der Konkursmasse über Treuhänder 2001 an die REWE verkauft, wobei die REWE eigentlich nur an den LTU-Veranstaltern (Meier's Weltreisen, Jahn Reisen, Tjaereborg, Transair und THR) zur Ergänzung des unter ihrer Führung entstandenen dritten Reisekonzerns interessiert war. Ihr wurde jedoch zur Auflage gemacht auch eine 40%-Beteiligung an der Fluggesellschaft zu übernehmen, die schließlich 2007 weitgehend saniert über einige Zwischenschritte (Beteiligung durch den Eigentümer der Deutschen BA Rudolf Wöhrl kombiniert mit einem Management-Buyout) an die Air Berlin verkauft wurde. Die als Swissair-Nachfolgegesellschaft neu gegründete Fluggesellschaft Swiss wurde schließlich nach zähen politischen Verhandlungen von der Lufthansa übernommen und bis 2008 erfolgreich saniert.

Die REWE komplettierte ab 2001 mit internen organisatorischen und gesellschaftsrechtlichen Veränderungen die Lagerbildung im deutschen Reisemarkt mit den Reisveranstaltern ITS, Jahn Reisen, Tjaereborg, DERTOUR, Meier's Weltreisen und ADAC Reisen, den Reisebüroketten DER, Atlasreisen, DERPART (Franchise) sowie den unter dem Dach der RSG gebündelten Kooperationen TourContact, Protours/RCE und Deutscher Reisering, über 70 Hotels, über 50 Zielgebietsagenturen weltweit und der vorübergehenden Minderheitsbeteiligung an der Airline LTU.

Abb. I. 3-4 dokumentiert die vertikalen und horizontalen Geschäftsbereiche und Beteiligungen der drei deutschen Reisekonzerne Ende 2010.

Die Touristikunternehmen der REWE konzentrierten ihre Aktivitäten insbesondere nach den Nachfrageeinbrüchen ab 2001 auf die Quellmärkte Deutschland und Österreich, in denen sie jeweils den Vorsprung von C&N bzw. heute Thomas Cook sukzessive aufholte und expandierte international ausschließlich als Veranstalter in noch junge süd-/ost-europäische Wachstumsmärkte sowie im Windschatten der Handelsbeteiligungen der REWE u. a. in die Schweiz und nach Italien. Anders als TUI und C&N verfolgte die REWE von Anfang an keine Strategie der vertikalen Integration. Vielmehr muss jede Wertschöpfungsstufe ihre Eigenwirtschaftlichkeit nachweisen, ggf. nicht nur im externen sondern auch im konzerninternen Wettbewerb. Wachstum soll weitgehend organisch und Asset-frei sein. Dabei hilft der REWE ihre gesellschaftsrechtliche Struktur als Genossenschaft. Den im Vergleich zu einer Aktiengesellschaft eingeschränkten Möglichkeiten der Finanzierung, steht der nicht zu gering einzuschätzende Vorteil gegenüber, nicht unter dem eher kurzfristig orientierten Diktat eines Aktienkurses zu stehen. Genossen beanspruchen keine Dividenden, der Wert ihres Anteils bemisst sich nicht am Unternehmenswert und die Höhe der Kapitaleinlage regelt die

Satzung. Alles was verdient wird, bleibt im Unternehmen und steht zur Weiterentwicklung und Expansion zur Verfügung. Genossenschafter sind als Eigentümer ausschließlich an einem leistungsfähigen, zukunftsorientierten Unternehmen interessiert, das auch noch für die nachfolgenden Generationen eine Warenversorgung zu attraktiven und wettbewerbsfähigen Konditionen sicherstellt. Langfristigere Commitments von Eigentümern gibt es nicht.

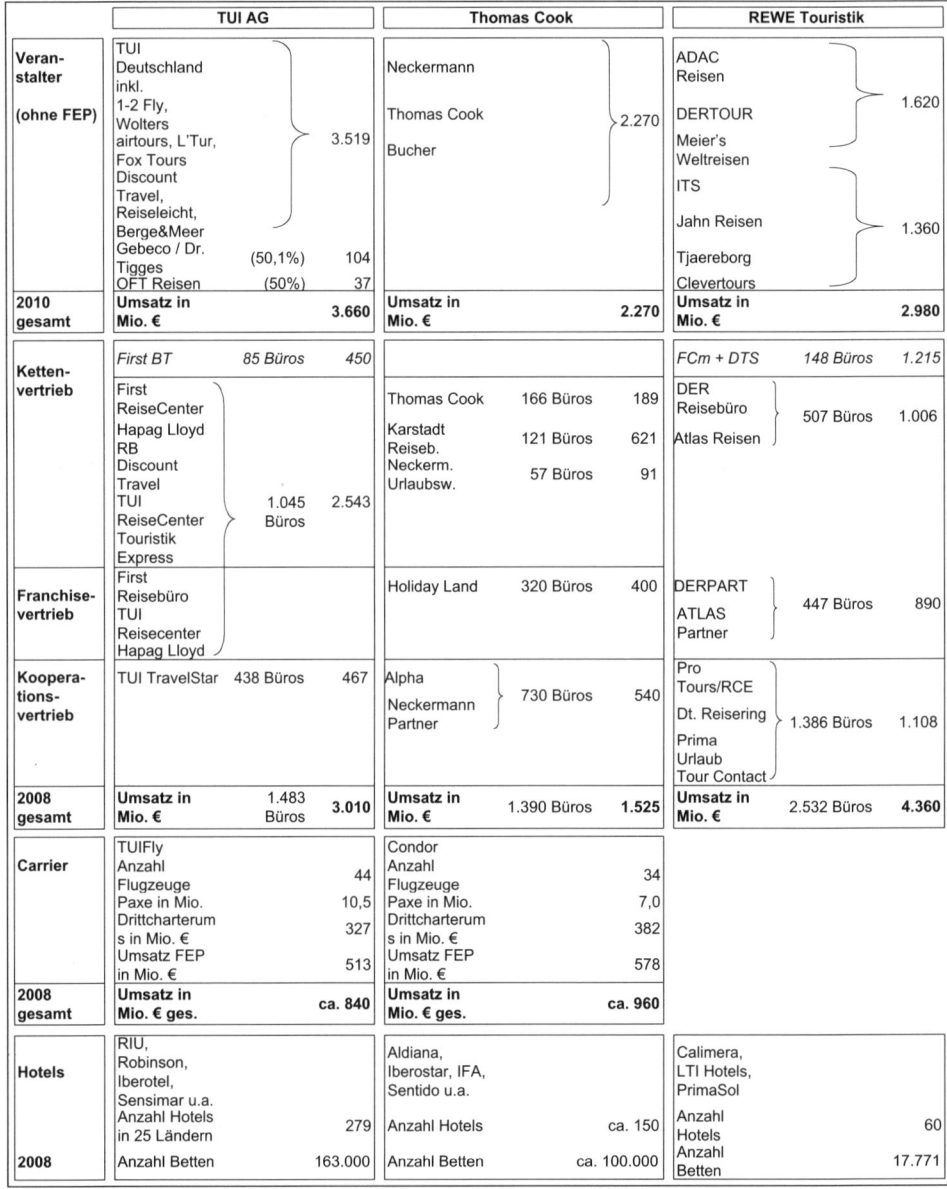

Abb. I. 3-4 Vertikale Integration der drei großen touristischen Konzerne in Deutschland

Mittelständische Reiseveranstalter
Man könnte den Eindruck gewinnen, dass sich der gesamte Reiseveranstaltermarkt nur um die drei Reisekonzerne dreht. Die Abb. IV. 2-8, S. 311 und Abb. IV. 2-10, S. 313 dokumentieren, dass diese als Reiseveranstalter in Deutschland aber nur einen Marktanteil von 45% (1990: 37%) kontrollieren. Immerhin haben sich mit **alltours** (Gründung 1974, bis 1988 nur in Nordrhein-Westfalen tätig), den jeweils 1983 gegründeten Unternehmen **FTI/Frosch Touristik** und Öger Tours sowie der Tochtergesellschaft der weltweit größten Reederei Carnival AIDA Cruises respektable Wettbewerber eine starke, ernst zu nehmende Marktposition neben vielen kleinen und mittelgroßen Segment-Spezialisten erworben. Viele Marken wurden allerdings seit 1990 von den drei Konzernen gekauft und teilweise nicht fortgeführt (u. a. Kreutzer, Fischer, Air Marin, Jet Reisen, Airconti, Transair); von den bekannten Unternehmen musste lediglich der Stuttgarter Veranstalter Hetzel Reisen 1996 Konkurs anmelden sowie 2010 die kleinen Kreuzfahrtspezialisten Transocean, Deilmann und Delphin-/Hansa-Kreuzfahrten.

3.6 Globalisierung der Reiseveranstaltermärkte

Motiviert durch die Expansionspläne des größten britischen Veranstalters Airtours plc, die bei DER und First Choice erfolglos blieben, aber die Akquisition von FTI (1998) und der Kreuzfahrt-Reederei Costa Crociere (1997) jeweils aus Familienbesitz ermöglichten, beschloss auch **Preussag/TUI** ihr touristisches Beteiligungsportfolio angesichts kartellrechtlicher Beschränkungen in Deutschland international konsequent weiter auszubauen (bis 1997 Österreich, Niederlande und Belgien).

1998 wurde in zwei Schritten das drittgrößte Schweizer Reiseunternehmen Imholz Reisen übernommen und 1999 nach der Übernahme des nur im Direktvertrieb tätigen Veranstalters Vögele Reisen in TUI Suisse umfirmiert. Im darauf folgenden Jahr erwarb Preussag den drittgrößten britischen Reiseveranstalter Thomas Cook, dessen deutsche Reisebüros bereits Anfang der 90er Jahre über die West LB übernommen und in die TUI überführt wurden. Als Preussag bemerkte, dass der Wettbewerber C&N Touristic Anfang 2000 über die Übernahme des zweitgrößten britischen Reisekonzerns Thomson plc (neben Großbritannien und Irland noch in Kanada und Indien tätig) verhandelte und damit im Erfolgsfalle die europäische Marktführerschaft übernommen hätte, stieg der Hannoveraner Konzern in einen wahren Verhandlungspoker ein und überbot C&N mit einem stark überzogenen Kaufpreis für Thomson plc (Veranstaltergeschäft in Großbritannien, Irland und Skandinavien) von rund 3 Mrd. Euro. Aus kartellrechtlichen Gründen musste Preussag allerdings dafür die erst im Vorjahr erworbene Thomas Cook plc wieder abtreten und veräußerte das Unternehmen an den unterlegenen Mitbewerber C&N Touristic.

Noch im Jahr 2000 akquirierte Preussag mit dem französischen Marktführer Nouvelles Frontieres und dem österreichischen Marktführer Gulet, der mit Touropa Austria und Terra Reisen zu TUI Austria fusionierte, weitere namhafte Reiseunternehmen und baute die europäische Marktführerschaft weiter aus.

Auch **C&N** betätigte sich in Frankreich mit dem Erwerb der Reisebürokette Havas, die allerdings nach zwei Jahren wieder veräußert wurde. Im Jahr 2002 gestaltete die C&N Touristic die Marke Thomas Cook zur Konzernmarke über alle Wertschöpfungsstufen und Geschäftsbereiche einschließlich der konzerneigenen Charter-Airline Condor. Als die Fremd-Veranstalter daraufhin ihre Kontingente von der neuen Thomas Cook Airline abzogen, weil sie ihre Kunden nicht mit einem Wettbewerber in Urlaub fliegen lassen wollten, wurde diese wirtschaftlich fatale Fehlentscheidung zwei Jahre später wieder revidiert.

Auch die **Preussag AG** entschied sich 2002 zu einer Umbenennung des Konzerns in **TUI AG,** da die touristischen Aktivitäten nunmehr eindeutig überwogen, und verpasste den meisten touristischen Konzernmarken ein entsprechendes Co-Branding mit dem neu kreierten TUI-Smiley.

Als der zur Schickedanz-Gruppe gehörende KarstadtQuelle-Konzern 2005 in wirtschaftliche Schwierigkeiten geriet, wurde der Investment-Banker und ehemalige Bertelsmann-Chef Thomas Middelhoff mit der Sanierung und Portfolio-Bereinigung des Konzerns beauftragt. Neben der Restrukturierung der Karstadt-Kaufhäuser, der Veräußerung der Immobilien und des Versandhauses Neckermann erfolgte auch eine Umstrukturierung der Thomas Cook AG (50% KarstadtQuelle, 50% Lufthansa), die nach einem kräftigen Sanierungsprozess noch keine ausreichende Profitabilität auswies und zu einem Kerngeschäftsfeld des Konzerns ausgebaut werden sollte. KarstadtQuelle konnte 2007 nach langwierigen Verhandlungen mit Lufthansa die 50%-Beteiligung an den Veranstaltern vollständig übernehmen und die Beteiligung an der Fluggesellschaft Condor auf 74,9% aufstocken mit einem gegenseitigen Vorkaufsrecht auf die restlichen Airline-Anteile bis Anfang 2009. KarstadtQuelle – seit 2007 in Arcandor AG umbenannt – fusionierte daraufhin die Thomas Cook AG (ohne Condor) mit der inzwischen weitgehend sanierten britischen **My Travel plc** (bis 2003 Airtours plc). Am neuen in London börsennotierten Gemeinschaftsunternehmen **Thomas Cook plc** war Arcandor nunmehr mit 52% beteiligt. Nahezu zeitgleich erzielte die TUI AG mit dem viertgrößten britischen Veranstalter **First Choice plc**, der sich abseits des Volumengeschäfts verstärkt auf ein großes Portfolio von Veranstalter-Spezialisten und flexiblen Bausteinreisen konzentriert hatte, ebenfalls Einigung zur Fusion aller Veranstalterbeteiligungen inklusive der jeweiligen Konzern-Airlines. An dem neuen, nunmehr in London börsennotierten Gemeinschaftsunternehmen **TUI plc** ist die TUI AG, die ihre Hotel- und Schiffs-Beteiligungen nicht in das Joint Venture einbrachte, mit 51% beteiligt.

TUI und Thomas Cook sind mit weitem und nicht mehr einholbarem Vorsprung die beiden größten europäischen Reisekonzerne und zudem börsennotierte britische Unternehmen mit deutschen Mehrheitsgesellschaften.

Abb. I. 3-5, die aus dem Jahr 2007 stammt, veranschaulicht deutlich die internationale Dominanz. Aktuellere Daten sind leider nicht veröffentlicht, zumal die großen Konzerne keine detaillierten Quellmarkt bezogenen Zahlen ausweisen. Die Touristikunternehmen der REWE, die sich bislang fast ausschließlich im deutschsprachigen Raum und in osteuropäischen Märkten betätigten, sind als drittgrößter deutscher Reisekonzern auch auf europäischer Ebene auf dem gleichen Rang.

3 Entwicklung des Reiseveranstaltermarktes

Rang 2007	Rang 2006	Unternehmen	Land	Touristischer Umsatz in Mio. € 2007	Touristischer Umsatz in Mio. € 2006	Änd. in %	Teilnehmer 2007	Teilnehmer 2006	Änd. in %
1	1	TUI AG	Deutschland	15.638,5	14.085,1	11,0	23.963.000	21.930.000	9,3
2	2	Thomas Cook Group	Großbritannien	11.714,5	11.870,6	-1,3	19.000.000	k.A.	k.A.
3	3	REWE	Deutschland	4.283,0	4.252,0	0,7	k.A.	k.A.	k.A.
4	4	Kuoni	Schweiz	2.866,4	2.612,5	9,7	k.A.	k.A.	k.A.
5	5	Club Méditerranée	Frankreich	1.727,0	1.679,0	2,9	1.324.000	1.328.000	-0,3
6	6	Alltours	Deutschland	1.440,0 [1]	1.382,0	4,2	1.569.000	1.538.000	2,0
7	8	Hotelplan	Schweiz	1.266,0	1.118,1	13,2	1.818.000	1.691.000	7,5
8	7	Alpitour	Italien	1.236,0	1.189,0	4,0	2.300.000	2.000.000	15,0
9		FTI Group	Deutschland	1.113,5	k.A.	k.A.	1.971.000	k.A.	k.A.
10	9	OAD Group	Niederlande	1.015,0	882,0	15,1	815.000	728.000	12,0
11	11	Verkehrsbüro	Österreich	808,6	760,3	6,4	k.A.	k.A.	k.A..
12	10	Gruppo Ventaglio	Italien	783,4	761,1	2,9	602.505	607.928	-0,9
13	12	Öger Group	Deutschland	722,0	623,0	15,9	1.401.067	1.250.000	12,1
14	14	Holidaybreak	Großbritannien	522,5	447,6	16,7	k.A.	k.A.	k.A.
15	16	Go Voyages	Frankreich	505,0	402,0	25,6	1.428.000	978.000	46,0
16	13	Voyages Fram	Frankreich	465,0 [1]	454,3	2,4	k.A.	502.000	k.A.
17	15	Aida Cruises	Deutschland	451,0	408,0	k.A.	259.000	239.000	8,4
18	17	Group Vacances Transat	Frankreich	370,0 [1]	315,9	k.A.	k.A.	1.498.000	k.A.
19	18	Sunweb	Niederlande	310,0 [1]	300,0 [1]	k.A.	265.000	k.A.	k.A.
20	19	Hurtigrouten	Norwegen	302,6	245,5	23,3	k.A.	k.A.	k.A.
		TOP 20 insgesamt		**47.540,0**	**43.788,0**				

[1] FVW-Schätzung Quelle: FWV11/08
Durch Wechselkursschwankungen weichen Umsatzveränderungen in nationalen Währungen häufig ab

Abb. I. 3-5 Entwicklung der größten europäischen Touristikunternehmen

Seit der Jahrtausendwende boomt das Marktsegment der **Hochsee-Kreuzfahrt** und dies durch maßgeblichen Einfluss globaler Anbieter. Sowohl AIDA Cruises wie Costa Crociere – beides 100%-Beteiligungen des US-amerikanischen Carnival-Konzerns haben ebenso durch jährliche Schiffsneubauten zu diesem Wachstum beigetragen wie MSC als italienische Reederei. Der US-Amerikaner Ted Arison gründete 1972 in Miami die heute weltgrößte Kreuzfahrt-Reederei Carnival mit einem Gesamtumsatz von 12,5 Mrd. Euro. Sein Sohn Micky Arison brachte das Unternehmen 1987 an die Börse und übernahm mit den Finanzmitteln der Anleger in den beiden folgenden Dekaden weitere neun große Wettbewerber, darunter AIDA von P&O und Costa Crociere von dem im Jahr 2000 fast Insolventen Veranstalter Airtours GB (heute My Travel/Thomas Cook). Carnival ist aktuell aus steuerlichen und arbeitsrechtlichen Gründen als Aktiengesellschaft an der Börse von Panama registriert. Hingegen nahm der Einfluss der kleinen deutschen Kreuzfahrtspezialanbieter (wie Hapag Lloyd, Deilmann, Transocean, Delphin/Hansa) nicht zuletzt aufgrund der Insolvenzen der drei letzteren in 2010 deutlich ab.

AIDA ist eine Marke der Carnival Corporation & PLC und ist aus dem ehemaligen DDR-Kombinat VEB Deutsche Seereederei (DSR), Rostock, hervorgegangen, das im Besitz der in Kiel gebauten Kreuzfahrtschiffe MS Astra II und MS Arkona (der heutigen MS Astoria) war. Nach der Privatisierung durch die Treuhandanstalt 1990 plante die DSR 1993 den Neubau eines Schiffsneubaus nach dem Funship-Konzept amerikaniser Reedereien, das 1996 als „AIDA – Das Clubschiff" (die heutige AIDAcara) in Betrieb ging. 1996 wurden die MS Arkona (heute MS Astor) und MS Astoria an u. a. zypriotische Eigentümer veräußert und von Transocean für den deutschen Markt zurück gechartert. 1997 erwarb die DSR von der TUI das unter der Marke Seetours International firmierende Kreuzfahrtgeschäft und gründete als Holding für Seetorus und die DSR die Arkona Touristik GmbH, an der sich 1999 die britische Reederei P&O Princess Cruises mit 51% beteiligte. Die DSR brachte das Clubschiff AIDA und Seetours International in die gemeinsame Beteiligung AIDA Cruises Ltd. ein, die zwei weitere AIDA-Schiffe in Auftrag gab (AIDAvita und AIDAaura). Im Jahr 2000 veräußerte die DSR die restliche 49%-Beteiligung an der AIDA Cruises Ltd an P&O, die ihrerseits 2003 komplett von der Carnival Corporation plc., dem mit Abstand größten Kreuzfahrtunternehmen der Welt, übernommen wurde. Zur Carnival Corporation gehören neben AIDA die Reederei-Marken Carnival Cruises, Cunard, P&O, Princess Cruises, Holland-America-Line, Costa Cruises, Star Cruises, Seabourn Cruises und Iberocruceros. Costa Crociere, die mit 2,8 Mio. Euro Umsatz, 2,1 Mio. Passagieren und 14 Schiffen größte Reederei-Beteiligung von Carnival fungiert dabei in Genua als europäische Konzernmutter u. a. auch von AIDA. Damit wurde ein weiteres Kapitel der Globalisierung der Veranstaltermärkte geschrieben.

Ausblick
Ob damit die Konsolidierung des Reisemarktes abgeschlossen ist, ist schwer einzuschätzen. Inzwischen übernehmen Fluggesellschaften wie Air Berlin mit einem Geschäftsmodell aus Low-Cost-Airline, Ferienflieger und Liniencarrier eine neue Rolle. Die Air Berlin wurde 1991 mit zwei Flugzeugen nach Wegfall der Flugbeschränkungen aufgrund des Vier-Mächte-Status für Berlin von Joachim Hunold und einigen privaten Investoren im Wege eines Management-Buyout erworben, wuchs bis 2004 organisch und übernahm danach bis 2007 die Wettbewerber Germania und NikiFly (2005), Deutsche BA (2006) sowie Belair (von Hotelplan/Schweiz) und LTU (2007). Angekündigt wurde vorbehaltlich der Einigung mit dem Minderheitsgesellschafter Lufthansa und der Zustimmung der Kartellbehörden die Einbringung der Airline Condor spätestens ab 2009 durch die Arcandor AG, die im Gegenzug einen Anteil von ca. 30% an der Air Berlin erhalten soll. Dieses Projekt wurde durch die Insolvenz von Arcandor einschließlich deren Tochtergesellschaften Quelle und Karstadt im Herbst 2009 gestoppt. Die Mehrheitsbeteiligung an Thomas Cook wurde an die Banken verpfändet und von diesen im britischen Aktienmarkt platziert, so dass die Thomas Cook plc. in London nunmehr ein rein britischer Konzern mit einer großen 100% deutschen Beteiligung an der Thomas Cook AG Deutschland ist (inkl. Neckermann Reisen und der Airline Condor). Air Berlin hat daraufhin ab 2010 ein Code Share Abkommen mit der TUI Airline TUIfly abgeschlossen und alle City Flugstrecken von TUIfly übernommen (deren bisheriges Low Cost Fluggeschäft). Möglicherweise wird dies der Beginn einer neuen Epoche der Geschichte der Reisebranche sein. Die strategischen Veränderungen der in fast allen wichtigen europäischen Quellmärkten stagnierenden Veranstaltermärkte sind damit sicherlich nicht abgeschlossen. Es fehlt aber ein wenig die Fantasie, wie die nächsten Epochen der Geschichte aussehen könnten.

4 Zukünftige Polarisierung und Oligopolisierung des Reisemarktes: horizontale und vertikale Konzentrationstendenzen im Spannungsfeld schrumpfender Ertragsmargen und Wertschöpfungsprozesse

Als Tendenz für die 2000er Jahre zeichnet sich neben der Herausbildung weniger Großveranstalter auf der anderen Seite die Etablierung zahlreicher Kleinveranstalter ab, was eine generelle Tendenz zum **„gespaltenen Reiseveranstaltermarkt"** bedeutet:

„... mehr und mehr Klein- und Kleinstveranstalter können sich auf dem Markt behaupten, da sie – der Tendenz zur Individualisierung entgegenkommend – oft hochspezialisierte Angebote auch für Kleinstgruppen anbieten, häufig sehr spezifische, ausgefallene oder sogar skurrile Marktsegmente abdecken und sich zudem optimal und flexibel auf Kundenwünsche ausrichten können. So gibt es Veranstalter, die sich z. B. spezialisiert haben auf Trekking-Touren durch die Sahara; Boots- und Wildwasserfahrten auf den Strömen Südamerikas, Nepals oder Neuguineas; Hochzeitsreisen auf Mauritius; naturkundliche Studienfahrten zu den Galapagos Inseln; Bärenjagdreisen in Kanada; Golf- oder Reiterferien; Pilgerreisen; den Besuch von Naturheilern auf den Philippinen; Kameltouren durch die Mongolei; Reisen für Behinderte, Senioren, Junioren oder Alleinerziehende oder auf einen Goldwäscher-Urlaub in Alaska."
(VORLAUFER 1993, zitiert nach FREYER 2002: 70).

4.1 Gründe für horizontale und vertikale Konzentrationsentwicklung

Untersucht man die Hintergründe für die aufgezeigten Konzentrationstendenzen, so wird deutlich, dass sie eigentlich weitgehend branchenunabhängig sind und der Reisemarkt nunmehr von einigen Entwicklungen eingeholt wird, die in anderen Branchen, wenn auch zum Teil mit unterschiedlichen Ausprägungen, bereits seit langem eingetreten sind:

1. Marktkonzentration entsteht bei Wegfall von Schutz-, Regulierungs- und Subventionierungsmechanismen in einzelnen Teilmärkten und damit als Folge von rechtlich oder politisch initiierter **Liberalisierung**.
2. Marktkonzentration entsteht als Reaktion von hoch entwickelten Märkten oder Teilmärkten in der **Sättigungsphase** des Produktlebenszyklus, wenn
   – die Kreativität zur Schaffung neuer und diversifizierter Angebote ausgereizt ist,
   – Newcomer bei niedrigen Markteintrittsbarrieren überwiegend als Me-Too-Anbieter in den Markt einsteigen, um unbelastet von Marktentwicklungskosten Renditen abzuschöpfen,
   – bei starkem Wettbewerb die Margen schrumpfen und marktübliche Renditen und Dividenden nur noch über „economies of scale" oder „economies of scope" zu realisieren sind.
3. Konzentration ist die Reaktion von Märkten, die aufgrund ihres Geschäftssystems (z. B. Provisionen mit prozentualen Abhängigkeiten vom Verkaufsergebnis, Handelsvertreter-Systeme) **keinen nennenswerten Einfluss auf die Gestaltung ihrer Marge** haben und damit zu permanentem organisch aus eigener Kraft nicht mehr erzielbarem Wachstum gezwungen sind, um ihren Ressourceneinsatz zu finanzieren (Produktivitätsdruck durch hohe Anlageinvestitionen und/oder Fixkosten).
4. Konzentration ist ein **Kettenreaktionseffekt** auf Konzentrationen in vor- oder nachgelagerten Wertschöpfungsstufen zur Sicherung von Einkaufsmacht bzw. vertrieblicher Unabhängigkeit (horizontale oder vertikale Konzentration).

Überträgt man diese Grundkriterien und Erklärungsansätze auf die Ereignisse am Reisemarkt, so führen auch hier die wirtschaftlichen Kausalzusammenhänge des strategischen Handelns der einzelnen Marktteilnehmer zu einer nahezu zwangsläufigen **Normalität des Konzentrationsprozesses**. Die Rahmenbedingungen des Reisemarktes sind dadurch gekennzeichnet, dass rund ein Viertel aller Deutschen keine Urlaubsreise tätigt. Von denen, die reisen, tun dies 42% individuell, d.h. ohne Reisebüro oder Reiseveranstalter durch Selbstarrangieren. Somit sind lediglich rund 43% aller Deutschen Kunde eines oder mehrerer Reiseunternehmen. Dieser Anteil ist zwar in den letzten Jahren tendenziell gestiegen, jedoch immer noch eine deutliche Minderheit, da es offensichtlich viele Reiseformen gibt, die zumindest in Kontinentaleuropa – anders als in Insellagen wie Großbritannien und Skandinavien – ohne Branchenbeteiligung für den Endverbraucher einfacher und wirtschaftlich günstiger zu organisieren sind.

Damit ergibt sich als **erste Erkenntnis**, dass es für die Branchenunternehmen kaum möglich ist, die Gesamtwertschöpfungs-Marge der Reiseorganisation zu steigern, da einerseits die

4 Zukünftige Polarisierung und Oligopolisierung des Reisemarktes

Nachfrager Reisen im Gegensatz zu den meisten Konsumgütern durchaus selbst produzieren können und zum Anderen die Leistungsträger für eine mehrstufige Reiseorganisation gegenüber der Möglichkeit zum Direktvertrieb über die eigene Logistik vor allem im Internet nur ein begrenztes Vertriebsbudget zur Verfügung stellen. Die **zweite Erkenntnis** ist, dass die von den originären Leistungsträgern zur Verfügung gestellte Marge bei konsequentem wirtschaftlichen Handeln damit maximal so groß sein kann wie der Saldo aus Nutzen und Kosten des Direktvertriebs. Eine Steigerung der Gesamtmarge für Reisebüros und Reiseveranstalter über derzeit 20% bis 25% des Endverkaufspreises für die Reiseleistung hinaus ist daher unrealistisch. Vielmehr ist diese Marge durch kostengünstigere Direktvertriebsmöglichkeiten (z. B. Online-Dienste) weiter unter Druck geraten. Markenstarke Leistungsträger mit einer eigenen Vertriebslogistik (Reservierungssysteme, Standorte, Call Center, alternative Kanäle) und unkomplizierten, selbsterklärlichen und leicht darstellbaren Produkten wie Airlines, Eisenbahnen, aber auch Hotels und Mietwagenfirmen, haben dies bereits durch Abschaffung oder Senkung der Provisionsvergütungen realisiert. Leistungsträger mit weitgehend unbekannten Marken, erklärungsbedürftigen Produkten und schwachem Eigenvertrieb wie z. B. einzelne Urlaubshotels oder lokale Mietwagenunternehmen und Ausflugsanbieter in ausländischen Zielmärkten sind hingegen auch zukünftig auf Vertriebspartner wie Veranstalter, Consolidator und/oder Reisvermittler in den Quellmärkten angewiesen.

Sinkende Margen führen zum Druck auf alle Marktpartner, den nur die wirtschaftlich Stärksten ohne Schaden überstehen. Damit besteht die Notwendigkeit, die unter Druck geratene Marge zwischen Reiseveranstaltern, Zielgebietsagenturen und Reisevermittlern neu zu verteilen. Ein Ventil, um den Umverteilungsdruck durch sinkende Margen zu mindern, ist in Wachstumsmärkten die vertikale Integration, d.h. die Konzentration aller im Produktionsprozess benötigten Wertschöpfungsstufen und Ressourcen in einer gemeinsam gesteuerten wirtschaftlichen Unternehmenseinheit. Diese Konzentration ist jedoch nur für kapitalstarke Unternehmen möglich. Sie wird in der Regel eingeleitet durch den in der Wertschöpfungskette stärksten Partner.

Fehlende Kapitalkraft für eine vertikale Integration erfordert eine **eigenständige Profilierung** innerhalb der Wertschöpfungskette gegenüber den vor- und nachgelagerten Stufen, um möglichst die eigene Marge zu erhalten oder ggf. zu Lasten der anderen zu steigern. Eine derartige Profilierung kann nur erzeugt werden, wenn ein Unternehmen solvent und gesund ist und somit über wirtschaftliche Handlungsspielräume verfügt. Maßnahmen, um derartige Spielräume zu erzeugen, können marktbezogene Parameter wie Stammkundenbindung, Markenbindung, Innovationsfreudigkeit und Exklusivitäten bzw. USP sein oder unternehmensinterne Parameter wie „economies of scope" auf der Ertragsseite (Einkaufsmacht, Sortimentssteuerung, eigenständige Preispolitik über Handelsmarke) oder „economies of scale" auf der Kostenseite (organisatorische Maßnahmen zur Produktivitätssteigerung, Flexibilisierung des Ressourceneinsatzes, Investition in Systemtechniken, Flexibilisierung von Fixkosten, Vereinfachung von Abwicklungsprozessen, Standortoptimierungen u.ä.). Die unternehmensinternen Parameter verdeutlichen bei sinkenden Ertragsmargen sehr schnell, dass sie umso leichter umsetzbar sind, je größer und kapitalkräftiger ein Unternehmen ist. Die marktbezogenen Parameter sind auch für kleinere Unternehmen und Nischenanbieter einsetzbar.

Reisebüroketten haben unter diesem Aspekt Vorteile gegenüber Franchisesystemen bzw. Kooperationen und diese wiederum gegenüber Einzelbüros. **Kooperationen** sind somit möglicherweise nur eine Durchgangsstation vom Einzelbüro zur Kette mit einem sukzessiven Erziehungsprozess zum Kettenverhalten, der durch ein Franchising noch intensiviert werden kann. Mittelständische Einzelbüros können aber durch eine enge lokale, persönliche Vernetzung des Inhabers und der Mitarbeiter die wirtschaftlichen Nachteile gegenüber Ketten mit zumeist starker lokaler Mitarbeiterfluktuation weitgehend kompensieren. Auch omnipräsente Großveranstalter mit einem Vollsortiment können unter unternehmensinternen wirtschaftlichen Aspekten gegenüber Me-Too-Veranstaltern und Regionalanbietern Vorteile erzielen.

In dem Moment, wo ein Unternehmen nicht mehr in der Lage ist, die vorgenannten Aktionsparameter zu seinen Gunsten für die eigene Profitabilität zu nutzen und seine Position im schrumpfenden Wertschöpfungsprozess zu halten, ist die Überlegung zur Veräußerung an ein größeres Unternehmen oder die Bündelung mit anderen zu größeren Einheiten wirtschaftlich eine Zwangsfolge. Dabei ist festzustellen, dass alle Marktteilnehmer bewusst oder unbewusst als eigenständige Mikroökonomien nach ganz normalen und logischen marktwirtschaftlichen Prinzipien agieren und nicht etwa, um dadurch anderen zu schaden oder gesetzliche Wettbewerbsregeln zu umgehen. Wirtschaftspolitisch und volkswirtschaftlich unerwünschte Entwicklungen können nur makroökonomisch mit den Mitteln der Ordnungspolitik, die in liberalen Wirtschaftssystemen unerwünscht sind, oder des Wettbewerbsrechtes reguliert werden.

Der Konzentrationsprozess ist eine sich gegenseitig aufschaukelnde Entwicklung, wie sie auch in den letzten 30 Jahren im Handelsbereich und vielen anderen Branchen entstanden ist. Leistungsträger wie Fluggesellschaften, Hotels und andere tendieren in unserer Wachstumsgesellschaft zu **permanenten Investitionen**. Diese Investitionen erzeugen zunächst Überkapazitäten, die über sinkende Preise in den Markt gedrückt werden. Bei sinkenden Preisen und prozentualen Margenabhängigkeiten in den verschiedenen Wertschöpfungsstufen (z. B. Provisionen, prozentuale Kalkulationsaufschläge) bedeutet dies für Veranstalter wie Reisebüros sinkende absolute Erträge pro Verkaufsvorgang. Diese Entwicklung kann nur durch Produktivitätssteigerungen kompensiert werden. Für die Reiseveranstalter waren die Möglichkeiten zur Produktivitätssteigerung durch den effizienten Einsatz von EDV-Techniken und hoch entwickelten Reservierungssystemen, straffer interner Prozessorganisation sowie durch die Einkaufsbündelung in einzelnen Zielgebieten bereits in der Vergangenheit recht hoch. So konnten sie den Margenverfall weitgehend abfedern und die günstigeren Einkaufspreise an den Markt weitergeben – zum Leidwesen der über feste Provisionssätze entlohnten Reisebüros, deren Durchschnittserträge pro Verkaufsvorgang zunächst stagnierten und seit etwa 2005 nunmehr abnehmen.

Möglichkeiten zur **Produktivitätssteigerung** in den Reisebüros ergaben sich erst durch den konzentrierten Einsatz und den Ausbau der Funktionalitäten der Reservierungssysteme und sind insgesamt sehr begrenzt. Die starke Kostenremanenz durch einen Fixkostenanteil von rund 75% allein für Personal und Standortmiete erfordert bei Betriebszeiten von bis zu 10 Stunden an sechs Tagen pro Woche eine Mindestbetriebsgröße von 3,5 Mitarbeitern, entsprechend einem Umsatzvolumen von rund 2 Mio. Euro pro Standort. Diese verlangt bei anhaltend sinkenden Provisionsvergütungen und zunehmendem Wettbewerb durch Direktvertriebskanäle eine beständig steigende Produktivität der Mitarbeiter – eine Schraube, die nicht endlos gedreht werden kann. Weitere Möglichkeiten zur Produktivitätssteigerung bei den Reisevermittlern durch die Schaffung von Einkaufsmacht sind inzwischen ausgeschöpft. Diese wurde durch die Bildung von Kooperationen, Franchisegruppierungen und das Wachstum der Reisebüroketten sukzessive aufgebaut. Um dieser sich bildenden Handelsmacht auszuweichen, haben Reiseveranstalter und Leistungsträger verstärkt selbst Reisebüroketten sowie steuerbare Franchiseunternehmen und Reisebüro-Kooperationen aufgebaut und gehen sukzessive den Weg der vertikalen Konzentration und/oder Vertriebsbindung über Konditionen. Diese Vorgehensweise erzeugte wiederum bei neutralen Ketten und Kooperationen als Gegenreaktion Maßnahmen zur Sortimentssteuerung und Auslistung, um sich der Konkurrenz des Eigenvertriebs der Veranstalter zu erwehren. Ergebnis war, dass beide Seiten in einem völlig überhitzten Markt für Reisebüros in den 90er Jahren zu weit überzogenen Preisen große Vertriebsnetze zusammengekauft haben und nunmehr Bindungs- und Kooperationsmodelle ausbauen, so dass am Ende sowohl auf der Reiseveranstalter- als auch auf der Reisevermittlerseite nur wenige dominante Großunternehmen übrig geblieben sind.

4.2 Zukunftserwartungen für Konzentrationsentwicklungen

Aufgrund der sinkenden Margen versuchen Veranstalter und Leistungsträger (Hotels und Fluggesellschaften) in Deutschland verstärkt die gesamte Wertschöpfungskette unter ihre Kontrolle zu bekommen. Im Frühjahr 1998 genehmigte das Bundeskartellamt unter Auflagen die Bildung des **gelben Lagers** unter Führung von Lufthansa und Karstadt/Schickedanz-Gruppe und des **roten Lagers** unter Führung von West LB/Preussag sowie schließlich 2000 und 2001 auch des dritten deutschen Reisekonzerns unter dem Dach der **REWE Group**.

Das rote und das gelbe Lager konzentrierten ihre Beteiligungen und Geschäftsbereiche von Anfang an sowohl horizontal (von Unternehmen in der gleichen Wertschöpfungsstufe national und international) als auch vertikal (durch Integration von bis zu vier nacheinander gelagerten überwiegend nationalen Wertschöpfungsebenen).

Damit wuchsen die beiden bisherigen deutschen Marktführer TUI und NUR Touristic (schon bis 1998 die Nr. 1 und Nr. 3 in Europa) international in nahezu uneinholbare Größenordnungen. Dabei hatten sie mit den Britischen Veranstaltern Thomson, Thomas Cook und Airtours/My Travel prominente Vorbilder, die letztendlich in zwei Schritten 1999 und 2007 von ihnen übernommen wurden. Während REWE den Weg der vertikalen Integration aufgrund der hohen Kapitalbindung weitgehend ablehnte, hat sich auch der Thomas Cook Konzern inzwischen davon gelöst und strebt wie REWE ein weitgehend asset-freies Wachstum (ohne eigene Hotels und Airlines) bei eigenständiger Gewinnzielung jeder Wertschöpfungsebene ggf. auch im konzerninternen Wettbewerb an. Aus den negativen Erfahrungen von kaum noch wachsenden, partiell sogar rückläufigen Märkten und Marktsegmenten gesteht auch TUI inzwischen ein, dass sich das Modell der vertikalen Integration nur in ausgewählten Quellmärkten und unter bestimmten Rahmenbedingungen realisieren lässt.

Diese globalen touristischen Lagerbildungen können für die jeweiligen nationalen Konkurrenten und Märkte erhebliche Wettbewerbs-Risiken nach sich ziehen, die nachfolgend dargestellt werden.

Die **horizontale Konzentration** beinhaltet folgende **Nachteile**:

1. Erhebliche Einschränkung der nationalen Veranstaltervielfalt für die Kunden, die nicht immer wissen, dass hinter mehreren verschiedenen Veranstalter- oder Reisebüromarken, der gleiche Eigentümer, die gleiche Einkaufsorganisation, eine gezielt gesteuerte Sortimentsgestaltung etc. stehen.
2. Die Entstehung eines Oligopols in Teilmärkten mit der Gefahr entsprechender Wettbewerbsabsprachen:
   – Die sechs größten deutschen Reiseveranstaltergruppen beherrschen rund 85% des Marktes für Flugpauschalreisen, die drei deutschen Konzerne davon allein 70%; insgesamt beträgt der Abstand zu den nächst größten Veranstaltern bereits 1,5 Mrd. Euro Umsatz,
   – Vergleichbare Konzentrationen ergeben sich auch auf der Ebene der Reisebüro-Ketten, Franchisesysteme und Kooperationen sowie bei Incoming-Agenturen und Hotelketten in bestimmten Zielgebieten (vor allem Balearen und Kanaren).
3. Die konzernunabhängigen Veranstalter können in eine stärkere Abhängigkeit von Leistungsträgern sowie der Konzernwettbewerber geraten:
   – Die konzernunabhängigen Veranstalter gerieten vorübergehend in eine starke Abhängigkeit von den drei Konzern-Airlines Hapag Lloyd/HLX (ab 2003)/TUIFly (ab 2007), Condor und LTU. Da REWE die LTU nicht integrierte und per Sanierungsauftrag als neutrale Airline führte und gleichzeitig mit Air Berlin seit 1998 eine starke weitere neutrale Airline entstand, gab es für die Wettbewerber des TUI- und Thomas Cook-Konzerns einschließlich REWE ausreichende Flugalternativen, die sowohl Condor als auch TUIFly isolierten und infolge hoher Überkapazitäten zu einem starken Flugeinzelplatzverkauf und Einstieg in den touristikfernen Low Cost Verkehr zwangen. Seit 2007 zeichnet sich eine Konsolidierung des Airline-Marktes durch Zusammenführung von Deutsche BA, Germania, LTU und Condor (sowie NikiFly/Österreich und Belair/Schweiz) unter Führung der Air Berlin ab. Eine derartige Entwicklung ist in einem Inselmarkt wie Großbritannien unmöglich. Dort besitzt jeder Veranstalter eine eigene Charter-Airline, die er auch komplett auslastet, so dass weder ein Einzelplatzverkauf stattfindet noch Kapazitäten für andere, neutrale Veranstalter zur Verfügung gestellt werden. Diese Konstellation ermöglicht dort wie übrigens auch in Skandinavien ein völlig anderes vertikal integriertes Geschäftssystem. Dadurch sind die Markteintrittsbarrieren für andere Flugreisenveranstalter nahezu unüberwindbar hoch und verhindern Wettbewerb.
   – Temporär oder zielabhängig können die beiden großen Lager aufgrund ihres Hotelbesitzes oder langfristiger exklusiver Hotelmanagementverträge den Marktzugang für lagerunabhängige Veranstalter erschweren oder diese über die gewährten Einkaufspreise in den von ihnen kontrollierten Häusern beeinflussen, da die Hotelstandorte in guten Lagen und mit guten Qualitätsstandards in stark gefragten Zielmärkten begrenzt sind.

Die **vertikale Konzentration** beinhaltet zusätzlich folgende **Nachteile**:

1. Unternehmen, die über die gesamte Wertschöpfungskette vom Leistungsträger (Airline, Hotel) über Zielgebietsagenturen/Reiseleitung, Veranstalter und Reisebüroketten mit einer durchgängigen integrierten EDV-Systemarchitektur verfügen, können bei zentraler strategischer Steuerung jede Wertschöpfungsstufe als eigenes Profit-Center unter Nutzung interner Synergien arbeiten lassen. Sie können aber auch aus strategischen Wettbewerbsgründen vorübergehend oder dauerhaft auf die eigenständige Gewinnerzielung einer (oder mehrerer) der vier Wertschöpfungsstufen verzichten, um über interne Verrechnungspreise unliebsame Konkurrenten, die in nur einer Wertschöpfungsstufe tätig sind, zu verdrängen. Angesichts der geringen Margen und Renditen im Tourismusgeschäft kann dies ein Wettbewerber nicht lange durchstehen. Auch wettbewerbshemmende Tolerierungsstrategien für einzelne Konkurrenten mit Kompensationen in anderen Wertschöpfungsstufen sind denkbar (z. B. ein Konkurrenzveranstalter wird im Sortiment der Reisebüro-Organisation eines Lagers geduldet, wenn dieser sich verpflichtet, einen bestimmten Teil seiner Flugkapazität von einer Konkurrenz-Airline zur lagereigenen Airline umzuschichten); derartige Praktiken sind für Wettbewerbshüter vor allem im internationalen Geschäft globalisierter Großunternehmen kaum nachweisbar.
2. Vertikale Integration bietet die Chance, auf mehreren oder allen Wertschöpfungsebenen Erträge und Gewinne zu erwirtschaften, wenn der Touristikmarkt in wesentlichen wächst. Bei Stagnation oder Rückgängen, wie seit 2001 besteht allerdings das Risiko gleichzeitig auf allen Wertschöpfungsebenen zu verlieren, da es kaum möglich ist die Kapazitätslücken der eigenen Flugzeuge, Hotels, Zielgebietsagenturen etc. mit Kunden von Wettbewerbern zu füllen.
3. Konzernunabhängige Veranstalter können sich dem Wettbewerbsdruck durch die vertikale Konzentration im Wesentlichen durch folgende strategische Optionen weitgehend entziehen:
   – Gründung oder Anschluss an ein drittes oder viertes vertikal organisiertes Lager (mehr dürfte der Markt kaum hergeben), wobei dies wohl nur unter weitgehender Aufgabe der eigenen Selbständigkeit erfolgen kann;
   – Konzentration auf touristische Geschäftsfelder, in denen der Besitz bzw. die Kontrolle eigener Charterflugkapazitäten und Hotels keine große Rolle spielt, wie z. B. Städtereisen, Eventreisen, Studienreisen, viele Fernreiseziele, Reise-Bausteinsysteme, Generalagenturvertrieb für ausländische Leistungsträger, Diversifikation in neue Marktnischen etc.;
   – Konzentration auf kleine spezialisierte Marktnischen und Destinationen, allerdings zumeist ohne große Wachstumsperspektive; denn sobald ein überproportionales Wachstum sichtbar wird, steigen in der Regel auch die Konzerne in den Markt mit ein und können aufgrund ihrer Sortimentsdominanz, ihrer Konditionenpolitik und ihren eigenen Vertriebskanälen in den Reisebüros die Spezialisten verdrängen.

Alle drei Optionen haben aber das Risiko gemein, bei einem eventuellen Investitionswettlauf mit den Konzernlagern aufgrund fehlender Kapitalkraft nicht mithalten zu können. Hinzu kommt, dass sich diese konzernunabhängigen Veranstalter und Reisebüros u. U. zusätzlich dem zunehmenden Wettbewerb der über den Online- und Direktvertrieb in den deutschen

Markt eindringenden Leistungsträger erwehren müssen, und dies bei einer seit ca. 1996 in weiten Bereichen stagnierenden Nachfrage.

Die dargestellte Entwicklung im Reisemarkt gibt Anlass, einmal darüber nachzudenken, ob nicht alle, Produzenten, Großhändler, Einzelhändler, Politiker und letztendlich die Endverbraucher, durch ein mikroökonomisch logisches Marktverhalten dazu beitragen, dass Konzentrationsprozesse in hoch entwickelten Marktwirtschaften mit Sättigungstendenzen eigentlich ein ganz **natürlicher Prozess** sind, und zwar ganz gleich in welcher Branche. Dennoch werden auch in Zukunft innovative kleine und mittelgroße Nischenanbieter ihre Existenzberechtigung bei ausreichenden wirtschaftlichen Spielräumen behalten. Aber auch hier ist zu bedenken, dass die Zahl der Nischen begrenzt ist und die Kreativität zur Innovation in weitgehend gesättigten und substituierbaren Märkten abnimmt. Wo sich dennoch Wachstumsnischen auftun, finden sich in kurzer Zeit viele Nachahmer. Individuelles Wachstum ist in stagnierenden Märkten nur zu Lasten der Wettbewerber oder durch Marktbereinigungen möglich. Diese Entwicklung ist auch angesichts der **demografischen Entwicklungen** in fast allen europäischen Quellmärkten mit einer zunehmenden Überalterung und nachfolgende Schrumpfung der Bevölkerung und Kundenpotenziale ab 2010 sicherlich noch nicht abgeschlossen (vgl. Kapitel IV. 2.3.2).

5 Exkurs: Benchmark zwischen Handel und Touristik – Besonderheiten der Touristik der REWE Group

Basierend auf der Klassifizierung von Reiseveranstaltern nach Geschäftsmodellen wird im folgenden Kapitel auf die besondere Positionierung der Touristiksparte im Konzern der REWE Group eingegangen. Dabei werden sowohl die Organisationsstrukturen beleuchtet als auch die Gemeinsamkeiten und Unterschiede zwischen Handel und Touristik aufgezeigt. Das Kapitel beinhaltet grundlegende Aspekte der Geschäftstätigkeit von Reiseveranstaltern, zeigt jedoch die Charakteristika in einem spezifischen Fall auf, sodass es als Exkurs zur Vertiefung des branchenübergreifenden Verständnisses geeignet ist.

5.1 Genossenschaftliche Organisationsstrukturen

Die Liste der Publikationen, die sich mit der optimalen Unternehmensstruktur für ein Touristikunternehmen beschäftigen, ist lang. Es gibt keinen „Masterplan", der allen Unternehmen den wirtschaftlichen Erfolg bringt. Im Tourismusgeschäft agieren Unternehmen erfolgreich, die unterschiedliche Strukturen und Kulturen haben.

Die Marktführer TUI und Thomas Cook zum Beispiel sind klassische Aktiengesellschaften nach britischem Recht (plc), TUI eine 51%-ige Mehrheitsbeteiligung einer deutschen Aktiengesellschaft (TUI AG). AIDA ist eine 100%-ige Beteiligung eines internationalen in den USA börsennotierten Konzerns (Carnival Cruises). Die Touristik der REWE Group ist Bestandteil einer Genossenschaft. Alltours, FTI, Phoenix, Schauinsland oder Studiosus sind inhabergeführte Unternehmen; dies galt bis zum Verkauf an Thomas Cook auch für Öger. Und alle konnten sich bisher langfristig im Wettbewerb behaupten.

Eine ähnliche Vielfalt zeigt auch der **Lebensmittelhandel**. Dort agieren ebenfalls Unternehmen, die sehr unterschiedliche Eigentümerstrukturen aufweisen. So sind mit der REWE Group und der EDEKA zwei Genossenschaften die erfolgreichsten Betreiber von Supermärkten in Deutschland. Den im Vergleich zu einer Aktiengesellschaft eingeschränkten Möglichkeiten der Finanzierung, steht einer Genossenschaft der nicht zu gering einzuschätzende Vorteil gegenüber, nicht unter dem eher kurzfristig orientierten Diktat eines Aktienkurses zu stehen. Genossen beanspruchen keine Dividenden. Alles was verdient wird, bleibt im Unternehmen und steht zur Weiterentwicklung des Unternehmens zur Verfügung. Unsere Eigentümer sind ausschließlich an einem leistungsfähigen, zukunftsorientierten Unternehmen interessiert, das auch noch für die Kinder und Enkel der Genossen eine Warenversorgung zu attraktiven und wettbewerbsfähigen Konditionen sicherstellt. Langfristigere Commitments eines Eigentümers gibt es nicht.

Die Anteile an einer Genossenschaft können nicht gehandelt und nicht veräußert werden. Die Mitgliedschaft und die Stimmanteile bestimmen sich durch die Satzung – wie bei einem Verein. Voraussetzung für den Erwerb eines Anteils an der REWE-Genossenschaft ist der Besitz eines Lebensmittelmarktes – je mehr Märkte um so mehr Anteile. Bei Wegfall der Voraussetzungen sind die Anteile ohne Kompensation zurückzugeben. Aufgrund des personenbezogenen und geringen Haftungskapitals sind einer Kreditaufnahme ebenso wie einem Verlustausweis enge Grenzen gesetzt.

Der REWE-Wettbewerber METRO ist eine klassische Aktiengesellschaft, die sich neben dem Lebensmittelhandel auf verschiedene Fachmarktaktivitäten konzentriert. Aldi und Lidl hingegen sind monostrukturierte, inhabergeführte Konzerne. Letztlich entscheidend ist also nicht die formale Struktur eines Unternehmens, sondern das, was daraus gemacht wird.

5.2 Gemeinsamkeiten und Unterschiede zwischen Handel und Touristik

Wertschöpfungsketten können unterschiedlich gestaltet sein, entscheidend ist allein, dass man damit auch **Werte schöpft**. Auch hier zeigen beide Branchen auffällige Gemeinsamkeiten. In der Touristik gibt es einen vierstufigen Aufbau vom Leistungsträger über den Veranstalter zum Reisevermittler bis hin zum Endverbraucher. Eine ähnliche Konstruktion liegt dem **Handel** zugrunde. Die Wertschöpfungsstufen lauten hier: Produzent – Großhandel – Einzelhandel – Endverbraucher. Doch trotz der formalen Gleichheit gibt es einen erheblichen Unterschied in der Funktionsweise der Ketten. Ist der Handel vertriebsorientiert, so bestimmen in der Touristik stark die Veranstalter und Leistungsträger/Produzenten das Geschehen. Während der Handel bestrebt ist, möglichst sämtliche Stufen zu bedienen, verabschieden sich zwei der drei großen Reisekonzerne vom voll integrierten Geschäftsmodell.

Bei der **Touristik** liegt die Marktmacht bei den Veranstaltern oder den markenstarken Leistungsträgern wie Lufthansa, Deutsche Bahn oder bekannten Hotelketten. Diese Akteure haben die Logistik in der Hand und bestimmen die Endverkaufspreise. Dem Vertrieb fällt lediglich die Rolle eines „Handelsvertreters" zu. Wirtschaftlich weitgehend einflusslos vermittelt er die Angebote an den Kunden. Beim Lebensmittelhandel hingegen liegen die Dinge anders. Dort dominiert der stationäre Verkauf, der als klassischer Händler Preise und Verkaufsmenge in eigener Hoheit bestimmt. Sämtliche anderen Stufen wie Logistik oder Einkauf haben einzig die Aufgabe, die im Vertrieb verdichteten Kundenwünsche so schnell und so preiswert wie möglich zu erfüllen.

5 Exkurs: Benchmark zwischen Handel und Touristik

In Anbetracht der geringen Spannen im Lebensmittelhandel ist es für die Unternehmen zunehmend interessant, die dem Kunden vorgelagerten drei Stufen aus eigener Kraft abzudecken. Am deutlichsten wird das bei den so genannten **Eigenmarken** – also Produkten, die ausschließlich bei der jeweiligen Kette zu beziehen sind. Eigenmarken sind attraktiv, weil sie Kunden binden und dem Handel höhere Spannen ermöglichen. Das wurde im Ausland bereits früher erkannt. Unternehmen wie TESCO in Großbritannien forcieren den Anteil der Eigenmarken am Sortiment mit großer Kraft und erreicht Quoten von mehr als 50 Prozent. In Deutschland spielen Eigenmarken traditionell im Discount eine große Rolle. In dieser Vertriebsform, auf die in Deutschland rund 40 Prozent des Gesamtumsatzes entfällt, finden sich bei steigender Tendenz Eigenmarkenanteile von mehr als 60 Prozent. Mittlerweile haben auch die Super- und Verbrauchermärkte – bisher eher ein Hort der Markenartikel – die Bedeutung der Eigenmarken erkannt. Verstärkt wird diese Tendenz noch dadurch, dass immer mehr Kunden Eigenmarken wie z. B. ja!, Erlenhof oder Füllhorn als vollwertige Alternative zum Markenprodukt sehen. Eigenmarken sind keine No-Name-Produkte mehr, sondern entwickeln sich zu eigenen Marken.

In der **Touristik** haben die drei großen Konzernveranstalter bisher weitestgehend alle Wertschöpfungsstufen abgedeckt. Die Erfahrungen mit diesem integrierten Geschäftsmodell sind insbesondere bei markt- und krisenbedingten Umsatzrückgängen jedoch eher negativ. Zurzeit werden die Geschäftsmodelle daher neu justiert. Die Touristik der REWE Group hat deshalb entschieden, sich neben den Aktivitäten im Bereich Business-Travel auf die Wertschöpfungsstufen „Veranstalter" und „Vertrieb" zu konzentrieren. Dies natürlich im klaren Bewusstsein, dass man überall dort, wo man Risiken ausschaltet auch in guten Zeiten Chancen abschneidet. Ähnliche Überlegungen trieben auch einige Wettbewerber, wie interessanter Weise auch das einzige Handel-Touristik-Pendant die Arcandor/Thomas Cook-Gruppe bis zu deren Konkurs.

Vielleicht befindet sich die Branche aber auch nur am Ende eines Zyklus. In der anscheinend nun angebrochenen Entwicklungsstufe konzentriert sich die Branche auf risikofreie beherrschbare Teilsegmente, um vielleicht in 8 oder 12 Jahren wieder dem Ruf nach Kontrolle aller touristischen Wertschöpfungsstufen zu folgen. Ähnlichkeiten zu dem branchenübergreifenden Phänomen der Wanderbewegung zwischen den Polen „Diversifikation" und „Konzentration auf das Kerngeschäft" sind unübersehbar.

Auch die **stationären Vertriebsstrukturen** bieten interessante Parallelen. Der Discount spielt im deutschen Lebensmittelhandel die dominierende Rolle. Sein Marktanteil liegt je nach Schätzung bei knapp 40 Prozent. In Europa weist lediglich Norwegen mit 48 Prozent eine noch höhere Quote auf. Im Gegensatz zu Norwegen, das beim europäischen Preisbarometer den Spitzenplatz belegt, rangiert Deutschland auf dem 16. und damit letzten Platz der Skala. Mit anderen Worten: Nirgendwo in Europa sind Lebensmittel so preiswert wie in Deutschland.

Dementsprechend schwer lastet der Preisdruck auf dem Systemwettbewerber Supermarkt, dessen Kosten wegen größerer Sortimente und einem breiteren Serviceangebot über denen des Discounters liegen. Gerade kleinflächige Märkte mit maximal 400 qm Verkaufsfläche halten diesem Druck nicht stand. Ihr Marktanteil, der 1995 noch bei knapp 18 Prozent lag, hat sich bis heute halbiert.

Der zunehmenden **Discountierung** bieten hingegen moderne, serviceorientierte Supermärkte mit Verkaufsflächen ab 1.500 qm erfolgreich Paroli. Diese Vertriebsform hat ihren Marktanteil seit 1995 von 13,8 Prozent auf aktuell 15,6 Prozent gesteigert. Dies ist unter anderem darauf zurückzuführen, dass Flächen dieser Größen nicht zwangsläufig auf der grünen Wiese liegen müssen und somit aus Sicht der Kunden eine qualitativ hochwertige Nahversorgung im Wohnumfeld gewährleisten. Vielfach entstehen in Symbiose mit einem Discounter kleine Lebensmittelhandel-Agglomerationen, die für die Kunden besonders attraktiv sind.

Die **Touristik** verfolgt mit ihrem Vertrieb traditionell eine ähnliche Strategie. Reisebüros liegen zumeist in zentralen Lagen und können bequem zu Fuß oder mit dem Auto erreicht werden. Während der Handel nahezu ausschließlich von stationären Vertriebsformen geprägt ist, spielt in der Touristik der Online-Vertrieb eine zunehmend wichtigere Rolle. Eine hohe Akzeptanz genießt der Internet-Vertrieb bereits heute bei preisaggressiven und markenstarken Leistungsträgern wie den Low-Cost-Carriern. Auch wenn in Zukunft der Weg der meisten Urlauber ins Reisebüro führt, so unterschätzt heute keiner mehr die Bedeutung und Möglichkeiten des Online-Vertriebs.

Die Protagonisten dieser Entwicklung werden auch in Zukunft die marken- und marktstarken Produzenten d.h. Leistungsträger sein, die den direkten Einfluss auf Preise und Kapazitäten unter Umgehung der nachgelagerten Wertschöpfungsstufen weiter ausbauen wollen. Die Verhältnisse sind ziemlich klar: Die touristischen Leistungsträger wie Airlines, Hotels und Mietwagenanbieter haben sich auf den Weg gemacht, um mit Hilfe des Internets möglichst hohe Anteile ihres Geschäfts von der Vertriebsform B2B in B2C zu transferieren. Hiermit sollen Abhängigkeiten und Vertriebskosten reduziert werden. Und was für die Wertschöpfungsstufe Reisebüro gilt, wirkt in gleicher Weise auf die Wertschöpfungsstufe Veranstalter. Der größte Wettbewerber eines Veranstalters ist heute schon der eigene Lieferant, der Leistungsträger.

Zusammenfassend lässt sich feststellen, dass sich die Vertriebsstrukturen von Handel und Touristik insofern ähneln, als beide auf eine qualitativ hochwertige Nahversorgung ihrer jeweiligen Kunden abzielen. Spielt insbesondere im Lebensmittelhandel der Online-Vertrieb keine Rolle – und wird dies auch in naher Zukunft nicht tun – so gewinnt dieser Vertriebskanal in der Touristik weiter stark Bedeutung, ohne allerdings das stationäre Reisebüro ersetzen zu können.

Auch der Benchmark im Hinblick auf die **Sortimentsstrukturen** bietet interessante Perspektiven. Wie bereits ausgeführt spielen Eigenmarken im Handel eine zunehmend wichtigere Rolle. Damit geht einher, dass Eigenmarken in immer mehr Sortiments- und Preissegmenten erfolgreich sind. Innerhalb der Eigenmarken kommt es immer stärker zu einer klaren Differenzierung, die vom Preiseinstieg bis ins Premium-Segment reicht. Umso wichtiger ist es, den Kunden durch klare Positionierung der jeweiligen Eigenmarken zu signalisieren, in welchem Segment das Produkt angesiedelt ist. Es ist die zentrale Aufgabe des Marketings das entsprechende Preis-Leistungs-Versprechen gegenüber dem Kunden klar zu kommunizieren.

Die bekannten **Veranstaltermarken** sind mit den Markenartikeln im Lebensmittelhandel teilweise vergleichbar. Sie haben hinsichtlich Preis, Service und Kundengruppe eine klare Positionierung im Wettbewerb. Gerade in der Touristik schafft Bekanntheit Vertrauen beim

Kunden. Der Name wird zum Qualitätsbegriff. Sie können heute nahezu in jedem Reisebüro jeden Veranstalter buchen. Exklusivität sucht man hier vergebens. Eine Handels-Eigenmarke der REWE Group werden Sie hingegen niemals in ein und derselben Aufmachung bei einem Wettbewerber finden. Der Lebensmittelhandel ist in diesem Punkt wesentlich trennschärfer.

Verschiedene Versuche von Reisebüroketten und Kooperationen Eigenmarken oder Eigenveranstalter im Markt zu etablieren, sind bisher nur von vergleichsweise geringem Erfolg gewesen. Ob dies in einer beim Reisekunden noch höher ausgeprägten Markengläubigkeit begründet ist oder nur auf ein begrenztes Durchhaltevermögen der Handelnden zurückzuführen ist, ist nicht klar erkennbar. Mit bilanzierendem Blick auf die Bedeutung von Marken und Eigenmarken lässt sich somit ein deutlicher Unterschied zwischen Touristik und Handel feststellen. Markenbildung ist im Handel wie in der Touristik unverzichtbar. Markenbildung sollte aber nicht zulasten des Profils gehen. Eine Marke, die alles erfasst, ist für den Kunden gesichtslos und wird daher nicht entsprechend trennscharf als solche wahrgenommen.

Die Branchen Handel und Touristik weisen viele Gemeinsamkeiten auf, haben jedoch hinsichtlich der Bedeutung der verschiedenen Wertschöpfungsebenen und der Marktstrukturen **unterschiedliche Schwerpunkte**. Beide Branchen sind fast ausschließlich endverbraucherorientiert, erwirtschaften ihre Erträge vor allem auf lokalen und regionalen Märkten im Inland bzw. Quellmarkt und befassen sich intensiv mit Kaufkraft, Konsumportfolios sowie Ausgabeverhalten der Bevölkerung. Allerdings konkurrieren beide Branchen mit durchaus vergleichbaren Marketing- und Werbeinstrumenten in weiten Teilen um das gleiche verfügbare Haushaltsnettoeinkommen. Aus diesem grundlegenden makroökonomischen Wettbewerb zwischen den Branchen kann sich der Lebensmittelhandel allerdings weitgehend heraushalten, da er größtenteils Grundlebensbedürfnisse abdeckt, während Reisen zwar mittlerweile nicht mehr als Luxusgut gelten, aber dennoch einer höheren Ebene der Maslowschen Bedürfnispyramide zugerechnet werden müssen.

Lebensmittelhandel und Touristik sind somit zwei Branchen, die sich komplementär ergänzen und ihr Wissen über den Endverbraucher sowie die Erfahrungen über die jeweiligen branchenbezogenen Strukturen synergetisch perfekt zum beidseitigen Erfolg nutzen können. Die Symbiose aus Handel und Touristik ist zwar keine logische Zwangsverbindung, weist aber viele Parallelen auf, in deren Mittelpunkt der gleiche Kunde steht. Beide Branchen kennen viele gemeinsame Herausforderungen oder können – soweit sie von der einen oder anderen Seite gelöst würden – voneinander lernen und profitieren.

Literaturhinweise zu Teil I

Zu Merkmalen von Reiseveranstaltern (I.1): FREYER 1999, 2011 (Tourismus): 209ff., HEBESTREIT 1992, POMPL 1997: 27ff.

Zu Geschäftsmodellen (II.2): BASTIAN/BORN 2004: 69ff., FUCHS/MUNDT/ZOLLONDT 2008, SCHEER/DEELMANN/LOOS 2003, STÄHLER 2001, WIRTZ 2010

Fragen zu Teil I

(1) Durch welche Elemente kann ein Reiseveranstalter von anderen Betrieben abgegrenzt werden und welche Aufgaben erfüllen diese Unternehmen gegenüber verschiedenen Zielgruppen?

(2) Bennennen und erläutern Sie die Kriterien anhand derer Reiseveranstalter in Deutschland differenziert werden können.

(3) Erläutern Sie die Tätigkeiten eines Reiseveranstalters anhand des dienstleistungsorientierten Phasenmodells.

(4) Nennen Sie die vier übergeordneten Organisationstypen der deutschen Reiseveranstalter und stellen Sie wichtige Kriterien dieser dar.

(5) Grenzen Sie die klassischen Reiseveranstalter von den Bausteinreiseveranstaltern ab.

(6) Worin besteht der Unterschied zwischen einem Reiseveranstalter und einem Consolidator?

(7) Welche Verfahren werden von Bausteinreiseveranstaltern zur Leistungserstellung genutzt?

(8) Was versteht man unter vertikaler Integration und horizontaler Konzentration? Welche Modelle der Integration existierten in der Reisebranche und welche Vor- und Nachteile treten bei diesen auf?

(9) Nehmen Sie Stellung zu der Diskussion über die Produktions- oder Händlerfunktion von Reiseveranstaltern.

(10) Wie global ist der Reiseveranstaltermarkt?

Teil II

Funktionen und exogene Rahmenbedingungen von Reiseveranstaltern

1   Funktionale Prozessorganisation von Reiseveranstaltern

2   Rechtliche, steuerliche und wirtschaftliche Rahmenbedingungen für Reiseveranstalter

3   Übergreifende Aufgaben und Verantwortlichkeiten eines Reiseveranstalters

Übersicht Teil II

Im ersten Kapitel dieses Teils II geht es darum, die vielfältigen Funktionen eines Reiseveranstalters im Rahmen der internen Prozessorganisation darzustellen. Im zweiten Kapitel werden die rechtlichen, steuerlichen und wirtschaftlichen Rahmenbedingungen betrachtet, die auf diese Prozesse exogen Einfluss nehmen und diese teilweise behindern. Abschließend werden übergreifende Aufgaben und Verantwortlichkeiten von Reiseveranstaltern vorgestellt, die ebenfalls die Ausgestaltung der Prozesse beeinflussen.

Ziele des Teils II

Teil II soll die Erstellung der Reiseveranstalterleistung ermöglichen, indem vor allem

- *Kenntnisse der verschiedenen Funktionsbereiche eines Reiseveranstalters vermittelt werden und welche Aspekte in den einzelnen Prozessen relevant sind (II.1)*
- *ein Überblick über die Rahmenbedingungen der Leistungserstellung eines Reiseveranstalters, insbesondere rechtlicher, steuerlicher und wirtschaftlicher Art, gegeben wird (II.2)*
- *und weitere übergreifende Aufgaben von Reiseveranstaltern vorgestellt werden, die bei der Leistungserstellung von Bedeutung sind (II.3)*

1 Funktionale Prozessorganisation von Reiseveranstaltern

Nicht alle Prozessschritte werden von jedem Reiseveranstalter zur Herstellung der Reiseleistungen benötigt. Auch die Komplexität der Prozessschritte ist zwischen den verschiedenen Unternehmen unterschiedlich. Vor allem kleine und mittlere sowie Spezial-Veranstalter kommen teilweise mit weniger bzw. deutlich einfacheren Organisationsstrukturen und Funktionen aus. Darüber hinaus unterscheiden sich die Abwicklungsprozesse zwischen Pauschal-, Baustein- und Spezialveranstaltern sehr stark, ebenso zwischen Veranstaltern mit und ohne Garantien für Charterflugplätze.

Aus didaktischen Gründen wird **primär** auf die Funktionen eines großen **Vollsortiment-Veranstalters** eingegangen, der **schwerpunktmäßig Flugpauschalreisen** anbietet. Soweit in den jeweiligen Prozessschritten weitere Besonderheiten für Spezialsegmente zu berücksichtigen sind, wird bei der entsprechenden Funktion darauf hingewiesen. Die Prozessschritte sollen vor allem in ihrer logischen Ablaufstruktur durchgängig dargestellt werden. Hinsichtlich umfassender Erläuterungen einzelner angesprochener Sachverhalte wird auf die entsprechenden fachlichen Kapitel in diesem Buch verwiesen

Die einzelnen Prozessschritte werden zu **zwölf Funktionsbereichen** zusammengefasst. Die ersten sechs beschäftigen sich mit den Prozessen des Einkaufs, der Organisation und Bereitstellung von Reiseleistungen, die nächsten vier mit den Vermarktungsfunktionen, zwei weitere mit den prozessimmanenten Abwicklungs- und Administrations-Dienstleistungen sowie mit unterstützenden zentralen Backoffice-Funktionen, die alle anderen Funktionen permanent begleiten. Insgesamt werden rund 120 Einzelprozesse beschrieben, die teilweise interdependent sind und in verschiedene weitere Prozessschritte eingreifen (vgl. Abb. II. 1-1a).

Abb. II. 1-1a Prozesskette eines Reiseveranstalters

Die Darstellung der Prozesskette orientiert sich weitgehend am Wertkettengedanken von Porter (vgl. PORTER 1992: 62). Ein Unternehmen ist in diesem Modell gegliedert in miteinander verknüpfte Wertaktivitäten, die als Gesamtwert den Ertrag inkl. Gewinnmarge generiert. Dieses Wertkettenmodell wurde nachfolgend auf die touristische Dienstleistungsproduktion eines Reiseveranstalters umgesetzt. Dabei wurden die primären Wertaktivitäten in elf Prozessschritte detailliert unterteilt und im zwölften die unterstützenden Aktivitäten dargestellt.

Es muss an dieser Stelle klargestellt werden, dass das nachfolgende Kapitel eine chronologische und systematische Dokumentation der Prozesskette eines Reiseveranstalters darstellt, die die einzelnen Funktionsschritte und Handlungsoptionen detailliert beschreibt. Es geht dabei ausdrücklich nicht um die in der touristischen Fachliteratur vielfach dargestellte Funktion des Marketing als zentrales strategisches Steuerungsinstrument der touristischen Reiseveranstalter-Prozesse u. a. BASTIAN/BORN 2004: 35ff; FREYER 1999: 41). Im Rahmen der chronologischen Prozesskette werden die funktionalen Marketing- und Vertriebsprozesse vom Reiseveranstalter über Agenturverträge in weiten Bereichen in die Mitverantwortung von Vertriebpartnern bzw. Handelsvertretern gelegt und werden daher oft nur indirekt von Veranstaltern gesteuert. Hingegen liegen die Einkaufs- und Logistikprozesse in der alleinigen Verantwortung des Veranstalters. Die dargestellten 12 Teilprozesse können daher in drei Prozessgruppen zusammengefasst werden (vgl. Abb. II.1-1b).

Abb. II. 1-1b Prozessgruppen eines Reiseveranstalters

1.1 Produktstrategie und Produktplanung

Zu Beginn eines jeden Produktions- bzw. Herstellungsprozesses von Reisen steht eine Planvorgabe. Sie ist das Ergebnis der strategischen und wirtschaftlichen Unternehmensziele. Dabei werden die wichtigsten Einflussparameter für den weiteren Herstellungsprozess festgelegt oder zumindest eingegrenzt. Dabei müssen Annahmen getroffen werden, die die Fragen nach dem *Was, Wo, Wohin, Wann, Wie, Wieviel, Wer, Wozu* und *Warum* beantworten.

1.1.1 Sortimentsauswahl

Zunächst einmal muss sich ein Reiseveranstalter darüber klar werden, was er überhaupt anbieten möchte. Wo gibt es Marktlücken, welche Marktsegmente haben Expansionspotenzial, wo besteht ein USP gegenüber Wettbewerbern etc.. Aus diesen Vorüberlegungen ergibt sich ein Angebots-Sortiment, für das es weitere Festlegungen bedarf u. a. hinsichtlich Breite und Tiefe.

Die **Sortimentsbreite** definiert die Vielfalt des Angebots (Destinationen, Anreisevarianten, Hotels, Rundreisen, Angebotskombinationen und Zusatzleistungen) im betrachteten Marktsegment, Reisethema oder Zielgebiet und damit die Produktdiversifikation. Die **Sortimentstiefe** definiert die Vielzahl an Produktvarianten (bei Unterkünften z. B. Hotelkategorien,

Zimmertypen, Belegungsvarianten, Verpflegungsarten, Serviceleistungen) im betrachteten Marktsegment, Reisethema oder Zielgebiet und damit die Produktdifferenzierung.

Bei einer großen Sortimentsbreite muss ein Veranstalter schon eine bestimmte Mindestgröße in seinem Marktsegment aufweisen, da die eingekauften Produktvarianten ja auch verkauft werden müssen. Eine große Sortimentstiefe ist auch für kleine und mittelgroße Veranstalter darstellbar, wenn das eingekaufte Angebot viele flexible Varianten zulässt.

1.1.2 Destinationsplanung

Die Festlegung des Sortimentes ist zumeist unmittelbar verknüpft mit der Destinationsplanung. Für jede Destination ist zuerst zu prüfen, mit welchen **Anreisemöglichkeiten** sie verbunden ist. Daraus ergeben sich zahlreiche neue Rahmenbedingungen für das ergänzende Angebot an Unterkunfts- und Zusatzleistungen sowie die dafür erforderlichen Herstellungsprozesse.

Bei Destinationen mit der leichten Möglichkeiten zur **Eigenanreise** (Deutschland und Nachbarländer) kann sich ein Reiseveranstalter voll auf das Sortiment an Unterkunfts- und Zusatzleistungen im Zielgebiet konzentrieren. Den Kunden, die dennoch einen Transportwunsch haben, können zumeist alternativ Bahntickets zu Sonderpreisen (Rail-Inclusive-Tours bzw. RIT-Tickets) oder auch Linienflugtickets angeboten werden. Dies gilt auch für die Anreise zu einer Kreuzfahrt von deutschen und anderen landgestützten Häfen in Europa. Bei Busreisen sind unabhängig von der Destination Anreise- und Rundreiseverkehrsmittel hingegen identisch.

Bei Destinationen, die fast ausschließlich **per Flugzeug** erreichbar sind und darüber hinaus kein ausreichendes regelmäßiges Linienflugangebot haben, wie die meisten Urlaubszielgebiete rund ums Mittelmeer und auf den kanarischen Inseln, muss der Reiseveranstalter sein geplantes Flugangebot von entsprechenden Bedarfsfluggesellschaften chartern und die dabei gecharterte Kapazität auch garantieren. Die gilt auch für Destinationen, die zwar durchaus mit öffentlichen Linienflügen erreichbar sind, aber zur Hauptsaisonzeit nicht die entsprechend zusätzlich benötigten Kapazitäten anbieten können. In diesen Fällen wird ein Veranstalter quasi automatisch zum Pauschalreiseveranstalter, da er zusätzlich zu den garantierten Flugplätzen auch ein entsprechendes Unterkunfts- und Aufenthaltsangebot vorhalten muss (vgl. Kapitel I.2.2).

Bei Destinationen, die vorzugsweise oder zwangsläufig per Flugzeug erreichbar sind und über eine ausreichend hohe Frequenz an Linienflügen verfügen (u. a. Städtereisen, alle Fernreisen, wenig frequentierte Spezialistenziele), werden in der Regel mit den jeweiligen Fluggesellschaften Sondertarife auf Basis von Volumenvereinbarungen für bestimmte Buchungsklassen getroffen, die es ermöglichen attraktive Flug-Anreisetarife in Kombination mit weiteren Arrangementleistungen anzubieten, aber ohne dabei Auslastungsrisiken einzugehen. In diesen Fällen ist ein Veranstalter häufig als Consolidator und Bausteinveranstalter tätig (vgl. Kapitel I.2.2).

1.1.3 Kapazitätsgrobplanung

In Abhängigkeit vom gewählten Sortiment und Zielgebiet ergeben sich für einen Reiseveranstalter weitere Notwendigkeiten für eine Kapazitätsplanung. Ohne Garantie von Flugplätzen geht es lediglich darum für das angebotene Zielgebiet eine für die Kunden attraktive Vielfalt an Unterkunft- und sonstigen Dienstleistungen zu finden. Im Falle des Charters von Flügen müssen ausreichende Unterkunftskapazitäten hinzugekauft werden. Wird ein Flugziel flächendeckend für den deutschen Markt angeboten, so bedingt dies das Chartern von mindestens vier Flugzeugen ab verschiedenen regionalen Quellflughäfen an einem Flugtag pro Woche, bei hochfrequenten Zielen von bis zu 12 regionalen Quellflughäfen an 2–3 Flugtagen pro Woche. Bei der erforderlichen Planauslastung entspricht dies zwischen rund 500 und ca. 2500 Fluggästen pro Woche für ein Zielgebiet, denen eine entsprechende Anzahl von Hotelzimmern zur Verfügung gestellt werden müssen. Um diesen Gästen einen Transfer zum Hotel und eine Betreuung durch die Reiseleitung bieten zu können, sollten möglichst wenige Hotels mit jeweils einem relativ großen Kontingent pro Haus eingekauft werden. Häufig müssen dazu auch hier Garantien oder wenigstens großzügige Vorauszahlungen geleistet werden. Dies alles erfordert eine Kapazitätsgrobplanung, denn ohne ausreichende und differenzierte Unterkunftsmöglichkeiten lassen sich die garantierten Flüge kaum verkaufen.

1.1.4 Festlegung von Zielgruppen und Qualitätsstandards

Zur Planung der Angebotsvielfalt gehört auch eine Definition der angebotenen Qualitätsstandards für die angestrebten Kundenzielgruppen. Nur ein Generalist oder Großveranstalter ist in der Lage nahezu alle Zielgruppen mit allen Qualitätsstandards zu beliefern. Die breiten Massensegmente fragen in der Regel Hotels und Zielgebietsleistungen im 3–4 Sterne-Bereich nach. Das Premium- und Luxus-Segment ist zwar wirtschaftlich hoch attraktiv, quantitativ aber sehr klein und ohne filigrane Distributionskanäle schwer erreichbar.

In den großen Massenmärkten kann man hingegen ein eigenes Angebotsprofil kaum entwickeln, da die Exklusivangebote fehlen und die anderen Angebote in hohem Maße austauschbar sind und dann nur über den Preis und häufig zu Lasten der ohnehin geringen Marge verkauft werden können. Hilfreich ist, wenn ein Veranstalter sich über seine qualitative Positionierung gegenüber seinen Zielgruppen im Klaren ist, denn alle beschriebenen Wege sind strategisch und wirtschaftlich gangbar, sollten jedoch im Hinblick auf Kundenorientierung und Markenklarheit möglichst wenig miteinander kombiniert werden.

1.1.5 Planung von Preissegmenten und Preisstrategien

Die Planung von Preissegmenten und Preisstrategien ist unmittelbar verknüpft mit der Zielgruppendefinition und der Planung der Qualitätsstandards. Unabhängige Preisstrategien sind in der Regel nur bei Exklusivangeboten möglich, die kein anderer Wettbewerber im Angebot hat. In allen anderen Fällen orientieren sich die Preissegmente an den Preisen vergleichbarer (austauschbarer) oder gar identischer Wettbewerberangebote. Preisvorteile ohne Margenreduktion lassen sich dann oft nur durch Kosten- und Produktivitätsvorteile erreichen.

Reiseveranstalter ohne Kapazitätsgarantien und Bausteinveranstalter übernehmen oft die saisonale oder auslastungsbezogene Struktur der Einkaufspreise und schlagen jeweils ihre Bruttomarge auf. Reiseveranstalter mit Kapazitätsgarantien kaufen ihre Leistungen zumeist zu einem durchschnittlichen Stückpreis ein und können diesen Preis saisonal und nachfrageabhängig modifizieren (vgl. auch Kapitel II.1.1.6 Yield-Planung). Bei Einführung eines neuen oder Reaktivierung eines alten Zieles ist es auch denkbar zeitbegrenzte oder kundenbezogene Promotionpreise anzubieten, vor allem wenn die touristisch Verantwortlichen oder die Leistungsträger im Zielgebiet entsprechende WKZ (Werbekostenzuschüsse) oder Subventionen anderer Art gewähren.

1.1.6 Saisonalitäts- und Yield-Planung

Wenn der Verkauf der eingekauften Kapazitäten mit einem möglichst großen wirtschaftlichen Überschuss erfolgen soll, dann muss der Verkauf entlang der Nachfragekurve erfolgen. Ist die Nachfrage hoch beispielsweise an langen Feiertagswochenenden, während der deutschen Ferienzeiten oder wenn einmalige Events in einem Zielgebiet stattfinden, dann sollten die Flug- und Unterkunftskapazitäten zu einem möglichst hohen, aber immer noch marktfähigen Preis verkauft werden. Ist die Nachfrage gering, so dass es sogar zu einem Angebotsüberhang kommt, ist es u. U. erforderlich die Flug- und Unterkunftskapazitäten mit einer geringen Marge bzw. ohne Marge zum Einkaufspreis oder sogar darunter abzusetzen.

Die Nachfrageschwankungen ergeben sich aus der Saisonalität des Quellmarktes bzw. bei der unterschiedlichen föderalen Struktur der deutschen Schulferien der regionalen Quellmärkte. So werden mit Beginn der Schulferien in Niedersachsen die Reisepreise für Flugreisen ab allen norddeutschen Flughäfen angehoben, während sie in anderen Bundesländern ohne Schulferien zunächst unverändert bleiben. Mobile Kunden versuchen das Preisgefälle in solchen Situationen für sich zu nutzen; insgesamt sind diese Effekte jedoch vernachlässigbar.

In der Yield-Planung werden die saisonalen Preisschwankungen mit den geplanten bzw. aufgrund langjähriger Erfahrungen erwarteten Kundenzahlen multipliziert und ergeben somit die Umsatzerlöse, die nach Abzug der Summe der eingekauften Vorleistungen den Überschuss ergeben. Der Yield kann weiter optimiert werden durch Variationen der saisonalen Preise und der dadurch erwarteten gewonnenen Kundenanzahl. Ist der Mengenzuwachs größer als die dafür ursächliche Preisermäßigung, so ergibt sich eine Yield-Verbesserung, im ungekehrten Fall entsprechend eine Yield-Verschlechterung.

1.1.7 Kombinationsfähigkeit von Leistungskomponenten

In der Planungsphase muss ein Veranstalter ebenfalls entscheiden, welche Arten von Leistungen er miteinander kombinieren will. Für jede dieser Leistungen sind die Beschaffungswege, Kapazitäten und Einkaufpreise zu disponieren. Sollen es fest verknüpfte konfektionierte Leistungskomponenten sein, so entstehen Pauschalreisepakete, bei denen auf die Summe aller Einkaufspreise saisonal abgestufte Margen zum Verkaufspreis aufgeschlagen werden. Sollen diese Leistungen alle auch einzeln erhältlich und zeitlich flexibel miteinander kombinierbar sein, so müssen alle Komponenten separat kalkuliert und in einem so genannten Baukastensystem angeboten werden.

1.1.8 Planung der Markenzuordnung der Produkte bzw. konzerninterne Abstimmung

Große Konzernveranstalter bieten Veranstalterreisen häufig unter mehreren Marken an. Diese sind zuweilen rein historisch entstanden, durch Zukauf erworben oder zielen bewusst auf verschiedenen Marktsegmente oder Zielgruppen. Da diese Marken häufig viele Überschneidungen hinsichtlich Zielgebiet, Thema oder Zielgruppe aufweisen, kann ein Hotel oder eine touristische Leistung oft unter verschiedenen Konzernmarken angeboten werden. Um die Marken trennscharf zu positionieren, sollten derartige Angebotsduplikationen u. U. sogar mit Preisdifferenzierung möglichst vermieden werden. Dazu ist eine konzerninterne Abstimmung erforderlich.

1.1.9 Planung der Produktionszwecke: Katalogproduktion, Online-Produktion, Auftragsproduktion, Aktionsproduktion

In der Planungsphase muss bereits festgelegt werden, für welche Zwecke produziert werden soll. Denn jeder Produtionszweck hat andere IT-Systemvoraussetzungen und Ablaufprozesse. Am häufigsten findet die klassische Katalogproduktion mit Vertrieb über Reisemittler oder direkt mit den Kunden statt. Für Kataloge gibt es in der Regel feste saisonale Kataloglaufzeiten, so dass die Katalogproduktion zweimal jährlich stattfindet. Anders hingegen die Online-Produktion; sie findet fortlaufend unterjährig statt, greift auf tagesaktuelle Preise und Kapazitäten zu und kennt nur dann Saisonalitäten, wenn sie die gleichen Angebotssortimente anbietet wie die Katalogproduktion. Auftrags- und Aktionsproduktionen finden nur einmalig für ein zeitlich befristetes Einzel-Angebot statt. Oft geschieht dies in regelmäßigen Zyklen im Auftrag von Drittunternehmen aus dem Handel (Aldi, Lidl, REWE, Tchibo etc.) und anderen Branchen (Banken, Versicherungen etc.).

1.1.10 Planung der Produktionsarten: Eigenveranstaltung, Vermittlung, Consolidierung

Wie bereits in Kapitel I.2.2.2 erläutert gibt es für Reiseveranstalter verschiedenen Produktionsarten. Kauft er Risikokapazitäten ein, so wird er in der Regel ein klassischer Pauschal-Reiseveranstalter, weil er diese zwangsläufig mit weiteren touristischen Leistungen kombinieren muss. Als Bausteinanbieter hat er hingegen mehrere Optionen: durch Kombination mehrerer Leistungskomponenten kann er klassischer Veranstalter sein. Je nach Angebotsdarstellung einzelner Leistungskomponenten sowie beim Dynamic Bundling von Bausteinkomponenten verschiedener Leistungsträger kann er aber auch Vermittler oder Consolidator bzw. Großhändler sein, wenn einige dieser Komponenten durch homogene Mengenbündelung

(Flüge, Mietwagen, Bahntickets etc.) eingekauft werden. Auch diese Unterscheidung erfordert eine klare Festlegung bereits in der Planungsphase, da Einkaufsmethode, Rechnungslegung, IT-Handling, Ablaufprozesse und letztendlich auch die Allgemeinen Geschäftsbedingungen (AGB) jeweils differieren.

1.2 Einkauf Flug und sonstige Transportleistungen

1.2.1 Geschäftsmodelle von Fluggesellschaften: touristische Carrier im Reiseveranstaltermanagement

Der Begriff Geschäftsmodell weist in der Literatur, wie schon in Kapitel I.2 diskutiert wurde, eine sehr unterschiedliche Verwendung auf. Generell beschreiben Geschäftsmodelle die Grundlage und Struktur der jeweiligen Geschäftsidee. Es werden hierbei die Faktoren miteinander kombiniert, welche zur Schaffung von Vermögenswerten des Unternehmens beitragen. Anhand von verschiedenen Merkmalen wie zum Beispiel der Flottenpolitik, dem Produktionsverfahren, der Zielgruppe, dem Aktionsraum, dem Produkt- beziehungsweise Servicekonzept, dem Vertrieb, dem Streckennetz oder der Preispolitik lassen sich im Luftverkehr die verschiedenen Geschäftsmodelle voneinander abgrenzen und im Detail beschreiben. Allerdings verlaufen die Grenzen zwischen den einzelnen Konzepten fließend. Darüber hinaus betreiben viele Konzerne in der Luftfahrtbranche mehrere Geschäftsmodelle. Die Lufthansa Gruppe verfügt beispielsweise im Sinne eines Network Carriers über die Lufthansa Passage Airline, des Weiteren über Regionalfluggesellschaften wie zum Beispiel die Lufthansa CityLine GmbH, eine Cargo Airline (Lufthansa Cargo AG), Low Cost Carrier wie beispielsweise Germanwings und Leisure Carrier wie Sun Express.

1.2.1.1 Network Carrier

Der klassische Network Carrier stellt den **Grundtypus** einer Airline dar. Das Hauptmerkmal liegt im zentral zwischen den Orten stattfindenden Linienverkehr entsprechend dem Hub-and-Spoke-System (englisch: Rad-und-Speichen-System). Der als Drehkreuz agierende Großflughafen der jeweiligen Airline, welcher oft in der Landeshauptstadt angesiedelt ist, wird über Zu- und Abbringerflüge von den sogenannten Spokes mit Passagieren versorgt. Zusätzlich werden direkte Flugverbindungen zwischen Orten mit gesteigertem Verkehrsaufkommen im Inland im Rahmen des Point-to-Point Systems offeriert (vgl. STERZENBACH/ CONRADY/FICHERT 2009).

Generell agieren Network Carrier auf globaler Ebene – sie bieten vom Heimatflughafen ausgehend sowohl kontinentale als auch interkontinentale Flugverbindungen zu den wichtigsten Flughäfen im In- und Ausland an. In ihrem Hub haben die Network Carrier vielfach eine dominierende Stellung mit überragendem Marktanteil.

Aufgrund unterschiedlicher Streckenlängen und dem jeweiligen Verkehrsaufkommen sind die Flotten oftmals sehr heterogen. Es werden hierbei aus verhandlungsstrategischen Motiven vorwiegend die Flugzeuge mehrerer Flugzeugbauer, zum Beispiel Airbus und Boeing, eingesetzt. Die Sitzplatzkapazität der Maschinen liegt zwischen 130 und 800. Angeflogen werden überwiegend internationale Großflughäfen, die ebenfalls als Primary Airports bezeichnet werden und meist an Orten großer wirtschaftlicher Bedeutung liegen. Auch Secondary Airports, internationale Flughäfen, welche eine geringere wirtschaftliche Bedeutung aufweisen, werden bedient.

Zu den **Zielgruppen** der Network Carrier zählt man sowohl Geschäfts- als auch Privatreisende, wobei der Fokus auf den preisunsensibleren **Geschäftsreisenden** liegt, deren höhere Preisbereitschaft für den wirtschaftlichen Erfolg einer Airline essentiell ist. Das umfangreiche und differenzierte Produkt- und Serviceangebot ist im gehobenen Niveau angesiedelt und auf die Kernzielgruppe ausgelegt. Konform zu dem Produkt- und Serviceangebot wird gelegentlich auch von Full Service Network Carriern gesprochen. Im Kontinentalverkehr werden generell zwei Beförderungsklassen, Business und Economy Class, unterschieden. Interkontinental wird zumeist nach First, Business und Economy Class differenziert. Die Bestuhlungskonzepte und Servicekonzepte unterscheiden sich sehr deutlich.

Je nach Beförderungs- und Buchungsklasse variieren die Normaltarife. Durch den Einsatz von komplexen Yield Management Systemen findet eine umfassende **Preisdifferenzierung** nach zeitlichen Aspekten, wie beispielsweise dem Buchungs- und Abflugzeitpunkt, nach personellen Aspekten, wie etwa den Zielgruppenmerkmalen (s. unten), sowie nach räumlichen Aspekten statt. Im Endpreis inkludiert sind eine Vielzahl von Bestandteilen des Serviceangebotes wie Verpflegung und Bordentertainment.

Die Präsenz in allen gängigen Global Distribution Systemen ist unumgänglich, um eine umfassende Marketingkommunikation zu gewährleisten. Zudem wird eine flächendeckende Angebotsverfügbarkeit, auch Ubiquität genannt, angestrebt. Die Distribution erfolgt dementsprechend über eine Vielzahl von Kanälen. Zu den wichtigsten Buchungswegen gehören die stationären Reisebüros und die Direktvertriebskanäle, Call Center und das Internet.

Die **Marketingkommunikation** erfolgt in einem äußerst umfangreichen Rahmen sowohl offline, als auch in den Online Kanälen. Network Carrier setzen auf Verkaufsförderung, Imagekampagnen sowie eine intensive Kommunikation mit dem Endkunden in Form von Kundenbindungsprogrammen. Als Beispiele sind hier das Programm Miles & More der Lufthansa oder das Vielflieger Programm Executive Club der British Airways zu nennen.

Die Gruppe der Network Carrier ist nicht homogen. Anhand von bestimmten Merkmalen können die unterschiedlichen **Typen** von Network Carriern voneinander abgegrenzt werden. So teilt der **politische Status** die Network Carrier zum einen in Flag Carrier und Non Flag Carrier ein. Hinsichtlich deren **Marktposition** wird zum anderen nach Majors, Anführern globaler Allianzen, und Second Tier Carrier (Fluggesellschaften geringerer Bedeutung: z. B. Feeder) differenziert. Da Letztere lediglich kontinental operieren oder nur bestimmte interkontinentale Ziele anfliegen, nehmen sie nur eine untergeordnete Rolle in den globalen Allianzen ein.

Als Linienluftverkehrsgesellschaften sind Network Carrier verkehrsrechtlich zur Einhaltung des veröffentlichten Flugplans angehalten. Laut STERZENBACH/CONRADY/FICHERT 2009 wird für die Zukunft prognostiziert, dass sich Network Carrier verstärkt auf Langstreckenverkehre konzentrieren werden. Darüber hinaus werden eigene Zubringerflüge reduziert, welche Franchisenehmer oder kleinere Allianzpartner als Zubringer übernehmen. Außerdem wird sich der Konsolidierungsprozess unter den Network Carriern fortsetzen. Voraussichtlich wird der Markt in Zukunft von zirka fünf großen europäischen Gesellschaften beherrscht werden. Aktuell existieren drei größere Gruppen: Air France/KLM, British Airways/Iberia (IAG), Lufthansa Group (mit Swiss, Austrian Airlines, Brussels Airlines, Air Dolomiti).

Des Weiteren werden sich mittelgroße und kleine Network Carrier aller Voraussicht nach nicht nur auf Zubringerverkehre zu den großen Network Carriern konzentrieren, sondern vermehrt auch Merkmale des Low Cost Geschäftsmodells übernehmen. Im Kern bleiben diese aber Network Carrier.

1.2.1.2 Leisure Carrier

Der Begriff Leisure Carrier leitet sich aus dem bislang üblichen Begriff der **Charter Carrier** ab. Charter Carrier wurden einst eigens für das **Pauschalreisegeschäft** und den damit verbundenen Ferienflugverkehr gegründet. Der Begriff „Charter Carrier" ist jedoch nicht mehr aktuell. Stattdessen wird heutzutage der Begriff „Ferienfluggesellschaft" verwendet.

Grund dafür ist, dass der Begriff „Charter" einen verkehrsrechtlich als Gelegenheitsluftverkehr durchgeführten Flug bezeichnet, während heute die meisten durchgeführten Ferienflüge unter Linienrechten durchgeführt werden. Auch wenn die Mehrzahl der Passagiere in fest vorgeschriebenen Kontingenten der Reiseveranstalter verreist, werden trotzdem auch Einzelplätze an Endkunden verkauft. Auf reinen Charterflügen war es hingegen nicht erlaubt, einzelne Sitzplätze ohne Zielgebietsarrangement zu vertreiben. Im Zuge der **Konsolidierung des Reiseveranstaltermarktes** zu integrierten Reisekonzernen, hat sich der europäische Ferienflugmarkt in den letzten Jahren in zwei Hauptgruppen aufgeteilt: die unabhängigen und die integrierten Fluggesellschaften. Um **integrierte Fluggesellschaften** handelt es sich, wenn die konzerninternen, touristischen Wertschöpfungsstufen um die Komponente Beförderung ergänzt wird. Das Produkt Urlaub kann auf diese Weise aus einer Hand zusammengestellt und angeboten werden. Außerdem haben die Reiseveranstalter dadurch eine kontrollierbare und garantierte Beförderungskapazität. Die **unabhängigen Ferienfluggesellschaften** stellen aber nicht nur Sitzplatzkapazitäten für unabhängige Reiseveranstalter bereit, sondern auch für die integrierten Konzerne zur Abdeckung saisonaler Nachfragespitzen oder zur Bedienung kleiner Abflughäfen.

In vielen Fällen sind Leisure Carrier Bestandteil von großen Touristikkonzernen. Als Beispiel fungiert hier die TUI Group, die 2011 den ersten Platz im Ranking der größten Leisure Carrier einnimmt. Mit den Leisure Carriern TUIfly, Thomson Airways, TUIfly Nordic, Jetairfly, Jet4you, Corsairfly und Arkefly konnte der Konzern 23,96 Millionen Passagiere registrieren. Ein weiteres Beispiel stellt der Touristikkonzern Thomas Cook dar. Thomas Cook ist der zweitgrößte Konzern im Ranking der größten Leisure Carrier 2011, dazu gehören Condor, Thomas Cook Airlines UK und Thomas Cook Airline Belgium. Das Hauptmerkmal der Leisure Carrier besteht im Gelegenheitsverkehr zu Feriendestinationen in einem primär kontinentalen Aktionsraum. Der Großteil der beförderten Passagiere präferiert näher gelegene Urlaubsregionen. Jedoch weist das Produktportfolio auch interkontinentale Flüge auf, um die in der Regel geringere Nachfrage nach Fernreisen zu befriedigen. Ausnahmen stellen hier beispielsweise die Condor und die LTU dar, die ebenfalls eine Vielzahl von Langstreckenzielen bedienen. Inlandsflüge nehmen generell eine Ausnahmeposition ein und kommen, wenn überhaupt, nur in sehr großen Ländern vor.

Die oftmals heterogene Flotte mit einer Sitzplatzkapazität von 150 bis 250 Sitzplätzen agiert im **Point-to-Point** Verkehr. In Form von Nonstop- oder Direktflügen werden touristisch bedeutungsvolle Quellmärkte mit den Urlaubsregionen verbunden. Bei unzureichender Nachfrage besteht die Möglichkeit diese zu bündeln, indem Passagiere anderer Flughäfen unterwegs zusteigen – somit wird eine Anpassung an die sich verändernde Nachfrage ermöglicht. Es werden kleine bis mittelgroße Flughäfen, teilweise auch Großflughäfen bedient, letztere oftmals am frühen Morgen oder späten Abend, damit für andere Airlines ungünstige Slots benutzt werden können. In erster Linie sprechen Leisure Carrier **Privatreisende** an, die entweder ihre Haupturlaubsreise oder auch einen Kurztrip antreten. Geschäftsreisende bilden ein zweitrangiges Zielgruppensegment. Da der Privatreisende seine Reisen üblicherweise selbst finanziert, ist für ihn der Preisaspekt bedeutsam und er reagiert relativ stark auf Preisänderungen (hohe Preiselastizität). Der Privatreisende wählt eine Fluggesellschaft überwiegend nach dem Preis aus. Normalerweise existiert ein positiver Zusammenhang zwischen dem Einkommen eines Kunden und seiner Zahlungsbereitschaft. Ausgenommen davon sind hybride Verhaltensmuster, wie z. B. ein vermögender Kunde, der einen günstigen Flug bucht (unter Umständen sogar eine Low Cost Airline bevorzugt) und am Bestimmungsort in einem Luxushotel seinen Urlaub verbringt. Hybride Kunden verhalten sich nicht ihrem Einkommen entsprechend und lassen sich daher nicht bestimmten traditionellen Zielgruppensegmenten zuordnen. Privatreisende neigen zu einem frühen Buchungsverhalten und sind in der Regel keine Vielflieger. Sie investieren viel Geld in eine Reise, die vielleicht einen Jahresurlaub der Familie darstellt, profitieren eventuell von Frühbucherrabatten und wollen sichergehen, dass organisatorisch alle Details im Voraus geregelt sind. Durch diese frühen Sonderrabatte, mit denen sie den Fluggesellschaften einen geringeren Erlös erbringen, werden Privatreisende auch STP (Sondertarifpassagiere) genannt. Im Gegensatz zu Geschäftsreisenden, den NTP (Normaltarifpassagiere), sind ihre Ansprüche an Service und Annehmlichkeiten des Fluges allgemein niedriger. Zudem sind sie relativ flexibel in der Reiseplanung, solange sie keine schulpflichtigen Kinder besitzen.

Das auf mittlerem Niveau positionierte Produkt- und Serviceangebot bietet im europäischen Verkehr oftmals lediglich eine sehr eng bestuhlte Beförderungsklasse. Auf Langstrecken erwarten den Kunden mehrere Beförderungsklassen, die eine bessere Ausstattung mit weiträumigerer Bestuhlung aufweisen. Der Bordservice wird auf dem Niveau der Network Carrier angeboten, die Serviceleistungen am Boden werden hingegen auf das Notwendigste beschränkt.

Einerseits werden Kontingente an die Reiseveranstalter verchartert und andererseits erfolgt ein Einzelplatzverkauf direkt an den Endverbraucher. Da die vercharterten Plätze einen Hauptbestandteil des Leistungsbündels Pauschalreise darstellen, obliegt die Distribution dieser Plätze allein den Reiseveranstaltern. Seitens der Leisure Carrier wird kaum Marketingkommunikation für die Kontingentverkäufe betrieben. Für den Einzelplatzverkauf existiert jedoch eine eigene aktive Vertriebsstruktur – die einzelnen Plätze werden direkt über Kanäle wie etwa Call Center und Internet vertrieben. Prognosen schätzen den traditionellen Chartermarkt rückläufig ein, Leisure- und Low Cost Carrier werden sich annähern.

1.2.1.3 Regional Carrier

Kennzeichnend für die Regional Carrier ist einerseits der Linienverkehr im Rahmen des zwischen dezentralen Orten stattfindenden Point-to-Point-Systems. Ein zweites Hauptmerkmal liegt in ihrer Funktion als Zu- und Abbringer zwischen den Hubs der oftmals kooperierenden Network Carrier und Orten mit geringem Verkehrsaufkommen. Regional Carrier agieren generell auf kontinentaler Ebene. Die heterogene Flotte setzt sich vielfach aus kleineren Flugzeugtypen zusammen. Vorwiegend werden Maschinen der beiden dominierenden Hersteller Embraer und Bombardier eingesetzt. Die Flugzeugmuster, die entweder einen Jetantrieb oder teilweise noch einen Turbopropantrieb aufweisen, besitzen eine Kapazität von 19 bis 120 Sitzplätzen. Durch die Bedienung der Strecken mit vergleichsweise kleinen Flugzeugen haben die Regional Carrier die Möglichkeit, Strecken mit geringem Verkehrsaufkommen wirtschaftlich sinnvoll zu bedienen.

Da vor allem **Geschäftsreisende** die Zielgruppe der Regional Carrier darstellen, ist das Produkt- und Serviceangebot dementsprechend fokussiert und im gehobenen Preissegment angesiedelt. Jedoch begrenzt die Flugzeuggröße oftmals den Service, aufgrund der kurzen Flugzeit wird dies aber toleriert. Kleinere und mittelgroße Regionalflugzeuge verfügen vielfach lediglich über eine Beförderungsklasse. Die Installation zweier Beförderungsklassen hat sich jedoch bei größeren Maschinen durchgesetzt. Die aus fünf neuen Embraer 195 bestehende Flotte der Lufthansa Tochtergesellschaft Air Dolomiti verfügt über ein Zwei-Beförderungsklassen-System. Die Business und Economy Class des Regional Carrier bietet Platz für 116 Passagiere.

Konform dem gehobenen Serviceangebot ist notwendigerweise auch das Preisniveau gehoben. Da Regional Carrier meist auf Strecken mit geringem Aufkommen eingesetzt werden, zudem nur eine kurze Utilization realisieren können und hohe Flughafenentgelte zahlen müssen, liegen deren Stückkosten weit über denen anderer Geschäftsmodelle.

Im Falle einer Kooperation von Regional und Network Carriern übernehmen letztere ebenfalls die Distributionsfunktionen. Ansonsten findet die Distribution hauptsächlich über direkte Vertriebskanäle wie Call Center, die unternehmenseigenen Websites oder über Konsolidatoren statt. Da in den vergangen Jahren durchweg zweistellige Wachstumsraten zu verzeichnen waren, sind die Zukunftsperspektiven für dieses Geschäftsmodell positiv. Es wird auch in den nächsten Jahren mit einem konstant starken Wachstum gerechnet.

1.2.1.4 Business Aviation

Gekennzeichnet ist die Business Aviation durch die Bereitstellung der gesamten Kapazität eines Fluges für einen Kunden beziehungsweise eine zusammengehörende Kundengruppe. Es wird „**on demand**" geflogen. Abzugrenzen ist die Business Aviation vom Segment Aerial

1 Funktionale Prozessorganisation von Reiseveranstaltern   103

Work, vielmehr gehört sie zur Commercial Aviation. Entscheidend ist also in erster Linie der gewerbliche Zweck des Fluges. Es werden sowohl Personen als auch Fracht befördert. Dementsprechend definiert sich die Business Aviation wie folgt: „Business Aviation bezeichnet die geschäftlich motivierte Beförderung von Personen und Fracht im zivilen Bedarfsflugverkehr unter Bereitstellung der gesamten Beförderungskapazität meist eigener Geschäftsreiseflugzeuge."

Der Business Aviation Markt ist unter anderem dadurch gekennzeichnet, dass **Großunternehmen** und **Regierungen** die Hauptnutzer dieses Segments darstellen. Lediglich drei Prozent werden von Privatpersonen nachgefragt. Die Weltflotte wächst jährlich um zirka drei Prozent. In der Business Aviation ist ein überproportionales Wachstum zu verzeichnen. Vor allem die progressive Globalisierung, zunehmende Unternehmensgewinne, Engpässe an Flughäfen und der wachsende Reichtum vermögender Bevölkerungskreise begünstigt die ohnehin dynamische Marktentwicklung.

Das Leistungsangebot der Business Aviation beinhaltet jeden denkbaren Komfort. Am Boden gibt es keine beziehungsweise kaum Wartezeiten durch eine schnelle und unkomplizierte, jedoch persönliche Abfertigung. Es gibt keine Gepäckrestriktionen. An Bord erwartet den Kunden eine geräumige Kabine und eine Begrüßung durch den Kapitän selbst. Sowohl die Abflugszeiten als auch die Flugrouten im Point-to-Point System werden vom Kunden bestimmt. Die Jets können auf allen Flughafentypen landen. Die meist sehr heterogenen Flotten sind in der Lage, die unterschiedlichsten Kundenbedürfnisse zu befriedigen. Vorteile gegenüber dem Linienluftverkehr liegen außerdem in der flexiblen Einsetzbarkeit der Flüge und der Möglichkeit, an Bord unbeobachtet Arbeiten zu können. Jedoch wird die Business Aviation auch kritisch hinterfragt. Vor allem in Zeiten von Klimawandel und sich erschöpfender Ölvorräte stehen Kritiker dem erhöhten Treibstoffverbauch kritisch gegenüber.

1.2.1.5 Low Cost Carrier

Ein Unternehmen mit Low Cost Geschäftsmodell bot zunächst in regional begrenzten Märkten Kurzstreckenverbindungen mit eingeschränktem Service an. Fluggesellschaften, welche dem Low Cost Konzept folgen, die so genannten Low Cost Carrier, konzentrieren sich auf die **Kernleistung** des Personentransportes. Dieser findet in Form von Punkt-zu-Punkt-Verbindungen mit einem sehr geringen Serviceangebot statt. Der Low Cost Markt enthält bezüglich der Flugleistungen die Aspekte Low Fare und No Frills. Die Grenzen zwischen dem Modell der günstigen Tarife bei einem gewissen Maß an Service und der reinen Konzentration auf die Transportleistung ohne Serviceangebot sind hierbei allerdings fließend. Da es an einer einheitlichen Definition mangelt, gibt es vielfältige Ausprägungen und Bezeichnung: No Frills Airlines, Low Fare Airlines, Discount Airlines, Budget Airlines und Billigfluggesellschaften sind neben dem Begriff Low Cost Carrier nur einige Beispiele.

Historische Entwicklung der Low Cost Carrier
Das in den 1970er Jahren entwickelte Geschäftsmodell der Low Cost Carrier hat sich mittlerweile in den Luftverkehrsmärkten etabliert und zählt zu einer der herausragenden Entwicklungen in der Luftfahrtbranche. Der **Ursprung** des Billigflugkonzepts liegt in den USA. Die im Jahr 1967 als Regionalfluggesellschaft gegründete **Southwest Airlines** setzte die

Geschäftsidee, Flugverbindungen mit eingeschränktem Service zu niedrigen Preisen zu offerieren um und gilt somit als Vorreiter des Geschäftsmodells. Punkt-zu-Punkt-Systeme wurden in Folge dessen mit nur noch einem Flugzeugtyp bedient. Dies ersetzte darüber hinaus die bis zu diesem Zeitpunktüblichen Netz- und Drehkreuzsysteme. Nachdem Ende der 70er Jahre die Deregulierung in den USA einsetzte, konnten eine Vielzahl von Neugründungen im Low Cost Markt registriert werden. Southwest Airlines erwies sich als besonders erfolgreich. Seit nunmehr 37 Jahren in Folge verzeichnet die Fluggesellschaft Gewinne und ist mit aktuell 86 Millionen beförderten Passagieren die weltweit größte Low Cost Airline.

Erwähnenswert sind zudem auch die amerikanische **People Express**, die bereits 1987 von der **Continental Airlines** übernommen und vollständig integriert wurde und die britische Luftverkehrsgesellschaft **Laker Airways**, welche mit ihrer Gesellschaft **Sky Train** ebenfalls versuchte, bereits etablierte Liniengesellschaften mit günstigen Tarifen unter Druck zu setzen. 1972 erhielt Laker Airways die Betriebsgenehmigung für die Langstrecke London-New York, durch fehlende Rechte nahm diese den Flugbetrieb jedoch erst 1977 auf. Die Airline konnte sich jedoch auch nicht dauerhaft am Markt behaupten. Bis heute gibt nur wenige erfolgreiche reine Low Cost Airline auf einer Langstrecke (**Air Asia X**). Im europäischen Raum entstanden zunächst nur wenige Low Cost Carrier. Im Zuge des mehrstufigen Liberalisierungsprozesses trat dann die irische Fluggesellschaft **Ryanair** im Jahr 1991 in den Low Cost Markt ein. Es folgten die britische **easyJet** 1995 und die belgische **Virgin Express** im Jahr 1996. Deren Erfolg war Anlass für weitere Neugründungen in Form von Tochterunternehmen bereits etablierter Airlines wie zum Beispiel **Germanwings**, die heute eine 100%ige Tochtergesellschaft der Lufthansa ist, oder Neueinsteigern. Zwischen 2002 und 2004 kam es auf Grundlage der welt- und wirtschaftspolitischen Lage zu einem Gründungsboom: mehr als 20 neue Low Cost Carrier zählte der europäische Markt. Es konnten sich jedoch nicht alle langfristig behaupten.

Die Pioniermärkte, Nordamerika und Europa, haben sich zu volumenmäßig großen Low Cost Märkten entwickelt. Als Heimatbasen der Gesellschaften Ryanair und easyJet verzeichnen Großbritannien und Irland einen außerordentlich hohen Marktanteil.

Nach der amerikanischen Southwest Airlines zählt die Ryanair mit Firmensitz in Dublin (Irland) als die zweitgrößte Billigfluggesellschaft der Welt. Die ursprünglich in 1985 gegründete Airline hatte mit Anfangsschwierigkeiten zu kämpfen und überarbeitete ihr Geschäftsmodell, so dass es 1991 zum Eintritt in den Low Cost Markt kam. Dem Geschäftsbericht zufolge verzeichnete Ryanair 2009 ein Passagiervolumen von 66,5 Millionen, was einem Wachstum, im Vergleich zum Vorjahr mit 58,6 Millionen beförderten Passagieren, von ungefähr 14 Prozent entspricht. Die Flotte bestand zum Periodenende aus 232 Flugzeugen. Nach Ermittlung der Bilanz des vorangegangen Geschäftsjahrs meldet Ryanair nun aktuell ein Passagierplus für das Kalenderjahr 2010. Demnach konnte die größte europäische Low Cost Airline trotz dem wirtschaftlich schwierigen und durch externe Ereignisse (wie beispielsweise dem isländischen Vulkanausbruch) geprägtem Jahr 2010 das Ergebnis vom Vorjahr um sieben Millionen Fluggäste auf 72 Millionen Passagiere übertreffen. Die im englischen Luton ansässige Fluggesellschaft easyJet, welche 1995 in den Markt eingetreten ist und als zweitgrößte Low Cost Airline in Europa gilt, konnte im Vergleich zum Vorjahr mit 43,7 Millionen beförderten Fluggästen um 3,4 Prozent wachsen und 2009 ein Passagieraufkommen von 45,2 Millionen registrieren. Im Besitz der Airline befanden sich 181 Flugzeuge.

Ebenfalls die Slowakei, Polen und Ungarn generieren hohe Marktanteile. Der Grund dafür liegt in der Gewährung der 7. Freiheit im Zuge der Erweiterung der Europäischen Union im Jahr 2004. Diese Freiheit eröffnet das „Recht zur direkten Beförderung von Passagieren, Fracht und Post von Staat B nach Staat C durch eine Airline aus Staat A. Dabei muss der Flug weder in Staat A beginnen noch enden."

Marktstrukturen
Die Pioniermärkte zeigen im Gegensatz zu anderen Märkten bereits erste Anzeichen eines reifen Marktes auf. Die **Marktsättigung** wird vor allem anhand der sich abschwächenden Wachstumsraten des deutschen Marktes verdeutlicht. Verzeichnete der deutsche Low Cost Verkehr 2002 noch eine exorbitant hohe Wachstumsrate von 360 Prozent gegenüber dem Vorjahr, nahm diese stetig ab und ist im ersten Halbjahr 2008 auf lediglich 12,8 Prozent gefallen. Der Mittlere Osten hingegen weist eine Marktwachstumsrate von 77,5 Prozent auf. Auch andere Regionen wie beispielsweise Afrika, welches ein Marktwachstum von 66,7 Prozent aufweist und die Region Asien/ Pazifik befindet sich mit einer Wachstumsrate von 35,3 Prozent, in einer früheren Lebenszyklusphase.

Generell schöpfen Low Cost Carrier ihr Wachstum zum einen aus der **Erschließung neuer Kundengruppen**. Dies sind vor allem Personen, die ansonsten keine Reise angetreten oder präferiert andere Verkehrsmittel genutzt hätten. Sie wurden, bedingt durch den niedrigen Preis, als Kunde gewonnen. Ebenfalls führt die Gewinnung von Kunden etablierter Airlines zu Wachstum. Somit haben die Low Cost Carrier das Marktvolumen im gesamten Luftverkehrsmarkt ausgeweitet.

Merkmale von Low Cost Carriern
Low Cost Carrier weisen als Hauptmerkmal einen sehr **preisgünstigen** Luftverkehr auf, der dem Point-to-Point-System folgend alle Ursprungs -und Zielorte durch Nonstopflüge auf verkehrsaufkommensstärkeren Strecken verbindet.

Low Cost Airlines agieren vorwiegend auf **kontinentaler Ebene**, nur selten ist der Aktionsraum interkontinental. Es werden vielfach Secondary Airports, kleine bis mittelgroße Flughäfen außerhalb von Metropolregionen mit geringer wirtschaftlicher Bedeutung, aber auch Tertiär- und Quartiärflughafen angeflogen. So fliegt Ryanair beispielsweise Frankfurt-Hahn in der Rhein-Main- Region oder Girona in der Nähe von Barcelona an.

Flughäfen, die in der Nähe von Großstädten liegen, sind nicht nur bedeutend kostengünstiger, sondern auch wesentlich weniger ausgelastet als Großflughäfen. Prozesse der Flugzeug- und Passagierabfertigung können dadurch wesentlich schneller ablaufen. Die Zeit zwischen Andocken des Flugzeugs am Gate und Abrollen vom Gate, Turnaround-Zeit genannt, wird somit deutlich verkürzt. Eine Maßnahme, die präferiert von einigen Lowest Cost Airlines wie Ryanair angewandt wird, um die Bodenzeit zu minimieren, ist die Beschleunigung des Boardingprozesses. So beträgt die Turnaround-Zeit an einigen Secondary Airports lediglich 20 bis 30 Minuten. Durch höhere Frequenzen der täglichen Verbindungen und das Nichtvorhandensein von Warteschleifen kann die Utilization, das heißt die tägliche Nutzungsdauer der Flugzeuge, maximiert werden.

Ein **dezentral gelegener Flughafen** bedeutet jedoch auch, dass die Passagiere eine weite Anreise und mangelhafte intramodale Vernetzungen in Kauf nehmen müssen. Ebenfalls auf den repräsentativen Baustil vieler internationaler Großflughäfen muss – konform dem gesamten, auf eine niedrige Kostenstruktur ausgelegten Geschäftsmodell – aus Passagiersicht verzichtet werden. Indem Low Cost Gesellschaften überwiegend das Konzept der Flugzeugstandardisierung anwenden, das heißt, oftmals lediglich ein Flugzeugmuster einsetzen, können diese sich durch eine homogene Flotte auszeichnen. Sehr häufig werden Flugzeuge der Airbus A320 Familie (A319/ A321) und/ oder der Boeing 737 Familie (737-300/500, 737-700/800) geflogen. Ryanair setzt ein starres Konzept der Flugzeugstandardisierung um. In der Flotte des irischen Billigfliegers gibt es aktuell 254 Boeing 737-800.53 EasyJet hingegen hat seine Boeing 737 Flotte bereits im Jahr 2003 um Fluggeräte des Modells Airbus A319 erweitert.Erst kürzlich folgten neue Optionierungen des UK Low Cost Carriers auf 15 Flugzeuge des Typs A320, bestehende Optionen auf 20 A319 Maschinen wurden ebenfalls umgewandelt. Bis Ende des Jahres 2012 strebt die Airline an, die Flotte komplett auf Flugzeuge des Herstellers Airbus umgestellt zu haben.

Die **Basen** der Low Cost Gesellschaften erinnern auf den ersten Blick an Hubs, da mit diesen eine große Anzahl von Flügen speichen-ähnlich (engl. spokes) verbunden sind. Jedoch werden die Anzeichen für einen Hub hier nicht erfüllt – die Flüge sind weder zeitlich aufeinander abgestimmt, noch werden Durchgangstarife offeriert. Eine durchgängige Abfertigung von Passagieren und Gepäck findet in der Regel nicht statt. Im Fall der Low Cost Airlines steigen die Passagiere an den Basen lediglich zu oder aus. Hieraus ergibt sich die Charakteristik des Point-to-Point-Verkehrs für das Low Cost Streckennetz. Eine hohe Frequenz, das heißt eine häufige Bedienung der Destinationen, ist von größerer Bedeutung als die Bedienung vieler verschiedener Ziele. Zum Zielgruppensegment werden vorwiegend Privatreisende gezählt. Es gewinnen jedoch verstärkt preissensible Geschäftsreisende an Bedeutung. Das erschöpfte Marktvolumen an Privatreisenden zeigt Grenzen für die Expansionspläne der Low Cost Carrier auf. Daraus ergibt sich eine zunehmende Fokussierung des Geschäftsreisemarkts sowie das Streben nach dessen Erschließung.

Da sich Billigfluggesellschaften im Hinblick auf die Produktpolitik häufig ausschließlich auf ihre **Kernleistung**, die verspätungsfreie Beförderung von A nach B, konzentrieren, ist das Service- und Produktangebot stark reduziert. Alle Leistungen, welche über die Kernleistung hinausgehen, sind zusätzlich zu zahlen und werden als **Frills** (deutsch: Schnick-Schnack, Firlefanz) bezeichnet. Es wird davon ausgegangen, dass für den Fluggast zunächst der niedrige Ticketpreis von Bedeutung ist und zu Gunsten dessen gerne auf Bordverpflegung, Unterhaltungsprogramm etc. verzichtet wird.

Low Cost Carrier weisen im Vergleich zu anderen Luftverkehrsgesellschaften eine **niedrigere Kostenstruktur** auf und können sich so im Niedrigpreisbereich positionieren. Ausgenommen sind die Treibstoffkosten auf welche weder Network- noch Low Cost Carrier Einfluss haben. Generell ähnelt sich die zeitliche Preisdifferenzierung bei allen Billigfluggesellschaften. Pro Flug ist ein gewisses Kontingent an Tickets im Niedrigpreissegment vorhanden. Es handelt sich hierbei zudem ausschließlich um Oneway-Tickets. Nachdem das Kontingent aufgebraucht ist, erhöhen sich die Preise schrittweise. Sie steigen im Zeitverlauf deutlich, vor allem kurz vor dem Abflug. Dadurch kann die höhere Preisbereitschaft von kurzfristig Buchenden ausgenutzt werden. Im Zeitverlauf ist die Preiskurve demzufolge ansteigend und charakteristisch für Low Cost Gesellschaften. Traditionell sinken die Preise kurz vor Abflug und in Form von Last-Minute-Angeboten werden Restplätze günstig offeriert. Der Preisverlauf grenzte die Low Cost Airlines in der Vergangenheit demzufolge von den Preiskurven anderer Geschäftsmodelle ab – die Kurven verliefen exakt gegensätzlich. Das Preiskonzept beinhaltet zudem Preiszuschläge für Leistungen, die bisher üblicherweise im Endpreis inkludiert waren. Dazu zählen Sitzplatzreservierungen, Gebühren für die Aufgabe von Gepäck oder Getränke und Verpflegung an Bord. Diese Zusatzleistungen werden **Ancillary Revenues** genannt und sind definierbar als die Erwirtschaftung zusätzlicher Erlöse, die über den direkten Ticketverkauf hinausgehen. Der Endpreis des Fluges setzt sich demnach aus leistungsabhängigen Bestandteilen zusammen, die der Kunde individuell auswählen kann, indem dieser über den Zukauf der einzelnen Leistungen entscheidet und diese separat bezahlt. Zum einen existieren ungebündelte Leistungen in Form des à la carte- Pricings, definiert als Zusatzleistungen, welche sowohl vor als auch während des Fluges gegen eine gewisse Gebühr erworben werden können. Die Airline verfügt demnach über feste Entgelte, welche für das Einchecken eines ersten, zweiten oder Sportgepäckstücks verlangt werden sowie Kreditkarten-Entgelte, Airport Check-Ins und verschiedene andere Serviceentgelte. Zusätzliche Erlöse können auch in weiteren Positionen wie Provisionen aus der Vermittlung von Mietwagen, Hotels, Versicherungen, Verkauf von Duty-Free Produkten und ähnlichem generiert werden. Zunehmend spielt auch eine dritte Form der Schaffung von Mehrerlösen eine Rolle: im Rahmen von Kundenbindungsprogrammen werden Punkte oder Meilen an Partner verkauft und deren Produkte auf der Homepage der Airline angeboten.

Bezugnehmend auf die Ancillary Revenues, konnte im Jahr 2008 ein Wachstum aller Airlines von sagenhaften 346 Prozent im Jahresergebnis gegenüber dem Jahr 2006 verzeichnet werden. Weltweit wurden also rund 7,7 Milliarden Euro durch Ancillary Revenues erwirtschaftet. Die in Dublin ansässige Ryanair generiert 2009 rund 20 Prozent des Gesamterlöses aus diesen Zusatzeinnahmen. Für jeden Passagier konnte die Low Cost Airline demzufolge durchschnittlich 10,21 Euro an über dem Ticketpreis hinausgehenden Entgelten generieren. Summa sumarum erzielte die Airline somit 625,4 Mio. Euro durch Ancillary Revenues und kann sich dadurch 2008 im Ranking auf dem vierten Platz der Airlines mit den größten Einnahmen aus dem Verkauf der Zusatzleistungen positionieren.

Eine der **aktuellen Entwicklungen** im Kontext des Angebots einzelner Leistungen ist das **Cross Selling**. Wörtlich übersetzt bedeutet das über Kreuz verkaufen und beschreibt die Ausschöpfung bereits vorhandener Kundenbeziehungen, um den Absatz weiterer Dienstleistungen oder Produkte zu stimulieren. Es wird hierbei vor allem aus dem Adresspotenzial von Partnerschaften in vertriebsstrategischem Sinne profitiert. Diese Strategie bietet sich vorwiegend bei komplementären Gütern an. Bei der Buchung der Einzelleistung Flug kann etwa ein Leihwagen oder Hotel angeboten werden.

Aus der Verbindung der Budget Airline Ryanair und der Autovermietungsfirma Hertz resultiert ein Beispiel für eine solche exklusive Partnerschaft. Parallel zu dem Kauf eines Flugtickets kann ein Mietwagen der Firma Hertz im Voraus über die Ryanair Website gewählt und bezahlt werden. Hauptsächlich erfolgt die Distribution der Low Cost Gesellschaften über wenige, kostengünstige Direktvertriebskanäle. Vor allem sind hier Call Center und die unternehmenseigene Website zu nennen. Die Listung in Global Distribution Systemen wird vermieden. Es erfolgt ebenfalls kaum Distribution über Reisebüros, wie das bei Network-, Leisure Carriern und hybriden Modellen oftmals der Fall ist. Die Reisebüros sind gezwungen, selbst eine Service Fee zu erheben. Durch den Direktvertrieb werden nicht nur Provisionskosten eingespart, es wird zusätzlich ein direkter Kundenkontakt aufgebaut. Generell stellt das Internet den wichtigsten Buchungskanal bei Billigfluggesellschaften dar. Bei easyJet buchen mittlerweile rund 95 Prozent der Kunden, bei Ryanair immerhin 90 Prozent der Kunden online. Einige Gesellschaften lenken ihre Kunden gezielt, indem sie für Buchungen über z. B. Call Center eine Bearbeitungsgebühr verlangen. Der Grund liegt in der Forcierung der kostengünstigsten Form, der Internetbuchung. In der Regel werden keine Papiertickets mehr ausgestellt, die Passagiere können am Flughafen mit der jeweiligen Buchungsnummer einchecken. Ebenfalls bei der Kreditkartennutzung fällt eine Gebühr an.

Da die Preispolitik das zentrale Marketinginstrument der Low Cost Carrier darstellt, wird auf eine aufwendige Marketingkommunikation gänzlich verzichtet. Es wird **Promotionspreispolitik** betrieben, das heißt, dass kleinere Kontingente zu extrem niedrigen Sonderpreisen angeboten und aggressiv beworben werden. Diese Art von Marketingkommunikation, deren einzige Werbebotschaft die Kommunikation der sehr preisgünstigen Tarife beinhaltet, findet ausschließlich über kostengünstige Kommunikationskanäle wie beispielsweise das Internet, Presseberichte oder Newsletter statt. Die Aussagen des Ryanair- Vorstands Michael O'Leary stellen ein Paradebeispiel für die kostenlose, jedoch sehr effiziente Werbungform dar. Zuletzt überlegte er öffentlich, zusätzliche Gebühren für die Toilettennutzung während des Fluges, Stehplätze an Bord oder eine Steuer für Übergewichtige, die Fat Tax, einzuführen. Indem die Medien diese bewusst überzogenen Aussagen aufgreifen, verbreiten sie diese und werben so nebenbei für die Airline. Ferner verzichten die meisten Low Cost Airlines auf Kundenbindungsprogramme, da von der Annahme ausgegangen wird, dass die niedrigen Preise eine ausreichende Bindungswirkung besitzen. Setzt eine Airline doch ein System zur Kundenbindung ein, ist die Struktur simpel und möglichst kostengünstig.

Das **Ziel** der Low Cost Carrier besteht in einer kostengünstigen und schlanken Unternehmensführung. Zur Erreichung dessen ist die Konzentration auf die Kernkompetenzen unumgänglich. Alle Aktivitäten und Prozesse werden, abgesehen von dem empfindlichen Bereich der Sicherheit, auf Kostensenkung und -optimierung ausgelegt. Dieses Konzept wird als Lean Management bezeichnet und ist existenziell für die konsequente Einhaltung des Kernelements des Low Cost Geschäftsmodells, der niedrigen Kostenstruktur.

Da die meisten Low Cost Airlines nicht im Stande sind, die erforderlichen Größenvorteile (economies of scale) aufzuweisen, werden verschiedene Dienstleistungen ausgelagert. Erst das so genannte **Outsourcing** ermöglicht die Konzentration auf das Kerngeschäft. Vor allem im Bereich der Verwaltung herrscht ein hoher Outsourcinggrad, welcher eine Variabilisierung fixer Kosten ermöglicht. Spezialisten erbringen zudem Leistungen kostengünstiger. Anhand des Outsourcings haben LCC unter anderem die Möglichkeit ihren Personalbestand auf ein Minimum zu reduzieren, Passagier- und Flugzeugabfertigung beispielsweise werden komplett von Dritten durchgeführt. .

1.2.1.6 Low Cost-Geschäftsmodell als Ansatz für hybride Carrier

Die Bandbreite der im Low Cost Segment operierenden Fluggesellschaften macht die Definition eines festgelegten Geschäftsmodells unmöglich. Vielmehr verfolgen die einzelnen Unternehmen ihre eigenen Konzepte. Grenzen zwischen den einzelnen Ausprägungen verlaufen fließend. Die verschiedenen **Konzepte** können anhand der Entwicklungsgeschichte der einzelnen Airlines erläutert werden.

Typus 1 geht hervor aus einer echten Neugründung durch ein wirtschaftlich und rechtlich vollkommen unabhängiges Unternehmen. Die europäischen Pioniere Ryanair und easyJet stellen Beispiele dar. Auch die Weiterentwicklung des Charter Carrier Geschäftsmodells resultiert in einer Ausprägung des Low Cost Segments. Beispiele für **Typus 2** sind Air Berlin und TUIfly. Unternehmensgründung veranlasst von einem Network Carrier wie beispielsweise Germanwings (Lufthansa/Eurowings) oder bmibaby (bmi) werden als **Typus 3** bezeichnet. Zusätzlich könnte ein vierter Typus gebildet werden, denn von Zeit zu Zeit entwickeln sich LCC durch eine Umwandlung von Network Carriern. Beispiel ist hier Aer Lingus, die aufgrund des Konkurrenzkampfs mit der ebenfalls irischen Ryanair aus Gründen der Existenzsicherung zu einem Low Cost Carrier umgestaltet wurde. Die verschiedenen Konzepte der Low Cost Carrier variieren vor allem hinsichtlich der Produktgestaltung. Ryanair beispielsweise bietet ein echtes No Frills-Produkt an. Verdeutlicht wird vor allem, dass Low Cost Carrier eine eindeutige Differenzierung gegenüber den Wettbewerbern anstreben und zunehmend vom traditionellen Modell abweichen.

Die Low Cost Carrier haben sich durch ein starkes Wachstum erfolgreich auf dem europäischen Markt etabliert. Ermöglicht wurde die Verbreitung des Geschäftsmodells zu Beginn durch die Deregulierung auf dem amerikanischen Markt. Später folgte dann die schrittweise **Deregulierung** und **Liberalisierung** auf verschiedenen internationalen Märkten. In Europa wird mittlerweile im Low Cost Segment mehr als ein Drittel des Passagieraufkommens befördert. Durchschnittlich belief sich im Jahr 2008 die gesamte europäische Kapazität an verfügbaren Sitzplätzen im Budget Airline Segment auf 42,8 Prozent. Auf den größten innereuropäischen Strecken von/nach Italien, Polen, Irland, und Großbritannien konnte ein Marktanteil von 50 Prozent überstiegen werden. Im Jahr 2008 wurde in Spanien sogar mehr als 60 Prozent der gesamten verfügbaren Sitzplatzkapazität im Low Cost Segment angeboten. Als europäische Hauptdestination von Low Budget Flügen gilt jedoch auch 2010 weiterhin Großbritannien. Das Netz dieses Landes umfasst mehr als 1.100 Strecken aus Europa, inklusive dem nationalen Verkehr. Danach folgen Spanien, Italien und Deutschland mit jeweils mehr als 5000 city pairs. Am Europaverkehr hält der Low Cost Carrier Markt mittlerweile einen Anteil von 27 Prozent. Im Umkehrschluss bedeutet dies, dass noch 73 Prozent der Flüge vorwiegend von Network und Leisure Carriern durchgeführt werden.

1.2.2 Flugkapazitätsplanung zwischen Quell- und Zielmärkten

Wie bereits dargestellt beschäftigen Pauschalreiseveranstalter primär touristische Bedarfsfluggesellschaften. Bausteinreiseveranstalter buchen Flüge primär bei Network Carriern und als Einzelplatzflüge bei Leisure Carriern.

Bei der Umsetzung der Grobplanung von Risiko-Flugkapazitäten von Pauschalflugreiseveranstaltern zeigt sich, dass dabei nicht allein der günstigste Einkaufspreis entscheidet. Wie bereits in Kapitel II.1.1.3 erwähnt sollten alle Flugzeuge aus den nationalen Quellflughäfen am gleichen Wochenreisetag und möglichst in einem engen Zeitfenster von maximal zwei Stunden am Zielflughafen eintreffen, um an- und abreisende Urlauberströme im gleichen Transferhub auf die verschiedenen Hotels verteilen bzw. abholen zu können. Je mehr Quellflughäfen benötigt werden um so größer wird die Problematik ausreichend Charterflugzeuge zu finden, da nicht jede Bedarfsfluggesellschaft auf jedem Flughafen Maschinen stationiert haben, die z. B. morgens zwischen 6 und 7 Uhr zum Zielflughafen starten können. Daher müssen je nach Stationierung bzw. Heimatflughafen (Condor: Frankfurt/M und München; Air Berlin: Düsseldorf, München und Berlin; TUIFly: Hannover, Hamburg und Stuttgart; Germanwings: Köln und Stuttgart), zumeist mehrere Charter-Airlines beschäftigt werden, die verfügbar sind und – was noch wichtiger ist – im geplanten Zeitfenster auch über einen Slot verfügen.

1.2.3 Flugplan- und Slot-Koordination mit Bedarfsfluggesellschaften

Aufgrund der vorgenannten Rahmenbedingungen beginnt nun eine komplexe Flugplanung einschließlich Slot-Koordination zwischen Veranstalter und Airlines. Auf den jeweiligen Heimatflughäfen der Bedarfsfluggesellschaften gibt es vor allem in den attraktiven Zeiten mit Abflug am frühen Morgen und Rückkunft am späten Abend bzw. in der Nacht zumeist ausreichend Slots und verfügbare Maschinen. Alle anderen Flughäfen können in der Regel die Slots und Flugzeiten nur zur Tagesmitte disponiert werden, zumal die benötigten Flugzeuge nur im Rahmen von so genannten „W"-Flügen verfügbar sind; dabei startet eine Maschine am frühen Morgen von ihrem Heimat- oder Stationierungs-Airport zu einem Zielflughafen bringt von dort die Gäste an einen regionalen Quellflughafen wie z. B. Erfurt oder Bremen, holt dort Gäste für den Zielflughafen ab und fliegt von dort abends wieder zum Heimatflughafen zurück. Schon aus Gründen der Wartung und des Creweinsatzes sind diese Rahmenbedingungen beim Flugeinkauf der Veranstalter zu beachten.

Weitere Komplexitäten ergeben sich, wenn ein oder mehrere Veranstalter vor allem von kleineren Flughäfen keine ganze Maschine chartern wollen sondern nur Teilkontingente benötigen. Dann sind weitere Abstimmungen und Verhandlungen sowohl zwischen konkurrierenden Veranstaltern als auch zwischen den im Bieterwettbewerb stehenden Bedarfsfluggesellschaften erforderlich. Diese Kapazitätskoordination zwischen den eigentlich untereinander im Wettbewerb stehenden Airlines und Reiseveranstaltern ist kartellrechtlich nicht

1 Funktionale Prozessorganisation von Reiseveranstaltern

unproblematisch, erst recht wenn die Kapazitäten nicht ausgelastet werden, unter den Veranstaltern neu verteilt werden oder mit geänderten Flugplänen der Airlines abgeflogen werden. In einigen anderen Ländern wie z. B. Großbritannien erfolgt daher die Abstimmung und Dokumentation der Charterflugpläne unter Beteiligung der jeweiligen Luftverkehrsbehörden.

Bei (Baustein-)Veranstaltern, die keine Risikocharterflüge benötigen, sondern auf das Linienflugangebot zurückgreifen, stellt sich die geschilderte Problematik nicht. In der Regel disponieren Linien-Airlines ihre Flugpläne und Slots unabhängig von den Bedürfnissen der Veranstalter. Lediglich Linien-Carrier aus klassischen Urlaubsländern, die entsprechend viele Touristen befördern, berücksichtigen u. U. Urlauberinteressen.

1.2.4 Arten von Charterflug-Verträgen

Bei Charterflügen wird generell zwischen Vollcharter und Teilcharter unterschieden. Ein **Vollcharter** liegt vor, wenn ein Flugzeug allein von einem Veranstalter gechartert wird. Nimmt ein Veranstalter auf einer Maschine nur ein Teilkontingent ab, so spricht man von einem **Teilcharter**. Die restliche Kapazität kann die Bedarfsfluggesellschaft anderen Veranstaltern anbieten oder im eigenen Risiko als Flugeinzelplatzverkäufe im Markt anbieten. Veranstalter, die kein komplettes Flugzeug für eine Strecke benötigen, aber mehr als die Hälfte der Kapazität abnehmen, können aber auch selbst versuchen die gesamte Maschine zu chartern und die nicht benötigte Flugkapazität in Form von Subchartern an „befreundete" weitgehend konkurrenzfreie Veranstalter oder Zielgebietsspezialisten zu verkaufen. Sie haben dann den Vorteil, dass sie Preise und Kapazitäten auf der geflogenen Strecke besser kontrollieren können.

Auch bei (Baustein-)Reiseveranstaltern ergibt sich u. U. saisonal und zielgebietsspezifisch die Notwendigkeit Flugplätze bei Linien-Fluggesellschaften zu sichern bzw. zu chartern z. B. für Gruppen oder bestimmte Events oder bei temporären Flug-Engpässen. Diese Art von Charterplätzen nennt man Blockcharter oder Bulk. Klassische Hub-Carrier mit globalen Streckennetzen akzeptieren dies ungern, da dadurch die Yield-Kalkulation mit verschiedenen Buchungsklassen und Allianz-Vermarktung empfindlich gestört wird. Daher sind Blockcharter-Plätze häufig teurer als die niedrigste Buchungsklasse für Einzelplätze. Dies gilt analog auch für die Buchung von Reisegruppen auf Linienflügen.

1.2.5 Strecken- und Tarifauswahl mit Linien-Fluggesellschaften

Auch wenn keine Flugsitze gechartert werden, verhandeln Reiseveranstalter mit Linien-Airlines Flugtarife. Je größer ein Veranstalter ist bzw. je mehr Ziele er bedient umso deutlicher wird er zum Flug-Consolidator oder Ticket-Händler. Mit den Quell-Markt- bzw. Heimat-Carriern schließt er in der Regel Volumenvereinbarungen mit Superprovisionen und/ oder Vertriebskanalgebühren für das gesamte Streckennetz auf Basis der veröffentlichten Flugtarife (Published Fares); in diesen Fällen ist der Veranstalter lediglich Vermittler der Flüge und muss diese zu den veröffentlichten Bedingungen der jeweiligen Airline verkaufen.

Für Zielländer bzw. Strecken und Linien-Carrier, die stark auf touristische Verkehre setzen, können Veranstalter auch individuelle Tarife zu Einkaufspreisen verhandeln, auf die sie eine eigene Marge aufschlagen; in diesen Fällen ist der Veranstalter Tickethändler im eigenen Namen und eigene Rechnung. In der Regel knüpfen die Airlines an solche Tarife die Bedingung, dass diese Tickets nicht ohne weitere touristische Leistung und nur zu einem Gesamtpreis verkauft werden dürfen, damit ein Veranstalter nicht die öffentlichen Tarife der jeweiligen Airline unterbietet. Weiter Bedingungen für derartige Sondertarife können an den Buchungsweg über bestimmte Global Distribution Systeme (GDS) oder direkte IT-Schnittstellen zu den Airlines gekoppelt sein, die damit das für den Veranstalter verfügbare Flug-Sortiment bzw. den Content kontrollieren.

1.2.6 Pro-Rata-Kapazitäten

Wenn eine Bedarfsfluggesellschaft auf einem Charterflug Teilkontingente an verschiedene Veranstalter verkauft und noch Restplätze behält (dies kann auch durchaus die Hälfte der Kapazität sein), so bietet sie diese im eigenen Namen und mit eigenem kalkulierten Flugpreis auch als Einzelplatzflüge an, die separat von Reisebüros oder von Kunden direkt ohne weitere Zusatzleistungen über verschiedene Vertriebskanäle gebucht werden können. Diese Flugeinzelplätze werden auch den Caches von Internet-Booking-Engines (IBE) wie z. B. Traveltainment, Traffics und Travel-IT zum Dynamic Packaging-Verkauf über X-Veranstalter zur Verfügung gestellt. Die Veranstalter, die Teilkontingente auf diesem Flug garantiert haben, können bei entsprechend starker Nachfrage ebenfalls über ihr Kontingent hinaus die Flugeinzelplätze zu einer zuvor bereits fest verhandelten Rate „pro-rata" zubuchen, allerdings nur solange diese „first come-first serve" noch verfügbar sind. Dadurch kann sich ein Veranstalter risikofrei eine zusätzliche Kapazität schaffen für evtl. unvorhergesehne Nachfrageschwankungen.

1.2.7 Release-Disposition

Da die Übernahme von Charterrisiken u. U. zu einer hohen Kapitalbindung und bei Fehldispositionen schnell zu einem hohen wirtschaftlichen Verlust für den Veranstalter führen kann, sind sowohl Veranstalter wie auch Bedarfsfluggesellschaften gemeinsam daran interessiert bei auftretenden unvorhergesehenen Nachfrageschwankungen schnell gemeinsame Lösungen zu finden. Vertraglich sichert man dies über so genannte Release-Dispositions-Termine ab. Zu diesen Stichtagen erfolgt ein Abgleich zwischen den Soll- und Ist-Kapazitäten, d. h. es wird geprüft, wie viel der garantierten Flugkapazität bereits gebucht bzw. verkauft ist und ob die Restkapazität mit den noch erwarteten Buchungen und zum geplanten Yield abgesetzt werden kann. Zu diesen Stichtagen ist die Bedarfsfluggesellschaft in der Regel bereit, in abgestimmten Grenzen Risikoplätze zurückzunehmen oder weitere aus dem „Pro-rata"-Kontingent abzutreten. Zugleich kann auch ein Austausch von Garantie-Kapazitäten auf einer Maschine zwischen verschiedenen konkurrierenden Veranstaltern über die Airline erfolgen, wenn das Ziel bei einem Veranstalter deutlich besser als bei einem anderen läuft.

1.2.8 Risikominimierungsplanung

Eine weitere Möglichkeit zur Reduzierung des wirtschaftlichen Charterflugrisikos besteht in einer rechtzeitigen Risikominimierungsplanung für bestimmte Strecken bzw. Ziele. Soweit dies die Flugpläne und Slots zulassen (vgl. Kap. II, 1.2.1 und 1.2.2), können Flüge und Strecken nach Absprache zwischen Veranstaltern und Charterfluggesellschaften noch während der laufenden Saison neu disponiert werden. Sind beispielsweise mehrere Flüge von deutschen Quellmarktflughäfen zu einem Zielflughafen schlecht ausgelastet, so lässt sich das Problem durch eine Hub-Strategie beheben, in dem die Fluggäste an Schwachnachfrageterminen an ein, zwei oder drei Flughäfen durch Zubringerflüge gesammelt und von dort ans Ziel geflogen werden. Air Berlin nutzt diese Möglichkeit auch unabhängig von Nachfrageschwankungen an den Sammel-Airports Nürnberg und Palma/Mallorca. Werden von einem Quellmarktflughafen zwei verschiedene Ziele, die aber geografisch eng beieinander oder auch im gleichen Zielland liegen, schlecht nachgefragt, so kann man beide Flüge auf einer Maschine zusammenlegen, die einen Dreiecks- oder Triangel-Flug unternimmt und dabei beide Zielflughäfen nacheinander anfliegt, um jeweils Gäste dorthin zubringen und abzuholen.

Darüber hinaus gibt es kommerzielle Strategien, nicht mehr verkaufbare Restplätze so weit wie möglich ohne wirtschaftlichen Verlust zu verkaufen. Dazu zählen Last-Minute-Verkäufe ebenso wie das Angebot dieser Flüge in den Caches der X-Veranstalter-IBEs oder auch der Verkauf über alternative, branchenfremde Vertriebkanäle.

1.2.9 Yield-Kalkulation nach Saison und Quellmarkt

Aus Sicht einer Charterfluggesellschaft wird ein Vollcharter zum Selbstkostenpreis (inkl. aller Gebühren und Zuschläge) zuzüglich einer Profitmarge verkauft. Bei einem Teilcharter erfolgt eine komplexe Yield-Kalkulation auf Basis verschiedener Buchungsklassen pro Vertriebskanal (pro Veranstalter, Charter und Pro-Rata, Einzelplatzverkauf, Direktverkauf, IBE-Cache, CRS-System etc.), wobei jede Buchungsklasse pro Abflug mit einer Fluggäste-Gewichtung versehen wird. Ein Veranstalter hat verschiedene Möglichkeiten, Risikoflugplätze zu kalkulieren. Diese Kalkulation muss dann auch die „empty legs" berücksichtigen, d. h. dass der erste Rückflug und der letzte Hinflug einer Charterkette in der Regel leer ohne Flugäste geflogen werden müssen. Er kann die Flüge auf Basis einer Zielauslastung von beispielsweise 85–95% auf Basis der Einkaufskosten neu berechnen und diese in das Pauschalreisepaket übernehmen, das dann in einer weiteren Stufe nach Zusammenführung mit den Hotelraten nachfrageorientiert mit einer saisonalen Margen-Aufschlags-Kalkulation optimiert wird. Er kann aber auch auf die mit der Zielauslastung versehenen Flugeinkaufspreise bereits quellmarkt- und saisonbezogen Flugzuschläge kalkulieren und diese Basispreisstrukturen mit den weiteren Zusatzleistungen des Pauschalpaketes einfach zusammenaddieren. Bei dieser zweiten Variante ist es im Verlauf einer Saison leichter falls notwendig die Garantieflüge auch einzeln ohne Pauschalarrangement weiter zu veräußern.

Bei risikolosen Flug-Einzelplatz- und Pro-Rata-Verkäufen sind auslastungs- und saisonale Quellmarkt-Kalkulationen in der Regel nicht möglich bzw. erforderlich. Auf den Flugeinkaufspreis wird lediglich die Veranstaltermarge aufgeschlagen.

1.2.10 Touristische Bahnprodukte

Der nicht touristisch bedingte Eisenbahnverkehr ist von den so genannten Erlebnisbahnreisen zu unterscheiden. Unter diesen touristisch motivierten Reisezügen versteht man Bahnen, bei deren Nutzung die Erholung im Vordergrund steht und die dem Reisenden einen mehrere Tage dauernden Aufenthalt ermöglichen, sei es in Luxus-, Panorama- oder Abenteuerzügen. (vgl. FREYER 2011 (Tourismus))

Trotz ihrer Verschiedenheit in Ausstattung, Streckenverlauf, Waggonart usw. weisen alle **Luxuszüge** die Kernleistung der Beförderung von A nach B auf und somit eine Verbindung von Reise und Erlebnis. Weitere Leistungsbestandteile aller touristisch bedingten Züge sind eine vorhandene Unterkunftsmöglichkeit, eine Möglichkeit der Bewirtung, sowie ein Programmangebot. Ebenfalls touristisch bedingte Züge sind die so genannten Ferienzüge, welche bezüglich Routen- und Fahrplangestaltung flexibel einsetzbar sind und deshalb beispielsweise für Events oder Fußballspiele gechartert werden. Im erweiterten Sinne ist auch bei Museums-, Berg- und Seilbahnen von touristisch bedingten Zügen zu sprechen.

Die zwei wichtigsten Reiseveranstalter von touristischen Bahnprodukten in Deutschland sind **Ameropa Reisen** und **Lernidee Erlebnisreisen**. Neben diesen zwei Veranstaltern gibt es noch eine Vielzahl weiterer Veranstalter die touristische Bahnprodukte in ihre Produktpalette aufgenommen haben. Hierzu zählt zum Beispiel auch die Internationale Gesellschaft für Eisenbahnverkehr, IGE GmbH & Co, ein Eisenbahnverkehrsunternehmen und gleichzeitig ein privater Reiseveranstalter. Die IGE bietet im Rahmen ihres Geschäftsbereichs Bahntouristik Eisenbahn-Erlebnisreisen in eigenen Sonderzügen an oder in Regelzügen europäischer und überseeischer Bahnverwaltungen. Der Reiseveranstalter Reisefieber hat sich besonders auf Individualreisen spezialisiert und neben Sportreisen, Kreuzfahrten und Safaritouren auch die bekanntesten Bahnerlebnisreisen in sein Angebotsportfolio aufgenommen. Weitere Anbieter von Bahnreisen sind beispielsweise Nostalgiereisen-Reisebüro Eilts oder Africa Discovery, der sich auf das Angebot an touristischen Bahnprodukten in Afrika spezialisiert hat.

Zu den wichtigsten **Schienenkreuzfahrt-Produkten** zählen folgende Produkte:

- Transsibirische Eisenbahn in unterschiedlichen Kategorien (als Luxuszug der „Zarengold")
- „Blue Train" und „Rovos Rail" in Südafrika, „Juwel der Wüste" in Namibia
- „Indian Pacific" und „The Ghan" in Australien
- „Orient Express" in Europa und der "Royal Scotsman" in Schottland
- „Eastern & Oriental Express" in Südostasien
- „Glacier Express" in der Schweiz

Trotz wachsender Buchungszahlen von Bahnerlebnisreisen haben die Reiseveranstalter mit Problemen zu kämpfen: es fehlen auf Grund mangelnder Kooperation der Bahngesellschaften Angebote in Europa. Weltweit werden auch kaum neue Zugstrecken entwickelt, die nicht nur touristisch interessant sind, sondern auch lang genug für eine mehrtägige Bahnreise.

Als einziges neues Produkt kam 2006 die höchstgelegene Bahnstrecke der Welt, die Lhasa-Bahn, hinzu, die zwischen dem chinesischen Xining und dem 1960 km entfernten Lhasa verkehrt.

Da das Angebot limitiert ist, können die Veranstalter einzig durch Produktkombinationen und Angebotserweiterungen reagieren. Als eine weitere Herausforderung für die Reiseveranstalter stellt sich der Kampf um die Slots an den Bahnhöfen heraus, da in der Regel für die lokalen Bahnbetreiber der Cargo-Betrieb gewinnbringender ist als der touristische Bahnverkehr.

Die **Zielgruppe** der Bahnerlebnisreisen weist ein hohes Durchschnittsalter (60+) auf. Die Erschließung neuer Zielgruppen für die Bahnerlebnisreisen wird in Zukunft eine immer bedeutendere Rolle spielen.

Wichtige Ticketangebote als Zubringer zu touristischen Zielen sind **RIT-Tickets** (Rail Inclusive Ticket), die nur im Zusammenhang mit Übernachtungsleistungen oder Kreuzfahrten ausgestellt werden dürfen, sowie Rail&Fly Tickets, die von Veranstaltern als Flughafenzubringer in der regel in Pauschalflugreisen eingepreist sind.

Das von der Deutschen Bahn angebotene „InterRail Ticket" fällt im weiteren Sinne zwar nicht unter eine Bahnerlebnisreise, ist jedoch auch als touristisches Bahnprodukt anzusehen, da es hauptsächlich aus touristisch motivierten Gründen genutzt wird. Das „InterRail Ticket" ist eine Fahrkarte, die es dem Passagier erlaubt, über einen angegebenen Zeitraum das Bahnnetzverschiedener, festgelegter europäischer Bahngesellschaften zu nutzen. Hierbei ist die Anzahl der Zugfahrten unbeschränkt und der Reisende kann sowohl die 2. als auch 1. Klasse der jeweiligen Bahngesellschaft nutzen. Für Passagiere aus nicht europäischen Ländern ist das sogenannte „Eurail-Ticket" vorgesehen. Im Jahr 2010 nutzten europaweit 30.000 Bahnreisende ein „InterRail Ticket"; in den vergangenen Jahren war ein stetig steigendes Volumen für dieses Produkt zu verzeichnen.

1.2.11 Einkauf sonstiger Transportkapazitäten

Charterrisiken wie beim Flug entstehen bei anderen Reisearten primär bei Busreisen und Kreuzfahrtschiffen. Beim **Bus** ist das Kapazitätsrisiko auf die Busgröße begrenzt, bei **Kreuzfahrtschiffen** kann es das gesamte Schiff, oder auch Teilkapazitäten umfassen. Das Chartern von **Zügen** zählt hingegen eher zu den Ausnahmefällen. Die Grundregeln sind in weiten Bereichen mit denen des Charterfluggeschäftes vergleichbar und davon ableitbar. Neben dem Hauptanreiseverkehrsmittel zählt es aber auch zu den Aufgaben eines Reiseveranstalters weitere Beförderungsmittel für An- und Abreise logistisch zu disponieren und ggf. dafür Angebote zu schaffen. Dies gilt vor allem für die Transferleistungen zwischen Flughafen und Unterkunft sowie für Ausflüge im Zielgebiet, auf die im Kapitel II.1.4 ausführlich eingegangen wird. Ferner zählen dazu Ticketangebote für die Bahnan- und abreise zum bzw. vom Quellmarktflughafen (u. a. Rail&fly, Klug zum Flug etc.), Parkangebote an den Quellmarktflughäfen, Mietwagenangebote für die Mobilität im Zielgebiet, Vignetten und andere Mobilitäts-Dientleistungen für die Anreise mit dem privaten Pkw etc. Alle diese Zusatzleistungen werden in der Regel ohne Kapazitätsgarantien angeboten, in Einzelfällen werden von den jeweiligen Leistungsträgerpartnern volumenabhängige Zusatz-Incentives und Werbekostenzuschüsse (WKZ) bezahlt, die in die Veranstaltermarge einfließen.

1.3 Einkauf Unterkunftskapazitäten

1.3.1 Kapazitätsvorgabe nach eingekauften Risikoflugplätzen pro Destination

Wenn ein Reiseveranstalter ein Zielgebiet mit Charterflug-Garantien anbietet, dann muss er als Pauschalreiseveranstalter auch eine ausreichende Unterkunftskapazität anbieten und dies in allen Qualitätskategorien, die für seine Marken und Kunden-Zielgruppen in Betracht kommen. Gerade für aufenthaltsbezogene Reisen, bei denen sich Kunden durchschnittlich zwischen ein und zwei Wochen in einer Unterkunft aufhalten ist ein zielgruppenspezifisches Angebot ein zentrales und sehr wichtiges Entscheidungskriterium, da über 70% der Reisezufriedenheit der Kunden vom Hotel abhängt. Aus logistischen Gründen (Transfer, Reiseleitung, Ausflüge etc.) ist es dabei erforderlich die hohe Kundenzahl in möglichst wenigen, aber qualitativ attraktiven Hotels zu bündeln. Sofern ein Veranstalter über keine eigenen oder unter seinem Management stehenden Hotels verfügt, muss er zwar zumeist keine Kontingente für Hotelzimmer garantieren, jedoch muss er an den jeweiligen Hotelier für die für ihn disponierten Zimmer hohe Anzahlungen leisten.

Aufgrund dieser Rahmenbedingungen kann es in volumenstarken Ganzjahreszielgebieten für einen Veranstalter wichtig sein, einen Teil seiner benötigten Unterkunftskapazität selbst zu kontrollieren bzw. diese exklusiv für den deutschen Quellmarkt anzubieten und damit die Qualitätssicherung unter einer Hotelmarke mit einem individuellen Leistungsversprechen für die Kunden sicherzustellen.

Die **Vorteile** für einen Veranstaltern sind:

- Differenzierung vom Wettbewerb
- bessere Gestaltungsmöglichkeit von zielgruppenaffinen Hotelleistungen
- stärkere Profilierung als Vermarktungspartner von Leistungsträgern im Zielgebiet
- logistische Volumenbündelung für Zielgebietsagenturen, Reiseleitung und andere Zielgebiets-Dienstleister
- Sicherung von Qualität und Quantität von Unterkunfts-Kapazitäten und
- ggf. Möglichkeit zur Erschließung zusätzlicher Ertragspotenziale in einer Hoteliersfunktion.

1.3.2 Bedeutung verschiedener Bindungsmodelle von Zielgebiets-Hotels

Für einen Reiseveranstalter gibt es mehrere Varianten von Bindungsmodellen für Hotels im Zielgebiet.

1. Exklusive Vertriebspartnerschaft für den Quellmarkt Deutschland auf vertraglicher Basis
2. Franchise- bzw. Branding-Vertrag, wobei der Hotelier die Hotelmarke des Veranstalters übernimmt und Leistungserbringungsmerkmale an die Standards des Veranstalters anpasst
3. Management-Vertrag mit oder ohne Kapazitätsgarantie, wobei der Veranstalter sowohl das Management vom Hotelier übernimmt als auch die Vermarktung in unterschiedlichen Quellmärkten,
4. Pachtvertrag für ein bestehendes Hotel, wobei Management und Auslastungsrisiko komplett auf den Reiseveranstalter übergehen, der dies in eigenem Namen und in eigener wirtschaftlicher Verantwortung weiter betreibt
5. Bei Hoteleigentum oder Hotelbeteiligung baut oder kauft ein Veranstalter ein Hotel bzw. beteiligt sich daran und wird gleichzeitig juristischer, wirtschaftlicher, operativer Betreiber und Vermarkter mit allen Rechten und Pflichten

Die **Vor- und Nachteile** der verschiedenen Modelle sowie die jeweiligen Einfluss- und Ertragsmöglichkeiten sind in den beiden nachfolgenden Übersichten dargestellt (vgl. Abb. II. 1-2 und Abb. II. 1-3). Alle aufgeführten Modelle sind im Markt gängig.

Mit zunehmender Einflussnahme und Exklusivität für einen Quellmarkt wachsen zugleich wirtschaftliche Chancen und Risiken proportional. Eigentum hat das höchste Ergebnispotenzial aber auch das höchste Risiko. Wenn der Abschluss eines Managementvertrages nur mit Abnahmegarantien möglich ist, sollte ggf. ein Pachtvertrag angestrebt werden, da die Einflussnahme bei gleichem wirtschaftlichen Risiko größer ist. Für den Besitz oder das Chartern eines Kreuzfahrtschiffes gelten im Übrigen nahezu die gleichen Regularien wie für Eigentums- bzw. Pachthotels.

		Kurzbeschreibung	➕ Vorteile	➖ Nachteile
Bindungsgrad ▲	Vertriebs-partner-schaft	Veranstalter ist **exklusiver Vertriebspartner** des Hoteliers im Quellmarkt Deutschland	• Sicherung von Exklusivität	• Keine Einflussnahme • Keine langfristige Bindung
	Branding-/ Franchise- Vertrag	Hotelier übernimmt **Marke des Veranstalters** und passt ggfs. **Leistungserbringung** an Veranstaltervorgaben und Standards an	• Exklusivität und Erkennbarkeit bei geringem Investment (Markenpräsenz)	• Wenig Kontrolle auf Leistungserbringung
	Manage-ment-vertrag (mit/ohne Garantie)	Veranstalter übernimmt **Management des Hotels** inkl. Vermarktung in unterschiedlichen Quellmärkten; **im Namen des Eigentümers mit oder ohne Abnahmegarantie**	• Hohe, direkte Einflussnahme • Management Fee	• Ggf. ist Garantie erforderlich • Operatives Risiko
	Pacht-vertrag	Pachtung eines bestehenden Objektes und Management auf **eigenes Risiko und auf eigene Rechnung**	• Hohe, direkte Einflussnahme • Gewinnbeteiligung	• Finanzielles und operatives Risiko
	Eigentum/ Beteiligung	**Kauf oder Beteiligung** an einem bestehenden Hotel, Management **auf eigenes Risiko**	• Hohe, direkte Einflussnahme • Gewinnbeteiligung	• Finanzielles und operatives Risiko

***Abb. II. 1-2** Bindungsmodelle unterscheiden sich in erster Linie über den Bindungsgrad und die damit verbundene Einflussmöglichkeit*

		Kurzbeschreibung	Operativer Einfluss	Veranstalter/ Exklusivität	Zusätzliches Ertragspotenzial
Bindungsgrad ▲	Vertriebs-partnerschaft	Vertrieb im Quellmarkt	• n/a	• I.d.R. in beschränktem Umfang (Zimmerkategorie)	• Gfs. höhere Veranstalter-marge
	Branding-/ Franchise- Vertrag	Vertrieb in eigenen und anderen Ländern	• Im Rahmen des Franchise Vertrages	• Exklusivität zumindest im Quellmarkt Deutschland durchsetzbar	• Gfs. Höhere Veranstalter-marge Franchisefee
	Management-vertrag (mit/ohne Garantie)	Aktive Verkaufspreissteuerung (Verantwortung für alle Quellmärkte)	• Direkter Einfluss auf Leistungserbringung und -vermarktung	• Exklusivität direkt steuerbar	• Gfs. Höhere T/O-Marge Managementfee[1]
	Pachtvertrag	Aktive Verkaufspreissteuerung (Verantwortung für alle Quellmärkte)	• Direkter Einfluss auf Leistungserbringung und -vermarktung	• Exklusivität direkt steuerbar	• Ergebnis Gfs. Höhere Veran-staltermarge
	Eigentum/ Beteiligung	Aktive Verkaufspreis-steuerung (Verantwortung für alle Quellmärkte)	• Direkter Einfluss auf Leistungserbringung und vermarktung	• Exklusivität direkt steuerbar	• Hotelergebnis Gfs. höhere Veranstalter-marge

[1] Sowohl umsatz- als auch deckungsbeitragsbezogen

***Abb. II. 1-3** Bindungsmodelle differenzieren sich nach Einflussmöglichkeiten sowie nach Ertragsmöglichkeiten*

1 Funktionale Prozessorganisation von Reiseveranstaltern 119

Hoteliers aus der Ferien-Hotellerie haben oftmals ein starkes Interesse an derartigen Bindungsmodellen, insbesondere dann:

- Wenn sie selbst keine starke Endkundenmarke haben
- Wenn ihnen die Einbindung in Vertriebsorganisationen in den Urlauberquellmärkten fehlt
- Wenn sie neue Quellmärkte ansteuern
- Wenn sie neue Zielgruppen erschließen wollen
- Wenn sie ihre Zimmerauslastung steigern wollen
- Wenn sie einen Partner für das wirtschaftliche Risiko des Hotelbetriebes suchen.

1.3.3 Hotel-Kapazitätsdisposition bei gebundenen eigenen Hotels

Wenn ein Veranstalter anstrebt Hotels zu binden nach egal welchem Modell, so orientiert er sich bei der Selektion an bestimmten Auswahl- und Umsetzungskriterien. Es kommt nur ein Zielgebiet in Betracht, für das er ein hohes Volumen produziert und damit auch hohe Charterflugrisiken hat. Aus betrieblichen, organisatorischen und wirtschaftlichen Gründen sollte es sich dabei um eine Ganzjahres-Destination handeln, d. h. Griechenland eher nicht, da die meisten Hotels in der Wintersaison geschlossen sind und so gut wie kein Charterflugangebot existiert; auch Fernziele fallen aufgrund zu geringen Volumens dafür aus; gut geeignet sind hingegen Spanien, Türkei und Ägypten.

Das Hotel sollte eine möglichst große, zur Veranstaltermarke passende Zielgruppe ansprechen, was bislang immer auf Familien mit Kindern zutraf, in Zukunft aus demografischen Gründen aber neu bewertet werden muss (vgl. Kapitel IV.2.3.2). Ziel der Hotelbindung ist ja eine Exklusivität bzw. Alleinstellung für den größten Quellmarkt Deutschland, die eine Unabhängigkeit von Preisvergleichsystemen sicherstellt. Dazu benötigt das Hotel ein gute bis sehr gute Lage direkt am Strand und sollte vor allem allen Sicherheits- und Umweltkriterien genügen. Mit der beschriebenen Alleinstellung sollen auch Margengestaltungsspielräume für die Profitabilität der Hotelanlage möglich sein, zumal auch Wettbewerbssituation und Kostenstrukturen in die Entscheidungsfindung einbezogen werden müssen. Um mögliche Auslastungsrisiken bei Aufrechterhaltung der Quellmarktexklusivität zu minimieren, benötigt ein solches Hotel eine Vermarktungsorganisation für Zielgruppen kompatible andere internationale Quellmärkte.

1.3.4 Kriterien für den Einkauf fremder Hotels

Auch wenn ein Pauschalreiseveranstalter eigene Hotels betreibt oder diese vertraglich bindet, um ein exklusives Unterkunftsangebot in einem Zielgebiet zu haben, so benötigt er doch ergänzend ein ausreichendes Portfolio an nicht exklusiven Hotels ohne Auslastungsgarantie, um Nachfrageschwankungen oder -lücken ausgleichen zu können. In diesen Hotels können auch einer oder mehrere Wettbewerber Zimmerkontingente unterhalten, so dass sich zwischen diesen austauschbaren Hotelangeboten über die Preisvergleichssysteme ein intensiver

Preiswettbewerb im Quellmarkt entwickelt. Entsprechend den Anforderungen der jeweiligen Zielgruppen eines Veranstalters oder einer Marke muss ein entsprechendes Sortiment an Hotels unterschiedlicher Ausstattungen, Service-Dienstleistungen, Qualitätsstandards und Lagen eingekauft werden.

Die Zimmer-Kontingente in der Urlaubshotellerie werden den verschiedenen Veranstaltern in der Regel ohne Abnahmerisiko zugeteilt (es sei denn ein Veranstalter wünscht dies z. B. in einem attraktiven, stark gefragten Haus. Zu bestimmten vertraglich vereinbarten Release-Terminen, werden die Buchungsstände und Buchungserwartungen der jeweiligen Veranstalter überprüft und bei starken Abweichungen zur Planung Kontingente zurückgegeben, mit anderen Veranstaltern getauscht oder aufgestockt. Bei attraktiven Häusern z. B. in bester Strandlage können die Hotels auch ohne Abnahmegarantien u. U. Vorauszahlungen für die zugeteilten Zimmer verlangen. Während der Saison werden bei starker Nachfrage und ausreichenden Flugkapazitäten Zubucher-Hotels pro rata nachgekauft werden, d. h. zu einer bestimmten Zimmer-Rate, die gilt, solange der Vorrat reicht (vgl. auch Kapitel II.1.2.6).

Auch beim Einkauf fremder Hotels sind verschiedene strategische Überlegungen von Bedeutung. Einerseits könnte es sinnvoll sein, keine Kontingente in Hotels des jeweilig unmittelbaren Wettbewerbers einzukaufen um dem unmittelbaren Wettbewerb um bestimmte identische Zielgruppen zu entgehen. Andererseits könnte es sinnvoll sein, in den nicht exklusiven Hotels des wichtigsten Wettbewerbers jeweils kleine Kontingente einzukaufen und diese gezielt mit einer geringen Marge preisaggressiv anzubieten, um bei den Kunden und Reisebüros ein preiswertes Image zu erhalten. Im günstigsten Fall werden diese kleinen mengenbeschränkten Margenverluste über die Auslastung und Verkäufe in den Exklusivhotels kompensiert und damit der Zielgebiets-Yield auch strategisch gesteuert. Derartige Geschäftspraktiken gehören zum strategischen Einkauf, sollten aber gut überlegt werden, wenn man mit den Wettbewerbern in anderen Zielgebieten oder bei der Risikoaufteilung auf gemeinsamen Charterflügen weiter zusammenarbeiten will.

1.3.5 Kalkulation und Pricing von Pauschalveranstaltern mit Hotelgarantien

Bei einem eigenen oder vertraglich gebundenen Hotel mit Abnahmegarantie, ist zunächst ein auslastungsbezogener Basispreis pro Zimmer und Person zu ermitteln. Wenn ein Hotel außer im Rahmen eines Pauschalpaketes auch als Einzelleistung verkauft wird, so müssen im zweiten Schritt im Rahmen einer Yield-Kalkulation quellmarktbezogene und saisonale Preiszuschläge aufgeschlagen werden. Wird das Hotel ausschließlich im Pauschalpaket verkauft, so werden diese Preiszuschläge erst nach Zusammenstellung aller Leistungen aufgeschlagen werden. Bei Zubucherhotels bzw. bei Hotels ohne Abnahmegarantien wird üblicherweise der bereits saisonal und/oder quellmarktbezogene Einkaufspreis des Hotels übernommen und mit einem Margenaufschlag versehen.

1.3.6 Unterkunfts-Einkauf ohne Transportrisiken

Für Reiseveranstalter, die nur Hotels für kurze Aufenthalte anbieten wie bei Städtereisen, Rundreisen sowie bei Buchung von verschiedenen Aufenthaltsbausteinen in einem Zielgebiet, das in der Regel auch kein reines Urlaubsziel ist, spielen diese Überlegungen sowie Einkaufsstrategien und Abnahmegarantien hingegen keine Rolle, zumal die meisten gebuchten Hotels keine reinen Urlaubshotels sind und noch viele andere Märkte und Zielgruppen bedienen, oftmals selbst einer Kette mit einer starken Endkundenmarke angehören und zumeist bereits technisch und organisatorisch in nationale und internationale Vermarktungssysteme eingebunden sind.

Die Veranstalter mit einem derartigen Hotelsortiment sind in der Regel Veranstalter von Baustein-, Fern oder erdgebundenen Reisen und bieten die Hotelleistung auch allein zum jeweiligen Einzelpreis an. Die Hotels bestehen in diesen Fällen in der Regel auf der Einhaltung der Preisparität in allen Vertriebskanälen, wobei der Veranstalter nicht preiswerter anbieten darf als das Hotel selbst. Da diese Hotels eine Vielzahl von Quellmärkten und Marktsegmenten (Geschäftsreisen, Tagungen/Kongresse, Incentives, private und ethnische Besucher, Urlauber etc.) bedienen, geben sie Veranstaltern in der Regel nur kleine fließende Kontingente von fünf bis maximal zehn Zimmern, die solange nachgepflegt werden, wie der Veranstalter weitere anfordert bzw. das Hotel in der jeweiligen Buchungsklasse ausgebucht ist. Wenn ein Veranstalter ein hohes Kundenpotenzial für ein solches Zielgebiet hat (z. B. Städtereisen Berlin oder London), muss er daher eine entsprechend große Anzahl verschiedener Hotels in den verschiedenen Qualitätsstufen einkaufen und anbieten, um das Risiko von Salesstops gering zu halten.

1.3.7 Flexibler Hoteleinkauf zu Tagespreisen

Sowohl Pauschalveranstalter als auch Bausteinveranstalter kaufen in ihren Zielgebieten ohne Auslastungsgarantie Zubucher- oder Pro-Rata-Hotelkontingente nach. Neu ist seit einigen Jahren der Einkauf von Hotelkontingenten zu tagesaktuellen Preisen. Dies geschieht zum einen um last minute preisgünstige Hotel-Restkapazitäten mit evtl. noch vorhandenen Risikoflugplätzen zu vermarkten. Die gleiche Grundlage besteht für die so genannten **X-Veranstalter**, die ohne eigene Garantiekontingente durch Dynamic Packaging Pauschalreisen produzieren, indem sie verfügbare Flüge aus den IBE-Caches mit tagesaktuell eingekauften Hotelzimmern kombinieren und als virtuell produzierte Reisen verkaufen. Um die tagesaktuellen Angebote schnell über IT- Systeme verfügbar machen zu können, erfolgt der Einkauf solcher Unterkunftsleistungen entweder dadurch, dass die Hotels Preise und Verfügbarkeiten selbst online in den Reservierungssystemen der Veranstalter einpflegen oder dies über eine Zielgebietsagentur des Veranstalters zeitnah direkt vor Ort vornehmen lassen.

1.3.8 Kalkulation und Pricing von Veranstaltern und Vermittlern ohne Garantieabnahmen

Ohne Garantieabnahme erfolgt die Auslastungs- und Yield-Kalkulation der Zimmerpreise durch den Hotelier. Für den Vertrieb der Unterkunftsleistungen an Veranstalter und Hotel-Vermittler (wie u. a. hrs.de, hotel.de oder booking.com) finden zwei Geschäftsmodelle Anwendung: einerseits das Merchant- bzw. Händlermodell sowie andererseits das Vermittlermodell, die sich beide grundlegend unterscheiden und daher von einem Vertriebspartner im gleichen Vertriebskanal kaum nebeneinander angeboten werden können.

1.3.8.1 Merchant-Modell

Das Merchant-Modell ist das klassische Veranstaltermodell ohne Risikokontingente. Die wesentlichen **Merkmale** dieses Modells sind:

- Langfristiger Einkauf vor Saisonbeginn zu fest verhandelten Hotel-Kontraktraten
- Prozentualer Margenaufschlag auf die zumeist bereits saisonal gestaffelten Hotel-Einkaufspreise
- Pre-Payment durch die Kunden vor Reiseantritt durch Reisebüroinkasso, Kreditkarte oder Zahlungsanweisung
- Inkassosicherheit für den Hotelier durch den Veranstalter
- Produktpräsentation in einem Saison-Katalog des Veranstalters
- Platzierung des Hotelangebotes in allen Vertriebskanälen (rd. 10.000 Reisebüros, Online-Vertrieb sowie je nach Vereinbarung mit dem Hotel alternative Vertriebskanäle und Auslandsmärkte)
- Verkaufsunterstützung durch Außendienst, Schulungen, Produkt- und Zielgebiets-Präsentationen
- Flexible Paketierbarkeit und Kombinierbarkeit mit weiteren Reiseleistungen
- Tagesaktuelle Hotelraten orientieren sich an der aktuellen Nachfragesituation und können sowohl nach oben wie nach unten von den Kontraktraten abweichen
- Überwiegende Zielgruppe sind Urlauber-Paare mit Doppelzimmerbelegung (Standardzimmer)
- Planungssicherheit für Kunden, Veranstalter und Hotelier durch Kontingentsverwaltung
- Qualitätssicherung für Kunden
- Währungssicherheit für Kunden durch Garantie des Veranstalters
- Kompetente Ansprechpartner und Berater im Reisebüro und beim Reiseveranstalter

1.3.8.2 Vermittler-Modell

Das Vermittler-Modell ist das klassische Handelsvertreter-Modell. Die wesentlichen **Merkmale** dieses Modells sind:

- Tagesaktuelle Preise und Hotelangebote ohne Kontingente
- Endverkaufspreise werden vom Hotelier festgelegt und für den Vermittler verprovisioniert
- Provision enthält keine Marge für den Wiederverkauf über den Reisebürovertrieb, daher erfolgt der Vertrieb fast ausschließlich online bzw. direkt
- Sehr kurzfristige Buchungsfristen und Verfügbarkeiten
- Keine Qualitätssicherung für die Kunden durch den Vermittler
- Keine Währungssicherheit für die Kunden bei Hotelbuchungen außerhalb des Euro-Raumes
- Zahlung zumeist vor Ort bei Ankunft des Kunden, dadurch geringe Inkassosicherheit durch No-Shows
- Hohe und sehr kurzfristige Stornoraten
- Kaum Planungssicherheit für die Hoteliers
- Keine Preis- bzw. Yield-Steuerung nach Zielgruppen für den Hotelier möglich
- Hoher Anteil von unmanaged Business Travel Kunden und Privatkunden mit Einzelzimmerbelegung
- Bei lokalen Kapazitätsengpässen (Messen, Kongresse, Events etc.) keine Verfügbarkeiten und hohe Preise
- Hohe Planungs- und Buchungsflexibilität für die Kunden
- Kurzfristige Sonderpreise möglich

1.3.9 Währungsdisposition analog der saisonalen vertraglichen Zahlungsverpflichtungen

Während ein Veranstalter bei der Bezahlung der eingekauften Flüge in der Regel in der nationalen Währung bezahlen kann, weil die Linienflüge über den Bank Settlement Plan der IATA ausnahmslos in Euro bezahlt werden und auch die meist beschäftigten Bedarfsfluggesellschaften deutscher Nationalität sind, müssen Hotels in der Regel in der Währung des Ziellandes bezahlt werden müssen. Außerhalb des Euro-Raumes bedeutet dies, dass der Einkaufspreis Währungsschwankungen unterliegen kann, die im ungünstigen Fall die Veranstaltermarge verringern und im günstigsten Fall auch vergrößern. Daher sind Veranstalter bestrebt durch Devisentermingeschäfte einen Kalkulationskurs abzusichern. Dazu müssen sie ihren Devisenbedarf entsprechend der disponierten saisonalen Hotelkapazitäten pro Zielland und den sich daraus ergebenden Zahlungsfristen ermitteln und absichern. In Kapitel II.2.4 werden die Devisensicherungs-Instrumente und -Strategien eines Reiseveranstalters ausführlich dargestellt

1.4 Einkauf von Zusatzleistungen über Zielgebietsagenturen

Neben den Haupt-Reiseleistungen Transport und Unterkunft kauft ein Reiseveranstalter weitere Zusatzleistungen ein wie z. B. Sonderleistungen wie Camper, Boote, aber auch ergänzende Leistungen wie u. a. Transfers, Mietwagen, Bahn- und Fährfahrkarten, Rundreisen- und Ausflugspakete, Reiseversicherungen, Eintrittskarten zu Sport- und Kulturevents, Gastronomieleistungen, Tourguides und Reiseleiter. Die meisten dieser Leistungen werden direkt vom Quellmarkt aus eingekauft und disponiert wobei dabei entweder das Merchant- oder das Vermittlermodell (vgl. Kapitel II.1.3.8) zum Tragen kommt. Viele Leistungen werden aber auch über Agenturen in den Zielgebieten eingekauft, organisiert und disponiert.

1.4.1 Aufgaben und Funktionen von Zielgebietsagenturen in der Prozesskette der Reiseveranstalter

1.4.1.1 Transferplanung und Transfersteuerung

Bei klassischen Pauschalreiseveranstaltern ergibt sich die Notwendigkeit, die jeweils ankommenden und abfliegenden großen Gästezahlen zwischen Flughafen und Hotel mit Bussen zu befördern. Diese Busse werden in der Regel von lokalen Busunternehmern im Zielgebiet gemietet, bei den großen Konzernveranstaltern stehen einige Busse auch im Eigentum der Zielgebietsagentur oder des Veranstalters bzw. werden pro Saison nur für einen Veranstalter exklusiv genutzt.

Um die Transfers optimal steuern zu können, ist es wichtig, dass die Charterflüge aus den verschiedenen Quellmarktflughäfen in einem engen Zeitfenster am Zielflughafen ankommen (vgl. Kapitel II.1.2.3). Idealerweise holen die Transferbusse die abfliegenden Gäste morgens vom Hotel ab und bringen sie zu den Maschinen die am späten Vormittag oder mittags zurück in die Heimat fliegen. Am Flughafen nehmen sie die mit diesen Flugzeugen ankommenden Urlauber in Empfang und bringen diese am frühen Nachmittag zu ihren Hotels. In den 4–6 Stunden Zeitspanne können die Hotels den notwendigen Zimmerservice für die neuen Gäste durchführen. Dieses Beispiel zeigt welche logistische Meisterleistung Pauschalreiseveranstalter zu leisten im Stande sind. Die gesamte Transferorganisation ist dabei eine der Hauptaufgaben von Zielgebietsagenturen, die sie in volumenstarken Zielgebieten exklusiv für einen Veranstalterkonzern (zumeist die Muttergesellschaft) oder in volumenschwachen Destinationen für mehrere Veranstalter gemeinsam erbringen.

In kleinen Zielgebieten, bei Baustein- und Spezialveranstaltern, deren Gäste nicht gebündelt per Charterflügen sondern verteilt über verschiedene Linienflüge im Zielgebiet ankommen werden auch individuelle Transfers mit Limousinen angeboten.

1.4.1.2 Organisation von Ausflügen und Rundreisen im Zielgebiet

Zielgebietsagenturen sind teilweise selbst Veranstalter. Sie produzieren auf eigene Rechnung Ausflüge und vermitteln Zusatzleistungen vor Ort für die Gäste der Reiseveranstalter. Die Leistungsabwicklung wird mit lokalen Leistungsträgern durchgeführt. Beratung, Verkauf und Inkasso erfolgen über die Reiseleiter. Sofern die Bezahlung durch den Kunden nicht in lokaler Währung sondern in dessen Heimatwährung erfolgt sind wie beim klassischen Veranstaltergeschäft u. U. Devisensicherungsinstrumente erforderlich. Die gleichen Voraussetzungen gelten auch für die Organisation von Landausflügen für Kreuzfahrtpassagiere.

Zielgebietsagenturen produzieren und kalkulieren aber auch für die Quellmarktveranstalter fertige Rundreisenpakete z. B. Busrundreisen wie ein Groundoperator und verkaufen diese an die Veranstalter weiter. Werden diese Rundreisenpakete exklusiv für einen Veranstalter organisiert, so trägt dieser das wirtschaftliche und rechtliche Veranstalterrisiko. Werden sie mehreren verschiedenen Veranstaltern im gleichen Sprachraum angeboten, so trägt die Zielgebietsagentur als Veranstalter das wirtschaftliche Auslastungsrisiko. Auch hier könnte eine Devisensicherung erforderlich werden je nachdem in welcher Währung die Einnahmen erzielt werden.

1.4.1.3 Reiseleiter-Disposition

In Destinationen mit großen Urlaubervolumina – insbesondere den Pauschalreisezielen – unterhalten Veranstalter eigene Reiseleitungen. Diese Reiseleitungen sind den Veranstaltermarken zugeordnet und sind erste Ansprechpartner für die Urlauber

- bei Fragen und evtl. Sonderwünschen,
- Reklamationen,
- Krisenmanagement,
- Transferbetreuung,
- für die Organisation von Zusatzleistungen,
- für Beratung und Verkauf von Ausflügen sowie
- für allgemeine Unterstützung der Urlauber bei individuellen Problemen, Erkrankungen und Unregelmäßigkeiten.

Diese Reiseleitungen arbeiten daher aus logistischen Gründen eng mit den jeweiligen Hotels und Zielgebietsagenturen zusammen. Sie sind daher häufig in der Nähe der Räumlichkeiten der Zielgebietsagenturen angesiedelt bzw. über diese erreichbar.

Reiseleiter sind häufig saisonal beschäftigte **Freelancer**, seltener Festangestellte, dann aber zumeist lokale Mitarbeiter. Zur Vermeidung ggf. unerwünschter Kranken-, Renten- und Arbeitslosen-Versicherungsverpflichtungen, die ohnehin keine Leistungen im ausländischen Zielgebiet erbringen, werden sie häufig über Beschäftigungsgesellschaften in der Schweiz angestellt und können sich dann nach ihren tatsächlich notwendigen individuellen Wünschen sozial versichern.

Neben den Reisleitern werden je nach Zielland auch lokale Tourguides als Freelancer beschäftigt. Aufgrund von gesetzlichen Auflagen müssen in vielen Ländern lokale Tourguides häufig Einheimische sein, die nicht für die allgemeine Gästebetreuung sondern für fachspezifische historische, kulturelle oder sonstige themenbezogene Führungen und Erklärungen zuständig sind.

1.4.1.4 Krisen-Management im Zielgebiet

Besondere Bedeutung kommt seit einigen Jahren der Funktion der Zielgebietsagenturen und Reiseleiter als Krisenmanager zu. In jedem Zielgebiet unterhält ein Veranstalter inzwischen eine „Emergency Hotline", die es dem Kunden im Krisenfall ermöglicht umgehend mit der Reiseleitung oder dem Veranstalter direkt Kontakt aufzunehmen, So wurden allein 2011 22 Naturkatastrophen gezählt, darunter mehrere Erdbeben, Zyklone, Tornados, Hurrikans und sonstige schwere Stürme, außerdem der Tsunami in Japan, Überschwemmungen, Erdrutsche, Sturzfluten, Lawinen und Waldbrände. Hinzu kamen politische Unruhen in Tunesien, Lybien und Ägypten sowie anderen Ländern in Nahost mit umfangreichen Evakuierungsmaßnahmen und die noch immer nicht beendeten Kriegsfolgen im Irak und in Afghanistan. Terroranschläge rund um die Welt, die Kernkraftwerkskatastrophe in Fukushima, Unfälle mit Flugzeugen, Reisebussen, Eisenbahnen und in Hotels sowie die EHEC-Epidemie stellten darüber hinaus zum Teil extreme Anforderungen an das Krisenmanagement der Veranstalter und deren Reiseleiter in den Zielgebieten (vgl. Abb. II. 1-4). Das Krisenmanagement von Reiseveranstaltern wird in Kapitel II.3.2 vertieft.

Naturkatastrophen	Politische Unruhen	Unfälle	Epidemien
- Erdbeben	- Kriege (u. a. Afghanistan, Irak, Jugoslawien)	- mit Flugzeugen	- EHEC
- Wirbelstürme (Hurrikan, Tornado, Zyklon)		- mit Bussen	
- Tsunamis	- Revolutionen (u. a. Libyen, Tunesien, Ägypten, Nahost)	- mit Bahnen	- SARS
- Erdrutsche		- mit Schiffen	
- Überschwemmungen	- Piraterie (u. a. Somalia, Indonesien)	- in Hotels	- Schweinepest
- Sturzfluten		- in Kernkraftwerken	
- Lawinen	- Terroranschlšge (z. B. New York, Djerba)	- mit Großbränden	- Vogelgrippe
- Waldbrände			

Abb. II. 1-4 Krisenursachen

1.4.1.5 Weitere Services und Dienstleistungen von Zielgebietsagenturen im Rahmen der Prozesskette der Reiseveranstalter

Folgende Services und Dienstleistungen können Zielgebietsagenturen optional für die Reiseveranstalter erbringen. Bei Agenturen, die Filialen oder Beteiligungen der Veranstalter sind, ist das Aufgabenspektrum umfassender und die Kontrollspanne sowie der Durchgriff auf die Leistungsqualität größer als bei Fremdagenturen:

- Permanente Qualitätskontrolle der Vertragspartner der Reiseveranstalter
- Unterstützung des Reiseveranstalter-Kundendienstes sowie der Reiseleiter bei Leistungsstörungen
- Unterstützung der veranstaltereigenen und Franchise-Hotels
- Unterstützung der Veranstalter bei fremden Exklusiv-Hotels mit Kapazitätsgarantien
- Einkauf von nicht-exklusiven FIT-Hotels ohne Kapazitätsgarantien bei Kontingentshandling und Verfallsfristen
- Permanente Beschaffung von Hotels mit tagesaktuellen Preisen und Verfügbarkeiten inkl. Daten-Erfassung für die Reservierungssysteme und Internet Booking-Engines (IBEs) der Veranstalter
- Einkauf und Contracting lokaler Reiseleistungen und Services auf eigene Rechnung und im Auftrag der Veranstalter
- Voucher-Clearing, Weiterbelastung und Abrechnung mit Zielgebiets-Hotels, lokalen Reisedienstleistern und den Reiseveranstaltern im Quellmarkt.
- bei entsprechendem Know How: Airport- und Hafenagentur-Handling für Airlines und Reedereien
- bei konzerneigenen Agenturen: je nach Know How und lokalen Voraussetzungen Übernahme von Administrations-Dienstleistungen (Abrechnung, Buchhaltung, Call Center, IT-Services etc.) für den Veranstalter bzw. die Muttergesellschaft oder den Konzern.

1.4.2 Arten von Zielgebietsagenturen

Zielgebietsagenturen werden grundsätzlich nach dem Angebotsspektrum und dem Eigentümerstatus unterschieden:

1. **Full Service Agenturen** bieten die gesamte Leistungspalette an und sind zumeist Filialen oder kontrollierte Beteiligungen der Veranstalter und damit deren verlängerte Produktionsplattform. Derartige Agenturen werden von den großen Veranstaltern vor allem in den Volumendestinationen unterhalten.
2. Daneben gibt es **unabhängige Zielgebietsagenturen**, die neutral für mehrere Veranstalter tätig sind. Derartige Agenturen sind zumeist in Destinationen mit geringem Reisevolumen und/oder für mittlere und kleine Veranstalter tätig. In der Regel sind sie in der Lage das gesamte geforderte Angebotsspektrum anzubieten.
3. Außerdem existieren viele **Agenturen für Spezialsegmente** in einem Zielgebiet wie Gruppen, Bausteinkomponenten (FIT=Full Individual Travel), Kongresse, Messen, Ge-

schäftsreisen, Kreuzfahrten, Studienreisen, Busreisen, Ausflüge etc.. Nicht selten nutzt ein großer Veranstalter mehrere Agenturen nebeneinander, durchaus auch zusätzlich zu seiner eigenen Zielgebietsorganisation, wenn er Spezialisten-Know How benötigt.
4. Eine Sonderform von Zielgebietsspezialisten sind **Groundoperator**, die komplette Rundreisenpakete und Landprogramme einschließlich Tourguides und Reiseleitung aber ohne die Anreise-Transportleistungen für ein Zielgebiet anbieten und ihren Firmensitz oft im Quellmarkt haben; sie bieten zumeist Reisen für exotische oder kleinvolumige Ziele mit schwieriger Infrastruktur und hohen Spezialwissen an, wo oft mehrere Veranstalter gebündelt werden müssen, um die Mindestteilnehmerzahl und/oder eine ausreichende terminliche Durchführungsfrequenz zu erreichen.

1.4.3 Geschäftsmodelle von Zielgebietsagenturen

Große Veranstalter legen besonderen Wert auf die Exklusivität einer Zielgebietsagentur hinsichtlich der Tätigkeit für einen Quellmarkt. Diese ist immer gewährleistet bei eigenen Filial- und Beteiligungsstrukturen. Je nach Wettbewerb und Interessenslage reicht auch die Quellmarktexklusivität der Agentur für ein Marktsegment aus. Denkbar ist aber auch eine Volumenbündelung gleichsprachiger Märkte, insbesondere wenn bei der Organisation von Gruppen oder Ausflügen ein Mindestaufkommen Voraussetzung ist.

Die Vergütungsstrukturen der Leistungen von Zielgebietsagenturen können nach unterschiedlichen Kriterien bemessen und gezahlt werden:

- als Umsatzprovision
- als Handling Fee pro Kunde oder Transaktion
- als Management Fee für definierte Dienstleistungen
- durch eigene Kalkulation und eigenen Yield bei selbst veranstalteten Rundreisen und Ausflügen
- durch Kostenerstattung (in der Regel aus steuerlichen Gründen nur bei eigenen Filialen und Beteiligungen)
- durch eine Kombination der aufgeführten Varianten.

1.5 Produktkalkulation und Pricing

1.5.1 Begrifflichkeiten und Grundlagen

Die Preisbildung für ein touristisches Produkt setzt sich zusammen aus der Kalkulation der touristischen Kosten und dem wettbewerbsorientierten Pricing. Teil des Preisbildungsprozesses ist dabei das Yield-Managment für die auslastungsbasierte Ertragsoptimierung, Die dabei auf die verschiedenen Komponenten wirkenden Einflussparameter verschaulicht Abb. II. 1-5.

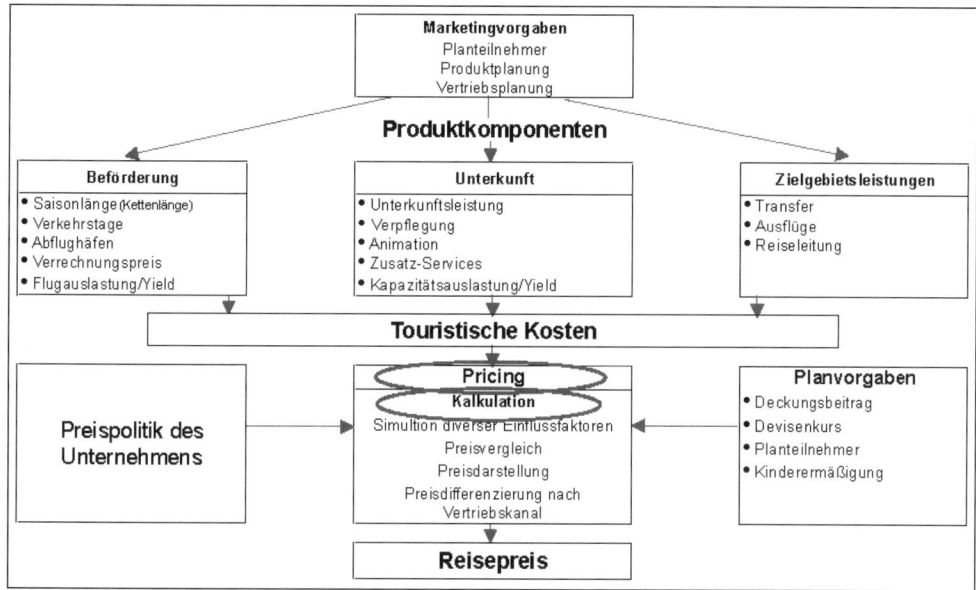

Abb. II. 1-5 Preisbildungsprozess einer Flug-Pauschalreise (Quelle: in Anlehnung an BASTIAN/BORN 2004:127f. und POMPL 1996: 279)

1.5.1.1 Yield-Management

Yield-Management bzw. das entsprechende Synonym Revenue Management bedeutet wörtlich Ertragssteuerung. Die Idee entstand in den 70er Jahren bei der Deregulierung des US-Luftverkehrsmarktes, als Airlines versuchten ihre Wettbewerbsfähigkeit durch Preiskämpfe zu dokumentieren. Dabei teilten sie die Kapazität eines Flugzeuges auf in verschiedene Buchungs-/Preisklassen, die insgesamt den Umsatz bzw. den Ertrag bei weitgehend stabilen Fixkosten pro Flug maximierten. Die Grundüberlegung dabei ist, dass ein Produkt mit identischer Leistung im Zeitablauf für unterschiedliche Zielgruppen mit differenzierten Bedürfnissen einen unterschiedlichen Nutzen hat, so dass die Nachfrager bereit sind, für das gleiche Produkt einen unterschiedlichen Preis zu zahlen.

Yield-Management ist die dynamische Anpassung begrenzter (und ggf. garantierter) Kapazitäten an die aktuelle Nachfragesituation mit dem Ziel der **Ertragsmaximierung** (vgl. BÖTTCHER 2004: 135). Es ist damit ein Instrument zur Steuerung der Nachfrage und Optimierung des Gesamtumsatzes. Dazu ist es erforderlich, die bei der Planung zugrunde gelegten Planmengen und Preise permanent mit den Ist-Mengen zu vergleichen und ggf. mit dem Ziel der Ertragsmaximierung neu anzupassen. So kann eine Buchungklasse an einem Tag ausgebucht sein, am Tag darauf aber wieder über Flugplätze verfügen oder es werden bei starker Nachfrage sukzessive von unten nach oben fortlaufend Buchungklassen geschlossen und dieselben Flugsitze in teureren Buchungklassen weiterverkauft. Daraus resultiert die auch von Low-Cost-Airlines praktizierte Regel, dass Frühbucher auch die günstigsten Preise erhalten.

Die Festlegung der jeweiligen erwarteten preisabhängigen Nachfragemengen ist ein komplexer Vorgang, der sich aus einer Kombination von Erfahrungswerten, mehrjährigen Buchungsverlaufskurven und -statistiken sowie Nachfrageprognosen ergeben. Yield-Management befindet sich permanent im Spannungsfeld zwischen Risikominimierung (schneller Abverkauf der Garantiekapazitäten zu niedrigen Preisen, aber auch mit niedrigen Margen) und Ertragsmaximierung (Verkauf der Garantiekapazitäten zum geplanten Vollzahlerpreis).

1.5.1.2 Kalkulation

Die Kalkulation erfolgt als Teil der Kostenrechnung, wobei die Kosten der einzelnen touristischen Produkte separat ermittelt werden. Dabei gelten die Maßstäbe, die bereits bei Flugeinkauf (vgl. Kapitel II.1.2.9) und Hoteleinkauf (vgl. Kapitel II.1.3.5) erläutert wurden. Soweit Auslastungsrisiken bestehen muss dabei bereits eine Yield-Kalkulation nach Buchungsklassen bzw. Zimmerkategorien, Zielgruppen, Marken, saisonalen Nachfrageschwankungen und Sonderfaktoren wie „empty legs" bei Flügen (der jeweils erste saisonale Rückflug und letzte saisonale Hinflug einer Charterflug-Kette, die in der Regel nicht vermarkbar sind und häufig leer bleiben) durchgeführt werden. Bei einer Pauschalreise werden dann alle touristischen Kosten des produzierten Pauschalpaketes zu einem Gesamt-Nettopreis zusammenaddiert.

Wenn die einzelnen Kostenpositionen in unterschiedlichen Währungen anfallen, dann müssen sie über Devisenkurse in die Kalkulationswährung des Veranstalter-Quellmarktes umgerechnet werden. Ohne Devisensicherungsinstrumente erfolgt diese Umrechnung tagesaktuell zum jeweiligen Zahlungsstichtag an den jeweiligen Leistungsträger und kann damit je nach Abweichung vom Kalkulationskurs die Marge und das Produktergebnis belasten oder verbessern. Durch eine professionelle Devisensicherung (vgl. Kapitel II.2.4.3) ist es möglich den Kalkulationskurs mittelfristig für eine Saison oder das Touristikjahr abzusichern und damit Wechselkursrisiken zu vermeiden.

1.5.1.3 Pricing

Basis des Pricing sind die ermittelten **Produktkosten**, auf die eine **Marge** aufgeschlagen werden muss. Wie die kostenorientierte Kalkulation ist auch das Pricing Bestandteil der Yield-/Ertrags- und Deckungsbeitrags-Optimierung. Das Pricing darf nicht nur kosten- und ertragsorientiert erfolgen, vor allem bei Me-too und nichtexklusiven Vergleichsangeboten/-hotels, in denen auch Wettbewerber Hotel-Kontingente anbieten, ist eine markt- und wettbewerbsorientierte Preisgestaltung erforderlich, da die für Kunden wie für Reisebüros verfügbaren Preisvergleichssysteme wie z. B. Bistro die Austauschbarkeit dieser Angebote sofort transparent machen. Solange die Kapazitätsverfügbarkeit gegeben ist, kommt dann in der Regel immer der Veranstalter mit dem niedrigsten Preis zum Zug. Dies trifft auf den weit überwiegenden Anteil aller Angebote zu, Nur bei den eher seltenen Exklusivangeboten von eigenen oder exklusiv gebundenen Hotels, für die allerdings dann auch Auslastungsgarantien bestehen hat ein Veranstalter eine gewisse Preishoheit, wenn es einen eigenen USP oder Mehrwert durch Lage, Ausstattung oder Zusatzleistungen hat.

Um der Preistransparenz ein wenig zu entgehen, nehmen Veranstalter **Preisdifferenzierungen** vor, die wiederum aus den Erkenntnissen des Marketings sowie von Buchungsstatistiken und Erfahrungskurven aus dem Yield-Management resultieren wie z. B. Preiszu- und Preisabschläge nach Saisonzeiten, erwartete Nachfragespitzen im Zielgebiet, Abflughäfen (ggf. analog zu Saisonzeiten, Schulferien), Altersgruppen (Ermäßigungen für Kinder verschiedener Altersstufen, Senioren etc.), Zimmer- und Belegungstypen (Einzel-, Doppel, Familienzimmer mit oder ohne Meerblick, Sonderlagen im Hotel). Derartige Preisdifferenzierungen können ebenso wie einkalkulierte Zusatzleistungen und Mehrwerte zu einem divergierenden Nachfrageverhalten und im günstigsten Fall zu Ertrags- und Auslastungsverbesserungen führen.

1.5.2 Pricing und Kalkulation bei verschiedenen Produktarten und Geschäftsmodellen

1.5.2.1 Kalkulation von Einzelleistungen

Werden touristische Leistungen ohne Auslastungsgarantien als Einzel-Bausteine oder sowohl in einem Pauschalpaket als auch einzeln angeboten, dann muss jede Leistung separat für sich kalkuliert werden. In der Regel erfolgt die Preisbildung in diesen Fällen durch einen prozentualen oder festen Margenaufschlag auf den Einkaufspreis der Leistung zuzüglich der jeweiligen Umsatz- oder Margensteuern (vgl. Kapitel II.2.3). Die Einkaufspreise sind als mittelfristige Kontraktpreise in diesen Fällen bereits nach der Yield- und Vertriebskanalsteuerung des jeweiligen Leitungsträgers saisonal sowie nach Zimmer- und Ermäßigungstypen differenziert.

Werden aus diesen Einzelleistungen Pauschalpakete gebildet, so werden in der Regel die kalkulierten Verkaufspreise lediglich Termin für Termin addiert und ggf. je nach Mehrwerten und Zusatz-Services mit individuellen Zu- oder Abschlägen zum Paketpreis berechnet. Vor allem bei Bausteinreisen sind die Reiseleistungspakete nicht vorkonfektioniert, sondern eine Summe aus individuell kalkulierten Bausteinen wie Flügen, Hotels, Ferienwohnungen/-häusern Mobilheimen Campern Haus-/Segel-/Motorbooten Rundreisen, Kreuzfahrten, Mietwagen, Bahntickets, Fährtickets, Ausflügen im Zielgebiet, Reiseversicherungen, Eintrittskarten zu Sport- und Kulturevents,

1.5.2.2 Kalkulation von Pauschalpaketen

Werden touristische Leistungen mit Auslastungsgarantien ausschließlich als Pauschale verkauft, dann werden die Einkaufspreise aller im Paket enthaltenen Teilleistungen addiert, wobei in die Garantieleistung zuvor allerdings noch die gewünschte Zielauslastung und „empty legs" bei Flügen in den Nettopreis einkalkuliert sind sowie die Umrechnungskurse aus der Devisensicherung bei Fremdwährungsleistungen. Auf die so ermittelten Nettopreise werden dann die im Yield-Management vorgesehen Preiszu- und -abschläge für verschiedenen Leistungsmerkmale sowie ein saisonal gestaffelter Margenzuschlag nebst der entsprechenden umsatz- oder Margensteuern berechnet.

Diese Art der Kalkulation hat den Vorteil, dass eventuell notwendige Preisanpassungen relativ schnell über die Veränderung der Margenzuschläge vorgenommen werden können, ohne die komplexe Basis- und Auslastungskalkulation vollständig verändern zu müssen. Denn bei Erreichen der kalkulierten Auslastung gilt eine sehr einfache und transparente Kalkulationsregel, die mit jedem Taschenrechner oder sogar mit Kopfrechnen nachvollzogen werden kann: Saisonaufschlag × Pax = Deckungsbeitrag/Rohertrag. So jedenfalls haben noch die „alten Hasen" oder Pioniere der Pauschalreise gerechnet. Im Zeitalter der IT-Systeme kann man das natürlich auch mit komplexen Matrizen errechnen, ob das erfolgversprechender ist sei mal dahingestellt.

1.5.2.3 Kalkulation von Vermittlungsprodukten

Bei Vermittlungsangeboten ist der Veranstalter selbst Handelsvertreter des jeweiligen Leistungsträgers (z. B. der Linienfluggesellschaft, der Bahn etc.). Die Preishoheit liegt beim Leistungsträger und in der Regel kommt der Vertrag für die Reiseleistung direkt zwischen dem Kunden und dem Leistungsträger zustande. Der Veranstalter bekommt für den Verkauf der Vermittlungsleistungen eine Marge in Form einer Provision und/oder Service- oder Vertriebskanalgebühr, die er mit den Leistungsträgern verhandelt. Dabei ist zu berücksichtigen, dass diese Vergütung ausreichend bemessen ist, um den buchenden Reisebüros eine Provision zu zahlen oder die Aufwendungen für andere online oder alternative Vertriebskanäle einschließlich der eigenen Personal-, Sach- und IT-Kosten zu decken.

1.5.3 Gesetzliche Rahmenbedingungen für das Pricing

Wenn Reiseveranstalter ihre Reisen im eigenen Namen und auf eigene Rechnung über Handelsvertreter stationär oder online verkaufen, dann verpflichten sie sich als Handelsherren gemäß § 84 ff BGB und § 93 HGB zur Preisbindung und Gleichbehandlung aller Vertriebspartner und Vertriebkanäle (vgl. Kapitel II.2.1.1). Der in einem Katalog veröffentlichte Preis ist gemäß der **EU-Pauschalreiserichtlinie** grundsätzlich verbindlich für die Laufzeit des Kataloges, muss dann aber auch identisch in den Reservierungssystemen und ggf. dem Internet angeboten werden. Diese Grund-Verpflichtung gilt wie die gesamte EU-Pauschalreiserichtlinie nur für Reiseveranstalter, hingegen nicht für andere Leistungsträger und Anbieter touristischer Leistungen (Airlines, Hotels, Mietwagenanbieter, Bahn, Ferienwohnungsvermieter etc.), die ihre Preise jederzeit beliebig verändern können und nur handelsrechtlich an die Gleichbehandlung aller Vertriebkanäle gebunden sind. Die Pauschalreiserichtlinie erlaubt als Verbraucherschutzinstrument Preisflexibilität und Preisanpassungen während der Saison (und Kataloglaufzeit) nur in sehr engen Grenzen.

Preisanpassungen sind grundsätzlich nur möglich vor Abschluss des Reisevertrages – also nicht rückwirkend für bereits getätigte Buchungen – und das auch nur in Form von Preissenkungen. Preiserhöhungen sind nur in wenigen Ausnahmefällen vor Vertragsabschluss und auch nur dann möglich, wenn der Reiseantritt frühestens vier Monate nach Vertragsabschluss erfolgt. Des Weiteren dürfen die Preiserhöhungen lediglich exogene nicht vorhersehbare Kostensteigerungen betreffen wie z. B. höhere oder neu geschaffene verbindliche Steuern und Gebühren, Kerosinzuschläge der Airlines, gravierende Veränderungen von Wechselkursen etc..

Erst die zunehmende Bedeutung des Internet, das keine Saison- und Kataloglaufzeiten als Gültigkeitszeitraum kennt, flexible, tagesaktuelle Preise anbietet und über Preisvergleichsysteme die Internetangebote mit den Katalogangeboten vergleichbar macht, hat 2008 einen zusätzlichen Preisanpassungstatbestand geschaffen. Danach ist eine Preisanpassung zulässig, wenn die von Kunden gewünschte und im Katalog angebotene Pauschalreise nur durch den Einkauf zusätzlicher touristischer Leistungen bzw. Kontingente verfügbar ist. Nur durch diese Öffnungsklausel der Pauschalreiserichtlinie sind virtuell produzierte Pauschalreisen von X-Veranstaltern zu tagesaktuellen Preisen juristisch legalisiert, denn diese werden ja erst im Moment der virtuellen Produktion eingekauft.

Unter diesen gesetzlichen Rahmenbedingungen sind dem Pricing von Reiseveranstaltern enge Grenzen gesetzt. Korrekturen von Yield-Planungen sind praktisch nur über Preissenkungen mit Sonderangeboten möglich. So lässt sich allenfalls während einer Saison Schadensbegrenzung bei unvorhersehbaren Nachfrageschwankungen betreiben, aber keinesfalls eine Yield-Optimierung geschweige denn Ertrags-Maximierung. Eine grundlegende Korrektur von Yield und Pricing während einer Saison ist kaum möglich. Auch dieser Sachverhalt trägt dazu bei, dass Reiseveranstalter innerhalb der EU eher bescheidene Renditen erwirtschaften.

1.5.4 Funktionen und Wirkungsparameter von Preisen

1.5.4.1 Frühbucherpreise

Frühbucherpreise sind keine spontane sondern eine wohlüberlegte Preisbildungsmaßnahme der Reiseveranstalter im Rahmen des Yield-Managements und der Gesamtkalkulation. Je mehr Reisen mit Kapazitätsgarantien früh in einer Saison verkauft werden, umso geringer ist das verbleibende Restkapazitätsrisiko und umso höher ist die Liquidität in den kostenintensiven ersten Monaten einer Saison. Gleichzeitig bietet man Zielgruppen, die langfristig planen können wie Familien mit schulpflichtigen Kindern, günstige Reisen in ansonsten teuren Hochsaisonzeiten an und erschließt neue zeitlich flexible Zielgruppen wie junge Senioren und Best Ager. Frühbucherpreise haben wesentlich dazu beigetragen, das die Zahl unverkäuflicher Restkapazitäten als Last-Minute-Angebote oftmals unter Einkaufspreisen deutlich zurückgegangen ist.

1.5.4.2 Last-Minute-/Kurzfristpreise

Kurzfrist- oder Last-Minute-Angebote sind nicht geplante **Restplatzverkäufe**, die aus unerwarteten Nachfrageschwankungen resultieren und durch andere Risikominimierungs-Maßnahmen nicht mehr korrigierbar sind. Die Reisen werden mit deutlichen Preissenkungen verkauft – eine Preismaßnahme, die die Pauschalreiserichtlinie zulässt. Wenn möglich wird der Veranstalter versuchen, diese Reisen mindestens zu Selbstkosten, d. h. zu dem um die saisonalen Margenaufschläge reduzierten Preis anzubieten. Wenn jedoch noch hohe Mengen an Garantieplätzen abgesetzt werden müssen, dann werden diese u. U. auch unter den Selbstkosten verkauft. Diese Maßnahme dient dann immer noch der Verlustminimierung, solange mindestens die variablen Kosten gedeckt werden. Überzählige Restkapazitäten können durch das neu entstandene Geschäftsmodell des **Dynamic Packaging** durch X-Veranstalter deutlich früher und flexibler, oftmals zu einem höheren Preis bzw. einem geringeren Verlust verkauft werden.

1.5.4.3 Tagesaktuelle Preise

Neben den vertraglich mit den Veranstaltern mit und ohne Risikokontingenten vereinbarten Kapazitäten verfügen Fluggesellschaften über Flugeinzelplätze und Hoteliers über weitere Zimmer, die sie entweder in anderen Quellmärkten oder an eigene Privatkunden verkaufen oder die im Zuge von Release-Dispositionen zurückgegeben wurden. Wenn es den Leistungsträgern nicht gelingt diese Kapazitäten vollständig abzusetzen, dann werden sie zu tagesaktuellen Preisen zumeist im Internet oder über **Baustein- und X-Veranstalter** vermarktet. Da es sich in jedem Fall über nachgekaufte Kapazitäten handelt, dürfen diese auch nach Maßgabe der Änderung der Pauschalreisenrichtlinie zu anderen als den Saison- bzw. Katalogpreisen neu kalkuliert und vertrieben werden.

1.5.4.4 Aktionspreise

Für gezielt eingekaufte und produzierte zeitlich limitierte Aktionsangebote werden spezielle Preise kalkuliert. Derartige Aktionsangebote werden üblicherweise nur über ausgewählte alternative Vertriebskanäle angeboten (Handel, Zeitungen, Zeitschriften etc.) bzw. sind Auftragsproduktionen derartiger zumeist branchenfremder Vertriebspartner. Sie sind daher oftmals ohne Vertriebsprovision kalkuliert und werden zu günstigen Schnäppchenpreisen als zeitlich und in der Kapazität begrenzte Sonderangebote verkauft, solange der Vorrat reicht.

1.6 Stammdaten-Erfassung und -Pflege

Alle Informationen und alle Daten, die während des bisher dargestellten Einkaufs- und Produktionsprozesses verhandelt, entstanden, zugeliefert, zusammengestellt und kalkuliert wurden, müssen datentechnisch in den IT-Systemen erfasst werden, damit die in den Veranstalter-Reservierungssystemen programmierten Abwicklungsfunktionen, Automatismen, Subsysteme und Prüfroutinen aktiviert werden. Dies geschieht durch die Erfassung aller so genannten Stammdaten

1 Funktionale Prozessorganisation von Reiseveranstaltern

1.6.1 Leistungsträger-Vertragsverwaltung

Flug- und Hotel-Einkäufer sowie Zielgebietsagenturen erfassen die verhandelten Konditionen in einem Vertragsverwaltungssystem. Zu diesen quantitativen Daten zählen Einkaufs- und Verkaufspreise, Kalkulationsparameter, Devisen-Umrechnungskurse, Kombinationsoptionen der Leistungen, Termine, Saisonalität, Buchungsklassen, Zimmerkategorien, Verpflegungs- und Zusatzleistungen. Hinzu kommen die für die Kunden notwendigen Produktinformationen wie Lagebeschreibungen, Lagepläne, Belegungsarten, Ausstattungen, Zusatzservices, Bilder, Textbeschreibungen ggf. in verschiedenen Sprachen etc.). Ferner gehören dazu die notwendigen Unternehmensdaten, Kontaktdaten für Avisierungen, Abrechnungsdaten, Kontoverbindungen, Zahlungsziele etc. der jeweiligen Leistungsträger.

1.6.2 Dokumentation garantierter Qualitätsstandards und Leistungsmerkmale der Leistungsträger

Die verhandelten seitens der Leistungsträger garantierten Qualitätsstandards und qualitativen Leistungsmerkmale werden in einer Produktdatenbank erfasst und durch Einkäufer, Zielgebietsagenturen und Reiseleiter kontinuierlich während der Saison überwacht, Abweichungen vor Ort reklamiert und im System dokumentiert. Dies geschieht aufgrund der gesetzlichen Leistungs- und Sicherheitsverpflichtungen des Reiseveranstalters gegenüber seinen Kunden und gibt ihm bei Leistungsstörungen und dokumentierter Beweiskette Möglichkeiten zur Rückgriffshaftung auf den verantwortlichen Leistungsträger. Außerdem wirkt es richtig angewandt auch vorbeugend und unterstützt sowohl den Kundendienst und evtl. in besonders kritischen Situationen das Krisenmanagement.

1.6.3 Erfassung der Produkt- und Leistungsträgerdaten im Veranstalter-Reservierungssystem

Die zahlreichen beschriebenen Daten müssen für jedes einzelne Leistungsobjekt im Reservierungssystem für die Informations-, Buchungs-, Abwicklungs-, Abrechnungs- und Inkassoprozesse bereitgestellt werden. Der Stammdatenerfassungsaufwand ist enorm hoch, wenn ein Pauschalreiseveranstalter ca. 10.000 bis 12.000 Objekte und ein Bausteinreiseveranstalter sogar 30.000 bis 40.000 Objekte pro Touristikjahr anbietet. Umso wichtiger ist es, dass die im Vertragsverwaltungssystem und in der Produktdatenbank erfassten Daten und Informationen weitgehend automatisiert in die Reservierungssysteme eingelesen werden können. Dies setzt aber eine entsprechende Sorgfalt bei der Datenerfassung voraus, denn Stammdatenfehler sind die häufigste Ursache für Fehlkalkulationen, die schnell Margen- und Ertragsverluste verursachen.

Der Datenerfassungsaufwand ist schon enorm hoch, wenn jedes Objekt zweimal im Jahr zur Sommer- und zur Wintersaison für den Katalogveröffentlichung erfasst werden muss und vergrößert sich entsprechend bei dynamischen Produkten mit tagesaktuellen Preisen und Verfügbarkeiten wie sie bei Dynamic Packaging von den so genannten X-Veranstaltern angeboten werden. Für diese Produktionsform eignen sich daher eher schnelle Online-Syteme ohne Kontingentsverwaltung, Qualitätsprüfung und komplexe Kombinations- und Zusatzleistungen, für die kein großer Stammdatenaufwand erforderlich ist. Stammdatenaufwand, Fehlerquote und Umsetzungsgeschwindigkeit tagesaktueller Angebote können auch in klassischen Reservierungssystemen durch direkte Schnittstellen zu den Leistungsträgern deutlich verbessert werden.

1.6.4 Erfassung und Kontrolle der Kalkulationslogiken

Um derartige Stammdatenfehler rechtzeitig erkennen und Verluste vermeiden zu können, sind an verschiedenen Stellen Prüfroutinen eingebaut, die fehlerhafte Datensätze erkennen und zur manuellen Nachbearbeitung auswerfen. Je nach Produkt und Reiseform müssen auch die verschiedenen Kalkulationslogiken in die Systeme eingegeben werden, die sich aus den in Kapitel II.2, 3 und 5 dargestellten Yield- und Pricing-Strategien ergeben. Prüfroutinen z. B. in Form von Margen-Kontrolllisten sichern auch diese gegen Stammdatenfehler ab. Auch die in den Allgemeinen Geschäftsbedingungen (AGB) festgelegten Storno- und Umbuchungslogiken einschließlich der damit verbundenen Verprovisionierungsregeln müssen korrekt erfasst werden.

1.6.5 Hinterlegung der Abrechnungsdaten in den Buchhaltungssystemen

Einige der in das Veranstalter-Reservierungssystem eingegebenen und dort weiterverarbeiteten Daten müssen weitergeleitet werden in die Debitoren- und Kreditorenstammdaten der über Schnittstellen verbundenen Buchhaltungs- und Abrechnungssysteme der Veranstalter. So müssen die Einkaufspreise und die damit verbundenen Produktstammdaten und Buchungscodes mit den Leistungsträgern in der Debitorenabrechnung so hinterlegt werden, dass die Überweisungen bzw. Zahlungschecks analog zur Voucher- und/oder Ticketabrechnung zu den Zahlungsstichtagen so weit wie möglich automatisiert erzeugt und verbucht werden. Gleiches gilt für die Umsätze bzw. Verkaufspreise und den damit verbundenen Produktstammdaten und Buchungscodes, die in der Kreditorenabrechnung entweder per Direktinkasso oder Zahlungsträger direkt von den Kunden vereinnahmt werden oder zu bestimmten Fristen gesammelt bei den Reisebüros abgebucht werden. Je höher die Stammdatenqualität umso mehr Kontierungen können von den Buchhaltungssystemen automatisiert abgewickelt werden.

1.6.6 Vorgaben für Reiseunterlagen- und Reisebeilagen-Konfektionierung

Für jedes einzelne Objekt müssen in den Produkt-Stammdaten die Informationen über die zu erstellenden Bestätigungen, Reisedokumente, Voucher, Tickets sowie die beizukonfektionierenden Reiseunterlagen und Reisebeilagen (Wegebeschreibungen, Reiseführer, Karten etc.).

1 Funktionale Prozessorganisation von Reiseveranstaltern 137

Reisebestätigungen für Veranstalterleistungen beinhalten einen Sicherungsschein, Bestätigungen für eine einzelne Vermittlungsleistung hingegen nicht. Ferner können Reisebeilagen und Reiseführer nach dem Gesamtwert eines Buchungsvorganges qualitativ differenziert werden. Je höher der Buchungswert umso umfangreicher und qualitativ hochwertiger die Beilagen. Durch entsprechende Vorgaben und Logiken sollte vor allem bei Bausteinbuchungen im gleichen Zielgebiet vermieden werden, dass ein Kunde die gleichen Beilagen mehrfach erhält.

1.6.7 Erstellung von Dispositionslisten für den Versand

Wenn ein Buchungsvorgang mehrere Objekte umfasst so müssen dazu die verschiedenen Voucher, Tickets, Reisebeilagen und Reiseführer aus unterschiedlichen Quellen und Druckmaschinen zusammengetragen werden. Dies geschieht mit Hilfe von Dispositionslisten, die auf Basis des Buchungsvorganges erfasst werden. An Hand dieser Listen erfolgt der Unterlagenversand an die Kunden direkt oder per Sammelpost an die Reisebüros. An Hand der Dispositionslisten kann auch erkannt werden, wann bei Bausteinbuchungen mit terminlichen Lücken und Brücken der Beginn der ersten Leistung ist, so dass die Unterlagen rechtzeitig beim Kunden sind.

1.7 Angebotsdarstellung

Mit der Stammdatenerfassung sind die wesentlichen Prozesse der Herstellung und Organisation von Veranstalterreisen weitgehend abgeschlossen. Alle Schritte können aber im Laufe einer Saison iterativ wiederholt und nachgebessert werden. Mit der umfassenden Datenbereitstellung sind zugleich die Voraussetzungen für den Vertrieb der Reiseleistungen geschaffen. Die Angebotsdarstellung wird hier den Marketing- und Vertriebsfunktionen zugeordnet. Sie ist im Dienstleistungssektor zugleich aber wichtiger Bestandteil des das eigentlichen Produktes, das dabei visualisiert wird und ansonsten nur immateriell existiert. Nachfolgend werden nunmehr die vier wichtigsten Vertriebsfunktionen eines Reiseveranstalters beschrieben. Dabei wird nur auf die besonderen Spezifika der einzelnen Prozessschritte und deren Zusammenhänge eingegangen. Weitere fachliche Details sind anderen Teilen dieses Buches (siehe Teil III) sowie der Marketing-Grundlagen-Literatur zu entnehmen.

Einleitend sei darauf hingewiesen, dass es zum Teil gravierende Unterschiede zwischen den stationären und online Marketing- und Vertriebsfunktionen gibt, auf die an den entsprechenden Stellen ausdrücklich hingewiesen wird.

1.7.1 Katalogproduktion für den Reisebürovertrieb

Im Agenturvertrieb wird unverändert der klassische Veranstalterkatalog als wichtigstes Vertriebsinstrument für Pauschal- und Bausteinreisen verwendet. Einzel-Reiseleistungen, insbesondere Vermittlungsleistungen wie z. B. Flüge, Städtehotels, Mietwagen, Eintrittskarten,

Bahn- und Fährtickets werden auch im Reisebüro in der Regel nur über Verkaufs- und Reservierungssysteme verkauft und benötigen in der Regel keine ausführlichen Erklärungen und Produktbeschreibungen, zumal dafür auch noch der Reisebüroberater unterstützend zur Verfügung steht.

1.7.1.1 Angebotsbeschreibungen

Alle Informationen, die in den Stammdaten erfasst sind, müssen für einen Reisekatalog verständlich, transparent und korrekt in Textform und Tabellenform umgesetzt werden. Dabei müssen die Beschreibungen gemäß der EU-Pauschalreiserichtlinie sachgerecht, fehlerfrei und verbindlich sein, da der Kunde sonst ein Recht auf Reiserücktritt oder bei angetretener Reise auf Kaufpreisminderung bzw. Schadenersatz hat. Dies bedeutet, dass ein Veranstalter auch bekannte Mängel oder Leistungsbeschränkungen kommunizieren muss. Wie elegant dies sprachlich versteckt werden darf, ist Auslegungssache. Fast die Hälfte aller gerichtlich behandelten Reiserechtsfälle betrifft allein die Interpretation bzw. missverständliche Darstellung von Produkten und Leistungsversprechen.

Abgesehen von diesen sachlichen und rechtlichen Anforderungen und Informationsdetails sollen die Angebotsbeschreibungen letztendlich auch noch kommunikativen Marketingzwecken dienen und für die Kunden attraktiv und ansprechend zu lesen sein. Dies ist auch bei der Auswahl der Mitarbeiter bzw. der Agenturen zu berücksichtigen, die die Texte schreiben sollen. Für die Kataloggestalter ist dies bei einem im Printbereich eng bemessenen Platz eine Herkulesaufgabe. Daher wird zumeist hinsichtlich der etwas spärlich ausfallenden Werbeaussagen auf die Kompensation durch die begleitenden Bilder und die Beratung des Reisebüroberaters gesetzt.

1.7.1.2 Bildauswahl

Auch die Bildauswahl unterliegt den gleichen Anforderungen der EU-Pauschalreiserichtlinie. Allerdings kann durch animierende Bildgestaltung vieles, was textlich nüchtern und sachlich beschrieben werden muss, kompensiert oder attraktiv gemacht werden. Bei der Beschaffung und Auswahl der Bilder sind zudem einige Grundregeln zu beachten.

In Printmedien werden qualitativ hochwertige Bilder benötigt. Die sicherste aber auch teuerste Quelle hochwertiger Bilder sind Bildagenturen. Für großformatige Bilder wie z. B. Katalogtitel oder Plakate ist dieser Beschaffungsweg zu empfehlen. In diesem Fall sollte vorher geprüft werden, ob ein Bild oder eine Bildserie für ein Objekt oder Motiv mehrfach und ggf. auch für einen längeren Zeitraum (mehrere Katalogperioden, verschiedene Medien etc.) verwendet werden darf. Dies kommt meistens billiger als eine Einmalverwendung. Ein Vorteil ist auch, dass man sich nicht mehr um Bildrechte und Bildverwaltung kümmern muss.

Werden Bilder aus nicht offiziellen Quellen, direkt vom Leistungsträger, aus Privatbeständen oder durch selbst produzierte Fotos von Einkäufern, anderen Mitarbeitern oder Zielgebietsagenturen verwendet, so sind zunächst einmal die Rechte des Bildeigentümers zu klären, der dafür eine Honorierung verlangen kann – auch nachträglich, wenn er vor der Veröffentlichung nicht gefragt wurde. Außerdem ist sicherzustellen, dass alle auf den Bildern zu erkennenden Personen ihr Einverständnis zur Veröffentlichung gegeben haben. Ferner ist zu prüfen, welche Qualität die Bildquelle hat und ob sie für die geplante Verwendung zu berauchen ist. Wenn alle diese Voraussetzungen gegeben sind, muss auch noch eine entsprechende Bild-Datenbank aufgebaut, katalogisiert und gepflegt werden. Insgesamt können die dabei entstehenden Kosten sogar höher als beim Erwerb des Copyrights von einer Bildagentur sein.

1.7.1.3 Layoutgestaltung

Im Rahmen der Layout-Gestaltung eines Kataloges bzw. einer Katalogseite wird ein Ordnungssystem geschaffen aus Texten, Bildern, Grafiken und Tabellen, dass die für den Kunden wichtigen Informationen leicht auffindbar macht. Dazu dienen auch Titelseiten, Einstiegs- und Übersichtsseiten, Thesauren, Überschriften und Gliederungskriterien innerhalb eines oft mehrere hundert Seiten umfassenden Katalogs. Bei großen Veranstaltern wird für jede Marke ein immer wieder erkennbarer Layout-Rahmen geschaffen, um den Kunden Wiedererkennungs-Effekte zur Markenbindung zu bieten. Das beginnt bei den in den Reisebüroregalen prominent ausgestellten Katalogtiteln (z. B. bei der Bausteintouristik der REWE Group: DERTOUR mit zielgebietstypischen Landschaftsaufnahmen, Meier's Weltreisen mit Portraitaufnahmen von zielgebietstypischen Einwohnern, ADAC Reisen mit ADAC-Farblayout mit zielgbietstypischer Collage von Landschaftsmotiven) und setzt sich fort innerhalb der Kataloge, wo sich die inhaltlichen Rubriken immer an den selben Positionen wieder finden.

Durch die Layoutgestaltung können optisch viele unschöne aber unvermeidliche Gestaltungs-Schwächen wie kleine Schriften, überladene Preistabellen, kleine und oder qualitativ schlechte Bilder wieder geschickt kompensiert werden. Heute ist die Layout-Gestaltung eher ein IT-gesteuerter als ein lithographischer und drucktechnischer Prozess, der bei kleinen Veranstaltern auch vom Einkäufer mit übernommen werden kann. Bei großen Veranstaltern ist das Produktmanagement hingegen in der Regel nach den Funktionen Einkauf, Stammdatenerfassung und Katalogproduktion unterteilt und spezialisiert.

1.7.1.4 Katalogauflagenplanung

Nach der inhaltlichen Fertigstellung eines Veranstalterkataloges müssen wie bei der Einkaufsplanung Annahmen über die erwarteten Verkäufe getroffen werden, auf denen die Katalogauflagenplanung aufbaut. Aus der Vergangenheit gibt es Erfahrungswerte pro Katalog, wie viele Exemplare im Durchschnitt ausgegeben werden müssen, um eine Buchung zu realisieren. Mit diesen Grundannahmen kann man bereits Eckwerte für die Auflagenplanung ermitteln. Für das Feintuning müssen aber weitere Kriterien bedacht werden wie:

- die Ausweitung oder Reduzierung der Angebote in einem Katalog
- der Buchungstrend eines Kataloges (stagnierende, eher rückläufige oder stark wachsende Nachfrage nach den Angeboten eines Kataloges)

- die Ausweitung der Vertriebskanäle oder des Vertriebsgebietes (z. B. deutschsprachiges Ausland, Grenzregionen, zusätzliche Reisebüros und Vertriebspartner)
- spezielle Distributionsvereinbarungen für einzelne Vertriebsorganisationen (z. B. Cover-Kataloge, Aktionswerbung für eine Produktlinie)

Ggf. müssen auch entsprechende Katalog-Reserven auf Lager produziert werden, da ein Nachdruck in kleinen Auflagen oft teurer ist als die Vernichtung zu hoher Auflagenbestände.

1.7.1.5 Papiereinkauf und Druck

Sobald die Auflagenplanung erfolgt ist, liegen auch die Auftragsparameter für Papiereinkauf und Druck fest. Papiereinkauf fällt natürlich nur für die Produktion von Printmedien an. Während die Papierauswahl u. a. auch Teil der Layoutgestaltung sein kann (Stärke, Gewicht, Glanzeffekt, Bleichung etc.), sind die Papierbeschaffung und der Druck-Auftrag eine eher logistische Aufgabe. Sie werden aber an dieser Stelle besonders erwähnt, weil diese beiden Funktionen die beiden größten Kostenfaktoren im Rahmen der Katalogproduktion darstellen. Durch geschickte Planung des Papiereinkaufs und Druckauftragsvergabe lassen sich dabei schnell sogar mehrere Millionen Euro an Kosten sparen.

Dazu muss man wissen, dass seit dem Konkurs von Arcandor/Quelle und seit der Umstellung des Neckermann-Versandhandels auf Online-Vertrieb die Reisebranche hinter den Zeitungs- und Zeitschriftenverlagen die größten Papierverbraucher und Druckauftraggeber ist. Ein deutscher Konzernveranstalter verbraucht rund 13.000 Tonnen Papier für seine deutsche Katalogproduktion pro Touristikjahr – das entspricht etwa 350 voll beladenen Lkw. Damit werden insgesamt 130 Kataloge (75 im Sommer und 45 im Winter) unter den verschiedenen Konzern-Marken in Auflagen zwischen 50.000 und 600.000 Exemplaren pro Titel mit insgesamt 34.000 Katalogseiten pro Touristikjahr hergestellt. Diese Mengen können gar nicht von einem einzigen Papierhersteller produziert werden. Dazu sind umfassende Verhandlungen mit mehreren internationalen Papierproduzenten in verschiedenen Ländern erforderlich, die aber alle die gleiche Qualität nach den Vorgaben des Reiseveranstalters produzieren müssen. Darüber hinaus gibt es keine Druckerei die diese Mengen eines einzigen Veranstalters in einem engen 4–6-wöchigen Zeitfenster drucken kann, zumal ja auch alle anderen Branchen-Wettbewerber ihre Druckaufträge im gleichen Zeitraum erteilen wollen. Daher werden die Druckaufträge europaweit ausgeschrieben und im obigen Fall auf 13 Großdruckereien verteilt. Dabei muss dann auch noch sichergestellt werden, dass die teilweise in verschiedenen Ländern eingekauften Papiermengen und Papierqualitäten zu von den verschiedenen internationalen Druckereien transportiert werden. Wer diesen logistischen Prozess richtig beherrscht, kann schnell sechs- bis siebenstellige Euro-Beträge einsparen.

1.7.1.6 Gebindegrößen und Katalogdistribution

Auch für die Gebindegrößen der Kataloge und deren Distribution an die Agenturen sind Planungsgrößen erforderlich. So werden nachfragestarke Produktkataloge eher Gebindegrößen von 10–20 Exemplaren, Kataloge von Nischen- und Spezialprodukten eher in kleinen Gebindegrößen von 3–5 Exemplaren gepackt. Diese Gebinde werden von einer Fachspedition in den Druckereien abgeholt und nach den vorgegebenen Dispositionslisten des Reiseveranstalters an die Reisebüros ausgeliefert.

Wie viele Gebinde von jedem Katalogtitel ein Reisebüro bekommt wird jährlich analog zum Buchungserfolg des Vorjahres oder dem durchschnittlichen jährlichen Buchungserfolg der letzten drei Jahre bemessen. Dabei kann es durchaus passieren, dass ein Reisebüro einige Katalogtitel überhaupt nicht erhält, sondern lediglich ein Belegexemplar zur Beratung. Ein Reiseveranstalter verteilt zu Beginn einer Saison eine Grundausstattung lagert aber bis zu einem Viertel der Katalogauflage zum Nachversand bei einer Spedition ein, die in weiteren Losgrößen von den Reisebüros nach Freigabe des Veranstalters abgerufen werden können. Damit ergibt sich quasi automatisch eine Feinsteuerung, weil sonst einzelne Agenturen Überbestände von Katalogen haben, während andere keine mehr ausgeben können. Diese Maßnahme hilft auch umweltbewusst und knapp mit dem aufwändig produzierten Papier umzugehen.

1.7.2 Printmedienproduktion für alternative Vertriebskanäle

Neben der klassischen saisonalen Katalogproduktion werden von den Reiseveranstaltern unterjährig auch weitere Printmedien produziert. Dies sind zumeist Angebotsbroschüren oder Flyer für Aktionsangebote oder nachproduzierte Angebote zu verschiedenen Katalogtiteln. Die Kriterien für Angebotsbeschreibungen, Bildauswahl und Layoutgestaltung gelten analog zur Katalogproduktion. Hingegen sind die Anforderungen an die logistischen Prozesse wie Auflagenplanung, Druck und Distribution deutlich geringer. Vor allem bei Auftragsproduktionen für alternative Vertriebskanäle werden diese Aufgaben teilweise oder komplett vom jeweiligen Vermarktungspartner (Tchibo, Aldi, Lidl, REWE, ADAC Verlag etc.) übernommen.

1.7.3 Website-Erstellung und Website-Management

Auf Funktionen, die analog auch für die Print-Produktion gelten, wird hier nicht weiter eingegangen sondern auf die bereits dargestellten Sachverhalte und Parameter verwiesen. Lediglich die signifikanten Unterschiede in beiden Produktionsformen werden nachfolgend erwähnt.

1.7.3.1 Angebotsbeschreibungen

Hier gelten die gleichen Grundsätze wie in Kapitel II.1.7.1.1 beschrieben. Allerdings gibt es im Gegensatz zu den Printmedien keine Mengenbeschränkungen bei den Texten. Im Gegenteil: die Texte müssen deutlich ausführlicher sein als in Katalogen, da ja die ergänzende und auch werbend animierende Beratung eines Reisebüroberaters im Internet entfällt. Alle für einen Kunden potenziell wichtigen Fragen müssen daher in den Texten beantwortet werden, wenn das Internet neben dem Informationsmedium für den Kunden auch als Buchungsmedium fungieren soll.

1.7.3.2 Bild-/Videoauswahl und visuelle Animation

Auch hier gelten die Grundsätze wie in Kapitel II.1.7.1.2 beschrieben. Allerdings kommt der visuellen Animation eine weitaus höhere Bedeutung zu, da zum einen bewegte Bilder möglich sind und auch die Zahl der Fotos nicht so eng begrenzt ist. Während in Printmedien die Qualität der Fotos besonders hoch sein sollte, ist diese im Internet eher ungünstig. Fotos und Videos mit hoher Auflösung belasten die Kapazität und Schnelligkeit einer Internetseite, was für Such- und Buchungsfunktionen kontraproduktiv ist. Die Attraktivität einer Internetseite bemisst sich daher eher nach Motivauswahl und visuellen Animationseffekten als nach technisch fotografischer Qualität.

1.7.3.3 Website- und IBE-Gestaltung

Aufgrund der vielen in einer Website platzierten weiterführenden Links und Verknüpfungen, muss sie so übersichtlich gestaltet sein, dass sie von jedem Besucher mit einer gängigen durchschnittlichen Logik begreifbar und lesbar ist. Vor allem die Navigationsleisten und Navigationsrubriken müssen hier klar strukturiert und eindeutig in die Untermenus weiterführen, damit der Website-Besucher mit wenigen Clicks an die richtigen Informationen kommt. Unübersichtliche Seiten und lange Scrollmenus, die man leicht übersehen kann, erzeugen viele Abbrüche. Dies ist besonders fatal, wenn der Kontakt über einen teuer bezahlten Weblink einer Suchmaschine zustande gekommen ist. Die Layout-Gestaltung einer Website folgt daher völlig anderen Kriterien als die eines Printmediums.

1.7.3.4 Navigations- und Buchungsfunktionalitäten sowie Suchmaschinen-Logiken

Die Produktsuche in einem Printmedium erfolgt an Hand von Empfehlungen eines Reiseberaters, der ausgewählten Kataloge, von Inhaltsverzeichnissen und Thesauren. Die Produktsuche im Internet erfolgt in der Regel über Suchbegriffe. Dies ist in den **Meta-Suchmaschinen** wie Google nicht anders als auf der Website eines Reiseveranstalters oder Online-Reisebüros. Durch eine intelligente unterstützende Navigation kann eine komplexe Produktsuche auf einer Website deutlich vereinfacht werden. Denn nur mit einfach zu bedienenden Such- und Buchungsfunktionen werden Kunden zur Buchung bzw. zum Kauf animiert und nutzen – was noch wichtiger ist – die Website auch für Folge-Buchungen wieder.

Auf einer Website sind auch die von Kunden zu bedienenden Buchungsfunktionalitäten und Buchungsbedingungen der Internet-Booking-Engine Bestandteil des Web-Layouts und damit entscheidend für die Kaufentscheidung, da der Kunde den gesamten Buchungsvorgang ohne Unterstützung selbst initiieren und abschließen muss. Bei einer Katalogbuchung ist dies die Aufgabe des Reiseberaters, der damit auch die Abwicklungssicherheit garantiert.

Darüber hinaus benötigt ein Veranstalter spezielles Know How für Suchmaschinen-Logiken, da die bezahlten Anzeigen z. B. in Google pro Click abgerechnet werden und sich nur bei einer akzeptablen **Conversion-Rate** (=Umsetzung des Click in eine Buchung) rechnen. Nur durch eine intelligente Ad-Words-Steuerung findet sich eine Website bei Google im kostenfreien Bereich auf der ersten Seite der gelisteten Suchergebnissen wieder. Die dafür erforderlichen Website-Gestaltungen hängen u. a. von der Häufigkeit der auf der Website verwendeten Suchbegriffe, von der Häufigkeit der Website-Aktualisierung, den exklusiven Inhalten der Website und dem Unique Content ab. Darüber hinaus verwendet Google weitere Kriterien, die geheim gehalten werden und in größeren zeitlichen Abständen verändert werden. Diese Thematik wird hier erwähnt, da dieser Teil der Prozesskette ausschließlich den Online-Verkauf betrifft. Die komplexen Details sind in der entsprechenden Fachliteratur zu diesem Thema nachzulesen.

1.8 Vertriebskanäle

Im nächsten Prozessschritt werden die Produktinformationsmedien den Kunden über die verschiedenen Vertriebskanäle zur Verfügung gestellt. Den Volumina, Entwicklungen und Strukturen des Vertriebmarktes ist aufgrund der großen Bedeutung der Vertriebskanäle für die Reiseveranstalter ein eigener Teil dieses Buches gewidmet. Ferner wird dort dargestellt, welche verschiedenen Arten der Vertriebskanäle es gibt – stationär, online, direkt, alternativ bzw. branchenfremd – und welche Bedeutung sie haben. Daher werden hier nur die für die Prozessabläufe wichtigen Parameter aufgezeigt, ansonsten aber auf Teil III dieses Buches verwiesen.

1.8.1 Vertriebskanalauswahl

Jeder Veranstalter muss für sich entscheiden, welche und wie viele Vertriebskanäle er in welcher Ausprägung benötigt und für seine Angebote sinnvoll sind. Denn die Vertriebskosten sind mit einem Anteil von über 50% der Produktmarge die mit Abstand teuerste Kostenart und mehr als doppelt so hoch wie die Personalkosten und differenzieren sich deutlich zwischen den Vertriebskanälen. Je nach Auswahl der Vertriebskanäle hat ein Veranstalter unterschiedliche Aufgaben zu bewältigen. Natürlich sind auch Kombinationen der verschiedenen Vertriebskanäle möglich, die aber strategisch, wirtschaftlich und funktional gut überlegt sein sollten in Anbetracht des in Deutschland gültigen Handelsrechtes, das eine Preisbindung und Gleichbehandlung für alle Handelsvertreter in allen Vertriebskanälen verlangt.

1.8.1.1 Stationärer Vertrieb

Beim Vertrieb über stationäre Reisevermittler muss der Veranstalter über die Größe, regionale Verteilung, Steuerungsfähigkeit und Effektivität der insgesamt knapp 10.000 Reisebüros in Deutschland entscheiden. Ein eigenes Filialsystem hat für den Veranstalter die höchste Steuerungsfähigkeit und Effektivität, er trägt aber auch das vollständige wirtschaftliche Risiko für Betrieb, Öffnung und Schließung, Kauf und Verkauf der Filialen. Bei Vertriebsbindungsmodellen wie Franchise- und Kooperationssystemen gibt es je nach Ausgestaltung kaum wirtschaftliches Risiko, allerdings sind Steuerungsfähigkeit und Durchgriffseffektivität geringer. Beim ungebundenen Fremdvertrieb ist eine Steuerung fast ausschließlich über ein intelligentes Provisionssystem sowie qualitative Faktoren wie persönliche Kommunikation, Schulungen und eine geschickte Hand bei der Partnerauswahl möglich.

1.8.1.2 Online-Vertrieb

Auch im Online-Vertrieb muss entschieden werden, ob ein Veranstalter neben dem Fremdvertrieb über Online-Portale auch einen Eigenvertrieb über seine eigene Website betreiben möchte. Im Fremdvertrieb sind allerdings nur wenige große Online-Portale erfolgreich und damit für den Veranstalter effektiv. Diese verlangen aber auch die höchsten Vergütungen, die oft kaum niedriger sind als im stationären Reisebürovertrieb, da die Marketing-Kosten der Portale sowohl im Suchmaschinen-Marketing als auch in den Publikumsmedien sehr hoch sind.

Für die Kunden sind diese großen Portale attraktiv, da sie Zusatzservices wie Preisvergleichmaschinen und teilweise Hotelbewertungen beinhalten. Bei einem eigenen Portal muss der Veranstalter natürlich keine Preisvergleiche mit Wettbewerbern fürchten und keine Vergütungen zahlen, dafür trägt er aber die hohen Marketing und Werbekosten allein und kann diese nur auf eine wesentlich kleinere Angebotspalette verteilen als die großen Portale. Daraus resultiert zumeist eine deutlich geringere Conversion-Rate, es sei denn der Veranstalter kann volumenstarke Teile seines Angebotes exklusiv auf seiner Seite anbieten.

1.8.1.3 Klassicher Direktvertrieb

Im Direktvertrieb mit klassischen Medien wie Katalogen kann ein Veranstalter in der Regel keine großen Kundenreichweiten erzielen. Dies funktioniert zumeist nur bei Segmentspezialisten mit einem weitgehend exklusiv angebotenen Sortiment. Dabei werden zwar keine Provisions- und anderen Vertriebsvergütungen fällig, dafür fallen aber hohe Kosten für Mailings und Endkundenwerbung in geeigneten Medien an insbesondere hinsichtlich der Neukundengewinnung.

1.8.1.4 Alternativer Vertrieb

In alternativen, branchenfremden Vertriebskanälen fehlen dem Veranstalter in der Regel Steuerungs- und Durchgriffsmechanismen. Diese behält sich der jeweilige Vertriebspartner vor, der mit dem vom Veranstalter produzierten Produkt eigene Verkaufsstrategien verfolgt (z. B. als Frequenzbringer). Selbst die Produktauswahl, Timing, Preiskategorien und Angebotsexklusivität sind in den jeweiligen Verträgen detailliert und sehr restriktiv festgelegt. Für die Vergütung des Vertriebpartners gibt es dabei verschiedene Modelle von einer Provision über einen fest vereinbarten Werbekostenzuschuss (oder auch Management Fee) bis hin zur Ergebnisbeteiligung (Profit Sharing).

1.8.2 Funktionale Gliederung der Vertriebkanäle

In funktionaler Betrachtung sollte man eine grundlegende Unterscheidung treffen zwischen Vertriebskanälen und Vertriebmedien. Die Vertriebkanäle definieren die jeweiligen wirtschaftlichen und juristischen Vertriebpartner. Jeder Vertriebpartner ist aber in der Lage die Veranstalterprodukte auch über verschiedene Medien zu vertreiben, d. h.

- durch ein persönliches Gespräch mit einem Berater,
- durch ein Telefonat in einem Call Center,
- online über die IBE einer Website,
- schriftlich oder per Email mit dem Veranstalter direkt oder mit dessen Vertriebspartner oder
- durch Bedienung der Tastatur eines Automaten.

Jeder Vertriebskanal kann dabei eines oder verschiedene dieser Vertriebsmedien für seinen Kundenkontakt aktivieren. Welche dieser Kanal- und Medien-Kombinationen am sinnvollsten und effektivsten ist, ist auf Seiten der Veranstalter eine Frage der Strategie und der Funktionskostenbetrachtung und auf Seiten der Kunden eine Frage des Nutzens. Viele Veranstalter und Leistungsträger gliedern daher ihren Vertrieb nach drei strategischen Dimensionen.

1.8.2.1 Beratungsvertrieb

Unter dem Beratungsvertrieb versteht man das persönliche Beratungsgespräch mit einem Reiseberater bzw. Reisevermittler. In den meisten Fällen findet dies in einer vom Reiseveranstalter ausgewählten stationären Reisebüro-Agentur statt. Der Ort der Beratung ist dabei nicht entscheidend. Die Beratung ist auch in einem Business Travel Center, einer sonstigen Reisevermittlungsstelle (Unteragentur) oder durch einen mobilen Reisevermittler ggf. beim Kunden zuhause möglich. Je komplexer und zeitintensiver eine Reisebuchung ist, umso wichtiger ist die Qualität und Ausführlichkeit der Beratung und um so eher ist der Veranstalter bereit, für diese Vertriebsfunktion eine attraktive Vergütung zu zahlen.

1.8.2.2 Bedienungsvertrieb

Unter dem Bedienungsvertrieb versteht man ein inhaltlich eingeschränktes und zeitlich begrenztes Kundengespräch, das in der Regel per Telefon stattfindet. Inhalte des Gespräches sind im Wesentlichen die Prüfung von Preis und Verfügbarkeit einer Reiseleistung an Hand der vom Kunden angegebenen Reise-Eckdaten wie Personenzahl, Alter von Kindern, Termin, Reiseziel, Unterkunftswunsch, Abflughafen bei Flugreisen etc. Eine Beratung über qualitative Merkmale, Alternativen, Produktergänzungen und Mehrwerte sowie eine Verkaufssteuerung durch den Bediener finden dabei in der Regel nicht statt. Je einfacher und unkomplizierter die Reiseleistung ist und je weniger Modifikationsmöglichkeiten sie bietet, umso eher kann sie in einer reinen Bedienungsfunktion abgesetzt werden. Viele Veranstalter versuchen die im Bedienungsvertrieb getätigten Buchungen mit geringeren Provisionssätzen zu vergüten. Bislang ist dies nur in Ausnahmefällen gelungen, da bei Reisebürobuchungen nicht eindeutig unterschieden werden kann, wie aufwendig die Beratung war.

Beim Bedienungsvertrieb per Telefon über ein Call Center gibt es bei Veranstaltern verschiedene Ausprägungen. So gibt es B2C- bzw. Kunden-Call Center für den Direktvertrieb oder auf Wunsch des Vertriebspartners für alternative Vertriebskanäle. Darüber hinaus ist beim Online-Vertrieb immer ein telefonisches Kunden-Help-Desk erforderlich, das im Bedarfsfall die Buchung für den Kunden finalisiert (beim Veranstalter oder beim Reiseportal). Daneben unterhält ein Veranstalter ein B2B-Call Center für seine Agenturen, um die Buchungen bei Problemen mit den IT-Systemen und Sonderwünsche anzunehmen.

1.8.2.3 Selbstbedienungsvertrieb

Zum Selbstbedienungsvertrieb zählt man direkt online finalisierte Buchungen in einer Internet-Booking-Engine (IBE) ohne Help-Desk-Nutzung des Veranstalters oder Online-Portals ebenso wie den Verkauf an einem Ticket-Automaten. Derartige Automaten für den Verkauf kompletter Urlaubsreisen gibt es aufgrund der Komplexität von Urlaubsreisen nicht. Für individuelle Baustein-Komponenten wie Flug-, Bahn-, Fähr-Tickets, aber auch Mietwagen und Eintrittskarten sind derartige Verkaufsautomaten bereits im Einsatz. Da hierbei die teure Beratungs- oder Bedienungsleistung entfällt, werden von den Anbietern für diese Vertriebsfunktion eher niedrige kostenorientierte Vergütungen oder Dienstleistungsentgelte gezahlt.

1.8.3 Internationaler Vertrieb

Nachfolgend muss noch ein Sonderfall für die Auswahl von Vertriebskanälen erwähnt werden: der Generalagentur-Vertrieb. Aufgrund vieler juristischer, logistischer aber auch Nachfrage differenzierender Merkmale, die an verschiedenen Stellen dieses Buches ausführlich beschrieben sind, sind die Vertriebskanäle einer Veranstalters quellmarktorientiert und damit national ausgerichtet. Dies schließt Verkäufe im grenznahen Ausland nicht aus, wobei dann aber die ausländischen Vermittler außerhalb des Euro-Raumes ggf. ein Währungsrisiko für ihre Kunden übernehmen müssen.

Unter bestimmten Voraussetzungen kann ein Reiseveranstalter internationalisierbare Bausteinreisekomponenten auch in anderen Ländern verkaufen. Als Pauschalveranstalter unterläge er dabei den jeweiligen reiserechtlichen Bestimmungen und dem Insolvenzhaftungsmodell des jeweiligen Landes und muss daher einen eigenen Reiseveranstalter in diesem Land betreiben. Reisebausteine können hingegen international in der Regel über eigene Vertriebsbeteiligungen und/oder Generalagenturen sowie im Internet in den verschiedenen Ländern vermittelt werden.

Die Generalagenten übernehmen im Namen und auf Rechnung des deutschen Reiseveranstalters Vertriebsaufgaben wie die Produktion landessprachlicher Verkaufsmedien (Kataloge, Broschüren, Websites etc.), betreuen, schulen und informieren die ausgewählten Vertriebskanäle im jeweiligen Land (B2B- und B2C-Call Center, Außendienst etc.) und betreiben das Reisebüro- und Kundeninkasso in der jeweiligen Landeswährung oder – wenn zulässig – in

Euro. Ein eventuelles **Wechselkursrisiko** trägt dabei der deutsche Veranstalter. Die Genaralagenturen erhalten für ihre Tätigkeit eine Provision, eine Management Fee oder ein Service Entgelt bzw. auch eine Kombination dieser Vergütungskomponenten.

1.9 Vertriebssteuerung

Wie im Kapitel II.1.8 werden auch hier nur die für die Prozessabläufe wichtigen Parameter aufgezeigt, ansonsten aber auf die detaillierte Darstellung der Vertriebsaufgaben und -systeme in Teil III dieses Buches verwiesen. Mit der strategischen und wirtschaftlichen Entscheidung über die genutzten Vertriebskanäle werden die Rahmenbedingungen für deren Steuerung gesetzt und damit die Anforderungen an die nächsten Prozessschritte definiert.

1.9.1 Agenturverwaltung

Mit jedem akzeptierten Vertriebspartner oder Vertriebskanal muss ein Agenturvertrag geschlossen werden, in dem alle beidseitigen Rechte und Pflichten dokumentiert sind. Da die Vertriebspartner in Deutschland keiner öffentlichen Lizenzierung und Gewerbezulassung unterliegen (in Österreich und der Schweiz übernehmen das beispielsweise die Wirtschafts- und Handelskammern), muss der Veranstalter auch die **Bonität** und **Zuverlässigkeit** seiner Vertriebspartner beständig kontrollieren, da diese ja in seinem Namen berechtigt sind die nicht unerheblichen Beträge an Kundengeldern zu vereinnahmen. Dies ist die Aufgabe der Agenturverwaltung des Veranstalters, die permanent die Agenturstammdaten und Verkaufsberechtigungen prüft, aktualisiert und anschließend in die Reservierungs- und Buchhaltungssysteme einliest.

Wie die Auswertung der jährlichen DRV-Vertriebsdatenbank zeigt, ändern sich jährlich bei fast jedem fünften Reisebüro die Stammdaten, sei es durch Eröffnungen, Schließungen, Inhaberwechsel, Fusionen, Wechsel der Franchise- und Kooperationssysteme, Umzüge oder Änderungen von Telefonnummern, Internetadressen oder Kontoverbindungen. Bei einem Vertriebsnetz von fast 10.000 Agenturen ist das kein zu unterschätzender Aufwand. Nicht alle Agenturverträge sind individuelle Vereinbarungen, die meisten sind Standardverträge nzw. bei Ketten, Franchise- und Kooperationen auch Gruppenverträge. Es wird ferner inhaltlich zwischen stationären und online Agenturverträgen differenziert.

1.9.2 Provisions- und Vergütungssysteme für die Agenturpartner

1.9.2.1 Standard-Agenturverträge

Jeder Agenturvertrag enthält Vergütungsvereinbarungen über Grundprovisionen, Staffel- oder Superprovisionen und oftmals über Malusabschläge bei der Verfehlung von Mindestumsätzen und Umsatzwachstumsstaffeln. Ferner werden in den Verträgen besondere Vergütungen für bestimmte Produktgruppen wie Vermittlungsleistungen, Gruppenreisen, eigene Hotels des Veranstalters etc. oder auch abweichende Provisionssätze für Fluganreise oder Landausflüge bei Kreuzfahrten vereinbart. Auch die Bedingungen für den Erhalt von Werbekostenzuschüssen (WKZ) sind darin geregelt. Die Konditionen sind Bestandteil der Standardverträge für stationäre Reisebüros und Online-Reisebüros und werden zumeist in den regelmäßigen Agenturinformationen zu Beginn jeder Saison veröffentlicht.

1.9.2.2 Key-Account-Agentur-Vereinbarungen und Gruppenverträge

Reisebüro-Ketten, Franchise- und Kooperationsorganisationen sowie große Reiseportale und sonstige Vertriebspartner erhalten zumeist individuelle Key-Account-Agenturverträge, deren Inhalte strengster Geheimhaltung unterliegen. Die oftmals höheren oder zusätzlichen Vergütungen für die System-Partner und Werbekostenzuschüsse für die Systemzentralen sind dabei mit zusätzlichen Steuerung-, Dienstleistungs- und Werbeverpflichtungen gekoppelt, die vertriebskanalspezifisch verhandelt werden.

1.9.3 Agenturbetreuung

1.9.3.1 Agenturberater und Reisebüro-Außendienst

Zur Betreuung der Vertriebskanäle unterhalten alle Veranstalter einen mehr oder weniger umfangreichen Außendienst, der

- als erster Ansprechpartner die Kommunikation mit den Reisebüros pflegt,
- die Agenturen schult und aktuell informiert,
- gemeinsam mit den Reisebüros lokale Aktionen durchführt (wie z. B. Kundenabende, Reisemessen),
- die Einhaltung der Agenturverträge prüft und
- mit den Vertriebspartnern Maßnahmen zur Erreichung der Verkaufsziele vereinbart.

Dabei kann das Aufgabenspektrum verschiedener Arten von Veranstaltern unterschiedliche Schwerpunkte aufweisen. Zielgebiets-, Themen und Segment-Spezialisten legen den Schwerpunkt auf intensives Produkt-Spezialwissen und haben oft in den Reisebüros einen namentlich bekannten Beraterexperten als Ansprechpartner. **Bausteinveranstalter** mit einem umfassenden Sortiment an Reiseleistungen und oftmals komplexen Reservierungssystemen konzentrieren sich auf IT- und Produktschulungen, während **Pauschalveranstalter** mit Auslastungsgarantien nach Möglichkeiten zum effizienten Absatz von Restplatzkapazitäten über lokale Vertriebskanäle der Agenturen oftmals kombiniert mit Sonderkonditionen suchen. Insoweit differieren die Aufgaben eines Veranstalter-Außendienstes zum Teil erheblich.

1.9.3.2   Key-Account-Betreuung

Die Betreuung von Key Accounts beinhaltet in der Regel die gleichen Funktionen und Themen wie bei Einzelagenturen. Neben der Kommunikation zwischen Außendienst und Reisebüro ist hier jedoch noch eine überlagernde Kommunikationsebene zwischen der Leitung des Ketten-, Franchise- und Kooperationssystems und dem Key-Account-Betreuer des Reiseveranstalters eingebaut. In der Regel kann über die zentralen Steuerungseinheiten eine schnellere und effizientere Umsetzung zentraler Maßnahmen für ein komplettes Vertriebssystem erreicht werden. Auch Produkt- und Systemschulungen können durch zentrale und exklusive Bündelung innerhalb des Vertriebssystems effizienter und kostengünstiger sein. Dies schließt aber nicht die weitere lokale Betreuung des jeweiligen Reisebüros durch den normalen Außendienst aus.

1.9.3.3   Betreuung sonstiger Key Accounts

Für die Betreuung von Online-Portalen und von alternativen bzw. branchenfremden Vertriebspartnern wird kein Außendienst benötigt. Hier gibt es eine Vielzahl fachspezifischer Themen, die anders behandelt werden müssen. Alternative Vertriebskanäle kommunizieren zumeist eher mit den jeweiligen Produktverantwortlichen, da sie ja von dort lediglich die beauftragten Produkte und Sortimente beziehen und den Vertrieb in der Regel über ihre eigenen Systeme abwickeln. Daher hat der Vertriebsbereich des Veranstalters zumeist nur eine koordinierende oder beratende Funktion, die zentral wahrgenommen wird. Große Online-Portale werden zumeist wie ein Key Account betreut, wesentliche technische Fragen liegen aber in der Verantwortung des zentralen IT-Supports.

1.9.4   Agentur-Kommunikation

Veranstalter, die ein großes Agenturnetz und mehrere Vertriebskanäle unterhalten benötigen ein umfassendes, schnelles und inhaltlich gut strukturiertes Kommunikationssystem, das dem Vertriebspartner selektiv alle für Verkauf und Beratung wichtigen Informationen zur Verfügung stellt. Dazu zählen u. a. Preis- und Produktveränderungen, Flugzeitenverschiebungen, wichtige Informationen über Einreisebestimmungen, Krisenmanagement in Zielgebieten, Reisebedingungen/AGBs sowie Datenfehler in Katalogen und Hinweise für die Nutzung von Reservierungssystem-Komponenten. Die gängigen Instrumente hierfür sind Newsletter oder Nachtfaxe. Angesichts der Vielfalt an derartigen Informationen, die ein Reisebüro täglich erhält, ist es wichtig, diese so aufzubereiten, dass sie von den Reisebüromitarbeitern leicht erfasst und verarbeitet werden können. Ein gutes Beispiel für eine erfolgreiche und attraktive Agenturinformation ist das von DERTOUR entwickelte Reisebüro-Informationsportal Travel-

Experts, das den Reisebüroverkäufern neben den aktuellen Fachinformationen auch Termine für Schulungen, Roadshows und Verkaufswettbewerbe und PEP-Angebote anbietet.

1.10 Marketing- und Kommunikations-Dienstleistungen

Selbstverständlich sind die Angebotsdarstellung (Kapitel II.1.7), die Vertriebskanalauswahl (Kapitel II.1.8) und die Vertriebssteuerung (Kapitel II.1.9) Bestandteil des klassischen Marketingmix eines Veranstalters. Sie spielen für einen Veranstalter eine zentrale Rolle, weil er diese Marketingkomponenten in eigener Hoheit beeinflussen kann. Bei vielen anderen Marketingparametern ist der Veranstalter auf die Mitwirkung von Reisebüros, Vertriebspartnern und Leistungsträgern angewiesen, die auf den Grundlagen des Handelvertretermodells basieren. Die Maßnahmen des Marketingmix sind ausführlich im Teil III dieses Buches dargestellt und werden hier nicht weiter vertieft. Nachfolgend wird lediglich auf einige Parameter eingegangen, die in den Prozessen des Veranstaltermarktes eine Sonderrolle spielen.

1.10.1 Markenführung und Markenpolitik

Aufgrund der Komplexität und Immaterialität der Dienstleistungen von Reiseveranstaltern entsteht beim Kauf für den Kunden ein erhöhtes Risiko, dass die Leistung nicht den Erwartungen entspricht. Markenpolitische Maßnahmen können in diesem Zusammenhang das Entscheidungsrisiko reduzieren und dem Kunden Vertrauen und Sicherheit in der Potentialphase signalisieren. Durch eine entsprechende Markenpolitik sollen beim Kunden Präferenzen für eine bestimmte Marke gebildet werden, was zum Aufbau einer Stammkundschaft und zur Kaufwiederholung führt (vgl. genauer DICHTL/EGGERS 1992). Insoweit stellt eine Marke ein Nutzenversprechen dar, das zugleich als Filter in einer umfassenden Informationsflut Orientierung, Differenzierung und Vertrauen schaffen soll. Zur Markenführung gehört die nachhaltige Einbindung in Unternehmens-Strategie und Unternehmens-Leitbild, die den Markenkern mitbestimmen. Die Marke steht dabei im Spannungsfeld zwischen Kontinuität und Anpassungsfähigkeit. Angesichts einer inflationären Markenflut, verliert eine Marke, die sich ständig neu erfindet, an Glaubwürdigkeit und Vertrauen. Zugleich muss die darauf achten, grundlegende Marktveränderungen nicht zu verpassen.

Die produktpolitischen Maßnahmen für eine Markenpolitik beziehen sich vor allem auf wahrnehmbare Produktelemente: Markenname, Markenzeichen und Markendesign. Sie dienen der Visualisierung bzw. Markierung der immateriellen Elemente touristischer Leistungen. Generell wird von drei Grundstrategien der Markenpolitik gesprochen, welche für Reiseveranstalter von Bedeutung sind. Infolge der besonderen Herausstellung von Spezial- und Unterfällen werden in der Literatur gelegentlich bis zu sechs Grundstrategien sowie weitere Strategiekombinationen benannt (vgl. u.a. BECKER 1994: 470ff, MEFFERT/BRUHN 2009, DEHMER 1996, FREYER 1997, ROTH 1995: 106f.)

1 Funktionale Prozessorganisation von Reiseveranstaltern

Abb. II.1-6 liefert einen Überblick über die Markenstrategien verschiedener Reiseveranstalter auf Basis der drei Grundstrategien.

Einzelmarkenstrategie	Markenfamilienstrategie	Dachmarkenstrategie	Globalmarkenstrategie
Einzelmarke	Familienmarke	Dachmarke	Globalmarke
keine oder nur geringe Angebotsdifferenzierung	Differenzierung der Angebote durch Markenzusätze	Differenzierung der Angebote durch Marken	Differenzierung der Angebote nach Zielgebieten/ Submarken/ Spezialitäten
zum Beispiel: Alltours; Öger Tours; Olimar	zum Beispiel: Studiosus Klassik-Studienreise; Studiosus Familienreise; Studiosus Wanderreise oder: DER Reisebüro DERTOUR DERPART DERTraffic	Dachmarken: Thomas Cook; Touristik der Rewe; FTI Endorsement-Marken: Neckermann Reisen; Thomas Cook Reisen; Bucher Reisen; Jahn Reisen; Meier's Weltreisen; ADAC Reisen; ITS; Dertour; Frosch Touristik Big Xtra; Fünf vor Flug; Sonnenklar TV; LAL Sprachreisen	World of TUI Zielgebiete: TUI Griechenland; TUI Spanien... usw. Submarken: TUI Cruises; TUI Vital; TUI-Familiy Endorsement: Dr. Tigges; Gebeco; Wolters; Robinson; Einzelmarke: Airtours; 1,2 Fly; Discount Travel

Abb. II. 1-6 Markenstrategien der Reiseveranstalter (in Anlehnung an: ROTH/SCHERTLER-ROCK 2011: 490)

Strategie 1: Die **Einzelmarkenstrategie** (auch Mono- oder Solitärmarkenstrategie) gilt als klassische Markenartikelstrategie. Einzelnen Leistungen oder Produkten wird ein Markenname zugeordnet. (vgl. KAPFERER 1992: 121) Jedes weitere Produkt erhält ebenfalls einen eigenen Markennamen mit ganz präzise abgestecktem Leistungsversprechen oder entsprechender Positionierung.

Strategie 2: Bei der **Markenfamilienstrategie** (auch Produktgruppenmarken, Markenfamilien oder Sortimentsmarken) werden mehrere Produkte zu einer Produktgruppe zusammengefasst und mit einer Marke versehen. Auch der umgekehrte Vorgang ist möglich: erfolgreiche Marken werden weiter differenziert, es kommen sog. Produktlinien hinzu und/oder es entstehen Markensortimente. Die einzelnen Leistungen innerhalb einer Markenfamilie werden mit produktbezogenen Zusätzen bzw. Submarken unterschieden.

Strategie 3: Die **Dachmarkenstrategie** kann als Fortführung der Einzel- sowie der Markenfamilienstrategie gesehen werden. Sie verbindet Einzel- und Untermarken mit einer übergreifenden Markenbezeichnung und fasst alle Leistungsangebote eines Unternehmens unter einem Namen zusammen. Gelegentlich wird die Dachmarkenstrategie bei Reiseveranstaltern auch als Globalmarkenstrategie bezeichnet, welche dadurch gekennzeichnet ist, dass die Angebote nach Zielgebieten, Submarken und Spezialitäten differenziert werden können. Ein Sonderfall der Dachmarkenstrategie ist die Endorsement-Marke, wobei eine Einzelmarke durch einen Gruppen-Hinweis – das Endorsement – auf die Dachmarkenzugehörigkeit gekennzeichnet wird.

1.10.2 Media-/Anzeigenplanung

Die Media- und Anzeigenplanung geschieht teilweise unter Mitwirkung der Leistungsträger, die den Veranstaltern Werbekostenzuschüsse für die Platzierung in den Katalogen, für Präsentationen auf Messen und Schulungsveranstaltungen sowie Werbekampagnen zahlen. Dies geschieht überwiegend bei Angeboten ohne Auslastungsgarantien. Analog binden Veranstalter fallweise Reisebüros und andere Vertriebskanäle durch WKZ-Angebote in ihre Medien-Kampagnen ein.

1.10.3 Image- versus Angebots-Werbung

Da ein Werbeetat nur aus begrenzten finanziellen Ressourcen besteht, muss ein Veranstalter die Ausgaben für Imagewerbung und Angebotswerbung aufteilen und optimieren. Bei Auslastungsgarantien muss ein ausreichend großer Etat für die Bewerbung von evtl. Restplatzverkäufen vorgehalten werden, damit der Veranstalter bei Eintritt wirtschaftlicher Risiken handlungsfähig bleibt. Imagewerbung muss dauerhaft als „mediales Grundrauschen" stattfinden, um wahrnehmbar erfolgreich zu sein. Eine temporär massive Medien-Kampagnen treibt unzweifelhaft die Markenbekanntheitswerte hoch, fällt aber ohne Folgewerbung und nachhaltige Stützung bereits nach einigen Monaten wieder auf die Basiswerte zurück.

1.10.4 CRM-/Kundenbindungs-Systeme

Zum sinnvollen Einsatz von Kundenbindungssystemen ist eine ausreichende **Kundenfrequenz** erforderlich, damit die Kundenkontakt und Kundenbindung auch spürbar aufrecht erhalten werden können. Ist die Frequenz für die eigenen Angebote bzw. Sortimente zu gering ist es ggf. sinnvoll mit anderen Kundenbindungssystemen zusammenzuarbeiten, um den Kundenkontakt gemeinsam zu bearbeiten. Urlaubsreisen und erst recht Veranstalterreisen sind Produkte mit einer solchen sehr geringen Frequenz. Von den 64 Mio. Bundesbürgern über 14 Jahre reisen 25% pro Jahr gar nicht, 40% davon als Intervallreisende nur alle 2–3 Jahre. Rund die Hälfte aller Urlaubsreisen wird individuell organisiert, die andere Hälfte mit einem Reiseveranstalter. Nur neun Prozent dieser 24 Mio. Veranstalterkunden – insgesamt 2,16 Mio. Kunden – sind Stammkunden von Veranstaltermarken, d. h. buchen in drei Jahren mindestens zwei oder in fünf Jahren drei Veranstalterreisen (Quelle: F.U.R Reiseanalyse

2011). Und diese rund zwei Millionen Veranstalterstammkunden verteilen sich allein bei den 20 größten deutschen Veranstaltern auf rund 40 verschiedene Marken, wobei in der Regel jeweils zwei dieser Kunden zusammen buchen und reisen. Man sollte sich daher gut überlegen, ob ein aufwändiges CRM-System für Reiseveranstalter sinnvoll ist. Bei kleinen Spezialveranstaltern mit Special Interest Kunden kann ein CRM-System oft sinnvoller eingesetzt werden als bei einem Generalisten mit einem eher unspezifischen austauschbaren Massenangebot.

1.10.5 Kundenkommunikation und Verwendung von Werbekostenzuschüssen

Es ist bislang rechtlich nicht eindeutig geklärt, wem der Kunde einer Veranstalterreise faktisch zuzuordnen ist bzw. wem die Kundenadresse gehört. Aufgrund des Handelsvertretermodells bucht ein Reisemittler eine Reise im Namen und auf Rechnung des Reiseveranstalters, dem zur Vereinahmung des Reisepreises und zur Erfüllung seiner Veranstalterpflichten die Kundendaten vom Reisemittler übergeben werden. Unstrittig ist aber auch, dass der Kundenkontakt dem Reisemittler gehört, der ja gemeinsam mit dem Kunden darüber entscheidet, welcher Veranstalter ausgewählt wird. Um diesem Konflikt zu entgehen, behandeln Veranstalter und Reisemittler die Kundenadresse als gemeinsames Eigentum und kommunizieren in der Regel immer zusammen und abgestimmt mit ihm. Damit der Reisemittler die mit Werbung und Kommunikation verbundenen Kosten aufbringen kann, beteiligt sich der Veranstalter daran in Form von Werbekostenzuschüssen.

Allerdings werden in den letzten Jahren Werbekostenzuschüsse von den Veranstaltern auch zweckentfremdet als zusätzliche individuelle Vergütungskomponente für Reisemittler neben der Provision gezahlt. Dies gilt umso mehr, wenn die zweckbestimmte Verwendung nicht mehr dokumentiert werden muss. Dies ist legitim, sollte aber im Hinblick auf von der reinen Lehre abweichende Geschäftspraktiken erwähnt werden.

1.10.6 Verkaufsförderung

Aufgrund des Handelsvertretermodells ist für die meisten großen und mittleren deutschen Reisveranstalter die Verkaufsförderung in Form des Handelsmarketings für Reisemittler wichtiger als das Endkundenmarketing. Denn es werden trotz Direkt- und Internetvertrieb immer noch rund drei Viertel aller Veranstalterbuchungen über stationäre Reisebüros mit Beratung getätigt. Neben den Vergütungskomponenten finanzieren die Reiseveranstalter viele Verkaufsförderungsmaßnahmen, um den stationären Vertrieb von der Qualität ihrer Produkte zu überzeugen.

Die Steuerungs- und Werbemaßnahmen der Verkaufsförderung eines Veranstalters sind somit ausschließlich auf die Vertriebskanäle insgesamt und die Reisebüros im Besonderen ausgerichtet. Dazu zählen:

- Produktinformationen und -schulungen
- Reservierungs- und IT-System-Schulungen

- Saisonale Programmvorstellungen
- Verkaufs-Incentives und Verkaufswettbewerbe
- Incentive-Veranstaltungen
- Info-Reisen und PEPs.

1.10.7 Public Relations-Maßnahmen

Aufgrund der großen Bedeutung des Handelmarketings kommt in der Tourismusbranche der Fachpresse eine vergleichsweise hohe Bedeutung gegenüber der Publikumspresse zu. Aufgrund der geringen Branchen-Margen sind die PR-Etats der Veranstalter außer bei den börsennotierten Konzernen eher gering und reichen nur selten für aufwendige Kampagnen in der Publikumspresse. Direktanbieter vor allem in den Online-Medien benötigen hingegen die teuren Publikumsmedien, wenn sie sich nicht ausschließlich auf das inzwischen ebenso teure Online-Marketing in den Meta-Suchmaschinen verlassen wollen.

1.11 Operative und administrative Buchungsabwicklung

1.11.1 Buchungsmedien und Buchungstechnik

Die Abwicklung einer Buchung zwischen Kunden und Reiseveranstalter ist auf verschiedenen Wegen möglich. Bucht der Kunde in einem Reisebüro, dann kann die Buchung über das Buchungsterminal des Reisebüros im Reservierungssystem des Veranstalters oder per Telefon über das Reisebüro Call Center des Veranstalters erfolgen.

Bucht der Kunde direkt ohne Reisebüro beim Reiseveranstalter so kann die Buchung telefonisch im Kunden Call Center des Veranstalters, virtuell über das Internet oder schriftlich per Telefax oder Post erfolgen. Im Internet kann die Direktbuchung über eine Internet Booking Engine (IBE) oder als Email-Formular erfolgen. Die traditionellen Buchungswege per Telefax und Post spielen außer bei kleinen Spezialisten oder semiprofessionellen Veranstaltern und Vertriebskanälen fast keine Rolle mehr. Jedes dieser Buchungsmedien weist Besonderheiten auf.

1.11.1.1 GDS-Systeme

Das Buchungsterminal eines Reisebüros gehört entweder einem GDS (Global Distribution System) oder ist ein PC des Reisebüros, auf den die Software des GDS aufgespielt wird. In Deutschland sind im Wesentlichen drei GDS tätig: Amadeus, Merlin/Sabre und Travelport. Aufgabe der GDS ist die Vernetzung der Reisebüros mit den Reservierungssystemen der Leistungsträger und Veranstalter. Dabei stellen GDS sicher, dass die Buchungen von allen Reisebüros über die gleiche Buchungsmaske und Buchungstechnik durchgeführt werden

1 Funktionale Prozessorganisation von Reiseveranstaltern   155

können. Dies gilt insbesondere für die vielen großen und mittleren Reiseveranstalter, die über viele verschiedene Standard- oder selbst entwickelte interne Reservierungssysteme verfügen. Der Standard für alle ist die TOMA-Maske, über die mit Ausnahme der TUI alle größeren deutschen Veranstalter buchbar sind. TUI verwendet eine andere Buchungslogik und Maske, ist aber dennoch über das gleiche IT-Terminal erreichbar. Die Finanzierung eines GDS erfolgt sowohl über die Reisebüros durch monatliche Gebühren für die Terminal- oder Software-Nutzung als auch die Reiseveranstalter mit Buchungsgebühren pro Transaktion, die wiederum nach der Komplexität und Wertigkeit der jeweiligen touristischen Leistung gestaffelt sind.

1.11.1.2   Call Center für Reisebüros

Ein Call Center für Reisebüros hat die Funktion eines professionellen B2B-Helpdesks. Reisebüros wenden sich an dieses Call Center bei technischen und logistischen Buchungsproblemen wie z. B. bei nicht funktionsfähigen Buchungscodes, unbeantworteten Buchungs- und Wartelistenanfragen, Sonderwünschen von Kunden oder auch bei mangelnder technischer Systemkenntnis oder bei nicht ausreichendem Produktwissen. In all diesen Fällen erfolgt keine umfassende Produktberatung sondern eher eine technische oder logistische Beratung unter Fachleuten. Daher sind diese Telefonate eher kurz und fachspezifisch. Die Mitarbeiter im Reisebüro Call Center müssen entsprechend dieser Anforderungen qualifiziert werden.

1.11.1.3   Call Center für Kunden

Reiseveranstalter, die auch Direktbuchungen ihrer Kunden akzeptieren, benötigen ein Kunden Call Center. Dieses erfordert andere Leistungen und Funktionen als ein Reisebüro Call Center. Die Mitarbeiter benötigen eine klassische Ausbildung als Reiseberater, da sie überwiegend unerfahrenen Kunden eine mehr oder weniger umfangreiche Produktberatung geben und am Ende die Buchung im Veranstalterreservierungssystem vornehmen müssen. Ein Telefonanruf dauert daher deutlich länger als in einem Reisebüro Call Center. Dies ist bei der Qualifikation der Mitarbeiter sowie der Bemessung der Telefonarbeitsplätze und der Einrichtung der Kunden-Telefonnummer entsprechend zu berücksichtigen. Eine Multifunktionalität in einem gemeinsamen Call Center für Kunden und Reisebüros ist allenfalls bei kleinen Veranstaltern sinnvoll und möglich. Viele Reisebüros arbeiten für Stammkunden selbst wie ein Call Center, bieten dann aber dem Kunden die gesamte Sortiments-Bandbreite an.

1.11.1.4   Internet Booking Engine (IBE)

Ein Kunde, der seine Reise im Internet buchen möchte, bekommt von einem Reiseveranstalter oder Online-Portal eine Internet Booking Engine (IBE) angeboten, in die er seine Buchungswünsche vorstrukturiert eingeben und anschließend weiter optimieren kann. Eine Pauschalreise oder eine Einzelleistung wie ein Hotel sind dabei zumeist unkompliziert einzugeben. Mehrere flexibel kombinierbare Einzelbausteine erfordern allerdings schon ein umfassenderes Produktwissen und Geschicklichkeit beim Umgang mit den IBE-Masken und

Scroll-Menus. Für diese Standard-IBEs gibt es im Wesentlichen drei deutsche Anbieter: **Traveltainment, Travel IT** und **Traffics**. Diese sorgen für Standardisierungen, die es erlauben, dass zum einen der Kunde schneller mit dem Buchungsprozess und der Produktsuche vertraut gemacht wird, und dass zum anderen auf der Angebotsseite Neueinsteiger ohne Branchen Know How und mit geringem Investment schnell eine IBE auf seiner Website installieren können. Zum Betrieb einer IBE wird in jedem Fall ein Kunden Call Center benötigt sei es für eine umfassende Beratung oder als technisches Helpdesk. Auch die alternative Buchung über ein Email-Formular sollte für Kunden zugänglich sein insbesondere bei komplexen Angeboten.

1.11.2 Buchungs-Avisierung an Leistungsträger

Nachdem die Buchung direkt oder indirekt vorgenommen wurde, erfolgt je nach Produktart – Pauschal- oder Bausteinreise – die Dokumentation oder Weiterleitung an den oder die Leistungsträger. Diesen Vorgang nennt man Avisierung. Bei Pauschalreisen wird die Buchung im Garantiekontingent dokumentiert und zwischengespeichert. Zu den vereinbarten Zeitpunkten erfolgt die Übergabe der Reservierungs- und Personendaten an die jeweiligen Leistungsträger wie Airlines, Hotels, Zielgebietsagentur und Reiseleitung. Bei Bausteinveranstaltern die nur über ein kleines nicht garantiertes fließendes Kontingent verfügen, muss jede Buchung sofort an die Leistungsträger avisiert werden und von diesem rückbestätigt werden. Ggf. wird dabei das fließende Kontingent wieder auf die vereinbarte Sollstärke aufgefüllt. Geschieht dies nicht oder ist das Kontingent aufgebraucht, erfolgt eine Avisierung auf Anfrage, d. h. eine Request-Buchung. Diese wird dann als Wartelistenbuchung im Reservierungssystem angelegt und dem Kunden erst nach Rückbestätigung des Leistungsträgers bestätigt. Ist diese Reiseleistung auf Request Bestandteil einer umfassenden Bausteinreise, müssen ggf. alle anderen Leistungen einstweilen mit einer Optionsfrist im Reservierungssystem angelegt werden. Damit der Avisierungs-Prozess so zügig wie möglich abläuft, ist es wichtig, dass ein Bausteinveranstalter möglichst direkte Systemschnittstellen zu allen wichtigen Leistungsträgern unterhält. Bei einem Pauschalreiseveranstalter ist der technische System-Vernetzungsbedarf deutlich geringer.

1.11.3 Erstellung von Reisebestätigungen und Rechnungen

Eine Buchung kommt rechtsgültig erst zustande durch die Annahmeerklärung des Veranstalters, die fachlich Buchungsbestätigung genannt wird. Sie muss neben den Buchungsdaten und dem Endpreis der touristischen Leistungen, den in der EU obligatorischen Insolvenzsicherungsschein und die jeweiligen Allgemeinen Geschäftsbedingungen (AGB) des Veranstalters beinhalten, die allesamt Bestandteile des Reisevertrages sind. Die Reisebestätigung ist zugleich die Rechnung für den Kunden und weist die Zahlungsfristen und Zahlungsbeträge für Anzahlung und Restzahlung aus. Bucht der Kunde im Reisebüro, wird ihm die Buchungsbestätigung unmittelbar aus dem Buchungssystem ausgedruckt und ausgehändigt. Bucht ein Kunde telefonisch oder online direkt beim Reiseveranstalter, so wird ihm die rechtsgültige Buchungsbestätigung und Rechnung nach Ablauf des Rücktrittsrechts, das ihm gemäß der Verbraucherschutzrichtlinie zusteht, postalisch zugesandt. Der Reisevertrag wird durch Unterzeichnung der Bestätigung und Überweisung der Anzahlung rechtsgültig.

1.11.4 Kunden-Inkassoverfahren

Parallel zur den Buchungsabwicklungsprozessen laufen die Inkasso- und Abrechnungsverfahren mit den Kunden. Generell wird zwischen Direkt- oder Kunden-Inkasso und Reisebüro-Inkasso unterschieden. Das Kundeninkassoverfahren ist Standard bei allen Direktbuchungen per Telefon und im Internet. Bei Buchungen im Reisebüro kann der Kunde bei vielen Veranstaltern zwischen Direkt- und Reisebüroinkasso entscheiden. Dabei gibt es drei Kunden-Inkassoverfahren:

1.11.4.1 Bankeinzug

Beim Bankeinzug unterscheidet man zwischen Einzugsermächtigung, die zumeist bei Dauerschuldverhältnissen (Miete, Mietnebenkosten, Versicherungen etc.) angewendet wird, und dem Abbuchungsauftrag, der sich in der Regel nur auf einen einmaligen Vorgang bezieht. Die Einzugsermächtigung kann der Kunde den abgebuchten Betrag bis sechs Wochen nach dem Abbuchungstag bei der Bank ohne Angabe von Gründen widerrufen, so dass sie sich für die Zahlung von Reisen nicht eignet. Ein einmaliger Abbuchungsauftrag ist eher geeignet, weist aber einen gravierenden Nachteil auf. Wenn am Tag der Abbuchung das Kundenkonto keine ausreichende Deckung aufweist, weil vielleicht am Tag zuvor die Miete oder die Heizölrechnung abgebucht wurde, dann platzt die Abbuchung und zwar ohne dass der Veranstalter oder Kunde das wollte oder wusste. Beim Veranstalter werden dann je nach System Mahnverfahren und Zusatzkosten losgetreten, weil er ja nicht weiß, ob dies auf die Zahlungsunwilligkeit des Kunden oder andere Umstände zurückzuführen ist.

1.11.4.2 Banküberweisung/Zahlungsträgerüberweisung

Kostengünstiger und sicherer für den Veranstalter ist die Banküberweisung durch aktive Zahlung des Kunden. Zahlungsrückstände können rechtzeitig erkannt und gemahnt werden und bei Flugreisen und Kreuzfahrten ist die Zahlungskontrolle noch am Flughafenschalter bzw. Kreuzfahrtterminal möglich, weshalb vor allem Flug- und Kreuzfahrtveranstalter dieses Verfahren wählen. Bei Veranstaltern ohne Flug- und Schiffsanreise ist eine Zahlungskontrolle vor Abreise hingegen nicht möglich, so dass bei vorzeitigem Unterlagenversand, die Reiseleistung nicht mehr verweigert werden kann.

1.11.4.3 Kreditkarte

Das sicherste Verfahren für den Reiseveranstalter ist das Kreditkartenverfahren, da das Inkasso unabhängig von der aktuellen Liquidität des Kunden erfolgt, der vorübergehend kreditiert wird. Aber auch hier ist zu beachten, dass die Kunden je nach Bonität nur über begrenzte Zahlungslimits verfügen können. Falls dieses überschritten wird, wird dies sofort bei Eingabe des Zahlungsmittels gemeldet, so dass umgehend darauf reagiert und die Bestätigung der Reise oder der Unterlagenversand verweigert werden kann. Für die Absicherung des Inkassos muss der Veranstalter dem Kreditkarteninstitut allerdings ein Disagio von ca. 0,5–1,0% vom Umsatz zahlen. Viele Veranstalter und Leistungsträger versuchen dieses Disagio an die Kunden weiterzubelasten. Je nach Kartensystem und Zahlungsweg ist die Sicherheit der Kreditkartendaten vor allem im Internet nicht immer gegeben. Es werden jedoch inzwischen Verfahren entwickelt, die diese Probleme beseitigen (z. B. Single-Use-Creditcard-Verfahren).

1.11.5 Agentur-Inkasso/-Abrechnung

Viele Veranstalter akzeptieren inzwischen kein Reisebüroinkasso mehr, dazu zählen u. a. Thomas Cook/Neckermann, REWE-Pauschaltouristik, Alltours, 1-2-Fly. Es ist kein Zufall, dass sie alle schwerpunktmäßig Flug-Pauschalreise-Veranstalter sind, denn bei fehlenden oder verspäteten Restzahlungen besteht die Möglichkeit die Kunden noch am Flughafen abzukassieren oder die Abreise zu verweigern, was bei Veranstaltern von Bausteinreisen und erdgebundenen Reisen kaum möglich ist. Beim Reisebüroinkasso trägt der Veranstalter das Risiko der Bonität und Insolvenz des Reisemittlers (Delkredere-Risiko), der in seinem Namen den Reisepreis vom Kunden kassiert. Beim Reisebüroinkasso bucht der Veranstalter in bestimmten zeitnahen Rhythmen (wöchentlich, zweiwöchentlich oder monatlich) den rund 3–4 Wochen vor Reiseantritt fälligen Reisepreis abzüglich der vereinbarten Provisionsvergütung vom Konto des Reisebüros ab.

Das Reisebüro darf häufig die bei der Buchung vom Kunden kassierte Anzahlung als Liquiditätshilfe bis zum Fälligkeitszeitpunkt beim Reiseveranstalter behalten. Geht ein Reisebüro zwischen Buchung und vor Reiseantritt des Kunden in **Insolvenz**, trägt der Reiseveranstalter den kompletten Zahlungsausfall und muss als direkter Vertragspartner des Kunden die gebuchte Reise in jedem Fall durchführen. Große Veranstalter überlassen dem Reisebüro und dessen Absprache mit dem Kunden die Wahl zwischen Direkt- und Reisebüroinkasso. Beim Direktinkasso bekommt der Kunde seine Reisedokumente auch direkt vom Reiseveranstalter zugesandt. Beim Reisebüroinkasso werden sie über das buchende Reisebüro ausgeliefert. Dies ist zu beachten, wenn ein Kunde für dieselbe Reise z. B. Reiseleistungen verschiedener Veranstalter und Leistungsträger gebucht hat.

1.11.6 Mahnverfahren

Zahlt ein Kunde oder ein Reisebüro nicht vollständig, nicht rechtzeitig oder gar nicht, so werden häufig schon aus der automatisierten Zahlungsüberwachung des Reservierungssystems heraus Mahnverfahren angestoßen, die den gesetzlichen Fristen und Regelungen entsprechen. Nach der zweiten Mahnung ist die Übergabe an die juristische Vollstreckung möglich. Jeder Veranstalter muss für sich entscheiden, ob und wie er die gesetzlichen Möglichkeiten ausschöpft. Daher gibt es auch aus wirtschaftlichen Gründen unterschiedliche interne Prozesse und Anweisungen. Geht z. B. die nach der Buchungsbestätigung fällige Anzahlung trotz Mahnung beim Veranstalter oder Reisebüro nicht ein, verzichten viele Veranstalter lieber stornofrei auf die Buchung als ein teures Mahnverfahren zu vollstrecken. Anders wenn es um die knapp einen Monat vor Abreise fällige Restzahlung geht, denn da könnte der Kunde versuchen, durch Einbehaltung der Restzahlung noch höhere Stornokosten zu vermeiden. Auch hier kann der Veranstalter immer noch unter wirtschaftlichen Gesichtspunkten entscheiden, ob er wirklich den Aufwand einer Vollstreckung auf sich nimmt, wenn es möglich ist eine attraktive Reise zu einem gefragten Termin noch anderweitig zu verkaufen, bei der die kalkulierte Auslastung u. U. schon erreicht ist.

1.11.7 Reisedokumentenerstellung

Ist die Buchung abgewickelt und bezahlt, erhält der Kunde vom Veranstalter die Reisedokumente. **Pauschalreiseveranstalter** benötigen eigene Reisedokumente, da sie weitgehend auf eigene Risiko- oder Vertragskontingente zurückgreifen. Darin müssen sie alle wichtigen Teilleistungen und Leistungsmerkmale sowie Reisezeiten und Reisewege beschreiben. Die Pauschalreisedokumente können daher in einem einheitlichen Format gestaltet und hergestellt werden. Bei **Bausteinveranstaltern** sieht das anders aus. Immer dann, wenn ein Bausteinveranstalter als Vermittler oder Consolidator auftritt, muss er in der Regel die Original-Reisedokumente oder Tickets des Leistungsträgers aushändigen. Hinzu kommen eigene Voucher für andere als Veranstalter produzierte Reiseleistungen. Hinzu kommen evtl. standardmäßige Beschreibungen und Hinweise über die Kombination der zusammengestellten Bausteine. Derartige Leistungsvoucher-Pakete lassen sich nur in Ausnahmefällen in einem einheitlichen Reisedokumenten-Layout bündeln und wirken oftmals optisch wenig attraktiv und unhandlich.

1.11.8 Reiseunterlagen-Konfektionierung

Neben den Reisedokumenten und Vouchern, die ein Wertäquivalent für touristische Leistungen sind, erhält ein Kunde mehr oder weniger umfangreiche Reiseunterlagen wie Landkarten, Reiseführer (bei Rundreisen auch mehrere), Anreisebeschreibungen und sonstige Erklärungen für die Durchführung der Reise wie z. B. Gesundheits-, Devisen- und Einreisebestimmungen. Hinzu kommen evtl. Kundenfragebögen zur Beurteilung der Reise, Gutscheine, Vignetten und Werbematerialien. Je nach Gesamtwert, Reiseart und Destination der Buchung werden alle Unterlagen in mehr oder weniger wertvollen Umschlaghüllen oder auch Dokumenten-Taschen zusammengestellt. Diese Zusammenstellung nennt man Konfektionierung. Sie erfolgt weitgehend manuell gemäß den mit der Buchung im Reservierungssystem hinterlegten Packlisten.

1.11.9 Leistungsträgerabrechnung und Voucher-Clearing

Der Anspruch der Leistungsträger auf Zahlung durch den Veranstalter leitet sich aus den vertraglichen Einkaufs-Vereinbarungen ab. Bei Garantieleistungen für Flüge und/oder Hotels sind bereits während der Buchungsphase und noch vor Abreise und Zahlung des Kunden zu vereinbarten Fristen Anzahlungen oder Raten zu zahlen. Bei allen anderen Reiseleistungen erfolgt die Zahlung durch den Reiseveranstalter in der Regel nach Vorlage der Kunden-Voucher d. h. nach Rückreise des Kunden. Nach dem Voucher-Clearing erfolgt die Leistungsträgerabrechnung gesammelt in festen zeitlichen Zyklen. Häufig führen die veranstaltereigenen Zielgebietsagenturen die Leistungsträgerabrechnung für die jeweilige Destination durch, da Rückfragen und ggf. auch Leistungskürzungen aus Reklamationen leichter in der jeweiligen Landessprache vor Ort durchgeführt werden können. Die Abrechnungsdaten werden nach dem Clearing in die Kreditorenbuchhaltung des Veranstalters übernommen und damit die Verbindlichkeiten des Veranstalters gegenüber den Leistungsträgern beglichen. Zwischen Kundenzahlung an den Veranstalter und Bezahlung der Leistungsträger durch den Leistungsträger liegt dabei oft ein Zeitraum von 6–8 Wochen, der einem Reiseveranstalter somit eine hohe temporäre Liquidität beschert.

1.11.10 Kundendienst und Reklamationsbearbeitung

In der Vergangenheit war der unmittelbare Kundenkontakt eines Reiseveranstalters beschränkt auf die Reiseleitung und die Reklamationsbearbeitung und betraf eher Unregelmäßigkeiten und Unklarheiten der Leistungserbringung. Hier ist heute ein grundlegender Wandel eingetreten. Nicht nur dass man diese Funktionen nunmehr mit den Begriffen Kundendienst und Qualitätsmanagement positiver benannt hat, sie sind auch deutlich umfassender als bisher definiert. So gehören zum Kundendienst häufig auch die Stammkundenbetreuung und die Pflege des **Customer Relation Management-Systems** (CRM). Auch das Sicherheit- und Krisenmanagement und die Emergency Hotline sind oftmals diesem Funktionsbereich zugeordnet. Diese Funktionen finden bereits vor und während der Reiseorganisation statt und begleiten den gesamten Prozess, während die Reklamationsbearbeitung eine klassische After-Sales-Funktion nach Rückkehr des Kunden aus dem Urlaub ist.

Bei der Reklamationsbearbeitung wird die Berechtigung der Beschwerde mit Unterstützung der Zielgebietsagentur, Reiseleitung und dem betroffenen Leistungserbringer geprüft. Berechtigte Ansprüche werden beglichen, unberechtigte abgelehnt und unklare oft durch Kulanzregelungen mit den Kunden aus der Welt geschafft. Dabei ist auch unter wirtschaftlichen Gesichtspunkten zu entscheiden, ob ein zweifelhafter Fall ein aufwändiges Gerichtsverfahren rechtfertigt oder ob es nicht sinnvoller ist, den Kunden durch ein kulantes Entgegenkommen zu behalten und zum Wiederholer zu machen. Die fachliche juristische Beratung der Reklamationsbearbeitung erfolgt durch das Rechtsreferat eines Veranstalters oder bei kleinen Unternehmen durch eine externe Fachanwalts-Kanzlei.

1.12 Unterstützende zentrale Backoffice-Funktionen

In diesem Kapitel wird dargestellt, wie allgemeine übergreifende Zentralfunktionen die Veranstalterprozesse begleiten, ergänzen und unterstützen und bei welchen funktionalen Prozessen sie von besonderer Bedeutung sind. In großen Konzernen sind diese Zentralfunktionen häufig auch für andere Konzern-Bereiche wie Vertrieb, Hotel, Airline oder branchenfremde

Geschäftsfelder tätig. In kleinen Unternehmen können einzelne Zentralfunktionen auch an externe Dienstleister ausgelagert werden.

1.12.1 IT-Dienstleistungen

IT-Dienstleistungen haben sich inzwischen zur unverzichtbaren Basis des Reiseveranstaltergeschäftes selbst für kleine und mittelständische Unternehmen entwickelt. Ob PC-Netzwerk, Telekommunikationssystem, Rechnungswesen oder Vertriebssystem alles basiert auf mehr oder weniger standardisierten IT-Systemen. Das Herzstück eines Reiseveranstalters ist aber sein Reservierungssystem und die damit verknüpften Prozesse und Systemschnittstellen.

1.12.1.1 Reservierungssystem-Entwicklung

Jeder Reiseveranstalter benötigt ein eigenes internes Reservierungssystem, in dem sämtliche Buchungen mit allen Stamm- und Flussdaten abgelegt sind. Dieses Reservierungssystem benötigt Verbindungen zu allen wichtigen Vertriebskanälen, d. h. über die GDS zu den Reisebüros, über individuelle direkte Schnittstellen zu Vertriebspartnern und zu den Internet-Buchungsplattformen. Auf der anderen Seite sind Schnittstellen zu allen wichtigen Leistungsträgern wie Airlines, Hotels, Zielgebietsagenturen etc. erforderlich, um tagesaktuelle Kontingente und Preise zu erhalten und zügig Avisierungen vorzunehmen. Ein klassischer Pauschalreiseveranstalter hat einen deutlich geringeren Bedarf an Leistungsträgerschnittstellen als ein Bausteinveranstalter, da seine Produkte in weiten Teilen durch die Kapazitätsgarantien quasi aus dem Lager bzw. Inventory des Sytems abrufbar sind und die Zahl der Leistungsträger aufgrund der punktuellen Mengenvolumina geringer ist. Ein Pauschalveranstalter kann daher eher auf Standardsysteme wie z. B. Blank zurückgreifen als ein Bausteinveranstalter. Das Standard-System Blank wird branchenweit u. a. benutzt von den REWE-Pauschalveranstaltern, Alltours, Schauinsland, Öger (Thomas Cook), 1-2-Fly und Wolters (TUI), Phoenix Reisen und Ameropa.

Hingegen nutzen die Veranstalter TUI, Neckermann, Thomas Cook, REWE-Baustein, FTI oder AIDA selbst entwickelte Systeme, die den spezifischen Anforderungen der jeweiligen Veranstalter entsprechen. Egal ob Eigenentwicklung oder Standardsystem, beide müssen mit vor- und nachgelagerten IT-Systemen wie z. B. dem Rechnungswesen, GDS-Systemen, IBEs oder internen Kommunikationssystemen und Servern verbunden werden. Dazu sind mehr oder weniger umfangreiche IT-Personalressourcen erforderlich, die bei Großveranstaltern zwischen 50 und 100 Köpfen umfassen können.

1.12.1.2 IT-Wartung und Netzwerkbetreuung (intern und extern)

Der Super-GAU eines Reiseveranstalters ist die mangelnde Funktionsfähigkeit bzw. der temporäre Ausfall seines Reservierungssystems. Dies kann sehr teuer werden, wenn die Reisebüros während der Ausfallzeit die Kunden bei Wettbewerbern einbuchen. Das gleiche gilt für Stammdaten- oder Programmfehler, die Kalkulationen und Buchungsdaten verfälschen können. Damit das nicht passiert und eine 24-stündige Funktionsfähigkeit für sieben

Wochentage gewährleistet ist, wird intern eine ständige IT-Wartung und Netzwerkbetreuung inkl. eines technischen Helpdesks vorgehalten. Für die externen Vertriebs- und Leistungsträgernetzwerke werden externe Dienstleiter zu derartigen Service-Dienstleistungen vertraglich verpflichtet.

1.12.2 Datawarehouse-Steuerung/Verkaufsstatistiken

Alle in den IT-Systemen gespeicherten Daten sind für statistische Zwecke abrufbar. Wenn sie in einer Datenbank systematisch geordnet, selektiv abrufbar und statistisch nutzbar gemacht werden können, dann nennt man die Datenbasis Datawarehouse. Die dabei generierten Daten werden üblicherweise Buchungsstatistiken genannt und erfassen Umsätze, Kunden bzw. Teilnehmer oder Buchungen bzw. Vorgänge. Grundsätzlich gibt es dabei zwei verschiedene Auswertungs- und Betrachtungsweisen:

- Buchungsstatistiken mit den im Touristik- und/oder Geschäftsjahr **angetretenen Reisen**; diese Perspektive orientiert sich an der Saisonalität der Angebote (Kataloge) sowie den Anforderungen des Finanz- und Rechnungswesens.
- Buchungsstatistiken mit den im Touristik- oder Geschäftsjahr **gebuchten Reisen** unabhängig vom Zeitpunkt des Reisebeginns; diese Betrachtungsweise orientiert sich an der Vertriebsperspektive und erfasst die Auftragslage.

Ein Reiseveranstalter benötigt eine Vielzahl von Statistiken und Kennzahlen zur Steuerung von Yield und Garantiekapazitäten. Darüber hinaus werden diese Daten für das interne und externe Unternehmensreporting, das Controlling sowie die Marktforschung für Benchmarks aller Art mit Wettbewerbern und Marktdaten benötigt.

1.12.3 Marktforschung

Aufgabe der Marktforschung ist es, für das Management eines Reiseveranstalters alle erforderlichen externen Marktdaten und internen Informationen zu recherchieren, aufzubereiten, zu analysieren sinnvoll miteinander zu kombinieren und in geeigneter Form bereit zu stellen. Im Detail sind diese Aufgaben in Kapitel IV.1 ausführlich dargestellt. Die meisten internen Informationen werden aus dem Datawarehouse bereitgestellt. Die externen Informationen müssen oft mühsam recherchiert oder mit hohem finanziellem Einsatz von Marktforschungsinstituten erworben werden. Daten aus der Marktforschung werden in nahezu allen Phasen der Prozesskette benötigt. Dies beginnt schwerpunktmäßig in der Planungsphase, wenn es um Zielgruppendefinitionen, Ziel- und Quellmarktvolumina geht. Es setzt sich fort im Einkauf mit der Ermittlung der Marktstrukturen, Volumina und Auslastungen der Beschaffungsmärkte der Leistungsträger. In weitern Studien werden Produkt-Benchmarks und Preisvergleiche erarbeitet. Schließlich werden Marktanteile auf Grundlage der getätigten Buchungen der Kunden ermittelt und auf Basis der Daten aus dem Kundendienst und der CRM-System Kundenprofile und Markttrends abgeleitet.

1.12.4 Finanz- und Rechungswesen

Das Spektrum des Finanz- und Rechnungswesens begleitet ebenfalls die gesamte Prozesskette eines Reiseveranstalters mit der Rechnungslegung vom Einkauf, über Kalkulation, Devisenbeschaffung, Besteuerungsregelungen, Inkassowege, Kunden-, Agentur- und Leistungsträgerabrechnungen bis zur Kontierung und Bilanzierung. Im Rahmen der Prozesskette wurden bereits ausführlich die Kalkulations-, Inkasso und Abrechnungsfunktionen erläutert. Eine Sonderrolle nehmen die steuerlichen Regelungen ein, die zum Teil sehr branchenspezifisch sind und im Kapitel II.2.3 ausführlich behandelt werden. Von besonderer Bedeutung sind auch die Devisendispositionen, die sowohl beim Einkauf von Reiseleistungen in Nicht-Euro-Ländern als auch beim Betrieb von Hotels und Zielgebietsagenturen in diesen Destinationen benötigt werden, da Wechselkursänderungen während eines Touristikjahres bei den geringen Margen eines Reiseveranstalters schnell zu Verlusten führen können. Im Kapitel II.2.4 wird detailliert beschrieben, mit welchen Instrumenten sich ein Reiseveranstalter gegen schwankende Devisenkurse absichern kann. Diese stehen in unmittelbarem Zusammenhang mit der Liquiditätssteuerung des Unternehmens und können dessen Jahresergebnis gravierend beeinflussen.

1.12.5 Controlling

Während das Finanz- und Rechnungswesen eher eine historisch dokumentierende Funktion hat, kommt dem Controlling eine planerische, kalkulatorische und optimierende Aufgabe zu. Neben den Daten des internen Rechnungswesens werden dazu auch Datawarehouse-Daten und externe Markt-Informationen herangezogen. Bei einem Reiseveranstalter werden drei wesentlichen Funktionen unterschieden:

1. Das Yield-Management oder **Angebots-Controlling** beschäftigt sich mit der Auslastungs- und Margenoptimierung insbesondere bei Kapazitäts-Garantien (vgl. Kapitel II.1.5). Dabei werden die geplanten oder erwarteten Mengen oder Teilnehmer mit den geplanten Auslastungsquoten und den verschiedenen Saison-Preisparametern auf Basis der Controlling-Daten kalkuliert, simuliert und optimiert.
2. Beim **Vertriebs-Controlling** geht es um die Kalkulation und Optimierung von Kosten und Effizienz der verschiedenen Vertriebskanäle. Im Ergebnis entstehen daraus die verschiedenen Provisions- und Vergütungsmodelle sowie die evtl. abweichenden Sonderkonditionen einzelner Key-Account-Vertriebspartner. Eine weitere Sichtweise ist, welche Produkte am effizientesten über welchen Vertriebskanal abgesetzt werden können und welcher Vertriebskanal auf das gesamte Sortiment (Full Content) zugreifen darf.
3. Das **Deckungsbeitrags-Controlling** ist die betriebswirtschaftliche Aufbereitung der Plan- und Ist-Daten in Form der klassischen Kostenträger-, Kostenstellen-, Kostenarten- und Unternehmensrechnung. Der Schwerpunkt liegt dabei zumeist auf der organisations- und funktionsbezogenen Budgetbetrachtung, mit der die verschiedenen Verantwortungsbereiche erfolgsorientiert transparent gemacht werden. Darüber hinaus werden als Messkriterien zahlreiche betriebswirtschaftliche Kennziffern aus diesen Daten für Geschäftsführung und Unternehmens-Kontrollgremien ermittelt. Viele erfolgsabhängige Zusatzvergütungen und Boni der Führungskräfte orientieren sich an diesen Parametern.

1.12.6 Personal-Dienstleistungen

Ein Hersteller und Händler von Dienstleistungen ist in besonderem Maß auf die Qualität des Personals angewiesen, das vor allem vor und während der Reise der mit Abstand dominanteste Produktionsfaktor ist und somit alle Funktionen der beschriebenen Veranstalter-Prozesse beeinflusst. Daher sind die hohen Anforderungen an Personalrekrutierung, Personaleinsatz, Führung, Organisation und Schulung im Quell- und Zielmarkt nicht zu unterschätzen.

1.12.6.1 Personal-Beschaffung

Die Produktionsprozesse eines Reiseveranstalters sind üblicherweise zentral an einem oder zumindest an wenigen Standorten im Quellmarkt konzentriert. Bei der Rekrutierung von qualifiziertem erfahrenem Personal kann dies Fluch und Segen zugleich sein. Befinden sich Wettbewerber im regionalen oder lokalen Einzugsbereich, kann eine Ersatzbeschaffung oder Neueinstellung oft schneller erfolgen, da es einen entsprechenden Fachkräftemarkt vor der Haustür gibt. Umgekehrt erhöht dies unter Umständen auch die Mitarbeiterfluktuation zwischen den Wettbewerbern und erschwert es Ideen und Innovationen vertraulich zu behandeln. Hat ein Veranstalter seinen Standort eher dezentral im Quellmarkt und ohne nennenswerten Wettbewerber vor Ort, dann ist die Fachkräfte-Rekrutierung für die Schlüssel-Positionen deutlich schwieriger; allerdings dürfte dann auch die Fluktuation geringer sein.

Eine ähnliche Situation findet man auch in den volumenstarken Zielgebieten vor, wo Reiseleiter und Mitarbeiter von Zielgebietsagenturen zwischen Wettbewerbern munter hin- und herwechseln. Da diese in der Regel keine wesentlichen Know How Träger sind, ist dies unkritisch und zugleich sogar ein Vorteil, da der Fundus von mehrsprachigem Personal mit deutscher Muttersprache oder guten Deutschkenntnissen entsprechend groß ist. In volumenschwachen Destinationen können diesbezüglich aber auch schon mal Personal-Engpässe auftreten.

Bei der Personalbeschaffung für die Funktionen eines Reiseveranstalters sind aber auch branchenfremde Arbeitsmarktentwicklungen zu beachten. Fachkräfte z. B. aus IT-Bereich, Rechnungswesen, Controlling, Rechtsbereich, Marketing, Marktforschung und Werbung sind auch in anderen Branchen gefragt und sind nicht auf Tourismusunternehmen fixiert und daher auch branchenübergreifend mobil. Das gilt auch auf Sachbearbeiterebene z. B. für Buchhalter mit SAP-Erfahrung oder angelernte Call Center-Mitarbeiter. Eine starke Nachfrage nach diesen Arbeitskräften oder die geballte Freisetzung durch Wirtschaftskrise oder Insolvenzen kann dabei schnell für Angebots-Engpässe wie auch für Nachfrage-Überschüsse am Arbeitsmarkt sorgen. Das gilt insbesondere dann, wenn diese Funktionen gebündelt in wirtschaftlich strukturschwache Regionen ausgelagert sind. Eine Auslagerung der Call Center Funktionen eines Veranstalters in andere Länder macht keinen Sinn, wenn die Produkte, die dort beraten und unterstützt werden sollen, ausschließlich im Quellmarkt vertrieben werden. Dabei haben etliche Reiseunternehmen schon viel Lehrgeld bezahlt, weil die permanenten Produkt- und Systemschulungen sowie Sprachbarrieren erhebliche Komplexitäten schaffen und zusätzliche Kosten verursachen.

1.12.6.2 Personaleinsatzplanung und Organisation

Aufgrund der periodischen Saisonalität durch die Produktionszyklen von Winter- und Somersaison und der zusätzlichen nachfrageorientierten Saisonalität durch Hoch-, Zwischen und Nebensaison infolge von Schulferien, Brücken- und Feiertags-Terminen ergeben sich bei einem Reiseveranstalter besondere Anforderungen an die Organisation der Arbeitsplätze und die Einsatzplanung der Mitarbeiter. Im **Quellmarkt** orientiert sich der Arbeitsanfall im Wesentlichen am Produktionszyklus der Kataloge, die für den Winter im Juli und den Sommer im November erscheinen und einen arbeitstechnischen Vorlauf von 4–6 Monaten benötigen mit Arbeitsspitzen in den letzten beiden Monaten vor der Auslieferung. Die operative Buchungsabwicklung hat ihre höchste Arbeitsbelastung in der Regel 2–3 Monate nach dem Erscheinen der jeweiligen Kataloge wie bei den Reisebüros auch; dabei kommt es teilweise zu Überlappungen zwischen Winter- und Sommersaison zumeist im Januar und Februar, die ebenfalls berücksichtigt werden müssen. Sofern es Arbeitsverträge, Betriebvereinbarungen und gewerkschaftliche Tarifverträge zulassen wird vor allem in Einkauf und Produktion versucht, die Spitzenbelastung mit Mehrarbeitszeiten der dort eingesetzten Fachkräfte durch flexible Arbeitszeitausgleiche und zusätzliche Urlaubstage in den Schwachlastzeiten über Jahresarbeitszeitkonten auszugleichen.

Bei der Buchungsabwicklung wird hingegen versucht, das Stamm-Team temporär durch Aushilfen, Saisonkräfte und Praktikanten aufzustocken, wenn der Arbeitsmarkt dies hergibt. Eine weitere Möglichkeit besteht in der Auslagerung von Spitzenbelastungen auf externe Dienstleister wie z. B. bei Call Center Leistungen. Ganz so extrem wie im klassischen Geschäftsmodell mit saisonalen Katalogen ist der Arbeitsanfall im reinen Online-Geschäft nicht, da die Online-Produktion eines Veranstalters, Consolidators oder Vermittlers kontinuierlicher über das gesamte Jahr erfolgen muss; bei der Buchungsabwicklung gibt es hingegen kaum Unterschiede zum Kataloggeschäft außer, dass online kurzfristiger gebucht wird.

Im **Zielgebiet** orientiert sich der Arbeitsanfall an der Kundennachfrage, d. h. den klimatisch weitgehend absehbaren und bereits nach Mengen und Preisen kalkulierten Saisonphasen. So gibt es Zielgebiete oder Länder wie Griechenland, Portugal und Osteuropa aber auch Regionen wie Gardasee oder Toskana, die im europäischen Winter nahezu komplett schließen. Viele andere wie die Balearen, das spanische Festland oder die Türkei haben in dieser Zeit ein deutlich geringeres Aufkommen, so dass auch dort viele Hotels nur in der Sommersaison betrieben werden. Auch Fernreisen auf der Nordhalbkugel finden dann mit wenigen Ausnahmen (Florida und Hawaii in den USA) deutlich weniger statt. Diese Saisonalität ist in allen Ferndestinationen auf der Südhalbkugel gerade umgekehrt. Es gibt nur wenige Ganzjahresziele, die sich in der Regel nur wenige Breitengrade vom Äquator entfernt befinden wie der Indische Ozean, die Karibik, Indochina, die Emirate und die Kanaren. Dies ist bei der Stellenbesetzung von Zielgebietsagenturen, Ferienhotels und Reiseleitungen zu berücksichtigen, die nur in begrenzten Umfang spezialisierte Fachkräfte benötigen. Daher werden dort überwiegend Saisonkräfte beschäftigt, viele davon als Freelancer bzw. Selbständige. Sofern diese Mitarbeiter nicht lokaler Herkunft sind, sondern aus Deutschland oder anderen EU-Staaten stammen, werden sie häufig über Beschäftigungsgesellschaften in der Schweiz rekrutiert, die unabhängig von den Leitungen der nationalen Sozialversicherungen sind, die diese Mitarbeiter im Ausland ohnehin nicht in Anspruch nehmen können.

1.12.6.3 Mitarbeiter-Qualifizierung und Schulung

Die Touristik ist eine global operierende Branche, die sich beständig neuen Herausforderungen gegenübersieht und fast ausschließlich vom **Produktionsfaktor Mensch** lebt. Umso wichtiger ist es diese Menschen ständig auf einem aktuellen Informationsstand zu halten, der idealerweise größer sein sollte als der der potenziellen Kunden. Hilfreich sind dabei die inzwischen schon sehr professionalisierten IT-Systeme, die bei effizienter Anwendung Geschwindigkeit und Umfang der Informationsvermittlung, -verarbeitung und -weitergabe enorm verbessern. Dennoch können sie Persönlichkeit, Intellekt, Ansprache und Einfühlungsvermögen eines Menschen nicht ersetzen. Dies gilt gegenüber den Kunden gleichermaßen für die Beratung vor Reisebeginn wie für die Hilfe im Zielgebiet und das nicht nur im Reklamations-, Krisen- oder Krankheitsfall. Genauso wichtig sind aber die Informations- und Wissensströme der Mitarbeiter untereinander in der internen Quellmarktorganisation des Veranstalters, in der internen Zielgebietsorganisation sowie zwischen Quell- und Zielmarkt.

Die dazu erforderlichen Qualifizierungs- und Schulungsmaßnahmen sind dabei sehr vielfältig und müssen selektiv den Mitarbeitern je nach Verantwortungsbereich in verschiedenen Intensitätsstufen verpflichtend oder optional angeboten werden. Dies betrifft u. a. Schulungen:

- für die verwendeten internen und externen IT-Systeme und Instrumente
- der Organisationsabläufe und Prozesse
- des Produkt- und Zielgebietswissens
- der Verhaltensparameter gegenüber Kunden
- von Verhandlungstechniken gegenüber Leistungsträgern
- von allgemeinen Arbeitstechniken wie Arbeitsorganisation, Zeitmanagement oder auch Sprachen
- für Mitarbeiterführung.

Gerade der **Mitarbeiterführung** kommt in komplexen Dienstleitungsorganisationen eine besondere Bedeutung zu. Denn insbesondere in Spitzenbelastungszeiten oder bei externen Krisen, von denen die Touristikbranche inzwischen nahezu regelmäßig betroffen ist, ist es sehr wichtig, Mitarbeitern Unterstützung, Sicherheit und Orientierung zu geben, damit sie diesen Extremsituationen physisch und psychisch gewachsen sind. Ein Vorgesetzter, der sich dabei selbst nicht sicher unter Kontrolle hat und nicht motivieren kann, schwächt dabei die Leistungsfähigkeit des gesamten Teams. Dieser Prozess ist interdependent und muss durchgängig durch alle Hierarchiestufen laufen. Dies ist eine idealistische Sichtweise, weil natürlich nicht jeder Mensch in dieser Hinsicht gleich veranlagt ist und fehlende Basisvoraussetzungen auch durch Schulung nur begrenzt ersetzbar sind. Manchmal müssen daher in Führungspositionen Kompromisse zwischen fachlichem Know How und Führungsqualitäten eingegangen werden.

1.12.7 Rechtsdienstleistungen und Versicherungsdienstleistungen

Rechts- und Versicherungsdienstleistungen sind einerseits Bestandteil der funktionalen Prozesse eines Reiseveranstalters und andererseits begleitende, beratende und unterstützende Dienstleistungen. Während Versicherungsdienstleistungen überwiegend am Anfang der Prozesskette stehen, finden die juristischen Leistungen in den meisten Fällen erst in späteren Phasen vor allem bei Vertragsverletzungen aller Art und daher eher am Ende der Prozesskette statt, zumal sich Rechtsverfahren vor den Gerichten oftmals über Jahre hinschleppen können.

1.12.7.1 Reisevertragsrecht und Allgemeine Geschäftsbedingungen (AGB)

Die sich aus den Verpflichtungen des im Bürgerlichen Gesetzbuch verankerten Reiserechts (§§ 651a–m BGB) und der EU-Pauschalreiserichtlinie ergebenden Verpflichtungen muss ein Reiseveranstalter in seine Allgemeinen Geschäftsbedingungen (AGB) aufnehmen. Im Rahmen der gesetzlichen Rahmenbedingungen kann jeder Reiseveranstalter diese AGB seinen Angeboten und Bedürfnissen anpassen. In den meisten Fällen übernehmen mittlere und kleine Veranstalter die vom Deutschen Reise Verband (DRV) entworfenen Musterbedingungen. Die wichtigsten Bestimmungen und Details des Reiserechts werden im Kapitel II.2.1 erläutert. Ergänzend wird auf die Fachliteratur zu diesem Thema verwiesen.

1.12.7.2 Insolvenzhaftung

Jeder Reiseveranstalter in der Europäischen Union ist gemäß der EU-Pauschalreiserichtlinie verpflichtet bestimmte Versicherungen abzuschließen. Dazu zählen in erster Linie die Insolvenzschutzversicherung oder der Beitritt zu einem Insolvenz-Haftungsfond sowie die Veranstalter-Haftpflichtversicherung. Beide werden im Kapitel II.2.2 erläutert. Ergänzend wird auch hier auf die Fachliteratur zu diesem Thema verwiesen. Weitere Versicherungen wie Sach- und Personenversicherungen sind optional und nicht unbedingt branchenspezifisch, werden aber üblicherweise zur Absicherung potenzieller Risiken abgeschlossen.

1.12.7.3 Sonstige Rechtsdienstleistungen

Wie in der Prozesskette beschrieben schließt ein Veranstalter in allen Prozessphasen eine Vielzahl von nationalen und internationalen Verträgen mit Leistungsträgern (Flug, Hotel, Mietwagen, Bahn etc.), System- und Technik-Dienstleistern, Zielgebiets-, Service- und Werbeagenturen, Reisevermittlern und Reisebüro-Organisationen und den reisenden Kunden. Diese Komplexität kann reduziert werden durch standardisierte Gruppenverträge. Bei jedem einzelnen dieser Vertragsverhältnisse kann es zu Leistungsstörungen oder Vertragsverletzungen kommen, die dann einer juristischen Beurteilung und Behandlung bedürfen. Im Verhältnis zum Kunden gibt es den Vorfilter des Kundendienstes und Reklamationsmanagements. Erst wenn alle Wege der Klärung oder Kulanz nicht weiterhelfen, wird die Rechtsabteilung einbezogen. Alle anderen Vertragsverhältnisse sind in der Regel zivilrechtliche B2B-Verfahren, bei denen auch die Gegenseite im Fall von Vertragsverletzungen relativ schnell ihren Rechtsbeistand einschaltet. Ist nach allen Argumentations- und Regelungsversuchen eine gerichtliche Auseinandersetzung nicht zu vermeiden, so wird häufig eine externe Fachkanzlei mit der Durchführung des Verfahrens beauftragt, wobei die interne Rechtsabteilung dann als Zeuge bzw. Partei fungieren kann.

Neben diesen zivil- und insbesondere reiserechtlichen Tätigkeiten sind eher unregelmäßig auch Verfahren zu regeln, die Verwaltungs- und Ordnungsrecht, Arbeits- und Sozialrecht, Steuerrecht, Markenrecht, Kartellrecht, Strafrecht, Gesellschaftsrecht, Vermögensrecht, Miet- und Immobilienrecht oder internationales Recht betreffen. In all diesen Fällen ist ein internes Rechtsreferat beratend und koordinierend tätig, während die gerichtliche und behördliche Verfahrensklärung zumeist Fachkanzleien und Notaren übergeben wird.

1.12.8 Sonstige zentrale Dienstleistungen

Neben allen zuvor ausführlich geschilderten für einen Reiseveranstalter unmittelbar wichtigen Zentral-Dienstleistungen gibt es noch eine Vielzahl weiterer Dienstleistungen, die zumeist als selbstverständlich vorausgesetzt werden. Diese betrifft zumeist die lokale Infrastruktur eines Reiseveranstalterunternehmens. Dazu zählen u. a.:

- Gebäudewartung und Haustechnik (Facility Management)
- Telefon- und IT-Netzwerk-Wartung
- Fuhrpark
- Poststelle/Konfektionierung
- Dokumenten- und Akten-Archivierung
- Zugangskontrolle/Pförtner/Sicherheit
- Mitarbeiter-Dienstleistungen wie Zeiterfassung, Kantine, Parkplätze, Job-Ticket o. ä.

Je nach Größe und Standort eines Reiseveranstalters spielen diese Faktoren wie in Unternehmen anderer Branchen eine mehr oder weniger bedeutende Rolle.

2 Rechtliche, steuerliche und wirtschaftliche Rahmenbedingungen

Im folgenden Kapitel II.2 wird auf vier wesentliche überwiegend gesetzliche Rahmenbedingungen für die im ersten Kapitel beschriebenen Prozesse eingegangen, die einer intensiveren inhaltlichen Behandlung bedürfen und hier nur insoweit erläutert werden wie dies für das Verständnis der Gesamtzusammenhänge dieses Buches erforderlich ist. Die nachfolgend dargestellten Sachverhalte über Rechtsnormen, Versicherungen, Steuern und Devisen sind zum Teil sehr komplex und sollten ggf. in der angegebenen weiterführenden Fachliteratur vertieft werden.

2.1 Rechtliche Rahmenbedingungen

Grundsätzlich gelten alle Gesetze, Verordnungen und Rechtsnormen gegenüber allen natürlichen und juristischen Personen im Geltungsbereich. Dort wo Ihre Anwendung zu hoher Komplexität, mangelnder Überprüfbarkeit, zu Ungleichbehandlungen oder gar zu Ungerechtigkeit führt hat der Gesetzgeber Paragrafen mit Sonderregelungen oder sogar zusätzliche Gesetze erlassen. Dies gilt für sehr viele Anwendungsbereiche, macht die nationalen und internationalen Rechtssysteme unübersichtlich und schafft ein entsprechendes Fachrechtexpertentum.

Dies gilt auch für die Reisebranche, die insbesondere durch das deutsche Reisevertragsrecht, die EU-Pauschalreiserichtlinie und das nationale Unikat des Handelsvertreterrechts geprägt ist. Hinzu kommen die Sonderregelungen des Beförderungsvertragsrechts in Form der Eisenbahnverkehrsordnung (Bahnreisen), der internationalen Regelungen der EU-Fluggastrechte-Verordnung, des Montrealer Übereinkommens (Flugreisen) und des Athener Übereinkommens (Kreuzfahrten). Auch die Allgemeinen Geschäftsbedingungen wurden branchenspezifisch angepasst.

Im Rahmen dieses Buches wird nur auf die für Reiseveranstalter und Reisevermittler geltenden speziellen zivilrechtlichen Rahmenbedingungen eingegangen. Für weitere Informationen und Details wird auf die angegebene juristische Fachliteratur verwiesen.

2.1.1 Reisevertragsrecht

Das Reisevertragsrecht in Form der heute geltenden §§ 651 a–m BGB wurde erst 1979 in das Bürgerliche Gesetzbuch (BGB) eingefügt. Bis zu diesem Zeitpunkt gab es hinsichtlich der allgemein geltenden Rechtssprechung erhebliche Probleme, die Aktivitäten von Unternehmen der Reisebranche rechtlich einzuordnen. Während zunächst die typische Tätigkeit des Reisebüros nach den Vorschriften des Maklervertrages bewertet wurde, wurde sie später als Geschäftsbesorgungswerkvertrag behandelt.

Der Gesetzgeber begann sich erst Anfang der 70er Jahre intensiver mit dieser Thematik zu beschäftigen. Zum einen erlangten zu diesem Zeitpunkt die Pauschalreise-Verträge zunehmend an Bedeutung und zum anderen stiegen die Prozesse enttäuschter oder geschädigter Pauschalurlaubs-Reisender sprunghaft an. So wurde das BGB durch das Reisevertragsgesetz, das am 01.10.1979 in Kraft getreten ist, um die neuen §§ 651a–k BGB erweitert. Diese wurden hinter den Vorschriften des Werkvertragsrechts (§§ 631–651 BGB) eingefügt.

Nachdem die Europäische Kommission die Richtlinie über Pauschalreisen (90/314/EWG) vom 13.06.1990 erlassen hat, musste auch Deutschland seine zivilrechtlichen Regelungen des Reisevertragsrechts erneuzt anpassen. Dies geschah durch das Umsetzungsgesetz vom 24.04.1994, in dem die §§ 651a ff. BGB geändert und in den §§ 4–11 BGB-InfoV Informationspflichten des Reiseveranstalters geregelt wurden. Mit den Änderungsgesetzen vom 20.12.1996 wurde zudem die Insolvenzsicherung in § 651k BGB eingeführt. Nach § 651m BGB kann das Reisevertragsrecht durch den Reiseveranstalter nicht zum Nachteil des Reisenden abgeändert werden. Zudem ist es richtlinienkonform auszulegen.

Das **Reisevertragsrecht** gilt nur in der Vertragsbeziehung zwischen einem Reiseunternehmen und dem privaten Endkunden, es gilt nicht bei Vertragsbeziehungen zwischen Unternehmen (B2B). Den Reisenden werden dadurch langwierige, kostenintensive Verfahren bei Leistungsmängeln mit einzelnen Leistungsträgern (Hotel, Airline, Mietwagenunternehmen, etc.) erspart, die häufig ihren juristischen Sitz im Ausland haben. Insoweit ist das Reiserecht eigentlich ein Verbraucherschutzrecht

Reisevertragsrecht ist nicht anwendbar auf den

- Beförderungsvertrag im Luft-, Bahn-, Bus- und Luftverkehr
- Beherbergungsvertrag zwischen Gast und Gastwirt
- Mietvertrag zwischen Gast und Eigentümer als Vermieter einer Ferienimmobilie
- Reisevermittlervertrag (Geschäftsbesorgungsvertrag) zwischen Reisekunde und Reisebüro

Auf diese Regelungen wird in den folgenden Kapiteln ausführlicher eingegangen.

2.1.2   EU-Pauschalreiserichtlinie

Die EU-Pauschalreiserichtlinie wurde am 13.6.1990 beschlossen und findet sich im EWG wieder (90/314/EWG). Das Hauptziel der EU ist die Vollendung des Binnenmarktes sowie die Beseitigung von Wettbewerbsverzerrungen und die Schaffung vergleichbarer Rahmenbedingungen für Reiseveranstalter und Reisende.

Die Richtlinien dienen dem **Schutz der Reisenden** und sollen im Fall der Zahlungsunfähigkeit oder Insolvenz des Reiseveranstalters die Sicherstellung der bereits gezahlten Beträge und die Rückreise garantieren. Auf die für Reiseveranstalter vorgeschriebene Insolvenz-Haftpflicht-Versicherung wird im Kapitel II.2.2.2.2 eingegangen.

Zudem regeln die Richtlinien die Haftung der Reiseveranstalter für die ordnungsgemäße Erbringung der verkauften Leistungen im Sinne des **Verbraucherschutzes**. Sie enthalten zusätzlich die Regelungen, welche Informationen zu welchem Zeitpunkt und in welchem Umfang in den Reiseprospekten bereitgestellt werden sollen und beinhalten konkrete Anforderungen zum Inhalt. Ebenso legt die Richtlinie fest unter welchen Voraussetzungen und mit welchen Rechtsfolgen der Vertragsinhalt (Reisepreis etc.) nachträglich geändert werden kann.

In den Regelungen werden auch die **Mindestanforderungen** hinsichtlich der Rechte der Verbraucher aufgestellt. Im Falle des Nichterbringens von Teilleistungen, die erbrachten Leistungen mangelhaft sind oder die Reise komplett ausfällt, sollen die Reisenden rechtlich abgesichert sein.

2.1.3 Rechtsbeziehungen zwischen den Vertragspartnern der Reiseorganisation

Der Reisevertrag kommt direkt zwischen dem **privaten Kunden** und dem Reiseveranstalter nach den Regelungen der §§ 651 a–m BGB zustande. Bestandteil des Reisevertrages sind immer die aus den Allgemeinen Geschäftsbedingungen (§§ 305–310 BGB und § 2 AGBG) abgeleiteten Allgemeinen Reisebedingungen (ARB). Ist der Kunde eine **juristische Person** bzw. ein Unternehmen, so regelt sich die Geschäftsbeziehung nach dem allgemeinen BGB-Vertragsrecht durch einen Werkvertrag (§§ 631–651 BGB) oder Dienstvertrag (§§ 610–630 BGB).

Wurde die Reise durch ein Reisebüro im Namen und für Rechnung eines Reiseveranstalters vermittelt, so entstehen zwei weitere Rechtsbeziehungen. Voraussetzung der Vermittlungstätigkeit ist die Existenz eines Agenturvertrages des Reisebüros mit dem Reiseveranstalter; dies kann wie in Deutschland generell üblich ein **Handelsvertretervertrag** (§§ 84 ff. HGB) oder – wie häufig bei Geschäftsreisen – auch ein **Maklervertrag** (§§ 93 ff. HGB) sein. Der Kunde schließt mit dem Reisebüro zeitgleich mit dem Reisevertrag einen **Geschäftsbesorgungsvertrag** (§§ 675 und 631 BGB) ab.

Um für den Kunden die mit dem Reisevertrag versprochenen Leistungen zu erbringen, unterhält der Reiseveranstalter selbst eine Vielzahl von Vertragsbeziehungen mit Leistungsträgern bzw. **Erfüllungsgehilfen** oder auch deren Subunternehmer in den Urlaubszielgebieten im Hinblick auf die Beförderung, Unterkunft, Verpflegung, Transfers und andere lokale Dienstleistungen (Beförderungs-, Beherbergungs-, Miet-Verträge etc.). Da diese Vertragsbeziehungen zwischen Unternehmen (B2B) zustande kommen gilt hier das jeweils nationale Werk- und/oder Dienst-Vertragsrecht. Dies braucht im Falle von Leistungsmängeln den privaten Endkunden nicht zu interessieren, da für ihn aufgrund des Schutzes des Reisevertragsrechtes und der EU-Pauschalreiserichtlinie der Reiseveranstalter der allein verantwortliche Vertragspartner in seinem Heimatland bleibt und für alle Leistungen seiner Erfüllungsgehilfen haftet.

Veranstalterhaftung gegenüber dem privaten Endkunden bedeutet, dass der Veranstalter die volle Haftung für die ordnungsgemäße Erfüllung des abgeschlossenen Reisvertrages übernimmt. Dies schließt die Haftung für Personen- und Sachschäden im Rahmen der Durchführung der Reise ebenso ein wie die Verkehrssicherungspflicht zur Sicherung von Gefahrenquellen. Der Veranstalter haftet für das gesamte Leistungsprogramm seiner Produkte und auch für das Verschulden der mit der Leistungserbringung vertrauten Personen (Erfüllungsgehilfe gem. § 278 BGB).

Für die Schlecht- oder Nichterfüllung eines Reisevertrages sieht das Gesetz für die Reiseteilnehmer nicht nur Ansprüche auf Reisepreisminderung, sondern auch auf Schadenersatz wegen entgangener Urlaubsfreude vor.

Hierzu zählen **Schadenersatzansprüche** wegen nutzlos aufgewendeter Urlaubszeit, Verdienstausfall sowie fehlgeschlagene Aufwendungen der Reisenden, etwa weil die Reise wegen Überbuchung gar nicht angetreten werden konnte. Aber nicht jede Unannehmlichkeit führt bereits zum Schadenersatzanspruch des Reisenden. Die Justiz (24. Zivilkammer des Landgerichts Frankfurt/Main) hat inzwischen mit der so genannten „Frankfurter Tabelle" eine eigene Referenzgrundlage zur Regulierung von berechtigten Schadensersatz- und Minderungsansprüchen entwickelt, die für andere Gerichte zwar nicht bindend ist aber eine Orientierung zur Gleichbehandlung bietet.

Gegen die aus der Haftpflicht resultierenden Schadensersatzansprüche kann sich ein Reiseveranstalter versichern (siehe Kapitel II.2.2.1). Er kann außerdem seinerseits den für den Leistungsmangel letztendlich verantwortlichen Leistungsträger auf Grundlage des Werk- und/oder Dienst-Vertrages in Rückgriffs-Haftung nehmen.

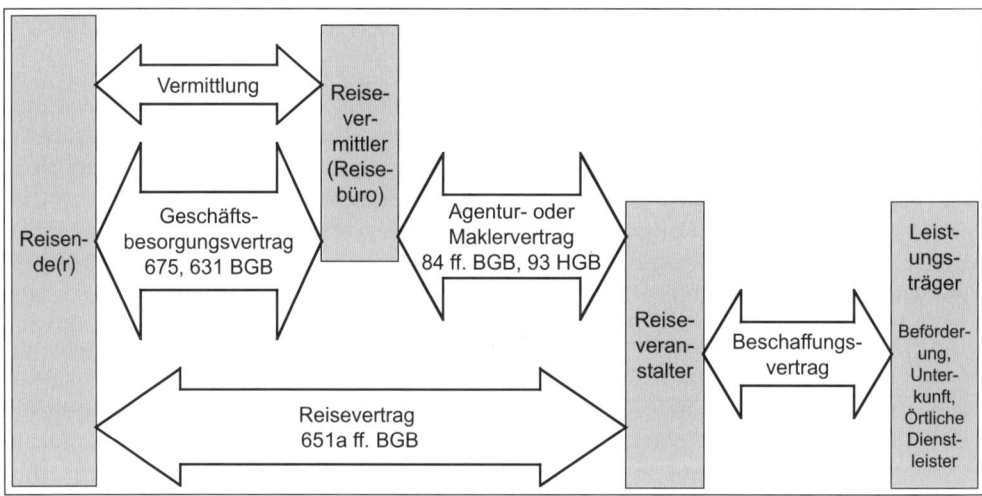

Abb. II. 2-1 Rechtsbeziehungen der Beteiligten bei Pauschalreisen (Quelle: in Anlehnung an FÜHRICH *2007: 7)*

Auf die wichtigsten Besonderheiten der Vertragsbeziehungen zwischen den an der Reiseorganisation beteiligten Vertragspartner wird nachfolgend Bezug genommen.

2.1.3.1 Allgemeine Geschäftsbedingungen (AGB)

Allgemeine Geschäftsbedingungen (AGB) sind vertragliche Klauseln, die zur Standardisierung und Konkretisierung von Massenverträgen dienen. Sie werden von einer Vertragspartei einseitig gestellt und bedürfen daher einer besonderen Kontrolle, um ihren Missbrauch zu verhindern. Legt der Reiseveranstalter dem Reisevertrag die Allgemeinen Geschäftsbedingungen zu Grunde, muss er gem. § 6 BGB-InfoV dem Reisenden vor Vertragsabschluss diese vollständig übermitteln. Laut §§ 305–310 BGB und § 2 AGBG sind die AGBs Bestandteil des Reisevertrages.

Für Pauschalreisen wurden vom DRV so genannte Allgemeine Reisebedingungen (ARB) erstellt. Diese sind Konditionsempfehlungen (§ 38 Nr. 3 GWB) und haben keinen verpflichtenden Charakter. Die ARBs sind von Reisveranstalter zu Reiseveranstalter verschieden. Jedoch versuchen die Reiseveranstalter die Unzulänglichkeiten der bestehenden gesetzlichen Vertragstypen in ihrem Sinne zu lösen. Dies bedeutet, dass versucht wird durch die Vermittlerklausel die Einstandspflicht der Reiseveranstalter zu umgehen, die weit gefassten Änderungsvorbehalte zugunsten der Reiseveranstalter einzuführen oder der Ausschluss der Haftung für den Leistungsträger als Erfüllungsgehilfe des Veranstalters.

2.1.3.2 Reisevermittlungsverträge (Geschäftsbesorgungs- und Agenturverträge)

Der Reisevermittler schuldet nicht die Durchführung der Reise. Reisevermittler und Kunde schließen Vermittlervertrag ab, welcher als Geschäftsbesorgungsvertrag nach §§ 675, 631 BGB betrachtet wird und auf die ordnungsgemäße Vermittlung der gewünschte Reiseleistung gerichtet ist.

Der Reisende schließt somit gleichzeitig zwei Verträge ab: den Reisevertrag mit dem Veranstalter und den Geschäftsbesorgungsvertrag mit dem Vermittler. Auch der Reisevermittler erfüllt zeitgleich zwei Verträge ab: den Geschäftsbesorgungsvertrag mit dem Kunden und den Agenturvertrag mit dem Veranstalter bzw. Leistungsträger.

Der Reisevermittler ist Erfüllungsgehilfe des Reiseveranstalters, so dass eine mögliche Pflichtverletzung des Vermittlers nach der Buchung dem Reiseveranstalter zugerechnet wird. Er besitzt als Stellvertreter des Veranstalters eine Abschlussvollmacht für Reiseverträge zwischen Reisenden und Reiseveranstalter. Erfolgt die Vermittlung dauerhaft, ist der Vermittler Handelsvertreter nach §§ 84 ff. HGB des Reiseveranstalters. Damit ist er in die Absatzorganisation des Veranstalters eingegliedert und hat einen Provisionsanspruch als Vergütung seiner Tätigkeit. Gemäß **Handelsvertreterstatus** hat er gegenüber dem Handelherrn ferner Ansprüche auf umfassende Information, Verkaufsunterstützung, Produkt- und Verkaufsschulungen, Zurverfügungstellung aller notwendigen Verkaufs- und Werbematerialen wie Kataloge und Prospekte sowie auf den Anschluss an ein Reservierungssystem mit dem vollen Sortiment des Reiseveranstalters und Gleichbehandlung mit allen anderen vom Veranstalter belieferten Vertriebskanäle. Darüber hinaus regelt der Agenturvertrag die Rechte und Pflichten des Reisevermittlers zum Inkasso. Beim **Agenturinkasso** zieht der Reisevermittler im Auftrag des Reiseveranstalters den Reisepreis vom Kunden ein. Der Reiseveranstalter bucht beim Reisemittler die Kundengelder zu fest vereinbarten Zeitpunkten ab. Dabei trägt der Reisemittler vorübergehend das Risiko der Zahlungsverweigerung durch den Kunden. In diesen Fällen regeln die meisten Agenturverträge, dass der Reisemittler die Forderung zur Zahlung des Reisepreises an den Veranstalter abtritt. Beim **Direktinkasso** zahlt der Kunde direkt an den Reiseveranstalter, so dass die Zahlungsströme bis auf die Provisionsvergütung am Reisevermittler vorbeilaufen. Dem Handelsvertreter obliegt laut Agenturvertrag die Pflicht, den Kunden sachgerecht im Interesse des Handelsherrn zu beraten, die Buchung sorgfältig abzuwickeln und dem Handelsherren alle notwendigen Kunden- und Buchungsinformationen rechtzeitig zukommen zu lassen.

Soweit kein Handelsvertreterstatus vorliegt, ist der Vermittler nicht ständig mit der Vermittlung eines Veranstalters betraut, sondern als Händler neutraler Handelsmakler nach §§ 93 ff. HGB ohne Provisionsanspruch. In diesem Fall zahlt der Kunde für die Vermittlungsleistung in Form einer Service- oder Vertragsabwicklungsgebühr, wie dies häufig bei der Abwicklung von Geschäftsreisen üblich ist.

2.1.3.3 Verträge mit Leistungsträgern

Verträge mit Leistungsträgern werden einerseits von Reiseveranstaltern in Form von Werk- und/oder Dienstverträgen abgeschlossen, wenn sie die als Erfüllungsgehilfen im Rahmen des Reisevertrages mit dem privaten Endkunden beschäftigen. Allerdings kommen auch Verträge direkt zwischen dem privaten Endkunden und den Leistungsträgern zustande, wenn der Kunde seine Reise individuell ohne Reiseveranstalter bucht. In der Regel kommt dabei ein Werkvertrag (§§ 631–651 BGB) zwischen den beiden Vertragsparteien zustande. In diesem Fall spricht die Justiz vom Individualreiserecht (im Gegensatz zum Reisevertragsrecht).

Verträge von Privatkunden mit Leistungsträgern unterliegen daher nicht den §§ 651a–m, sondern den Vorschriften des jeweiligen Vertragstyps wie dem Beförderungsvertrag im Luft-, Bahn-, Bus- und Schiffsverkehr (§§ 631 ff. BGB), dem Beherbergungsvertrag zwischen Gast und Gastwirt oder dem Mietvertrag für eine Ferienimmobilie zwischen Gast und Vermieter (§§ 535 ff. und 701 ff. BGB). Vor allem die Beförderungsverträge unterliegen dabei zusätzlichen nationalen und internationalen Spezialgesetzen, die sowohl für Individualkunden im Rahmen des Individualreiserechts, wie auch für Reiseveranstalter im Rahmen des Reisevertragsrechts als auch generell für Unternehmen aller Art im Rahmen des Werkvertragsrechts Gültigkeit haben.

Bei der **Luftbeförderung** sind zusätzlich die Allgemeinen Beförderungsbedingungen zu beachten, die in jüngster Zeit durch die EU-Fluggastrechte-Verordnung (EG Nr. 261/2004) bei Nichtbeförderung, Annullierung und Verspätung deutlich verschärft wurden. Schadensersatzansprüche bei Personen-, Gepäck- und Verspätungsschäden werden ferner durch das Montrealer Übereinkommen für EU-Luftfahrtunternehmen (MÜ) reguliert, das in fast 100 Staaten darunter dem gesamten EU-Gemeinschaftsgebiet gilt.

Bei der **Bahnbeförderung** gilt neben den Allgemeinen Beförderungsbedingungen die Eisenbahn-Verkehrordnung (EVO), das Personenbeförderungsgesetz (PersBefG) sowie bei inter-

2 Rechtliche, steuerliche und wirtschaftliche Rahmenbedingungen

nationalen Bahnreisen das CIV-Übereinkommen über den internationalen Bahnverkehr COTIF, die Schadensersatz bei Unfällen, Zugausfall und Verspätung regeln.

Bei der **Busbeförderung** greifen neben den Allgemeinen Beförderungsbedingungen und der EU-verordnung EG Nr. 2006/2004 für Haftung und Schadensregulierung zusätzlich die Gewerbeordnung und das Personenbeförderungsgesetz (PersBefG).

Bei **Schiffsbeförderung** (vor allem Fähren, individuelle Schiffspassagen) gilt neben dem Werkvertrag (§§ 631 ff. BGB) für Schadensregulierung und Haftungsbeschränkung § 644 HGB sowie das internationale Athener Übereinkommen. Wenn die Schiffsbeförderung im Rahmen einer Kreuzfahrt erfolgt, so wird das Beförderungsunternehmen in der Regel als Reiseveranstalter tätig, so dass dann das Reisevertragsrecht Anwendung findet.

Den **Beherbergungsvertrag** sowie den **Mietvertrag** für Ferienimmobilien regeln §§ 535 ff. BGB. Kommen Bewirtungsleistungen hinzu, so sind zusätzlich §§ 433ff. BGB sowie im Hinblick auf die Gastwirt-Haftung §§ 701 ff. BGB und die Verkehrssicherungspflichten §§ 823 ff. BGB zu beachten.

2.2 Versicherungen

Der Bedarf, Risiken durch Versicherungen abzusichern, ist bei Unternehmen der Reisebranche nicht grundlegend anders als in anderen Branchen. Aber wie nicht anders zu erwarten, gibt es Besonderheiten, die in weiten Teilen durch nationale oder EU-Gesetzgebung vorgeschrieben sind. Dabei ist zu unterscheiden zwischen allgemeinen Versicherungen und branchenspezifischen Versicherungen.

2.2.1 Allgemeine Versicherungen

Sachversicherungen beziehen sich in erster Linie auf die Versicherung des Unternehmensvermögens, d. h. der Immobilien, des Inventars und des Finanzvermögens gegen Schäden durch Dritte. Zu den Sachversicherungen zählt auch die Vertrauensschaden-Versicherung, die Schäden am Vermögen des Unternehmens durch Vertrauenspersonen des Unternehmens d. h. durch Mitarbeiter abdeckt. Versichert sind dabei fahrlässige und vorsätzliche Handlungen dieser Personen sowie Ereignisse, die ohne Verschulden der Vertrauensperson eintreten. Eine Sonderform der Sachversicherungen ist die Betriebsunterbrechungs-Versicherung, die Vermögensschäden des Unternehmens infolge Unterbrechung der Betriebstätigkeit versichert, die durch externe Ereignisse wie Feuer, Explosion, Blitzschlag oder Absturz von Flugkörpern entstehen.

Die zweite Gruppe allgemeiner Versicherungen entfällt auf **Haftpflichtversicherungen**, wie die Personen- und Sachschaden-Haftpflicht, die Vermögensschaden-Haftpflicht, die Betriebs-Haftpflicht oder die Umwelt-Haftpflicht, die Schäden regulieren, die aus der betrieblichen Unternehmenstätigkeit resultieren und deren Umfang bedarfsgerecht angepasst werden kann. Hierzu zählen auch die branchenspezifischen Reiseveranstalter- und Insolvenz-

Haftpflichtversicherung, auf die im nächsten Kapitel eingegangen wird. Daneben gibt es auch spezielle Event- und Veranstaltungs-Haftpflichtversicherungen.

Die dritte Gruppe von Versicherungen betrifft **Personenversicherungen**, d. h. die Versicherung von Schäden, die Mitarbeiter erleiden in Ausübung ihrer Berufstätigkeit für das Unternehmen. Dabei sind zu erwähnen die Dienstreise-Kaskoversicherung, die Reisegepäckversicherung, die Auslandsreise-Krankenversicherung, die Vermögensschadenversicherung, die betriebliche Unfallversicherung sowie die gesetzliche Unfallversicherung der Berufsgenossenschaften.

2.2.2 Branchenspezifische Versicherungen

2.2.2.1 Reiseveranstalter-Haftpflichtversicherung

Die gesetzliche Reiseveranstalter-Haftpflichtversicherung gegen Personen- und Sachschäden geht auf die Harmonisierungsbestrebungen der EU-Pauschalreise-Richtlinie zurück (siehe Kapitel II.2.1.2). Diese Versicherung gewährt Schutz für den Fall, dass der Reiseveranstalter seinen Kunden wegen während der Reise verursachten Personen- und/oder Sachschäden und /oder Folgeschäden aufgrund gesetzlicher Haftpflichtbestimmungen auf Schadenersatz in Anspruch genommen wird. Dies schließt auch die Haftung des Reiseveranstalters als vertraglicher Luftfrachtführer bei Flugreisen und die Haftung für kostenfreie Stornierungen und Rückholungsaktionen der Reisenden ein, wenn die Bundesregierung ein Urlaubsziel zu einem Krisengebiet erklärt. Versichert sind alle mit dem Reiseveranstaltergeschäft betrauten Betriebsangehörigen einschließlich der beauftragten Reiseleiter im Rahmen ihrer dienstlichen Aufgaben.

2.2.2.2 Insolvenz-Haftpflichtversicherung für Reiseveranstalter

Auch diese Versicherung basiert auf der gesetzlichen Grundlage der Pauschalreiserichtlinie. Jedes gemäß § 651k BGB bzw. Art. 7 der EU-Richtlinie 90/314/EWG als Reiseveranstalter tätige Unternehmen verpflichtet, sich gegen die eigene Insolvenz bzw. Konkurs zu versichern. Dies ist vor allem erforderlich, um einerseits die evtl. Rücktransportverpflichtung der Kunden in Krisenfällen sicherzustellen und andererseits die Kundengeldabsicherung von der Anzahlung bei zum Buchungszeitpunkt über die Restzahlung vor Reiseantritt bis zur kompletten Reiseleistungserbringung bei Rückkehr zu garantieren. Der Nachweis der Versicherung erfolgt über einen Sicherungsschein, der dem Kunden zum Zeitpunkt der Reisebuchung und vor der Aufforderung zur Anzahlung des Reisepreises ausgehändigt werden muss.

Die Sicherstellung der Insolvenzhaftung muss für jedes EU-Mitgliedsland separat geregelt werden, wobei die gesetzlichen Haftungsgrenzen und das Sicherungsmodell von Land zu Land differieren können. Deutschland hat sich für das Versicherungsmodell entschieden. Die Alternative ist das Haftungsfondmodell in das alle in einem Land gewerblich registrierten Reiseveranstalter einzahlen und alle Fondbeteiligten wechselseitig mit Ihren Fondeinlagen füreinander haften. Das Fond-Modell setzt somit eine gesetzlich kontrollierte Gewerbezulassung voraus. Da es in Deutschland keine Gewerbezulassung für Reiseveranstalter gibt und der Marktzugang somit für jedes Unternehmen ohne Prüfung von Voraussetzungen möglich ist, kommt dort nur die Versicherungslösung in Betracht. Die Höhe der Prämie ermittelt die jeweilige Versicherung dabei nach den Kriterien der Bonität und Solvenz des jeweiligen Unternehmens und seiner Eigentümer bzw. Gesellschafter. Großbritannien, ein Land mit einer strengen Gewerbezulassung und -kontrolle, hat sich hingegen für das Haftungsfondmodell entschieden. Problem ist dabei, das gerade in den letzten Jahren die Schadensquote durch den Konkurs des drittgrößten Reiseveranstalters hochgetrieben wurde, so dass das Fondvermögen aufgebraucht wurde. Dies führte zu einer erheblichen Unzufriedenheit, da die seriös arbeitenden Wettbewerber dafür mit zur Kasse gebeten wurden. Inzwischen wird auch dort das Versicherungsmodell präferiert.

Die Insolvenzhaftung gilt im Übrigen ausschließlich für Unternehmen, die als Reiseveranstalter tätig sind im B2C-Geschäft mit Privatkunden. Geschäftsreisekunden genießen keinen Insolvenzschutz. Die Versicherungspflicht gilt nicht für Tätigkeiten als Reisevermittler, als Luftverkehrsunternehmen, als Hotelbetreiber und andere touristische Leistungsträger. Versuche diese in den Insolvenzschutz einzubeziehen sind bislang gescheitert.

2.3 Steuerregelungen für Reiseveranstalter

Jedes Unternehmen in Deutschland unterliegt grundsätzlich den gleichen steuerlichen Rahmenbedingungen. Dies sollte eigentlich auch für Umsatzsteuern gelten. Tatsächlich gibt es aber eine Vielzahl von Ausnahmen, Sonderregelungen und sogar Sondersteuern für einzelne Branchen oder Geschäftsmodelle, die zu mangelnder Transparenz und hoher Komplexität bis hin zu Steuerungerechtigkeiten führen. Dies gilt vor allem für die Anwendung der **Umsatz- und Margensteuer** in der Tourismusbranche. Die starke Internationalität der Leistungsbeziehungen auf der Lieferanten- und auf der Leistungsempfängerseite ist ein wesentlicher Grund für die Komplexität des Umsatzsteuerrechts für Reiseveranstalter und Reisebüros und die Sonderregelung der Margensteuer. Auf die Grundzüge und Besonderheiten der Umsatzsteuerregelungen für Reiseveranstalter und Reisevermittler wird im Folgenden eingegangen. Details dazu können in der allgemeinen umsatzsteuerrechtlichen Fachliteratur, vor allem aber in dem sehr praxisorientierten und aktuellen Fachbuch von Cyrilla Wolf, Umsatzsteuer in der Touristik, Berlin 2010 nachgelesen werden.

Darüber hinaus gibt es auch in anderen Steuerarten Besonderheiten für die Reisebranche, auf die im Rahmen dieses Buches nicht weiter eingegangen wird:

- die Versteuerung ermäßigter Reiseleistungen und Flüge als geldwerter Vorteil für Branchen-Mitarbeiter im Rahmen der Einkommensteuer,
- die Mineralölsteuerbefreiung für den Luft- und Hochseeschiffs-Verkehr aus internationalen Wettbewerbsgründen im Gegensatz zu allen erdgebundenen Transportarten;
- die Mineralöl-/Kerosinsteuer ist eine Verbrauchssteuer, auf die zusätzlich als weitere Verbrauchssteuer die Umsatzsteuer erhoben wird (!),
- die Luftverkehrssteuer, die mit Wirkung zum 1.1.2011 für alle Abflüge von deutschen Flughäfen eingeführt wurde: acht Euro innerdeutsch (Ausnahme auf dem Landweg

nicht erreichbare deutsche Inseln) sowie auf allen Flugstrecken bis 2500 km Entfernung, 25 Euro auf Strecken zwischen 2500km und 6000km (ausgenommen Kanaren wegen Zugehörigkeit zum Mutterland Spanien mit der Hauptstadt Madrid nur acht Euro) und 45 Euro in alle Fernziele ab 6000 km Entfernung; auch diese ist eine Sonderform einer nationalen Verbrauchssteuer, die angeblich aus ökologischen Gründen erhoben wird, obwohl EU-weit ab 2013 der Luftverkehr aus genau diesen Gründen in den CO_2-Zertifikate-Handel einbezogen wird,
- die Bettensteuer, die die Stadt Köln zunächst als Pilot auf Hotelübernachtungen einführt, um die enormen Infrastrukturkosten der Stadt nicht nur ihren Bürgern, sondern auch ihren Besuchern in Rechnung zu stellen, wobei zwischen Touristen und Geschäftsreisenden nicht weiter differenziert wird; inzwischen sind weitere Städte dem Beispiel gefolgt, zumal klassische deutsche Kur- und Touristenorte seit Jahrzehnten aus gleichem Grund die sogenannte Kurtaxe erheben, deren Sinnhaftigkeit im Gegensatz zur Bettensteuer bislang kaum hinterfragt wird.

2.3.1 Die Regelbesteuerung bei der Umsatzsteuer

Umsätze unterliegen der Regelbesteuerung, wenn folgende Sachverhalte erfüllt sind:

- Der Umsatz wird in Form einer Lieferung oder sonstigen Leistung erzielt.
- Der Umsatz wird von einem Unternehmen erbracht, das eine gewerbliche Tätigkeit ausübt.
- Der Leistungsort liegt im Inland; seit 2010 ist der Leistungsort der Ort des Leistungsempfangs entsprechend dem Bestimmungslandprinzip.
- Es findet ein Leistungsaustausch durch eine entgeltliche Gegenleistung statt.

Nur wenn diese Voraussetzungen erfüllt sind tritt eine Umsatz-Regelbesteuerung im Inland ein.

Wird beispielsweise die Leistung im Ausland erbracht, so werden entsprechende ausländische Umsatzsteuern fällig. Dabei ist wiederum steuerlich zwischen dem EU-Gemeinschaftsgebiet, wo unter bestimmten Voraussetzungen ein **Vorsteuerabzug** möglich ist, und Drittländern zu unterscheiden, wo es keinen Vorsteuerabzug gibt. Der Leistungsort bei einem Reiseveranstalter ist dabei der Sitz der Betriebsstätte und nicht der Urlaubsort. Findet die Leistung während einer grenzüberschreitenden Beförderung statt, zum Beispiel im Flugzeug oder auf See oder im Bus, gelten weitere zum Teil streckenanteilige Sonderregelungen, die in dem angesprochenen Fachbuch ausführlich dargestellt sind. Wird die Leistung von einer Privatperson oder einem Kleinunternehmer erbracht, so sind diese nicht umsatzsteuerpflichtig. Schon die Feststellung der Umsatzsteuerpflicht beinhaltet viele Besonderheiten.

Als **Steuerbemessungsgrundlage** gilt der um eventuelle Ermäßigungen und Skonti gekürzte Umsatz mit dem Leistungsempfänger. Wenn ein Umsatz im Inland als steuerbar gilt, können dabei verschiedene Steuersätze zum Zuge kommen. Der allgemeine Umsatzsteuersatz in Deutschland beträgt 19%. Daneben gibt es einen ermäßigten Steuersatz von 7% für definierte Leistungen des Grundlebensbedarfs und eine Umsatzsteuerbefreiung für bestimmte Leistungen (außerhalb der Touristik vor allem für Mieten, öffentliche Gebühren und medizinische Leistungen, siehe Steuerfachliteratur). Im EU-Gemeinschaftsgebiet, liegt der Normalsatz der Umsatzsteuer zwischen 15% (Luxemburg, Großbritannien) und 25% (Dänemark, Schweden), der ermäßigte Satz zwischen 5% und 12%, wobei der ermäßigte Satz in jedem Mitgliedsland für andere Leistungen und Waren gültig ist.

Der **ermäßigte Steuersatz** in Deutschland von 7% spielte bis 2010 in der Touristik nur eine untergeordnete Rolle, da er in der touristischen Leistungserstellung bislang nur für Reiseführer/-bücher, bestimmte kulturelle Veranstaltungen (Konzerte, Theater), Eintritte für Museen und andere Sehenswürdigkeiten, therapeutische Leistungen und einbezogene Beförderungsleistungen des ÖPNV galt. Seit Januar 2010 kommt als wesentlicher Sachverhalt die Beherbergung in deutschen Hotels und Gasthöfen hinzu. Eine besondere Komplexität ergibt sich daraus, dass dieser Steuersatz ausschließlich für die Beherbergungsleistung gilt und nicht für die üblicherweise damit verbundenen Restaurationsleistungen (wie Frühstück, Halb-/Vollpension) oder sonstigen Dienstleistungen (wie u. a. Parkplatz, Reinigungsservice, Internet-Anschluss, Pay-TV), die allesamt weiterhin dem normalen Regelsatz von 19% unterliegen. Dies verursacht erheblichen Abrechnungsaufwand auf Seiten der Hotels und der vielen Geschäftsreisekunden. Paradoxerweise kompensiert die von den Städten erhobene Bettensteuer, den evtl. möglichen Preisvorteil der Hotellerie durch die Umsatzsteuersenkung.

Eine **Umsatzsteuerbefreiung** gilt in Deutschland und den meisten EU-Ländern vor allem für die Betreiber von Luftfahrtunternehmen auf grenzüberschreitenden Flügen sowie für Reedereien – eine internationale Regelung, die auf Gegenseitigkeitsvereinbarungen weltweit beruht. Ansonsten müsste sich jede Airline in jedem überflogenen Land steuerlich registrieren auch dann, wenn sie dort gar keine gewerbliche Tätigkeit ausübt. Eine vergleichbare Problematik ergibt sich für Kreuzfahrtreedereien, die Länder außerhalb der nationalen Fünf-Meilen-Zone passieren. Darüber gibt es weitere, aber weitaus weniger bedeutende Umsatzsteuer-Befreiungen, die in der Fachliteratur zu finden sind.

Jedes Unternehmen kann die durch Leistungsverkauf vereinnahmte gegen die für den Vorleistungsbezug gezahlte Umsatzsteuer aufrechnen. Voraussetzung für diesen Vorsteuerabzug ist, dass der Erbringer der Vorleistung ebenso wie der Leistungsempfänger ein gewerbliches Unternehmen ist und dass ein steuerbarer Umsatz vorliegt. Haben Leistungserbringer und Leistungsempfänger den Sitz im Inland erfolgt eine direkte Aufrechnung im Rahmen der Umsatzsteuererklärung bei den deutschen Finanzbehörden. Hat der Leistungserbringer seinen Sitz im EU-Gemeinschaftsgebiet, dann muss die gezahlte Vorsteuer über ein Vergütungsverfahren bei den Finanzbehörden jedes einzelnen Landes zurückgeholt werden, was mehrere Monate dauern kann. Umsatzsteuern auf Leistungen aus Drittländern außerhalb der EU sind in der Regel nicht erstattungsfähig. Leistungen, die in Drittländer geliefert werden müssen auch nicht mit Umsatzsteuer belastet werden.

Die Handhabung der Regelbesteuerung beinhaltet in der Touristik weitere Komplexitäten z. B. im Hinblick auf den Leistungszeitpunkt, da zwischen Buchung und teilweise schrittweiser Leistungserbringung ein längerer Zeitraum liegt, der u. U. in zwei Umsatzsteuerjahre fällt, die grundsätzlich dem Kalenderjahr entsprechen. Ebenso gilt dies für die Anwendung von Anzahlungen, Erstattungen, Stornos und Umbuchungen. Die empfohlene Fachliteratur geht explizit auf diese Fälle ein.

Im Rahmen der Regelbesteuerung muss ferner zwischen produzierten touristischen Leistungen und Vermittlungsleistungen unterschieden werden. Ein **Produzent touristischer Leistungen** verkauft seine Leistungen im eigenen Namen und für eigene Rechnung und muss auf den gesamten steuerbaren Umsatz Umsatzsteuer erheben, wenn der Leistungsempfänger ebenfalls Unternehmer ist. Ein **Reisevermittler** vermittelt touristische Leistungen im Namen eines touristischen Leistungsträgers, Veranstalters oder Produzenten für dessen Rechnung. Umsatzsteuerpflichtig ist dabei lediglich die Leistung des Vermittlers, die sich in der Höhe der Provision oder des Service-Entgeltes widerspiegelt. Vermittlungsleistungen erbringen nicht nur Reisebüros sondern auch Reiseveranstalter als Consolidator oder Broker, solange diese nicht im eigenen Namen und für eigene Rechnung arbeiten. Die Steuerpflicht für Vermittlungsleistungen entsteht immer am Vermittlungsort. Eine Besonderheit ist, dass sich die Besteuerung der Vermittlungsleistung an der Besteuerung der vermittelten touristischen Leistung orientiert. Dies bedeutet, wenn eine umsatzsteuerfreie Leistung wie z. B. ein grenzüberschreitender Flug vermittelt wird, bleibt auch die Vermittlungsvergütung egal ob als Provision oder Service-Gebühr umsatzsteuerfrei.

2.3.2 Margenbesteuerung

Umsätze zwischen Unternehmen bei Belieferungen mit Vorleistungen im EU-Gemeinschaftsgebiet (B2B-Geschäft) sind quasi Kettengeschäfte und unterliegen immer der Regelbesteuerung. Innerhalb der Touristik gilt dies vor allem für Geschäftsreisen, Kongress- und Incentive-Geschäfte (MICE). Im B2C-Geschäft ist der Endverbraucher der letztendliche Steuerzahler.

Reiseunternehmen, vor allem Reiseveranstalter, die ausschließlich Reisen für Endverbraucher bzw. Privatkunden zum Eigenverbrauch im eigenen Namen und für eigene Rechnung produzieren, gilt als Vereinfachungsregelung im EU-Gemeinschaftsgebiet grundsätzlich die Margensteuer. Dies gilt auch dann, wenn diese Leistungen über Reisebüros bzw. Handelsvertreter vermittelt werden, wobei die Vergütung für die Vermittlung wie zuvor beschrieben selbst der Regelbesteuerung unterliegt.

Grund für die EU-weite Einführung der Margenbesteuerung ist das umfangreiche Geflecht an Leistungen und Funktionen aus verschiedenen Ländern, das in einer Veranstalterreise enthalten ist, wobei bis zu 80% der Vorleistungen nicht im Besteuerungsland produziert werden. Ohne Margenbesteuerung würde sich sehr hohe Vorsteuererstattungsansprüche ergeben und wärer ein sehr komplexes Abrechnungsverfahren mit ausländischen Finanzbehörden erforderlich.

Die Margenbesteuerung unterstellt fiktiv, dass eine Veranstalter- oder Pauschalreise im Besteuerungsland als eine einheitliche Dienstleistung angesehen wird unabhängig davon, welche und wie viele Vorleistungen mit unterschiedlichen Leistungsorten darin enthalten sind. Besteuert wird dabei als Marge die Differenz zwischen dem erzielten Verkaufsumsatz und den Aufwendungen für die Reisevorleistungen aus dem EU-Gemeinschaftsgebiet. Die Marge auf Reisevorleistungen aus Drittländern ist hingegen steuerfrei. Grundsätzlich gibt es bei Anwendung der Margenbesteuerung kein Recht auf Vorsteuerabzug. Allerdings kann ein Reiseveranstalter mehrere Geschäftsmodelle nebeneinander betreiben (B2B und B2C). Er muss dann aber für jedes auch buchhalterisch ein separates Besteuerungssystem mit klaren Zuordnungen unterhalten: Regelbesteuerung bei B2B und Margenbesteuerung bei B2C.

Das beschriebene Margensteuerverfahren führt zu einer international durchaus gerechten Steuerverteilung: Zielgebietsleistungen werden im jeweiligen Zielland besteuert, unterliegen nicht der Vorsteuererstattung uns bleiben im Lande, die Marge des Veranstalters an dessen Firmensitz, dem Ort des Leistungsempfängers im Quellmarkt. Dadurch benötigen Reiseveranstalter keine umsatzsteuerliche Multi-Registrierung zur Vorsteuererstattung. Es gilt jeweils der Margensteuersatz des Firmensitzes des Reiseveranstalters, der mit dem jeweiligen Regelsteuersatz identisch ist. Durch die Identität beider Steuersätze ist sichergestellt, dass bei Inlandsreisen Margen- und Regelbesteuerung trotz unterschiedlicher Rechnungslegung zum gleichen Steuerergebnis führen. Im Gemeinschaftsgebiet ist das jedoch leider nicht so. Zwar wollte die EU durch eine Harmonisierung des Margenbesteuerungsverfahrens Komplexität reduzieren, jedoch gibt es neben unterschiedlichen Margensteuersätzen etliche Ausnahmen und Sonderregelungen in einzelnen EU-Staaten, so dass es in besonderen Einzelfällen zu Doppelbesteuerungen, aber auch zur Nichtbesteuerung von Umsätzen kommen kann.

Für die Anwendung der Margenbesteuerung gelten folgende **Voraussetzungen**:

- Angebot von Reiseleistungen durch ein gewerbliches Unternehmen
- Verkauf der Reiseleistungen an Privatkunden zu deren Eigenverbrauch
- das Reiseunternehmen tritt im eigenen Namen und für eigene Rechung auf, der Reisevertrag kommt direkt mit dem Kunden zustande (ggf. auch mit Hilfe eines Reisevermittlers, der im Namen und für Rechnung des Reiseunternehmens tätig wird)
- Reisevorleistungen sind Leistungen Dritter, die der Durchführung der Reise dienen; Eigenleistungen sind keine Vorleistungen, sondern Bestandteil der zu besteuernde Marge
- Die Reiseleistung kann auch eine Einzelleistung sein
- Umsatzsteuern auf eingekaufte Zielgebietsleistungen sind nicht vorsteuerabzugsfähig und erhöhen den Einkaufspreis.

Die Ermittlung der **Bemessungsgrundlage** für die Margenbesteuerung ergibt sich aus der Differenz zwischen dem Verkaufserlös und den dafür aufgewendeten Reisevorleistungen. Von dieser Bruttomarge sind Margenbestandteile abzuziehen für die die Regelbesteuerung gilt wie der Erlösanteil aus Vermittlungsleistungen, der Erlösanteil aus B2B-Geschäften, der Erlösanteil aus steuerfreien Drittlandsmargen sowie die Erlöse aus Eigenleistungen. Auf die so ermittelte EU-Bruttomarge wird der Margensteuersatz angewendet. Eine solche Ermittlung muss nicht für jede einzelne Reise durchgeführt werden, die Umsätze können auch länder- und/oder gruppenweise zusammengefasst werden. Vorteil ist dabei die Möglichkeit dir Bruttomargen mit Negativmargen zu verrechnen, die bei Nichtverkauf von Risikokapazitäten oder auch bei Last-Minute-Verkäufen unter Einkaufspreis oder bei Erstattungsansprüchen entstehen können.

Die Fachliteratur stellt noch viele Sonderregelungen und Steueroptimierungen dar, die sich u. a. bei Stornos, Umbuchungen, Rück- und Anzahlungen ergeben können, auf die im Rahmen dieses Buches nicht näher eingegangen werden kann.

2.4 Finanz- und Devisenmanagement

2.4.1 Aufgaben des Finanzbereichs

Der Finanzbereich eines Reiseveranstalters hat eine Vielzahl von Aufgaben, die auch in Unternehmen anderer Branchen in vergleichbarer Form anfallen:

- Dokumentation des wirtschaftlichen Erfolges in GuV (Ergebnisermittlung) und Bilanz (Vermögensbestand) im Rahmen der rechtlichen, steuerlichen und gesellschafterbezogenen Rechenschaftslegung
- Ermittlung des betriebswirtschaftlichen Markt- und Unternehmenserfolgs durch das Controlling
- Dokumentation des zukünftigen Erfolgspotenzials in der Planung und Budgetierung
- Jederzeitige Sicherstellung der Liquidität für das operative Geschäft durch Geldanlage und Kreditierung
- Risikoabsicherung der Finanzierungsinstrumente durch das Treasury mittels Cash-Flow-Planung, Liquiditätsmanagement, Bankenmanagement und Devisenmanagement

Cash Flow-Planung und -Rechnung (Jahr/Monat)	Liquiditäts-Management (Tag)	Devisenmanagement	Bankenmanagement
Jahresplanung der Finanzströme auf Basis der Unternehmensplanung	- Liquiditätssteuerung - Liquiditätsplanung - Cash Management - Konzernpooling - Anlage-/Finanzierungsstrategien	- Devisenversorgung - Devisenterminplanung - Kurssicherung - Dokumentation und Risikoberichte	- Bankenengagement - Bankenkonditionen - Bankverträge - Avale/Garantien

Abb. II. 2-2 Funktionen des Finanzmanagements

Zwei **Besonderheiten** des Reiseveranstaltergeschäftes sind für den Finanzbereich von hoher Bedeutung. Dies betrifft einerseits die hohe verfügbare **Liquidität**, da Reiseveranstalter durch das Vorkassesystem lange vor der Zahlungsverpflichtung an die Leistungsträger über finanzielle Mittel verfügen. Zum einen erhalten sie bereits mehrere Monate vor Reiseantritt Anzahlungen von den Kunden. Zum anderen erzeugen auch die Restzahlungen zwei bis drei Wochen vor Reiseantritt einen hohen Cashflow, da die Zahlungsverpflichtung je nach Geschäftssystem und Vereinbarung mit den Leistungsträgern teils bei Reiseantritt, teils zum Zeitpunkt des Reiseendes oder gar erst Wochen später bei Einreichung und Abrechnung der Leistungs-Voucher erfolgt. Gemindert wird der Liquiditätsvorteil durch eventuelle Vorauszahlungen an Leistungsträger, die je nach Destination, Produkt oder Kapazitätsgarantien erforderlich sind. Aufgrund dieser dem Geschäftssystem immanenten hohen Liquidität sind Geldanlage- und Devisen-Strategien sowie das Finanzergebnis eines Reiseveranstalters Bestandteile des operativen Geschäftes.

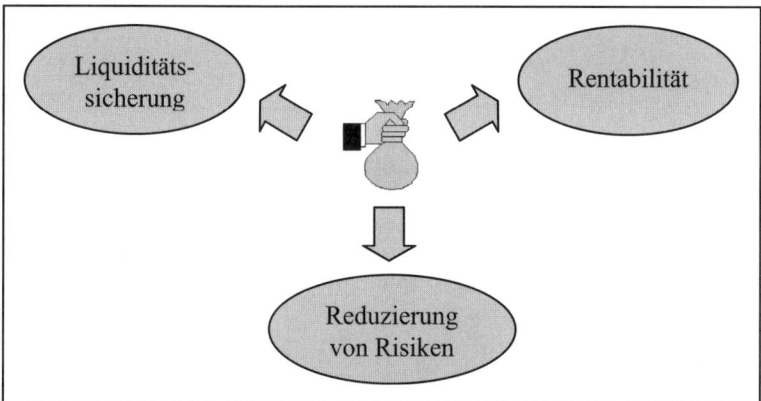

Abb. II. 2-3 *Renditeoptimierung unter Sicherstellung der Liquidität*

Die andere Besonderheit für Reiseveranstalterunternehmen ist das **Devisenmanagement**, da ein sehr hoher Anteil der Reisevorleistungen, die etwa 80% des Umsatzes eine Reiseveranstalters betragen, in Fremdwährung bezahlt werden müssen. Bei einem klassischen Pauschalreiseveranstalter beträgt der Anteil der in Devisen zu zahlenden Rechnungsbeträge ca. 25% der Vorleistungen, bei einem Baustein-/Fernreise-Veranstalter ca. 40%. Der Devisenbedarf eines großen Reiseveranstalters beläuft sich daher auf stattliche dreistellige Millionenbeträge.

2.4.2 Währungsrisiko

Die Kalkulation einer Veranstalterreise erfolgt ca. 15–18 Monate vor Reisebeginn, der zumeist identisch ist mit dem Zeitpunkt der Zahlungsverpflichtung. Kursprognosen über einen derartig langen Zeitraum sind mit sehr hoher Unsicherheit behaftet. Außerdem muss für jeden möglichen Reisezeitpunkt (Saisonverlauf) der konkrete Devisenbedarf in jeder Währung möglichst genau geschätzt werden. Auch dies ist sehr schwierig, da kaum absehbar ist, wie Nachfrage und Markterfolg des Zielgebietes im Vergleich zum Wettbewerb sind.

Darüber hinaus ist oft entsprechend der Zielgebietsstreuung ein breites Währungsportfolio abzusichern, allerdings mit stark unterschiedlichen Gewichten. Bei einem Baustein- und Fernreise-Veranstalter werden 98% des Fremdwährungsvolumens von 13 Währungen bzw. 95% von neun Währungen abgedeckt.

Das hohe Volumen an US-Dollar (USD) beruht darauf, dass viele Länder mit nicht konvertiblen Devisen oder mit Währungen, die einem starken Abwertungsdruck unterliegen, auf den USD als Leitwährung setzen und sich ihre Rechnungen in dieser Währung bezahlen lassen. Der Euro wird zwar auch zunehmend akzeptiert, hat aber noch keine vergleichbare Verbreitung. Daher beeinflusst der Deviseneinkauf von USD nicht nur Margen und Erfolg des Zielgebietes USA sondern auch vieler anderer Länder in der Karibik, in Mittel-, Südamerika und in Asien.

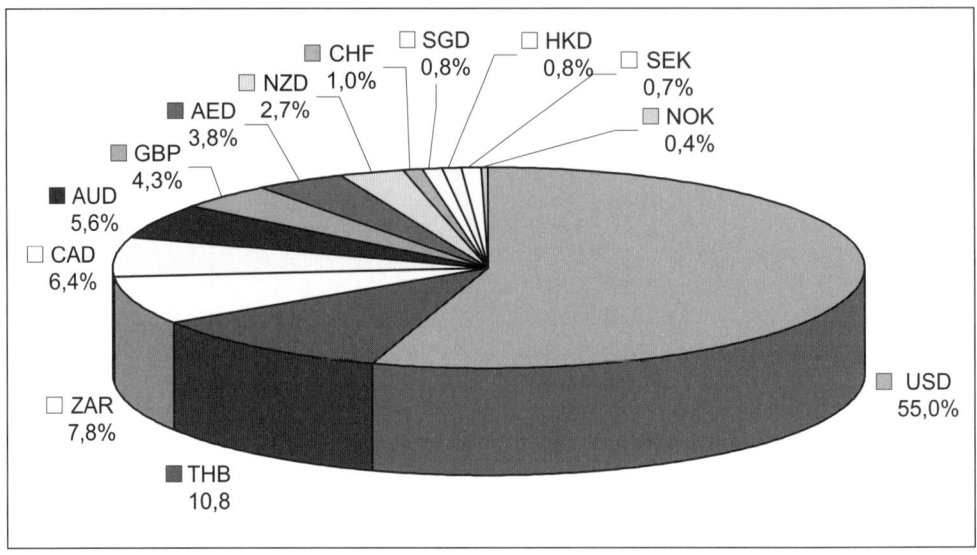

Abb. II. 2-4 Fremdwährungsstruktur Reisevorleistungen

Ausgehend von einem Reiseveranstalter mit einem Jahresumsatz von 1 Mrd. Euro fallen ca. 300 Mio. Euro in Fremdwährung an. Um die an die Leistungsträger in den Zielgebieten zu zahlenden Beträge kalkulieren zu können, wird ein fester Kalkulationskurs benötigt. Das zwischen dem Zeitpunkt der Festlegung des Kalkulationskurses bis zu den Zahlungen bestehende Kursänderungsrisiko hängt von der Schwankungsbreite (Volatilität) der jeweiligen Währung gegenüber Euro ab. Die geringsten Volatilitäten haben die europäischen Währungen (ca. 4–8% p.a.). Die aktuellen Volatilitäten der drei wichtigsten Währungen pro Jahr betragen für den USD 12%, den thailändischen Baht THB 8% und den südafrikanischen Rand ZAR 40%. Der gewichtete Risikofaktor liegt bei 13–15%. Dies bedeutet im obigen Beispiel ein Ergebnisrisiko von bis zu 40–45 Mio. Euro und damit von ca. 150–200% des Jahresergebnisses des angenommenen Veranstalters. Durch Kurssicherungen soll dieses Risiko weitestgehend verringert werden. Eine Risikoreduzierung um 95% bedeutet eine Verringerung des Ergebnisrisikos auf 2 Mio. Euro p.a. bzw. 10% des Jahresergebnisses.

Das Währungsrisiko setzt sich aus mehreren **Einzelrisiken** zusammen:

- Ein **Kursänderungsrisiko** besteht, wenn der erwartete Bedarf durch unerwartete Kursentwicklungen nicht zum Kalkulationskurs angeschafft werden kann.
- **Konvertierungsrisiken** (staatliche Devisenbeschränkungen für den Umtausch)
- **Bonitätsrisiken** der Geschäftspartner
- Ein **Bedarfsänderungsrisiko** besteht, wenn der tatsächliche Devisenbedarf von der Bedarfseinschätzung zum Zeitpunkt der Absicherung abweicht und zu einem zusätzlichen Risiko führt: Bedarfserhöhungen können bei nachteiliger Kursentwicklung nicht zum Kalkulationskurs eingekauft werden oder Bedarfsreduzierungen können zu Überdeckungen in der Sicherung führen, die bei gegenläufiger Kursentwicklung nur mit Margenverlusten abgebaut werden können.

2 Rechtliche, steuerliche und wirtschaftliche Rahmenbedingungen

Besondere Bedeutung kommt dem Bedarfsänderungsrisiko in der Touristik zu. Basis der Kursabsicherung ist der zukünftige Devisenbedarf für den ein Kalkulationsrisiko besteht. Vor allem die **Bausteintouristik** ist gekennzeichnet durch eine hohe Unsicherheit des Devisenbedarfs wegen des geringen Anteils an Garantieverträgen mit festen Zahlungszeitpunkten und der hohen Krisenanfälligkeit mit Auswirkung auf Buchungsverhalten und damit Devisenbedarf durch Nachfrageverschiebungen zwischen Zielgebieten. Eine Risikoreduzierung im Einkauf führt über den Devisenbedarf zu erweiterten Kursrisiken. Daher ist eine gewisse Flexibilität der Kurssicherung zur Reduzierung des Bedarfsänderungsrisikos erforderlich (Risiko oder Investition). Die Produktabteilungen erstellen entsprechende Bedarfsprognosen (Absatzmarktkenntnis, Umsatzplanung, Vertragswährung, Vertragskonditionen) mit Unterstützung des Treasury u. a. durch Aufbereitung der Vergangenheitswerte. Die kontinuierliche Aktualisierung der Bedarfsprognosen erfolgt durch regelmäßige Kontrolle des Buchungsstandes und der Vorleistungen in den relevanten Fremdwährungen unter Berücksichtigung von Sonderfaktoren (Katastrophen, Verkaufsaktionen, etc.) auf den Devisenbedarf. Daher ist es sinnvoll den geschätzten Devisenbedarf nicht in voller Höhe zum Zeitpunkt der Kalkulation abzudecken, sondern einen Teil entsprechend der Nachfrage dosiert nachzukaufen.

2.4.3 Grundformen der Kursabsicherung

Es gibt viele verschiedene Verfahren der Kursabsicherung. Die wichtigsten davon werden im Folgenden in Grundzügen mit Vor- und Nachteilen dargestellt.

2.4.3.1 Devisenkauf und Anlage des Fremdwährungsbetrages

Um einen festen Kalkulationskurs für die Veranstalterleistungen zu erhalten und von der Veränderung der Wechselkursentwicklung während der Kataloglaufzeit bzw. des Angebotszeitraums zu sein, wird der gesamte geschätzte Fremdwährungsbedarf zum aktuellen Tages-Kurs (Kassakurs) gegen Euro umgetauscht. Damit ist der Umrechnungskurs für die eingekauften Reiseleistungen, der Kalkulationskurs, für den geschätzten Bedarf gesichert. Danach wird der Devisen-Betrag bis zur Fälligkeit zum Fremdwährungs-Zins angelegt. Sind die Fremdwährungszinsen höher als die Euro-Zinsen entsteht ein zusätzlicher Zinsvorteil, im umgekehrten Fall ein entsprechender Zinsnachteil.

Zwar hat man nun einen **festen Kalkulationskurs**. Falls jedoch die Fremdwährung gegenüber dem Euro im Angebotszeitraum (in der Regel ca. 15–18 Monate) schwächer wird, sind die gegenüber den zum jeweiligen Tageskurs oder von Veranstaltern ohne Kursabsicherung angebotenen Reiseleistungen zu teuer. Wird jedoch die Fremdwährung innerhalb dieses Zeitraumes aufgewertet, ist man durch die Kurssicherung vor den daraus resultierenden Preissteigerungen geschützt. Die Kurssicherung ist somit zugleich Chancen- und Risikoausgleich.

Allerdings hat diese Form der Kurssicherung auch einige **Nachteile**. Unabhängig vom Kalkulationskurs besteht das Bedarfsrisiko, wenn entweder zuviel oder zu wenig Fremdwährung zum Kalkulationskurs gesichert wurde, d. h. das Devisenvolumen aufgrund starker Nachfrage (die auch durch einen günstigen Kalkulationskurs ausgelöst worden sein kann) vorzeitig aufgebraucht wurde und der restliche Devisenbedarf zu einem höheren Kurs und damit zu Lasten der Marge gedeckt werden muss; um dieses Risiko zu vermeiden verhängen Reiseveranstalter nach Aufbrauchen des Devisenbestandes oft einen Sales-Stopp für die entsprechende Destination. Auch die umgekehrte Konstellation birgt Risiken, wenn wegen fehlender Nachfrage der gesicherte Devisenbestand nicht im Angebotszeitraum aufgebraucht wurde, wenn oder auch weil der aktuelle Tageskurs niedriger als der Kalkulationskurs ist; der nicht verbrauchte Devisenbestand verschlechtert dann den Kalkulationskurs des folgenden Angebotszeitraumes.

Nachteilig an diesem Verfahren sind ferner der hohe Verwaltungs- und Überwachungsaufwand, die bilanziellen Bewertungsrisiken, da die Währungsbestände mit aktuellen Kursen am Bilanzstichtag zu bewerten sind und dann in positiver wie in negativer Hinsicht erhebliche Auswirkungen auf das Jahresergebnis haben, und dass die Zinsdifferenz keine Kursauswirkung für die Produktkalkulation hat.

2.4.3.2 Devisentermingeschäfte

Bei diesem Verfahren erfolgt der Kauf der Fremdwährung zum Kalkulationskurs gegen Euro zum Kalkulationsstichtag. Der Umtausch erfolgt jedoch erst zu dem vereinbarten Termin (i. d. R. der Zahlungstermin des Devisenbedarfs). Der Kurs ermittelt sich aus dem Kassakurs zuzüglich der Zinsdifferenz, d. h. die Zinsdifferenz fließt in den Sicherungskurs mit ein. Die Zinsdifferenz ist abhängig von den Zinssätzen in Euro und Fremdwährung während der jeweiligen Laufzeit des Termingeschäfts.

Wie beim vorgenannten Verfahren des Deviseneinkaufs kann sich in Nachhinein ein Kursvor- oder -nachteil gegenüber dem Tageskurs zum Zahlungsstichtag ergeben. Auch dabei besteht ein Chancen- und Risiko-Ausgleich. Von **Vorteil** ist, dass aber keine bilanziellen Bewertungsrisiken bestehen, wenn der Sicherungszusammenhang mit den zu zahlenden Reisevorleistungen dokumentiert wird, und dass die Zinsdifferenz in die Produktkalkulation einfließen kann.

Nachteilig ist aber auch hier das unverändert bestehende und bereits beschriebene Bedarfsrisiko aufgrund ungeplanter zu hoher oder zu niedriger Nachfrage nach den Leistungen der jeweiligen Destination und ein hoher Dokumentations- und Verwaltungsaufwand.

Wie sich die beiden Verfahren des Devisenkaufs und des Devisentermingeschäftes gegenüber der Devisenmarktentwicklung ohne Kurssicherung (Annahme steigender Euro) unterscheiden, zeigt die folgende Grafik am Beispiel eines Devisentermingeschäftes zum Kurs von 1,3050 USD/Euro (Kassakurs 1,30 zzgl. Zinsdifferenz 0,005).

2 Rechtliche, steuerliche und wirtschaftliche Rahmenbedingungen 187

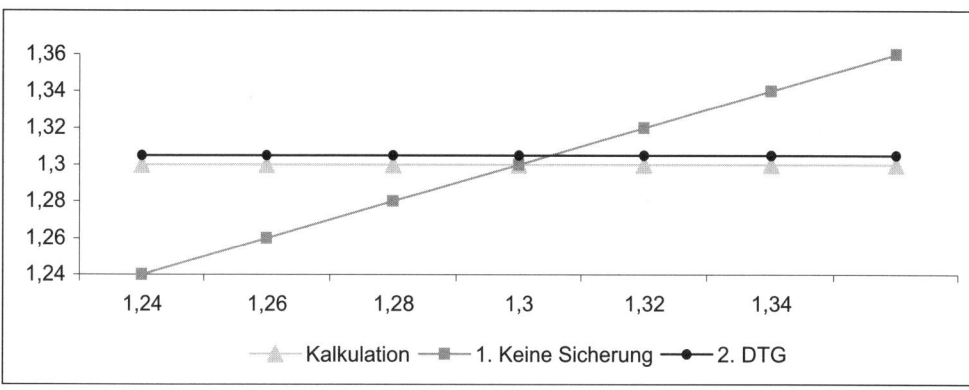

Abb. II. 2-5 *Devisentermingeschäft*

2.4.3.3 Devisenoptionsgeschäfte

Beim Devisenoptionsgeschäft erwirbt der Käufer einer Option gegen Zahlung einer Prämie das Recht, eine bestimmte Währung (z. B. den US-Dollar) zu einem im Voraus festgelegten Kurs zu kaufen (Call-Option) oder zu verkaufen (Put-Option). Beim USD – Call hat der Optionskäufer (der Reiseveranstalter) das Recht die USD an einem bestimmten Termin zu einem vereinbarten Kurs zu kaufen. Der Optionsverkäufer (i. d. R. die Bank) hat die Pflicht, die USD zu den vereinbarten Zeitpunkten zu liefern, wenn der Käufer dies will. Beim USD – Put hat der Optionskäufer (i. d. R. die Bank) hat das Recht die USD an einem bestimmten Termin zu einem vereinbarten Kurs zu verkaufen. Der Optionsverkäufer (der Reiseveranstalter) hat die Pflicht, die USD zu den vereinbarten Zeitpunkten abzunehmen, wenn der Käufer dies will.

Der Käufer zahlt dem Verkäufer für die eingeräumte Option bei Vertragsabschluss eine Prämie. Die Prämienhöhe hängt von **vier wesentlichen Faktoren** ab:

- der Höhe des vereinbarten Kurses im Vergleich zum aktuellen Kurs
- der Länge der Laufzeit
- der Schwankungsbreite der Währung in der Vergangenheit in diesem Laufzeitband und
- der Höhe der Zinsdifferenz.

Optionsgeschäfte sind vergleichbar mit Versicherungen gegen negative Kursverläufe für die eine Versicherungsprämie bezahlt wird. Wie sich das Devisenoptionsgeschäft im Vergleich zu den beiden Verfahren des Devisenkaufs und des Devisentermingeschäftes und gegenüber der Devisenmarktentwicklung ohne Kurssicherung (Annahme steigender Euro) unterscheiden, zeigt die folgende Grafik.

Der Veranstalter kauft eine USD-Call-Option mit einem Kurs von 1,28 gegen Zahlung einer Prämie von 100 TEUR. Die Prämienzahlung führt durch Umlage auf den Devisenkurs um eine Reduzierung von 0,0128 Punkten (Sicherungskurs = 1,2672).

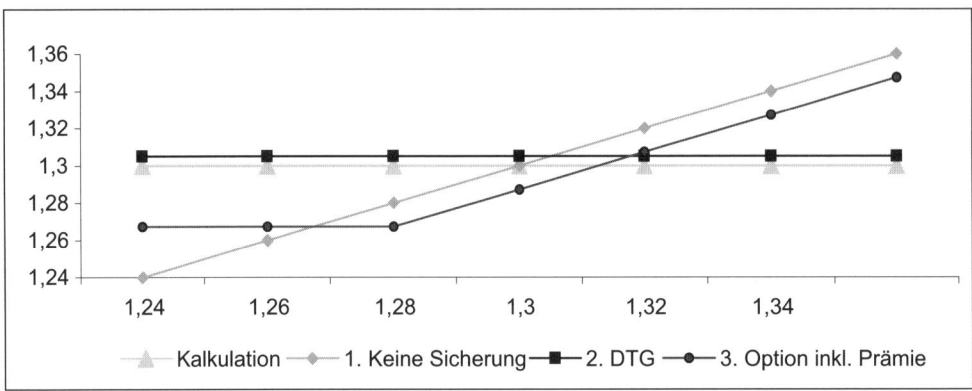

Abb. II. 2-6 *Devisenoptionsgeschäft*

Der **Vorteil** gegenüber dem Devisenkauf und dem Devisentermingeschäft besteht vor allem darin, dass keine Abnahmeverpflichtung für den Optionskäufer besteht, und in der hohen Flexibilität für den Veranstalter, da der Kauf der Währung nur dann sinnvoll ist, wenn ein Kursvorteil gegenüber der jeweils aktuellen Kursentwicklung besteht. Die Bedarfssicherung erfolgt grundlegend, aber da keine Abnahmepflicht gegeben ist, besteht Schutz vor Bedarfsänderungsrisiken. Das Kursrisiko ist begrenzt bei weiterhin bestehender Kurschance.

Nachteilig wirkt sich beim Devisenoptionsgeschäft aus, dass die Sicherung eines optimalen Kalkulationskurses nicht möglich ist sondern lediglich eine Risikobegrenzung. Die Optionsprämie muss bezahlt werden unabhängig davon, ob das Devisengeschäft später benötigt wird. Auch hier besteht ein hoher Dokumentationsaufwand.

2.4.3.4 Kombination von Devisenoptionsgeschäften

Devisenoptionsgeschäfte lassen sich auch kombinieren. Nachfolgend wird an Hand der bereits dargestellten Beispiel-Grafik der Fall einer kombinierten Devisen-Call- und Devisen-Put-Option dargestellt.

Der Veranstalter kauft eine USD-Call-Option mit einem Kurs von 1,28 gegen Zahlung einer Prämie von 100 TEUR. Am gleichen Tag wird eine USD-Put-Option mit einem Kurs von 1,32 gegen Erhalt einer Prämie von 100 TEUR verkauft. Die Prämienzahlungen werden auf den Devisenkurs umgelegt.

Der **Vorteil** gegenüber dem Devisenkauf und dem Devisentermingeschäft besteht vor allem darin, dass keine sofortige Optionsprämienbelastung besteht, was zur Verbesserung des Absicherungskurses führt. Dies räumt dem Veranstalter eine hohe Flexibilität ein. Die Bedarfssicherung erfolgt grundlegend. Die Begrenzung des Kursrisikos ist bei begrenzter Kurschance möglich. **Nachteilig** wirkt sich aus, dass die Sicherung eines optimalen Kalkulationskurses nicht möglich ist, sondern lediglich eine Risikobegrenzung. Die Kurssicherungsalternativen sind bei günstig verlaufenden Kursen eingeschränkt, da letztendlich nur der Kurs am vereinbarten Stichtag entscheidend ist. Zwischenzeitliche Kursentwicklungen können nicht gesichert werden, da wegen der Abnahmepflicht der Devisen-Put-Option die Gefahr der Übersicherung besteht. Auch beim kombinierten Devisenoptionsgeschäft besteht ein hoher Dokumentationsaufwand.

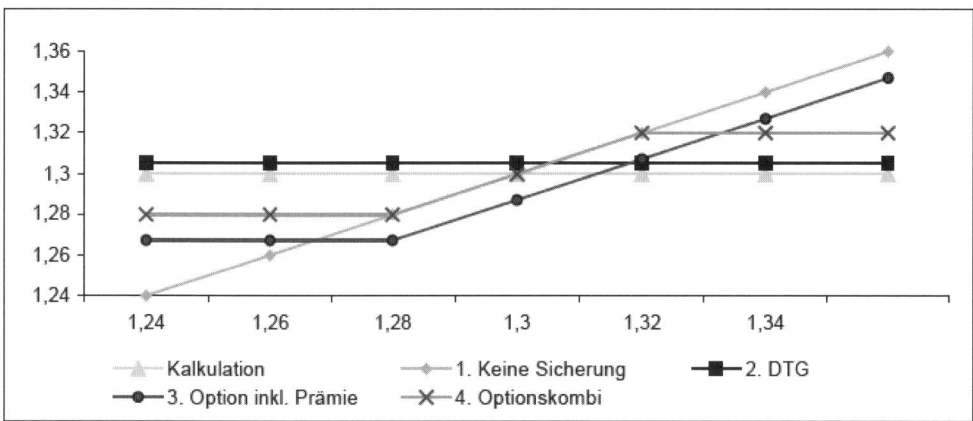

Abb. II. 2-7 Kombination von Devisenoptionsgeschäften

2.4.4 Prozessmanagement des Devisenkaufs

Der Kalkulationskurs ist neben dem Einkaufspreis und Gewinnaufschlag ein entscheidender Faktor für die Festlegung des Verkaufspreises und damit der Wettbewerbsfähigkeit im Touristikmarkt. Das Devisengremium, das sich aus Mitarbeitern der Produktbereiche und es Finanzbereichs zusammensetzt, berücksichtigt bei der Festlegung des Kalkulationskurses eine Vielzahl von Faktoren:

- Laufende Kursentwicklung und zum Teil Kursprognosen der einzelnen Währungen
- Bereits bestehende Kurssicherungsgeschäfte und mögliche weitere Absicherungsstrategien
- Preissensitivität der Produkte
- Wettbewerbssituation und -einschätzung für die Zielgebiete
- Notwendige Flexibilität z. B. Potential für Preisreduzierungen bei Katalog-Zweitauflagen
- Aktueller Risikostatus und damit Risikoneigung bzw. Risikotragfähigkeit abhängig vom Devisenvolumen und von Ergebnisplanung/-erwartung

Die Festlegung des Kalkulationskurses erfolgt immer in Verbindung mit einer **ganzheitlichen Absicherungsstrategie.** Dabei spielt die Unsicherheit des Devisenbedarfs eine wesentliche Rolle. Bereits im Vorfeld werden Devisensicherungen durchgeführt mit dem Ziel, möglichst gute Kurse für die Kalkulation zu sichern. Dazu werden im Devisengremium Währungs-Volumina und Zielkurse festgelegt. Die Kombination aus Kursänderungs- und Bedarfsänderungsrisiko schließt eine vollständige Absicherung des Kalkulationskurses in der Regel aus. Der immer höhere Wettbewerbsdruck sowie die erforderliche Flexibilität im Produktmarkt erfordert eine höhere Flexibilität der Kursabsicherung. Dies wiederum führt zu

Kosten und/oder höheren Risiken (Margenrisiken) oder im ungünstigsten Fall schlechteren Kalkulationskursen.

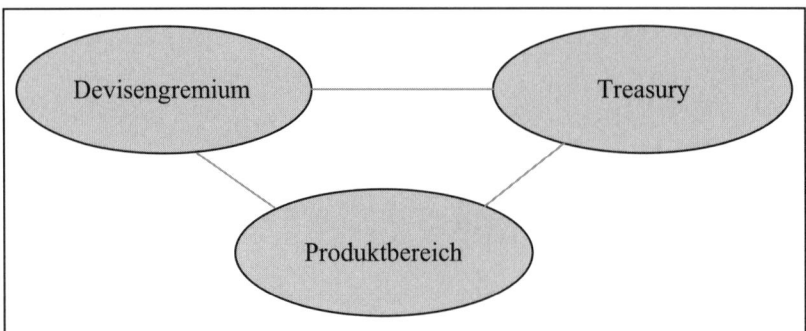

Abb. II. 2-8 Devisenmanagement – Organe und Verantwortung

Ein umfassendes Risikomanagement erstellt täglich ein Währungsexposure mit aktueller Marktbewertung. Hinzu kommen Risikoanalysen mit Szenarien über Bedarfs- und Kursänderungen (Risikomatrix) und ein umfassendes Management-Reporting als detailliertes internes Kontrollsystem. Diese Richtlinien werden durch externe Wirtschaftsprüfer im Rahmen des Jahresabschlusses und gemäß der gesetzlichen Grundlage des KonTraG geprüft.

Abschließend wird ein **Beispiel** für den Deviseneinkauf eines Veranstalters dargestellt, der seine Angebote mit zwei getrennten Katalogauflagen für die Sommersaison anbietet (1. Auflage erscheint im Oktober, 2. Auflage im Januar des Folgejahres).

Rahmenbedingungen:
- Kursentwicklung Juli/August 2006 ca. 1,27–1,29 USD/Euro Kasse (→ Terminsicherung 1,28–1,30)
- Kurssicherung der Erstauflage (Bedarf ca. 30 Mio. USD) mit möglichst gutem Kalkulationskurs
- Zweitauflage: (Bedarf ca. 50 Mio. USD)
- Möglichkeit der punktuellen Preisreduzierung ohne Margenverlust (bei positiver Kursentwicklung) soll gewährleistet sein
- Der maximale Margenverlust (ohne Preisreduzierung) soll auf 500 T (inkl. Sicherungskosten) begrenzt werden

Kalkulationskurs und Sicherungsstrategie:
- Ziel-Kalkulationskurs Sommersaison: 1,30 USD/Euro
- Kurssicherung der Erstauflage (ca. 30 Mio. USD) zu 1,30 mit Devisentermingeschäften
  (Möglichst schnelle Nutzung von positiven Kursschwankungen)
- Zweitauflage: (ca. 50 Mio. USD): Devisentermingeschäfte von 30 Mio. USD mit Kursen über 1,30; Kauf Devisenoption von 20,0 Mio. USD mit Strike-Kurs 1,27 zum 20. Dezember – Prämie 195 T€
- Ersetzen der Optionssicherung durch Termingeschäfte zur Erzielung von Kurserträgen

→ Worst Case Zweitauflage: Kursdifferenz (1,30–1,27) von 20 Mio. USD und 195 T€ Prämie = ca. 500 T€;
→bei Kursen ab 1,3170 ist kein Margenverlust mehr zu tragen (inkl. 195 T€ Prämie)

Dieses Beispiel zeigt, welche **Rahmenbedingungen** und **Vorgaben** für das Devisenmanagement zu beachten sind und wie komplex der Einsatz der Devisensicherungsinstrumente in der Praxis ist. Es wird deutlich, wie teuer es werden kann, wenn das Management eines Reiseveranstalters die Devisensicherungsinstrumente nicht sicher beherrscht.

3 Übergreifende Aufgaben und Verantwortlichkeiten eines Reiseveranstalters

Neben den gesetzlichen Rahmenbedingungen gilt es weitere übergreifende Aufgaben und Verantwortlichkeiten eines Reiseveranstalters, die die in Kapitel II.1 dargestellten Prozesse beeinflussen können.

3.1 Nachhaltigkeit/CSR bei Reiseveranstaltern

Die Reisebranche ist in besonders großem Ausmaß von **ökologischen** und **sozio-kulturellen** Entwicklungen betroffen, da sie einerseits natürliche und kulturelle Faktoren, wie Landschaften und Strände, bzw. den Reiz fremder Lebensweisen und Traditionen vermarktet. Andererseits entstehen durch touristische Tätigkeiten u. a. ökologische Belastungen, wobei im Zusammenhang mit dem Klimawandel vor allem die Emissionen von Treibhausgasen (vorwiegend CO_2) eine wichtige Rolle spielen. Durch diese Situation der gleichzeitigen Vermarktung und Belastung der Umwelt sind Reiseveranstalter besonders prädestiniert für eine Vorreiterrolle bezüglich einer umwelt- und sozialverträglichen Wirtschaftsweise. Der Umweltschutz kann für Reiseveranstalter als Schutz seiner natürlichen Ressourcen und somit als Ressourcensicherung gesehen werden. Daher liegt der Schutz der Umwelt im langfristigen ökonomischen Eigeninteresse der Reiseveranstalter. Doch auch kurzfristig bietet der Umweltschutz eine Chance auf größeren Erfolg am Markt („Grüner Tourist") und aufgrund von Ressourceneinsparungen (Energie, Wasser usw.) auch auf eine Kostenreduktion.

Vor diesem Hintergrund wächst auch im Tourismus die Bedeutung von **Corporate Social Responsibility (CSR)**, einer gesellschaftlich verantwortungsbewussten Unternehmensführung.

CSR kann als Element nachhaltiger Unternehmensführung angesehen werden und umfasst die ökologische, ökonomische und soziale Dimension. Die Einhaltung von Gesetzen wird dabei als Voraussetzung angesehen. In diesem Zusammenhang werden auch die Begriffe Sustainable Development (Nachhaltige Entwicklung), Corporate Sustainability (Nachhaltige Unternehmensführung) und **Corporate Citizenship** genannt. Corporate Citizenship bezieht sich auf das über die eigentliche Geschäftstätigkeit hinausgehende Engagement des Unterrnehmens in dessen lokalem Umfeld und dessen Standorte mit dem Ziel soziale Probleme oder Fragen zu lösen. Aktivitäten sind z. B. Spenden, Sponsoring, Gründung gemeinnütziger Unternehmensstiftungen oder auch der direkte Einbezug der Mitarbeiter für soziale Zwecke (Corporate Volunteering).

3.1.1 Kriterien der Nachhaltigkeit von Reiseveranstaltern

Die Faktoren für die soziale und ökologische Bilanz der Aktivitäten von Reiseveranstaltern sind außerordentlich breit gestreut im Unterschied z. B. zu Hotels oder Verkehrsträgern, bei denen überwiegend messbare Faktoren wie Energie- und Ressourcenverbrauch, Schadstoffausstoß und Müllproduktion zum Tragen kommen. Das liegt vor allem an der Querschnittsfunktion, die Veranstalter als Bindeglied zwischen Hoteliers, Transportunternehmen, Agenturen in den Zielgebieten und den Kunden einnehmen.

Grundsätzlich können Reiseveranstalter über die Wahl der Reiseform zu einer nachhaltigen Entwicklung beitragen. Beispielsweise entwickeln die unter dem Dach „Forum Anders Reisen" zusammengeschlossenen Veranstalter umweltschonende und sozialverträgliche Reisen, die wirtschaftlich realisierbar sind (www.forumandersreisen.de). Als wichtiges Kriterium wird das **sozialverantwortliche Reisen** angesehen: die Menschen in der Destination, ihre Kultur und landestypische Sitten, Gebräuche und Religionen sollen akzeptiert und respektiert werden. Die Leistungsträger und -erbringer im Zielgebiet sollen eine faire Bezahlung erhalten. Wenn wirtschaftliche Interessen gegen die Interessen, Sitten oder Moralvorstellungen der betroffenen Bevölkerung verstoßen, werden sie nicht mehr weiterverfolgt. Eine möglichst hohe regionale Wertschöpfung wird angestrebt.

Umweltverträgliches Reisen ist ein weiteres wichtiges Kriterium: Die Veranstalter sollen Beherbergungsbetriebe bevorzugen, die eine enge Verbindung zur Regionalkultur haben, Bauweise und Architektur sollen der Region angepasst sein und bevorzugt Produkte aus der Region angeboten werden. Es sollen keine Flüge in Zielgebiete unter einer Entfernung von 700 km angeboten werden; bei Flügen über 700 km gilt eine Mindestaufenthaltsdauer. Off-Road-Touren mit Geländewagen oder Motorrädern, Motorschlitten-Touren, Rundflüge mit Motorflugzeugen oder Heli-Skiing werden unter Berücksichtigung dieses Kriteriums nicht angeboten.

Das dritte Kriterium ist die **Verantwortung gegenüber dem Kunden**: intensive Urlaubserlebnisse und Erholung sollen durch z. B. langsame Fortbewegung im Reiseland, die Beschränkung auf kleine Gruppen, die sinnvolle Einbindung öffentlicher Verkehrsmittel, eine regionaltypische Verpflegung und Unterkunft und das Kennen lernen anderer Kulturen und Menschen erreicht werden.

Fraglich ist, ob die Themen Klimawandel und Umweltschutz schon zu **Entscheidungskriterien für Nachfrager** von Reiseleistungen geworden sind. In einer generischen Betrachtung können auf einem Kontinuum die Nachfrager von einer Typisierung als „Light Green Tourist" bis zu einem Profil als „Dark Green Tourist" unterschieden werden. Der „Light Green Tourist" kümmert sich so gut wie nicht um die Einhaltung von CSR-Kriterien während der „Dark Green Tourist" bewusst auf Reisen (und Mobilität) verzichtet, um keinen ökologischen (CO2-)„Fußabdruck" zu hinterlassen. Die Sensibilisierung der Nachfrager auf Umweltschutz in den Quellmärkten lässt den Schluss zu, dass sich inzwischen die Kunden zwischen den genannten Polen bewegen. Auf den sich daraus ergebenden Kundendruck Richtung CSR reagieren die Reiseveranstalter u. a. mit Zertifizierungen und Nachhaltigkeitsberichten.

3.1.2 Nachhaltigkeitscontrolling

Eine **Unternehmenszertifizierung** nach festen Kriterien soll die Überprüfung der Veranstalter nach ökonomischen, ökologischen und sozialen Kriterien sicherstellen. Die Gesellschaft für Zertifizierung im Tourismus **„Tourcert"** z. B. überprüft vor der Vergabe des Siegels für Corporate Social Responsibility (CSR) nach einem festen Kriterienkatalog alle relevanten Punkte in Zusammenarbeit mit dem jeweiligen Veranstalter. Die Kriterien entsprechen weitgehend den oben genannten Kriterien von Forum Anders Reisen. Die **acht CRS-Leitlinien**, auf denen die Tourcert-Zertifizierung aufgebaut ist, lauten: Umweltschonend reisen, Unterkünfte sorgfältig auswählen, Reiseziele abwägen, lokale Gemeinschaften beteiligen, angemessene Preise zahlen, Arbeitsstandards einhalten, partnerschaftlich wirtschaften und Transparenz schaffen.

Im Idealfall legt eine Nachhaltigkeitsberichterstattung umfassend Zeugnis davon ab, wie ein Unternehmen seiner gesellschaftlichen Verantwortung gerecht wird und informiert die Öffentlichkeit darüber. Für Nachhaltigkeitsberichte sind die zugrunde liegenden Kriterien entscheidend, die einheitlich und nach strengen Kriterien ausgewählt sein sollten; dann wird die Berichterstattung transparent und vergleichbar. Die **Global Reporting Initiative (GRI)** gilt als Vorreiter der Nachhaltigkeitsberichterstattung. Die Entwicklung, Verbreitung und Durchsetzung weltweit akzeptierter Leitlinien der Nachhaltigkeitsberichterstattung ist ihre Mission. Die Global Reporting Initiative wurde 1997 durch die CERES (Coalition for Environmentally Responsible Economies) und das UN-Umweltprogramm (UNEP) ins Leben gerufen. Die GRI-Leitlinien wurden 1999 erstmals vorgestellt und seitdem kontinuierlich weiterentwickelt. Seit Herbst 2006 liegen sie in der dritten Fassung vor (G3). Neben allgemeinen Guidelines gibt es auch spezifische Empfehlungen für einzelne Branchen. Mit der Global Reporting Initiative sollen Rahmenbedingungen geschaffen werden, die es ermöglichen, Unternehmen global einheitlich zu bewerten. Von der Global Reporting Initiative wurden zusammen mit der „Tour Operators' Initiative" (TOI) die „Sustainability Reporting Guidelines for the Tour Operator's Sector" erstellt. Die für die Tourismuswirtschaft geltenden Leitlinien beinhalten neben den GRI-Rahmenindikatoren zusätzlich für den Tourismussektor spezielle Indikatoren (Produktmanagement und -entwicklung, Internes Management, Wertschöpfungskette, Kundenbeziehungen, Kooperation mit den Zieldestinationen). Als erster Reiseveranstalter weltweit hat **Studiosus** im November 2009 einen Nachhaltigkeitsbericht vorgelegt, der den höchsten Anforderungen der Richtlinien G3 (s.o.) der Global Reporting Initiative entspricht. Nach Prüfung durch das GRI-Sekretariat wurde dem Studiosus Nachhaltigkeitsbericht das höchste Berichtsniveau „A+GRI-Checked" bescheinigt.

3.1.3 Maßnahmen für eine nachhaltige Leistungserstellung von Reiseveranstaltern

Neben der Berichterstattung zu CRS, die sich an alle **Stakeholder** richtet, binden touristische Unternehmen den Kunden auch direkt ein. Ein Instrument, das auch Reiseveranstalter zunehmend auf ihren Buchungsplattformen einsetzen, ist der sogenannte **Klimarechner**. Ein Klimarechner ermöglicht in Zusammenarbeit mit einem Kooperationspartner (z. B. **myclimate** oder **atmosfair**) durch die Buchung eines freiwilligen Klimabeitrags die durch die Reise entstehenden Emissionen zumindest teilweise zu kompensieren: die Kunden können mit dem Klimarechner berechnen, wie hoch der CO_2 Ausstoß der gebuchten Reise ist. Die Auswirkungen können dann durch einen Beitrag für ein Klimaprojekt ganz oder teilweise kompensiert werden. Die Beiträge werden für Klimaprojekte auf der ganzen Welt eingesetzt, in denen entsprechend der geleisteten Beiträge klimawirksame Emissionen eingespart werden.

Eine besondere Bedeutung bei der Umsetzung von CSR kommt den von den Reiseveranstaltern eingebundenen Verkehrsträgern zu. Die Reduzierung von Klimagasen hat für den Straßen-, Luft- und Schienenverkehr sowie die Schifffahrt oberste Priorität. Autos, Lastwagen und Busse sind innerhalb des Verkehrswesens die Hauptverursacher von CO_2.

An zweiter Stelle der Verursacher steht die **Schifffahrt**, auf die rund drei Prozent der jährlichen CO_2-Emissionen entfällt. Der **Luftverkehr** ist für rund zwei Prozent der Kohlendioxid-Emissionen verantwortlich; zusätzlich beeinflusst der Ausstoß von Stickoxiden und Wasserdampf in hohen Luftschichten das Klima negativ. Als sauberstes Verkehrsmittel gilt die Bahn. Mit 0,5 Prozent wird der Anteil des Schienenverkehrs an den CO_2 Abgasen beziffert. Gesetzliche Rahmenbedingungen zwingen die Leistungsträger vor diesem Hintergrund zu Anpassungen. Kreuzfahrtreedereien, die in der Regel ihre Schiffe mit dem relativ billigen Schweröl betreiben, dürfen seit 2011 nicht mehr das Fahrtgebiet Antarktis ansteuern; die antarktischen Gewässer dürfen nur noch von mit leichtem Dieselöl oder sauberem Dieselkraftstoff betriebenen Kreuzfahrtschiffen angelaufen werden.

Im Luftverkehr hat sich nach mehr als 10 Jahren Verhandlung die UN Luftfahrtorganisation **ICAO** auf Klimaschutzziele geeinigt: dazu gehört eine Verbesserung der Treibstoffeffizienz bis 2050 um jährlich zwei Prozent. Bereits 2012 wird der Luftverkehr in Europa in den **Emissionshandel** einbezogen. Davon sind nicht nur europäische Fluglinien betroffen, sondern alle Fluggesellschaften, deren Flugzeuge in der EU starten oder landen. Bedingung für den Emissionshandel im Luftverkehr ist die Festsetzung von Emissionszielen. Daraus ergibt sich, dass jede Fluggesellschaft in einem bestimmten Zeitraum nur eine bestimmte Menge an Treibhausgasen freisetzen darf. Gelingt es der Airline, diese Menge zu unterschreiten, kann sie die überschüssigen Emissionsrechte weiterverkaufen. Andererseits können Fluggesellschaften, die beim Ausstoß von Treibhausgasen die festgelegte Menge überschreiten, zusätzliche Emissionsrechte erwerben. Der Handel mit Emissionsrechten soll für die Unternehmen einen Anreiz schaffen, ihren Ausstoß von Treibhausgasen zu verringern und Betriebskosten zu sparen (Einsatz moderner, effizienter Flugzeuge und Verfahren bei der Flugdurchführung, Entwicklung alternativer Kraftstoffe, z. B. aus Biomasse). Ziel des Emissionshandels ist es generell, die im Kyoto-Protokoll festgelegten Reduktionsziele für den Ausstoß von Treibhausgasen in den Industrieländern zu erreichen.

Analog zu den Reiseveranstaltern bieten auch die Verkehrsträger den Kunden, d.h. Flugreisenden, Autofahrern und Kreuzfahrtpassagieren, die Möglichkeit, bei Organisationen wie Atmosfair mit Hilfe eines Emissionsrechners festzustellen, wie viele Klimagase ihre Reise verursacht und welche **Kompensationszahlung** auf freiwilliger Basis anfällt.

Gemeinschaftlich nehmen nicht nur die Reiseveranstalter Initiativen zu CRS und Nachhaltigkeit auf Verbandsebene auf. Das Thema Nachhaltigkeit ist beim **Deutschen Reiseverband (DRV)** im Ausschuss Umwelt angesiedelt. Neben politischer Gremienarbeit kümmert sich der Ausschuss unter anderem um umweltschonende Konzepte für Resiebüros und Reiseveranstalter, entwickelt Informationsschriften für Touristen und schult Reiseleiter in Fragen des umwelt- und sozialverträglichen Tourismus. Das Projekt „**Green Counter**" z. B. hat das Ziel, Expedienten für den nachhaltigen Tourismus zu sensibilisieren. Zu den Aktivitäten gehört auch die jährliche Verleihung der internationalen Auszeichnung **Eco Trophea** seit 1987. Der Verband prämiert damit weltweit besonders umweltverträgliche und nachhaltige Tourismusprojekte.

3.2 Krisenmanagement bei Reiseveranstaltern

Neben den gewöhnlichen existenziellen Bedrohungen für ein Unternehmen durch Missmanagement oder durch Illiquidität (z. B. bei Forderungsausfall) stellen insbesondere Naturkatastrophen oder Terroranschläge besondere Gefahrenquellen für touristische Unternehmen dar (vgl. Kapitel II.1.4.1.4, S. 126f.). Der entscheidende Einschnitt in der Risikowahrnehmung und der Professionalisierung des Krisenmanagements in der Touristik erfolgte als Reaktion auf die Al-Kaida Anschläge auf das World Trade Center in New York vom 11. September 2001. Vor den Ereignissen des „11.09." wurde das Krisenmanagement der Veranstalter vorrangig in den Marketingplänen als „**Contingency**- oder **Emergency-Pläne**" im Sinne einer veränderten, auf die Krise bezogenen Kommunikation verankert.

Die schnelle Abfolge von Krisenereignissen im vergangenen Jahrzehnt, wie z. B. Terror, SARS, Vogelgrippe, Tsunami, Kriege und ab 2010 die politische Umbrüche in Nordafrika und im Nahen Osten verlangen von Reiseveranstaltern nach besonderen Methoden der Unternehmensführung, um mit solchen Ereignissen umzugehen.

Der zweite wesentliche Anstoß das Krisenmanagement der Veranstalter zu professionalisieren und von der Unternehmensebene auf eine Branchenebene zu heben, erfolgte als Reaktion auf den Ausbruch des isländischen Gletschervulkans Eyjafjallajökull am 14. April 2010. Die Schließung von Lufträumen und Flughäfen in Europa führte dazu, dass der Luftverkehr zum Erliegen kam: rund 10 Millionen Passagiere konnten ihre Flugreisen nicht antreten.

3.2.1 Ursachen touristischer Krisen

Unter Krise wird eine nicht gewollte, außergewöhnliche Situation für die touristische Organisation oder Destination verstanden, die aufgrund der Ernsthaftigkeit des Ereignisses unmittelbare Entscheidungen erfordert, um die Konsequenzen gering zu halten und weitere Schäden abzuwenden (GLAEßER 2005). Für Reiseveranstalter stehen die plötzlichen unvorhersehbaren Ereignisse im Vordergrund des Krisenmanagements. Beispiele für „plötzliche" Krisen sind politisch/religiöse Krisen, kulturelle Krisen, Naturkatastrophen, Krankheiten, Epidemien, Transportunglücke, Unglücke im Zielgebiet mit Personenschaden und Entführungen von Touristen. Im Allgemeinen können **Krisenursachen** exogener oder endogener Natur sein. (siehe auch Abb. II. 1-4, S. 126) Endogene Ursachen haben ihren Ursprung innerhalb des Unternehmens und sind demnach betrieblich bedingt. Gründe können menschliches oder technisches Versagen sein. Im Gegensatz hierzu liegen exogene Ursachen außerhalb des Wirkungsbereichs der Organisation. Im Tourismus entstehen sie entweder vor Reisebeginn, auf dem Reiseweg oder in der Destination.

1. **Exogene Krisenursachen:**
   – Vor Reisebeginn: Verhinderung oder Beeinträchtigung des Reisebeginns; Beispiele: Flugausfälle durch Vulkanasche, Pilotenstreik
   – Auf dem Reiseweg: Beeinträchtigung der Verkehrsträger; Beispiele: Flugzeugentführung, Überfälle, Verkehrsunfälle
   – In der Destination: Naturkatastrophen, kulturelle, politische oder religiöse Spannungen, Krankheiten und Epidemien
   – Übergreifende gesellschaftliche und wirtschaftliche Entwicklungen; Beispiele: Kriminalität, Terrorismus, Finanz- und Wirtschaftskrise
2. **Endogene Krisenursachen**
   – Menschliche Ursachen: Beeinträchtigung des Reiseprozesses aufgrund menschlichen Versagens; Beispiele: Management- und Mitarbeiterfehler, mangelndes Sicherheitsbewusstsein, Ignorieren von Vorschriften
   – Technische Ursachen: Beeinträchtigung des Reiseprozesses aufgrund technischen Versagens; Beispiele: Konstruktions- und Materialfehler, Verschleißerscheinungen, mangelnde Sicherheitsmaßnahmen

Die Vielzahl an Krisenursachen macht deutlich, wie hoch das Potenzial an Störungen und negativen Ereignissen in der Tourismusbranche ist. Das Produkt „Reisen" weist zum einen durch die Einbindung vieler verschiedener Leistungsträger eine erhöhte Anfälligkeit für Krisen auf und zum anderen ist das Produkt stark von Umweltveränderungen abhängig. Diese können im Quellmarkt oder in der Destination liegen, aber auch durch das Wetter, politische Gegebenheiten oder wirtschaftliche Schwankungen bedingt sein.

Der Ausbruch einer Krise – egal welcher Art – hat direkte negative Auswirkungen auf die Reisenachfrage. Wie stark ein potenzieller Kunde durch die Krise beeinflusst wird, hängt vom subjektiv empfundenen Risiko ab. Das **Sicherheitsbedürfnis** eines Menschen ist generell hoch und steht z. B. in der Bedürfnispyramide von Maslow direkt an zweiter Stelle. In den vergangenen Jahren konnte eine signifikante Veränderung im Krisenbewusstsein der Deutschen festgestellt werden. Aus der BAT-Studie der Stiftung für Zukunftsfragen (BAT-

STIFTUNG FÜR ZUKUNFTSFRAGEN 2011) geht hervor, dass Krisen immer stärker bei der Urlaubsplanung berücksichtigt werden. Während 1991 beim ersten Golfkrieg 78% aussagten, dass Terror- und Reisewarnungen keinen Einfluss auf ihr Reiseverhalten hätten, sank die Zahl nach dem 11. September 2001 bereits auf 67%. Während der Unruhen in Ägypten und Tunesien im Jahr 2011 fiel die Zahl drastisch auf 13%.

3.2.2 Maßnahmen im Krisenmanagement von Reiseveranstaltern

Krisenmanagement im Tourismus umfasst nun alle Aktivitäten einer touristischen Organisation oder Destination zur Vorbeugung, Vermeidung, Bewältigung und Nachbereitung von touristischen Krisen (KRANAWETTER/MÜLLER 2007).

Die **Krisenprävention** ist in die zwei Unterbereiche der **Krisenvorsorge** und **Krisenvermeidung** unterteilt. Die Krisenvorsorge befasst sich mit den Szenarien und Planspielen, um sich auf eine tatsächlich eintretende Krise vorzubereiten und die Höhe des Schadens der Krise so gering wie möglich zu halten. Die Krisenvermeidung hingegen versucht das Risiko einer möglichen Krise zu erkennen und ihren Eintritt zu verhindern. Die **Krisenbewältigung** setzt mit dem Erkennen der Krisensituation ein und endet im Idealfall mit der Abwendung der Krisenfolgen. Im letzten Teil des Krisenmanagements erfolgt die **Krisennachbereitung**. Verträge mit **Versicherungen** und **Assistance-Unternehmen** können Reiseveranstalter gegen finanzielle Schäden einer Krise absichern. Reiseversicherungsunternehmen bieten auch Schulungen für die Mitarbeiter der Reiseveranstalter, Telefonhotlines für krisenbetroffene Kunden, Vor-Ort-Hilfe, psychologische Betreuung von Opfern und Helfern etc. an.

Auch auf das erhöhte Interesse der Öffentlichkeit und der Medien im Fall einer touristischen Krise muss ein Reiseveranstalter vorbereitet sein; die **Krisenkommunikation** ist ein zentraler Baustein des Krisenmanagements.

Um die negativen Folge einer Krise zu mildern, stehen den Reiseveranstaltern verschiedene **Maßnahmen** zur Verfügung:

- Produktpolitik: Gilt eine Destination als unsicher, sollte sie im Sinne einer Programmerweiterung durch eine andere ersetzt werden, zumindest aber auf mögliche Gefahren hingewiesen werden
- Produktgestaltung: Sind einzelne Leistungen Image schädigend, sollten sie komplett aus dem Programm genommen werden
- Preisnachlässe für Kunden
- Provisionserhöhung für Reisemittler
- Kostenlose Umbuchungen und günstige Stornobedingungen
- Werbung (Print oder Online) sollte den Krisenumständen angepasst werden

Das Krisenmanagement ist in den meisten Fällen kein unternehmensindividuelles Thema sondern erfordert branchenbezogene bzw. sogar branchenübergreifende Lösungen. Der Deutsche Reiseverband (DRV) hat daher entsprechend der gestiegenen Relevanz eines branchenweiten touristischen Krisenmanagements die bisherige Arbeitsgemeinschaft für Sicherheitsthemen zu einem Ausschuss für Krisen- und Sicherheitsmanagement weiterentwickelt. Der Ausschuss erfüllt sowohl aktive als auch reaktive Aufgaben des Krisenmanagements. Zum Umgang mit Krisen hat der DRV ein Handbuch für kleine und mittelständische Reiseveranstalter herausgegeben. Es soll dazu beitragen, dass Reiseanbieter gezielt den Ablauf von Krisensituationen planen und dabei die Zusammenarbeit mit externen Dienstleistern wie z. B. Versicherungen, Assistance Service und Kommunikationsunternehmen in Anspruch nehmen. Im akuten Krisenfall agiert der DRV als Vermittler zwischen den Krisenstäben und -beauftragten der DRV-Mitglieder und organisiert gleichzeitig die externe Kommunikation mit dem Auswärtigen Amt, Bundesbehörden und weiteren internationalen Organisationen.

Für die Branche haben folgende **Maßnahmen** Priorität:

- Bereitstellung des **Global Monitoring Systems**, durch das eine technische Branchenlösung für das Krisenmanagement bei Veranstaltern, unabhängig von ihrer Größe, gewährleistet werden soll (s. u.)
- Einbeziehung der Fluggesellschaften zur Entwicklung eines Leitfadens zum Abwicklungsprozedere im Krisenfall
- Verbesserung der Evakuierung und des Rücktransports von Reisenden durch die Einrichtung eines Sitzplatz-Pools, über den die Koordination freier Sitzplatzkapazitäten in Flugzeugen stattfinden soll

Um die Arbeit des DRV im Bereich des Krisenmanagements von Reiseveranstaltern noch stärker zu professionalisieren, hat der Verband gemeinsam mit Reiseveranstaltern und dem Technologie-Unternehmen A3M (A3M hat u. a. ein Tsunami-Frühwarnsystem entwickelt) eine Lösung erarbeitet: die Idee des Global Monitoring Systems besteht darin, dass spezielle Buchungsdaten der Kunden mit Vorkommnissen in bestimmten Zielgebieten in Verbindung gebracht werden und dadurch auf einen Blick zu sehen ist, wie viele Gäste und Mitarbeiter sich in den jeweiligen Krisenregionen befinden. Basis für das Zusammenbringen von Kunden- und Krisendaten ist die **Georeferenzierung**. Dabei werden einer bestimmten Sache z. B. einem Hotel oder einem Ereignis, Geodaten in Form von Koordinaten zugewiesen. So können Hotel- und Buchungsdaten erfasst und geographisch auf einer Karte als Punkt dargestellt werden. Alle Hotels der deutschen Reisebranche wurden durch A3M georeferenziert. Jedes Hotel ist außerdem durch einen Hotelcode eindeutig identifizierbar. Das Global Monitoring System analysiert sowohl die festgehaltenen Daten über die Kunden als auch über die Ereignisse, berechnet die Relevanz für jeden einzelnen Reiseveranstalter und löst im Notfall einen Alarm aus, indem ein Mitglied des Krisenstabs eines Reiseveranstalters z. B. eine SMS bekommt. Das System bezieht seine Informationen aus einer Vielzahl von Quellen. Für rund 50 Ereigniskategorien (Meteorologie, Geologie, Umwelt und Biologie, Gesundheit, Politik und Sicherheit, Technik etc.) werden Informationswege genutzt Während bei Naturereignissen auf führende Institute (z. B. VAAC) zurückgegriffen wird, informieren u. a. die Sicherheitshinweise des Auswärtigen Amtes über politische Unruhen in den Zielländern. Vor allem zur Feststellung von „man-made"-Katastrophen spielt Media Monitoring eine große Rolle: hierzu sammelt ein Redaktionsteam Nachrichten aus aller Welt, die aufgearbeitet und georeferenziert werden.

Das System verfügt über drei Hauptmodule, die jeweils durch Zusatzmodule ergänzt werden können. Dadurch wird den Unterscheidungsmerkmalen der Reiseveranstalter (Größe, Spezialisierung etc.) Rechnung getragen. Die Hauptmodule bestehen aus den Elementen Information, Analyse und Kommunikation.

Das Global Monitoring System kann deshalb als Branchenlösung dienen, weil es vor allem für kleine und mittelständische Reiseveranstalter, für die ein hauseigenes Krisenmanagement- und Frühwarnsystem nicht finanzierbar wäre, Vorteile bieten kann. Das Ziel des Informations- und Kommunikationssystems ist die **Stärkung der Veranstalterreise**, die dadurch an Qualität in den Bereichen Sicherheit und Vorsorgemaßnahmen gewinnt. Darüber hinaus kann die Beratung im Reisebüro verbessert werden. Eine besondere Herausforderung ist es dabei, wenn der Kunde – wie bei Bausteinreisen üblich – einzelne Reiseleistungen bei verschiedenen Reiseveranstaltern und/oder Leistungsträgern bucht und ggf. Teile der Reise selbst organisiert, so dass kein vollständiger Überblick über seinen Verbleib im Zielgebiet gegeben ist.

Ziel des oben erwähnten Leitfaden zum Gäste-Rücktransport und zur Sitzplatzkoordination ist es, ein festes Kontingent an Sitzplätzen in Flugzeugen für den DRV zur Verfügung gestellt zu bekommen, welches dieser dann im Krisenfall koordiniert und den DRV-Mitgliedern anbieten kann; davon können vor allem ebenfalls – wie auch vom Global Monitoring System – kleine Veranstalter und Reisebüros profitieren.

In Zukunft wird auch **Social Media** als neues Medium eine größere Rolle in der Krisenkommunikation spielen.

Literaturhinweise zu Teil II

Zur funktionalen Prozessorganisation (II.1): BASTIAN/BORN 2004: 33ff., FREYER 2011 (Tourismus): 210ff., GROß 2011, MEFFERT/BRUHN 1995, MUNDT 2011: 63ff., 115ff., PAGE 2009, POMPL 1996, ROTH/SCHRAND 1995, STERZENBACH/CONRADY/FICHERT 2009

Zu rechtlichen, steuerlichen und wirtschaftlichen Rahmenbedingungen (II.2): BIERMANN 2002, DER VERSICHERUNGS-HANDBUCH, FÜHRICH 1995a, 2007, 2010, GABLER VERLAG 2011, KLATT/WAHL 2004, MDT MAKLER DER TOURISTIK 2011, NIES 2011, PALANDT 2010, SCHMID 1997, SCHWALD 2008, TAS TOURISTIK ASSEKURANZMAKLER UND SERVICE GMBH 2011, VALUENET 2011, WOLF 2010

Zu Nachhaltigkeit und Krisenmanagement (II.3): ADLER/IGL 2005, BAUERFEIND 2005, BRAUN 2007, CONRADY/BAKEN 2008, DREYER 2001, FREYER 2011 (Tourismus): 390ff., FREYER/GROß 2004, GLAEßER 2001, 2005, GIRALDO U.A. 2006, GURTNER 2006, JOSSE 2004, KRANAWETTER O.J., KRANAWETTER/MÜLLER 2007

Fragen zu Teil II

(1) Nennen Sie die einzelnen Schritte der Prozesskette eines Reiseveranstalters.

(2) Welche Aspekte sind bei der Produktplanung eines Reiseveranstalters zu berücksichtigen?

(3) Erläutern Sie, warum Pauschalreiseveranstalter primär touristische Bedarfsfluggesellschaften beschäftigen und Bausteinreiseveranstalter die Flüge vordergründig bei Network Carriern und als Einzelplatzflüge bei Leisure Carriern buchen.

(4) Was sind typische sonstige Transportleistungen, die Reiseveranstalter einkaufen?

(5) Wie wird der Einkauf von Unterkunftskapazitäten geplant und welche Varianten von Bindungsmodellen für Hotels im Zielgebiet gibt es. Gehen Sie auf die Vor- und Nachteile der unterschiedlichen Bindungsmodelle ein.

(6) Welche Komponenten spielen bei der Preisbildung eines Reiseveranstalters eine Rolle? Stellen Sie den Preisbildungsprozess hierzu in einem Modell dar.

(7) Nennen Sie vier zentrale unterstützende Backoffice-Aufgaben und erläutern Sie, welche Funktionen diese erfüllen.

(8) Was wird in der EU-Pauschalreiserichtlinie geregelt?

(9) Welche Steuerregelungen gelten für die Reisebranche?

(10) Warum sieht sich ein Reiseveranstalter mit einem Währungsrisiko konfrontiert? Welche Einzelrisiken kommen dabei zum Tragen?

(11) Welche Ansatzpunkte können Sie einem Reiseveranstalter empfehlen, der seine Angebote nachhaltig konzipieren möchte?

(12) Welche Maßnahmen kann ein Reiseveranstalter ergreifen, um die negativen Folgen einer Krise zu mildern?

Teil III

Marketing und Vertrieb von Reiseveranstaltern

1 Grundlagen des Marketing-Managements von Reiseveranstaltern

2 Grundlagen des Vertriebs von Reiseveranstaltern

3 Entwicklung der Reisebranche – vom selbständigen Einzelreisebüro zu spezialisierten, gesteuerten Reisebüroorganisationen

4 Struktur und Funktionen der deutschen Reisebürobranche

5 Struktur und Funktionen der Online Portale

Übersicht Teil III

Teil III beleuchtet die Besonderheiten des Marketings und Vertriebs von Reiseveranstaltern. Diese Funktionen nehmen aufgrund des Dienstleistungscharakters der Branche eine Sonderstellung innerhalb der Prozesskette von Reiseveranstaltern ein und werden deshalb in Ergänzung zu den Ausführungen in Teil II an dieser Stelle noch einmal detailliert betrachtet.

Das Marketing-Management von Reiseveranstaltern wird anhand einer eigenen Marketing-Management-Methode überblicksartig vorgestellt bevor im Folgenden die einzelnen Phasen spezifisch für das Marketing von Reiseveranstaltern erläutert werden. Ein Schwerpunkt wird dabei auch auf die Bedeutung von Marken in der touristischen Praxis gelegt. (Kapitel III.1)

Zum Verständnis der grundlegenden Anforderungen an die Vertriebspolitik eines Reiseveranstalters werden die verschiedenen Vertriebswege vorgestellt und im Rahmen einer Multi-Channel-Strategie werden Ansatzpunkte für einen erfolgreichen Vertrieb unter den sich ändernden Marktbedingungen gegeben. Der Vertrieb über Reisemittler stellt für Reiseveranstalter dabei eine besonders wichtige Absatzmaßnahme dar. Es werden hierzu die Merkmale und Produkte von Reisemittlern aufgezeigt und in Abgrenzung zu denen eines Reiseveranstalters analysiert. (Kapitel III.2)

Im Anschluss wird praxisnah ein Überblick über die Entwicklung der Reisebürobranche in Deutschland gegeben und aufgezeigt, wie die Branche mit sich ändernden Marktbedingungen umgeht. Daraus abgeleitet wird eine Prognose für die Zukunft der Reisebürobranche aufgestellt. (Kapitel III.3)

Im Rahmen der Erläuterung der Struktur und Funktionen der Reisebürobranche wird einerseits der Markt betrachtet und andererseits werden die Geschäfts- und Bindungsmodelle von Reisebüros vorgestellt. Ein besonderes Augenmerk wird in diesem Zusammenhang auf die Struktur und Funktionen der Online-Portale gelegt, welche in der Reiseindustrie einen zunehmend wichtigen Vertriebsweg darstellen. (Kapitel III.4 und III.5)

> **Ziele des Teils III**
>
> *Nach der Lektüre des III. Teils sollte es u. a. möglich sein*
>
> - *eine Marketing-Strategie für Reiseveranstalter auf Basis einer Marktanalyse unter Berücksichtigung verschiedener Ziele und Strategien aufzustellen und dabei die unterschiedlichen Ausgestaltungen der einzelnen Elemente des Marketing-Mix zu konkretisieren;*
> - *eine Erfolg versprechende Vertriebspolitik unter Berücksichtigung relevanter Markt-Marktbedingungen zu entwickeln.*

1 Grundlagen des Marketing-Managements von Reiseveranstaltern

Dem Marketing-Management kommt innerhalb der touristischen Betrachtung eine immer höhere Bedeutung zu. Im Rahmen der Betrachtung der Prozesskette eines Reiseveranstalters nimmt es eine zentrale übergeordnete und begleitende Funktion ein (vgl. Abb. I. 2-2). Eine Besonderheit des Marketings von Reiseveranstaltern stellt dabei der Dienstleistungscharakter der touristischen Leistung dar, welcher sich mit vielfachen Kundenkontakten und somit einem hohen interaktiven Anteil einhergeht. Außerdem stellt das Marketing von Leistungsbündeln (Pauschal- oder Paketreisen), die von verschiedenen Leistungsträgern erstellt aber federführend von den Reiseveranstaltern vermarktet werden, eine weitere Besonderheit dar. Das Marketing von Reiseveranstaltern kann hierbei als eigene Management-Methode betrachtet werden, welche im Folgenden vorgestellt wird.

1.1 Marketingschritte im Tourismus (Übersicht)

Im touristischen Marketing-Management werden fünf Phasen unterschieden:[2]

- I. Analysephase oder Informations- Marketing: „Wo stehen wir?"
- II. Konzeptionsphase oder Strategisches Marketing: „Wo wollen wir hin?"
- III. Gestaltungsphase oder Taktisches Marketing: „Was können wir unternehmen?"
- IV. Realisierungsphase oder Marketing-Implementierung: „Welche Maßnahmen ergreifen wir?"
- V. Kontrollphase oder Marketing-Controlling: „Sind wir angekommen?"

Die wichtigsten Aufgaben innerhalb dieser fünf Phasen sind in dem in Abb. III. 1-1 dargestellten allgemeinen Ablaufplan des Marketing-Managements zusammenfassend aufgelistet. Bei konkreten Aufgaben können die verschiedenen Phasen unterschiedlich lang und deutlich

---

[2] Andere Autoren grenzen die Marketing-Management-Schritte anders gegeneinander ab und erhalten entsprechend zum Teil mehr, zum Teil weniger Phasen. Aber vom Prinzip her sind sie mit dem hier vorgestellten 5-Phasen-Schema weitgehend identisch. Vereinfacht lässt sich jede Phase mit einer Hilfsfrage für den jeweiligen Marketing-Träger veranschaulichen, die nachfolgend gleich mit aufgeführt ist.

ausgeprägt sein. Auch können sich einzelne Phasen überlagern oder in anderer Reihenfolge auftreten. Doch diese strukturierte Vorgehensweise erleichtert das Verständnis des gesamten Marketingprozesses. Die einzelnen Phasen werden in den folgenden Abschnitten genauer erläutert.

In Abb. III. 1-1 weisen die Pfeile am rechten und linken Rand der jeweiligen Schritte auf Querverbindungen und Rückkopplungen der einzelnen Phasen hin. Neue Erkenntnisse und Veränderungen im jeweiligen Marketingschritt führen zu entsprechenden Anpassungen der vorherigen – und nachgelagerten – Überlegungen. Dabei zeigt sich, dass für ein marketingorientiertes Management alle Phasen mehrfach durchlaufen werden müssen – eben im Sinne eines permanenten Managements („Management by Marketing").

1.2 Analysephase: Informationsmarketing

Wie in Abb. III. 1-1 zu sehen ist, umfasst die erste Phase die Analyse der drei Bereiche Umfeld, Markt und Betrieb, die anschließend mithilfe verschiedener Methoden ausgewertet und für ein betriebliches Marketing-Konzept aufbereitet werden (Strategische Analyse und Diagnose).

Als Marktanalyse im engeren Sinne wird lediglich die Konkurrenz-/Angebots- und Konsumenten-/Nachfrageanalyse angesehen. Zu einer ausführlichen Marktanalyse gehört aber auch eine Analyse der Umfeldbedingungen und des Betriebes, für den die Marktanalyse zu erstellen ist. Soweit dies nicht an anderer Stelle des Marketing-Managements erfolgt, ist jede Marktanalyse um diese beiden Bereiche zu erweitern. Gelegentlich wird diese Marktanalyse im weiteren Sinne auch als Marketinganalyse bezeichnet.

(1) Die touristischen Umfeldbedingungen für Reiseveranstalter
Die Festlegung eines betrieblichen Marketings der Reiseveranstalter kann nicht losgelöst von den Umfeldbedingungen, z. T. auch als „Umwelt"bedingungen bezeichnet, erfolgen. Hierbei sind alle allgemeinen gesellschaftlichen Erscheinungen, die eine Auswirkung auf den Betrieb des Reiseveranstalters haben (könnten) und deren zeitliche Veränderungen (=dynamische Umfeldanalyse) von Interesse. Betrachtet werden vor allem folgende Bereiche:

- lokale Gegebenheiten: Einzugsbereich, Bevölkerungsstruktur, Lage, Erreichbarkeit, ...
- gesamtwirtschaftliche Entwicklung: konjunkturelle Situation (Aufschwungs-/ Abschwungserwartung oder konjunkturelle (Un-)Abhängigkeit der eigenen Produktion), Einkommenssituation einschließlich der Arbeitslosigkeit als Indiz für das generelle Nachfrageverhalten nach Reisen, Preisniveau und Inflation im In- und Ausland sowie die außenwirtschaftliche Situation (Nachfrage nach Auslandsreisen),
- allgemeine Reisetrends: Rückgang oder Anstieg des Reisens, neue Transportmittel,
- technische Entwicklung: neue Technologien für den Betrieb und im Hinblick auf Absatzmöglichkeiten/Vertriebswege bei den Nachfragern (z. B. CRS).

1 Grundlagen des Marketing-Managements von Reiseveranstaltern

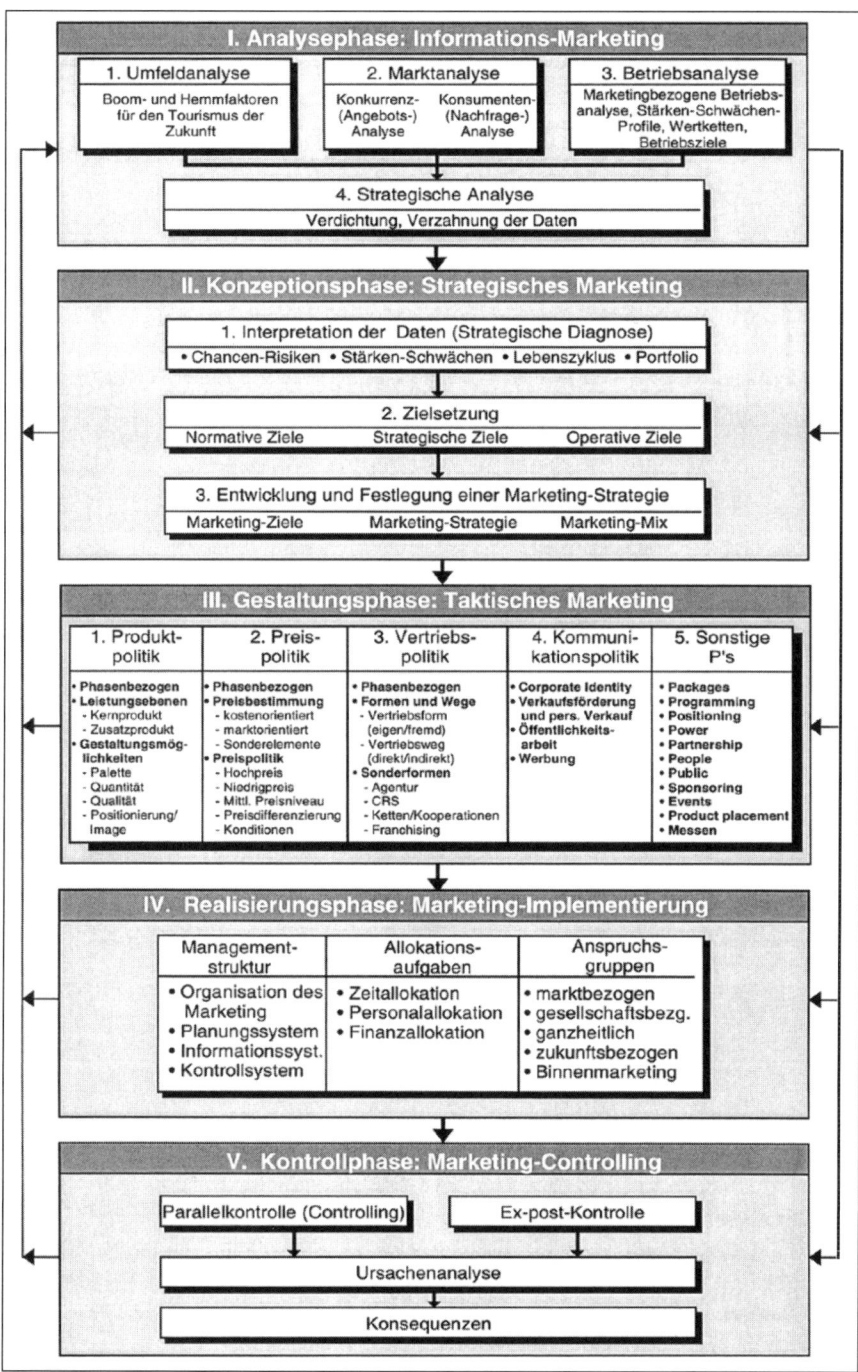

***Abb. III. 1-1** Übersicht über das Marketing-Management (Quelle: FREYER 2011 (Tourismus-Marketing): 111)*

(2) Die touristische Marktanalyse oder Marktforschung (i. e. S.) im Tourismus

Die Grundlagen der touristischen Marketingforschung werden detailliert in Kapitel IV.1 betrachtet. An dieser Stelle werden die einzelnen Elemente dieser nur kurz aufgelistet. Die Marktanalyse umfasst die Marktabgrenzung, die Bestimmung des Marktvolumens und der Marktstruktur, die Wettbewerbsanalyse und die Nachfrageanalyse. Für die Bestimmung des relevanten Marktes sind präzise Marktabgrenzungen und Marktsegmentierungen auf Nachfrageseite unerlässlich (vgl. Abb. III. 1-2). Bei der Marktabgrenzung werden Gemeinsamkeiten von Märkten gemäß bestimmter Kriterien gesucht. Die Marktsegmentierung bedeutet hingegen die Aufteilung bzw. Differenzierung eines heterogenen Marktes in homogene Teilmärkte nach verschiedenen Segmentierungskriterien. Angebotsbezogen sind die meisten Kriterien regional, temporär, produkt- oder zielgruppenbezogen ausgerichtet. Nachfragebezogen werden häufig demografische, verhaltensorientierte, psychografische und lifestyleorientierte Kriterien zugrunde gelegt.

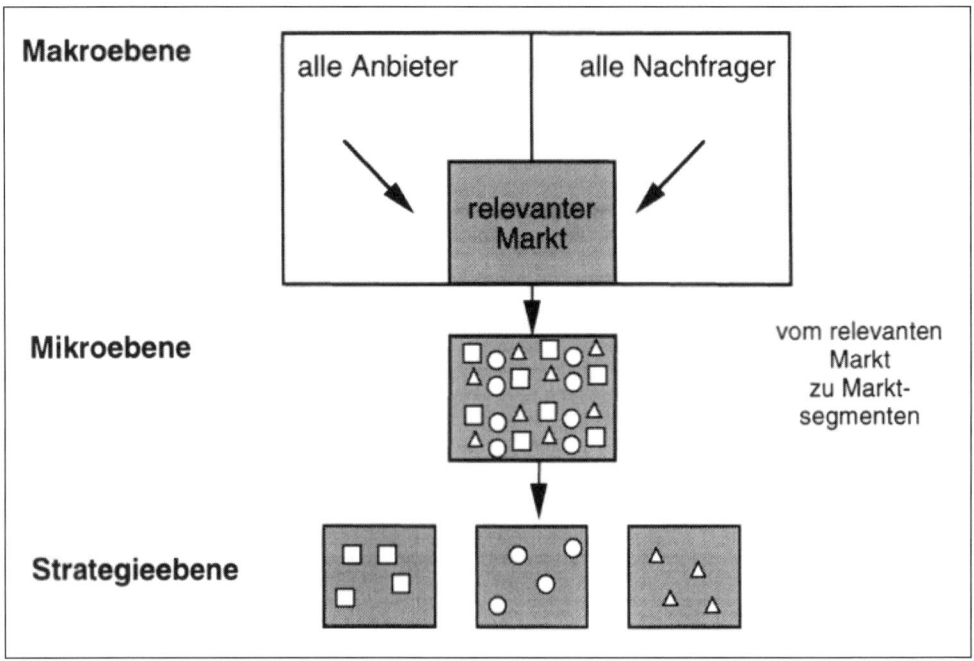

Abb. III. 1-2 Von der Markteingrenzung zur Marktsegmentierung (Makro- und Mikroabgrenzung) (Quelle: FREYER 2011 (Tourismus-Marketing): 179)

(3) Die Betriebsanalyse

Der engste Bereich der Informations- oder Analysephase bezieht sich auf die Bestandsanalyse des eigenen Betriebes. Dabei werden auf der Grundlage der allgemeinen Kriterien zur Unternehmensbewertung die verschiedenen Betriebsbereiche mithilfe von bspw. Portfolioanalysen, Sortimentsanalysen, Produkt-Lebenszyklusanalysen analysiert.

Bei der Betriebsanalyse wird somit die personelle und finanzielle Situation des Betriebes geschildert, insbesondere werden Informationen über Beschäftigte, deren Qualifikation und

Positionen, derzeitigen und vergangenen Umsatz (Umsatzentwicklung), Erlössituation (Renditeüberlegungen), betriebliches Erscheinungsbild und bisherige Aufgabenschwerpunkte des Betriebes (Touristik, Firmengeschäft usw.) erschlossen.

(4) Die Strategische Analyse und Diagnose (Interpretation der Daten)
Auf der Grundlage der Analyse von Umwelt, Markt und Betrieb basiert eine der wichtigsten Aufgaben der Informationsphase des Marketing-Managements: die Interpretation der Daten. Hierbei sind die eigenen Möglichkeiten zu erkennen und darauf aufbauend ist eine entsprechende Marketingstrategie zu entwickeln.

Im Rahmen der strategischen Analyse oder Diagnose werden aus der Fülle der Informationen der Umfeld-, Markt- und Betriebsanalyse die strategisch relevanten herausgefiltert („verdichtet") und die einzelnen Teilanalysen miteinander verbunden („verzahnt"). Dies bildet gleichzeitig den Ausgangspunkt für die darauf aufbauenden konzeptionellen und strategischen Überlegungen. BECKER (2009: 93) spricht in Bezug auf den Zusammenhang von Analysephase und Konzeptionsphase vom „konzeptionellen Kristallisationspunkt" bzw. von der „Geburt des Oberzielprogramms". Dies zeigt die enge Verzahnung von Analyse und Strategie im Marketing auf.

Werden die unternehmensinternen Daten zu Umfeld- und Marktdaten in Bezug gestellt, können u. a. Stärken und Schwächen aufgezeigt sowie USPs entwickelt werden. Des Weiteren sind Benchmarks möglich. Dazu zählen Branchen-Betriebsvergleiche, ERFA-Gruppen, Zertifizierungen von Qualitätsstandards sowie Notariatsmodelle, über die Wettbewerber betriebliche Kennziffern anonymisiert austauschen. Wichtige Methoden zur Interpretation der Daten werden im folgenden Kapitel III.1.3 (1) vorgestellt.

1.3 Konzeptionsphase: Strategisches Marketing

Auf Basis der Marktanalyse und -diagnose sowie unter Berücksichtigung der jeweiligen Betriebsziele wird in Phase II des Marketing-Management-Prozesses eine entsprechende Marketingstrategie für den jeweiligen Reiseveranstalter entwickelt. Dieser, als **strategisches Marketing** bezeichnete Schritt, stellt somit die mittel- bis langfristige Konzeption des Reiseveranstalter-Unternehmens unter Berücksichtigung des Unternehmensumfeldes dar, d. h. es wird die Zukunftsentwicklung des Reiseveranstalters bestimmt. Hauptaufgabe der Strategiediskussion ist die Anpassung der momentanen Situation (des „Ist-Zustandes") an die vermutete Entwicklung und an die beabsichtigten Ziele (den „Soll-Zustand").

(1) Strategische Diagnose: Interpretation der Daten (aus Phase I)

Im strategischen Marketing werden vor allem vier bzw. fünf Diagnose-Methoden herangezogen, um verschiedene Aspekte der Analysephase zu beleuchten und entsprechend auch unterschiedliche strategische Aussagen zu ermöglichen:

- die **Chancen-Risiken-Analyse** verbindet Umfeld- mit Marktanalyse,
- die **Ressourcenanalyse** (Stärken-Schwächen-Profil) verbindet Betriebs- mit Marktanalyse,
- die **SWOT-Analyse** betrachtet die Chancen-Risiken- zusammen mit der Stärken-Schwächenanalyse (und wird nicht immer als eigenständige Methode betrachtet).
- die **Lebenszyklusanalyse** verbindet Betriebs- mit Umfeldanalyse,
- die **Portfolioanalyse** verbindet die Chancen-Risiken-, Stärken-Schwächen- sowie Lebenszyklusanalyse und damit auch die Umfeld-, Markt- und Betriebsanalyse: Sie stellt die umfassendste diagnostische Methode dar.

Gelegentlich werden den strategischen Analyseinstrumenten im Marketing noch weitere Methoden zugerechnet, wie z. B. die Wertkettenanalyse, die Erfahrungskurvenanalyse usw. Doch die wesentlichen Überlegungen sind auf die vorgenannten Methoden zurückzuführen.

Um ein umfassendes Bild der verschiedenen strategischen Möglichkeiten aufzuzeigen, sind zumeist mehrere bzw. alle dieser Methoden anzuwenden („Verzahnung"). Je ausführlicher bereits bei den einzelnen analytischen Schritten (also bei der Umfeld-, Markt- und Betriebsanalyse) auf die einzelnen Methoden hingearbeitet worden ist, umso weniger umfangreich sind die Arbeiten zur Aufbereitung in dieser Phase II.

(2) Zielfestsetzung

In Abstimmung mit den übergeordneten allgemeinen Betriebszielen sind in Phase II die Marketingziele zu **konkretisieren** und zu **operationalisieren.**

Bei allen Marketingkonzepten (wie auch bei allen Planungs- und Entscheidungsaufgaben) kommt der Zielfestlegung eine bedeutende Rolle zu. Nur wenn Klarheit darüber besteht, was die betrieblichen Ziele sind, können

- die richtigen Maßnahmen, Mittel, Strategien ausgewählt und
- letztendlich die Erfolge/Misserfolge einer Marketingstrategie beurteilt werden.

Die Festlegung der Marketingziele beinhaltet die zuvor erwähnten zwei Problemkreise der Konkretisierung und Operationalisierung.

(a) Entwicklung eines (allgemeinen) marktorientierten Zielsystems („Konkretisierung")

Die allgemeinen, „übergeordneten" Unternehmensziele müssen mit dem Marketing-Konzept des Reiseveranstalters abgestimmt werden. Die übergeordneten Unternehmensziele umfassen vor allem Unternehmenszweck, -identität und -grundsätze (vgl. Teil I.1.3, S. 8).

(b) Operationalisierung der Marketingziele

Operationalisierung verlangt eindeutige Festlegungen, welche Ziele in welchem Umfang zu erreichen sind. Das beinhaltet Messvorschriften, anhand derer die Zielerreichung zu kontrollieren ist. Als operationale Ziele dienen meist ökonomische Zielgrößen wie Umsatz, Gewinn, Rentabilität und Marktanteil. In der betrieblichen Praxis ist oftmals die Zielgröße **Deckungsbeitrag** (= Beitrag zur Deckung der fixen Kosten) von großer Bedeutung, da sie der Marketing-Abteilung oder dem Projektmanager ermöglicht, den **Erfolgsbeitrag** des jeweiligen Produktes oder der Abteilung zum Gesamtbetriebsergebnis zu veranschaulichen. Daneben werden im Marketing **„psychographische" Marketingziele** angestrebt, die vor allem auf das Betriebsimage, Bekanntheit und das Käuferverhalten (Kundentreue) gerichtet sind.

Operationalisierung erfordert ferner, dass die Marketingziele genau nach Inhalt, Ausmaß, Zeitbezug und Marktsegment festgelegt werden. Konkret heißt das, die Marketingabteilung hat z. B. festzulegen: Steigerung des Umsatzes für das Produkt A (z. B. Destination Griechenland) im Gebiet B (Hamburg), bei einer Käuferschicht C (gehobene Kundenschicht) um D (z. B. 10%) im Zeitraum E (in der Sommersaison).

(3) Strategieentwicklung

Auf der Basis der strategischen Diagnose, Zielformulierung und Zukunftserwartungen werden Strategien entwickelt. Oftmals ist dieser Prozess weitgehend kreativ und nicht selten durch spontane Ideen geprägt. Das moderne Marketing als strategisches Marketing bietet allerdings verschiedene Grundarten von Strategien, mithilfe derer der Planungsablauf strukturiert und organisiert werden kann. Während diese Strategiearten anfänglich eher unverbunden nebeneinander standen, haben sich im Laufe der Zeit verstärkt **integrative Strategien** entwickelt. Als integrativer Strategieansatz für das Reiseveranstalter-Marketing lassen sich vor allem vier Grundmodule der strategischen Möglichkeiten unterscheiden, die zusammen die Gesamtstrategie bestimmen:

- **Entwicklungs-Strategien**: Geschäftsfelderstrategien, welche sich mit der grundlegenden Frage der Expansion, Stabilisierung oder Schrumpfung beschäftigen, oder Produkt-Markt-Überlegungen.
- **Konkurrenz-Strategien**: Am bekanntesten sind hier die vier Grundstrategien Qualitätsführerschaft, Aggressive Preisführerschaft, Nischenstrategie und Niedrig-Preis-Strategie.
- **Kunden-Strategien**: Sie orientieren sich an den Zielgruppen und den Strategieoptionen undifferenzierte Massenmarktstrategie oder einer gezielten strategischen Zielgruppenansprache mittels einer Segmentierungsstrategie.
- **Positionierungs- oder Profilierungs-Strategien** behandeln die bekannten Grundpositionen Präferenz- oder Preis-Mengen-Strategie.

Die Erarbeitung einer solchen Gesamtstrategie für einen Reisveranstalter ist zumeist eine Kombination aus den einzelnen Strategiemodulen (ein „Strategie-Mix"), die mit unterschiedlicher Gewichtung in die Gesamtstrategie eingehen (vgl. Abb. III. 1-3).

Das Ergebnis des Strategischen Marketings wird auch als Marketing-Konzept oder -konzeption bezeichnet; es umfasst im Einzelnen:

- Die Ziele als übergeordnete „Philosophie" oder bildlich veranschaulicht als zukünftige Wunschorte („Szenarien"), eben als die „Ziele" der jeweiligen Marketing-Träger,
- die Strategien als „Struktur" oder Route bzw. Leitplanke des zukünftigen Weges,
- der Marketing-Mix als „Prozess" oder „Beförderungsmittel" mit den jeweiligen Umsetzungsmaßnahmen.

Strategie-Modul	Strategie-Möglichkeiten (-Chips)			
1. Entwicklungs-Strategien				
Entwicklungsrichtung	Wachsen	Stabilisieren		Schrumpfen
Marktfelder	Marktdurchdringung	Marktentwicklung	Produktentwicklung	Diversifikation
Marktareal	lokal	regional	national	international
2. Konkurrenz-Strategien				
Strategiestil	Kontra/Wettbewerbsorientiert	Mitläufer (Me-Too)		Kooperation
Wettbewerbsverhalten	Qualitätsführerschaft	Agressive Preisführerschaft	Nischen-Strategie	Niedrig-Preis-Strategie
3. Kunden-Strategien	Massenmarkt-Strategie		Segmentierungs-Strategie	
	undifferenziert	differenziert	eine Zielgruppe	mehrere Zielgruppen
4. Positionierungs-Strategien	Präferenz-Strategie		Preis-Mengen-Strategie	

Abb. III. 1-3 Strategie-Box für Marketing-Strategien eines Reiseveranstalters (Quelle: FREYER 2011 (Tourismus-Marketing): 413)

1 Grundlagen des Marketing-Managements von Reiseveranstaltern

1.4 Gestaltungsphase: Taktisches Marketing (Marketing-Mix)

Phase III beinhaltet die weitere Konkretisierung und Gestaltung des strategischen Konzeptes. Sie wird auch als **taktisches Marketing** oder als Marketing-Mix bezeichnet.

Als Mittel und Möglichkeiten zur Umsetzung der jeweiligen Marketingstrategie stehen dem Reiseveranstalter verschiedene Marketing-Instrumente zur Verfügung, die er in einer optimalen Kombination einsetzen kann. Üblicherweise werden vier Instrumentenbereiche behandelt, die wiederum selbst einen Sub-Mix ergeben können:

- Produkt- oder Leistungspolitik, vgl. Kapitel III.1.4.1
- Preispolitik, vgl. Kapitel III.1.4.2
- Vertriebspolitik (auch Absatz(wege)politik, Distributions(wege)politik oder Multi-Channeling), vgl. Kapitel III.1.4.3
- Kommunikationspolitik, vgl. Kapitel III.1.4.4

oder der entsprechende jeweilige (Sub-)Mix.

1.4.1 Produkt- oder Leistungspolitik

Produktpolitik betrifft die marktgerechte Gestaltung des gesamten Leistungsprogramms. Für den Betrieb ist es sinnvoll, das Produktprogramm zu analysieren sowie das angebotene Produkt bzw. die zu erstellende Leistung klar abzugrenzen, was neben der Leistungsspezifizierung bspw. auch meist die Angabe der Zielgruppe beinhaltet, z. B. Billigflüge für den Berliner Markt oder Pauschalreisen für das gesamte Bundesgebiet. Diese Kriterien wurden im Verlauf des Marketing-Management-Prozesses bereits im Rahmen der Zielfestsetzung bestimmt.

Grundsätzliche Möglichkeiten zur Anpassung der Produktpolitik an sich ändernde Marktbedingungen sind:

- **Erhaltung** des bisherigen Angebotes, was für das Marketing bedeutet, dass die bisherigen Konzepte weitgehend beibehalten und nur partiell verändert werden müssen, oder
- **Änderung,** was die **Aufgabe** (Elimination), **Veränderung** (Variation) oder **Neueinführung** (Innovation) von Produkten/Leistungen bedeuten kann

Produktpolitischer Sub-Mix von Reiseveranstaltern
Im Rahmen der Produktpolitik treffen Reiseveranstalter Maßnahmen in Bezug auf die Zielgebietswahl, die Produktgestaltung (Bestandteile des Leistungsbündels), die Produktdarstellung und -vermarktung sowie die Programmpolitik:

- Die **Wahl des Zielgebietes** ist für den Reisenden eine der wichtigsten Teilentscheidungen bei der Planung seiner Reise. Für den Reiseveranstalter sind die Kenntnis der Motivation des Reisenden sowie die Beobachtung des Images der potentiellen Destinationen seiner Zielgruppe entscheidende Erfolgskriterien.

- Neben der Bestimmung des **Zielgebietes** ist die Auswahl und die Gestaltung der zusätzlichen Leistungsbestandteile zur Zusammenstellung der Reise als Gesamtpaket eine der Hauptaufgaben von Reiseveranstaltern.
- Die **Gestaltung des Leistungsbündels** wird dabei neben den durch die grundsätzlichen Strategieentscheidungen des Reiseveranstalters bestimmten Attributen sowohl durch beschaffungstechnische Restriktionen als auch durch die Gegebenheiten auf den Beschaffungsmärkten determiniert.
- Im Rahmen der **Programmpolitik** legt der Reiseveranstalter fest in welcher Breite und Tiefe er Produkte gestaltet und anbietet. (vgl. KREILKAMP 1998: 330ff.)

Da das Produkt der Reiseveranstalter in den meisten Fällen ein Leistungsbündel aus verschiedenen Einzelreiseleistungen wie Transport, Beherbergung und Verpflegung ist, nimmt der Kunde dieses auch in seiner Gesamtheit (als „Reise" oder „Erlebnis") wahr. Die einzelnen Produktbestandteile können dabei vom Reiseveranstalter allerdings z. T. nur begrenzt beeinflusst werden (vgl. Abb. III. 1-4).

Aufgrund der Komplexität und Immaterialität der Dienstleistungen von Reiseveranstaltern entsteht beim Kauf für den Kunden ein erhöhtes Risiko, dass die Leistung nicht dem Erwarteten entspricht. Markenpolitische Maßnahmen können in diesem Zusammenhang das Entscheidungsrisiko reduzieren und dem Kunden Vertrauen und Sicherheit in der Potentialphase signalisieren. Durch eine entsprechende Markenpolitik sollen beim Kunden Präferenzen für eine bestimmte Marke gebildet werden, was zum Aufbau einer Stammkundschaft und zur Kaufwiederholung führt (vgl. Exkurs zur Markenpolitik Kapitel III.I.6).

1.4.2 Preispolitik

Gerade bei den komplexen Dienstleistungen von Reiseveranstaltern sind die Produkt- und Preispolitik stets im Kontext zu betrachten, da hier das **Preis-Leistungs-Verhältnis** von größerer Bedeutung ist als bspw. allein die absolute Preishöhe. Außerdem ist in dieser Branche ein direkter Preisvergleich durch den Kunden sehr schwierig, da selten Angebote mit exakt denselben Attributen (gleiches Zielgebiet, gleiches Hotel, gleiche Saisonzeit, gleicher Abflugtag, gleicher Abflughafen usw.) von mehreren Reiseveranstaltern angeboten werden. Außerdem wir eine Preisbeurteilung der Angebote dadurch erschwert, dass die Preise der Angebote durch preispolitische Maßnahmen der Reiseveranstalter schwanken.

Reiseveranstalter bestimmen im Rahmen einer marktorientierten Preispolitik ihre Preissetzung vor allem auf Basis der – durch die Marktanalyse gewonnenen – Erkenntnisse über Nachfrage- und Konkurrenzsituation am Markt und beziehen die betriebliche Kostensituation nur im Hintergrund ein. Während sich die strategische Preisbildung dabei mit der langfristigen Ausrichtung der Preispolitik an der Nachfrage, dem Wettbewerb oder den Kosten beschäftigt, werden im Rahmen der taktischen Preisbildung eher mittel- bis kurzfristige Maßnahmen zur gleichmäßigeren Kapazitätsauslastung angewendet (vgl. ROTH/SCHERTLER-ROCK 2011: 499f.).

Die Kalkulation der Angebotspreise unter Berücksichtigung verschiedener preispolitischer Strategien wird ausführlich in Kapitel II.1.5 dieser Publikation beleuchtet.

1 Grundlagen des Marketing-Managements von Reiseveranstaltern

Pauschalreisebestandteil bzw. Instrumentalvariable	Vom Veranstalter bestimmbar	mit Einschränkungen beeinflussbar	nicht beeinflussbar
Zielgebiet, Zielort	Art (Lage, Charakteristik, Attraktionen, Möglichkeiten)	langfristige, strukturelle Maßnahmen	ungeplante Entwicklungen (Wetter, Politik, Seuchen, u. a.)
Verkehrsträger	Art, Fahrt- und Flugroute, Zwischenaufenthalte	Zeit und Ort des Reiseantritts, Reisedauer, Komfort, Eigenschaften Mitreisender	Pünktlichkeit der Beförderung, technische Zuverlässigkeit
Transfer	Art, Strecke, Dauer	Qualität, Pünktlichkeit	kurzfristige Qualitätsschwankungen
Unterkunft	Art, Lage, Ausstattung, Service, Qualitätsstandard	Größe des eigenen Kontingents, Kontingente anderer Veranstalter, Gästestruktur	kurzfristige Qualitätsschwankungen, individuelle Servicefaktoren
Verpflegung	Art, Umfang	Qualitätsstandard	kurzfristige Qualitätsschwankungen, Befriedigung individueller Wünsche
Zusatzleistungen	Art, Umfang, Preise, wenn katalogmäßig erfasst	Qualitätsstandard, Preise, wenn nicht katalogmäßig angeboten	kurzfristige Qualitätsschwankungen
Betreuung	Umfang während Reise, Aufenthalt und Transfer, Qualitätsstandard	kurzfristige Qualitätsschwankungen	
Atmosphäre, Geselligkeit, Unterhaltung	Anregungen, Angebote	äußerer Rahmen, Charakteristik der eigenen Gäste	Charakteristik anderer Gäste, individuelle Einflussfaktoren
Buchungsabwicklung	Komfort, Schnelligkeit, Verlässlichkeit, Umbuchungswahrscheinlichkeit	Qualität des externen Buchungspersonals (Reisebüro etc.)	
Preise	bei fix kontrahierten Leistungen	bei mit Gleitklauseln kontrahierten Leistungen	bei nicht kontrahierten Leistungen während Reise und Aufenthalt

Abb. III. 1-4 Beeinflussbarkeit von Pauschalreisebestandteilen (Quelle: Hebestreit 1992: 221f.)

Strategisch wird die Preisstrategie bereits durch die Überlegungen zur generellen Strategieentwicklung des Reiseveranstalters determiniert. Dabei sind vor allem folgende **Preisstrategien** von Bedeutung:

- **Hochpreispolitik:** Sie stellt auf Produktqualität und Exklusivität ab oder nutzt eine Monopolsituation aus (typisch sind hier die zeitlichen Monopolsituationen im Tourismus, z. B. in der Hochsaison).
- **Niedrigpreispolitik:** Sie zielt auf „Massen"absatz und Billigangebote ab. Sie findet vor allem Anwendung bei Neuzutritt auf bestimmten Märkten oder bei Reiseveranstaltern in Nebensaisonzeiten.

Im Bereich der **taktischen Preisbildung** stehen dem Reiseveranstalter an erster Stelle preisdifferenzierende Maßnahmen zur Verfügung. Touristische Leistungen werden nach unterschiedlichen Kriterien „differenziert", z. B. nach

- Zeit: z. B. Haupt- und Nebensaison, Buchungszeitpunkt, Zeitpunkt der Bezahlung („Vorauszahlungstarif"), Aufenthaltsdauer;
- Käuferschichten: z. B. Familien-, Kinder-, Studentenpreis;
- Umsatz/Volumen: z. B. Rabatte für Reisegruppen, Kontingentpreise;
- Vertriebsweg: z. B. Direktbuchertarife, Gewährung von Reisebüroprovision;
- räumlichen Kriterien: z. B. Abflughäfen, Zielgebiete;
- Kommerzialisierung „freier Güter": Klima, Luft, Wasser, Lage, Aussicht, Himmelsrichtung („Meerblick")

In Fortführung der Preisdifferenzierung bestimmt das Yield-Management weite Bereiche der Preisgestaltung von Reiseveranstaltern (vgl. Kapitel II.1.5.1.1)

Trotz einer primär marktorientierten Preispolitik muss der Reiseveranstalter die Preise grundsätzlich an den Kosten orientieren. Die Kalkulation der Angebotspreise auf Basis der Kostenstruktur wird ebenfalls in Kapitel II.1.5 ausführlich dargestellt und soll deshalb an dieser Stelle nicht noch einmal explizit aufgegriffen werden.

1.4.3 Absatz- oder Vertriebspolitik (Distributions(wege)politik, Multi-Channeling)

Distributionspolitik beinhaltet vor allem die Überlegung, in welchem Umfang die Betriebsleistungen **direkt** an den Kunden verkauft werden oder inwieweit „Zwischenhändler" eingeschaltet werden. Für Reiseveranstalter sind es die Fragen,

- ob die Leistungsträger ihre Leistungen **direkt** oder **indirekt,** also z. B. über Reiseveranstalter und Reisebüros, vertreiben sollen oder
- ob über **betriebseigene** oder **-fremde** Unternehmen sowie
- mit welchen **Vertriebsmedien,** ob persönlich, telefonisch, schriftlich oder elektronisch (z. B. über das Internet),

verkauft werden soll (siehe Abb. III. 1-5). Dies betraf ursprünglich vorrangig die Frage der **Agenturpolitik** sowie der CRS (Computer-Reservierungssysteme) der Reiseveranstalter. Aufgabe der Vertriebspolitik ist es, neben der **Organisation** dieser Agenturpolitik vor allem die **Motivation und Veranstaltertreue** der Agenturen zu erhöhen, z. B. durch Info-Abende und -Reisen, Staffelprovision (ist zum Teil Preispolitik), Agenturauflagen (Fachkräfte, Mindestumsätze usw.). Eine detaillierte Darstellung der Vertriebskanäle sowie der Vertriebssteuerung findet sich in den Kapiteln II.1.8 und II.1.9 dieser Publikation.

Im Laufe der Jahre kam es zu einem deutlichen Wandel von der Fokussierung auf lediglich **einen** Vertriebsweg oder -kanal hin zur Multi-Channel-Strategie (vgl. Kapitel III.2.1.1, siehe dazu auch FREYER 2011 (Tourismus-Marketing): 523ff. und FREYER/MOLINA 2008).

1 Grundlagen des Marketing-Managements von Reiseveranstaltern

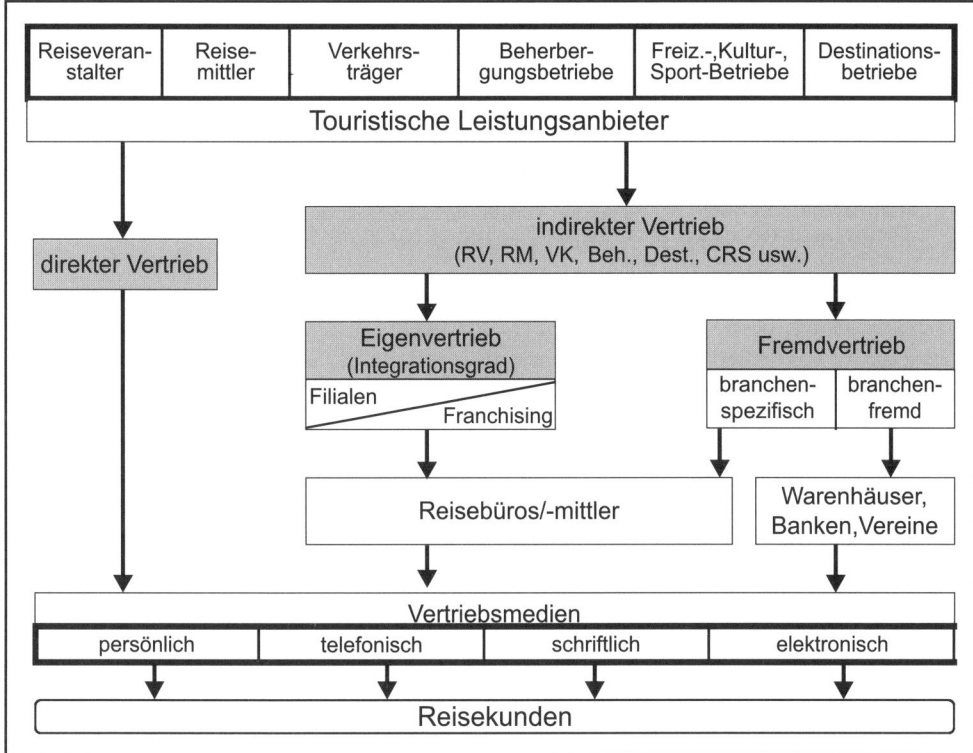

Abb. III. 1-5 Vertriebswege im Tourismus (Quelle: FREYER 2011 (Tourismus-Marketing): 533)

1.4.4 Kommunikationspolitik

„Unter Kommunikationspolitik ist das bewusste Vermitteln und Interpretieren einer Unternehmensleistung gegenüber einer näher zu definierenden Öffentlichkeit (Zielgruppe) zu verstehen – mit dem Ziel, Wissen, Verhalten und Einstellungen im Sinne kommunikativer Zielsetzungen zu beeinflussen." (ROTH/SCHERTLER-ROCK 2011: 501) Reiseveranstalter können ihren Kommunikations-Submix vor allem über die Elemente Corporate Identity (CI), Verkaufsförderung, Öffentlichkeitsarbeit (Public Relations) und Werbung gestalten. Bei der hier gewählten Systematik wird – anders als bei manch anderen Einteilungen – der Bereich der Corporate Identity als eigener Bereich des Kommunikations-Mix behandelt; ferner werden Verkaufsförderung und persönlicher Verkauf zu einer Gruppe zusammengefasst.

Bei allen vier Kommunikationsbereichen spiegeln sich die gleichen **Grundsätze der Kommunikationspolitik** wider: Es geht um die Festlegung der Kommunikationsinhalte und -wege, womit und wie der Reiseveranstalter als Kommunizierender nach außen treten will und an wen er sich richtet (Zielgruppenbestimmung), oder genauer (in Anlehnung an Lasswell):

6 Grundfragen der Kommunikation	
• **wer**	(Kommunikator, Sender, Quelle)
• **sagt was**	(Botschaft, „Message")
• **in welcher Situation**	(„Umfeldbedingungen")
• **zu wem**	(Kommunikant, Empfänger, Rezipient)
• **über welche Kanäle**	(Kommunikationsweg, Medien)
• **mit welchen Wirkungen**	(Kommunikationserfolg, Effekt)

Wie der Einsatz der Instrumente Verkaufsförderung, Public Relations und Werbung bei Reiseveranstaltern gestaltet werden kann, wurde bereits in den Kapiteln II.1.7 und II.1.10 aufgezeigt, sodass an dieser Stelle lediglich noch mal ein zusammenfassender Überblick zu den einzelnen Elementen gegeben werden soll:

- **Corporate Identity** (CI) ist eher eine grundsätzliche Voraussetzung für eine erfolgversprechende Kommunikationspolitik einer Organisation. Sie ist das „strategische Dach" jeder Kommunikation. Sie beschäftigt sich mit (Teilen) der zu übermittelnden Botschaft. Im Speziellen ermittelt sie das einheitliche Erscheinungsbild, die „Philosophie" oder „Persönlichkeit" einer Unternehmung (Corporate Design und Corporate Behaviour) und kommuniziert diese nach innen und außen (Corporate Communication).
- **Verkaufsförderung** legt Wert auf die Aktivierung der Vertriebswege und vertriebsfördernden Maßnahmen. Sie versucht, Kaufanreize zu schaffen. **Persönlicher Verkauf zielt darauf ab,** speziell durch direkten Kontakt mit den Nachfragern zu kommunizieren, oft sind es nur einzelne Konsumenten. Im Tourismus sind verkaufsfördernde Maßnahmen vor allem seitens der Leistungsträger auf den Vertriebsweg der Reisemittler gerichtet: Beispiele sind Info-Reisen. Verkaufsschulung, Verkaufswettbewerbe, Deko-Dienst (Schaufenstergestaltung), Fachseminare, Messen usw. Für Reiseveranstalter werden in letzter Zeit auch kundenorientierte verkaufsfördernde Maßnahmen immer beliebter: Kundenkarten (z. B. TUI), Zugaben (vom Nähset bis zur Strandtasche) (vgl. Kapitel II.1.10.6).
- **Öffentlichkeitsarbeit** (Public Relations) stellt die Kommunikation mit der gesamten (betriebsrelevanten) Öffentlichkeit in den Mittelpunkt der Aktivität; sie hat eine relativ unspezifische Zielrichtung und wirkt eher allgemein imagebildend. Für Reiseveranstalter geht es bei der Öffentlichkeitsarbeit vielfach um Kontakte zu den Medien (wie Presse, Fachzeitschriften, Rundfunk und TV (vgl. Kapitel II.1.10.7).
- **Werbung** wendet sich an spezielle Zielgruppen und versucht, diese zum Kauf der eigenen Angebote zu bewegen. Die Abgrenzung der Werbung zu PR und Verkaufsförderung ist fließend. In einzelnen Tourismusunternehmen ist ein relativ hoher Betrag für das Werbebudget reserviert (ca. 5 bis 10% der gesamten Ausgaben), doch verglichen mit den Aufwendungen der gesamten Werbewirtschaft ist der Anteil der Tourismus-Werbung mit ca. 3 bis 3,5% eher unterrepräsentiert (vgl. Kapitel II.1.10.2 und II.1.10.3).

1.4.5 Zusammenfassung

Obwohl die Kommunikationspolitik und hierbei vor allem die Werbung oft als wichtigstes Marketinginstrument angesehen wird, sollte durch die Ausführungen in diesem Teil der Publikation gezeigt werden, dass diese nur eine von vielen Maßnahmen im Marketing-Mix eines Reiseveranstalters darstellt.

Nur die abgestimmte Kombination aller Kommunikations- und Marketinginstrumente führt zu optimalen Ergebnissen.

Typische Marketing-Mix-Muster bei Reiseveranstaltern sind in Abb. III. 1-6 dargestellt.

Marketing-instrumente	Reiseveranstalter A	Reiseveranstalter B
Produktpolitik	• Minimum-Politik: Bekannte Zielgebiete, Charterflug, durchschnittliche Hotels, standardisierte Zusatzleistungen • Austauschbares Angebot	• Höherwertiges Angebot: Ausgefallene Zielgebiete, zum Teil Linienflug, hochwertige Hotels, ungewöhnliche Zusatzleistungen • Eigenständiges Angebot
Preispolitik	• Aggressive Preispolitik	• Überdurchschnittliche Preise
Kommunikationspolitik	• Reduziert auf kleinformatige Werbung mit Preisangeboten • Undifferenzierte Zielgruppenansprache	• Kombinierte Angebots-/Imagewerbung • Gezielte Ansprache einzelner Kundengruppen
Distributionspolitik	• Angebot über selbständige Reisebüros (indirekter Vertrieb)	• Direktmarketing (direkter Absatzweg)
A = Massenmarktanbieter, mittelständisch, Preis-Mengen-Strategie B = Zielgruppenanbieter, mittelständisch, Präferenzstrategie		

Abb. III. 1-6 *Marketing-Mix-Muster bei Reiseveranstaltern (Quelle: in Anlehnung an* ROTH/SCHERTLER-ROCK *2011: 487)*

1.5 Marketing-Implementierung: Realisierungs- und Kontrollphase

(1) Realisierungsphase: Marketing-Implementierung (Phase IV)
Die Phase III – Gestaltungsmöglichkeiten des Marketing-Mix – geht direkt in die Phase IV – Realisierung oder Marketing-Implementierung – über. Hier sind vor allem drei Bereiche konkret auszugestalten:

- Implementierung von Marketing-Management-Strukturen, d. h. Organisation des Marketing innerhalb der verschiedenen Tourismusbetriebe.
- Implementierung der **Allokationsaufgaben,** insbesondere der Ressourcen Zeit, Personal und Finanzen.
- Implementierung des Marketing in Bezug auf die verschiedenen internen und externen **Anspruchsgruppen.**

(2) Kontrollphase: Marketing-Controlling (Phase V)
Der **(Gesamt-)Kontrolle** kommt mit die wichtigste Aufgabe zu: Denn nur wenn – möglichst schnell und genau – kontrolliert wird, ob die ursprünglichen Pläne und Erfolgsaussichten auch mit den konkreten Ergebnissen übereinstimmen, war die Marketing-Maßnahme letztendlich erfolgreich.

Die Kontrolle des Marketing erfolgt nicht nur am Ende des Marketing-Managements (ex post-Kontrolle), sondern meist (auch) parallel zu allen Stufen des betrieblichen Marketing-Managements **(Parallel-Kontrolle).** Termine und Zwischenschritte sind zu überwachen und zu kontrollieren, zum Teil werden „Pre-Tests" der eigentlichen Markteinführung vorangestellt.

1.6 Exkurs: Inwieweit sind touristische Marken für die Kunden identifizierbar und funktional sinnvoll? – Eine von der klassischen Lehre abweichende Sichtweise[3]

1.6.1 Wirkungszusammenhänge von Markenimages

Was ist ein Image? Eigentlich ganz einfach – ein Bild! Aus Sicht des Marketing stehen Bilder für Synonyme wie Einstellungen, Eindrücke oder Erwartungen.

Wissenschaft und Literatur definieren Markenimage wie folgt (Quelle: u. a. ESCH 2001): Ein Image besteht, wenn mehrere Personen oder eine qualifizierte Mehrheit von Personen gegenüber einem Produkt oder einer Dienstleistung die gleiche oder zumindest eine ähnliche Einstellung oder Erwartung haben, weil von diesem Produkt oder dieser Dienstleistung ein bestimmter intersubjektiver Eindruck ausgeht. Image kann mithin als generalisiertes, stereotypes Bild von einem Produkt oder einer Dienstleistung angesehen werden. Dies gilt entsprechend auch für ein Unternehmen als Anbieter einer Mehrzahl von Produkten oder Dienstleistungen und für eine Marke als abstraktem Repräsentant für Unternehmen, Produkte oder Dienstleistungen. Diese Definition ist so schwer verdaulich und verlangt nach weiterer Aufklärung.

Ein Markenimage setzt sich zusammen aus dem Image des Herstellers bzw. Dienstleisters, des Kunden bzw. Anwenders und des Produktes bzw. der Dienstleistung selbst. Diese drei Teilimages tragen in der Regel mit unterschiedlicher Gewichtung zum Gesamtimage bei. Marken sollen somit Imagebestandteile, d. h. Markenidentitäten und Markeninhalte, repräsentieren und transportieren. Die **Kommunikation** von Markenimages erfolgt vor allem mittels Werbung, noch stärker durch konkrete Werbeversprechen aber auch durch entsprechendes Marktverhalten in Märkten gegenüber Konsumenten, Wettbewerbern und Öffentlichkeit (z. B. durch Corporate Governance, Nachhaltigkeit, soziale und ökologische Verantwortung etc.).

Durch intensive, dauerhafte Werbung und Kommunikation können Images aufgebaut, verändert, modifiziert werden, durch ungeschicktes oder Fehlverhalten aber auch zerstört werden. Aufbau oder Veränderung von Images sind in der Regel sehr, sehr langfristig angelegt, die Zerstörung eines Images kann hingegen sehr schnell und kurzfristig in wenigen Wochen und Monaten erfolgen wie uns die Bankenkrise gezeigt hat.

Durch intensive, gezielte Werbung und Kommunikation können Markenbekanntheit ausgebaut sowie Markenpräferenzen und Markeninhalte geschaffen werden. Die Marken- bzw.

---

[3] Dem Autor dieses Exkurses Werner Sülberg ist bewusst, dass die nachfolgenden Ausführungen nicht der allgemeinen Lehrmeinung entsprechen. Sie basieren auf Erfahrungen aus der langjährigen Praxis und sollen dazu dienen, die Identifikation, Bedeutung und Nutzung von Marken sowie entsprechende Investments in die Marketinginstrumente rational und kritisch zu hinterfragen.

Imagewahrnehmung kann sowohl für die Konsumenten als auch für die Unternehmen subjektiv sehr unterschiedlich sein. Es kann geschehen, dass die **Inside-Out-Perspektive** eines Unternehmens deutlich von der **Outside-In-Perspektive** eines Kunden abweicht. Ein mit hohem finanziellem Einsatz aufgebautes Markenimage muss auch nicht immer der Realität entsprechen. Derartige Divergenzen lassen sich aber nicht lange durchhalten und kippen, wenn die geweckten Erwartungen der Kunden über einen längeren Zeitraum nicht erfüllt werden oder der aufwendige Werbedruck nachlässt.

Die Marken-Wahrnehmung ist umso nachhaltiger und klarer je stärker die Markenpersönlichkeit ist. **Markenpersönlichkeit** ergibt sich aus der Kombination von Kriterien wie Einzigartigkeit bzw. Exklusivität, Marktführerschaft, Langlebigkeit bzw. Tradition und Werbeintensität. Klassische Markenartikler aber auch endverbraucherorientierte Branchen wie die Automobilindustrie stehen für starke Marken sowie klare Images, Identitäten und Markeninhalte. Aber wie sieht das in unserer Tourismusbranche aus? Können wir in unserer Branchenpraxis vergleichbare Markenimages feststellen? Wenn ja, wie können wir sie in der Praxis nutzen und umsetzen?

1.6.2 Unklare Markenimages in der touristischen Praxis

Leider ist nach langjähriger Analyse und Praxiserfahrung festzustellen, dass Markenimages für den Urlaubsreisenden zumeist andere Bedeutungen und Prioritäten haben, als die touristischen Unternehmen unserer aus vielfältigen komplementären, additiven und substitutiven Dienstleistungen bestehenden Wertschöpfungskette es gerne sehen möchten. Dies ist eine deutliche Divergenz zwischen Inside-Out- und Outside-In-Perspektive.

Was **bestimmt** bei einer Urlaubsreise eigentlich das **Markenimage** eines Urlaubers? Was erinnert er als Markenerlebnis?

- Das **Land bzw. Zielgebiet** (Malediven, Griechenland, Rhodos, New York etc.), für das sich der Reisende entschieden hat mit seiner Natur, Landschaft, Sehenswürdigkeiten, Klima und seiner typischen nationalen oder lokalen Infrastruktur,
- die **Reiseart**, wie Winter-, Bade-, Club-, Aktivitäts-, Golf- Tauch- oder Camping-Urlaub, Kreuzfahrt, Rundreise per Auto, Bus oder Bahn, Gruppen-, Studien-, Fern- oder Eventreise, die durch die Reisemotive, Reisezwecke und Reisethemen geprägt ist,
- das **Hotel**, in dem er zwei Wochen gewohnt hat und dessen Dienstleistungen, Infrastruktur, Zimmerservice, Speisen-, Betreuungs- und Unterhaltungsangebot er tagtäglich in Anspruch genommen hat,
- die **Fluggesellschaft** für die er sich für wenige Stunden zu An- und Abreise bewusst oder unfreiwillig (weil nichts anderes verfügbar war) entschieden hat: Air Berlin, Condor, Lufthansa, Aegaen Airlines oder eine andere No-Name- oder Low-Cost-Airline,
- der **Reiseveranstalter**, dessen Dienstleistungen dem Reisenden mit Ausnahme der lokalen Reiseleitung und evtl. des Bustransfers sowie – bei Reklamationen und Leistungsstörungen – des Kundendienstes oder Rechtsbereichs weitgehend unbekannt bleiben,
- das **Reisebüro** oder **Internet-Portal**, bei dem er evtl. gebucht hat und mit dem er fast ausschließlich vor der Reise Kontakt hat oder

- die **Personen**, die dem Reisenden nachhaltig in Erinnerung geblieben sind wie das hilfsbereite Zimmermädchen, der humorvolle zuvorkommende Kellner, die freundliche Reiseleiterin oder der kompetente, zuverlässige Reisebüroberater
- oder vielleicht eine **Kombination** aus allen und allem?

Welche Faktoren bestimmen das Image der gebuchten Urlaubsreise? Welche Komponente überwiegt? Zahlreiche Kundenbefragungen und auch die Exploration in Fokusgruppen der Einflussfaktoren auf Images und Marken zeigen ein undifferenziertes Ergebnis. Jeder Anbieter innerhalb der Wertschöpfungskette versucht seine Leistung und seine Marke mit Inhalten und Präferenzen zu präsentieren, dies aber unabgestimmt mit den anderen Anbietern innerhalb des komplexen Dienstleistungspaketes, die er oftmals ja nicht mal kennt:

Das **NTO (National Tourist Office) eines** Landes oder einer Zielregion möchte sein/ihr Markenimage international kommunizieren im Wettbewerb mit anderen Destinationen. Auch der **Hotelier** möchte seine eigene Marke und Leistungen zumeist für andere Quellmärkte und Zielgruppen attraktiv machen und sich nicht von einer Veranstaltermarke abhängig machen. Die **Airline** ist nur auf ihre eigene Marke bedacht, da sie sowohl eigene Kunden wie auch die aller konkurrierenden Reiseveranstalter befördert. Der **Reiseveranstalter** schafft es in der Regel nicht, seine Kunden in Hotels unterzubringen, die nur er exklusiv im Angebot hat, so dass die Kunden schnell feststellen, dass sie das gleiche Hotelzimmer auch über drei oder vier andere konkurrierende Reiseveranstalter u. U. sogar zu einem niedrigeren Preis hätten buchen können. Und auch das **Reisebüro** kann sich kaum über seine Marke profilieren, da der Kunde die gleiche Reise auch in jedem anderen Reisebüro oder im Internet hätte buchen können. Im Reisebüro haben wir aber eines festgestellt: die einzige erinnerte Marke ist die Persönlichkeit und Kompetenz des Reiseberaters – und der ist oft namentlich eher in Erinnerung geblieben als der Name des Reisebüros – oder des Veranstalters.

Wie soll also ein Urlaubsreisender angesichts dieser Gemengelage **eine bestimmte Marke** eindeutig identifizieren und deren Image wahrnehmen? Ein großes Problem ist zum einen, dass es sich bei der Urlaubsreise nicht um ein konkretes physisches Produkt sondern um eine Summe für ihn weitgehend abstrakter Dienstleistungen handelt, deren Wert oder gar Mehrwert er kaum einschätzen kann. Das zweite Problem ist, dass es so gut wie keine Exklusivitäten unter einer Marke gibt. Das ist in anderen Branchen anders: Einen neuen BMW bekommt man nur beim BMW-Händler, dessen Name zumeist ebenfalls nicht erinnert wird. Coca Cola bekommt man fast überall und sie schmeckt immer gleich, wobei auch der Ort des Einkaufs oder des Konsumierens verblasst. Das Hotel „Sonnenschein" auf Mallorca gibt es bei TUI ebenso wie bei Alltours, Schauinsland und ist auch individuell buchbar. Ist der Kunde mit den Hotelleistungen zufrieden, wird dies nicht auf die Veranstaltermarke bezogen, war er unzufrieden, muss er sich bei dem Veranstalter beschweren, bei dem er es (zufällig) gebucht hat.

Kein BMW-Händler käme auf die Idee zu bewerben, dass die im Fahrzeug eingebaute Elektronik von Bosch, die Karosserie von Thyssen Krupp, das Navigations- und Kommunikationssystem von Siemens, die Sitze von Recaro, die Reifen von Michelin sind und das Auto im Übrigen Made in Germany ist. Genau dies geschieht aber bei Reisveranstaltern und Reisebüros – und dies nicht mal nur freiwillig, sondern auch, weil es der Gesetzgeber im Reiserecht vorschreibt.

Es gibt eigentlich keine wirkliche klare und eindeutige Marke bei einer Urlaubsreise, sondern eine Vielfalt unterschiedlicher Marken und Images. Der Kunde erfährt bei einer Urlaubsreise eine derartige Reizüberflutung, dass er in der Regel nicht mehr in der Lage ist zu unterscheiden, welcher Leistungsfaktor dieses komplexen Dienstleistungspaketes als Marke oder Image dominiert. Und dies gilt in positiver wie negativer Hinsicht gleichermaßen.

1.6.3 Kundenzufriedenheit und Markenwahrnehmung

War der Kunde mit seiner Urlaubsreise zufrieden, d. h. waren seine Erwartungen erfüllt oder gar übererfüllt, weiß er kaum welchem Dienstleister bzw. welcher Marke er das positive Ergebnis hauptsächlich zu verdanken hat. Im Zweifel waren es alle gleichzeitig oder das Reiseziel als Generalmarke oder der letzte bleibende Eindruck. Wenn auch nur eine Dienstleistung aus der Kombinationsvielfalt nicht den Erwartungen entsprach, wird oft der Frust darüber auch auf alle anderen in die Reise einbezogenen Dienstleistungen übertragen, und damit alle miteinander in die Generalverantwortung genommen und in ein Negativimage einbezogen. Entsprach beispielsweise das Essen im Urlaubshotel nicht den Erwartungen, erscheint oft auch der freundliche und humorvolle Kellner schnell in einem anderen Licht und die Fehlleistung der Küche strahlt ab auf die Qualität oder Sauberkeit des Zimmers, zumal dies ja oftmals auch hilft eine möglichst hohe Entschädigung beim Reiseveranstalter einzufordern. Noch skurriler wird es, wenn beispielsweise 14 Tage Dauerregen im Urlaubsziel, Zoff mir der Ehefrau oder Streit mit anderen Mitreisenden, die allesamt keine juristisch relevanten Beschwerdegründe sind, den frustrierten Urlauber geradezu auf die Suche nach Leistungsmängeln treiben. Da wird jede Kakerlake im Bad mit Genugtuung willkommen geheißen. Das Negativimage einer derartigen Reise wird dann zumeist allen Marken und Leistungserbringern einschließlich Zielgebiet gemeinsam angelastet.

Wie bereits dargestellt erzeugen Images **Erwartungen**. Werden Erwartungen erfüllt, führt dies zur **Zufriedenheit** der Kunden, werden sie nicht erfüllt, entsprechend zur Unzufriedenheit. Kundenzufriedenheitsbefragungen bei Urlaubsreisen haben somit das gleiche Problem wie die Wahrnehmung von Images. Der Kunde kann zumeist nicht zwischen den verschiedenen Zufriedenheitsdimensionen seiner Reisedienstleistungen wie An-/Abreise, Unterkunft, Verpflegung, Transfer, Reiseleitung, Sehenswürdigkeiten, Sauberkeit und Beschaffenheit von Landschaft und Infrastruktur, Beratung im Reisebüro, Abwicklung durch Reiseveranstalter etc. unterscheiden und liefert damit kaum brauchbare Ergebnisse für notwendige Leistungsverbesserungen. Wenn Kundenzufriedenheitsmessungen überhaupt Sinn machen sollen, dann müssen sie unmittelbar nach der Leistungserbringung und nur für die spezifische Leistung abgefragt werden, was in der Praxis d. h. während der Reise aber kaum durchführbar ist. Vor diesem Hintergrund sollte auch die Relevanz und Zuverlässigkeit von Reisebewertungsportalen untersucht und hinterfragt werden. Liest man die bewertenden Prosatexte wird schnell deutlich, dass der Bewertende zumeist kaum zwischen den verschiedenen Leistungsdimensionen unterscheidet, die jeweils von unterschiedlichen Marken-Dienstleistern erbracht werden. Darüber hinaus kann man auch Erwartungen nicht generalisieren. Die sehen für einen Single der Best-Ager-Generation völlig anders aus als für eine vierköpfige Familie mit schulpflichtigen Kindern oder gar für ein Rentnerpaar oder für eine Gruppe auf Vereinsausflug.

Reine Dienstleistungsunternehmen wie die gesamte Reisebranche tun sich daher sehr schwer mit Imagebildungen, Imagebewertungen und Zufriedenheitsmessungen, weil es kaum neutrale, sachliche oder physische Bewertungsmaßstäbe gibt, die sauber dokumentierbar sind wie z. B. Reklamationsstatistiken und Garantieversprechen bei technischen Geräten, wo die ausgetauschten Ersatzteile ebenso registriert werden wie Bedienungsfehler, Pannenhäufigkeiten, Wiederholungsquoten oder notwenige Rückrufaktionen und dergleichen.

1.6.4 Marktforschung zu Markenbekanntheit und Kundenzufriedenheitsmessung

Was sagt die **Praxis** zur beschriebenen Problematik? In einer ausführlichen Markenkernanalyse basierend auf einer bevölkerungsrepräsentativen Befragung und daraus selektierten Fokusgruppen aus Markenkennern, Markennutzern und Nicht-Kennern bzw. Nicht-Nutzern wurde herausgefunden, dass Reiseveranstaltermarken die geringsten Differenzierungsmerkmale zueinander aufweisen. Verglichen mit anderen Stufen der Dienstleistungskette für eine Urlaubsreise wie Hotel, Fluggesellschaft, Zielgebiet und Reisebüro bleibt ein Reiseveranstalter für die Reisenden weitgehend abstrakt und wird nicht physisch erlebt.

Das ist für einen **Bausteinveranstalter oder Consolidator**, der nur bei der Buchung vor der Reise in Erscheinung tritt und während der Reise die physische Leistungserbringung an andere Leistungsträgermarken wie Lufthansa, Maritim und Avis abtritt, noch schwieriger als für **Pauschalveranstalter**, die versuchen im Zielgebiet die Fäden der Dienstleistungskette über Reiseleitung, Ausflüge, Transfers und Flughafenbetreuung mit einer eigenen Marke bzw. Handelsmarke unter Kontrolle zu halten (und dabei starke Fremdmarken vermeiden: TUICars statt Avis). Am dominantesten sind dabei die **Kreuzfahrtveranstalter**, bei denen während des Urlaubs wirklich fast alle Teilleistungen aus einer Hand kommen. Aber auch hier tritt Verwirrung ein: Bei hochwertigen Kreuzfahrten wie mit der ‚Europa', ‚Deutschland' oder ‚Queen Mary' dominiert der Name des Schiffes die Veranstaltermarke (Hapag Lloyd, Deilmann, Cunard) die kaum noch wahrgenommen wird. Nur AIDA geht einen anderen Weg und verknüpft den Produkt- mit dem Markennamen.

Die REWE-Veranstaltermarken
Beim Benchmark beispielsweise der REWE-Veranstaltermarken (**ITS, Jahn, Tjaereborg, DERTOUR, Meier's Weltreisen**) untereinander war festzustellen, dass sie hinsichtlich Markenstärke, Emotionalität, Markenklarheit, Attraktivität, Sympathie, Funktionalität und Sortimentskompetenz nur minimal differieren; lediglich eine der fünf Marken konnte sich bei Individualität und Qualität etwas absetzen. Abgesehen von dieser Ausprägung waren die Markenkerne sehr ähnlich egal ob aus Sicht der Reisenden insgesamt, der Markenkenner oder der Markennutzer. Auch im Vergleich zu den wichtigsten Wettbewerbern wie TUI, Thomas Cook, Neckermann, Alltours, FTI etc. gab es nur wenig Unterschiede aus Sicht der befragten Reisenden, Kenner und Nutzer. Alle Marken stehen für Standardangebote, Pau-

schalreisen, Badeurlaub, Preiswahrnehmung, Angebotsbreite und -tiefe, Service und Kundenorientierung, lediglich Meier's Weltreisen wurde klar als Fernreisenspezialist erkannt.

Auch Zielgebiets- oder Themenschwerpunkte werden kaum von Markenkennern sondern allenfalls von Mehrfachnutzern wahrgenommen. Wie soll man diese Markenkern-Eigenschaften dann erst Nicht-Kennern vermitteln? Trotz ihrer sehr hohen Markenbekanntheit konnte auch für TUI und Neckermann kein wesentlicher Mehrwert gegenüber wenig bekannten Marken wie z. B. FTI und Schauinsland festgestellt werden. TUI konnte lediglich beim Thema Qualität einen Vorsprung verbuchen – auf Augenhöhe mit Meier's Weltreisen.

Die Touristik der REWE Group versucht seit Jahren ihre **Markenvielfalt** zu leben und zu kommunizieren. Dies ist bislang bei den meisten Marken zumindest gegenüber dem Reisebürovertrieb auch gelungen, wenngleich die Differenzierung beim Endverbraucher nur begrenzt wahrgenommen wird. Da dies auch für die Wettbewerbermarken gilt, ist der wirtschaftliche Erfolg der REWE-Veranstaltermarken eher auf andere Faktoren wie Sortimentsgestaltung, Sicherheit, Zuverlässigkeit, Preis-Leistungsverhältnis, Verfügbarkeit und Vertriebsstärke zurückzuführen, in die der Reisekonzern mehr investiert als in Marken-/Imagewerbung und mediale Kommunikation, mit den Vorgenannten aber einen höheren Return on Investment (ROI) sowie Marken- und Imagewert erzielt.

Auf eine **Dachmarke** im B2C-Bereich konnte die Touristik der REWE Group unter diesen Aspekten bislang verzichten, zumal sich dafür unter den vorhandenen Marken auch keine eindeutige Generalistenmarke (wie TUI oder Neckermann) befindet, die diese Funktion übernehmen könnte. Das touristische Markenspektrum des REWE Konzerns ist dabei sehr vielseitig. Neben Eigenmarken (DERTOUR, ITS, Jahn etc.) existieren eigene Vertriebsmarken für bestimmte Produkte offline (DERTRAFFIC, DER-Flüge, DER Ticket Factory) und online (derhotel.com, ocean24.de) im Portfolio, vertreten fremde Vertriebsmarken als Generalagenten (für Disneyland Paris, Center Parcs) und nutzen Lizenzmarken (ADAC Reisen). Ob und inwieweit zukünftig eine Dachmarke über alle Wertschöpfungsstufen benötigt wird, ist aus diesen Gründen eher eine Frage strategischer Bewertungen, von Wettbewerbs- und Internet-Anforderungen sowie von nationalen wie internationalen B2B-Geschäftsbeziehungen als von Vermarktungserfordernissen beim Endverbraucher.

1.6.5 Bedeutung von Marken in verschiedenen Wertschöpfungsstufen offline und online

Für **Reisebüros** steht es um die Marken- und Imagewahrnehmung noch schlechter als für Reiseveranstalter. Da die Reisenden schon kaum zwischen den Markeninhalten und Funktionen eines Reiseveranstalters oder Reisemittlers unterscheiden können, so erreichen selbst die großen Reisemittlerorganisation nur eine Markenbekanntheit von max. 40%. Das Markenimage eines Reisebüros wird überwiegend durch die persönlichen Eigenschaften, Fähigkeiten und Kompetenzen des Beraters bestimmt, dessen Name oft eher erinnert wird als der Name des Reisebüros. Gelingt es dem Berater eine Vertrauensbasis zum Kunden zu schaffen, so hat das Reisebüro aber mit 19% eine deutlich höhere Chance auf Kundenbindung als ein Reise-

1 Grundlagen des Marketing-Managements von Reiseveranstaltern   231

veranstalter mit nur 9%, dessen Leistungen von Kunden nur abstrakt wahrgenommen werden und aufgrund fehlender **Angebots-Exklusivitäten** als austauschbar empfunden werden.

Rang		Bekannt-heit	VJ	Sympa-thie	VJ	Buchungs-bereitschaft	VJ	Reisen-de*	VJ
1	TUI	93,4	93,6	55,1	58,8	50,0	51,9	21,4	23,6
2	Neckermann Reisen	88,6	88,4	42,0	43,0	37,3	37,5	15,2	16,5
3	Alltours	71,4	74,0	27,1	28,3	23,7	24,3	8,5	8,1
4	AIDA Das Clubschiff	64,3	58,2	23,0	18,1	17,5	12,3	1,3	1,2
5	Thomas Cook	59,1	60,9	20,5	20,4	17,8	16,8	4,7	4,7
6	ITS	58,1	59,4	18,9	19,4	16,3	15,7	5,6	5,9
7	L'tur	54,6	56,5	17,5	18,9	15,0	15,7	4,9	5,3
8	Jahn Reisen	52,9	52,6	13,1	12,9	11,0	10,4	2,5	2,7
9	1-2-Fly	52,2	54,8	16,5	17,5	14,8	15,2	5,0	4,7
10	Öger Tours	49,1	52,3	9,4	10,2	8,5	8,2	4,2	3,8
11	DERTOUR	49,0	49,0	14,4	13,4	12,1	11,0	3,5	3,1
12	Robinson Club	46,9	46,5	12,2	10,7	8,6	7,5	1,2	1,2
13	Meier's Weltreisen	46,2	45,7	13,4	11,4	10,4	8,3	2,1	1,7
14	Marco Polo Reisen	45,5	46,4	10,7	10,9	8,2	8,0	0,8	0,9
15	Tjaereborg	44,5	47,7	13,4	15,4	11,5	13,0	2,3	3,2
16	Hapag-Lloyd-Kreuzf.	38,1	39,0	7,7	8,4	5,9	5,8	0,5	0,7
17	Airtours	32,6	33,5	6,1	5,7	4,8	4,4	0,9	0,8
18	A'rosa	28,4	25,0	5,8	4,3	4,2	2,4	0,2	0,3
19	Dr. Tigges Reisen	27,5	30,2	5,2	5,9	3,8	4,3	0,4	0,4
20	FTI Touristik	27,4	27,6	7,2	6,9	6,4	5,8	2,3	1,9
21	Hurtigrouten	23,2	19,4	6,8	5,7	5,6	4,6	0,6	0,7
22	Costa Kreuzfahrten	20,6	17,6	4,0	3,1	2,8	2,1	0,4	0,4
23	Club Med	20,0	20,5	4,6	4,0	3,6	2,9	0,5	0,5
24	Studiosus	19,5	20,9	5,5	5,0	4,4	3,8	0,8	0,9
25	Aldiana	17,2	17,8	3,1	3,0	2,4	2,2	0,4	0,4
26	MSC Kreuzfahrten	16,8	10,1	3,1	2,0	2,3	1,5	0,3	0,2
27	TUI Cruises	10,8	–	2,2	–	1,7	–	0,2	–
28	Club Magic Life	5,8	5,5	1,5	1,6	1,3	1,2	0,4	0,4
29	GeBeCo	4,3	3,9	1,0	0,7	0,8	0,5	0,2	0,2
30	Royal Caribbean Int.	3,8	4,2	0,7	0,7	0,7	0,5	0,2	0,1

Abb. III. 1-7 Touristikunternehmen: Marken-Vierklang Top-30-Marken 2009 (Quelle: F.U.R. 2009; Basis Gesamtbevölkerung 64,87 Mio. Personen)

Aber auch online ist die Bedeutung von Veranstalter- und Portalmarkenimages im Reiseentscheidungsprozess begrenzt. Das verwundert kaum, da die ROPO-Studie von Google und TUI dokumentiert, dass die Mehrheit aller potenziellen Urlauber sich bei der Recherche von Suchmaschinen führen lassen und nur eine Minderheit gezielt Online-Marken oder Online-Portale eingibt oder anklickt. Interessant ist, dass 68% aller Google-Nutzer u. a. das Wort „Hotel" in die Suchleiste eingeben – ein eindeutiges Zeichen, wo der Bedarf nach Transparenz am größten ist. Priorität beim Reiseentscheidungsprozess vor Reiseantritt hat vor allem das Reiseziel bzw. Zielgebiet und danach die Reiseart (Ferienwohnung, Camper, Kreuzfahrt, Skiurlaub, Badeurlaub, Wellnessurlaub, Golfurlaub, Busreise etc.). Mit deutlichem Abstand folgt der Berater im Reisebüro vor der Gestaltung der Reiseleistung bzw. der Ausstattung des Hotels. Erst nach Preisen und Verfügbarkeiten folgt die Veranstaltermarke als Entscheidungskriterium. In etwa der gleichen Reihenfolge laufen auch die Such- und Entscheidungsprozesse im Internet ab. Ein breit angelegtes Zielgebietsportal mit vielen Informationen, eine Reisebüroportal (wie Expedia, travelchannel, aidu) oder ein Produktportal (wie hrs für Hotels oder opodo für Flüge) mit einem breiten und tiefen Sortiment und Preisvergleichsfunktionen wird zumeist weit attraktiver empfunden als eine Veranstalter-Website ohne Angebotsexklusivität, Vergleichsmöglichkeiten und mit vorselektiertem Sortiment.

Mit Wissen um diese Unzulänglichkeiten investieren Reiseveranstalter und Reisebüros dennoch weiter Millionen von Werbegeldern in Marken und Images, um das Reise- und Buchungsverhalten zu beeinflussen. Allerdings sollten diese Maßnahmen zur Image- und Markenbildung sowie zu deren Verbesserung in ihrer Wirkung permanent sorgfältig überprüft und der finanzielle Aufwand dafür regelmäßig hinterfragt und angepasst werden. Große Reiseveranstalter messen in der Regel kontinuierlich die Markenbekanntheit gestützt und ungestützt, die Werbeerinnerung gestützt und ungestützt sowie die Nutzungsbereitschaft sowohl in den traditionellen Vertriebskanälen wie auch im Internet. Auch hier ergeben sich teilweise ernüchternde Ergebnisse.

in %	2010	2009	2008
expedia.de	84,2	82,0	84,6
tui.com	83,8	84,1	82,4
bahn.de	81,2	83,7	81,3
lufthansa.de	79,1	82,3	–
aidu.de (ab-in-den-urlaub)	79,0	57,7	29,6
airberlin.com	74,5	75,1	–
lastminute.de	74,1	73,5	–
thomascook-reisen.de	73,2	74,3	72,7
opodo.de	69,0	63,6	64,1
ltur.de	66,7	67,4	–
travel24.com	66,2	62,3	–
adacreisen.de	61,6	64,3	37,6
dertour.de	61,4	59,8	61,0
holidaycheck.de	57,4	50,5	36,5
weg.de	56,4	45,7	41,4
Hotel.de	52,3	–	–
meiers-weltreisen.de	46,6	46,4	–
its.de	44,5	41,6	46,6
travelchannel.de	42,0	43,7	45,8
hinundweg.com	32,2	26,5	–
hrs.de	32,2	24,1	28,0
der.de	21,5	21,8	22,1
ebookers.de	18,5	16,0	19,9
jt-touristik.de	6,4	7,3	–
Bei der Online-Befragung wurden die Namen der Websites vorgegeben und nach der Bekanntheit, wenn auch nur dem Namen nach gefragt. Es handelt sich also um die gestützte Bekanntheit. RA Online 2008: 1000 Befragte Onliner 14–70 J. RA Online 2009: 2000 Befragte Onliner RA Online 2010: 2000 Befragte Onliner			

Abb. III. 1-8 Bekanntheit der Online-Marken in der Touristik (Quelle: F.U.R. 2010)

Marken wie TUI und Neckermann mit gestützten Bekanntheitsgraden von 97–98% weisen eine Nutzungsbereitschaft der Kunden auf, die bei weniger als der Hälfte der Markenkenner liegt, die tatsächliche Buchung sogar nur bei einem fünftel bis sechstel der Kenner. Die Nutzungsbereitschaft und Buchungsfrequenz von Marken mit einer deutlich geringeren gestützten Markenbekanntheit ist in vielen Fällen höher. Online ist die gestützte Markenbekanntheit der traditionellen Marken deutlich niedriger als offline. Dennoch liegen sie besser als viele reine Internet-Marken, die im Online-Marketing viel investieren. Dies zeigt, dass reine Veranstalter- und Mittlermarken im Internet vor allem gegenüber Leistungsträger- und Produktportalen deutlich weniger wahrgenommen werden (vgl. Abb. III. 1-8).

1.6.6 Ausgewählte touristische Markenhistorien

Marken als Repräsentanten für Images haben oftmals spannende aber auch komplexe Historien und können durch unbedachte Verwendung das zugehörige Image gefährden.

Seit der Gründung der **TUI** 1967 fungierte Touristik Union International als Dachmarke für die Veranstaltermarken Touropa, Scharnow, Hummel, Dr. Tigges, Transeuropa, Twen Tours und Airtours; die Umbenennung in TUI erfolgte 1988 über 20 Jahre später, ein Jahr vor der Wiedervereinigung; durch die Zuwächse aus dem Osten wurden Reaktanzen im Westen infolge des Wegfalls der starken Alt-Marken weitgehend kompensiert; problematisch ist, dass die Konzernmarke identisch ist mit der Marke des stärksten Veranstaltersortimentes und der Airline, die dadurch Negativabstrahlungen durch Börsenkursentwicklungen, Gesellschafterquerelen, hohe Verschuldung und temporäre wirtschaftliche Probleme der Frachtschiffsparte ertragen müssen.

Der **Neckermann-Konzern**, das Versandhaus wie auch dessen Reisebeteiligung, wurde 1976 von Karstadt erworben; die Markenrechte für beide lagen bislang beim insolventen Arcandor-Konzern, obwohl der Veranstalter inzwischen in London börsennotiert ist und der Versand einem britischen Finanzfonds gehört. Die zukünftige Lösung ist ungeklärt. Einen Marken-Supergau verursachte das Management der gemeinsamen Karstadt- und Lufthansa-Beteiligung C&N Touristik (Condor&Neckermann) beim Erwerb der britischen Thomas Cook Group 1998; die Marke **Thomas Cook** sollte umgehend zur konzernweiten Dachmarke über alle Wertschöpfungsstufen und in allen Ländermärkten gemacht werden, unangetastet blieb lediglich die Marke Neckermann. Die einige Jahre zuvor erworbenen Regionalveranstalter Kreutzer, Fischer Reisen und Air Marin, die ein klares und starkes regionales Markenimage hatten, wurden daraufhin in die Dachmarke Thomas Cook Reisen umbenannt. Da aber Veranstaltermarken für den Kunden abstrakt sind, orientiert er sich in solchen Fällen neu im Wettbewerb und lässt sich nicht automatisch umsteuern. Ergebnis: Thomas Cook Reisen konnte im Folgejahr nur etwa ein Drittel der Kunden in Urlaub schicken wie die drei bekannten Veranstaltermarken zuvor, zwei Drittel der Kunden waren bei Wettbewerbern gelandet. Übrigens: Fischer Reisen ist unter Führung seines Unternehmensgründers heute Marktführer in Tschechien und auch in der Slowakei tätig. Und Air Marin soll zukünftig als Aktionsmarke wiederbelebt werden.

Condor wurde zeitgleich in Thomas Cook Airlines umbenannt, wobei man übersah, dass zwei Drittel der Passagiere der bislang als neutral geltenden Condor Kunden von Wettbewerbern waren, die sich nun weigerten ihre Gäste auf den nicht mehr neutralen Cook-Konzerncarrier zu buchen und dann erheblich zur Expansion der LTU und vor allem der Air Berlin beitrugen. Hinzu kam, dass die Condor als Lufthansa-Tochtergesellschaft sogar international über eine starke Marke und sehr guten Ruf verfügte, während die Marke Thomas Cook zumindest in Deutschland und anderen Ländern bis dahin unbekannt war. Nach zwei Jahren, hohen Verlusten und einem kompletten Austausch des Managements wurde die Airline wieder in Condor rückbenannt. Von den mit diesem Fehler verbundenen Kapazitäts- und Marktanteilseinbußen konnte sich der deutsche Thomas Cook-Konzern bis heute wieder vollständig erholen.

Und dabei hatte man noch eins übersehen: Thomas Cook war bis zum Verkauf ein britischer Reisekonzern, Tochtergesellschaft der British Midland Bank, die weltweit unter dieser Marke Wechselstuben und Business Travel Center betrieb; die Business Travel Sparte wurde an American Express verkauft und ging auch markentechnisch darin unter. Der Veranstalter hatte anfangs nur Markenrechte in GB und Irland, nach Veräußerung des Veranstalterkonzerns an Karstadt und Lufthansa mussten die Markenrechte Land für Land von den Rechtsnachfolgern der British Midland Bank, erworben werden. Thomas Cook besitzt heute außerhalb der EU nur in wenigen Ländern eigene Markenrechte.

Weitere renommierte Marken mit starkem Image verschwanden vom Markt: **LTU** wird derzeit schrittweise durch **Air Berlin** vom Markt genommen. Die zur LTU-Touristik gehörenden Marken wie Transair und THR wurden bei der Übernahme durch die **REWE Group** wie die zum Veranstalter ITS gehörenden Marken Airconti und Jet Reisen eingestellt. Mit Hetzel Reisen verschwand eine sehr bekannte Veranstaltermarke durch Konkurs aus dem Markt; sie ist dann irgendwie bei der REWE Group gelandet und wurde dort in den Archiven vergessen.

Kann man sich so etwas bei alten, bekannten und starken Handels-, Waren- und Industriemarken vorstellen wie Mercedes, BMW, VW, Coca Cola, Veltins, Warsteiner, Aldi, Lidl, Kaufhof, Lufthansa, Deutsche Bahn, Nivea, Persil, Uhu, Tempo, Thyssen-Krupp, Bosch, Bayer, Telekom, Deutsche Bank, Sparkasse oder Volksbank und andere? Es ist der Reisebranche leider nicht gelungen, sich mit Veranstalter- und Mittler-Marken, also klassischen Zwischenhändler-Brands, gegenüber Produzenten, Leistungsträgern und vor allem den Zielgebieten im Dienstleistungsbereich vergleichbar nachhaltig beim Konsumenten bzw. Reisenden zu positionieren, schlimmer noch: sie sind in vielen Bereichen sogar von diesen wirtschaftlich abhängig und können sich kaum emanzipieren.

1.6.7 Hohe Bedeutung von Markenimages bei Busreiseveranstaltern und Kreuzfahrtreederein als Sonderfälle

Busunternehmen können eine hohe Markenbekanntheit zwar nur in lokalen oder regionalen Märkten für Ihre Marke bzw. Ihr Unternehmen erzielen. Angesichts der einseitigen Altersstruktur der Hauptzielgruppen für Busreisen kann dies gezielter und leichter erfolgen als in Bezug auf die Gesamtbevölkerung ihres Einzugsgebietes. Gleiches gilt für das Image von Busreisen generell. Mag dies in der Gesamtbevölkerung nicht unbedingt positiv sein, so ist es umso wichtiger, dass es in den von Ihnen umworbenen Zielgruppen positiv ist und bleibt.

Dabei haben **Busreiseveranstalter** und auch **Kreuzfahrtreedereien** gegenüber klassischen Reiseveranstaltern und Reisebüros einen Riesenvorteil. Fast alle Leistungen einer Busreise oder Kreuzfahrt kommen aus einer Hand und sind unmittelbar von ihnen beeinflussbar: Beratung und Buchung, das Reiseziel bzw. die Reiseroute, das Reiseverkehrsmittel (Hardware), Transfers und Gepäcktransport, Reiseleitung/Reisebegleitung sowie Service/Verpflegung während der Busfahrt (Software), die Auswahl der Hotels, Besichtigungen und Ausflüge sowie das Beförderungs- und Service-Personal. Es gibt kaum Brüche in der von ihnen erbrachten Dienstleistungskette, so dass jeder Kunde sich ein klares Bild über das Unternehmen, die Marke, deren Image, Inhalte und Attribute machen kann.

In kaum einem anderen Bereich der Reisebranche – ausgenommen vielleicht bei den wenigen Exklusivangeboten von Reisveranstaltern wie z. B. Robinson Clubs etc. – kann einem Reisenden ein Markenimage so unmittelbar nahe gebracht und damit eine Stammkundenbindung aufgebaut werden. Nirgendwo sonst ist eine Kundenzufriedenheitsmessung eindeutiger und unmissverständlicher möglich. Aber fast nirgendwo ist auch das Risiko höher, durch eine kleine verpatzte Teilleistung die Gesamtleistung abzuwerten und damit das Markenimage zu beschädigen oder gar zu zerstören. Da reicht eine unbeherrschte Reaktion des Reisebegleiters oder Busfahrers oder des Kabinen- oder Service-Personals, um die sonstigen Serviceleistungen und den positiven Erlebniseindruck der gesamten Reise negativ zu belasten.

Dies bedeutet aber auch eine umfassende Verantwortung, die vor allem die als mittelständische Unternehmer tätigen Busunternehmen für ihre Kunden bezüglich der vielfältigen Dienstleistungen im Rahmen einer Busreise tragen. Die Reisekonzerne haben für jeden Teilbereich und jede Funktion Spezialisten, Beteiligungen, Subunternehmer oder Generalagenten und eine EDV-gesteuerte optimierte Prozesskette und Organisationsstruktur sowie oftmals kapitalstarke Gesellschafter. Das müssen Busunternehmen kompensieren durch persönliche Kreativität, geschickte Mitarbeiterführung und -auswahl, Zuverlässigkeit, Verantwortungsbewusstsein und hohe Flexibilität bei ständiger Kostenoptimierung. Das ist für einen Mittelständler eine beachtliche Herkulesaufgabe. Aber auch Kreuzfahrtveranstalter/-reedereien haben ein ähnlich unmittelbar messbares Markenimage sowie entsprechende Kundenzufriedenheits- und Kundenbindungs-Perspektiven ohne Verwässerungen oder Brüche durch fremde Marken.

2 Grundlagen des Vertriebs von Reiseveranstaltern

2.1 Vertrieb/Vertriebswege im Tourismus – allgemein

2.1.1 Wandel der Vertriebswege: vom klassischen Reisebüro zum „Multi-Channel-Vertrieb"

Nur die wenigsten der (größeren) Reiseveranstalter verkauften ihre Reisen um 2012 **direkt** an den Kunden, obwohl neue Varianten des Direktvertriebs immer mehr auf dem Vormarsch sind. Die meisten vertreiben ihre Reisen traditionell **indirekt**, vor allem über Reisebüros. Hierzu vergeben viele der Reiseveranstalter so genannte **Agenturen** (Agenturverträge) an die Reisemittler, die mit bestimmten Auflagen für die „Agenten" (wie Größe und Lage der Verkaufsräume, Fachkräfte, Mindestumsatz) verbunden sind.

Technisch ist der Vertrieb mithilfe so genannter **GDS** (Global Distribution System) immer bedeutender geworden, wobei die Großveranstalter bereits Mitte der 90er Jahre ca. 80 % bis 90 % ihres Umsatzes über GDS abwickelten. Zudem haben neue Vertriebsformen im Zusammenhang mit dem Internet an Bedeutung gewonnen.

Im Zusammenhang mit der Entwicklung zu Integrierten Konzernen definierte sich auch der Eigen- und Fremdvertrieb der Konzerne neu. Nach der ursprünglichen Phase der Vertriebskonzentration auf die klassischen Reisebüros betreiben die meisten Großveranstalter eine „**Multi-Channel-(Vertriebs/Distributions)-Strategie**" (vgl. dazu FREYER/MOLINA 2008), d. h. sie wenden sich mit verschiedenen Vertriebskanälen an die Endkunden sowie an die Intermediäre im B2B-Bereich (vgl. Abb. III. 1-5, S. 221). Bei dieser Vorgehensweise ist allerdings nicht nur die reine Vertriebsaufgabe von Bedeutung, sondern auch die Informations- und Werbemöglichkeiten über die verschiedenen Kanäle.

2.1.2 Indirekte Vertriebswege

(1) Vertrieb über eigene Reisemittler („Eigenvertrieb")
Der Vertrieb über eigene Reisemittler bildet nur einen Teil des Geschäfts der Veranstalter. So weisen die deutschen Reiseveranstalter um 2012 ca. 20–30% ihres Vertriebs über eigene Vertriebsstellen aus, einige Konzernveranstalter bis zu 50% (vgl. Abb. III. 2-1).

Bei den mittleren oder kleinen Veranstaltern spielt der Eigenvertrieb kaum eine Rolle. Lediglich einige Busveranstalter (wie Eberhard oder Hafermann) haben nennenswerte Absatzkanäle über eigene Reisebüros. Die meisten mittelgroßen Veranstalter vertreiben fast 100% über ihre Agenturen oder direkt.

(2) Fremdvertrieb (das Agenturgeschäft)
Da über 75% des Vertriebs über fremde Reisebüros erfolgt, kommt der „Bindung" der Reisemittler an den jeweiligen Veranstalter eine große Bedeutung zu. Hierzu versuchen Reiseveranstalter über entsprechende Agenturverträge mit Mindestumsätzen, Provisionsregelungen (v. a. Staffel- und Superprovision) das Interesse der Reisemittler am vorrangigen Verkauf der Reisen des jeweiligen Veranstalters zu stärken. Im Rahmen der Umstrukturierung der Reisemittlerbranche kam es zur verstärkten Vertriebspolitik mit Ketten- und Franchisemodellen seitens der Reiseveranstalter und in der Folge ebenfalls zur zunehmenden Zusammenarbeit und einem „Schulterschluss" mit den Kooperationen seitens der Reisebüros, die ursprünglich eher veranstalterunabhängig entstanden sind.

Versuche über sog. „branchenfremde" Vertriebsnetze, wie Toto-Lotto-Annahmestellen, Postfilialen, Supermärkte, Tankstellen usw., sind häufig nur sehr begrenzt erfolgreich gewesen, insbesondere gab es zumeist eine nur geringe Kundenakzeptanz. Doch seitens der Veranstalter und der Tourismuskonzerne wurden immer wieder neue Initiativen gestartet, auch diese Vertriebskanäle zusätzlich zu nutzen.

2.1.3 Direktvertrieb

Sehr unterschiedlich ist der Direktvertrieb ausgeprägt, wo ein deutlicher Wandel vom „klassischen Direktvertrieb" (wie Direktmailings, Anzeigen in Special-Interest Magazinen) hin zu neuen Medien (v. a. Internet, alternative branchenfremde Vertriebwege) festzustellen ist.

Beim „klassischen Direktvertrieb" vereinen einige Spezialveranstalter zum Teil sehr hohe Anteile des Direktvertriebs auf sich: Beispielsweise verkaufen einige Studienreise- und Kreuzfahrtveranstalter einen Teil ihrer Angebote über Leserreisen. Ferner gibt es einige Spezialisten mit einem festen Kundenstamm, die weniger über Reisebüros als über Direktmailings und Special-Interest-Magazine erreicht werden können, z. B. Wikinger (Wandern), Hauser Exkursionen (Trekking), Gastager (Weltreisen).

Die **Neuen Medien** stellen eher eine technische Variante des Vertriebs dar (neben persönlichem Verkauf, Telefonverkauf usw.), sie haben aber die Vertriebslandschaft im Tourismus so stark beeinflusst, dass einige dieser Medien als gesonderte Vertriebskanäle angesehen werden.

Der **Direktverkauf von (Pauschal-)Reisen über das Internet** („Online-Vertrieb") gewinnt zwar zunehmend an Bedeutung, ist aber nach wie vor eher gering (vgl. Abb. III. 2-1, rechte Spalte). Jedoch wird das Internet verstärkt als Informationsmedium seitens der Reisenden genutzt und auch das Buchungsaufkommen sog. „einfacher" Reisen (oftmals „last minute") oder von Teilleistungen (wie Flug, Bahn usw.) weist deutliche Wachstumsraten auf. Vermehrt entstehen auch „virtuelle Reisebüros" im Internet.

Veranstalter 2010/2011	Vertriebsstellen	Umsatz pro V-Stelle in Euro	Umsatzanteil (ges.)	
			Eigenvertrieb (in %)	Online-Vertrieb (in %)
TUI Deutschland	10.500	401.190	k.A.	k.A.
Touristik der Rewe Group	10.300	198.615	34,0	9,0
Thomas Cook	10.000	299.000	22,0	20,0
FTI	9.977	147.339	k.A.	k.A.
Alltours	10.000	132.000	k.A.	15,0
Schauinsland	11.804	47.103	1,2	k.A.
GTI Travel	10.264	30.118	–	–
Phoenix	9.043	31.823	7,8	4,0
Studiosus/Marco Polo	6.842	28.424	15,0	7,0
TUI Cruises	10.000	19.390	5,0	5,0
Hapag-Lloyd Kreuzfahrten	7.833	21.616	17,0	–
Inter Chalet	6.270	7.032	32,6	63,0
Nicko Tours	5.224	22.013	k.A.	k.A.
Hurtigruten	3.672	27.353	10,0	–
Ameropa-Reisen	7.400	12.800	9,0	17,0
JT Touristik	9.600	16.956	5,0	60,0
Vtours	5.200	18.100	–	55,0
LMX Touristik	3.807	22.879	0,2	61,3
Arosa Flussschiff	8.281	4.428	5,0	2,0
Wikinger Reisen	2.745	8.063	57,4	23,4
Ferien Touristik	8.275	7.285	1,5	52,0
Alpetour	359	11.650	94,6	14,0
Mediplus	3.900	14.821	k.A.	k.A.
Canusa	5.150	8.980	k.A.	k.A.

Abb. III. 2-1 Distributionsorgane Tourismus – Anzahl der Vertriebsstellen bei Großveranstaltern Top 25 (Quelle: FVW Nr. 26/2011)

Gute Chancen wurden dem **Fernsehen als Vertriebskanal** eingeräumt. Fernsehen kann das komplexe Produkt „Reisen" dem Kunden sehr gut darstellen. Mit zunehmender Entwicklung des Dialog-TV können auch Reisen zukünftig über dieses Medium gut verkauft und vertrieben werden. Das Potential des Bereiches „Travel-TV" und seine Auswirkungen auf die Vertriebslandschaft der Tourismuswirtschaft wurde Anfang des 21. Jahrhunderts von den meisten Experten als relativ hoch angesehen. Allerdings ist in Deutschland mit Sonnenklar TV (FTI-Gruppe) nur noch ein Sender aktiv, alle anderen sind aufgrund des teuren Produktions- und Vertriebsformates aus dem Markt ausgeschieden. Lediglich in den USA und Großbritannien konnten sich einige TV-Sender dauerhaft im Markt etablieren.

2.1.4 Multi-Channel-Vertrieb

In der klassischen Sichtweise wird zumeist für oder gegen eine der Vertriebsstrategien (also: eigen oder fremd, direkt oder indirekt) plädiert. Im Tourismus vertreten aber immer mehr Unternehmen und Organisationen die Multi-Channel-Strategie: Es sollen gleichzeitig bzw. parallel die verschiedenen Vertriebskanäle genutzt werden.

Diese Strategie ist stark von der technologischen Entwicklung im Tourismus geprägt, wo sich vor allem die CRS- und Onlinedienste an den klassischen Vertriebskanälen – den Reisebüros – vorbei entwickelt haben.

Hinzu kommt ein Wandel des Verbraucherverhaltens, wo eine verstärkte Nutzung verschiedener Distributions- und Kommunikationskanäle (nicht nur des Online-Kanals!) festzustellen ist. Ferner ist auch hier der Wandel der Distributions- zu Kommunikations- und Kontakt-Kanälen bedeutsam. Zwar konnte der Vertriebskontakt schon immer mit verschiedenen Medien wahrgenommen werden (wie z. B. persönlich, schriftlich, telefonisch, elektronisch), doch erst mit zunehmender Bedeutung der „neuen" Medien entstanden damit auch neue (Vertriebs-)Institutionen, wie z. B. Call Center (telefonischer Kontakt), Direkt-Mailings (schriftlich per Brief oder elektronisch per Internet) oder Internet (elektronischer Kontakt). Die wichtigsten institutionellen und medialen Kanäle im Tourismus sind:

- **Mediale Kanäle** (schwerpunktmäßig Kommunikations-Kanäle): persönlich, Telefon/ Fax, PC/Online/Internet, PDA/Handy, Kataloge/Prospekte, Radio-/TV-Werbung, Print-Medien (Anzeigen), Direkt-Mailings (Brief, E-Mail).
- **Institutionelle Kanäle** (schwerpunktmäßig Vertriebskanäle): stationäre Reisebüros/-mittler, Online-Vermittler (Portale, E-Commerce), Call Center, Besuchsverkauf (Hometravel oder mobiler Verkauf, M-Commerce), Marktverkauf/-veranstaltungen (Messen, Events, Auktionen).

Dabei ist Multi-Channel-Marketing mehr als (nur) Online-Vertrieb, auch wenn dieser ein wichtiger Bestandteil ist. Der Grundgedanke des modernen, integrativen Multi-Channeling ist, die Kunden über verschiedene Kanäle anzusprechen. Dabei können sowohl unterschiedliche Kundengruppen erreicht werden als auch dieselben Kunden über die verschiedenen Kanäle intensiver betreut werden. Auf der anderen Seite besteht die Gefahr, dass Kanalkonflikte auftauchen und dass ein hoher Koordinationsaufwand besteht (vgl. FREYER/ MOLINA 2008: 126f).

2.2 Merkmale von Reisemittlern

Die von den Reiseveranstaltern hergestellten Tourismusleistungen werden nicht immer direkt dem Endverbraucher, dem Reisenden, angeboten. Häufig werden Pauschalreisen oder touristische Teilleistungen über einen „Zwischenhändler" („Intermediäre") abgesetzt. Die bekannteste Form dieses Zwischenhandels oder Vertriebsweges sind **Reisebüros.** Sie verkaufen im Auftrag der Produzenten/Hersteller die jeweiligen Tourismusleistungen an den Endverbraucher/Touristen. Dies wird in der touristischen Fachsprache als „Vermittlungsleistung" bezeichnet und die entsprechenden Betriebe als **Reisemittler.**

> Ein Reisemittler ist ein Handelsbetrieb, der im Auftrag der Produzenten vorwiegend Pauschalreisen und touristische Einzelleistungen an Endverbraucher vermittelt. (FREYER/ POMPL 2008: 20)

Neben den hauptberuflich tätigen Reisemittler-Unternehmen vermitteln auch andere Institutionen touristische Leistungen, so z. B.

- Reiseclubs und Vereine,
- Fremdenverkehrsämter,
- Reisestellen von Unternehmen,
- Toto-Lotto-Annahmestellen,

Auch jeder Reiseveranstalter, der seine Leistung/sein Produkt **direkt** an den Reisenden verkauft, wird in dieser Funktion als Reisevermittler tätig.

Zur Eröffnung oder zum Betrieb eines Reisebüros wird in Deutschland keine spezielle Lizenz oder Qualifikation benötigt, obwohl das immer wieder gefordert wird. Lediglich in Bezug auf die Buchführung bestehen einige spezielle Anforderungen (vor allem Ausweisung der Kundenanzahlungen).

2.3 Abgrenzung Reiseveranstalter und Reisebüro

Die Abgrenzung zwischen Reiseveranstalter und Reisemittler ist für den Kunden – und auch oft den vermittelnden/veranstaltenden Betrieben – zumeist nicht transparent: Einerseits unterhalten viele Reiseveranstalter Verkaufs-/Vermittlungsbüros, die oftmals den gleichen Namen tragen, so z. B. beim Reiseveranstalter TUI die TUI-Verkaufsbüros. Andererseits treten einige Reisebüros neben ihrer üblichen Vermittlertätigkeit unter gleichem Namen auch als Veranstalter auf, sei es mit eigenem Programm, aber auch nach gängiger Rechtssprechung stets dann, wenn **mehrere Teilleistungen zu einem Gesamtangebot** mit einem einheitlichen Preis zusammengestellt werden (vgl. Haftung der Reiseveranstalter und Reisebüros, Kapitel II.2.1.2). Die verschiedenen Formen der Reiseveranstalter und -büros sind in Abb. III. 2-2 auf einer Skala aufgelistet. Hier finden sich als Extreme an den beiden Enden die Idealtypen des „reinen" Reiseveranstalters und des „reinen" Reisemittlers.

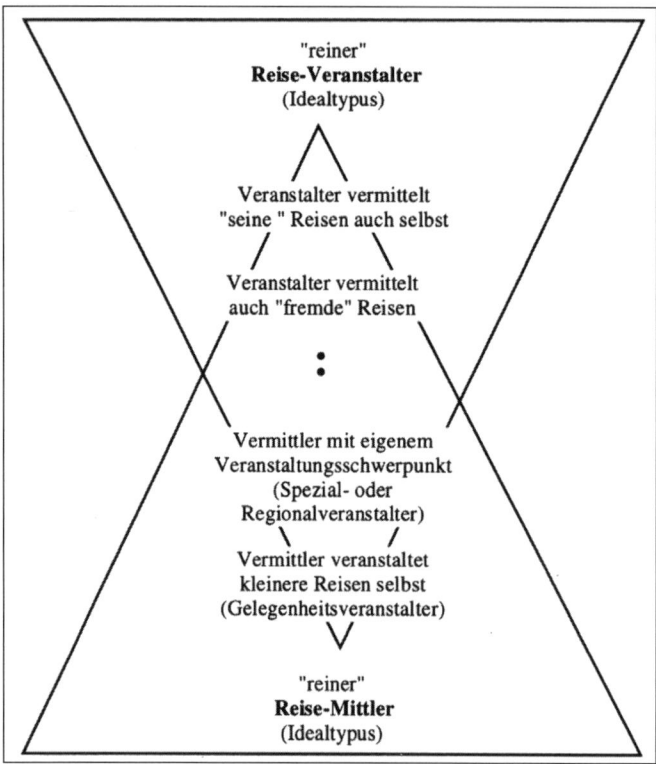

Abb. III. 2-2 Einordnungsskala für Reisebüros (Quelle: Freyer 2011 (Tourismus): 244)

Der **„reine" Reiseveranstalter** ist lediglich mit der Organisation/Veranstaltung von Reisen beschäftigt und vertreibt seine Reisen über externe Reisemittler, so z. B. in Deutschland der größte Reiseveranstalter TUI, der über viele Jahre über keinerlei eigene Vermittlungsbüros verfügte. Die TUI-Agenturen waren alle eigenständige **(fremde)** Betriebe. Als andere Form existieren Reiseveranstalter, die ihre Reisen über **eigene** Verkaufsbüros vermitteln. Hierbei sind (mindestens) zwei Möglichkeiten zu unterscheiden: Erstens Reiseveranstalter, die ausschließlich ihre eigenen Leistungen vermitteln, so z. B. einige Zeit Neckermann-Reisen. Zweitens gibt es veranstaltereigene Reisevermittlungsbüros, die auch **„fremde" Reisen** vermitteln. Die bekanntesten Beispiele hierfür sind die Kaufhaus-Reisebüros, die zwar schwerpunktmäßig ihre hauseigenen Reisen vermitteln, daneben aber weitere, „fremde" Reisen vor allem lokale/regionale Reiseveranstalter sowie zum Teil IATA-Flüge mitverkaufen.

Am anderen Ende der Skala sind **„reine" Reisemittler**, die ausschließlich fremdveranstaltete Reisen vermitteln. Der Großteil der vorhandenen Reisebüros entspricht diesem Idealtypus.

Doch häufig werden **Reisebüros zum Reiseveranstalter** ohne es zu wissen. Dies ist immer dann der Fall, wenn mehr als zwei unabhängig voneinander existierende Teilleistungen zu einer neuen Leistung kombiniert und zu einem einheitlichen Preis angeboten werden[4]. Typisches Beispiel hierfür wäre die Vermittlung eines Fluges mit Lufthansa nach London und die zusätzliche Hotelreservierung bspw. im Hotel Kensington Hilton durch das Reisebüro. Erstellt das Reisebüro für beide Leistungen eine Rechnung, z. B. „Euro 499,- für Reise London", gilt dies als eigene Reiseveranstaltung. Nur wenn das Reisebüro getrennte Rechnungen erstellt, in denen es zusätzlich klar erkennbar die verschiedenen Leistungsträger ausweist, ist es von einer möglichen Haftung als Reiseveranstalter nach § 651 befreit. Wichtig ist diese genaue Abgrenzung vor allem aus haftungsrechtlichen Gründen (vgl. Kapitel II.2.1).

2.4 Das „Produkt": die Vermittlungsleistung

Reisemittler erbringen eine typische **Dienstleistung** ohne einen bedeutenden Sachgüteranteil. Sie vermitteln eine Pauschalreise oder eine Teilleistung im Namen und Auftrag des Reiseveranstalters bzw. der Leistungsträger. Zu dieser Dienstleistung gehört die Beratung des Kunden, die Weiterleitung der Buchung an den Reiseveranstalter („Reservierung"), das Inkasso des Reisepreises für den Reiseveranstalter und die Weiterleitung – meist erst nach Abreise – der Kundenzahlungen an den Reiseveranstalter sowie die Aushändigung der Reiseunterlagen an den Kunden. Zur **Sorgfaltspflicht** des Reisemittlers gehört die Überprüfung der richtigen Reisedaten sowie auch eine richtige Beratung bezüglich der Einreisebestimmungen. Dazu kommen einige Nebenleistungen, die sich in Reisebüros etabliert haben: vor allem Reiseversicherungen, teilweise Reiseliteratur.

Folgende **Leistungen** erwarten die Kunden von einem Reisebüro:

- Buchungen von Pauschalreisen,
- Verkauf von Flug-, Bahn- und Schiffskarten, Reservierung von Hotels,
- Auskünfte über
    - Ein- und Ausreisebestimmungen,
    - Urlaubsländer und -gebiete,
    - Reiseangebote der Reiseveranstalter und Leistungsträger,
    - Reiseversicherungen.

Die Leistungen eines Reisebüros können mithilfe einer phasenorientierten Betrachtung veranschaulicht werden. Hierbei kommen den Reisebüroinhabern und -mitarbeitern folgende Aufgaben zu (vgl. FREYER 2008: 169ff. und Abb. III. 2-3):

- **Potenzial-Management:** Die Potenzialphase erfordert die Gestaltung der Vermittlungspotenziale, wie z. B. Standort, Reisebüroaufmachung und -ausstattung (physisches Umfeld und technisches Potenzial), Mitarbeiterpotenziale (Kapazitäten sowie Qualifikationen

---

[4] Der Gesetzgeber stellt hieran strenge Anforderungen. So erwähnt er ausdrücklich im Gesetz: „Die Erklärung, nur Verträge mit den Personen zu vermitteln, welche die einzelnen Reiseleistungen ausführen sollen (Leistungsträger), bleibt unberücksichtigt, wenn nach den sonstigen Umständen der Anschein begründet wird, dass der Erklärende vertraglich vorgesehene Reiseleistungen in eigener Verantwortung erbringt." (BGB, §651a(2)).

und Kompetenz) sowie finanzielle Ausstattung. Als Teilaufgaben gelten die Beschaffung (von Buchungskapazitäten sowie Kunden). Ferner sind vertrauensbildende Maßnahmen (wie Image, Kompetenz usw.) in der Potentialphase zu gestalten und zu kommunizieren.

- **Prozess-Management:** Management der Prozessfaktoren bedeutet vor allem Organisation und Gestaltung der mit der eigentlichen Reiseberatung und -buchung zusammenhängenden Faktoren, wie z. B. Mitarbeiterqualifikation und -Information, Beratungsqualität, (technische) Buchungsmöglichkeiten usw. Zentrale Aufgabe ist die Gestaltung des persönlichen Kontaktes während der gesamten Beratung.
- **Ergebnis-Management:** Management der Ergebnisfaktoren bedeutet insbesondere, die Zufriedenheit der verschiedenen beteiligten Gruppen und Personen sicherzustellen. Dies sind primär die Kunden, deren Ergebniszufriedenheit durch Wiederholungsbuchungen („Stammkunden") oder – im negativen Fall – durch Kundenbeschwerden festzustellen sind. Ergebniszufriedenheit zeigt sich aber auch im Hinblick auf die vermittelten Leistungsträger sowie auf das eigene Betriebsergebnis und die Mitarbeiter(zufriedenheit).

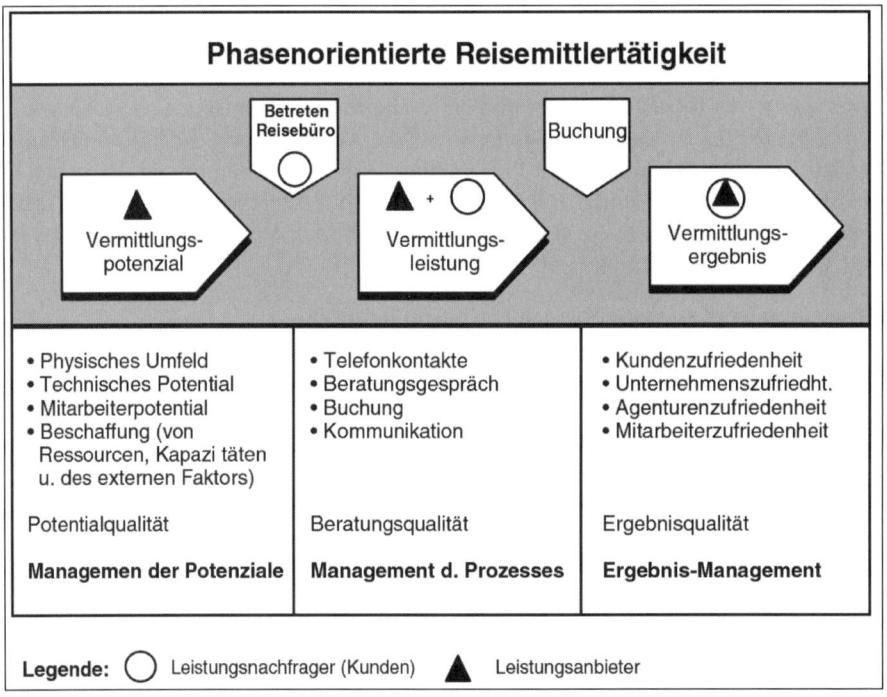

Abb. III. 2-3 Phasenmodell der Dienstleistungserstellung im Reisebüro (Quelle: FREYER 2008: 171)

2.5 Arten von Reisebüros

Es gibt verschiedene Arten von Reisebüros, die vor allem hinsichtlich der dominanten Geschäftstätigkeit unterschieden werden (vgl. genauer Kapitel III.4):

- **Voll-Reisebüros** oder „**klassische Reisebüros**": Sie haben IATA- und DB-Agentur und zumeist auch Touristik-Agenturen der großen Reiseveranstalter.
- **Touristik-Reisebüro** oder **touristisches Reisbüro**: Die Vermittlungsleistung beschränkt sich auf die Angebote der Reiseveranstalter, es bestehen keine eigenen Lizenzen für den Vertrieb von Beförderungsleistungen.
- **Business-Travel-Büros** (auch: Firmen-Reisebüros oder -dienste): Reisebüros oder Buchungsstellen, die überwiegend auf Dienstreise- und Geschäftsreisekunden spezialisiert sind. Sie benötigen i. d. R. IATA- und DB-Agentur. Neben der Vermittlung von Reisedienstleistungen können weitere Serviceleistungen, wie die Reiseplanung oder die Reisekostenabrechnung erbracht werden.
- **Billigflugbüros:** Die Tätigkeit konzentriert sich auf die Vermittlung von Flugscheinen zu Sondertarifen, Graumarktpreisen und von Last-Minute-Reisen; geringer Touristikbereich.
- **Incoming-Reisebüros oder -Agenturen:** Sie sind vorwiegend in den touristischen Zielgebieten angesiedelt und vermitteln Reiseleistungen der Standortregion (Pauschalpakete, Einzelleistungen, Reiseleitung) an ortsfremde Reiseveranstalter und betreuen die Gäste (der Reiseveranstalter) vor Ort.
- **Online-Reisebüros** (auch elektronische oder virtuelle Reisebüros): Sie präsentieren die verschiedenen Reiseangebote (wie Pauschalreisen, Flug, Bahn, Mietwagen usw.) ausschließlich bzw. überwiegend im Internet („online"). Auch nutzen sie als Kommunikations- und Distributionswege vorwiegend die elektronischen Kanäle. Sie sind entweder vollständig internetbasiert oder arbeiten mit Call Centern oder stationären Reisebüros zusammen.

Diese vorgenannten Gruppen sind nicht immer klar voneinander zu trennen (einige der Kategorien überschneiden sich teilweise), doch geben sie einen Überblick über die verschiedenen Arten von Reisebüros in der Bundesrepublik (vgl. genauer FREYER/POMPL 2008: 20ff.).

Bei der Vorstellung der Arten von Reisebüros tauchen die Begriffe stationärer und nichtstationärer bzw. Online-Vertrieb auf. Die Unterscheidung nach stationär und nicht-stationär bedeutet in der Praxis meist die Unterscheidung zwischen dem bisherigen vertrieb in klassischen Ladenbüros und dem **Online-Vertrieb**. Als Online-Reisebüros gelten Unternehmen, die für den Vertrieb von touristischen Produkten als Kommunikations- und Distributionswege ausschließlich die Online-Dienste des Internets nutzen. In der Praxis aber sind die „reinen" Typen Online-Reisebüro bzw. stationäres Reisebüro nur Endpunkte eines Kontinuums.

Analog zu stationären Reisebüros verfügen auch Online-Reisebüros über ein breites und neutrales (d. h. aus den Angeboten unterschiedlicher Produzenten bestehendes) Sortiment. Dieses umfasst Pauschalreisen, Flüge und Hotels, aber auch Mietwagen, Transfers und reisenahe Zusatzleistungen wie z. B. Versicherungsleistungen. Auch Online-Reisebüros, die von Veranstaltern betrieben werden, gehören meist in diese Kategorie, da sie neben dem eigenen

Sortiment in der Regel auch Pauschalreisen anderer Veranstalter, insbesondere der Mitbewerber sowie konzernfremde Flüge und Hotels anbieten.

Die Grenzen zwischen den Begriffen **stationär/nicht-stationär** verschwimmen jedoch zunehmend, da viele Online-Reisebüros ihre Wurzeln im stationären Vertrieb haben (als Reisebüro, Reiseveranstalter, Bahn oder Fluggesellschaft) und auch als Online-Anbieter gegründete Unternehmen zumindest in kleinerem Umfang stationäre Filialen eröffnen. Hinzu kommt, dass zwischenzeitlich nahezu alle Reiseveranstalter, Leistungsträger und stationäre Reisebüros über einen Internetauftritt verfügen. Somit verliert eine Differenzierung nach stationärem und virtuellem Vertrieb zunehmend ihre praktische Relevanz. Zur Charakterisierung von Reisebüros erscheint es daher sinnvoll, unter Berücksichtigung der Multi-Channel-Strategie auf den Schwerpunkt der Tätigkeit zurückzukommen (siehe oben), (vgl. FREYER/POMPL 2008: 21f.).

3 Entwicklung der Reisebürobranche in Deutschland – vom selbstständigen Einzelreisebüro zu spezialisierten, gesteuerten Reisebüroorganisationen

3.1 Reisebüros als alles umfassende Reisedienstleister mit teilweise hoheitlichen Funktionen

Kommerzielle Reiseorganisationen sind bereits aus dem Altertum bekannt und zwar sowohl für Privat- wie Geschäftsreisen, wobei letztere im Zuge der zunehmenden Handelsströme zunächst deutlich überwogen. Federführend bei der Reiseorganisation waren daher bis zum Ende des 19. Jahrhunderts primär Speditionen und Schifffahrtsagenturen, aus denen sich später Reisebüros im heutigen Sinne entwickelten (siehe Kapital I.4 und SÜLBERG 2008: 35ff.). Diese Reisebüros betrieben bis ca. 1950 alle Arten von Reisegeschäften: Sie veranstalteten selbst Reisen, zumeist Gruppenreisen per Bahn, Bus, Hochsee-, Fluss- und Luft-Schiff, vermittelten aber auch alle Arten von Tickets für Urlaubs-, Privat- und Geschäftsreisen und organisierten individuelle komplexe Reisen z. B. für Auswanderer. Auch die Beschaffung der Reisedevisen, die damals noch nicht voll konvertibel waren, sowie von Visa, die man für fast jede Auslandsreise benötigte, gehörte zu den klassischen hoheitlichen Aufgaben. Nicht zuletzt deshalb waren viele Reisebüros und Reisebüroketten im Besitz von Ländern, Gebietskörperschaften, Banken und anderen öffentlich-rechtlichen Organisationen. Die komplette Kompetenz des weltweiten Reisens lag bis zum Ende des zweiten Weltkrieges ausschließlich in der Hand dieser Vollsortiment-Reisebüros, was ihnen eine hohe berufliche und fachliche Anerkennung einbrachte. Spezialisierte, selbstständige Reiseveranstalter gab es bis in die fünfziger Jahre des letzten Jahrhunderts nicht.

Dies dokumentiert auch die Entstehung der deutschen Reisebüro-Marktstrukturen. Zu Beginn des 20. Jahrhunderts unterhielten in Deutschland die beiden Reedereien der Hamburg-Amerika-Linie und des Norddeutschen Lloyd, ein umfangreiches Netz von Niederlassungen mit kleinen Reiseabteilungen, die in den Folgejahren weiter ausgebaut und verselbständigt wurden. Zu Beginn dieses Jahrhunderts ergriffen die Deutschen Staatsbahnen die Initiative zur Schaffung eines Verbundes von Reisebüros. Die Königlich-Bayerische Staatsbahn-Verwaltung erwarb 1910 das Reisebüro der Speditionsfirma Schenker & Co. und legte damit den Grundstein für die Bayerische Reisebüro GmbH, das spätere **amtliche bayerische Reisebüro (abr)**, das Ende 1996 mit der Deutsches Reisebüro GmbH verschmolzen wurde. Weitere Gründungsgesellschafter waren der Norddeutsche Lloyd, die britische Firma Thomas Cook und die Bayerische Handelsbank. Am 17. Oktober 1917 gründeten die deutschen Regierungen mit Staatsbahnbesitz (die spätere Deutsche Reichsbahn) zusammen mit den großen deutschen Schifffahrtsgesellschaften Hamburg-Amerika-Linie und Norddeutscher Lloyd das Deutsche Reisebüro. Dieses Unternehmen wurde nach dem Beitritt ungarischer und österreichischer Gesellschafter in **Mitteleuropäisches Reisebüro (MER)** umbenannt. Die Passage- und Reisebüros der Hamburg-Amerika-Linie und des Norddeutschen Lloyd, die jeweils Beteiligungen an abr und MER unterhielten, wurden 1941 zu einer gemeinsamen Reisebüro-Organisation zusammengefasst und ab 1948 unter der Firmierung **Hapag Lloyd-Reisebüro** fortgeführt (die Fusion der beiden Reedereien erfolgte 1970). Auch einzelne selbständige Reiseunternehmen hatten von den Eisenbahnen und Reedereien eine Erlaubnis zum Verkauf von amtlichen Fahrkarten und Schiffspassagen erhalten.

Von den Auswirkungen des 2. Weltkriegs wurde das MER besonders hart getroffen. Aufgrund eines Beschlusses des Alliierten Kontrollrates verlor das MER seine sämtlichen Auslandsniederlassungen und musste seine Tätigkeiten auf das Inland beschränken. Zugleich wurde es umbenannt in **Deutsches Reisebüro (DER)**. Erst 1954 mit Inkrafttreten der Pariser Verträge erhielt das DER die Erlaubnis zur Wiederaufnahme von Auslandsgeschäften. Die MER-Zentrale in Ost-Berlin und die auf dem Gebiet der damaligen DDR befindlichen Reisebüros wurden enteignet bzw. als Staatsbetriebe fortgeführt und 1964 in **VEB Reisebüro der Deutschen Demokratischen Republik** umbenannt. Seit der Wiedervereinigung Anfang 1990 firmierte das Unternehmen als Reisewelt bzw. Europäisches Reisebüro GmbH und 100%-ige Beteiligung der Kaufhof-Tochter ITS Reisen GmbH. 1995 wurden die ostdeutschen Reisewelt-Büros an den REWE-Konzern veräußert, der seit 1990 die Reisebürokette Atlasreisen von 20 auf über 500 Vertriebsstellen ausgebaut hatte. Auch die bisherigen Reisewelt-Büros sowie die Kaufhaus-Reisebüros von Kaufhof und Horten wurden ab 1996 unter der Marke **Atlasreisen** fortgeführt. Ironie der Geschichte: Eine konzerninterne Wiedervereinigung fand im Jahr 2000 statt, als die REWE das DER von der Deutsche Bahn AG erwarb und die DER Reisebüros ihre alten Filialen in den neuen Bundesländern – nun unter der Marke Atlasreisen agierend – wieder integrieren konnten. Dieses Ziel hatte ihnen die Treuhandanstalt 1990 durch Nichtanerkennung der Restitutionsansprüche noch verweigert.

3.2 Ausgliederung der Veranstalterfunktionen und Etablierung der Vertriebsbindung

Der Rückgang der Bedeutung der Reisebüros setzte ein durch die schrittweise Spezialisierung und Ausgliederung einzelner Geschäftsfelder und Funktionen. Im ersten Schritt geschah dies im Verlauf der 50er Jahre, als viele große selbständige Reisebüros aber auch Reisebüro-

3 Entwicklung der Reisebürobranche in Deutschland

ketten wie DER, abr und Hapag Lloyd ihre Veranstaltertätigkeiten ausgliederten und in Tochtergesellschaften namens Touropa, Hummel, Scharnow, Dr. Tigges und Airtours ausgliederten, um den hohen Aufwand und die finanziellen Risiken des wachsenden Pauschalreisegeschäftes auf eine breitere Geschäftsbasis zu legen. Am Ende dieses Ausgliederungs- und Risikoumschichtungsprozesses wurden diese Veranstalter 1967 unter dem Dach der Touristik Union International (TUI) zusammengefasst, deren Kapitalanteile bis weit in die 90er Jahre im Besitz der Reisebürogesellschaften blieb (vgl. Kapitel I.3 und SÜLBERG 2008: 38ff). Die verbleibenden Reisebüros konzentrierten sich nach Ausgliederung der Veranstaltertätigkeit auf das Vermittlungsgeschäft mit einem breiten Sortiment aus Urlaubs-, Privat- und Geschäftsreisen. Sie waren **klassische Vollreisebüros** und steuerten die touristischen Umsätze bevorzugt auf die eigene Tochtergesellschaft TUI, die Jahr für Jahr hohe Beteiligungsergebnisse abwarf.

Neben diesen klassischen Vollreisebüros entstanden in den 60er Jahren eine Vielzahl reiner **Touristik-Reisebüros** unter der Federführung der Handelskonzerne Neckermann, Quelle, Karstadt, Horten, Hertie, Kaufhof und Otto, die ebenfalls zu den Pionieren des Reiseveranstaltergeschäftes gehörten.

Neckermann war mit der gleichnamigen Veranstaltermarke 1965 der Vorreiter und baute ein eigenes Netz von Touristikagenturen auf, da die klassischen Vollreisebüros der TUI-Gesellschafter ihr Vertriebsnetz nicht für Neckermann öffneten. Quelle und Karstadt sowie Horten gründeten Ende der 60er Jahre den Veranstalter **Transeuropa** und brachten diesen nach einigen erfolglosen Versuchen im freien Reisevertrieb außerhalb ihrer Kaufhäuser in die TUI ein, wurden deren Gesellschafter und konnten damit auf deren renommiertes Vertriebsnetz zurückgreifen. Auch Kaufhof und Hertie gründeten 1970 mit **ITS Reisen** einen eigenen Reiseveranstalter, der primär über das eigene Kaufhausnetz vermittelt wurde. Als sich dieser Vertriebsweg als zu eng erwies und sowohl TUI als auch Neckermann den Vertrieb von ITS Reisen über das jeweils eigene Agenturnetz mit Verweis auf exklusive Handelvertreterverträge ihrer Agenturen verwiesen, bauten Kaufhof und Hertie ihr Vertriebsnetz mit Hilfe des Otto-Versandes sowie von Lotto-/Toto-Vertriebsstellen und bislang noch ungebundenen reinen Touristikagenturen aus. Damit war in Deutschland eine Vertriebsbindung etabliert, die den Zugang weiterer Reiseveranstalter ohne eigenes Vertriebsnetz praktisch unmöglich machte.

Der Reiseboom der neuen, zumeist branchenfremden touristischen Vertriebsformen bot bis Anfang der 80er Jahre noch ausreichend Expansionsmöglichkeiten, ohne dem klassischen Reisebürofachhandel spürbar Marktanteile zu entziehen. Die fortwährende Ausweitung von Reisevertriebsstellen führte jedoch zunehmend zu einem Verdrängungswettbewerb, dem die selbständigen, nicht organisierten Reiseagenturen auf Dauer kaum gewachsen waren. Auch die Expansionschancen von Neckermann und ITS erwiesen sich als unzureichend und zu eng, da die TUI fast alle großen Reisebüroketten und die kompetenten Vollreisebüros als Gesellschafter an sich gebunden hatte. Mitte 80er Jahre klagten daher Neckermann und ITS beim Bundeskartellamt auf **Aufhebung der Vertriebsbindung**. Gegen die nach mehrjährigem Rechtsstreit von den deutschen Kartellbehörden aufgehobene Vertriebsbindung legte die auf die komfortable Besitzstand wahrende Regelung bedachte TUI Widerspruch ein. Erst als das Einspruchverfahren vom deutschen an das europäische Kartellamt delegiert wurde, das eine Öffnung der Märkte betrieb, zog TUI den Einspruch zurück. Seit 1.11.1994 kann jedes Reisebüro in Deutschland mit jedem beliebigen Reiseveranstalter einen Agenturvertrag auf Handelsvertreterbasis zu den darin geregelten Bedingungen abschließen. Dieser vermeintliche wirtschaftliche Vorteil erwies sich für die Reisebüros als Pyrrhus-Sieg und führte zum nächsten gravierenden Schritt vom einstmals hochkompetenten Reiseunternehmen in die Bedeutungslosigkeit.

3.3 Markt-Konzentration durch Expansion von Reisebüroketten und vertikale Integration mit Veranstaltern und Leistungsträgern nach Aufhebung der Vertriebsbindung

Diese Liberalisierung des touristischen Reisevermittlungsmarktes hatte in den 90er Jahren einen rasanten Konzentrationsprozess zur Folge, da die Veranstalter nunmehr versuchten, Reisebüroketten und starke selbständige Einzelbüros als Filialen zu erwerben und über veranstalterbezogene vertikale Franchise-Systeme oder zumindest über sortimentsbezogene Kooperations-Modelle an sich zu binden. Parallel zur vertikalen erfolgte eine horizontale Konzentration. Während die großen Reisebüroketten bereits seit Mitte der 80er Jahre durch Zukäufe und Neueröffnungen ihre Vertriebsnetze kontrolliert ergänzten, wurde seit Beginn der 90er Jahre u. a. auch durch die Integration Ostdeutschlands die Politik einer flächendeckenden Präsenz zur dominanten Strategie erhoben. In einem überhitzten Markt verkauften viele mittelständische Reiseunternehmer zum Teil zu völlig überzogenen Preisen ihre Unternehmen an die großen Reisebüroketten, die damit ihre Vertriebsnetze stark ausweiteten. Dieser Konzentrationsprozess verschärfte sich weiter, indem große Ketten kleinere aufkauften und sich auch Veranstalter und Leistungsträger um den Kauf und die Kontrolle eigener stationärer Reisebürovertriebswege bemühten. Das Ranking der deutschen Reisebüroketten auf Basis der Umsätze von 1990, 1997 und 2009 ist unter Einbeziehung der Veränderungen durch die Lagerbildung in Abb. III. 3-1 dargestellt.

Abb. III. 3-1 veranschaulicht dramatisch, wie die 1990 rund 30 größten Reisebüroketten durch Aufkäufe und Fusionen zu nur noch sechs bis acht zum Teil marktbeherrschenden Reiseorganisationen zusammengefasst worden sind. Mit einem weiteren Spezialisierungsschritt spalteten die Reiseveranstalter und großen Reisebüroketten die stationären Reisebürostandorte vom Business Travel Geschäft ab, das als reines B2B- und Makler-Geschäft nicht mehr zum Kerngeschäft mit der Urlaubsreise passte. Die Geschäftsreisen wurden zumeist in separaten Beteiligungsgesellschaften fortgeführt und mit Ausnahme der DER Business Travel Sparte FCm im Laufe der Jahre an die globalen Geschäftsreisen-Spezialisten Carlson Wagonlit Travel (CWT), American Express (Amex) und BCD Travel (vormals TUI-Beteiligung TQ3) verkauft. Dies hatte einen weiteren Kompetenzverlust der klassischen Reisebüros zur Folge (vgl. Kapitel III.4.1.3).

3 Entwicklung der Reisebürobranche in Deutschland

1990	Umsatz in Mio. Euro	1997		Umsatz in Mio. Euro	2009			Umsatz in Mio. Euro
1. Hapag-Lloyd Reisebüro	652	1. First			1. DER Reisebüro 3)	E		
2. Deutsches Reisebüro	431	BS& K			Atlasreisen (2000)	E+F		
3. abr Reisebüro	386	Hartmann			FCm DER Travel Solutions 2)	E		
4. Karstadt Reisebüro	281	Kuoni Rsb. D (nur 1997)			DERPART Rsb	E+F	REWE	3.937
5. Euro Lloyd Rsb.	223	Hapag Lloyd (1997)	TUI	3.240	DERPART Travel Service 2)	F		
6. Bangemann/Strickrodt/Kahn	183	Thomas Cook (1996)			RSG (2002) 4)	K		
7. NUR Reisebüro	171	Auto Fischer (1993)			2. RTK 7)	K		
8. Reise Quelle	170	Metro/Finass (1995) 1)			Schmetterling	K	QTA	3.124
9. Thomas Cook Rsb. Deutschl.	155	2. Deutsches Reisebüro			Best Travel	K		
10. Rominger	144	abr (1995)			3. Hapag Lloyd Rsb.	E		
11. Reisewelt/Palm/Jugendtour.	123	Rominger (1992)	DER	1.475	FIRST Reisebüro	E+F		
12. Hartmann	119	DERPART Reisebüro			Discount Travel	E		
13. American Express	116	Enzmann (1994)			FIRST Business Travel 2)	F	TUI	2.837
14. Kaufhof Reisebüro/ITS	96	GO!Reisen (1994)			TUI Reise Center	F		
15. Dr. Tigges/Panopa	92	3. Karstadt ReisebYro			TUI Travel Star (2003)	K		
16. Neckermann Versand Rsb.	80	NUR ReisebYro			4. TSS	K		
17. Wagonlit	65	Neckermann V. Rsb.	Karstadt	1.287	AER	K	TMCV	2.434
18. First Reisebüro	63	Euro Lloyd (1995-1997)	Konzern		5. LH City Center Rsb.	F		
19. Hertie Reisebüro/ITS	62	Blum (1993) 1)			LH City Center BT 2)	F	LHCC	1.830
20. Atlasreisen	61	Hertie (1995) 1)			6. BCD Travel (2006) 5)	E	BCD	1.465
21. Brune	56	4. Atlasreisen			7. Karstadt Reisebüro 8)	E		
22. Kuoni	54	Kaufhof Reisebüro (1995) 1)	REWE		Reise Quelle	E	Karstadt	
23. Reisebüro Horten	48	Reisewelt/Palm/JT (1995) 1)	Atlas	825	Neckermann Urlaubswelt	E	Th.Cook	1.439
24. Schenker Rhenus	41	Reisebüro Horten (1995) 1)			Thomas Cook Rsb.	E		
25. Alpha Reisebüro	37	5. American Express			Holiday Land	F		
26. Auto Fischer	36	Th. Cook Busi. (1994)			Neckerm. Partner/Alpha Rsb.	K		
27. Metro/Finass	33	Schenker Rhe. (1993)	Amex 2)	634	8. Reiseland	E+F		
28. Sato Travel	31	RAK/Lifeco (1993)			Eurolloyd Rsb. (2007)	E		
29. Brewo	29	6. Carlson Wagonlit			Travel Overland (2001)	E	Otto F&T	759
30. GO!Reisen	28	Brune (1994)	CWT 2)	398	DB Touristik Center (2005)	K		
31. RAK/Lifeco	26	Sato Travel (1994)			American Expr. Rsb. (1998)	E		
32. Blum	20	7. Reise Quelle	Quelle	175	9. Carlson Wagonlit 2)	E	CWT	736
		8. Reiseland	Otto F&T	144	10. Hogg Robinson (2006) 2)6)	E	HRG	442
		9. Allkauf	Allkauf	123	11. Flugbörse/TVG/SonnenklarTV	E+F	FTI	321
		10. Flugbörse	FTI	115	12. American Express BT 2)	E	Amex	310

1) Diese Reisebüroketten erzielten vor der Neuordnung folgende Umsätze: Kaufhof 112 Mio.€, Hertie 61 Mio.€, Horten 51 Mio.€, Metro/Finass 82 Mio.€, Reisewelt/Palm/JT 199 Mio.€, Blum 31 Mio.€
2) Ausschließlich Business Travel
3) E=Eigentümerkette; F=Franchise-Organisation; K=Reisebüro-Kooperation
4) RSG - Reisebüro Service Gesellschaft; Kooperationsmitglieder: TourContact, Protours/RCE, Deutscher Reisering, Prima Urlaub
5) Der niederländische Business Travel Konzern BCD erwarb 2006 den deutschen BT-Marktführer TQ3 von TUI.
6) D britische Business Travel Organisaition Hogg Robinson übernahm 2006 die deutschen BTI Eurolloyd Business Center von Kuoni.
7) Zur RTK zählen auch die Reisebüros von TUI Travel Star (TUI) und Neckermann Partner (Cook); ab 2010 kommen zusätzlich 54 TVG-Büros (FTI) sowie die Kooperation Prima Urlaub (bisher REWE) hinzu.
8) Ab 2010 scheiden die Karstadt Reisebüros bei Thomas Cook aus.

Abb. III. 3-1 Konzentration deutscher Reisebüro-Ketten 1990–2009 (Quelle: DER-Marktforschung)

Aber auch im verbleibenden stationären Reisebüro-Geschäft beschleunigte sich die Konzentration. Unter anderem erwarb 1995 die Karstadt AG 51% der Anteile an der bisherigen 100%igen Lufthansa-Reisebüro-Tochtergesellschaft Eurolloyd. Mit der Übernahme der drittgrößten deutschen Reisebürokette Hertie kamen auch deren Reisebürobetriebsstellen zum Karstadt-Konzern. Durch eine konzerninterne Neuordnung übernahm die Deutsches Reisebüro GmbH von der Muttergesellschaft DB 1995 alle Anteile an der Reisebüro Rominger GmbH und 1996 alle Anteile an der abr Reisebüro GmbH, die ab 1998 ausschließlich unter der gemeinsamen Marke DER Reisebüro fortgeführt wurden. Die REWE-Beteiligung Atlasreisen, die seit 1989 ihr Vertriebsnetz überwiegend durch Neugründungen von 20 auf über 500 Reisebürobetriebsstellen ausgeweitet hatte, übernahm 1995 die Reisebürobetriebsstellen von Kaufhof und Horten sowie die ostdeutschen Reisebüroketten Reisewelt, Palm-Touristik und Jugendtourist, die nunmehr allesamt unter der Marke Atlasreisen agieren. Seit 2000 stehen DER Reisebüro und Atlasreisen unter dem Dach der REWE unter gemeinsamer strategischer und operativer Führung und bilden gemeinsam mit dem Franchise-System DERPART und Atlasreisen Partnerunternehmen sowie den RSG-Kooperationen TourContact, Protours/RCE, Deutscher Reisering und seit 2011 den Karstadt Reisebüros das größte deutsche Reisebüro-Vertriebsnetz. American Express erwarb 1994 sämtliche Geschäftsreise-Aktivitäten von Thomas Cook und übernahm u. a. auch die Schenker-Reisebüros, nachdem die DB den Transport- und Logistik-Konzern Schenker an die zum Veba-Konzern gehörende Rhenus Spedition verkauft hatte. Die deutsche Thomas Cook Reisebüro GmbH übernahm 1993 die schwerpunktmäßig in Norddeutschland tätige Reisebürokette Auto Fischer und nach Ausgliederung der Geschäftsreisesparte 1995 zu Amex die Verbrauchermarkt-Reisebüros von Metro/Finass. Amex verkaufte 1998 seine deutschen Reisebüro-Ladengeschäfte ebenso wie 2007 Kuoni seine verbliebenen stationären deutschen Reisebüro-Filialen an die zum Otto-Versand-Konzern gehörende Reiseland GmbH. Die 73 vom Reiseveranstalter FTI 1996 gegründeten TVG Reisebüros (Touristik Vertriebs Gesellschaft) wurden 2010 an die Raiffeisen Vertriebsgesellschaft, eine 100%-Beteiligung der Volks- und Raiffeisenbank Altötting verkauft. Das Franchisesystem mit den Marken Flugbörse und Sonneklar TV mit 184 Reisebüros bleibt bestehen und soll von FTI weiter ausgebaut werden. Die aktuelle Konzentration zwischen den Reisebüroketten veranschaulicht Abb. IV. 2-32, S. 332.

3.4 Beschleunigung der Markt-Konzentration durch abgestufte Bindungsmodelle von Ketten, Franchiseorganisationen und Kooperationen

Die Konzentration des Reisemittlermarktes beschleunigte sich weiter durch die Zusammenschlüsse selbständiger Reisebüros zu Kooperationen und Franchise-Systemen. Gab es 1990 noch vier Kooperationen und ein Franchise-System, so waren es 1996 bereits rund 25 derartige Organisationen. Pioniere und Marktführer sind nach wie vor die Franchise-Organisationen Kooperation **DERPART Reisevertrieb** GmbH (Gründung 1979) und **First** (Gründung 1976). Die West LB übernahm 1996 20,1 % der Anteile an First und brachte ihre deutsche Reisebürokette Thomas Cook Reisebüro GmbH als neuen Franchise-Partner mit ein. Ende 1998 veräußerten die mittelständischen First-Gesellschafter die restlichen 79,9% vollständig an die TUI. Darüber hinaus gründeten Anfang der 90er Jahre die Lufthansa mit Lufthansa City Center und die TUI mit TUI Urlaubs Center zwei neue vertikal orientierte Franchise-Systeme, die ebenso wie viele andere Neugründungen einen erheblichen Zulauf von mittelständischen, selbständigen Betrieben verzeichneten. Auch renommierte Reisebüroketten, die vorerst keine Chance hatten, einen flächendeckenden Vertrieb in Deutschland zu erzielen, schlossen sich vorübergehend in Kooperationen oder Franchise-Systemen an, wie z. B. die deutsche Kuoni-Tochtergesellschaft Travel Vision an First und die deutschen Carlson Wagonlit Büros an die QTA.

Waren 1990 nur 2.300 aller Reisebüros (Anteil 30%) in Ketten oder Franchisesystemen organisiert (davon 1.520 bzw. 20% Ketten und 770 bzw. 10% Franchise), so waren 2002 bereits 32% Ketten und Franchisenehmer (insgesamt 4.130) und zusätzlich 27% (3.500) Kooperationen angeschlossen. Im Jahr 2010 gibt es kaum noch ungebundene Reisebüros (insgesamt nur 9% bzw. 930); während der Anteil der Ketten auf 17% (1.710) leicht zurückging, stieg der Anteil der Franchisenehmer auf 19% (1.830) und der Kooperations-Büros gar auf 55% (5.400).

Die sechs großen Reisebüroketten erwirtschaften dabei einen Umsatzanteil von 25%, die zehn Franchise-Systeme von 30%, und die 13 Kooperationen, die in drei Systemen zusammengefasst sind von weiteren 35%; die nicht organisierten Reisebüros kommen auf einen Umsatzanteil von nur 5%. Diese Konzentration in einem seit 2001 schrumpfenden Reisebüromarkt dokumentiert einerseits die Solidarisierung des Vertriebs in konzernneutralen Vertriebsorganisationen und andererseits die Bindungsbereitschaft von Reisebüros an die Konzernveranstalter (siehe Abb. III. 3-2). Es ist derzeit noch nicht auszumachen welche der beiden strategischen Bewegungsrichtungen zukunftsweisend sein wird. Die Notwendigkeit zur Organisation in Kooperationen dokumentiert jedoch die Schwäche des Reisebürovertriebs seit dem Machtübergang auf die Veranstalter und Leistungsträger und deren Direkt- und Alternativvertriebsformen.

	Zahl der Reisebüros 2010	Anteil in % 2010	Zahl der Reisebüros 2003	Anteil in % 2003	Zahl der Reisebüros 1990	Anteil in % 1990
Reisebüroketten	1.647	17,2%	2.595	20,5%	1.523	19,8%
Reisebüro-Franchise	1.791	18,7%	2.525	19,9%	774	10,1%
Reisebüro-Kooperation	5.216	54,5%	4.804	37,9%	–	–
ungebundene Reisebüros	915	9,6%	2.743	21,7%	5.403	70,2%
Gesamtmarkt	9.569	100%	12.667	100%	7.700	100%

Abb. III. 3-2 Struktur des deutschen Reisebüromarktes 1990–2010 (Quelle: DRV-Vertriebsdatenbank)

Durch den zunehmenden Online-Vertrieb seit dem Jahrtausendwechsel verlagern sich schleichend, aber kontinuierlich Umsatzanteile vom stationären Reisebüro zu Reisebüroportalen, Hotelportalen und in den Online-Direktvertrieb der Leistungsträger. Vor allem die Airlines und die Deutsch Bahn betreiben diese Verlagerung verstärkt seit 2005, in dem sie keine Provisionen mehr bezahlen, so dass die Reisebüros ähnlich wie im Geschäftsreiseverkehr Ticket- oder Service-Gebühren von den Kunden erheben müssen. Aus diesem Grunde haben in den vergangenen Jahren die verbliebenen nur noch rund 2.000 klassischen Voll-Reisebüros ihre Bahn- und IATA-Lizenzen vermehrt zurückgegeben und damit einen weiteren Teil Ihrer einstmals hohen Kompetenz aufgegeben. Da die stationären Reisebüros bislang auch kaum im Vertriebskanal Internet Erfolge aufweisen können, sondern dieses Feld den Online-Portalen überlassen haben, scheint der weitere Weg in die Bedeutungslosigkeit kaum aufhaltbar zu sein. Das letzte Feld der Kompetenz, die fachliche, vertrauliche und persönliche Beratung dürfte das Internet allerdings nicht streitig machen, wenn die Reisbüros ihre Qualifikation weiter ausbauen, denn die fünf wichtigsten Gründe für die Nutzung eines Reisebüros sind durch das Internet kaum zu ersetzen siehe Abb. III. 4-1 und Abb. III. 4-2, S. 260f.).

3.5 Spezialisierung in stationäre Reisebüros und Business Travel Dienstleister mit differenzierten Geschäftsmodellen für Urlaubs- und Geschäftsreisende

Die internationale Expansion des Reisevermittlergewerbes konzentriert sich seit der Jahrtausendwende allerdings fast ausschließlich auf den **Geschäftsreise-Service**. Bereits Ende der 90er Jahre wurde deutlich, dass es einem klassischen Reisebüro kaum noch möglich war die Geschäftsreisen-Etats größerer nationaler Kunden mit bundesweiten Niederlassungen und Beteiligungen, geschweige denn einen solchen internationaler Konzerne abzuwickeln. Da diese Kunden in der Regel eigene Sonderraten mit Airlines, Hotels und Mietwagenfirmen haben, erwies sich das klassische Geschäftsmodell als Handelsvertreter auf Provisionsbasis als unpraktikabel. Die Großkunden kassierten die Provisionen – solange sie noch gezahlt wurden – zumeist direkt ein und honorierten die Geschäftsreise-Dienstleister auf Basis von Management-Fees oder Transaction-Fees als Kostenerstattung für vertraglich vereinbarte komplette Dienstleistungspakete oder Vorgänge. Die daraus resultierenden hohen Anforderungen an die Ausbildung des Personals, die internen Abwicklungsprozesse sowie spezialisierte Soft- und Hardware-Systeme waren mit dem üblichen eher urlaubsorientierten stationären Reisebürogeschäft nicht mehr vereinbar. Daher gliederten fast alle Reisebüroketten ihren Geschäftsreise-Service in separate Beteiligungen oder Geschäftseinheiten aus, die teilweise später an internationale Spezialisten wie American Express, Carlson Wagonlit, BCD Travel oder BTI verkauft wurden oder aber als Kooperations- und Franchisepartner vergleichbaren internationalen Verbünden beitraten.

Mit der stärkeren **Internationalisierung des Firmenreisegeschäftes** und der zunehmenden **Bündelung der Reiseaktivitäten** international operierender Großkonzerne gewann die Sicherstellung eines weltweit 24 Stunden arbeitenden Servicenetzes zunehmende Bedeutung. Allein für diesen Zweck ein internationales Vertriebsnetz aufzubauen, ist weder finanzierbar noch wirtschaftlich sinnvoll. Daher haben große Reisebüroketten weltumspannende Kooperationen gegründet, wobei jedes Land nur durch eine möglichst flächendeckend arbeitende Reisebürokette repräsentiert wird. Der jeweilige Partner genießt dabei nationale ggf. teilkontinentale Exklusivität innerhalb des Verbundes. Auf Gegenseitigkeitsbasis besorgen die einzelnen Unternehmen Reiseleistungen für Firmenkunden eines Kooperationspartners und betreuen deren Geschäftsreisende im Zielland. Der jeweilig entstandene Aufwand wird zwischen den Partnern verrechnet, so dass ein Firmenkunde oder Konzern nur mit seinem Heimat-Reisebüro abrechnet und kommuniziert. Die weltweite Online-Kommunikation wird vor allem mit Hilfe von internationalen Travel-Management-Systemen sichergestellt, deren Verfügbarkeit und einheitlicher Standard für alle Partnerunternehmen Grundvoraussetzung ist. Als Schwachpunkt der internationalen Verbünde erwies sich in den vergangenen Jahren, dass die jeweiligen nationalen Partnerunternehmen als wirtschaftlich selbständige Unternehmen nahezu beliebig zwischen den verschiedenen Organisationen wechselten (zumeist von einer schwächeren zu einer stärkeren) oder ihr Unternehmen sogar an Wettbewerber mitsamt der Kundenetats verkauften.

3 Entwicklung der Reisebürobranche in Deutschland

Bereits 1994 fusionierten die beiden weltweiten Marktführer **American Express** (Nr. 1) und **Thomas Cook** (Nr. 3) ihre Geschäftsreiseaktivitäten ebenso wie die Nr. 2 und Nr. 4 **Carlson Travel** und **Wagonlit**. Diese beiden Konglomerate dominieren in fast allen wichtigen Industrieländern die Geschäftsreisemärkte. In Deutschland ist ihr Einfluss (vgl. Abb. IV. 2-34, S. 332) allerdings relativ gering. Daneben machte sich lediglich die Schweizer **Kuoni AG** über ihre deutsche Tochtergesellschaft und die 1995 von Lufthansa und Karstadt erworbene Reisebürokette **Eurolloyd** als ausländische Reisebüroorganisation und Gesellschafter der Geschäftsreisen-Kooperation BTI-Business Travel International bemerkbar. Kuoni verkaufte 2005 seine BTI-Anteile einschließlich seiner Geschäftsreisebüros in Deutschland und der Schweiz an den britischen BTI-Mitgesellschafter **Hogg Robinson**, der diese unter dem Namen **HRG** weiter betreibt. Die stationären deutschen Euro-Lloyd-Reisebüros veräußerte Kuoni 2007 an Reiseland.

Im Rahmen der umfangreichen Neuordnung ihrer integrierten Konzerngesellschaften gliederte die TUI 1999 die auf Geschäftsreisen spezialisierten Hapag Lloyd-und First-Filialen in eine separate Gesellschaft aus, die sich ausschließlich als Geschäftsreise-Dienstleister betätigte. Diese Gesellschaft beteiligte sich 2002 an dem nach Amex und CWT und vor BTI größten internationalen Business Travel Verbund TQ3 (Mitgesellschafter u. a. mit Navigant/USA, Maritz/USA, Protravel/Frankreich, The Travel Company/Großbritannien) und benannte sich entsprechend um. Auch TUI trennte sich wie Kuoni 2005 vollständig von der Geschäftsreisensparte und veräußerte diese an die niederländische **BCD Travel**, nachdem CWT die stärksten Partner Navigant und Protravel des **TQ3-Verbundes** erwarb und damit seinen Rückstand auf den weltweiten Marktführer Amex verringerte. Auch Maritz/USA und The Travel Company/Großbritannien wurden von BCD gekauft. Unabhängig von TQ3 blieb bis 2007 das Business Travel Geschäft der First-Franchisenehmer. Diese gliederten nun ebenfalls ihre Geschäftsreiseaktivitäten aus den stationären Reisebüros aus und traten als deutsche Franchiseorganisation American Express bei, wobei Amex die Großkunden und First die kleinen, mittelständischen Unternehmen (KMU) arbeitsteilig betreuen.

Das **DER** gliederte nach der Integration von abr und Rominger 1998 ebenfalls seine auf Geschäftskunden spezialisierten Reisebüros als eigene Geschäftssparte aus, die sich zunächst als deutscher Franchisenehmer dem internationalen Verbund GTM/Maritz anschloss. Als Maritz 2000 zu TQ3 wechselte und dabei weitere Partner wie u. a. Protravel/Frankreich mitnahm, trat DER Business Travel bis 2006 dem Synergi-Verbund bei. Seit 2007 ist DER mit regionaler Verantwortung für Zentral- und Osteuropa nunmehr Partner des in Australien beheimateten FCm-Verbundes, der wie BCD Travel in den größten Wirtschaftsnationen weltweit über ein eigenes Filialnetz verfügt. BCD und FCm sind damit weniger abhängig von regionalen Franchisenehmern, die immer wieder Lücken in das weltweite Netz reißen können, und damit gegenüber Amex und CWT als Global Player weitgehend wettbewerbsfähig. Auch die weiteren deutschen Business Travel Spezialisten haben sich in mehr oder weniger stabilen Verbünden organisiert wie die Franchiseorganisationen DERPART in Radius und LH City Center in Business Plus.

Der deutsche Geschäftsreisen-Markt ist hoch konzentriert. Die sechs Filialsysteme erwirtschaften 70% des Umsatzvolumens, die beiden Franchisesysteme weitere 21%; die restlichen

9% verteilen sich auf mittelständische Einzelbüros, die organisatorisch zumeist nicht zwischen Privat- und Geschäftsreisen unterscheiden.

3.6 Die Zukunft der Reisebürobranche

Wohin die Zukunft der Reisbüros geht, ist schwer zu prognostizieren. Wie dargestellt hat die Schrumpfung des Marktes bereits vor rund zehn Jahren eingesetzt und wird sich weiter fortsetzen. Alternative Vertriebskanäle vor allem im Internet sowie von Branchenfremden werden in einem insgesamt stagnierenden Reisevermittlungsmarkt zu einer weiteren Umverteilung zwischen den verschiedenen Vertriebskanälen führen. Dieser Prozess wird jedoch endlich sein. Denn es wird auch zukünftig einen hohen Bedarf für individuelle Reiseberatung geben, auf den sich die stationären Reisebüros zukünftig mit noch höherer fachlicher Kompetenz spezialisieren müssen.

Auch im **Internet** bildet sich inzwischen eine Spezialisierung in der Reisevermittlung heraus, die unterschiedliche Wachstumsperspektiven hat und stark Technik bzw. IT getrieben ist. Klassische Reisebüroportale wie Expedia, ab-in-den-urlaub, Holidaycheck etc. konzentrieren sich hauptsächlich auf die Vermittlung von touristischen Reiseleistungen und Urlaubsreisen mit einer möglichst umfassenden Bandbreite. Hierbei sind sie wie die stationären Reisebüros auf den Content der Reisveranstalter und Consolidator angewiesen, die ihnen dieses Sortiment über die Traveltainment-Technologie verfügbar machen. Dabei begeben sie sich als Handelsvertreter in die gleiche Abhängigkeit von den Reiseveranstaltern und Leistungsträgern wie die stationären Reisebüros. Vorteile haben sie lediglich im Hinblick auf Schnelligkeit und Volumengenerierung gegenüber den lokalen Wettbewerbern. Bei Preisen, Vergleichssystemen und Verfügbarkeiten gibt es zwischen beiden Buchungskanälen keine Unterschiede und bei der Beratung und Arbeitserleichterung durch einen persönlichen Ansprechpartner punktet der klassische Reisebürovertrieb. Im Internet hat sich daneben mit den Produkt-Portalen (vor allem Hotel-Portale) noch ein anderes Geschäftsmodell entwickelt, das sich weitgehend vom Urlaubsgeschäft und vom Content weniger großer Leistungsträger unabhängig macht und deutlich expansiver ist als die zuvor beschriebenen Reisebüro-Portale, da es auf alle erdenklichen Reiseanlässe einschließlich Geschäftsreisen abzielt und den Kunden mit einem gigantischen Angebotsportfolio Transparenz und Mehrwerte vermittelt, die ein stationären Reisebüro nur begrenzt bieten kann.

Ein Grundproblem haben aber alle Reisevermittler gemeinsam. Große marktbeherrschende Leistungsträger bzw. Anbieter touristischer Leistungen (wie z. B. die Deutsche Bahn, Lufthansa oder Air Berlin), werden auf lange Sicht weder Reisebüroportale noch Produktportale oder stationäre Reisebüros als Vertriebskanal benötigen, da sie aufgrund ihrer Marktpräsenz und Produktvielfalt ihren Verkauf im Eigenvertrieb direkt abwickeln können und das mit einem Content sowie zu Kosten und Preisen, die fremde Vertriebskanäle nicht bieten können. Stationäre Reisebüros und Online-Reiseportale werden aber das Tummelfeld für alle mittleren und kleinen Leistungsträger und Reiseanbieter bleiben, die sich einen Eigen- und Direktvertrieb nicht leisten können und deren Angebotssortiment keine großen Abwicklungsvolumina ermöglicht. Diesen Perspektiven müssen sich alle stationären und Online-

Reisevermittler stellen, um langfristig im Markt zu bestehen. Und die Chancen werden mit jedem ausscheidenden Wettbewerber größer, der vor den dargestellten Herausforderungen kapituliert.

4 Struktur und Funktionen der deutschen Reisebürobranche

4.1 Struktur, Funktionen und quantitative Entwicklung des Reisebüromarktes

4.1.1 Relevanter Markt – Funktionsweise und Geschäftsmodelle

In der in Abb. I. 1-2 (S. 11) vorgestellten Wertschöpfungskette des Reisemarktes agieren Reisebüros als Reisemittler zwischen den Leistungsträgern, Reiseveranstaltern, Service-Agenturen und den Kunden. Juristisch sind sie Handelsvertreter und vertreiben die Angebote der Veranstalter und anderer Leistungsträger im Namen und für Rechnung ihrer Handelsherren zum von diesen kalkulierten einheitlichen Preis.

Die fünf größten deutschen Reiseunternehmen TUI, Thomas Cook, REWE, alltours und FTI verfügen allesamt sowohl über eigene Veranstalter wie Reisebüroorganisationen. In Deutschland vertreiben alle Veranstalter ihr gesamtes Sortiment über konzerneigene und konzernverbundene Reisebüros wie auch über fast alle qualifizierten konzernfremden Reisebüros, darunter auch alle Reisebüros ihrer Wettbewerber. Bis vor ca. zehn Jahren traten Reiseveranstalter mit ihren Marken nicht direkt gegenüber dem Endverbraucher auf. Erst im Zuge der Ausbreitung des Internets hat das Direktgeschäft der Veranstalter mit den Endverbrauchern unter Umgehung des Reisebürovertriebs zugenommen. Der Anteil ohne Flugeinzelplatzverkauf der Konzern-Airlines lag 2006 zwischen 3% und 8% des Umsatzvolumens.

Aufgrund des Handelsvertreterstatus sind die Veranstalter verpflichtet, ihre Angebote in allen Vertriebskanälen zu gleichen Preisen und Konditionen anzubieten und Gleichbehandlung zu garantieren. Dies limitiert die Handlungsspielräume von Veranstaltermarken gegenüber dem Endverbraucher, da Exklusivitäten bei Preisen, Angeboten und Sortimenten nicht zulässig sind, wenn sie in mehreren Vertriebskanälen angeboten werden.

Reisebüros erschließen und kanalisieren unterschiedliche Kundensegmente – vor allem Geschäfts- und Privatreisende – durch verschiedene Verkaufs- und Abwicklungssysteme. Reisevermittler können als stationäre Reisebüros für Privatkunden, als Business Travel Center für Firmenkunden oder als Internet-Portale auftreten. Sie vertreiben die Angebote ihrer konzerneigenen bzw. konzernverbundenen Veranstalter und können auch die Sortimente fremder

Veranstalter und Leistungsträger vertreiben, darunter auch die der Wettbewerber der eigenen Konzernveranstalter, sofern sie mit diesen entsprechende Agenturverträge abschließen. Als Handelsvertreter arbeiten sie auf Rechnung ihrer Lieferanten und erhalten hierfür eine Provision. Da sie ausschließlich die Endverbraucher ansprechen, müssten sie eigentlich eine große Markendurchdringung haben. Aufgrund der geringen Margen und daraus resultierenden minimalen Marketingbudgets sowie der Tatsache, das fast alle Reisebüro-Wettbewerber – auch die im Internet – über fast identische Angebotssortimente zu gleichen Preisen verfügen, ist es bis heute nur wenigen gelungen, ein eigenes Markenprofil aufzubauen.

Die nahezu einzigen **differenzierenden Wettbewerbsmerkmale** im stationären Vertrieb liegen in der Person und Kompetenz des Reiseberaters sowie teilweise im lokalen Standort. Bei den Internetportalen reduzieren sich die wettbewerbsdifferenzierenden Merkmale im Wesentlichen auf ein intelligentes Suchmaschinenmarketing sowie den bedienungsfreundlichen Aufbau und die attraktive Animation der ansonsten weitgehend identischen Internet-Booking-Engines. Denn auch in den Internetportalen findet der Kunde überwiegend dieselben Angebote der gleichen Anbieter zu identischen Preisen vor (siehe Abb. III. 4-1).

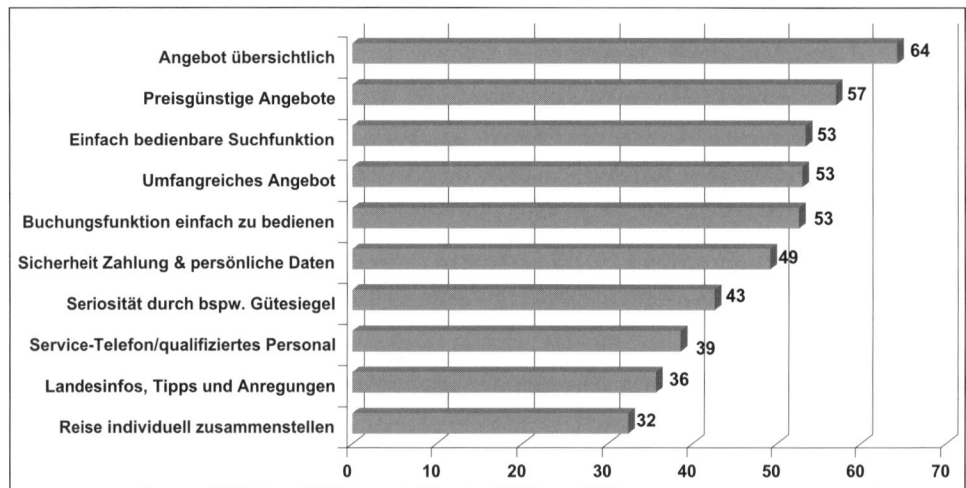

Abb. III. 4-1 Erwartungen an ein Online-Reisebüro: Angaben in % der Befragten, die Zugang zum Internet haben (Quelle: F.U.R. Reiseanalyse 2009)

Die wesentlichen **Anforderungen der Kunden** an ein Reisebüro sind Neutralität und Objektivität der Beratung, Navigation durch die unübersichtliche Angebotsvielfalt, kompetente Reiseberatung, die Sicherheit durch einen persönlichen Ansprechpartner und die Zeit- und Arbeitsersparnis bei der Reiseabwicklung. Insoweit stoßen Reisevermittler, die Kunden gezielt auf eine Veranstalter- oder Leistungsträger-Marke steuern möchten, bei den Nachfragern auf wenig Akzeptanz, da diese inzwischen wissen, dass die meisten Massenprodukte austauschbar und fast überall erhältlich sind. Die Anforderungen der Kunden an eine Buchung in einem Internet-Portal sind hingegen deutlich von den Parametern Preis, Transparenz und Convenience in der technischen Bedienbarkeit geprägt, während die qualitativen, sicherheitsorientierten und beratungsrelevanten Faktoren in den Hintergrund treten. Zwi-

4 Struktur und Funktionen der deutschen Reisebürobranche

schen den Kunden-Erwartungen und der Leistungsfähigkeit der Internet-Portale gibt es dabei noch erhebliche Differenzen (siehe Abb. III. 4-2).

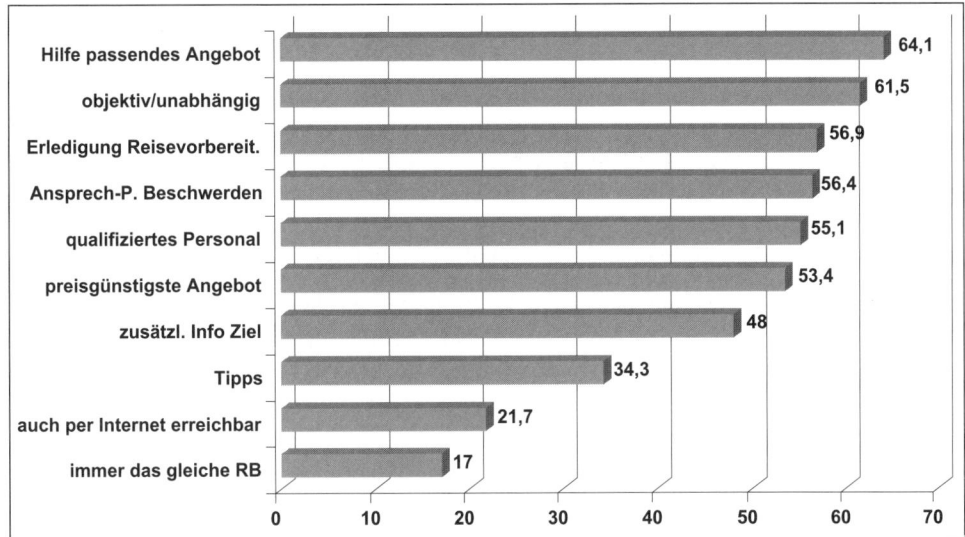

Abb. III. 4-2 Erwartungen an ein Reisebüro: Angaben in % der Befragten, die Zugang zum Internet haben (Quelle: F.U.R. Reiseanalyse 2009)

Der Touristikmarkt hat sich in den letzten 10 Jahren dramatisch verändert. Mit dem Beginn der kommerziellen Nutzung des Internet ab 1995, dem Auftritt des ersten Reisebuchungsportals Expedia 1998 in Deutschland und dem Platzen der ersten E-Commerce-Blase zur Jahrtausendwende wurden die Wettbewerbsverhältnisse im deutschen Reisemarkt grundlegend verändert. Es folgte unmittelbar der gravierende Umsatz-Einbruch vom 11. September 2001, von dem sich die Nachfrage nach Reisen nur sehr langsam wieder erholte. Erst 2008 konnte das Niveau des Jahres 2001 wieder erreicht werden. Vor allem das Aufkommen der **Billig-Airlines/Low-Cost-Carrier** hat den Markt erheblich verändert. Zum Einen haben diese mit dem Verkauf von Billigtickets in klassische Urlaubsdestinationen am Mittelmeer zu einer Erosion der Pauschalreisen beigetragen und den Trend zu Bausteinangeboten gefördert, die täglich flexibel kombinierbar zu tagesaktuellen Preisen buchbar sind. Zum Anderen haben Sie den Linien- und Hub-Airlines mit ihrem Geschäftsmodell (Direktbuchung über Internet und Call Center ohne Reisebüroprovision, Direktflüge zwischen kleinen preiswerten Airports im Umfeld der großen Metropolen) Marktanteile auch auf Städte- und Business-Verbindungen abgenommen und dazu beigetragen, dass die Reisemittler beim Verkauf von Flügen vom Handelsvertreter zum Makler oder Händler werden, der auf die Ticketpreise Service-Entgelte aufschlagen muss. Da ab 2005 alle Airlines, wie auch die Deutsche Bahn und andere Leistungsträger (z. B. Mietwagenanbieter) auf dieses Geschäftsmodell umgestiegen sind, hat sich die Wertschöpfungskette vor allem zu Lasten der Reisemittler, aber auch der Pauschalreiseveranstalter verändert. Die Erfahrungen der letzten Jahre im stationären Vertrieb haben gezeigt, dass die **wichtigsten Kriterien für ein erfolgreiches Geschäft** der Standort des Geschäfts und die Qualität des Personals sind. Die Markenkennung der einzelnen Vertriebsstelle ist eher unbedeutend und höchstens als Rückversicherung ein Erfolgsfaktor. Die Beratungsqualität des stationären Vertriebs auf die immer individuelleren Wünsche und Anforderungen der Kunden, konnte bis heute noch nicht überall Schritt halten. Viele Expedienten haben den Schritt vom Prospektverteiler zum kompetenten Reiseberater noch nicht geschafft, der ihnen durch die veränderten Wertschöpfungs- und Geschäftsmodelle auferlegt wurde. Ihrer neuen Rolle als Makler bzw. Händler, der seine Beratungsleistung dem Kunden gegenüber berechnen und rechtfertigen muss, sind sich viele immer noch nicht bewusst. Ein kaum lösbares Problem besteht darin, dass Reisebüro-Berater über ein breites, aber nur in Ausnahmefällen tiefes Produkt- und Zielgebietswissen verfügen. Ein reiseerfahrener Kunde mit einem klar definierten Reisewunsch besitzt aber durch die ihm zugänglichen Informationen vor allem im Internet in vielen Fällen ein tieferes Wissen als der Expedient.

Das Internet hat nicht nur durch den Boom der Billig-Airlines in den letzten Jahren den etablierten Playern (vor allem den Reisebüros, aber teilweise auch den Reiseveranstaltern) Marktanteile abnehmen können, auch Hotel- und Mietwagen-Portale haben ebenso dazu beigetragen wie viele markenstarke Leistungsträger, die nunmehr für die Kunden direkt erreichbar sind. Internet-Portale (wie z. B. Expedia, lastminute.com, L'tur, Opodo) gewinnen massiv Marktanteile und verstärken die Trends. Vor allem die jüngere Generation, Schnäppchenjäger, hybride Kunden und Smart-Buyer buchen einfache, unkomplizierte und transparente Angebote stärker über die neuen Kanäle als stationär und bei den Veranstaltern. Die Airlines konnten sich in den letzten Jahren als Kundengewinnungsschnittstelle etablieren. Für Marktsegmente wie Städtereisen, bekannte und große Zielgebiete (Italien, Spanien, Mallorca etc.) oder etablierte Fernreiseziele, werden die Airlines zur zentralen und ersten Anlaufstelle der Kunden auf der Suche nach dem günstigsten Flugpreis. Damit haben die Airlines das Potenzial auch das Folgegeschäft als Kundendrehscheibe zu realisieren (Hotel, Mietwagen, etc). Dies verstärkt den Trend am Veranstalter und am stationären Vertrieb vorbei zur **Bausteinbuchung**. Flug wird zu einem wesentlichen Treiber im Touristikgeschäft und zum ‚first step/first choice' im Entscheidungsprozess. Darüber hinaus versuchen auch andere Leistungsträger wie Hotels und Zielgebiete – durch Überkapazitäten im Markt getrieben – die Abhängigkeiten von den Veranstaltern zu reduzieren und die Kunden direkt über die Internet-Plattform zu erreichen.

4.1.2 Von stationär zu online – Vertriebsmarktstrukturen vor und nach dem Aufkommen des Internet

Die Reiseinformations- und Reisebuchungsprozesse haben sich seit dem Aufkommen des Internet gravierend gewandelt. Dabei ist das Internet als kommerzielle Vermarktungsplattform erst seit 1995 existent – also bei Drucklegung dieses Buches gerade mal 17 Jahre. Die erste Reisebuchungsplattform namens Expedia erblickte 1996 in den USA das Licht der Welt und wurde ab 1998 auch in Deutschland aktiv.

Expedia ist ein **Online-Reisebüro**, das online viele unkomplizierte Reiseleistungen buchbar macht und vermittelt. Im Laufe der Jahre entstanden in Internet weitere Angebotsformen, von denen der Direktvertrieb markenstarker Direktanbieter wie Lufthansa, Air Berlin und Deutsche Bahn mit Abstand am erfolgreichsten sind. Es folgen die spezialisierten Produkt-

4 Struktur und Funktionen der deutschen Reisebürobranche

portale für Hotels (hrs.de, hotel.de, booking.com, derhotel.com etc.) und Flüge (u. a. opodo) vor den großen Internet-Reisebüros (expedia.de, lastminute.com, aidu.de, weg.de, holidaycheck.de etc.), während die Reiseveranstalter-Portale aufgrund fehlender Exklusivität und Vergleichbarkeit von den Kunden bislang am wenigsten akzeptiert werden.

Vor allem auf die **Reiseorganisationsform** hatte das Online-Medium besonderen Einfluss (siehe Abb. III. 4-3). Bevor es das Internet gab, haben 43% der Kunden ihre Urlaubsreisen über ein Reisebüro und/oder einen Reiseveranstalter gebucht, 45% individuelle ohne kommerzielle Unterstützung entweder direkt beim Leistungsträger (oft als Stammkunde) oder über Fremdenverkehrsämter, während 12% ohne jegliche Buchung in Urlaub gefahren sind. Letztere haben oftmals eigene Immobilien oder Freunde und Verwandte in touristischen Urlaubsregionen, stammen aus ihnen oder haben als wöchentliche Berufspendler ihren Lebensmittelpunkt dort. Fremdenverkehrsämter dienten als telefonische Auskunftsgeber oder Versender von Unterkunftsnachweislisten, aus denen sich der Kunde weitgehend ohne ausreichendes Informationsspektrum per „Blindbuchung" seine Auswahl traf.

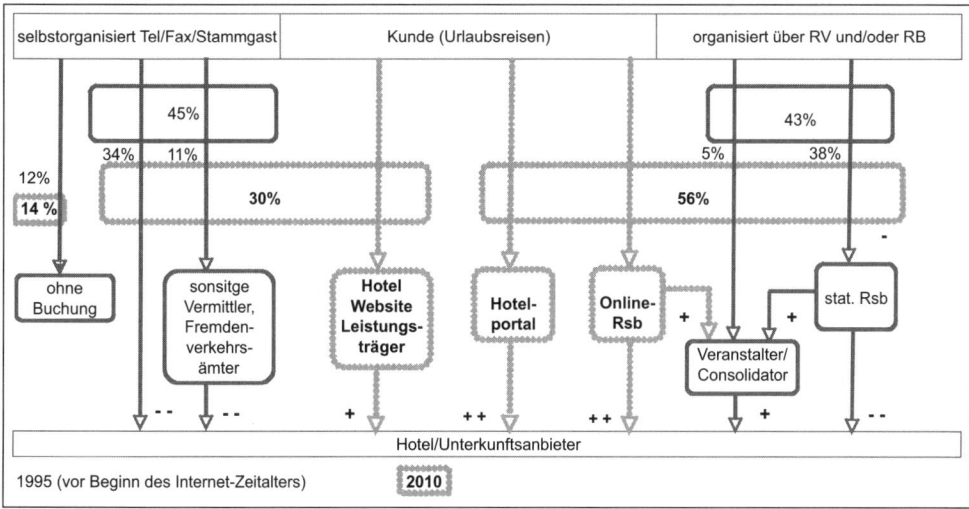

Abb. III. 4-3 Reisebuchungsprozesse vor und nach der Einführung des Internets (Quelle: DER-Marktforschung)

Durch das **Internet** hat der Kunde weitaus bessere schriftliche und optische Informationsmöglichkeiten über Zielgebiete und Unterkünfte sowie erleichterte Buchungsoptionen direkt bei den Leistungsanbietern, auch wenn sie ihre Reise ohne kommerzielle Unterstützung selbst organisieren. Auch für den organisiert Reisenden hat das Internet mit den Online-Reisebüros und Produktportalen neue zusätzliche Angebotsformen und Buchungswege geschaffen. Zwar hat das **stationäre Reisebüro** bei den Verschiebungen zwischen den Vertriebskanälen ebenso Nachfragepotenzial verloren wie die Fremdenverkehrsorganisationen. Insgesamt ist aber die Akzeptanz organisierter Reisevertriebskanäle durch die Bequemlichkeit des Internet von 43% auf 56% gestiegen, während die in selbstorganisierten Reiseformen direkt über Leistungsträger von 45% auf 30% deutlich abgenommen haben. Auch der

Anteil der Reisen ohne vorherige Buchung ist vermutlich aufgrund der besseren Informationsmöglichkeiten von 12% auf 14% gestiegen. Die Vorzeichen an den Pfeilen der Grafik dokumentieren die Entwicklungsrichtung der Vertriebskanäle.

Das Internet hat nicht nur durch den Boom der Billig-Airlines und anderer Direktvertreiber in den letzten Jahren den etablierten Playern (vor allem den Reisebüros, aber teilweise auch den Reiseveranstaltern) Marktanteile abnehmen können, auch Hotel- und Mietwagen-Portale haben ebenso dazu beigetragen wie viele markenstarke Leistungsträger, die nunmehr für die Kunden direkt erreichbar sind. **Internet-Portale** gewinnen massiv Marktanteile und verstärken die Trends. Vor allem die jüngere Generation, Schnäppchenjäger, hybride Kunden und Smart-Buyer buchen einfache, unkomplizierte und transparente Angebote stärker über die neuen Kanäle als stationär und bei den Veranstaltern. Die Airlines konnten sich in den letzten Jahren als Kundengewinnungsschnittstelle etablieren. Für Marktsegmente wie Städtereisen, bekannte und große Zielgebiete (Italien, Spanien, Mallorca etc.) oder etablierte Fernreiseziele, werden die Airlines zur zentralen und ersten Anlaufstelle der Kunden auf der Suche nach dem günstigsten Flugpreis. Damit haben die Airlines das Potenzial, auch das Folgegeschäft als Kundendrehscheibe zu realisieren (Hotel, Mietwagen, etc). Dies verstärkt den Trend am Veranstalter und am stationären Vertrieb vorbei zur Bausteinbuchung. Der Flug wird zu einem wesentlichen Treiber im Touristikgeschäft und zum ‚first step/first choice' im Entscheidungsprozess. Darüber hinaus versuchen auch andere Leistungsträger wie Hotels und Zielgebiete – durch Überkapazitäten im Markt getrieben – die Abhängigkeiten von den Veranstaltern zu reduzieren und die Kunden direkt über die Internet-Plattform zu erreichen.

4.1.3 Anzahl und Struktur der Reisevermittlungsstellen in langfristigen Entwicklungszyklen

Strukturelle Veränderungen des Reisebüromarktes vollziehen sich nicht in Jahresrhythmen, sondern in mittel- bis langfristigen Zyklen oder Epochen. Die wesentlichen Veränderungen des deutschen Reisemarktes werden erst in einer Langfrist-Analyse ausreichend transparent. Da die Zulassung zum Reisevermittler- und Reiseveranstaltergewerbe in Deutschland weder begrenzt noch genehmigungspflichtig ist, gibt es keine offizielle Statistik über die Zahl der Reiseveranstalter und Reisevermittlerstellen. Die nachfolgenden neueren Ausführungen beziehen sich auf die Erhebungen der DRV-Vertriebsdatenbank sowie auf die historischen Analysen und Hochrechnungen der Deutsches Reisebüro GmbH.

Reisevermittlungsstellen klassifizieren sich grob in klassische Reisebüros, Touristik-Reisebüro, Business Travel Center sowie sonstige Buchungsstellen. (siehe dazu auch Kapitel III.2.5, S. 245)

Unter **klassischen Reisebüros** versteht man Reisevertriebsstellen, die mindestens zwei Agenturverträgen mit Konzernveranstaltern und zusätzlich eine IATA- und/oder DB-Lizenz verfügen. **Touristik-Reisebüros** besitzen mindestens zwei Konzernveranstalter-Agenturverträge, aber keine Verkehrsträger-Lizenz. **Business Travel Center** sowie von diesen betriebene **Implants** in den Räumen der großen Firmenkunden fallen in eine separate Kategorie und verfügen mindestens über eine IATA- und/oder DB-Lizenz, teilweise aber auch über

4 Struktur und Funktionen der deutschen Reisebürobranche

Veranstalterlizenzen. **Sonstige Buchungsstellen** besitzen lediglich einen einzigen Agenturvertrag eines Konzernveranstalters und gründen ihre gewerbliche Existenz in der Regel auf branchenfremde Geschäftstätigkeiten.

Von den insgesamt 71.000 Mitarbeitern, die in deutschen Reiseunternehmen gemäß Statistischem Bundsamt beschäftigt sind dürften schätzungsweise 45.000 – d. h. die deutliche Mehrheit – auf Reisevermittlungsstellen entfallen (Quelle: DRV – Fakten und Zahlen 2010).

Die Gesamtzahl aller Reisevertriebsstellen in Westdeutschland hat sich kontinuierlich von 3.120 in 1970 über 9.500 in 1980, 13.200 in 1990 auf rund 19.600 in 2000 erhöht. Seit dem Jahrtausendwechsel setzte jedoch im Zuge der zunehmenden Akzeptanz von Direktbuchungen über Internet sowie infolge des Terroranschlages im September 2001 eine fast schon dramatische Konsolidierung der Zahl der Reisevermittlungsstellen ein. Von 1970 bis 1980 hatte sich der touristische Vertrieb mehr als verdreifacht (+ 6.000), während die Zahl der klassischen Reisebüros angesichts der restriktiven Zulassungsbedingungen für DB- und IATA-Lizenzen unterproportional um lediglich 380 stieg. Für diese Mehr-Lizenz-Reisebüros waren dies ‚Goldgräber-Zeiten', da sie bei zugleich stark expansiver touristischer Nachfrage ohne nennenswerte Marktanteilskämpfe und abgeschirmt durch Lizenz-Schutzräume erhebliche Umsatzzuwächse verzeichnen konnten (vgl. Abb. III. 4-4). Das änderte sich jedoch Anfang der 80er Jahre. Nach der zweiten Ölkrise 1980/81 konnte sich die Nachfrage nach Veranstalterreisen erst ab 1985 wieder erholen. Die Zahl der touristischen Vertriebsstellen blieb nahezu konstant (+ 480 bzw. + 5,8%). Lediglich der unvermindert wachsende Bahn- und Flugverkehr (Umsatzplus von 1980 bis 1985: 13,5% bzw. 40,2%) führte über zusätzliche DB- und IATA-Lizenzen zu einer Zunahme um 370 klassische Reisebüros.

Der Zeitraum von 1985 bis 1990 stand im Zeichen von Liberalisierungsbestrebungen in allen Bereichen. Angesichts der Öffnung des EU-Marktes wurde das starre IATA-Tarifgefüge aufgeweicht, die Zulassungsbedingungen für IATA-Agenturen erheblich vereinfacht und Consolidators im Markt etabliert. Insgesamt stieg die Zahl der IATA-Agenturen in diesem Fünf-Jahres-Zeitraum um 914 von 1.283 auf 2.197, von 1985 bis 2000 sogar um 3.473. Als letzter Leistungsträger lockerte die damalige Deutsche Bundesbahn die Zulassungsbedingungen für die DB-Agenturen, die von 1985 bis 1990 um 522, von 1985 bis 2000 sogar um 3.015 zunahmen. Zusätzlich sorgte die juristische Auseinandersetzung der Reiseveranstalter um die Aufhebung der Vertriebsbindung von 1985 bis 1990 für eine inflationäre Ausweitung um insgesamt 3.050 Reisevermittlungsstellen bzw. + 30%, da alle Beteiligten bemüht waren, ihre Ausgangsposition bis zur Freigabe durch die Kartellbehörden zu verbessern.

	2010	2009	2008	2007	2006	2005	2000	1995	1990	1985	1980	1975	1970
Zahl der Agenturen													
Klassische Reisebüros[1]	3.533	3.792	4.129	4.240	4.472	4.616	6.198	4.800	2.650	1.550	1.180	920	800
- Stationäre Reisebüro	2.732	2.924	3.192	3.301	3.596	3.636	5.040	3.980	2.384	1.430	1.130	920	800
- Business Travel Center[2]	801	868	937	939	876	980	1.158	820	266	120	50	0	0
Stat. touristische Reisebüros[3]	6.837	6.944	6.903	7.164	7.394	8.023	8.015	7.900	5.050	3.700	3.620	2.230	1.720
Reisebüros insgesamt	10.370	10.736	11.032	11.404	11.866	12.639	14.213	12.700	7.700	5.250	4.800	3.150	2.520
Sonstige Buchungsstellen[4]	1.814	2.113	2.001	1.992	2.596	2.905	5.405	5.300	5.500	4.900	4.700	4.200	600
Reisevermittlungsstellen insgesamt	12.184	12.849	13.033	13.396	14.462	15.544	19.618	18.000	13.200	10.150	9.500	7.350	3.120
- IATA-Agenturen	3.176	3.377	3.873	4.147	4.250	4.465	4.756	4.201	2.197	1.283	990	757	650
- DB-Agenturen	2.780	2.884	2.973	3.048	3.135	3.246	3.980	3.327	1.487	965	837	737	631
Umsätze aller Reisevermittlungsstellen in Mrd. Euro													
	20,49	19,30	21,90	21,40	20,83	20,68	25,07	21,67	13,75	9,71	7,41	4,71	3,33
- Touristik	11,39	11,11	11,70	11,30	11,08	11,03	13,90	12,78	7,98	5,73	4,60	3,07	2,10
- Flug	7,25	6,36	8,03	8,04	7,67	7,52	8,51	6,54	3,78	2,45	1,84	1,02	0,82
- DB	0,83	0,91	1,01	0,94	0,98	0,98	1,18	1,07	0,61	0,51	0,46	0,36	0,26
- Sonstiges	1,02	0,92	1,16	1,12	1,10	1,15	1,48	1,28	1,38	1,02	0,51	0,26	0,15
davon													
Stationärer Reisebüros	13,74	13,37	14,35	14,10	13,73	13,85	17,58	16,07	11,35	k. A.	k. A.	k. A.	k. A.
Business Travel	6,75	5,93	7,55	7,30	7,10	6,83	7,49	5,60	2,40	k. A.	k. A.	k. A.	k. A.

1) Reisebüros, die über mehrere Leitveranstalter-Agenturverträge und eine IATA- und/oder DB-Lizenz verfügen
2) Geschäftsreisebüros und Implants, die über mindestens eine Verkehrsträgerlizenz verfügen
3) Reisebüros, die ausschließlich über mehrere Leitveranstalter-Agenturverträge verfügen
4) Reisevermittler, die nur über einen Agenturvertrag mit einem Leitveranstalter verfügen

Abb. III. 4-4 Anzahl und Umsätze der deutschen Reisebüros 1970–2010 (Quelle: DER-Marktforschung)

Die **Expansion** von 13.200 auf rund 19.600 Reisevermittlungsstellen von 1990 bis 2000 ist im Wesentlichen auf die Erschließung Ostdeutschlands nach der Wiedervereinigung zurückzuführen. Die Zahl der in diesem Zeitraum allein in den neuen Bundesländern (ohne West-Berlin) entstandenen Reisevermittlungsstellen belief sich anfangs auf rund 3.000 und hat sich bis 2007 auf rund 1.900 konsolidiert. In den alten Bundesländern nahm die Zahl der Vermittlungsstellen nochmals um 3.400 zu. Dabei ist bemerkenswert, dass sich die Zahl der klassischen Reisebüros mit Touristik- und Beförderungslizenzen in diesen 10 Jahren von 2.650 auf 6.200 mehr als verdoppelte – ein Ergebnis der vereinfachten Zulassungsbedingungen der DB und der IATA.

Unter den in den alten Bundesländern in dieser Dekade hinzugekommenen Reisevermittlungsstellen befanden sich viele zum Teil aus organisatorischen Gründen von Reisebüroketten und Franchisesystemen abgespaltene spezialisierte Betriebsstellen oder Implants für Business Travel, die in dieser Dekade von 266 auf 1.158 zunahmen. Hinzu kamen weitere von den stark expandierenden Reisebüroketten eröffnete Filialen zur Flächenerschließung sowie aber auch Vertriebsstellen, die oftmals von Branchenfremden zur Abrundung ihrer Produktpalette oder zur Erschließung neuer Vertriebswege geschaffen wurden. Dies schloss auch außergewöhnliche temporäre Experimente und alternative Vertriebsformen ein, wie die Vermittlung von Pauschalreisen über den Kaffeehandel, Tankstellen, Lebensmittelmärkte sowie Postschalter. Allerdings waren von den 19.600 Reisevermittlungsstellen nur 14.200 als Haupterwerbsreisebüros klassifiziert, während 5.400 Nebenerwerbsvertriebsstellen (Lotto-/Toto-Annahmestellen, Tankstellen, Zeitschriftenläden, Bankschalter u. ä.) waren, die über lediglich einen einzigen Agenturvertrag eines Reiseveranstalters verfügten. Diese Erkenntnisse wurden allerdings erst möglich mit der DRV-Vertriebsdatenbank, die seit 1999 jährlich die Agenturnetze der drei Konzernveranstalter, der IATA, der DB sowie der GDS-Systeme abgleicht.

Die seit 2000 zunehmende **Konsolidierung des Reisebüromarktes** betraf nahezu alle Betriebstypen. So nahm die Zahl der klassischen Reisebüros bis 2010 um 2.666 auf 3.533 ab. Dabei sank die Zahl der Business Travel Vertriebsstellen nur um 357, wobei sich deren Anzahl eher an den Organisationsstrukturen sowie den Anforderungen der Geschäftsreisekunden orientiert und nur begrenzt nach geografischen Flächendeckungsmerkmalen. Die Zahl der klassischen stationären Reisebüros nahmen hingegen um 2.308 auf nur noch 2.732 ab, da viele ihre IATA- und Bahn-Lizenzen zurückgaben, seit die Airlines ab 2005 keine Provisionen mehr bezahlen und die DB ihre Provisionen drastisch reduzierte, so dass die Reisebüros nunmehr gezwungen sind von ihren Kunden Ticket-, Service- und Beratungsgebühren zu erheben. Nach der Lizenzrückgabe fielen die Büros unter die Kategorie der Touristik-Reisebüros, die vorübergehend 2004/2005 noch leicht zunahmen, aber seit 2000 um insgesamt 1.178 auf 6.837 zurückgingen. Auch die Zahl der sonstigen Buchungsstellen nahm in diesem Zeitraum von 5.405 auf 1.814 ab, da die Konzernveranstalter ihre Vertriebsnetze erheblich strafften, indem sie die Mindestumsätze anhoben und die Zugangsbedingungen zu den Agenturverträgen verschärften. Damit befindet sich die Zahl aller deutschen Reisvermittlungsstellen mit 12.184 in 2010 sogar noch um über 1.000 unter dem Niveau des Jahres 1990, von denen 9.569 dem stationären Vertrieb, 801 dem Business Travel und 1.814 den sonstigen Buchungsstellen zuzurechnen sind (vgl. Abb. III. 4-5).

	2009/ 10	2008/ 09	2007/ 08	2006/ 07	2005/ 06	2004/ 05	2003/ 04	2002/ 03	2001/ 02	2000/ 01	1999/ 00	1998/ 99
Klassische Reisebüros	2.732	2.924	3.192	3.301	3.596	3.636	3.970	4.316	4.978	5.173	5.040	4.904
Touristische Reisebüros	6.837	6.944	6.903	7.164	7.394	8.023	8.739	8.351	8.050	7.657	8.015	9.696
Stationäre Reisebüros	**9.569**	**9.868**	**10.095**	**10.465**	**10.990**	**11.659**	**12.709**	**12.667**	**13.028**	**12.830**	**13.055**	**14.600**
Business Travel	801	868	937	939	876	980	1.044	1.017	1.207	1.175	1.158	1.175
Summe Reisebüros	**10.370**	**10.736**	**11.032**	**11.404**	**11.866**	**12.639**	**13.753**	**13.684**	**14.235**	**14.005**	**14.213**	**15.775**
Sonstige Buchungsstellen *	1.814	2.113	2.001	1.992	2.596	2.905	2.524	2.876	5.018	6.525	5.405	5.096
Vertriebsstellen insgesamt	**12.184**	**12.849**	**13.033**	**13.396**	**14.462**	**15.544**	**16.277**	**16.560**	**19.253**	**20.530**	**19.618**	**20.871**
davon IATA-Agenturen	3.176	3.377	3.873	4.147	4.250	4.465	4.520	4.648	4.745	4.810	4.756	4.690
DB-Agenturen	2.780	2.884	2.973	3.048	3.135	3.246	3.445	3.668	3.741	3.871	3.980	3.824

* nur eine Veranstalterlizenz / vermutlich Nebenerwerbsvertriebsstellen

Abb. III. 4-5 Entwicklung der Zahl der deutschen Reisebüros und Reisevermittlungsstellen (Quelle: DRV-Vertriebsdatenbank)

4.1.4 Volumen und Struktur der Reisevermittlungsumsätze

Der Gesamtumsatz aller 12.184 Reisevermittlungsstellen in Deutschland betrug 2010 rund 20,5 Mrd. Euro. Er stieg seit 1990 um 6,7 Mrd. Euro bzw. um 49%, d. h. um durchschnittlich 2,0% pro Jahr. Betrachtet man allerdings nur den Zeitraum seit 2000, so zeigt sich eine völlig andere Entwicklung. In diesem Zeitraum litt der Reisebüromarkt neben dem beständigen Abfluss von Marktanteilen an den Online-Direktvertrieb zusätzlich unter der beschriebenen Geschäftssystemumstellung der Airlines und der Bahn, einem stagnierenden Veranstaltermarkt mit permanenten exogenen Störungen durch militärische Konflikte, Terroranschläge, Naturkatastrophen und Epidemien in wichtigen Zielgebieten sowie der Finanz- und Wirtschaftskrise. Seit 2000 nahm der gesamt Reisvermittlungsumsatz in Deutschland von 25,1 Mrd. Euro um 18,3% bzw. 4,6 Mrd. Euro auf 20,5 Mrd. Euro ab. Während die Business Travel Umsätze bis 2010 mit 6,8 Mrd. Euro das Niveau von 2000 um 0,7 Mrd. Euro verfehlten, ging der Umsatz der stationären Reisebüros aus den genannten Gründen um 21,8% von 17,6 Mrd. Euro auf 13,7 Mrd. Euro zurück, mit der gleichen Veränderungsrate wie die Zahl dieser Reisebüros selbst. Die **größten Rückgänge** in diesem Zeitraum verzeichneten die Bahnumsätze mit -29,7% auf 0,83 Mrd. Euro und die Flugumsätze mit -14,8% auf 7,3 Mrd. Euro. Die im Angebotssortiment dominierenden touristischen Reisevermittlungsumsätze nahmen um 18,1% auf 11,4 Mrd. Euro ab (vgl. Abb. III. 4-4, S. 266).

Besonders bedeutsam für die Umsatzentwicklung in den stationären Reisebüros war die bereits kurz erwähnte **Umstellung der Geschäftssysteme** der Linienfluggesellschaften und der Deutschen Bahn, die sich erstmals 2005 voll auswirkte. Seit dem 1.9.2004 stellten die meisten deutschen IATA-Fluggesellschaften die Provisionszahlungen für den Verkauf von Flugtickets ein, so dass die Reisebüros ihre Vergütung nunmehr in Form eines Service-Entgeltes von ihren Kunden kassieren müssen. Dabei wurde allerdings der bisherige Flugpreis nicht um den Provisionsanteil verringert, sondern auf dem bisherigen Niveau beibehalten, so dass sich für alle Kunden eine deutliche Verteuerung der Flugpreise ergab. Die Airlines sagten zu, ähnlich wie die Reisebüros, ebenfalls auskömmliche Service-Entgelte in ihren Vertriebskanälen von den Kunden zu fordern. Die anfangs vereinnahmten marktkonformen Service-Entgelte wirkten durchaus Ertrag steigernd. Parallel dazu boten aber viele Fluggesellschaften preisgünstige Tarife im Internet an, die in Reisebüros nicht erhältlich waren. Nachdem sich die Kunden neu orientiert hatten, brach nach einer kurzen Übergangsphase ab 2005 die Nachfrage nach Flugtickets in den Reisebüros ein. Das Bahngeschäft war ebenfalls aufgrund der neuen Vertriebspolitik abgeschmolzen, da auch dort exklusive Internettarife angeboten wurden. Vor allem die klassischen Vollsortiment-Reisebüros waren von dieser Entwicklung besonders betroffen und mussten Umsatzrückgänge hinnehmen, während die Mehrzahl der reinen Touristik-Reisebüros von diesen Entwicklungen nicht betroffen war.

Das neue Geschäftsmodell der Airlines ohne Provisionszahlung und mit der Erhebung von **Service-Entgelten** und Honoraren war hingegen im Business Travel bei den großen Firmenkunden bereits seit den 90er Jahren gängige Praxis, da diese mit den Airlines Nettotarife ausgehandelt hatten und die Business Travel Agenturen aufwandsabhängig über Management-Entgelte, Service-Gebühren oder Transaction-Fees entlohnten. Bei den vielen kleinen und mittelständischen **Geschäftsreisekunden** wirkte sich das neue Geschäftsmodell jedoch nachteilig aus, da auch sie nunmehr die Reisebüros selbst (an Stelle der Airlines) honorieren mussten. Nach einer kurzen Neuorientierungsphase wandten sich viele wie auch schon die Privatkunden anderen Vertriebskanälen zu. Einige konnten im Wettbewerb nur durch das Zugeständnis geringerer Service-Entgelte gehalten werden. Das Interesse der großen Firmenkunden am Direktvertrieb mit den Leistungsträgern (Airlines, Hotels, Mietwagenunternehmen usw.) ist allerdings relativ gering aufgrund der hohen Service-Intensität bei kurzfristigen Reservierungen und einer Vielzahl von arbeitsintensiven, nicht umsatzrelevanten Umbuchungen und Backoffice-Dienstleistungen (wie u. a. Reporting, Reisekostenabrechnungen, Mehrwertsteuer-Abrechnungen). Der von den Business Travel Agenturen erbrachte Mehrwert bzw. Zusatznutzen erweist sich dabei als deutlicher Wettbewerbsvorteil. Daher konnten die Umsatzrückgänge durch den 11. September 2001 und die SARS-Epidemie in Asien sowie durch die Finanz- und Wirtschaftskrise bei Geschäftsreisen bis 2010 fast wieder kompensiert werden.

4.1.5 Regionale Struktur und Vertriebsformen von Reisevermittlungsstellen

Betrachtet man die regionale Verteilung der 9.569 stationären Reisebüros in Deutschland 2010, so wird deutlich, dass sich Reisebüros, Bevölkerung und deren Kaufkraft annähernd proportional zueinander verhalten. Lediglich in **Süddeutschland** ist der Anteil von Bevölkerung und vor allem Kaufkraft deutlich höher als der Reisebüroanteil und damit die Reisebürodichte vergleichsweise gering. In **Ostdeutschland** liegt die Kaufkraft hingegen deutlich unter dem Bevölkerungs- und Reisebüroanteil.

Die Reisebürodichte beträgt durchschnittlich 12,0 Reisebüros pro 100.000 Einwohner. Allerdings differiert sie regional sehr stark von 9,8 in Schleswig-Holstein bis 16,5 im Bundesland Sachsen (vgl. Abb. III. 4-6).

Bundesland	2010						2001			
	Einwohner		Anzahl RSB		Anz. RSB je 100.000 EW	Potenzial, EW/RSB	Einwohner	Anzahl RSB	Anz. RSB je 100.000 EW	Potenzial, EW/RSB
Sachsen	4,17	-7,5%	654	-23,0%	16,5	6.059	4,51	849	18,8	5.308
Thüringen	2,25	-8,9%	344	-15,7%	15,5	6.443	2,47	408	16,5	6.054
Bremen	0,66	-1,5%	93	-40,0%	14,2	7.041	0,67	155	23,1	4.329
Berlin	3,44	0,9%	444	-39,0%	13,8	7.270	3,41	728	21,3	4.690
Sachsen-Anhalt	2,36	-12,3%	284	-20,4%	12,8	7.784	2,69	357	13,3	7.534
Hamburg	1,77	4,1%	213	-40,3%	12,5	8.019	1,70	357	21,0	4.767
Nordrhein-Westfalen	17,87	-0,6%	2.167	-19,9%	12,5	8.031	17,98	2.704	15,0	6.648
Deutschland gesamt	**81,80**	**-0,3%**	**9.569**	**-23,4%**	**12,0**	**7.866**	**82,05**	**12.495**	**15,2**	**6.567**
Hessen	6,06	0,5%	695	-31,3%	11,9	8.435	6,03	1.011	16,8	5.968
Brandenburg	2,51	-2,7%	291	-20,1%	11,6	8.639	2,58	364	14,1	7.093
Saarland	1,02	-5,6%	118	-16,3%	11,6	8.586	1,08	141	13,1	7.642
Bayern	12,51	3,6%	1.403	-20,6%	11,3	8.860	12,08	1.767	14,6	6.834
Mecklenburg-Vorpommern	1,65	-8,3%	175	-19,7%	11,2	8.900	1,80	218	12,1	8.272
Rheinland-Pfalz	4,01	-0,2%	440	-19,9%	11,1	9.032	4,02	549	13,7	7.323
Niedersachsen	7,93	0,9%	834	-18,6%	11,0	9.124	7,86	1.025	13,1	7.664
Baden-Württemberg	10,74	3,2%	1.149	-23,6%	10,9	9.172	10,41	1.503	14,4	6.927
Schleswig-Holstein	2,83	2,5%	265	-26,2%	9,8	10.195	2,76	359	13,0	7.692

Datenstand Einwohner 31.12.2009, Datenstand Reisebüros 01.05.2010

Abb. III. 4-6 Reisebürodichte stationäre Reisebüros nach Bundesländern (Quelle: DRV-Vertriebsdatenbank)

Gravierende Unterschiede bestehen ebenfalls zwischen **Großstädten** mit durchschnittlich 14,5 Reisebüros pro 100.000 Einwohner und den **Kleinstädten** und **ländlichen Regionen** mit 10,9 (vgl. Abb. III. 4-7).Während Großstädte wie Düsseldorf (23), Leipzig (20), Dresden (19), Köln (17), Hannover (17), Nürnberg (17) und Frankfurt/M (17) mit rund 20 Reisebüros deutlich überbesetzt sind, weisen andere wie z. B. Dortmund (13), Hamburg (13), Stuttgart (14), Berlin (14), Bremen (15) und München (15) angesichts ihrer Größe und ihres Einzugs-

4 Struktur und Funktionen der deutschen Reisebürobranche

gebietes überraschend niedrige Werte auf. Die **durchschnittliche Reisebürodichte** in Deutschland hat seit 2001 von 15,2 auf 12,0 Reisebüros pro 100.000 Einwohner um 21,0% deutlich abgenommen, weil die Zahl der Reisebüros erheblich zurückging, während die Zahl der Einwohner stagnierte. Die deutlichsten Rückgänge verzeichneten die Bundesländer Sachsen, Thüringen, Sachsen-Anhalt und die drei Stadtstaaten sowie die Großstädte Frankfurt, Leipzig, Dresden, Köln, Bonn und München. Die geringsten Rückgänge verzeichneten die neuen Bundesländer Schleswig-Holstein und Baden-Württemberg.

Stadt	2010					2001			
	Einwohner		Anzahl RSB		Anz. RSB je 100.000 EW	Potenzial EW/RSB	Einwohner	Anzahl RSB	Anz. RSB je 100.000 EW	Potenzial EW/RSB
Berlin	3,44	0,9%	444	-39,0%	13,8	7.270	3,41	728	21,3	4.690
Hamburg	1,77	4,1%	213	-40,3%	12,5	8.019	1,70	357	21,0	4.767
München	1,33	10,8%	193	-33,2%	14,5	6.910	1,20	289	24,1	4.143
Köln	1,00	4,2%	160	-28,3%	17,0	5.890	0,96	223	23,2	4.320
Frankfurt am Main	0,67	4,7%	104	-50,2%	17,0	5.884	0,64	209	32,5	3.080
Stuttgart	0,60	3,4%	80	-42,9%	13,7	7.318	0,58	140	24,0	4.169
Dortmund	0,57	-3,4%	67	-14,1%	12,7	7.897	0,59	78	13,2	7.606
Essen	0,58	-4,9%	79	-26,2%	14,8	6.741	0,61	107	17,7	5.663
Düsseldorf	0,57	0,0%	124	-34,4%	22,6	4.426	0,57	189	33,2	3.014
Bremen	0,55	0,0%	81	-39,6%	14,8	6.758	0,55	134	24,6	4.069
Hannover	0,52	0,0%	80	-25,9%	16,7	5.973	0,52	108	20,8	4.800
Leipzig	0,52	18,2%	97	-38,2%	19,8	5.054	0,44	157	35,5	2.816
Dresden	0,52	13,0%	91	-29,5%	18,5	5.392	0,46	129	28,3	3.539
Nürnberg	0,50	2,0%	78	-35,0%	16,9	5.925	0,49	120	24,6	4.070
Duisburg	0,49	-7,5%	56	-9,7%	11,3	8.822	0,53	62	11,8	8.487
Bochum	0,38	-2,6%	43	-24,6%	12,7	7.887	0,39	57	14,5	6.922
Wuppertal	0,35	-5,4%	37	-22,9%	11,0	9.059	0,37	48	12,8	7.801
Bielefeld	0,32	0,0%	38	-29,6%	11,4	8.746	0,32	54	16,7	5.973
Bonn	0,32	6,7%	45	-38,4%	12,9	7.755	0,30	73	24,0	4.175
Mannheim	0,31	0,0%	41	-40,6%	12,5	7.983	0,31	69	22,3	4.488
Städte > 100.000 Einwohner	25,38	4,3%	3.520	-27,8%	14,5	6.905	24,33	4.873	20,0	4.993
Sonstige Städte/Kreise	56,42	-2,3%	6.049	-20,6%	10,9	9.147	57,72	7.622	13,2	7.573
Deutschland gesamt	81,80	-0,3%	9.569	-23,4%	12,0	8.310	82,05	12.495	15,2	6.567

Datenstand Einwohner 31.12.2009, Datenstand Reisebüros 01.05.2010

Abb. III. 4-7 Reisebürodichte stationäre Reisebüros nach TOP 20 Großstädten (Quelle: DRV-Vertriebsdatenbank)

Dreht man die Kennzahl Reisebüros pro 100.000 Einwohner um, so ergibt sich das **Einwohnerpotenzial pro Reisebüro**. Logischerweise ist das Potenzial dort am größten, wo die Reisebürodichte am geringsten ist, bzw. das Einwohnerpotenzial ist dort am stärksten gewachsen, wo die Reisebürodichte die größten Rückgänge ausweist. Insoweit lassen die vorgenannten Aussagen zur Reisebürodichte entsprechende Umkehrschlüsse auf das Kundenpotenzial zu. Bundesweit beläuft sich dieses auf 8.310 Einwohner je Reisebüro, was einem Zuwachs gegenüber 2001 von 1.743 Personen bzw. 26,5% entspricht. Um vom Einwohnerpotenzial zum Kundenpotenzial oder gar dem Umsatzpotenzial pro Reisebüro zu gelangen, sind jedoch einige zusätzliche Informationen und Prämissen erforderlich. Von den 8.310 Einwohnern pro Reisebüro sind 79,1% volljährig und leben in Privathaushalten. Von den 6.573 Erwachsenen verreisen nur 76,2% (Reiseintensität). Diese 5.008 Urlaubsreisenden nutzen aber nur zu 54% ein Reisebüro – ergibt ein Kundenpotenzial von 2.705 Personen – und buchen dabei durchschnittlich 1,3 Urlaubsreisen pro Jahr (Reisehäufigkeit) – entsprechend 3.516 Reisen. Der durchschnittliche Umsatz pro Person und Reise in einem Reisebüro liegt bei ca. 650 Euro. Daraus errechnet sich ein maximales Umsatzpotenzial pro Reisebüro in Deutschland von 2,3 Mio. Euro – kaum ausreichend für eine mittelständische Unternehmerselbständigkeit, zumal dies nur ein Mittelwert ist, den zwar einige übertreffen, den aber auch viele verfehlen.

Von den 9.569 stationären Reisebüros in 2010 in Deutschland (2001: 13.800) entfielen 1.909 (2001: 4.006) auf **Sonder-Betriebstypen** oder **Sonder-Standorte**: 174 (362) auf Kaufhaus-Reisebüros, 268 (485) auf SB-Warenhaus-Reisebüros und 268 (479) auf Reisebüros in Einkaufszentren. Insgesamt befanden sich 294 (515) in den 16 deutschen Verkehrs-Flughäfen, 89 (262) an Bahnhöfen, 61 (112) in Banken, 162 (161) in Automobilclub-Geschäftsstellen, 337 (1.078) in Lotto-/Toto-Annahmestellen, 236 (238) in Busunternehmen und bei Spezialveranstaltern, 6 (43) in Tourist-Informationen und 129 (2001: keine) bei Online-Portalen mit einer eigenen Internet-Booking-Engine. Fast ein Fünftel aller stationären Reisebüros (2001: fast ein Drittel) entfallen somit auf Sonderbetriebsformen oder branchenfremde Betriebsstellen (vgl. Abb. III. 4-8).

Die Zahl stationärer Reisebüros in **normalen Innenstadtlagen** belief sich 2010 auf 7.660 (2001: 9.022). Der Drang branchenfremder Unternehmen in den Reisemarkt ist neben der Profilierung mit einem attraktiven Zusatz-Produkt vor allem bedingt durch folgende Faktoren:

- Ergänzung der ohnehin reichhaltigen Produktpalette um einen zusätzlichen Frequenzbringer,
- Auslastung vorhandener Raum- und Personalkapazitäten, dadurch geringe Grenzkosten im Zuge der Mischkalkulation mit anderen Produkten,
- Möglichkeit zur Verbundwerbung mit anderen Produkten,
- hohe Werbekraft und Werbereichweiten bei hoher Kundenfrequenz an zumeist sehr attraktiven Standorten (die für Reisebüros fast unerschwinglich sind),
- rationelle Sortimentsgestaltung durch Beschränkung auf ein schmales, beratungsarmes Reiseangebot,
- straff organisierte Verwaltungsabläufe auf vorhandenen EDV-Systemen,

4 Struktur und Funktionen der deutschen Reisebürobranche

- relative Unabhängigkeit von der Erwirtschaftung eines eigenständigen Existenz sichernden Deckungsbeitrages, der für Reisefachgeschäfte wegen fehlender Alternativ-Geschäftsfelder lebensnotwendig ist.

	2010	2005	1996
Betriebstypen und Sonderstandorte	**9.569**	**11.659**	**13.800**
davon			
Bahnhof	89	80	153
Bank	61	95	242
Flughafen	294	417	396
Einkaufzentrum	268	368	616
Kaufhaus	174	337	415
SB-Warenhaus	268	296	460
ADAC - Geschäftsstelle	162	144	229
Lotto/ Toto - Annahmestelle	337	487	823
Reisebüro eines Busbetriebes	77	80	127
Reisebüro eines Spezialveranstalter	173	101	181
Touist-Informationen	6	13	19
Sonderbetriebsstellen insgesamt	**1.909**	**2.418**	**3.661**

Abb. III. 4-8 Betriebstypen und Sonderstandorte von stationären Reisebüros (Quelle: DRV-Vertriebsdatenbank)

Nicht immer ist der Betrieb eines mittelständischen Reisebüros mit unternehmerischer Motivation belegt. So werden viele Betriebe als Ein-Personen-Unternehmen/Ich-AGs mit Teilzeithilfskräften oder als reine Familienbeschäftigung geführt und erfüllen eher das Kriterium einer selbständigen Tätigkeit denn eines Gewerbebetriebes. Oftmals dienen diese kleinen Reisebüros auch nur als familiäres Zweit- oder Dritteinkommen oder sind Bestandteil eines Kleinfirmen-Konglomerates im Familienbesitz, in dem ein Familienmitglied ohne nennenswerte unternehmerische Dividenden-Ratio einer seinen Interessen gerecht werdenden Beschäftigung nachgeht. In anderen Fällen wird von der Reisevermittlungstätigkeit lediglich ein **Deckungsbeitrag** (vielleicht gar nur ein „fringe benefit") für eine verwandte Hauptgeschäftstätigkeit erwartet (wie z. B. bei Busunternehmen, Speditionen, Hotelbetrieben o. ä.). Das Spektrum derartiger Motivationen ist groß. Wie viele von den 9.569 stationären Reisebüros und 1.814 sonstigen Buchungsstellen darunter fallen, ist leider nicht zu ermitteln. Neben diesen Reisevermittlungsstellen, die immerhin über mindestens einen Agenturvertrag eines Konzernveranstalters verfügen, haben sich in den letzten Jahren verstärkt mobile Verkäufer im Markt etabliert, die mit Laptop oder PC mittels eines Web-Client über einen Zugang zu den gängigen Reservierungs-Systemen verfügen und als Unteragenturen bestehender Reisebüros oder Reisebürozentralen tätig werden. Aber eines haben sie alle gemeinsam: Da sie auf eine Gewinnerzielung nicht existenznotwendig angewiesen sind und das Einkommen des Inhabers/Betreibers zumeist als Bestandteil des Überschusses angesehen wird, sind sie kaum konkursfähig und werden auch bei geringeren Margen- und Provisionsspielräumen nicht zwangsläufig vom Markt verschwinden.

Der Reisebürovertrieb ist nach der Anzahl der Reisebüros immer noch deutlich überbesetzt. Die Provisionen der Veranstalter wurden offen und versteckt in den letzten Jahren gekürzt. Permanent steigende Personalkosten und längere Ladenöffnungszeiten bereiten dem stationären Vertrieb zunehmend Probleme. Die Kostenschraube sowie Umsatzverluste an das Internet werden daher auch in den nächsten Jahren zu einer weiteren Bereinigung beitragen. Experten sehen etwa 6.000 bis 7.000 stationäre Reisebüros als verträglich für den deutschen Markt an.

4.2 Bindungsmodelle von Reisebüros

Ein wichtiges Merkmal bei der Typenbildung ist der Grad der Bindung eines Reisebüros, der die Unabhängigkeit der Reisebüros beschreibt (vgl. Abb. III. 3-2, S. 246). Hier lassen sich die folgenden drei Typen unterscheiden:

4.2.1 Filialvertrieb

Ein Filialbüro gehört zu einer **zentral geführten Reisebürokette**; auch die leitenden Mitarbeiter sind Angestellte und viele, insbesondere die so genannten Backofficefunktionen, wie z. B. das Rechnungswesen, werden zentralisiert durch die Kettenzentrale wahrgenommen. Marketing, Personalmanagement, Schulung und zentrale Steuerung der Umsätze sind dabei elementare Bestandteile des Managements einer Reisebürokette, denn nur so kann das Erreichen des bestmöglichen Provisionsmixes gewährleistet werden. Gleichzeitig kann durch das Heben von Synergien und die Zentralisierung (und Standardisierung) von betriebswirtschaftlichen Funktionen der Anteil an Verwaltungskosten je Büro gesenkt werden; vorausgesetzt, die Zentrale bleibt eine schlanke Organisation ohne Ausbildung eines bürokratischen Wasserkopfes. Zusätzlich sorgt die Bündelung der Umsätze der Filialbüros und die damit verbundene Fähigkeit zur Steuerung der Umsätze für eine deutliche Verbesserung der Verhandlungsposition gegenüber den Leistungsträgern, so dass sich dies in der Praxis meist in erhöhten Provisionssätzen im Vergleich zu Einzelbüros niederschlägt.

4.2.2 Franchisevertrieb

Ein Franchisebüro ist normalerweise **inhabergeführt**; durch die Mitgliedschaft in einer Franchiseorganisation stehen dem Büro jedoch optional oder verpflichtend weitere Ressourcen z. B. in den Bereichen Marketing oder Abrechnung zur Verfügung. Auch hier werden die Umsätze zentral gesteuert; der Durchgriff auf die einzelnen Büros ist aber wegen der weniger festen Bindung schwieriger und somit ist auch die Verhandlungsposition einer Franchiseorganisation in der Regel schwächer als die einer Filialkette. Die Franchisenehmer zahlen eine Marketing- oder Service-Entgelt für die Dienstleistungen der Franchise-Zentrale. Beim Franchisevertrieb lassen sich drei Untertypen unterscheiden.

4.2.2.1 Leistungsträger-Franchise (z. B. TUI Reisecenter)

Bei dieser Form eines Franchisesystems befindet sich die Zentrale des Franchiseunternehmens in der Hand eines Leistungsträgers; in der Praxis ist dies meist ein Veranstalter. Dadurch sichert sich der jeweilige Veranstalter einen starken Einfluss auf das zugehörige Franchisesystem und es ist dem Leistungsträger möglich, sowohl seine Markenidentität verstärkt im Vertrieb durchzusetzen als auch gleichzeitig eine Absicherung seiner Veranstalterumsätze im Vertrieb zu erreichen, ohne dabei in die Notwendigkeit von Investitionen in eigene Büros und damit einer erhöhten Kapitalbindung zu geraten.

4.2.2.2 Reisebürobetriebs-Franchise (z. B. Reiseland, LH City Center)

Die Franchisezentrale befindet sich bei diesem Untertyp eines Franchisesystems im Besitz der an dem System beteiligten Reisebüros, also der einzelnen Franchisenehmer. Dieses System ähnelt daher dem im Einzelhandel noch häufiger vorhandenen Genossenschaftssystem (selbständige Kaufleute von REWE oder von EDEKA), da auch hier die Durchsetzungsmöglichkeiten für die Interessen der einzelnen Franchisenehmer gegenüber der Zentrale stärker ausgeprägt sind. Es besteht nämlich bei dieser Form – anders als beim Leistungsträgerfranchise – für die Zentrale keinerlei Interessenskonflikt zwischen den Interessen der Franchisenehmer und dem Franchisegeber.

4.2.2.3 Mischformen (u. a. DERPART)

Bei diesen Mischformen werden die Anteile an der Zentrale des Franchisesystems sowohl von einem Leistungsträger/Veranstalter als auch den beteiligten Reisebüros gehalten. Dadurch erhalten beide Seiten die Möglichkeit, Einfluss auf die Geschäftspolitik des Franchisesystems nehmen können und es kann ein Ausgleich zwischen den verschiedenen Interessen erfolgen. Andererseits birgt aber diese Eignerstruktur wie im Falle DERPART (hier halten sowohl die beteiligten Reisebüros als auch die DER-Gruppe jeweils 50% der Anteile der Systemzentrale) auch die Gefahr eines Stillstands oder von Blockaden, da keine Seite in der Lage ist, allein Beschlüsse zu fassen, so dass oftmals langwierig um Kompromisse gerungen werden muss.

4.2.3 Kooperationsvertrieb

Auch hier handelt es sich im Normalfall um **inhabergeführte** Büros, die sich jedoch zur Stärkung ihrer Position gegenüber den Veranstaltern (z. B. in Bezug auf deren Vertriebskonditionen) und damit auch gegenüber den Wettbewerbern zu einer Kooperation zusammenschließen. Da die Voraussetzungen zum Beitritt zu einer Kooperation deutlich niedriger liegen als bei einem Franchisesystem, führt dies dazu, dass die Bindung der einzelnen Kooperationspartner zur Kooperationszentrale weitaus weniger eng ist als bei Franchisesystemen. Dies wiederum bewirkt, dass beispielsweise zentrales Marketing oder gar eine zentrale Umsatzsteuerung deutlich erschwert sind und führt letztendlich auch dazu, dass einige Veranstalter nicht mehr bereit sind, den Kooperationen verbesserte Provisionen einzuräumen oder zumindest der Umfang der gewährten Zusatzprovisionen deutlich abgesenkt wurde. Im Unterschied zu Ketten und Franchisesystemen besteht hier zumeist kein gemeinsamer Markenauftritt gegenüber den Kunden, sondern die Kooperationszugehörigkeit wird regelmäßig nur im B2B-Bereich, also den Geschäftsbeziehungen zu den Leistungsträgern, herausgestellt. Eine der größten Reisebüroorganisationen in Europa, die nach diesem Prinzip arbeitet, ist die **TSS – Touristik Service System GmbH**, welche das Ziel verfolgt, den angeschlossenen Reisebüros ganzheitliche und konkurrenzfähige Lösungsansätze zu bieten. (vgl. www.meine-kooperation.de) Ausnahmen von der oben genannten Charakteristik bilden veranstalternahe Kooperationen wie TUI Travel Star als Teil der **RTK-Kooperation**; hier wird auch dem Kunden gegenüber ein gemeinsamer Markenauftritt herausgestellt.

4.2.4 Ungebundene Reisebüros

Diese Reisebüros arbeiten komplett unabhängig und somit ist der einzelne Inhaber frei in seinen unternehmerischen Entscheidungen und nicht an irgendwelche Weisungen/Vorgaben einer Zentrale gebunden. Diese Freiheit und die damit verbundenen unternehmerischen Möglichkeiten (z. B. die Durchführung von Marketingaktionen, die ganz speziell auf den Kundenstamm eines jeden einzelnen Reisebüros ausgerichtet sind) wird aber unter Umständen dadurch teuer erkauft, dass den freien Reisebüros in der Regel bei den Veranstaltern schlechtere Konditionen eingeräumt werden, denn die Einkaufsmacht von Einzelbüros ist deutlich geringer als die Einkaufsmacht einer Kette, die einen wesentlich größeren Beitrag zum gesamten Umsatz eines Leistungsträgers beisteuert. Abhilfe schafft hier in der Praxis häufig nur eine Konzentration auf bestimmte Leistungsträger, Veranstalter oder Marktsegmente, da insbesondere vor dem Hintergrund des zunehmenden Internetvertriebs und der branchenweit zu erkennenden Bestrebungen, die Vertriebskosten (weiter) zu senken, eine weitere Spreizung der Provisionen in der Zukunft sehr wahrscheinlich erscheint.

Dabei sind die Grenzen sowohl zwischen den einzelnen Typen Franchisevertrieb, Kooperationsvertrieb und Freie Reisebüros als auch innerhalb der Stufen Franchise- und Kooperationsvertrieb keineswegs undurchlässig, sondern es findet in der Praxis eine erhebliche Fluktuation zwischen den verschiedenen Typen Franchise-Systemen, Kooperationen und dem freien Vertrieb als auch innerhalb der Typen statt. So verzeichnet die Vertriebsdatenbank allein im Jahr 2010 für insgesamt 783 Reisebüros eine Veränderung ihres Systemzugehörigkeitsstatus.

4.2.5 Stabilität der Bindungssysteme

Der Rückgang der Zahl der Reisebüros resultiert aus dem **Negativsaldo** zwischen Eröffnungen und Schließungen. Bezieht man diese Veränderung auf den Bestand an Reisebüros, so ergibt sich die Fluktuationsrate auf Basis der Bestandsveränderungen. Diese lag in den vergangenen vier Jahren jeweils bei etwas über 10%, in 2005 sogar bei einem Spitzenwert von 18,3%. Von den 12.709 stationären Reisebüros in 2005 existierten in 2010 noch 7.557 bzw. 60%, d. h. 5.152 weniger. Per Saldo konnten im gesamten Zeitraum 2005–2010 insgesamt 8.254 Zu- und Abgänge registriert werden. Dies bedeutet, dass 4.455 Reisebüros innerhalb dieser fünf Jahre eröffnet und auch wieder geschlossen wurden. Dies verdeutlicht die hohe Volatilität des Reisebürogewerbes in Deutschland, wo es keine Lizensierung bzw. Qualifikationsprüfung durch Handelskammern und Gewerbeaufsichtsämter gibt (vgl. Abb. III. 4-9).

Neben der **Fluktuation** durch Bestandsveränderungen gibt es zusätzlich noch die Fluktuation durch Systemwechsel zwischen den verschiedenen Bindungssystemen innerhalb des Bestandes. Zwischen 5 und 8% aller Reisebüros in Deutschland verändern jährlich ihren Systemstatus. Insgesamt müssen jährlich somit die Agenturstammdaten jeder fünften Reisebüroadresse verändert werden, was eine erhebliche Datenpflege durch die Agenturbetreuungen von Reiseveranstaltern und Leistungsträgern erfordert.

	2005	2006	2007	2008	2009	2010
1 Veränderungen durch Zu- und Abgänge						
Reisebürobestand Vorjahr	12.709	11.659	10.990	10.465	10.095	9.868
Zugänge	+636	+468	+302	+320	+410	+421
Abgänge	-1.686	-1.137	-827	-690	-637	-720
Reisebürobestand aktuelles Jahr	11.659	10.990	10.465	10.095	9.868	9.569
Summe Fluktuation durch Zu- und Abgänge in %	18,3%	13,8%	10,3%	9,7%	10,4%	11,6%
Von 12.709 stationären Reisebüros in 2005 existierten in 2010 noch 8.510 bzw. 67% (per Saldo 8.712 Zu- und Abgänge)						
2 Statusveränderungen im Bestand[2] durch Wechsel...						
... von einer Systemkategorien zu einer anderen Systemkategorie (z.B. von einer Reisebürokette zu einem Franchisesystem)	691	153	109	179	139	133
... innerhalb einer Systemkategorie (z.B. von einer Kette zu einer anderen Kette)	1.461	304	154	135	198	308
... zwischen systemgebundenen und nicht systemgebundenen Reisebüros	1.270	407	258	362	270	342
Summe Fluktuation durch Statusveränderungen im Bestand insgesamt	3.422	864	521	676	607	783
Fluktuation durch Statusveränderungen in %	26,9%	7,4%	4,7%	6,5%	6,0%	7,9%
3 Fluktuation insgesamt	**5.744**	**2.469**	**1.650**	**1.686**	**1.654**	**1.924**
Anteil der Fluktuation durch Zu- und Abgänge sowie durch Statusveränderungen in % am Reisebürobestand im jeweiligen Jahr	45,2%	21,2%	15,0%	16,2%	16,4%	19,4%

[1] Zur Kategorie „Stationäre Reisebüros" werden Klassische Reisebüros und Touristische Reisebüros gerechnet
[2] Die Statusänderungen im Bestand umfassen sowohl Wechselaktivitäten einzelner Reisebüros wie auch solche Veränderungen, die durch strukturelle Änderungen vollständiger Reisebürosysteme bedingt sind (z.B. Fusionen, Übernahmen, Aufgliederung einer Kette in eine Ketten- und eine Franchise-Schiene u.ä.)

***Abb. III. 4-9** Fluktuation bei Stationären Reisebüros im Zeitraum 2004–2010 jeweils gegenüber dem Vorjahr (Quelle: DRV-Vertriebsdatenbank)*

5 Struktur und Funktionen der Online Portale

Menschen aller Altersstufen nutzen inzwischen das Internet, um sich zu informieren, zu konsumieren und mit anderen zu kommunizieren. Allerorten verfügbare Breitbandzugänge und neue Formen der Kommunikation machen es inzwischen möglich, jederzeit und überall online zu sein. Die Allgegenwart der digitalen Welt lässt die „digitale Identität" zu einem Teil der realen Identität werden, so dass die Grenzen zwischen Privatem und Öffentlichem verschwimmen. Gleichzeitig wächst die Macht von digitalen Gruppen und Foren wie Facebook oder Twitter. Im Zuge dieser Entwicklung wandelt sich auch der Konsument. So verlieren einseitige Werbebotschaften an Wirkung, während Dialog und Auseinadersetzung mit dem gut informierten Verbraucher immer wichtiger werden. Als **„Prosumer"**, der z. B. aktiv an Neuentwicklungen mitwirkt, wird der Konsument sogar produktiver Teil der Wertschöpfungskette.

Die **Online-Portale der Reiseindustrie** stellen einen zunehmend wichtigen Vertriebsweg dar. Der darüber generierte Umsatz steigt sprunghaft. Als „echter" Online-Umsatz ist nur der Umsatz zu bezeichnen, der ohne manuellen Eingriff und unter direktem Zugriff auf Inventories oder virtuelle Kapazitäten zustande kommt. Abgesehen von den Online Vertriebsplattformen der Leistungsträger wie z. B. „bahn.de", „lufthansa.com", „sixt.de" und „accor.com" haben die Plattformen der Intermediäre eine stark wachsende Bedeutung. Dazu zählen z. B. die Reisebüroportale „ebookers.de", „Expedia.de", lastminute.de", „opodo.de", „HolidayCheck.com". Hinzukommen Produktportale für Hotels und Flüge wie „hrs.de", „hotel.de", „booking.com" oder „opodo.de" und „fluege.de" (vgl. Kapitel IV.2.1.1.3).

5.1 Entwicklung der Internetnutzung in Deutschland

Wie sich Abb. III. 5-1 entnehmen lässt, hat sich die Anzahl der Internetnutzer allein in Deutschland seit 2001 verdoppelt und betrug 2011 74,7%. Doch es lässt sich nicht nur eine Veränderung in der Nutzerintensität des Internets beobachten, sondern auch in dessen Struktur. Die Wachstumsraten der Internetnutzung flachen inzwischen ab. Dies bedeutet, dass immerhin rund ein Viertel der deutschen Bevölkerung nicht über einen Netzzugang verfügen und ggf. von wichtigen Informationen abgeschnitten sind; die meisten davon sind Hartz IV-Empfänger, Menschen in Altersarmut, Hochbetagte und Ausländer aus unteren sozialen

Schichten, die Sprache und Schrift nicht ausreichend beherrschen. Das Web 1.0, wie es in der früheren Version anzutreffen war, hat sich zum Web 2.0 entwickelt.

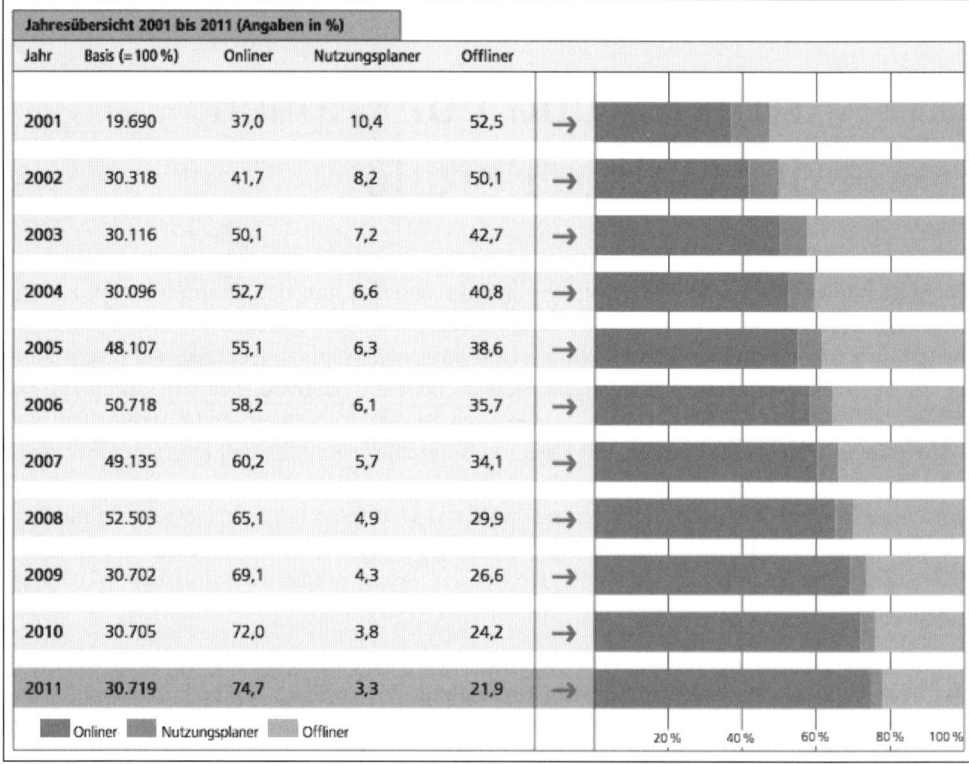

Abb. III. 5-1 Entwicklung der Internetnutzung in Deutschland (Quelle: INITIATIVE D21/TNS INFRATEST GMBH 2011: 12)

Abb. III. 5-2 zeigt, dass der Anteil der Nutzer, die ihre Reise über das Internet buchen, innerhalb von neun Jahren um knapp 38% gestiegen ist. Entsprechend der FUR Reiseanalyse 2010 sind die Zuwachsraten bei den „Reisebuchern" im Jahr 2010 doppelt so groß wie bei denen, die sich ausschließlich im Internet über Reisen informieren. Dieser Trend soll auch in den kommenden Jahren anhalten. Diesen Gegebenheiten nach ist festzustellen, dass sich das Internet in den letzten Jahren bereits erfolgreich als Vertriebsweg für Reisen etabliert hat. Einige der Social Media Anwendungen bieten für touristische Unternehmen Potenzial, als Vertriebskanal zu fungieren.

Obwohl das Internet und vor allem Social Media nicht primär für den Verkauf und Vertrieb gemacht wurde, sondern vielmehr zur Kommunikation und zum Informationsaustausch, so bieten Social Media Anwendungen dennoch Vorteile, die für touristische Unternehmen von Bedeutung sind (vgl. Kapitel III.5.2.2).

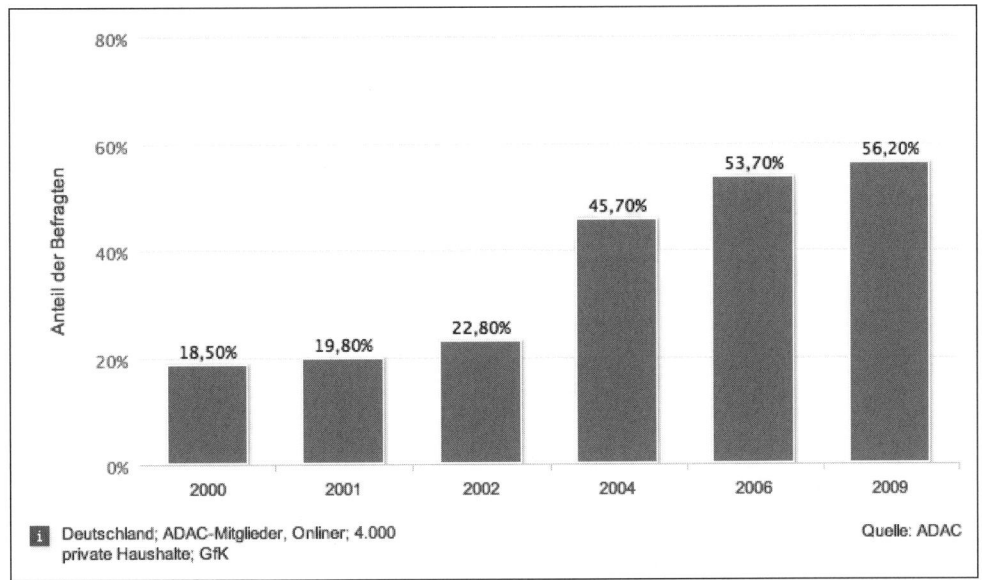

Abb. III. 5-2 *Anteil der Nutzer, die Reisebuchungen im Internet vornehmen (Quelle: STATISTA GMBH 03/2010)*

5.2 Web 2.0 und Social Media

Das Internet hat sich auf der Grundlage technologischer Fortschritte auch zu einer so genannten „Mitmach-Plattform" entwickelt, die den Usern die aktive Gestaltung von Webinhalten ermöglicht. Social Media ist für viele Menschen weltweit ein fester Bestandteil des alltäglichen Lebens geworden und hat die Art und Weise des miteinander Kommunizierens grundlegend verändert. Vor allem in der Reiseindustrie erhalten die sozialen Medien zunehmend Einzug. Bei der Urlaubsplanung informieren sich immer mehr Reisende im Internet über touristische Angebote und nehmen dabei Anwendungen wie Blogs, soziale Netzwerke oder Bewertungsplattformen zu Hilfe. Im Web werden sowohl Reiseerlebnisse und -erfahrungen unter den Usern ausgetauscht als auch Bewertungen und Kommentare zu einzelnen Leistungen hinterlassen. Die Tourismusbranche entdeckt zunehmend die Vorteile von Social Media für sich. Dabei sind Hotels, Verkehrsträger, Reiseveranstalter, Reisemittler und ganze Destinationen inzwischen zahlreich auf diversen Plattformen vertreten.

Häufig ist der Begriff Web 2.0 anzutreffen. Web 2.0, auch als Mitmach-Web bezeichnet, zielt eher auf den technologischen Aspekt ab. Es ermöglicht Usern das Erstellen eigener Inhalte, um diese über diverse Kanäle untereinander mitzuteilen. Social Media baut auf dem Web 2.0 auf und verleiht den Inhalten eine soziale Komponente, indem Menschen, die in Beziehung zueinander stehen z. B. über soziale Netzwerke wie Facebook oder Twitter kommunizieren. Der Brite Tim Berners-Lee legte mit der Entwicklung des Word Wide Web (kurz: WWW) im Jahr 1989 den Grundstein für den Durchbruch des Internets als Massenmedium. Seit Ende der 1990er Jahre erfährt es eine enorme Entwicklung und ist für viele Privatanwender und Unternehmen heutzutage ein fester Bestandteil des alltäglichen Lebens.

Bevor das Internet Einzug in die Marketingstrategien von touristischen Unternehmen erhielt, dienten Reisebüros als klassischer Vertriebskanal für Leistungen der Leistungsträger und Veranstalter. Mit dem Internet ergaben sich für diese neue Möglichkeiten, um der geographischen Begrenzung des Vertriebs über Reisebüros entgegenzuwirken und Vertriebsprozesse eigenständig zu gestalten. Vor allem die Entwicklung von Social Media Anwendungen verleiht Tourismusanbietern zunehmend mehr Eigenständigkeit. Um Produkte und Dienstleistungen verkaufen zu können, ist es für den Reiseanbieter zunächst erforderlich eine Beziehung zum Kunden aufzubauen, da somit Kaufanreize effektiv geschaffen und gefördert werden können. Kommunikation bildet dementsprechend die Grundlage für den Verkauf. Ein Urlauber zum Beispiel wird erst dann ein Hotelzimmer buchen, wenn er von der angebotenen Leistung überzeugt ist und er zum Reiseanbieter ein gewisses Vertrauen aufgebaut hat. Dieses Vertrauen wird im Rahmen von Social Media vor allem durch die interaktive Kommunikation geschaffen. Neben der zunehmenden Unabhängigkeit der Leistungsträger und Veranstalter bei Vertriebsprozessen, bildet die genaue Zielgruppenansprache einen weiteren Vorteil des Vertriebs über Social Media. Der Tourismusanbieter erfährt durch den direkten Kontakt mit dem Reisenden über Bewertungen und Kommentare etc. mehr über dessen Meinungen und Wünsche. Durch die Interaktivität ist es dem Reiseanbieter somit möglich, Produkte genau auf die Kundenwünsche anzupassen und das perfekte Reiseprodukt zu schaffen.

Des Weiteren ist ein bedeutender Vorteil des Vertriebs über Social Media dem Kunden die Möglichkeit zu bieten, die Buchung im Internet direkt am Ort der Reiseentscheidung zu tätigen und somit die Absprungrate zu verringern. Bislang war es üblich, dass der Kunde im Anschluss an die Kaufentscheidung auf die unternehmenseigene Website wechseln musste oder z. B. in ein Reisebüro ging, um die Reise zu buchen. Dieser neuartige Buchungsdienst über Social Media wird im folgenden Kapitel anhand eines Beispiels erneut aufgegriffen.

5.2.1 Social Media und Web 2.0-Anwendungen

(1) Soziale Netzwerke
Soziale Netzwerke haben in den letzten Jahren zunehmend an Bedeutung gewonnen. Laut der TOUROM-Studie, deren Befragung sich auf Personen aus der Reisebranche spezialisierte, sind soziale Netzwerke derzeit die meist genutzten Social Media Anwendungen (75% der Befragten nutzen diese täglich). Soziale Netzwerke sind Kommunikationsplattformen, die hauptsächlich der Pflege und dem Aufbau persönlicher Kontakte dienen. User legen Profile an, die mit persönlichen Informationen, Videos, Fotos oder Inhalten anderer User oder Plattformen bestückt werden können. Diese werden mit anderen Nutzern, wie Freunden oder Kollegen etc. geteilt. Durch das in Kontakt treten bzw. das Vernetzen der User über ihre Profile entsteht ein Netzwerk. Während soziale Netzwerke ursprünglich auf die Vernetzung von natürlichen Personen abzielten, etablierten sich inzwischen auch Unternehmen und Marken, deren Profile mit diversen multimedialen und interaktiven Funktionen ausgestattet sind. Im Laufe der letzten Jahre haben sich immer wieder neue soziale Netzwerke entwickelt,

deren Nutzergruppen erheblich variieren. Während VZ-Netzwerke wie Schüler- oder StudiVZ eher auf Schüler bzw. Studenten ausgerichtet sind, hat sich XING hingegen als berufliches Netzwerk etabliert. Ferner existieren aber auch einige ohne besondere Zielgruppenausrichtung wie Facebook, Twitter oder Wer-kennt-wen. Die folgende Abbildung gibt einen Überblick über die aktuell am meisten genutzten sozialen Netzwerke.

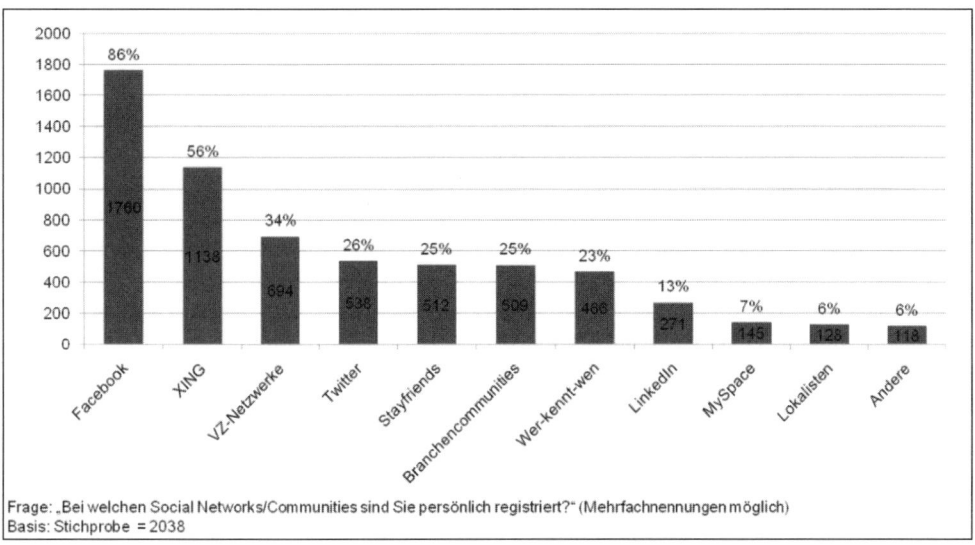

Abb. III. 5-3 Nutzung sozialer Netzwerke (Quelle: TOURISTIK CONSULTING 08/2011: 16)

Abb. III. 5-3 zeigt, dass Facebook derzeit das beliebteste soziale Netzwerk ist, gefolgt von XING, den VZ-Netzwerken und Twitter. Aktuell (Stand: 03.10.2011) verzeichnet Facebook weltweit mehr als 800 Millionen aktive Mitglieder und ist somit das soziale Netzwerk mit der höchsten Nutzerintensität. Google ist mit seiner aktuellsten Entwicklung Google Plus (Google +) nun auch auf dem Weg, sich als soziales Netzwerk im Web zu etablieren. Neben den herkömmlichen Funktionalitäten, die soziale Netzwerke aufweisen, bietet Google Plus seinen Nutzern noch weitere Funktionen, wie das Anlegen von so genannten Circles („Kreisen"). Hier können User ihre Kontakte in Kategorien einordnen, z. B. in berufliche Kontakte, Familie, Freunde etc. und mit diesen Informationen teilen. Diese Funktion bietet Facebook zwar auch, jedoch hat Google sie noch benutzerfreundlicher gestaltet.

(2) Weblogs, Foto- und Videosharing-Portale
Das Wort Weblog, verkürzt auch „Blog" genannt, setzt sich aus den Wörtern „Web" und „Log" (wie Logbuch) zusammen. Ein **Weblog** bezeichnet eine chronologisch strukturierte Website mit Beiträgen, die in Gestalt eines Tagebuchs oder Journals regelmäßig aktualisiert wird. Dem Verfasser der Blogbeiträge ist es selbst überlassen, ob Inhalte nur an ausgewählte Leser oder an die Öffentlichkeit gerichtet werden sollen. Bloginhalte weisen häufig eine eingegrenzte Thematik auf, was eine bestimmte Zielgruppe an sie bindet. Des Weiteren sind Inhalte nicht ausschließlich auf Texte beschränkt, sondern auch in Form von Fotos oder Videos anzutreffen. Aufgrund der leichten Bedienbarkeit der Blogsoftware, sind im World Wide Web heutzutage diverse Arten von Blogs vertreten, die sich sowohl nach Thema, Art

des zur Veröffentlichung gewählten Mediums und potentieller Zielgruppe unterscheiden lassen. Den Lesern steht die Möglichkeit zur Verfügung, Kommentare zu einzelnen Beiträgen zu hinterlassen, was häufig zu Diskussionen unter den Usern führt. Es ist zudem möglich, Blogeinträge oder Kommentare mit anderen Blogs oder Websites zu verlinken.

Usern von **Foto- und Videosharing-Portale** ist es möglich, Fotos bzw. Videos im Web hochzuladen und sie anschließend für die Öffentlichkeit zugänglich zu machen. Somit können die unterschiedlichsten multimedialen Inhalte miteinander geteilt, und Kommentare hinterlassen werden. Da diese Anwendungen größtenteils sowohl für die User als auch für Unternehmen kostenlos sind, ist heutzutage eine Vielfalt solcher Portale im Internet vorhanden. Zu den bekanntesten Fotosharing-Portalen gehört Flickr. Neben der grundlegenden Funktion Fotos zu veröffentlichen, beinhaltet Flickr zusätzlich integrierte Community-Funktionalitäten. Wie bei sozialen Netzwerken, ist es auch hier notwendig zur Nutzung ein Profil anzulegen. Dies kann durch natürliche Personen oder Unternehmen erfolgen. Es kann auch, wie z. B. bei Google Plus, ein virtueller Freundes- bzw. Kundenkreis aufgebaut werden, denen vereinzelt bestimmte Rechte, wie das Organisieren oder Kommentieren eigener Fotos, zugesprochen werden können. Analog zu Fotosharing-Portalen sind Videosharing-Portale auf die Veröffentlichung von Videos ausgerichtet. YouTube gehört zu den bekanntesten und größten Videosharing-Portalen mit Community-Funktionalität. Usern ist es möglich, Videoclips anzusehen, diese selbst hochzuladen oder sie in andere Websites zu integrieren. Zahlreiche Nutzer sozialer Netzwerke verbreiten YouTube-Links über ihre persönlichen Profile. Genau wie bei Fotosharing-Portalen gibt es auch bei Videosharing-Portalen die Möglichkeit, Kommentare zu hinterlassen, Videos zu bewerten sowie diese als Favorit zu kennzeichnen. Es besteht zudem die Option, die Startseite eines eigenen YouTube-Kanals individuell anzupassen. Dies ist besonders für Unternehmen geeignet, denn somit kann das Corporate Design einer Marke mitberücksichtigt werden.

(3) Social Bookmarking
Social Bookmarking bezeichnet das gemeinschaftliche Verwalten von Web-Lesezeichen. Jeder User hat die Möglichkeit eigene virtuelle Lesezeichen („Bookmarks") zu erstellen und sie online zu speichern, damit sie jederzeit auf einer persönlichen Seite abgerufen werden können. Bookmarks können somit auf den privaten Gebrauch beschränkt oder anderen Usern zur Verfügung gestellt werden, was die soziale Komponente ausmacht. Einige Social Bookmarking Dienste erlauben den Nutzern zusätzlich Lesezeichen an andere weiterzuempfehlen und mit bestimmten Schlagwörtern („Tags") zu markieren. Im Internet besteht eine Vielzahl solcher Dienste. Eines der bekanntesten kostenlosen Social Bookmarking Dienste ist delicious, auf dessen Homepage sowohl die aktuellsten als auch die populärsten Tags zu sehen sind. Es besteht außerdem die Möglichkeit zu sehen, wie viele der Benutzer eine bestimmte Webadresse zu ihren delicious-Bookmarks hinzugefügt haben. Eine Website wird umso bedeutender, je mehr User die dazugehörige URL zu ihren Bookmarks hinzufügen. Das im deutschsprachigen Raum bekannteste Social Bookmarking Portal ist Mister Wong und beinhaltet ähnliche Funktionalitäten wie delicious.

(4) Bewertungsplattformen
Bewertungsplattformen bieten Usern die Möglichkeit Produkte oder Dienstleistungen zu bewerten. Des Weiteren können Bewertungen und Erfahrungsberichte anderer User für ein gesuchtes Produkt oder eine gesuchte Dienstleistung gefunden werden. Im World Wide Web ist ein breites Spektrum an Bewertungsseiten vorhanden, die verschiedene Themengebiete abdecken. So sind Quipe und Yelp zwei der bekanntesten Portale, die sich auf allgemeine Themen wie Restaurants, Nachtleben, Shopping, Entertainment und Gesundheit etc. spezialisieren. Während generalisierte Bewertungsportale, wie die oben genannten, auch Bewertungen für Hotels oder andere touristische Betriebe beinhalten, gibt es solche, die sich ganzheitlich auf die Reiseindustrie spezialisiert haben. Zu den bekanntesten gehören TripAdvisor und HolidayCheck. Die Portale bieten zudem nicht nur Bewertungen und Erfahrungsberichte, die mit Bildern gestützt werden können, sondern auch Preisvergleiche zum Auffinden der günstigsten Anbieter. Urlaubsbewertungsplattformen haben zunehmend an Relevanz im Reiseinformations- und Kaufentscheidungsprozess gewonnen. Sie bieten den Nutzern eine Gelegenheit, sich über Hotels, Flüge, Reiseaktivitäten etc. zu informieren und gleichzeitig selbst über ihre Erfahrungen zu berichten und somit andere User durch Tipps und Bewertungen bei ihrer Reiseentscheidung zu unterstützen.

5.2.2 Möglichkeiten der Nutzung von Web 2.0- und Social Media-Anwendungen für die Reiseindustrie

Im Zusammenhang mit der Kommunikation über Web 2.0- und Social Media Angebote ist in der Literatur auch häufig der Begriff „**Word of mouth**" anzutreffen, was bedeutet, dass Informationen von den Konsumenten weitergegeben werden an andere Konsumenten. Bei Social Media liegt der „Word of mouth"-Effekt in verstärkter Form vor.

Jahrelang funktionierte die klassische Kommunikation nach dem Reiz-Reaktions-Prinzip, in der Literatur auch unter dem englischen Synonym Stimulus-Response-Prinzip anzutreffen. Im Rahmen dieser Kommunikationsweise liegt es in der Hand der Anbieter, welche Angebote sie in welchem Umfang ihren Kunden zur Verfügung stellen. Per Werbebotschaft werden Reize gesendet, z. B. in Form von Werbebannern oder Popups, in der Hoffnung auf positive Reaktionen seitens der Kunden. Die **soziale Komponente** wird im Zuge dessen nicht berücksichtigt, denn Bedürfnisse des Kunden sind hierbei von sekundärem Interesse der Anbieter. Das **Push-Prinzip** wird zwar nach wie vor von diversen Unternehmen praktiziert, doch besonders in der Tourismusbranche verliert es zunehmend an Bedeutung. Mit den Möglichkeiten von Social Media als Kommunikationsmedium verschiebt sich die Kundenansprache immer mehr in Richtung des **Pull-Prinzips**. Bei Social Media steht, wie bereits in den vorangegangen Kapiteln erläutert wurde, der User im Mittelpunkt. Der Kunde nimmt aktiv an der Gestaltung der Inhalte von Websites teil und entscheidet zunehmend für sich selbst, welche Informationen für ihn relevant sind. Nach eigenständiger Recherche von Reiseangeboten im Internet z. B. über Blogs, Bewertungsplattformen, sozialen Netzwerken etc. geht er aus eigenem Interesse auf den Reiseanbieter zu. Aufgabe des Unternehmens ist es dementsprechend, über verschiedene Social Media Dienste, Informationen bereit zu halten und dem Kunden die Möglichkeit zu einem Gespräch zu bieten. Das Unternehmen muss dann in der

Lage sein, auf die Wünsche des Kunden zu reagieren und ihm entsprechende Angebote zu unterbreiten. Im Rahmen des Tourismus bedeutet dies, dass der Kunde sich von bereits fertig angebotenen Pauschalreisen abwendet und auf ausdifferenzierte Produkte ausweicht. Der Tourist bestimmt also selbst anhand seiner eigenen Wünsche, welche Informationen und touristischen Angebote er konsumiert.

Zunehmend mehr Tourismusanbieter entdecken die Vorteile sozialer Netzwerke für sich und machen von diesen Gebrauch. Häufig agieren sie dabei allerdings nicht nur in einem der zahlreichen Netzwerke, sondern sind in mehreren parallel vertreten. Eines der Tourismusunternehmen, welches erfolgreich in vielen Netzwerken wie Facebook, Twitter oder XING aktiv ist, ist die Deutsche Lufthansa AG. Ihr Facebook- Unternehmensprofil generiert aktuell (23.09.2011) knapp 350.000 Mitglieder.

(1) Soziale Netzwerke
Über soziale Netzwerke können Unternehmen **direkten Kontakt** mit ihrer Zielgruppe aufnehmen. Die interaktive Kommunikation schafft eine Vertrauensbasis und stärkt die Kundenbindung. Das Unternehmen kann durch den intensiven Dialog Meinungen der Kunden einholen und gezielt mit diesen arbeiten. Wie an dem oberen Beispiel der Lufthansa zu sehen ist, kann die Mitgliederanzahl eines Unternehmensprofils sehr hoch sein. Inhalte können vom Anbieter somit über eine erhöhte Reichweite kommuniziert werden, denn jedes Mitglied dient als Multiplikator einer Information, indem z. B. Reiseerfahrungen oder Erfahrungen mit einem bestimmten Anbieter mit anderen Kontakten geteilt werden. Obwohl sich **Google Plus** noch in der Entwicklungsphase befindet und die Möglichkeit zur Erstellung von Unternehmensprofilen noch nicht ausgereift ist, bieten Funktionalitäten wie „Circles" zukünftiges Potenzial für eine noch genauere Zielgruppenansprache. Hoteliers zum Beispiel können diese Funktion nutzen, um ihre Gäste in Gruppen, wie Familienurlauber, Geschäftsreisende etc., einzuteilen und Informationen nur an eine bestimmte Gruppe zu senden. Dies hat zum Vorteil, dass User nicht von irrelevanten Informationen belästigt werden.

Touristische Unternehmen machen zunehmend von dem weltweit größten sozialen Netzwerk **Facebook** als Vertriebskanal Gebrauch. Ein erfolgreiches Beispiel ist das Facebook-Unternehmensprofil der Destination Montafon, auf der sich Facebooknutzer ihre Unterkunft direkt über eine Buchungsmaske, dem so genannten **Buchungswidget**, buchen können. Der User gibt hierzu Informationen ein, wie die gewünschte Zielregion, Unterkunftstyp, Reisezeitraum, Personenanzahl etc., und wird anschließend auf ein entsprechendes Buchungssystem (z. B. Bytes@work oder Feratel) oder direkt auf die Website der Destination weitergeleitet. Dort werden die zur Verfügung stehenden Unterkünfte entsprechend der eingegebenen Daten aufgelistet. Nachdem vom Nutzer die gewünschte Unterkunft und persönlichen Daten eingegeben worden sind, kann die direkte Buchung erfolgen. Das Buchungswidget ist nicht nur auf vielen Facebook-Profilen touristischer Destinationen integriert, sondern auch auf jenen von Hotels. Funktional wird der Social Media-Anbieter damit zu einem normalen Online-Reisebüro, das Reiseleistungen der klassischen Veranstalter und Leistungsträger vermittelt.

Des Weiteren bieten Tourismusunternehmen zunehmend **Ticketverkäufe** über Social Media Plattformen an. Als Beispiel ist hier die Deutsche Bahn AG mit ihrem „Chefticket"- Sonderangebot zu nennen. Das Unternehmen bot vom 25.10.2010 bis 07.11.2010 deutschlandweite zuggebundene Bahntickets zu einem geringen Preis über ihr Facebook-Unternehmensprofil an. Der Verkauf wurde allerdings nur registrierten Facebook-Usern ermöglicht. Auch Fluggesellschaften machen von Facebook als Vertriebskanal Gebrauch. Die US-amerikanische Fluggesellschaft Delta Airlines bietet Nutzern die Möglichkeit auf ihrem Profil unter der Kategorie „Book a Trip" Flugtickets direkt zu kaufen. Noch einen Schritt weiter geht der deutsche Reiseanbieter TUIFly mit seiner Facebook-Applikation SkyFriends. TUIFly erweitert seine Facebook Buchungsmöglichkeiten durch weitere Funktionalitäten. Über die Funktion „Zusammen verreisen" können ausgewählten Facebook-Freunden ein persönlicher Reisevorschlag bzw. ein Wunschreiseziel gesendet werden. Die Funktion „Gegenseitig buchen" ermöglicht den Usern, Freunde in anderen Städten zu besuchen oder diesen eine Reise in die eigene Stadt zu empfehlen. Facebook ermittelt nach der Erlaubnis des Facebooknutzers mit Hilfe persönlicher Profildaten dessen Heimatort und zeigt daraufhin in Form einer Liste oder interaktiven Karte die günstigsten Flugverbindungen zu Freunden und umgekehrt an.

(2) Weblogs, Foto- und Videosharing-Portale
Auch Blogs sind in der Tourismusbranche zahlreich vertreten. Reisebüros wie **STA Travel** kreieren zunehmend so genannte Corporate Blogs (Firmenblogs). Blogbeiträge bei STA Travel werden vor allem von Mitarbeitern geschrieben. Dennoch besteht zusätzlich für User die Möglichkeit eigene Blogbeiträge zu verfassen oder bereits veröffentlichte Beiträge zu kommentieren. Diese Partizipation lässt einen Blog zu einem gemeinschaftlichen Produkt werden, bei dem vor allem die Interaktivität und Kommunikation eine zentrale Rolle spielen. **Corporate Blog**s werden genutzt, um den Usern u.a. Einblicke in das Unternehmen zu gewähren. Des Weiteren fördern sie die direkte Kommunikation zwischen Kunden und Unternehmen. Mitarbeiter von Tourismusunternehmen berichten z. B. von aktuellen Reiseerlebnissen und geben interessante Urlaubsempfehlungen. Somit kann der Tourismusanbieter dessen Know-how nach außen kommunizieren und sowohl Kompetenz als auch Autorität in einem bestimmten Fachgebiet zeigen. Auch bei Blogs ist die erhöhte Reichweite ein großer Vorteil, da Blogs von Nutzern über Empfehlungen oder Suchmaschinen leicht gefunden werden können.

Urlaub ist für viele ein sehr emotionales Thema und lässt sich ideal über Fotos und Videos darstellen. Diesen Vorteil hat auch der Reiseveranstalter **Ruf Jugendreisen** für sich erkannt und kommuniziert über Foto- und Videosharing-Portale wie Flickr und YouTube. Zwar ist **Flickr** nicht für kommerzielle Zwecke gedacht, dennoch können Fotos von Urlaubserlebnissen der Gäste oder vom Tourismusanbieter selbst veröffentlicht werden. **Über YouTube** können z. B., wie in der Darstellung gezeigt, Filme über die aktuellsten Angebote gezeigt werden. Um die Reichweite zu verstärken, können die User auch zusätzlich durch einen integrierten Link auf die eigene Website verweisen.

(3) Social Bookmarking
Auch Social Bookmarking Dienste sind für die Kommunikation touristischer Unternehmen interessant. Ein erfolgreiches Beispiel ist ein Hotelier, der mit Hilfe des bekannten Social Bookmarking Dienstes **delicious** für seine Gäste und Besucher der Region eine Linkliste mit Freizeitempfehlungen erstellte. Durch den Verweis auf den entsprechenden delicious-Link bleibt ihm der Aufwand erspart, seinen interessierten Gästen einzeln Empfehlungen auszusprechen.

(4) Bewertungsplattformen
Die hohe Nachfrage nach Bewertungsplattformen unter Touristen weltweit ist für Tourismusanbieter, vor allem für die Hotellerie, von großer Bedeutung. Öffentliche Bewertungsplattformen wie **HolidayCheck** haben sich bei den Usern zunehmend als eine zuverlässige und authentische Informationsquelle entwickelt, die größtenteils ausschlaggebend für die Reiseentscheidung ist. Erfahrungsberichte der Reisenden werden als glaubwürdiger betrachtet, da diesen keine finanziellen Eigeninteressen unterstellt werden. Reagiert der Tourismusanbieter auf die Bewertungen, so wird dem Urlauber gezeigt, dass ein großes Interesse an seiner Meinung besteht, was sich positiv auf die Reputation des Unternehmens auswirkt. Neben offiziellen Bewertungsplattformen existieren auch Tourismusanbieter, die Empfehlungs- und Bewertungsdienste auf der eigenen Website implementieren, um somit direktes Feedback seitens der Kunden zu erhalten. Im Umgang mit Bewertungsportalen ergeben sich für die Unternehmen jedoch nicht nur Möglichkeiten mit dem Kunden direkt zu kommunizieren, sondern auch Gefahren (vgl. Kapitel III. 5.3).

Nicht nur Facebook bietet Möglichkeiten zum Vertrieb, sondern auch öffentliche Bewertungsplattformen wie HolidayCheck, das ursprünglich als reine Urlaubsbewertungsplattform populär wurde. Die HolidayCheck AG hat sich, seit seiner Gründung im Jahre 2003, nicht nur als das größte deutschsprachige Urlaubsbewertungsportal, sondern auch als Online-Reisebüro etabliert und arbeitet heute mit vielen namhaften Reiseveranstaltern zusammen.

(5) Unternehmens-Website
Es sind nicht nur die öffentlichen Social Media Plattformen, die eine entscheidende Rolle für Tourismusunternehmen im Kommunikationsprozess spielen. Ein wichtiger Aspekt spielt auch die Gestaltung der eigenen Website. Diese sollte nach Faber Verlinkungen auf die Social Media Präsenzen integriert haben, wie z. B. ein Link zum Facebook-Unternehmensprofil oder zum eigenen Reiseblog, um die Kommunikation zu verstärken.

5.2.3 Herausforderungen und Gefahren des Einsatzes von Social Media und Web 2.0-Anwendungen

Immer mehr Reisende nutzen Social Media sowohl aktiv als auch passiv, in dem sie Empfehlungen oder Bewertungen zu Reiseangeboten oder Leistungsträgern veröffentlichen oder selbst zur Reiseentscheidung heranziehen. Die Gefahr für einen Reiseanbieter besteht hierbei in der schnellen Verbreitung von **negativer Kritik**. Während positive Kommentare einem Unternehmen viele Vorteile, wie die Neukundengewinnung oder Kundenbindung einbringen, so kann es passieren, dass zunehmend negative Bewertungen die Reputation des Unternehmens schädigen. Ein Gast, der unzufrieden mit der erbrachten Leistung des Hotels ist oder ein Passagier, dessen Flug sich erheblich verspätet, hat heutzutage mittels Social Media viele Möglichkeiten, seine Unzufriedenheit mit anderen Usern zu teilen. Die Kontrolle der Kommunikationsinhalte liegt zunehmend in den Händen der User. Wird negative Kritik von Tourismusanbietern nicht als Chance zur Verbesserung genutzt und wird nicht angemessen und schnell genug auf die Kritik reagiert, kann dies durchaus negative Folgen für das Unternehmensimage haben.

Eine weitere **Gefahr** mit der Tourismusunternehmen rechnen müssen liegt beim Vertrieb über Social Media. Für User sind die verschiedenen Plattformen primär ein Kommunikationsinstrument. Reiseanbieter oder -mittler dürfen ihren Fokus daher nicht auf den Verkauf von Leistungen legen, sondern vor allem auf den Austausch von Erfahrungen mit den Reisenden, damit Erlebnisangebote individuell auf sie zugeschnitten werden können. (Vgl. AMERSDORFFER (Hrsg.) 2010: 55) Denn sollte für den Kunden ersichtlich werden, dass für das Reiseunternehmen überwiegend die Umsetzung kommerzieller Interessen, anstatt die direkten Kommunikation im Vordergrund steht, resultiert dies in einer Abwendung vom Anbieter seitens der Kunden. Die Frage stellt sich hierbei, wie groß diesbezüglich die Toleranz der Kunden beim Vertrieb über Social Media ist. Einige Social Media Dienste wie das Fotosharing-Portal Flickr verbieten sogar strikt die Durchführung kommerzieller Aktivitäten. Tourismusunternehmen, wie der Reiseveranstalter Ruf Jugendreisen, die mit ihren Kunden über solche Dienste kommunizieren, müssen sich dementsprechend an diese Richtlinien halten.

Eine weitere **Herausforderung**, die sich für Unternehmen der Reiseindustrie durch die Kommunikation über Social Media ergibt, ist das Bewahren der **Authentizität und Glaubwürdigkeit** ihrer eigenen Informationen. Als Beispiel dient hier der Reiseerlebnisblog eines Tourismusanbieters. Häufig sind Reiseerlebnisse anderer Personen ausschlaggebend für die Reiseentscheidung. Besonders Reiseblogs wie der des Reiseanbieters STA Travel, dessen Erfahrungsberichte hauptsächlich von Mitarbeitern des eigenen Unternehmens geschrieben werden, werden von Reisenden häufig mit Skepsis betrachtet. Daher muss das Tourismusunternehmen beim Verfassen des Blogs den richtigen Ton treffen und vor allem eine persönliche Ausdrucksweise beibehalten, um den Reisenden eine authentische Informationsquelle bieten zu können. Ansonsten besteht auch hier die Gefahr, dass dem Unternehmen seitens der Kunden kommerzielle Interessen unterstellt werden.

Entsprechend der TOUROM Studie setzen touristische Unternehmen Social Media noch zu unprofessionell ein. Dies liegt daran, dass hierfür zu wenig personelle und finanzielle Ressourcen zur Verfügung gestellt werden. Des Weiteren haben laut der Studie 71 % der Befragten noch kein Social Media Konzept. Durch fehlende Konzepte und aufgrund von mangelndem Verständnis für die Wirkungsweise sozialer Medien ergibt sich für touristische Unternehmen somit die Gefahr, zu viel unproduktive Zeit für ihre Social Media Aktivitäten zu verschwenden. Daher ist es für ein Unternehmen sinnvoll, sich mit der dynamischen Entwicklung von Social Media zu beschäftigen und sich ihr anzupassen.

Literaturhinweise zu Teil III

Zu den Grundlagen des Marketing-Managements (III.1) und Vertriebs (III.2) im Tourismus: BECKER 2009, ESCH 2001, FREYER 1999, 2008, 2011 (Tourismus-Marketing), HAEDRICH ET AL 1998: 279ff., MEFFERT/BRUHN 2009, ROTH/SCHERTLER-ROCK 2011, ROTH/SCHRAND 1995

Zur Entwicklung (III.3), Struktur und Funktionen (III.4) der Reisebürobranche in Deutschland: DRV 2010, FREYER 2011 (Tourismus): 243ff., FUR versch. Jg., SÜLBERG 2008

Zu Struktur und Funktionen der Online-Portale (III.5): AMERSDORFFER 2010, BRÖZEL 2008, CONRADY 2010, INITIATIVE D21/TNS INFRATEST 2011, STATISTA 2010, TOURISTIK CONSULTING 2011, V.I.R. 2010

Fragen zu Teil III

(1) Welche Phasen sollte ein Reiseveranstalter im Marketing durchlaufen?

(2) Was sind die Umfeldbedingungen für Reiseveranstalter?

(3) Welche Instrumente stehen dem Reiseveranstalter zur Umsetzung seiner Marketingstrategie zur Verfügung und wie können diese ausgestaltet werden?

(4) Beschreiben Sie ein typisches Marketing-Mix-Muster für einen deutschen Reiseveranstalter.

(5) Erläutern Sie die Schwierigkeiten bei der Etablierung von Marken im Tourismus.

(6) Welche Vertriebswege stehen einem Reiseveranstalter zum Absatz seiner Angebote zur Verfügung?

(7) Grenzen Sie Reisemittler und Reiseveranstalter voneinander ab.

(8) Beschreiben Sie die Tätigkeiten eines Reisebüros anhand des dienstleistungsorientierten Phasenmodells.

(9) Diskutieren Sie die Bedeutung der unterschiedlichen Vertriebskanäle in der Zukunft.

(10) Welche Typen lassen sich bezüglich des Grades der Unabhängigkeit eines Reisebüros unterscheiden? Wie beurteilen Sie die Stabilität der einzelnen Bindungssysteme?

(11) Welche Bedeutung nehmen Online Portale in der Reisebranche ein?

Teil IV

Marktstrukturen, Wettbewerber und Zielgruppen des Reiseveranstaltermarktes

1 Marketingforschung – Methoden, Instrumente, Anwendungen

2 Marktgrößen und Marktstrukturen

Übersicht Teil IV

Teil IV bietet in Ergänzung zu den Ausführungen in Teil III eine detaillierte Erläuterung der Methoden und Instrumente der Marketingforschung, welche Ausgangspunkt für die Bereitstellung von Daten über die Marktgrößen und -strukturen des Reiseveranstaltermarktes bilden, die anschließend vorgestellt werden. Dabei wird differenziert auf das Angebot und die Nachfrage auf dem Markt eingegangen, wobei diese mit aktuellen Daten und langen, umfangreichen Zeitreihen anschaulich aufbereitet werden. Die Angebotsseite des Reiseveranstaltermarktes wird dabei sowohl gesamt als auch aus den unterschiedlichen Perspektiven einer Destinations- und Segmentbetrachtung analysiert. Des Weiteren werden in diesem Zusammenhang die Strukturen, Wettbewerbsverhältnisse und Charakteristika des Reisevermittlungsmarktes in Deutschland sowie überblicksartig in Europa dargestellt. Bei der Analyse der Nachfrageseite wird neben einer Betrachtung der aktuellen Grundstrukturen in Deutschland vor allem auf die zukünftige Situation basierend auf der demografischen Entwicklung eingegangen und es werden die Folgen dieser für die Reisebranche aufgezeigt.

Ziele des Teils IV

Teil IV soll vor allem einen Überblick über die Marktstrukturen des Reisemarktes geben und somit zu einem tieferen Verständnis der Branche beitragen.

Im Einzelnen werden

- *die Grundlagen der Markt- und Marketingforschung im Tourismus*
- *die Marktgrößen und -strukturen ausgewählter touristischer Teilmärkte*
- *die Auswirkungen der demografischen Entwicklung auf die touristische Nachfrage (IV.2.3.2)*

genauer behandelt.

1 Marketingforschung – Methoden, Instrumente, Anwendungen

Nachfolgend wird ein kurzer Überblick über die Grundlagen, Methoden und Instrumente der Marketingforschung gegeben. Ausführlich können diese nachgelesen werden u. a. bei MEFFERT 2008 oder MEFFERT/BRUHN 2009. Tourismusmarketing leitet sich aus den Besonderheiten des Dienstleistungsmarketing ab. Entsprechend unterliegt auch die Marketingforschung spezieller Adaptionen für den Tourismus, die detailliert in FREYER 2011 (Tourismus-Marketing): 117–308 dargestellt sind. Auf die für Reiseveranstalter wichtigen Anwendungen wird besonders hingewiesen. In Kapitel zwei folgen konkrete Anwendungsbeispiele.

1.1 Grundlagen der Marketingforschung

Im allgemeinen Sprachgebrauch wird oft unreflektiert mal von Marketingforschung mal von Marktforschung gesprochen. Beides unterscheidet sich aber grundlegend:

Marketingforschung ist die systematische Suche, Sammlung, Aufbereitung und Interpretation von Informationen, die sich auf alle Bereiche des Marketing und Absatzes von Gütern und Dienstleistungen beziehen, d. h. neben externen Informationen über die Märkte (Absatz-Marktforschung) auch unternehmensinterne Informationen z. B. aus dem Rechnungswesen oder dem Datawarehouse bezüglich der Ressourcen- oder Kapazitätsverfügbarkeit beinhaltet.

Marktforschung ist die systematisch betriebene Erforschung von Märkten aller Art, d. h. des Zusammenspiels von Angebot und Nachfrage und der Fähigkeit dieser Märkte, Umsätze, Produkte, Dienstleistungen und Ressourcen zu erwirtschaften.

Marketingforschung ist somit einerseits umfassender, andererseits enger als der Begriff der Marktforschung; Marketingforschung beinhaltet neben der Marktforschung über die relevanten Absatzmärkte alle für das Marketing notwendigen internen Informationen. Marktforschung beschäftigt sich hingegen ausschließlich mit den externen Marktinformationen, erhebt diese aber nicht nur für den Absatzmarkt sondern u. a. auch für die vor- und nachgelagerten Beschaffungs-, Lieferanten-, Destinations-, Arbeits- u. a. Kapitalmärkte.

Der **Marketing-Management-Prozess** setzt sich aus mehreren Phasen zusammen (vgl. Kapitel III.1.1, S. 209f.). Am Anfang steht dabei das Sammeln von Informationen, d. h. die Marketingforschung. Auf dieser Grundlage werden in der Konzeptionsphase Marketing-

Strategien definiert. In der Gestaltungsphase werden die entsprechenden Maßnahmen im Rahmen des Marketing-Mix entwickelt. Die Umsetzung dieser Maßnahmen geschieht in der Realisierungs- bzw. Implementierungsphase des Marketing. Ihre Wirksamkeit wird im Rahmen der Kontrollphase teilweise erneut mit den Methoden der Marketingforschung überprüft. Die Marketingforschung eines Reiseveranstalters ist somit in der Regel begleitend und revolvierend an der gesamten Marketing-Prozesskette beteiligt von den Produktionsbenchmarks über Preis- und Konditionenvergleiche, Sortimentsstruktur- und Vertriebskanalanalysen bis zur Wirksamkeit der Kommunikationsmaßnahmen in Form von Markenbekanntheits- und Zufriedenheitsforschung.

Ferner wird zwischen der **Mikro-Marketingforschung**, die sich mit der einzelwirtschaftlichen Betrachtung einzelner Unternehmen in ihren relevanten Märkten beschäftigt, und der destinationsorientierten **Makro-Marketingforschung** unterschieden, die sich auf ganze Regionen, staatliche Organe oder Länder bezieht. Das Makro-Marketing ist eine der Besonderheiten des Tourismusmarketing, da sich politische oder geografische Einheiten wie Staaten oder Zielgebiete als eigenständiges Produkt verstehen und dieses mit den klassischen Mitteln des Marketing selbst vermarkten. Die entsprechende Makro-Marketingforschung erstreckt sich dabei vor allem auf volkswirtschaftliche Parameter wie wirtschaftliche Rahmenbedingungen, lokale Verkehrs- und Lebensverhältnisse, Ökologie und Nachhaltigkeit, Sicherheits-, Sozial- und Gesundheitsstandards sowie geografische und klimatische Voraussetzungen.

1.2 Methoden der Marketingforschung

Hinsichtlich der Darstellung der Marktforschungsmethoden wird im Folgenden der Begriff Marktforschung auch als Synonym für die Marketingforschung verwendet, da sich die Unterschiede primär auf den Anwendungsbereich und weniger auf die Methodik beziehen.

Marktforschung kann sich auf verschiedene Dimensionen fokussieren. Im Wesentlichen wird Marktforschung unterschieden nach

1. dem Untersuchungsobjekt (Produkte, Zielgruppen etc.)
2. dem Untersuchungszeitraum
   - statisch (zeitpunktbezogen)
   - dynamisch (zeitraumbezogen)
   - kontinuierlich oder fallweise
   - diagnostisch, prognostisch oder retrospektiv
3. der Untersuchungsregion (international, national, lokal, Testmarkt bezogen etc.)
4. der Branche (Markt, Marktsegment)
5. der Unternehmensfunktion (Beschaffung, Vertrieb, Personal, Ressourcen, Finanzen etc.)

Bei den Marktforschungsverfahren unterscheidet man zwischen der Primär- und der Sekundär-Marktforschung. Bei der **Primärforschung** werden eigene Untersuchungen konzipiert und durchgeführt, z. B. Kundenbefragungen oder Kundenzufriedenheitsanalysen. Dies kann exklusiv für den jeweiligen Auftraggeber oder – um die Kosten auf mehrere Schultern zu verteilen – gemeinsam mit anderen Unternehmen u. U. auch Wettbewerbern im gleichen Markt oder Segment im Rahmen einer Beteiligungsuntersuchung erfolgen. Auch dabei sind exklusive Analysen separater Sachverhalte möglich, wenn das durchführende Marktforschungsinstitut sicherstellt, dass die Ergebnisse nur dem jeweiligen Bezieher zur Verfügung gestellt werden, der diese natürlich auch allein bezahlt. Beispiele für derartige Untersuchungen sind die Reiseanalyse der Forschungsgemeinschaft Urlaub und Reisen F.U.R sowie das GfK-Haushalts- und Mobilitätspanel.

Bei der **Sekundärforschung** wird auf bestehende Marktdaten zurückgegriffen. Dabei unterscheidet man einerseits den entgeltlichen Erwerb fertiger Marktforschungsuntersuchungen und andererseits die Recherche zumeist unentgeltlicher Informationen und Daten in öffentlich und privat zugänglichen Statistiken, Archiven und Bibliotheken, in Fachpublikationen, im Internet oder in unternehmensinternen Datenquellen. Die beschriebenen Recherchetätigkeiten nennt man auch Desk-Research. Aus Kostengründen sollte die Marktforschung für eine Untersuchungsproblematik immer mit der Sekundärforschung beginnen. Wenn dabei keine ausreichende Informationsgrundlage gefunden wird, stehen bei entsprechender Kosten-Nutzen-Abschätzung die genannten aufwendigeren Quellen – insbesondere der Primärforschung – immer noch zur Verfügung.

Die in der Primärforschung verwendeten Methoden sind Marktbeobachtungen (z. B. Testkäufe, Mystery Shopping), Experimente (z. B. Pretests für Befragungen, Fokusgruppen zu bestimmten Testthemen, abgegrenzte Testmärkte) und in den meisten Fällen strukturierte Befragungen bzw. Interviews.

Befragungen werden auf Grundlage einer Stichprobe durchgeführt. Diese Stichprobe muss als Auswahlverfahren repräsentativ für den jeweiligen Untersuchungsgegenstand sein z. B. bevölkerungsrepräsentativ oder repräsentativ für die jeweilig definierte Zielgruppe. Die Durchführung der Befragung nach den vorgegebenen repräsentativen Kriterien im Untersuchungszeitraum nennt man Feldforschung. Die Interviews können persönlich, schriftlich, telefonisch oder online durchgeführt werden, wobei jeweils zu beachten ist, dass Untersuchungslücken entstehen können, z. B. bei persönlichen oder telefonischen Befragungen, weil die quotierte Befragungsperson im Haushalt (der oder die Jüngste/Älteste, männlich oder weiblich) nicht erreichbar ist, bei Telefonbefragungen, weil viele Telefonnummern nicht mehr veröffentlicht werden oder bei Online-Befragungen, weil nur zwei Drittel der deutschen Bevölkerung über das Internet erreichbar sind. Untersuchungslücken können in einigen Fällen über Quotierungen und Hochrechnungen aufgefüllt werden, schränken jedoch die Repräsentativität der Untersuchung ein. Bei der Konzipierung derartiger Auswahlverfahren ist auch auf eine ausreichende Stichprobengröße zu achten, da repräsentative Datengrundlagen nur für Untersuchungsgruppen bestehen, die mindestens 5% des Stichprobenumfanges betragen. Untersuchungsgruppen, die weniger als 5% der Fallzahlen umfassen sind aufgrund der statistischen Standardabweichung nicht repräsentativ.

Üblicherweise wird bei den zuvor beschriebenen Befragungen für jede Untersuchung eine separate Stichprobe gezogen. Es gibt aber auch Befragungen, die auf bestehenden bevölkerungsrepräsentativen Stichproben aufbauen. Dazu zählen Mehrthemenbefragungen bzw. eine Busbefragung, bei denen ähnlich wie bei einer Beteiligungsuntersuchung mehrere zum Teil völlig unterschiedlichen Themen verschiedener Auftraggeber bei den gleichen Befragungspersonen abgefragt werden. Dies ist in der Regel nur bei kleinen Untersuchungen bis max. 10 oder 15 Fragen möglich, da die Länge der Fragebögen begrenzt ist. Zu umfangreiche Fragebögen beinhalten das Risiko des Abbruchs oder unkorrekter Antworten der Interviewer. Marktforschungsinstitute führen derartige Befragungsbusse in der Regel mindestens einmal im Monat, in seltenen Fällen auch wöchentlich durch. Der Vorteil von Bussen besteht darin, dass kleinere Befragungen sehr schnell und kurzfristig möglich sind.

Ein Sonderfall von Auswahlverfahren ist das **Panel**, im Besonderen das Haushaltspanel. Dabei werden nach einem bevölkerungsrepräsentativen Design bundesweit Haushalte rekrutiert, die fortlaufend über ihre Haushaltsausgaben, ihr Kauf- oder Reiseverhalten, fallweise auch über die Medien- und Internetnutzung berichten. Dies geschieht teilweise schriftlich (Haushaltsbücher, Fragebögen), online oder über technische Einrichtungen wie Decoder, die das Medien- und Internetnutzungsverhalten protokollieren. Vorteil eines Haushaltspanels ist, dass das Nutzungsverhalten verschiedenster Lebensbereiche miteinander vernetzt und korreliert werden kann und dabei viele multivariate Zielgruppen gebildet werden können. Ein weiterer Vorteil ist, dass das Nutzungsverhalten des identischen Haushaltes über mehrere Perioden (Monate oder Jahre) untersucht werden kann und damit auch repräsentative Regressionsanalysen und Trendextrapolationen möglich sind. Einziges Problem ist die Panelmortalität, da aufgrund der aufwendigen Erfassungstätigkeiten jährlich ein größerer Prozentsatz der dafür geringfügig entlohnten Haushalte aus dem Panel aussteigt. Nach fünf Jahren sind in der Regel weniger als die Hälfte der identischen Haushalte noch im Panel vertreten.

1.3 Untersuchungsbereiche und Datengrundlagen der Marketingforschung

Die Marketinganalyse umfasst drei wesentliche Untersuchungsbereiche (vgl. Kapitel III.1.2, S. 210ff.). Die **Umfeldanalyse** informiert über die marketingrelevanten Einflüsse im allgemeinen betrieblichen Umfeld. Die **Marktanalyse** informiert über das Marktvolumen, sowie die Wettbewerbs- und Nachfragesituation im relevanten Markt. Die **Betriebsanalyse** informiert über die marketingrelevanten Stärken und Schwächen des jeweiligen Unternehmens im Vergleich zu den relevanten Wettbewerbern. Zum Abschluss der Informationsphase werden die gewonnen Ergebnisse aus Umfeld-, Markt- und Betriebsanalyse in der strategischen Marketing-Diagnose verzahnt und verdichtet und bilden die Grundlage für die strategische Marketingplanung. Die marketingstrategische Bewertung der verschiedenen Analyseinstrumente erfolgt zumeist im Rahmen von Stärken-Schwächen-Analysen, Chancen-Risiko-Analysen oder Portfolio-Analysen.

Nachfolgend werden komprimiert ein breites Spektrum von Analyse-Methoden, Datenerhebungen und Untersuchungsmöglichkeiten für die Marketing- und Marktforschung dargestellt, die für Reiseveranstalter von Bedeutung sind und je nach Größe des jeweiligen Unternehmens regelmäßig oder punktuell, exklusiv oder im Rahmen einer Beteiligungsuntersuchung angewendet werden können.

1.3.1 Umfeldanalysen

Bei der Umfeldanalyse werden Informationen über die Kriterien des **Makro-Marketing** eruiert. Dazu zählen wirtschaftliche, politische und rechtliche Rahmenbedingungen ebenso wie Qualitäts-, Ökologie-, Gesundheits-, Klima- und Dienstleistungs-Standards, demografische Strukturen, lokale Lebensverhältnisse, touristische Infrastruktur und personelle Ressourcen sowie Sicherheit und Wechselkurse.

Neben systematischen statischen und dynamischen Verfahren wird in der Umfeldanalyse häufig auf kreative und intuitive Verfahren der Trend- und Zukunftsforschung sowie der Prognostik zurückgegriffen. Dazu zählen Expertenbefragungen allgemein oder nach der Delphi-Methode (mehrstufige revolvierende schriftliche Befragung von Experten), Fokusgruppendiskussionen aber auch Kreativitäts- und Szenario-Techniken (u. a. Brainstorming, Synektik, Morphologie).

1.3.2 Marktanalysen

Die Marktanalyse umfasst die Marktabgrenzung, die Bestimmung des Marktvolumens und der Marktstruktur, die Wettbewerbsanalyse und die Nachfrageanalyse. Für die Bestimmung des relevanten Marktes sind präzise Marktabgrenzungen und Marktsegmentierungen auf Angebots- und Nachfrageseite unerlässlich. Bei der **Marktabgrenzung** werden Gemeinsamkeiten von Märkten gemäß bestimmter Kriterien gesucht. Die **Marktsegmentierung** bedeutet hingegen die Aufteilung bzw. Differenzierung eines heterogenen Marktes in homogene Teilmärkte nach verschiedenen Segmentierungskriterien. Angebotsbezogen sind die meisten Kriterien regional, temporär, produkt- oder zielgruppenbezogen ausgerichtet. Nachfragebezogen werden häufig demografische, verhaltenorientierte, psychografische und lifestyleorientierte Kriterien zugrunde gelegt.

Die Ermittlung des **Marktvolumens** und **Segmentsvolumens** ist Grundlage zur Ermittlung der Marktstrukturen, der Marktanteile und der Marktkonzentration, aber auch des Marktpotenzials und der Marktsättigungsgrenzen. Ein Beispiel für eine derartige Markterhebung ist die DRV-Vertriebsdatenbank, die seit 1999 kontinuierlich und systematisch die Zahl und Strukturen des deutschen Reisebüromarktes dokumentiert (vgl. Kapitel III.4.1.3bis III.4.1.5).

Die **Wettbewerbsanalyse** dokumentiert die Marktteilnehmer bzw. Konkurrenten auf der Angebotsseite. Dabei können Wettbewerber auf der gleichen Wertschöpfungsstufe, aber auch auf vor- oder nachgelagerten Wertschöpfungsstufen identifiziert werden. Wettbewerber können aber auch aus substitutiven oder alternativen Märkten bzw. Branchen kommen. Im Rahmen einer quantitativen Wettbewerbsanalyse werden Marktanteile und Marktkonzentration ermittelt. Nach § 22 des Kartellgesetzes liegt eine Marktkonzentration vor, wenn ein Unternehmen einen Marktanteil von mehr als 33%, drei Unternehmen von mehr als 50% oder fünf Unternehmen mehr als 67% haben. Zur Wettbewerbsanalyse zählen auch qualitative Benchmarks von ausgewählten Wettbewerbsparametern im Rahmen einer Stärken-Schwächen-Analyse (SWOT-Analyse) sowie Marken- bzw. Domain-Bekanntheitsuntersuchungen.

Die **Nachfrageanalyse** beschäftigt sich mit der Kaufverhaltensforschung bzw. der touristischen Reiseverhaltenforschung. Beispiele hierfür sind die jährliche Bevölkerungsbefragung der Reiseanalyse der Forschungsgemeinschaft Freizeit und Reisen F.U.R., sowie das Haushalts- und Mobilitätspanel der GfK (Gesellschaft für Konsumforschung). Demografische Bevölkerungsstrukturuntersuchungen und Zielgruppenanalysen zählen ebenso zu den Nachfrageanalysen wie Kundenzufriedenheitsuntersuchungen oder selbst initiierte Kundenbefragungen.

1.3.3 Marketingbezogene Betriebsanalysen

Marketingbezogene Betriebsanalysen greifen auf unternehmensinterne Daten und Kennziffern zurück, die Grundlage für Marketingentscheidungen sind. Beispiele dafür sind u. a. Portfolioanalysen, Sortimentsanalysen, Produkt-Lebenszyklusanalysen und Vertriebskanalanalysen. Auch Mitarbeiter-Befragungen sind ebenso ein Fundus für ausgiebige Betriebsanalysen wie die Einrichtung von Testmärkten und die Befragung von Fokusgruppen.

Werden die unternehmensinternen Daten zu Umfeld- und Marktdaten in Bezug gestellt, sind Benchmarks möglich. Dazu zählen Branchen-Betriebsvergleiche, ERFA-Gruppen, Zertifizierungen von Qualitätsstandards sowie Notariatsmodelle, über die Wettbewerber betriebliche Kennziffern anonymisiert austauschen. Auch Mystery Shopping und Testkäufe im Hinblick auf die Erfolgs- und Beratungsparameter von Reisebüros zählen zu den Benchmarks, da die individuelle Ausprägung mit dem Soll-Standard verglichen wird.

Für Reiseveranstalter spielen vor allem Preis- und Objektvergleiche sowie Überschneidungsanalysen eine wichtige Rolle. Dies kann einerseits stichprobenartig manuell erfolgen oder auch systemgestützt über IT-Tools wie Bistro oder die Traveltainment-Objektlistung. Vor allem für die Auslastungskalkulation von Charterflügen und Hotelkontingenten sind regelmäßige Aufzeichnungen von Erfahrungskurven für Buchungs- und Reisezeitpunkte sowie Saisonalitäten unerlässlich, um ein effizientes Yield-Management aufzubauen.

1.4 Ausgewählte Informationsquellen im Tourismus

Die nachfolgend aufgeführten touristischen Informationsquellen sind für jedermann teils kostenlos oder aber gegen Entgelt beziehbar. Exklusiv-Untersuchungen und Analysen geschlossener Benutzergruppen werden hier nicht aufgelistet.

1. **Amtliche Statistiken**
   - Eurostat – Statistisches Amt der Europäischen Union in Luxemburg
   - Statistische Bundesamt in Wiesbaden (Schwerpunkte: Beherbergungsstatistik, Luftverkehrsstatistik, Mikrozensus)
   - Statistische Landesämter
   - Deutsche Bundesbank (Schwerpunkte: grenzüberschreitender Reiseverkehr, Deviseneinnahmen und Devisenausgaben)

1 Marketingforschung – Instrumente, Anwendungen und Methoden   303

2. **Verbände**
   - Bundesverband der Tourismus Wirtschaft (BTW) – Schwerpunkt: Wirtschaftsfaktor Tourismus, volkswirtschaftlicher Wertschöpfungsbeitrag der Tourismusbranche zum Bruttoinlandsprodukt
   - Deutscher Reiseverband (DRV) – Schwerpunkt: u. a. Fakten und Zahlen zum Tourismus, DRV-Vertriebsdatenbank (jährlich seit 1999), DRV-Kreuzfahrtenstudie (jährlich seit 1992)
   - Deutscher Hotel- und Gaststättenverband (DEHOGA)
   - Deutscher Heilbäderverband (DHV)
   - Deutscher Tourismusverband (DTV)
   - Verband Deutscher Reisestellen (VDR) – Schwerpunkt: VDR-Geschäftsreiseanalyse (jährlich seit 2004)
   - Arbeitsgemeinschaft Deutscher Luftfahrtunternehmen (ADL)
   - Arbeitsgemeinschaft Deutscher Verkehrsflughäfen (ADV)
   - Landes-Fremdenverkehrsverbände und lokale Fremdenverkehrsorganisationen
   - Deutsche Zentrale für Tourismus (DZT) – Schwerpunkt: Incoming-Tourismus von Ausländern nach Deutschland
   - Welt Tourismus Organisation der Vereinten Nationen (UNWTO) – Schwerpunkt: internationaler Reiseverkehr Incoming und Outgoing

3. **Marktforschungsinstitute**
   - Forschungsgemeinschaft Urlaub und Reisen F.U.R. in Kiel (ehemals Studienkreis für Tourismus in Starnberg): Seit 1970 wird jährlich das Reiseverhalten der Deutschen über 14 Jahre im Rahmen der Reiseanalyse mit bevölkerungsrepräsentativ 8.000 Befragten untersucht; jedes Jahr werden turnusmäßig Schwerpunktthemenmodule untersucht, die optional zugebucht werden können, in begrenztem Umgang sind auch Exklusivfragen für einzelne Bezieher möglich; seit 2008 wird ergänzend zweimal jährlich die Online-Reiseanalyse mit einer Stichprobe von 2.000 Online-Nutzern durchgeführt
   - Gesellschaft für Konsumforschung GfK in Nürnberg: Seit 2006 wird im Rahmen des Haushaltspanels (20.000 deutsche Haushalte) auch das Themenmodul Reisen (alle Arten von Reisen zu Urlaubs- Geschäfts- und sonstigen Zwecken) abgefragt, seit 2009 auch intensiviert das Thema Mobilität ab 50km Entfernung vom Lebensmittelpunkt; seit 2008 führt die Gfk auch eine Reisebüropanel durch, bei dem monatlich die Buchungsdaten einer Stichprobe von rund 1200 Reisebüros nach Umsätzen, Teilnehmern, Veranstaltern, Ziel- und Quellmärkten sowie nach Buchungs- und Reisezeitpunkten ausgewertet werden.
   - IPK International in München: Seit 1988 wird der Deutsche Reisemonitor und der European Travel Monitor sowie seit 1995 der World Travel Monitor durchgeführt; dabei werden in verschiedenen Ländern repräsentative Stichproben zur Ermittlung des gesamten Reiseverhaltens (Urlaubs-, Geschäfts- und sonstige Reisen) nach identischem Fragebogen und identischer Methodik gezogen und verdichtet, so dass Incoming- und Outgoing-Ströme zwischen verschiedenen Ländern dargestellt werden können; Hauptnutzer sind die nationalen und regionalen Fremdenverkehrsorganisationen.

- BAT Freizeitforschungsinstitut: auf Basis einer kleinen Stichprobe (ca. 2000 Interviews) werden einmal jährlich touristische Schwerpunktthemen untersucht.
- Deutsches Wirtschaftswissenschaftliches Institut für Fremdenverkehr an der Universität München DWIF: Schwerpunkte der Tätigkeit sind Grundlagenuntersuchungen zur gesamtwirtschaftlichen Entwicklung im Tourismus, zu den Tourismusausgaben in Deutschland, zum touristischen Arbeitsmarkt und zu Tagesausflügen in Deutschland.
- FIPLAN in Bad Soden/Taunus: Erstellung der Instrumente Safir und Achat zur monatlichen Auswertung des deutschen Flugverkehrs nach Quell-, Ziel- und Umsteiger-Flughäfen

4. Sonstige Quellen
- Media-Analysen von Verlagen
- Markenbekanntheitsuntersuchungen wie der NIKO-Index oder der Marken-Vierklang von Gruner+Jahr
- Allgemeine Prognosen zur Wirtschaftsentwicklung und touristische Themenschwerpunkte von Wirtschaftsforschungsinstituten
- Touristische Fachzeitschriften – insbesondere das FVW-Magazin mit den Sonderauswertungen zum Reiseveranstaltermarkt jährlich im Dezember und zum Reisevermittlermarkt jährlich im Juni sowie Travel One mit den Einreisestatistiken in alle wichtigen Länder der Welt jährlich im März in der ITB-Messe-Ausgabe
- Online-Reisemarkt-Untersuchungen: u. a. PhocusWright European Consumer Travel Report; Eye for Travel

2 Marktgrößen und Marktstrukturen

2.1 Die Angebotseite des Marktes: Volumina, Strukturen, Marktanteile, Konzentration

2.1.1 Reisequellmarkt Deutschland

Urlaubsreisen sind nur ein Segment des gesamten Reise- und Mobilitätsmarktes. Die am Marktgeschehen beteiligten Anbieter und Nachfrager sind aber zumeist nicht ausschließlich fixiert auf den Urlaubsmarkt. So bedienen Reisebüros teilweise als spezialisierte Dienstleister auch den Geschäftsreisemarkt. Reiseveranstalter, die zugleich als Consolidator für Flüge, Mietwagen oder Hotels tätig sind haben nicht nur Urlauber sondern ebenso Geschäftsreisende und ethnische Reisende als Zielgruppe im Auge und die Vermittler von Flug- und Bahntickets unterscheiden ebenfalls selten nach dem Reisezweck. Insoweit ist die Bedeutung des Urlaubsreisenmarktes im Rahmen des gesamten Mobilitätsgeschehens sowie die teilweise fließenden Grenzen und Grauzonen in deren Umfeld für eine Betrachtung der relevanten organisierten und individuellen Reisemärkte von großer Bedeutung.

Die deutschen Privathaushalte haben 2008 684 Mio. Reisen bzw. Mobilitätsbewegungen über mehr als 50 km getätigt (Quelle: GfK Haushaltspanel – Mobiliätsmonitory und Travelscope). Davon entfielen 302 Mio. auf Übernachtungsreisen (mindestens eine Nacht) und 382 Mio. auf Tagesreisen (ohne Übernachtung). Von den 302 Mio. Übernachtungsreisen waren 138 Mio. (45%) kurze und lange Urlaubsreisen, von denen nur 45 Mio. bzw. rund ein Drittel über Reiseveranstalter und/oder Reisebüros organisiert wurden. 46 Mio. waren Geschäftsreisen und 118 Mio. private Reisen aller Art, von denen 41 Mio. in einer bezahlten Unterkunft und 77 Mio. kostenlos bei Verwandten, Freunden oder in eigenen Immobilien stattfanden (vgl. Abb. IV. 2-1). Nur etwas mehr als jede fünfte der 302 Übernachtungsreisen wird unabhängig vom jeweiligen Reisezweck mit Hilfe von Reisebüros oder Veranstaltern/Consolidators organisiert.

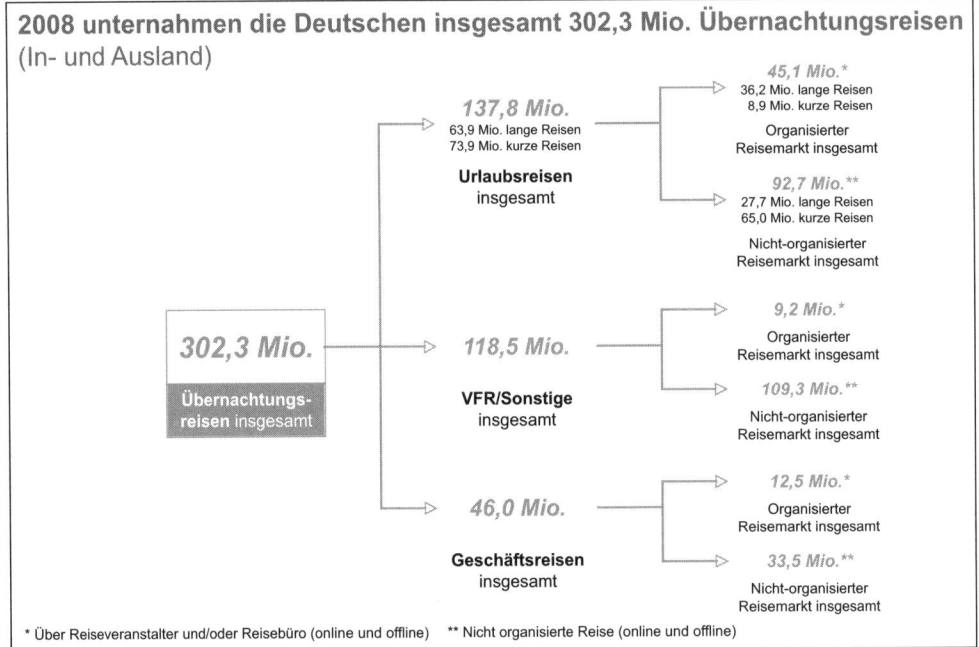

Abb. IV. 2-1 Der deutsche Reisemarkt 2008 (Quelle: F.U.R Reiseanalyse, GfK-Mobilitätsmonitor, ADAC)

Bei Tagesreisen ist das über Reisebüros und/oder Reiseveranstalter erreichbare Kundenpotenzial weitgehend auf Geschäftsreisen begrenzt; aber auch dabei werden nur 45 Mio. von insgesamt 118 Mio. Tages-Geschäftsreisen mit Bahn oder Flugzeug unternommen, während 73 Mio. Geschäftsreisen mit dem Pkw ohne jegliche Reise- oder Ticket-Buchung getätigt werden; die restlichen 268 Mio. Tagesreisen über mehr als 50 km finden fast ausschließlich mit dem Pkw und somit ohne Branchenbeteiligung statt.

Wenn also Reiseveranstalter oder Reisebüros ihre Kompetenz lediglich auf Urlaubs- und evtl. noch auf Geschäftsreisen reduzieren – und nicht wie früher auf das gesamte Reise- und Mobilitätsangebot abdecken – schränken sie ihren relevanten Markt stark ein. Die Problematik verschärft sich noch dadurch, dass branchenfremde Anbieter ohne große Markteintrittsbarrieren in die Reisemärkte einsteigen und sich derartige Beschränkungen nicht auferlegen. Hinzu kommt, dass die deutsche Bevölkerung demografisch schrumpft und dadurch der bestehende Urlaubsmarkt seit Mitte der 90er Jahre stagniert. Wachstum findet seit über zehn Jahren nur noch in einzelnen Marktsegmenten oder Zielen und dann zu Lasten anderer Segmente bzw. Ziele statt.

Noch restriktiver wird der relevante deutsche Reisemarkt, wenn man ihn über Flugreisen definiert. Denn Deutschland – logistisch ideal und geografisch unkompliziert in der Mitte Europas gelegen – ist anders als Großbritannien oder Skandinavien ein Eldorado des erdgebundenen Individualverkehrs. Von 684 Reisen über mehr als 50 km Entfernung wurden nur 78 Mio. bzw. 11% mit dem Flugzeug unternommen, 464 Mio. mit dem Pkw, 109 Mio. mit der Bahn und 24 Mio. mit dem Reisebus. Von den 78 Mio. Flügen wurden 25 Mio. bzw. 32% zu Urlaubszielen unternommen, 45 Mio. (58%) als Geschäftsreisen und 8 Mio. (10%) zu anderen meist ethnischen Zwecken (vgl. Abb. IV. 2-2).

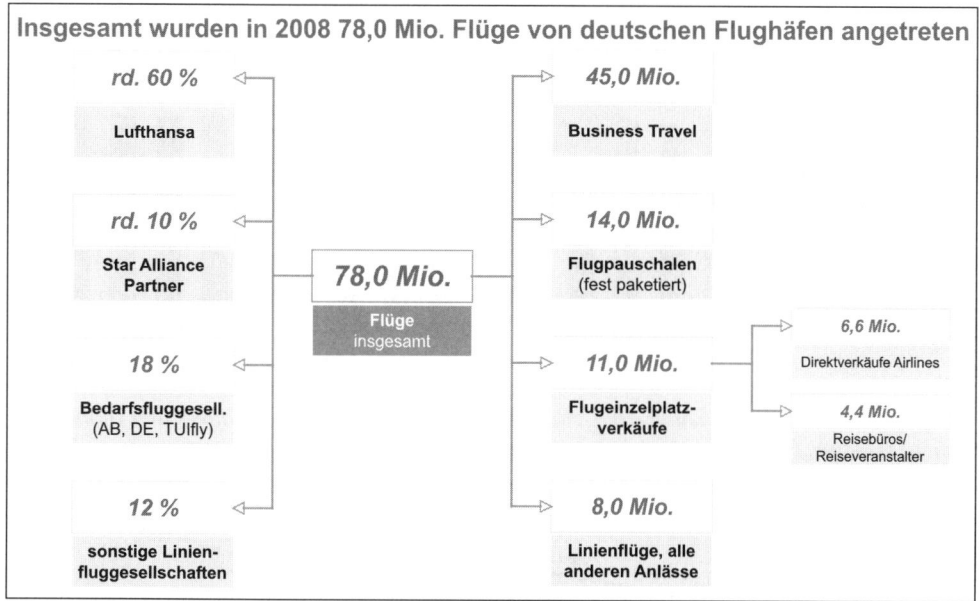

Abb. IV. 2-2 Der deutsche Flugmarkt 2008 (Quelle: DESTATIS, SAFIR, ADV, Berechnungen DER-Marktforschung)

Betrachtet man die Zahl der Urlaubsreisen in einer langen Zeitreihe seit 1990 (Quelle: Reiseanalyse der F.U.R) so wird deutlich dass der Markt schon seit Mitte der 90er Jahre stagniert bzw. offensichtlich um eine Sättigungsgrenze von 110 bis 120 Mio. Urlaubsreisen herum oszilliert. Dass die Zahl der Reisen geringer ist als bei den Zahlen des zuvor zitierten GfK-Haushaltspanels hat methodische Gründe. In einem kontinuierlichen Panel von 20.000 Privathaushalten wird jede Reise dokumentiert, während in einer einmal jährlichen Telefonbefragung von 8.000 Haushalten nur die, die spontan erinnert werden, so dass die Differenz auf Erinnerungsverluste zurückzuführen ist. Da die Daten des GfK-Travelscope nur bis 2006 zurückreichen sind damit aber leider keine Langzeitreihen möglich. Aber die Stagnationstendenz des Urlaubsreisenmarktes ist dennoch repräsentativ und zutreffend (vgl. Abb. IV. 2-3). Dies hat mehrere Ursachen.

Da die Bevölkerung in Deutschland schrumpft (vgl. Kapitel IV.2.3.2), wächst seit 2000 auch die reale Konsumnachfrage nur noch minimal um durchschnittlich 0,2% p. a. (vgl. Abb. IV. 2-4). Die inländische Konsumnachfrage bzw. das Konsumportfolio der Privathaushalte ist die wesentlichste Determinante für die zur Verfügung stehenden Urlaubs- und Reiseausgaben. Ein Wachstum der Urlaubsausgaben wäre somit nur zu Lasten anderer Ausgabepositionen möglich.

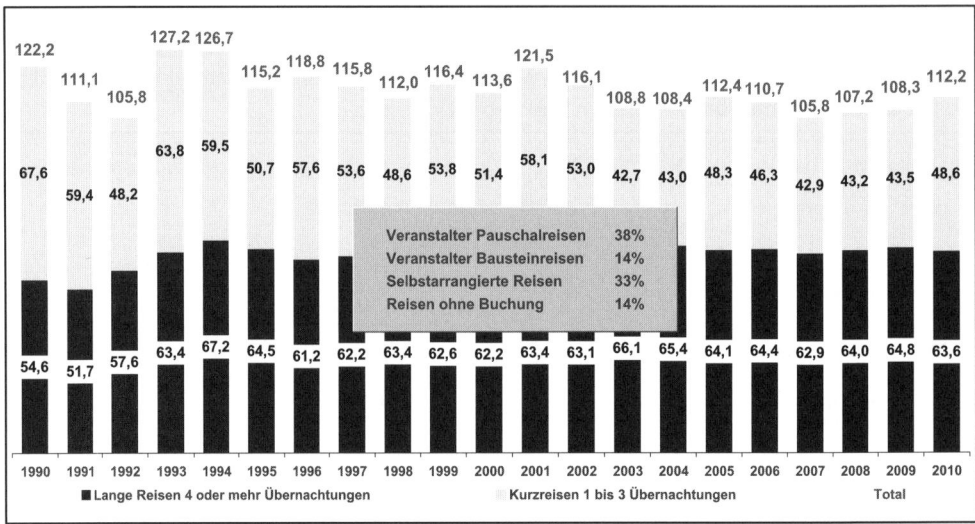

Abb. IV. 2-3 Marktentwicklung der Urlaubsreisen 1990–2010 (Veranstalter- und Individualreisen) (Quelle: F.U.R. Reiseanalysen 1991–2011)

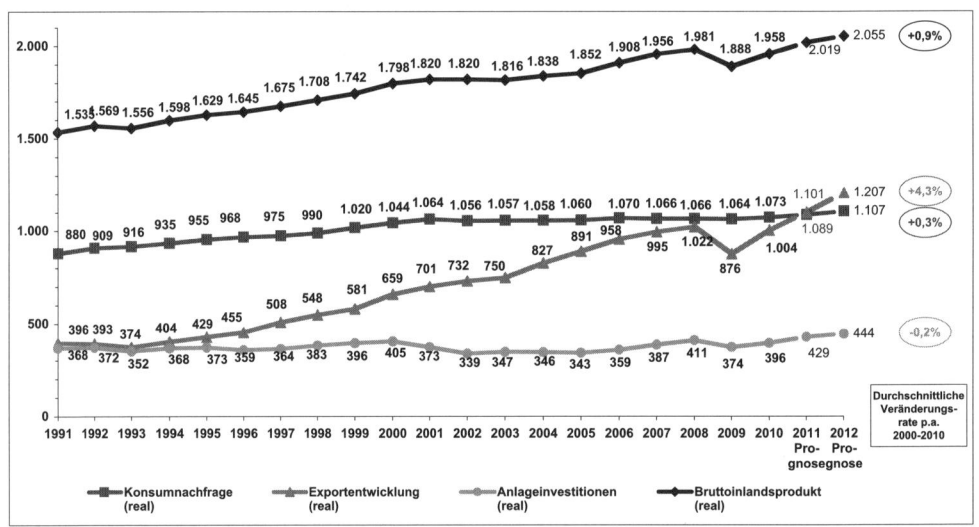

Abb. IV. 2-4 Konjunkturelle Rahmenbedingungen 1991–2011 (reale Werte)
(Quelle: STATISTISCHES BUNDESAMT 2011)

Auch wenn die reale inländische Konsumnachfrage kaum wächst, so gibt es doch innerhalb des Konsumportfolios mittel- bis langfristig deutliche Nachfrageverschiebungen (vgl. Abb. IV. 2-5). Den größten Anteil des Portfolios nehmen mit rund einem Viertel (24,7%) die Mieten und Mietnebenkosten ein, vor den Ausgaben für Nahrungs- und Genussmittel mit rund 14,7%. Während erstere tendenziell leicht zunahmen, wobei die Kaltmieten bundesweit tendenziell abnahmen, die Nebenkosten hingegen deutlich anstiegen, haben die Ausgaben für

Lebensmittel seit der Jahrtausendwende um fast 1,3%-Punkte abgenommen – ein kombinierter Effekt aus demografisch bedingter geringerer Absatzmenge und in Deutschland sinkenden Lebensmittel-Preisen. Auf alle anderen Nachfragepositionen der Haushalte entfallen nur 60% des Portfolios. Davon entfallen 16,2% der Ausgaben auf den drittgrößten Posten – der Mobilität, darunter etwa drei Viertel allein auf den Pkw mit Anschaffung und allen Nebenkosten. Der Portfolio-Anteil für Mobilitätsausgaben ist seit 2000 stabil. Der darin enthaltene Anteil für Urlaubsübernachtungen und sonstige Urlaubsausgaben (ohne Anreiseverkehrsmittel) hat dabei um 0,6%-Punkte auf 2,0% zugenommen, während die Ausgaben für den Pkw vor allem aufgrund geringerer Zunahme der Neuzulassungen, längerer Nutzungsdauern und zunehmender Gebrauchtwagennachfrage in gleichem Maße abgenommen haben. Auffällige Portfolioverschiebungen seit 2000 betreffen vor allem die abnehmenden Ausgaben für langlebige Gebrauchsgüter, Mobiliar sowie Bekleidung und Schuhe (minus 1,8%-Punkte auf 11,9%) sowie eine deutliche Zunahme der Aufwendungen für Versicherungen und Finanz-Dienstleistungen (plus 1,7%-Punkte auf 5,9%), die fast ausschließlich auf die Zusatzausgaben für die private Altersversorgung (Riester-Rente u. ä.) zurückzuführen sind sowie die steigenden Gesundheits- und Pflegedienstleistungen (+1,1%-Punkte auf 8,1%).

Konsumausgaben der deutschen Privathaushalte	Anteil in % 2009	Anteil in % 2000	Abweichung in %-Punkte
Mieten und Nebenkosten	24,4%	24,1%	0,3%
Mobilität (KFZ, ÖPNV, Urlaubs-und Privatreisen)	16,2%	16,2%	0,0%
Nahrungs-/Genussmittel	14,4%	15,7%	−1,3%
Freizeit, Unterhaltung und Restauration	13,9%	13,9%	0,0%
Gesundheit, Körperpflege	8,1%	7,0%	1,1%
Einrichtungen/Haushaltsgeräte	6,7%	7,3%	−0,6%
Versicherungen, Finanzdienstl.	5,9%	4,2%	1,7%
Bekleidung und Schuhe	5,2%	6,4%	−1,2%
Telekommunikation, öffentliche Gebühren und sonst. Dienstleistungen	5,2%	5,2%	0,0%

Abb. IV. 2-5 Konsumausgaben der deutschen Privathaushalte 2009 (im Vergleich zu 2000)

Es wird deutlich, dass das Wachstum des realen Bruttoinlandsprodukt als Wohlstandsindikator seit Jahren nahezu vollständig abhängig ist von der Exportnachfrage. In der Finanz- und Wirtschaftskrise wirkte sich diese Abhängigkeit fatal aus, da Deutschland aufgrund der hohen Exportabhängigkeit die Krise importierte. Die inländische Konsumnachfrage, die nicht einbrach, war dabei sogar ein Stabilisator. Die inländische Konsumnachfrage ist im Wesentlichen abhängig von der Entwicklung der Haushaltsnettoeinkommen, auf die ein Blick ebenfalls lohnt (vgl. Abb. IV. 2-6). Die Brutto- und Nettoeinkommen wachsen zwar kontinuierlich, aber nur mit einer durchschnittlichen Wachstumsrate pro Jahr von rund 1% in den letzten 10 Jahren. Bei gleichzeitigen durchaus moderaten Inflationsraten von 1–2%, reichen diese nominalen Einkommenssteigerungen aber nicht aus, um real die Höhe des Haushaltsnettoeinkommens zu sichern; dieses nahm seit 2000 vielmehr um durchschnittlich 0,6% p. a.

ab. Auch diese Entwicklung ist ein Indikator dafür, dass mittel- bis langfristig keine nennenswerten Steigerungen der Urlaubsausgaben wahrscheinlich sind.

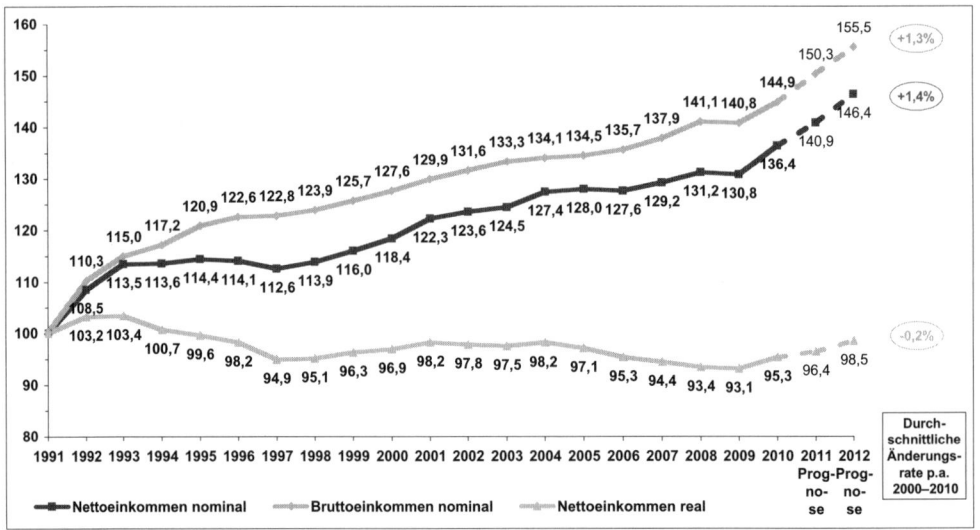

Abb. IV. 2-6 Entwicklung von Einkommen 1990–2012, indiziert 1991 = 100 (Quelle: Statistisches Bundesamt 2011)

2.1.1.1 Reiseveranstaltermarkt

2.1.1.1.1 Gesamtbetrachtung

Der deutsche Reiseveranstaltermarkt hat sich von 1990 bis 2000 nicht zuletzt durch die Integration Ostdeutschlands und den dortigen Nachholbedarf an Reisen sowohl nach Umsatz wie nach Zahl der Reisen mehr als verdoppelt, wobei sich die Wachstumsraten ab der zweiten Hälfte der 90er Jahre deutlich abschwächten (vgl. Abb. IV. 2-7). Seit der Jahrtausendwende stagniert der Markt bei starken krisenbedingten Schwankungen. Der deutlichste Einbruch um rund 12% erfolgte von 2001 bis 2003, als im Nachgang der Wirtschaftskrise durch das Platzen der E-Commerce-Blase der Terroranschlag vom 11.9.2001, der 2. Irak-Krieg 2002 und der Ausbruch der SARS-Seuche in Asien, die Urlaubsmärkte weltweit massiv beeinträchtigten. Erst 2007 konnte das alte Niveau der Jahre 2001/2002 wieder erreicht werden, bevor die Finanz- und Wirtschaftskrise 2008 und 2009 einen erneuten Einbruch verursachte. In weiten Bereichen war das geringe im Laufe der Jahre erzielte Umsatzwachstum das Ergebnis ständig steigender Kraftstoff-, Kerosin und Energiepreise sowie zunehmender Gebühren für Flugreisen sowie der gegenüber Deutschland teilweise deutlich höheren Inflationsraten in den Urlaubszielländern. 2010 verbuchten die deutschen Reiseveranstalter insgesamt einen Umsatz von 21,33 Mrd. Euro bei insgesamt 40,5 Mio. verkauften Veranstalterreisen.

2 Marktgrößen und Marktstrukturen

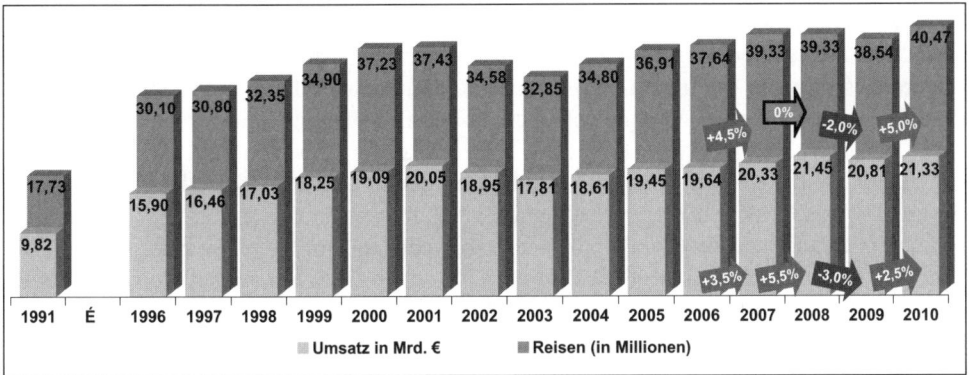

Abb. IV. 2-7 *Marktentwicklung 1991–2011, Veranstalterumsatz in Mrd. Euro und Reisen in Mio. (Quelle: FVW und eigene Hochrechnung)*

Anders als in vielen anderen europäischen Ländern (siehe Teil IV Kapitel 2.1.2) besteht der deutsche Reiseveranstaltermarkt aus einer eher polypolistischen Struktur mit vielen mittelständischen Anbietern und Spezialisten, die zusammen 55% des Marktes repräsentieren. Die drei Marktführer TUI, Touristik der REWE Group und Thomas Cook, kommen zusammen nur auf 45% (vgl. Abb. IV. 2-8), ohne den in den ausgewiesenen Veranstalterumsätzen enthaltenen Flugeinzelplatzverkauf von TUIFly und Condor sogar nur auf rund 42%.

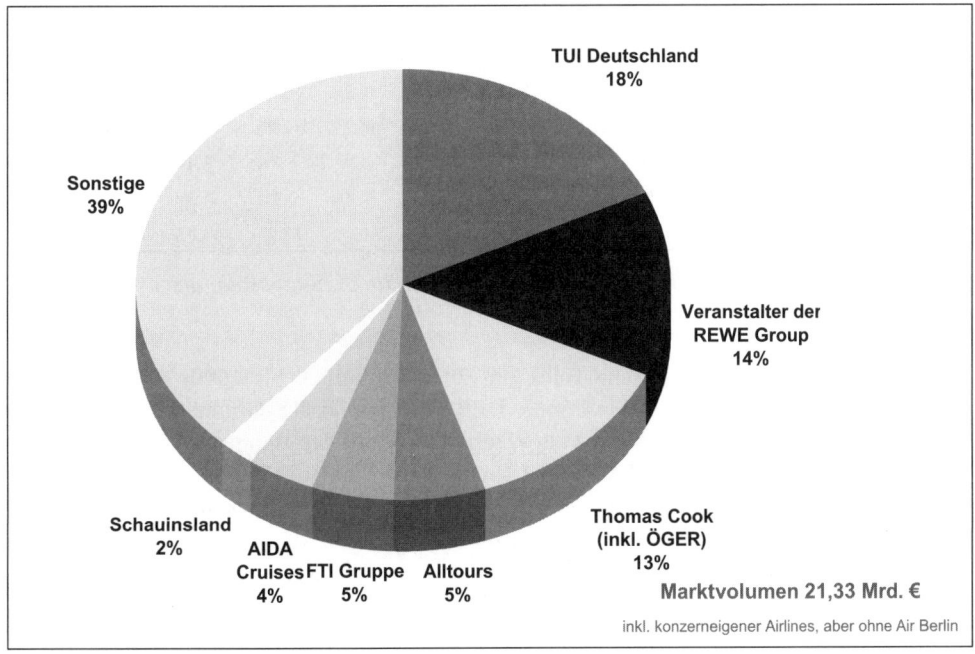

Abb. IV. 2-8 *Marktanteile der Reiseveranstalter in Deutschland 2010 (nach Umsatz) (Quelle: DER-Marktforschung 2010)*

Seit 2000, als die REWE-Veranstaltergruppe entstand, haben sich die Marktanteile im Veranstaltermarkt deutlich verschoben vor allem dann, wenn man die Flugeinzelplatzverkäufe der drei Marktführer, die in den veröffentlichten Marktzahlen dem Veranstaltergeschäft zugeschlagen werden, zwecks Vergleichbarkeit aus der Betrachtung eliminiert. Zur Erinnerung: TUI – zunächst Gründung von HLX, dann TUIFly, dann Abgabe von Strecken und Flugzeugen an Air Berlin; REWE – Erwerb von 40% an der LTU, Verkauf der LTU 2006 an Air Berlin; Thomas Cook – hälftige Beteiligung mit Lufthansa an Condor, dann Komplettübernahme der Condor und Ausbau der Überschusskapazitäten zum Flugeinzelplatzgeschäft. Auf vergleichbarer Basis hatten die TOP 3 im Jahr 2001 noch einen Marktanteil von 53%, der bis 2010 um 8%-Punkte geschrumpft ist, während alle anderen Veranstalter zusammen ihren Marktanteil entsprechend von 47% auf 55% ausgebaut haben (vgl. Abb. IV. 2-9). Dieser Zuwachs ist aber überwiegend auf den rasanten Marktanteils-Zuwachs des Kreuzfahrtenmarktes von 5% auf 13% zurückzuführen, dem nachfolgend aus diesem Grunde ein eigenes Kapitel (Kapitel IV.2.1.1.1.4) gewidmet wird. Aber auch viele Mittelständler, Zielgebiets- und Themenspezialisten konnten durch neue Geschäftsmodelle und Vertriebskanäle ihre Marktposition zu Lasten der drei Marktführer weiter ausbauen. Auch zwischen den drei Marktführern gab es auf vergleichbarer Basis in Deutschland seit 2001 erhebliche Marktanteilsverschiebungen. Während der um die Airline-Umsätze bereinigte Marktanteil der TUI-Veranstalter um 5%-Punkte auf ca. 17,7% und der von Thomas Cook um 6,4%-Punkte auf ca. 11,0% abnahm, stieg der Marktanteil der REWE-Veranstalter im gleichen Zeitraum um 0,6%-Punkte auf ca. 14,4%.

	2001	2002	2003	2004	2005	2006	2007	2008	2009	2010
1 TUI Deutschland	22,0%	22,7%	24,8%	21,1%	21,9%	21,3%	21,0%	20,3%	18,8%	17,7%
2 REWE Group	13,1%	13,8%	15,4%	14,1%	14,0%	14,2%	13,8%	13,9%	14,5%	14,4%
3 Thomas Cook	17,6%	17,4%	17,8%	15,1%	14,2%	14,2%	12,2%	11,5%	10,4%	11,0%
4 Alltours	4,5%	5,3%	6,6%	5,8%	6,1%	6,2%	6,2%	6,4%	6,2%	5,7%
5 FTI	4,5%	3,4%	3,3%	2,8%	2,9%	3,4%	3,8%	4,3%	5,1%	5,2%
Sonstige	38,2%	37,5%	32,1%	41,1%	40,9%	40,7%	43,0%	43,6%	45,0%	46,0%

Abb. IV. 2-9 Entwicklung der Veranstaltermarktanteile (inkl. Flugeinzelplatzverkauf) (Quelle: DER-Marktforschung)

Interessant ist auch der historische Blick um 20 Jahre zurück bis 1990, als die REWE-Veranstalter noch separat als LTU-Gruppe, DER-Gruppe und ITS-Gruppe (inkl. Jet Reisen und Airconti im Eigentum der Metro) als Wettbewerber auf den Rängen drei bis fünf agierten und die heutige Thomas Cook Gruppe (damals NUR Touristik) nur aus dem Veranstalter Neckermann bestand, die später von der Fluggesellschaft Condor zugekauften und fusionierten Veranstalter Kreutzer, Fischer und Air Marin sogar noch zu den TOP 10 des Marktes zählten (vgl. Abb. IV. 2-10).

2 Marktgrößen und Marktstrukturen

Veranstalter	Umsatz in Mio. € 2010	Marktanteil in %	Veranstalter		Umsatz in Mio. € 1990	Marktanteil in %
1.TUI*	3.843	18,0%	1.TUI	TUI	1.629	17,5%
2.Veranstalter d. REWE Group	2.978	14,0%	2.NUR		880	9,5%
3.Thomas Cook	2.780	13,0%	3.LTT	REWE	865	9,3%
4.Alltours	1.170	5,5%	4.ITS	REWE	276	3,0%
5.FTI (inkl. Big Xtra)	1.066	5,0%	5.DERTOUR	REWE	263	2,8%
TOP FIVE	**11.837**	**55,5%**	**TOP FIVE**		**3.914**	**42,1%**
6.AIDA Cruises	883	4,1%	6.Hetzel**		182	2,0%
7.Öger Gruppe	750	3,5%	7.Kreutzer		156	1,7%
8.Schauinsland	496	2,3%	8.Ameropa		151	1,6%
9.Phoenix	298	1,4%	9.Fischer		127	1,4%
10.GTI	287	1,3%	10.Air Marin		94	1,0%
TOP TEN	**14.551**	**68,2%**	**TOP TEN**		**4.624**	**49,7%**
11.Studiosus/Marco Polo	237	1,1%	11.Alltours		93	1,0%
12.Hapag Lloyd Kreuzfahrten	178	0,8%	12.Studiosus		90	1,0%
13.MSC Kreuzfahrten	163	0,8%	13.ADAC Reisen	REWE	88	1,0%
14.TUI Cruises	131	0,6%	14.Jet Reisen	REWE	84	0,9%
15.Interchalet	127	0,6%	15.Airconti	REWE	77	0,8%
TOP FIFTEEN	**15.387**	**72,1%**	**TOP FIFTEEN**		**5.058**	**54,4%**
Sonstige	5.943	27,9%	Sonstige		4.248	45,6%
Gesamtmarkt	**21.330**	**100,0%**	**Gesamtmarkt**		**9.306**	**100,0%**

Abb. IV. 2-10 Veranstalter-Ranking nach Umsatz 2010 gegenüber 1990 (Quelle: DER-Marktforschung)

Öger und FTI waren 1990 noch nicht unter den TOP 20 zu finden und AIDA existierte noch gar nicht. Alltours erwirtschaftete weniger als ein Zehntel des heutigen Umsatzes, Ameropa war um 50% größer als heute und der sechstgrößte deutsche Veranstalter Hetzel aus Stuttgart verschwand Mitte der 90er Jahre durch Konkurs vom Markt. Die Konzentration auf die drei Marktführer fand bis zur Jahrtausendwende statt. Seitdem hat es in Deutschland kaum noch großes Wachstum durch Zukäufe gegeben. Dies fand fast ausschließlich im Rahmen der Börsengänge von TUI und Thomas Cook und deren Globalisierungsstrategien im Ausland statt.

2.1.1.1.2 Destinationsbetrachtung

Grundlegend ist zunächst die Struktur der Urlaubs-Destinationen unabhängig vom Anreiseverkehrsmittel (vgl. Abb. IV. 2-11). Ein Drittel aller Urlaubsreisen findet im Inland statt – in der Regel mit erdgebundenen Verkehrsmitteln, selten per Flugzeug – zwei Drittel im Ausland. 58% aller Urlaubsreisen gehen ins europäische Ausland einschließlich der asiatischen und afrikanischen Mittelmeerländer. Davon die Hälfte per Flugzeug und die andere Hälfte erdgebunden zumeist mit dem privaten Pkw. Nur 7% aller Urlaubreisen entfallen auf Fernreisen (Abgrenzungsmerkmal mindestens sechs Stunden Flugzeit) und 2% auf Kreuzfahrten. Insgesamt beträgt damit der Anteil von Flugreisen in Urlaubsdestinationen 36%, davon vier

Fünftel in Mittelmeerziele und ein Fünftel in Fernziele. Der Anteil von erdgebundenen Reisen per Pkw, Bus und Bahn beträgt 62%, wovon mehr als vier Fünftel auf den Pkw entfallen.

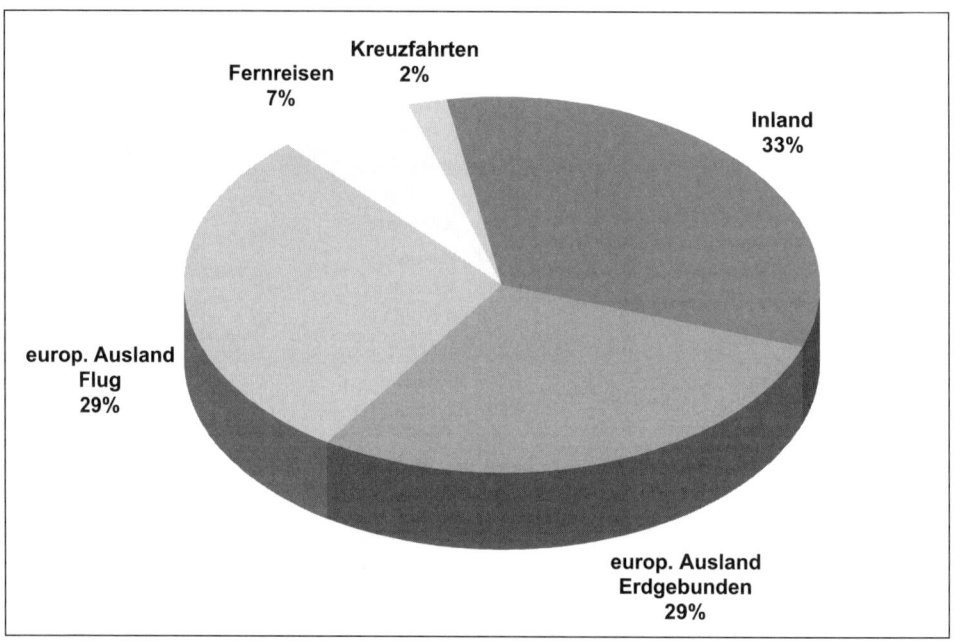

Abb. IV. 2-11 Anteil der Urlaubsreisen nach Destinationen und Anreiseverkehrsmitteln (Quelle: F.U.R. Reiseanalyse 2011)

Vor allem die Flugstatistiken des Statistischen Bundesamtes ermöglichen interessante Analysen der Flugurlaubs-Zielgebiete der Deutschen sowohl hinsichtlich der Bedeutung und Struktur als auch im Hinblick auf mittel- bis langfristige Entwicklungen. Betrachtet man die Zahl der Flugreisen in Mittelmeerziele im touristischen Geschäftsjahr (TGJ) 2008/2009, so fällt auf, dass knapp 60% aller Flüge in die beiden Länder Spanien (39%) und die Türkei (20%) gehen (vgl. Abb. IV. 2-12). Es folgen als so genannte Volumenziele Griechenland und Italien mit jeweils 11%. Auf alle anderen Mittelmeerländer entfallen zusammen lediglich 19% der Flugurlaubsreisen. Notwendige Verlagerungen von Urlaubsreisen infolge von Krisen, Katastrophen oder Kriegen sind daher nur begrenzt möglich. Der Ausfall von Destinationen wie Ägypten und Tunesien nach den Revolutionen in Nordafrika im Frühjahr 2011, konnte durch die Türkei und Spanien aufgefangen werden. Es wäre aber angesichts des riesigen Volumens unmöglich Urlauberströme aus der Türkei oder Spanien im Krisenfall in anderen Zielen unterzubringen.

2 Marktgrößen und Marktstrukturen

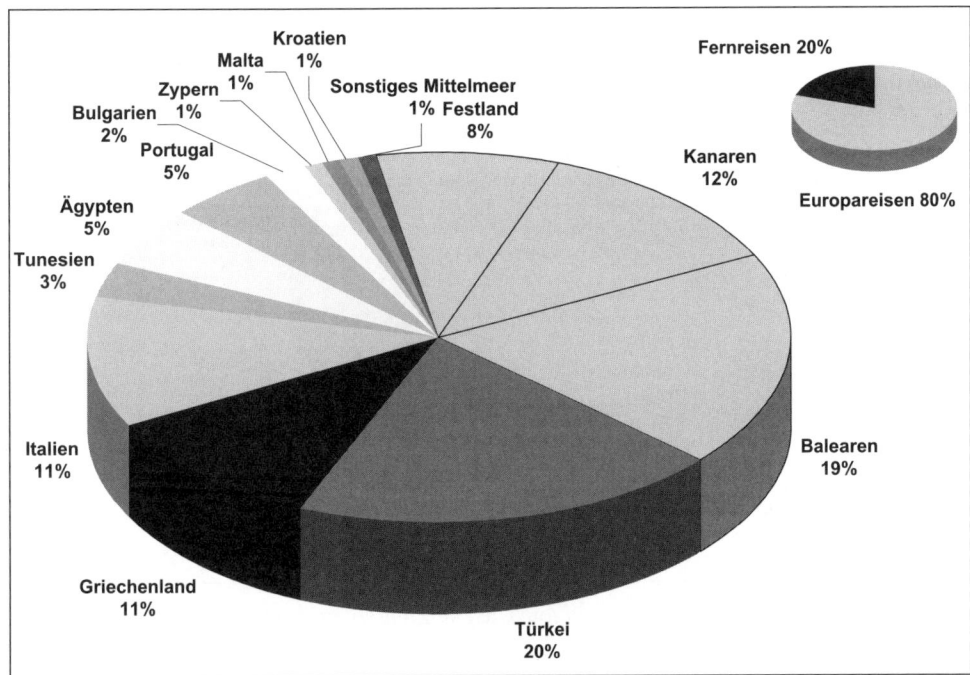

Abb. IV. 2-12 Deutsche Flugreisende in touristische Zielgebiete TGJ 2008/2009 Nah-/ Mittelstrecke (Quelle: SAFIR)

Auch bei Fernreisen zeigt sich ein starkes Ungleichgewicht bei der Wahl der Urlaubsdestinationen (vgl. Abb. IV. 2-13). Fast zwei Drittel aller Fernreisen entfallen auf Nordamerika (38%) und Fernost-Asien (27%), weitere 8% auf den mittleren Osten (Asien). Alle anderen Fernziele zusammen kommen auf einen Anteil von 27%. Interessant ist auch die seit 1990 anhaltende West-Ost-Verschiebung der Fernziele. Während noch 1990 fast die Hälfte aller Fernreisen (48%) auf Nordamerika entfiel, beträgt dieser Anteil 20 Jahre später nur noch 38%. Vor allem die USA konnten das Reisevolumen nach den Anschlägen von New York und den nachfolgend verschärften Einreisebestimmungen nicht annähernd wieder erreichen. Hingegen hat der Anteil asiatischer Ziele im gleichen Zeitraum von 22% auf 35% deutlich zugenommen. Dazu haben vor allem neue expansive Ziele beigetragen wie die arabischen Emirate, Vietnam, Malaysia, Singapur, China/Hongkong aber vor allem auch der starke Ausbau der Urlaubsinfrastruktur in Thailand. Alle anderen Destinationen haben ihren Marktanteil weitgehend stabil gehalten, wenngleich krisen-, katastrophen- und wechselkursbedingt viele Auf- und Abwärtsbewegungen im Zeitablauf festzustellen waren.

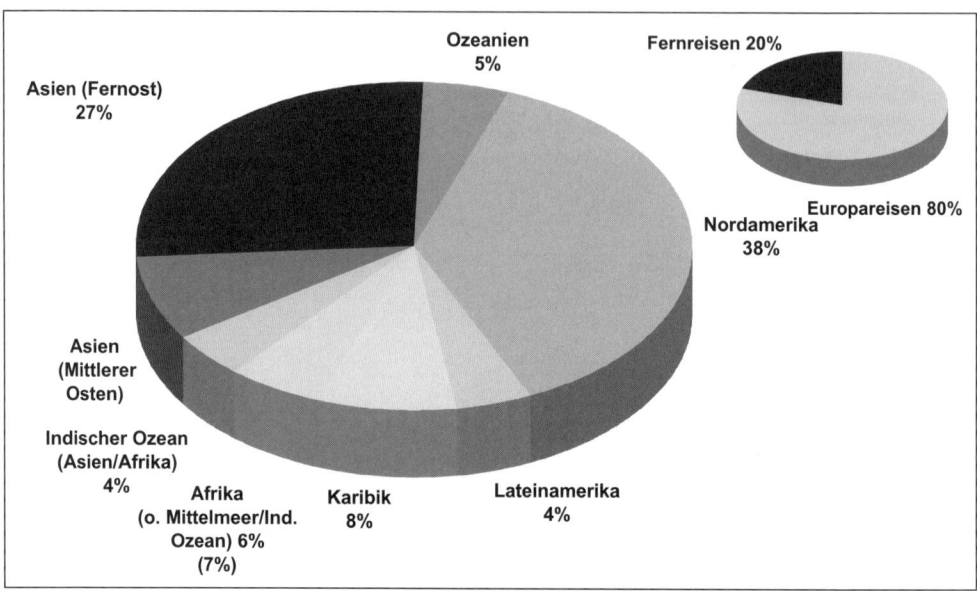

Abb. IV. 2-13 Deutsche Flugreisende in touristische Zielgebiete TGJ 2008/2009 Fernstrecke (Quelle: SAFIR)

Die langfristigen Entwicklungen der wichtigsten Flugzielgebiete seit 2002 auf der Nah- und Mittelstrecke und in den Fernzielen verdeutlichen, dass es in den meisten Destinationen weder klare Trends nach oben noch nach unten gab. Die meisten Urlaubszielgebiete sind aufgrund vieler exogener Einflussfaktoren sehr volatil. Betrachtet man die wichtigsten, d.h. volumenstärksten Zielgebiete auf der Nah- und Mittelstrecke (vgl. Abb. IV. 2-14), so zeigt sich, dass die Zahl der Flugreisen in Mittelmeerziele in den letzten 10 Jahren um insgesamt 18,5% gewachsen sind, was einer jährlichen Steigerung von nur 1,9% entspricht. Das Wachstum der touristischen Flugreisen in andere europäische Destinationen (überwiegend Städtereisen, kaum Badeziele) fiel mit +120,6% (+9,2% p. a.) zwar deutlich stärker aus, macht aber nur 4% aller Flugreisen aus und kann den Gesamttrend somit kaum beeinflussen. Dabei nahm der Marktanteil der drei größten Destinationen im gleichen Zeitraum sogar ab: Spanien um 3%-Punkte, wobei das Festland und die Balearen stiegen und die Kanaren verloren, die Türkei ebenfalls um 3%-Punkte und Griechenland um fast 4%-Punkte. Dabei verlief die Entwicklung in keiner der drei Destinationen gleichförmig. Die Türkei nahm zunächst rasant zu und brach durch Terroranschläge und den 2. Irak-Krieg völlig ein, bevor ab 2006 wieder ein Erholungsprozess einsetzte. Griechenland erlitt die Verluste erst mit Beginn der Wirtschaftskrise 2008. Spanien profitierte bis 2006 von dem Boom der Low-Cost-Carrier und dem Einbruch der Türkei und befindet sich seitdem im Abwärtstrend. Italien profitierte bis 2006 von dem zusätzlichen Streckenangebot der Low-Cost-Carrier und partiell auch vom Boom der Kreuzfahrten, von denen viele ihren Ausgangspunkt in Genua oder Venedig haben, konnte aber bis 2010 das hohe Niveau nicht halten. Ähnlich lassen sich auch für alle anderen Destinationen exogene Faktoren finden die für regelrechte Achterbahnfahrten verantwortlich sind. Zum Beispiel Ägypten: bis 2010 zählte das Land zu den Marktanteilsgewinnern im Mittelmeer. Terroranschläge auf Touristen und der 2. Irak-Krieg führten 2003 zu einem deutlichen Rückgang, dem anschließend eine tolle Erfolgsstory folgte, bevor die Revolution im Frühjahr 2011 das Reisevolumen aus Deutschland auf die Hälfte reduzierte. Tunesien, das den gleichen exogenen Entwicklungen unterlag, hatte mangels Attraktivität und der massiven Schrumpfung der Familienzielgruppe (vgl. Kapitel IV.2.3.2) bereits seit 2006 Rückgänge zu verzeichnen, bevor das Volumen im Frühjahr 2011 auf weniger als ein Drittel der Reisen von 2001 einbrach.

Zielregion	TGJ 09/10 Pax	Marktanteil in %	TGJ 08/09 Pax	TGJ 07/08 Pax	TGJ 06/07 Pax	TGJ 05/06 Pax	TGJ 04/05 Pax	TGJ 03/04 Pax	TGJ 02/03 Pax	TGJ 01/02 Pax	Änderung 09/10 zu 01/02
Spanien	7.584.303	37,2%	7.501.783	8.030.787	8.095.515	8.099.192	7.960.422	7.429.260	6.754.090	6.494.065	16,8%
Festland	1.698.375	8,3%	1.602.241	1.684.106	1.691.761	1.612.172	1.618.387	1.434.393	1.299.478	1.170.497	45,1%
Kanaren	2.335.993	11,4%	2.308.293	2.524.227	2.568.304	2.671.924	2.608.449	2.535.428	2.562.214	2.491.080	-6,2%
Balearen	3.702.578	18,1%	3.591.249	3.822.454	3.835.450	3.815.096	3.733.586	3.459.439	2.892.398	2.832.488	30,7%
Mallorca	3.240.232	15,9%	3.240.232	3.482.934	3.439.959	3.419.098	3.324.516	3.049.703	2.450.085	2.373.168	36,5%
Sonst. Balearen	351.017	1,7%	351.017	339.520	395.491	395.998	409.070	409.736	442.313	459.320	-23,6%
Türkei	4.107.657	20,1%	3.771.953	3.940.519	3.928.852	3.800.721	4.500.343	4.340.012	3.653.744	3.793.716	8,3%
Griechenland	1.963.372	9,6%	2.049.449	2.134.658	2.197.912	2.144.209	2.137.747	2.091.007	2.035.403	2.136.210	-8,1%
Italien	2.201.864	10,8%	2.180.063	2.321.388	2.348.923	2.246.045	1.928.760	1.661.843	1.445.957	1.029.004	114,0%
Tunesien	534.780	2,6%	570.736	583.605	579.711	619.014	642.004	619.864	535.558	650.996	-17,9%
Ägypten	1.018.955	5,0%	982.599	986.684	940.508	800.598	893.598	893.352	585.862	619.234	64,6%
Portugal	1.000.153	4,9%	996.168	1.051.383	658.896	638.873	562.861	551.170	572.625	605.868	65,1%
Bulgarien	320.631	1,6%	325.184	373.381	415.174	442.059	513.580	522.044	481.277	439.955	-27,1%
Zypern	179.802	0,9%	163.754	156.637	157.106	173.183	199.867	167.714	140.172	181.270	-0,8%
Malta	153.885	0,8%	158.481	189.023	159.910	148.136	155.560	151.406	141.830	159.504	-3,5%
Kroatien	217.665	1,1%	195.918	204.405	181.950	186.500	169.476	167.031	186.399	136.910	59,0%
Marokko	137.855	0,7%	129.929	130.102	104.731	91.798	76.221	66.384	68.490	85.426	61,4%
Sonstige	6.862	0,0%	6.051	6.551	25.252	5.143	5.653	4.096	586	13.443	-49,0%
Mittelmeer insgesamt	19.393.677	75,7%	19.032.068	20.109.123	19.794.440	19.418.638	19.859.121	18.688.438	16.629.172	16.361.816	18,5%
Sonst. Europa	1.021.135	4,0%	1.068.133	1.112.624	978.284	885.482	745.325	598.035	525.780	462.169	120,9%
Europa insg.	20.401.704	79,6%	20.100.201	21.221.747	20.772.724	20.304.120	20.604.446	19.286.473	17.154.952	16.823.985	21,3%
Fernreisen	5.216.574	20,4%	5.001.509	5.187.900	4.963.484	4.734.209	4.515.688	4.130.364	3.646.663	3.535.674	47,5%

Abb. IV. 2-14 Deutsche Flugreisende in touristische Flugziele – Nah- und Mittelstrecke (Touristenanteil > 50%) (Quelle: SAFIR)

Ähnlich verhält es sich mit den Fernreisen (vgl. Abb. IV. 2-15). Hier dominiert als zusätzlicher Einflussfaktor der Wechselkurs des Ziellandes zum Euro. Mit einem Zuwachs von 47,5% (+4,4% p. a.) seit 2001/2002 ist der Anstieg des Reisevolumens mehr als doppelt so hoch wie bei Nah- und Mittelstrecken-Destinationen (+21,3%). Da Fernreisen aber nur 20% (+ 3%-Punkte gegenüber 2002) aller Flugurlaubsreisen betreffen, ist der Effekt auf das gesamte touristische Flugreisevolumen eher gering. Auch hier sind viele exogen bedingte Auf- und Ab-Bewegungen festzustellen. So hat Nordamerika seit 2002 zwar einen ungebrochenen Wachstumstrend, allerdings immer noch nicht wieder die Zahl von 2,2 Mio. Reisen erreicht, die vor dem Anschlag auf das World Trade Center Bestand hatte. Stattdessen haben die asiatischen Destinationen Nordamerika die Marktführerschaft bei Fernreisen abgenommen. Zu dieser West-Ost-Verschiebung trug auch der Rückgang in den karibischen und mittelamerikanischen Destinationen bei, während der Indische Ozean und Ozeanien in der östlichen Hemisphäre erheblich an Bedeutung gewannen. Aber auch das Wachstum in Asien und im Indischen Ozean erhielt im Betrachtungszeitraum Dämpfer zum einen durch die Tsunami-Katastrophe in Thailand, Indonesien und auf den Malediven in 2007 und die Geflügelpest SARS in 2003.

Zielregion	TGJ 09/10 Pax	Marktanteil in %	TGJ 08/09 Pax	TGJ 07/08 Pax	TGJ 06/07 Pax	TGJ 05/06 Pax	TGJ 04/05 Pax	TGJ 03/04 Pax	TGJ 02/03 Pax	TGJ 01/02 Pax	Änderung 09/10 zu 01/02
Mittelmeer insgesamt	19.393.677	75,7%	19.032.068	20.109.123	19.794.440	19.418.638	19.859.121	18.688.438	16.629.172	16.361.816	18,5%
Sonst. Europa	1.021.135	4,0%	1.068.133	1.112.624	978.284	885.482	745.325	598.035	525.780	462.169	120,9%
Europa insg.	20.401.704	79,6%	20.100.201	21.221.747	20.772.724	20.304.120	20.604.446	19.286.473	17.154.952	16.823.985	21,3%
Übersee	5.216.574	20,4%	5.001.509	5.187.900	4.963.484	4.734.209	4.515.688	4.130.364	3.646.663	3.535.674	47,5%
Nordamerika	1.938.393	7,6%	1.874.655	1.947.758	1.791.463	1.719.913	1.706.545	1.486.067	1.310.908	1.224.568	58,3%
Mittelamerika	144.892	0,6%	138.520	154.099	144.904	141.265	155.675	149.386	145.628	143.096	1,3%
Südamerika	75.273	0,3%	83.083	83.631	79.692	71.796	60.356	55.359	54.990	55.718	35,1%
Karibik	401.462	1,6%	401.061	455.150	482.026	496.765	524.966	515.813	507.769	476.304	-15,7%
Afrika (ohne Mittelmeer/Ind. Ozean)	295.144	1,2%	288.227	296.727	321.479	296.474	267.536	247.883	224.793	198.296	48,8%
Indischer Ozean (Asien/Afrika)	260.221	1,0%	218.673	239.429	231.545	223.734	198.017	237.042	228.391	197.943	31,5%
Asien (Mittlerer Osten)	431.489	1,7%	417.705	383.169	339.186	299.938	264.191	215.896	158.262	141.966	203,9%
Asien (Fernost)	1.380.863	5,4%	1.325.204	1.342.079	1.294.720	1.216.848	1.081.707	962.979	781.708	910.654	51,6%
Ozeanien	304.494	1,2%	254.381	285.858	278.469	267.476	256.695	259.939	234.214	187.129	62,7%
weltweit	25.618.278	100,0%	25.101.710	26.409.647	25.736.208	25.038.329	25.120.134	23.416.837	20.801.615	20.359.659	25,8%

Abb. IV. 2-15 Deutsche Flugreisende in touristische Flugziele – Fernstrecke (Touristenanteil > 50%) (Quelle: SAFIR)

Auf Motivationen und persönlichen Reisewünschen der Kunden basierende Zielgebietstrends sucht man in fast allen Destinationen vergeblich. Im Mittelmeer und bei Fernreisen wird zumeist dorthin gereist, wo es sicher und preiswert ist und wo es ausreichende Flugkapazitäten gibt. In Übersee achtet man zusätzlich wegen der Nebenkosten auf die Wechselkurse und auf die Höhe der Flugpreise inklusive aller Gebühren und sonstigen Zuschläge.

Die zehn wichtigsten Erfolgs- bzw. Einflussfaktoren von Urlaubsdestinationen stellen sich daher wie folgt dar:

1. Sicherheit und Umweltbedingungen
2. Wechselkurs-Verhältnis der Zielgebietswährung zum Euro
3. Einreisebedingungen
4. Internationale Flugverbindungen
5. Inlandsflüge, öffentliche Verkehrsmittel und Straßeninfrastruktur
6. Zeitunterschied und Klimaverhältnisse
7. Lokale Infrastruktur und hygienische Verhältnisse
8. Shopping- und Unterhaltungs-Möglichkeiten
9. Auswahl und Qualität von Hotels, Gastronomie, Verpflegungsmöglichkeiten, Dienstleistungen und Servicepersonal
10. Preis-Leistungsverhältnis der touristischen Leistungen, Bedürfnisse und Einkommensverhältnisse der relevanten Zielgruppen

Die Auflistung zeigt die Vielfalt der Abhängigkeiten. Je weiter entfernt und je exotischer und kleiner eine Urlaubsdestination ist, umso leichter ist sie austauschbar sowohl im Angebotsportfolio der Reiseveranstalter wie auch im Relevant Set der Urlauber, die ja auch noch zu einem späteren Zeitpunkt in das jeweilige Land reisen können. Die vier ersten Faktoren sind sicherlich dominant, eins, drei und vier liegen sogar fast ausschließlich in der administrativen und politischen Hoheit eines Zielgebietes. Eine sehr starke Wirkung hat aber auch das Verhältnis der Zielgebietswährung zum Euro, da darüber die preisliche Wettbewerbsfähigkeit einer Destination maßgeblich beeinflusst wird. In vielen Ferndestinationen außerhalb Nordamerikas ist der US-Dollar die Leitwährung, so dass dessen Verhältnis zum Euro eine ent-

2 Marktgrößen und Marktstrukturen

scheidende Rolle auch in vielen Ländern Asiens, Lateinamerikas und Ozeaniens spielt. Der US-Dollar ist aber zumeist stärker abhängig von Entwicklungen in der Weltwirtschaft und Weltpolitik als von den wirtschaftlichen und politischen Parametern der jeweiligen Destination (vgl. Abb. IV. 2-16). Die Grafik zeigt beispielhaft, welche weltpolitischen Ereignisse der letzten zwanzig Jahre die Entwicklung des US-Dollars gegenüber dem Euro (bzw. vor 1999 der D-Mark) beeinflusst haben.

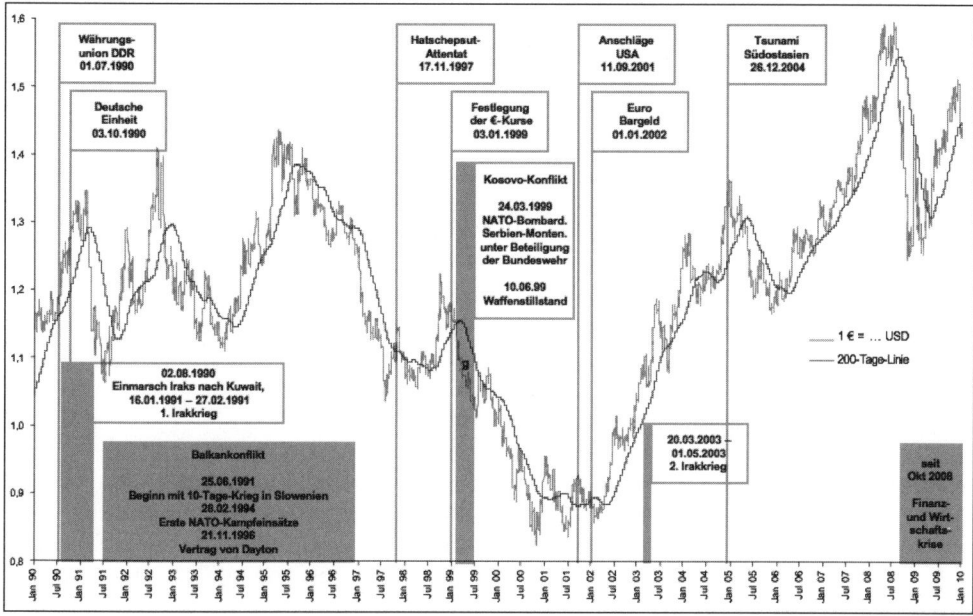

Abb. IV. 2-16 Entwicklung des Euro-Dollar-Kurses seit 1990 (Quelle: DER-Marktforschung)

Man kann auch vor diesem historischen Hintergrund die Zahl der Einreisen deutscher Urlauber in eine Destination grafisch darstellen (vgl. Abb. IV. 2-17). Beispielhaft wurde in einem langfristigen Trend seit 1990 die Zahl der deutschen Urlauber in die USA (helle Linie) mit der Entwicklung des Wertes des US-Dollar für einen Euro (bis 1999 D-Mark) in Bezug gesetzt (dunkle Linie). Mit jeder Wertsteigerung des Euro gegenüber dem US-Dollar steigt die Zahl der deutschen Reisenden in die USA und umgekehrt. Und noch eines wird deutlich: in den meisten Fällen folgt die Zahl der Urlauber dem Wechselkurs mit einem Jahr Verzögerung. Ursache hierfür sind die Devisensicherungsinstrumente der Reiseveranstalter, die die veränderten Wechselkurse erst mit dieser Zeitverzögerung von einer Saison oder einem Touristikjahr an die Kunden weitergeben können. Näheres dazu wird detailliert in Kapitel II.2.4 dieses Buches erläutert.

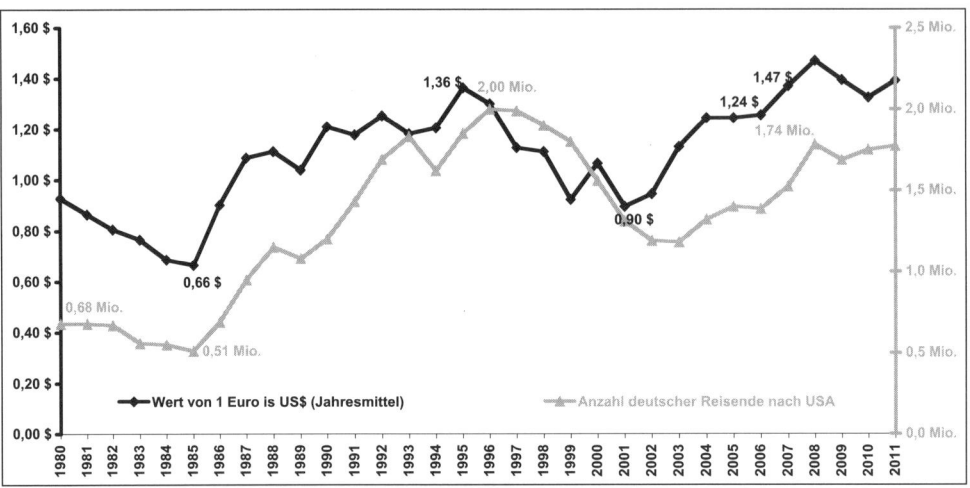

Abb. IV. 2-17 Wechselkursentwicklung US-Dollar/Euro im Vergleich zur Anzahl deutscher Reisender in die USA (Quelle: DER-Marktforschung)

2.1.1.1.3 Segment-Betrachtung

Der deutsche Markt für Veranstalterreisen setzt sich aus einer Vielzahl von Angebotssegmenten zusammen. Von insgesamt 21,33 Mrd. Euro Umsatz entfallen insgesamt 63% bzw. 14,9 Mrd. Euro auf Flugreisen, davon mit 37% das größte Segment auf Flugpauschalreisen in Destinationen rund ums Mittelmeer (8,7 Mrd. Euro), im Fachjargon Flug Nah- und Mittelstrecke (vgl. Abb. IV. 2-18).

Veranstalter - Marktsegement	TJ 2009/2010	Anteil in
	Mrd €	%
Flug insgesamt	14,85	62,8%
Flug insgesamt ohne Flugeinzelplatz	11,83	50,0%
Flug nah (Badeurlaub)	8,71	36,8%
Flug fern	3,12	13,2%
Flugeinzelplatz	3,02	12,8%
Studienreisen	0,64	2,7%
Kreuzfahrten	2,54	10,7%
Busreisen (davon ca. 1/3 Städtereisen)	2,04	8,6%
Städtereisen (ohne Busreisen)	0,69	2,9%
Erdgeb. Reisen (Bahn, Fewo, Hotel)	2,89	12,2%
Gesamt	23,65	100,0%
Gesamtmarkt ohne Flugeinzelplatz	20,63	87,2%
Gesamtmarkt ohne Air Berlin (historische Version)	21,33	90,2%

Abb. IV. 2-18 Veranstaltermarkt 2010 – nach Angebotssegmenten (Quelle: DER-Marktforschung)

2 Marktgrößen und Marktstrukturen

13% aller Flugreisen sind Fernreisen (3,1 Mrd. Euro), davon etwa 60% als Pauschalreisen in Badedestinationen und 40% als Bausteinreisen in zahlreiche Individual- und Rundreiseziele. Weitere 13% sind lediglich Flugeinzelplatzverkäufe der drei größten deutschen Bedarfsfluggesellschaften im Urlaubsverkehr. 24% aller Veranstalterreisen (5,6 Mrd. Euro) entfallen auf alle Varianten erdgebundener Urlaubsreisen, davon fast 9% auf Busreisen und der Rest auf Städtereisen, Ferienwohnungs- und Hotelaufenthalte mit Bahn und Pkw überwiegend in Deutschland und den Nachbarländern. Hinzu kommen Spezialsegmente wie Kreuzfahrten mit 11% (2,5 Mrd. Euro) und Studienreisen mit 3% (0,6 Mrd. Euro).

Ordnet man den Markt für Veranstalterreisen grundlegend in Pauschalreisen und Bausteinreisen (vgl. Abb. IV. 2-19), dann entfallen auf erstere etwa zwei Drittel (15,6 Mrd. Euro) und auf letztere ein Drittel des Umsatzes (8,0 Mrd. Euro). Zu den Pauschalreisen zählen alle Flug- und Bahn-Pauschalreisen, alle Busreisen, die Kreuzfahrten sowie alle Formen von Studien- und Gruppenreisen, bei denen sämtliche Reisekomponenten ffzu einem Gesamtpreis vor Reisebeginn bei einem Reiseveranstalter gebucht werden. Bausteinreisen sind alle Urlaubsreisen, die sich aus einzelnen Reisekomponenten zusammensetzen, die jeweils bei einem oder mehreren Veranstaltern vor Reisebeginn zu separaten Einzelpreisen gebucht werden. Dazu zählen auch einzelne Komponenten wie Flugeinzelplatzbuchungen oder Pkw-Reisen, bei denen nur eine einzelne Übernachtungsleistung (Hotel oder Ferienwohnung) gebucht wurde.

Veranstalter - Marktsegment	TJ 2009/2010	Anteil in
	Mrd €	%
Flug nah insgesamt	11,86	50,1%
Flug fern insgesamt	3,63	15,3%
Flug total	**15,49**	**65,5%**
Erdgebunden total	**5,62**	**23,8%**
Kreuzfahrten	**2,54**	**10,7%**
Gesamtmarkt	**23,65**	**100,0%**
Pauschalreisen	15,63	66,1%
Bausteinreisen	8,02	33,9%
Gesamtmarkt	**23,65**	**100,0%**

Abgrenzung Pauschalreisen/Bausteinreisen
Pauschalreisen umfassen ca. 95% Flug nah (Badeurlaub), Pauschalreisen in Fernziele, alle Studien- und Busreisen, Kreuzfahrten, rund 10% der ergebundenen Reisen (Bahn) sowie den alternativen Vertrieb. Bausteinreisen umfassen ca. 5% Flug nah (Badeurlaub), Bausteinreisen in Fernziele, Städtereisen, 90% der ergebundenen Reisen sowie alle Flugeinzelplatzverkäufe.

Abb. IV. 2-19 Veranstaltermarkt 2010 – nach Herstellungsform von Veranstalterreisen (Quelle: DER-Marktforschung)

Die verschiedenen Segmente des Reisemarktes haben sich seit 1990 mit unterschiedlicher Dynamik entwickelt (vgl. Abb. IV. 2-20). Dabei weist das nach Anzahl der Reisen kleinste Segment, die Kreuzfahrten, die höchste Wachstumsdynamik auf. Diese geht vor allem zu Lasten der Flugpauschalreisen auf der Nah- und Mittelstrecke, die seit 2001 tendenziell rückläufig sind. Als sehr stabil, aber auch stagnierend erweist sich das große Segment der Pkw

Reisen sowie Bahn- und Busreisen. Hingegen sind die Fernreisen infolge Ihrer hohen Krisenanfälligkeit und Abhängigkeit von der Währungsentwicklung zwischen Euro und US-Dollar einen permanenten Berg- und Talfahrt ausgesetzt; dabei konnte die Halbierung des Reiseverkehrs nach Nordamerika nach dem 11.9.2001 auch 10 Jahre später noch nicht wieder vollständig kompensiert werden. Dem Wachstumsphänomen der Kreuzfahrten wird im folgenden Exkurs besonders Rechnung getragen.

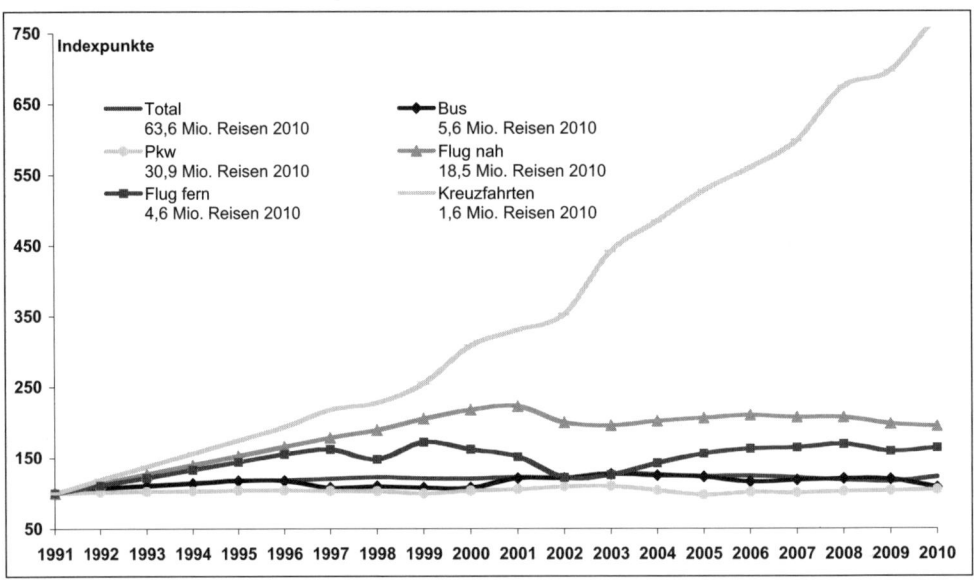

Abb. IV. 2-20 Nachfrage-Entwicklung indiziert nach Reisearten (Quelle: F.U.R Reiseanalyse)

2.1.1.1.4 Exkurs: Kreuzfahrtmarkt-Studie

(1) Definitionen und Abgrenzungskriterien für verschiedene Kreuzfahrttypen
Kreuzfahrten sind Pauschalreisen auf einem Schiff, die u. a. Übernachtung, Verpflegung, Animation, Entertainment und die Nutzung aller Schiffseinrichtungen für Passagiere – zum Teil zuzahlungspflichtig – einschließen. Der Reiseverlauf folgt i. d. R. einer vorher festgelegten Route, auf der verschiedene Häfen angelaufen werden, die Landausflüge für die Passagiere ermöglichen. Inzwischen existieren allerdings auch Reedereien, die für Großsegler lediglich das Fahrtgebiet bestimmen und die Route dem Wind überlassen. Eine Kreuzfahrt schließt mindestens eine Übernachtung und neben dem Ein- und Ausstiegshafen i. d. R. noch mindestens einen weiteren Unterwegshafen ein. Auch hierbei gibt es Ausnahmen, wie bspw. das Kreuzfahrtschiff Queen von Cunard, welches auf der Fahrt von Southampton nach New York keinen Unterwegshafen ansteuert.

Generell wird zwischen Fluss- und Hochsee-Kreuzfahrten unterschieden. Fluss- und Hochseeschiffe unterscheiden sich primär durch die Bauart, Größe und das damit zusammenhängende Angebot. Die meisten Flussschiffe verfügen über eine Maximalkapazität von ca. 200, auf dem Mississippi sowie in Russland auch bis zu 400 Passagieren. Hochseeschiffe fangen in der Regel bei ca. 300–500 Passagieren an, die weltweit größten erreichen aber auch eine Kapazität von bis zu 6.300 Reisenden, wobei die in Europa verkehrenden Schiffe in der Regel maximal 3.000 bis 4.000 Gäste befördern.

Bei einer **Flusskreuzfahrt** ist die Route naturgemäß an das Binnenwasserstraßennetz gebunden. Doch nicht alle Wasserstraßen sind von allen Schiffstypen befahrbar, was im Wesentlichen von Breite und Tiefe der Fahrrinne sowie der Höhe der Brückendurchfahrten abhängt und damit auch vom Wasserstand der Flüsse (Hoch- oder Niedrigwasser). Bei **Hochseekreuzfahrten** gibt es kaum Routenbeschränkungen. Die wenigen beziehen sich auf die ggf. zu durchfahrenden Kanäle (Suez- und Panama-Kanal) oder Hafenzufahrten, die maßgeblich von der Größe der Schiffe abhängen. Je kleiner das Schiff, umso abwechselungsreicher und vielfältiger sind die Hochseerouten. Selbst sehr kleine Destinationen können mit diesen angelaufen werden, wobei das Schiff dann oft auf Reede liegt und die Passagiere mit Tenderbooten anlanden.

Für die Teilnehmer einer Flusskreuzfahrt ist oft der Weg das Ziel, wobei landschaftlich besonders schöne und interessante Routen tagsüber befahren werden. Hingegen fahren Hochseeschiffe in der Regel nachts und legen tagsüber in den Häfen an, womit hierbei vor allem bei klassischen Kreuzfahrten der Hafen das Ziel darstellt. Manche Hochseeschiffe sind inzwischen aufgrund ihres umfangreichen Angebotes an Sportmöglichkeiten, Animation, Gastronomie und Entertainment selbst zur Destination geworden. Somit wird das Schiff selbst zum Ziel für den Reisenden.

Es gibt eine große Bandbreite von Schiffsreisen. Die beschriebenen Fluss- und Hochseekreuzfahrten zählen zur Bedarfsschifffahrt, d. h. die Reiseveranstalter chartern die Schiffe von den Reedereien. Daneben gibt es sowohl auf Flüssen wie auf den Meeren aber auch Linienschiffe, Fährschiffe, Ausflugsschiffe (für Tagesfahrten) und auch die Frachtschiffe, die auf ausgewählten Schiffen und Routen auch Passagiere mitnehmen. Bei den hier betrachteten Kreuzfahrten sind folgende Arten zu unterscheiden zwischen:

- **Klassische Kreuzfahrten:** Dies sind Seereisen, die je nach Jahreszeit und Klima permanent unterschiedliche Routen und Fahrtgebiete befahren; häufig sind Einstiegs- und Ausstiegshafen nicht identisch, je nach Route liegt die Reisedauer zwischen acht und 18 Tagen; längere Routen bis hin zur rund 150-tägigen Weltreise können zumeist auch in kürzeren Teilstrecken gebucht werden; Ausstattung, Komfort und Ambiente dieser Schiffe ist zumeist hochwertig und es wird bei vielen Wert auf gesellschaftliche Konventionen gelegt.
- **Turnus-Kreuzfahrten:** Dies sind Seereisen oder Fluss-Kreuzfahrten, die in regelmäßigem Rhythmus über einen längeren Zeitraum immer die gleiche Route befahren und bei denen Ein- und Ausstiegshafen zumeist identisch ist; aufgrund der Regelmäßigkeit verkehren sie häufig im Wochen- oder Zwei-Wochen-Turnus; dazu zählen auch die so genannten Schmetterlingskreuzfahrten, bei denen jeweils im Wochenrhythmus abwechselnd zwei verschiedene Routen befahren werden, die Zwei-Wochen-Gäste miteinander verknüpfen können; Turnuskreuzfahrten sind in der Regel deutlich preiswerter, da aufgrund der Regelmäßigkeit und standardisierten Abläufe Kostenvorteile bei Liegegebühren, Hafenagenturen, Catering und Landausflügen erzielt werden können. Bei Fluss-

Kreuzfahrten betrifft der Turnus in der Regel das Pendeln zwischen den jeweiligen Endzielen der Routen, wobei Reisen flussaufwärts länger als flussabwärts dauern.

- **Expeditions-Kreuzfahrten:** Diese ähneln logistisch der klassischen Kreuzfahrt, allerdings wird beim Routenverlauf auf das Erreichen außergewöhnlicher und exotischer Ziele geachtet (Antarktis, Polarmeer, Amazonas, die Großen Seen in USA etc.). Deshalb sind die Schiffe zumeist sehr klein (bis 500 Passagiere) und technisch besonders für diese Reiseformen (verstärkte Außenwände, geringer Tiefgang, Hubschrauber-Notlandeplatz etc.) konzipiert; Komfort und Animation sind weniger gefragt, dafür wird der Expeditions- und Studienreise-Charakter durch themenbezogene Fachvorträge und Führungen von Experten und Lektoren verstärkt. Derartige Expeditionskreuzfahrten sind auch auf Flüssen in entfernten, teilweise exotischen Zielen möglich (Nil, Jangtsekiang, Mekong, Ganges etc.).
- **Großsegler-/Windjammer-Kreuzfahrten:** Diese großen Segelschiffe machen sowohl klassische als auch turnusmäßige Kreuzfahrten soweit wie möglich unter Einsatz der Segel; daher kann der Routenplan aus witterungstechnischen Gründen nicht immer eingehalten werden; die Ausstattung und Einrichtung dieser Schiffe entspricht gehobenen bis luxuriösen Kreuzfahrtschiffen, wobei die Passagierzahl mit ca. 150–200 deutlich geringer ist.
- **Themen-Kreuzfahrten:** Bei diesen Fluss- oder Seereisen sind Route, Landausflüge, Bordprogramm auf das jeweilige Thema ausgerichtet (Gourmet-, Musik-, Sport-, Aktivitäts-Reisen, Reisen zu historischen oder kunstgeschichtlichen Zielen, Leserreisen für lokale oder regionale Zielgruppen etc.).

(2) Kreuzfahrt-Anbieter
Weltweit gibt es über 130 Reedereien, die mit mehr als 300 Schiffen unterwegs sind. Neben vier großen internationalen Kreuzfahrt-Konzernen gibt es kleine nur auf bestimmte Routen, Kreuzfahrtarten oder nur nationale Märkte spezialisierte Anbieter.

Carnival Corporation, Royal Caribbean Cruise Lines (RCCL), Norwegian Cruise Lines (NCL) und MSC (Mediterranean Shipping Company) repräsentieren 2010 einen weltweiten Marktanteil von 83% (vgl. Abb. IV. 2-21). Davon entfallen fast 50% Marktanteil und 101 Schiffe allein auf den US-Konzern Carnival, dem die Tochtergesellschaften Carnival Cruises (22 Schiffe), Princess Cruises (17), Holland-America-Line (15), Costa Crociere (14), P&O Cruises (11), AIDA Cruises als Joint Venture mit TUI (10), Seaborne Cruise Lines (5), Ibero Cruceros (4), und Cunard Line (3) gehören. Ein knappes Viertel der Marktanteile und 41 Schiffe entfallen auf RCCL, der die Beteiligungen Royal Caribbean International (21 Schiffe), Celebrity Cruises (10), Pullmantur (5), Azmara Cruises (2), TUI Cruises (2) und Croisieres de France (1) besitzt. Auf NCL und MSC, den einzigen rein europäischen Anbieter, entfallen jeweils 6% Marktanteil und 11 Schiffe. Alle anderen Kreuzfahrtanbieter zusammen kommen lediglich auf einen Marktanteil von 17% (Stand: 2010).

2 Marktgrößen und Marktstrukturen

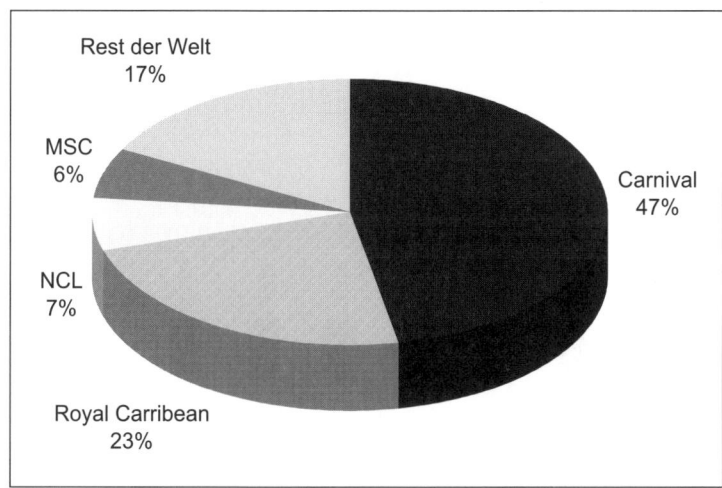

Abb. IV. 2-21 Rangordnung wichtiger Kreuzfahrtreedereien nach Bettenkapazitäten (2-er Belegung pro Kabine) weltweit 2010 (Quelle: DRV-Kreuzfahrtstudie)

In Deutschland gehören die nationalen Anbieter Hapag Lloyd (100% TUI, 4 Schiffe), TUI Cruises (50% RCCL, 2 Schiffe), Transocean (1), Deilmann (1), Phoenix (4), Seacloud Cruises (2), Plantours (1), Lord-Nelson-Seereisen (1), der internationale Anbieter AIDA Cruises (100% Carnival, 10 Schiffe), sowie die italienischen Wettbewerber Costa und MSC zu den wichtigsten Hochsee-Kreuzfahrtveranstaltern. Phoenix, Transocean und TUI sind auch im Flusskreuzfahrtensegment tätig, während Nicko Tours, Arosa und Viking reine Flussreisen-Spezialisten sind. Deilmann Flusskreuzfahrten sowie Transocean, Hansa/Delphin Hochseekreuzfahrten mussten 2010 in Konkurs anmelden und werden nun durch Nachfolgegesellschaften weitergeführt. Während die Hochsee-Kreuzfahrtenanbieter zumeist Reeder und Veranstalter zugleich sind und das Chartern ganzer Schiffe eher die Ausnahme ist, verhält es sich im Fluss-Segment gerade umgekehrt.

Die wichtigsten **Hochsee-Fahrtgebiete** für den deutschen Quellmarkt sind das westliche und östliche Mittelmeer sowie die Nordland-Reisen, auf die die Hälfte aller Kreuzfahrten entfallen (vgl. Abb. IV. 2-22). Danach folgen jeweils gleichauf die kanarischen Inseln, die Ostsee und die Karibik (jeweils 9,5%). Auf alle anderen Fahrtgebiete überwiegend außerhalb Europas entfallen 20% aller Hochsee-Kreuzfahrten.

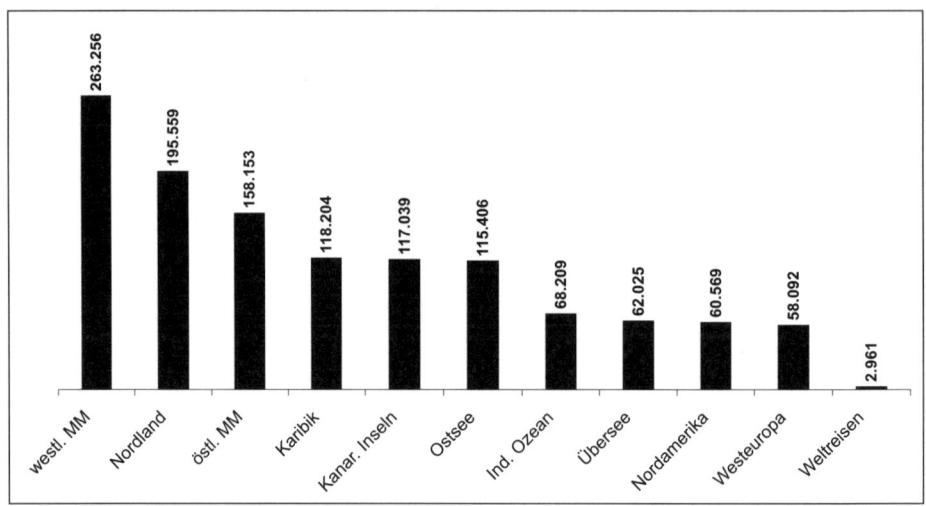

Abb. IV. 2-22 *Passagierzahlen nach Destinationen Hochseekreuzfahrten (Quelle: DRV-Kreuzfahrtstudie)*

Bei den Flusskreuzfahrten dominieren mit weitem Abstand die Donau, der Rhein mit Nebenflüssen und der Nil (vgl. Abb. IV. 2-23), auf die insgesamt 80% aller Flussfahrten entfallen. Es folgen gleichauf Rhone und Loire sowie die russisch-ukrainischen Flüsse Wolga, Don und Dnjepr mit jeweils 7% aller Flussreisen sowie alle anderen Flüsse mit zusammen 6%. Rund 50% aller Hochseekreuzfahrten deutscher Urlauber wurden von den fünf wichtigsten nationalen Kreuzfahrthäfen Kiel, Hamburg, Rostock-Warnemünde, Bremerhaven und Lübeck-Travemünde angetreten.

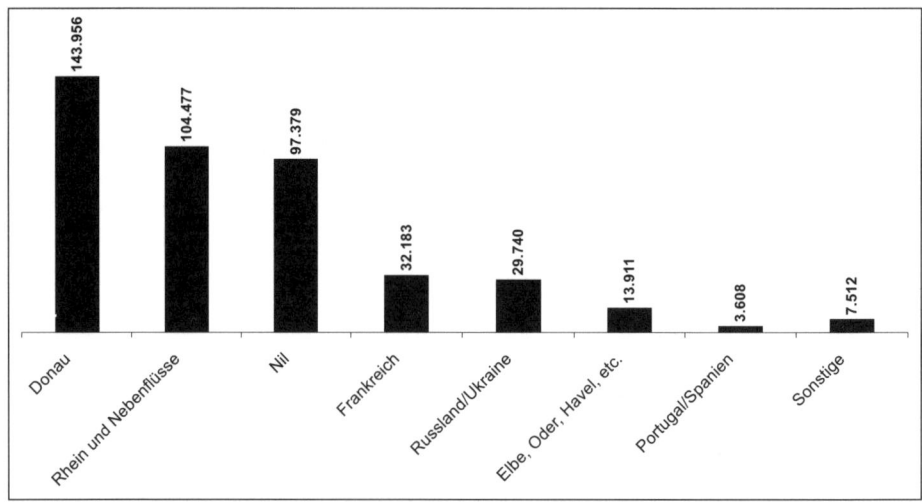

Abb. IV. 2-23 *Passagierzahlen nach Destinationen Flusskreuzfahrten (Quelle: DRV-Kreuzfahrtstudie)*

(3) Entwicklung des Kreuzfahrten-Marktes

Seit 1993 veröffentlicht der Deutsche Reise Verband jährlich eine Kreuzfahrtenstudie. Diese dokumentiert das Volumen nach Umsatz und Reisenden differenziert nach Hochsee- und Fluss-Kreuzfahrten und die Einordnung in die internationalen Märkte. Weitere Parameter sind Kapazitätsentwicklung, Reisedauer, Durchschnittspreis, Tagesrate, Preissegment und Fahrtgebiete.

Binnen der letzten Dekade von 2000 bis 2010 hat sich der Umsatz des deutschen Kreuzfahrtmarktes um 173% auf 2,54 Mrd. Euro fast verdreifacht (vgl. Abb. IV. 2-24). Davon entfallen 2,07 Mrd. Euro bzw. 81% auf Hochsee-Kreuzfahrten und 0,47 Mrd. Euro bzw. 19% auf Fluss-Kreuzfahrten. Die Wachstumsdynamik war binnen dieser 10 Jahre annähernd vergleichbar (vgl. Abb. IV. 2-25).

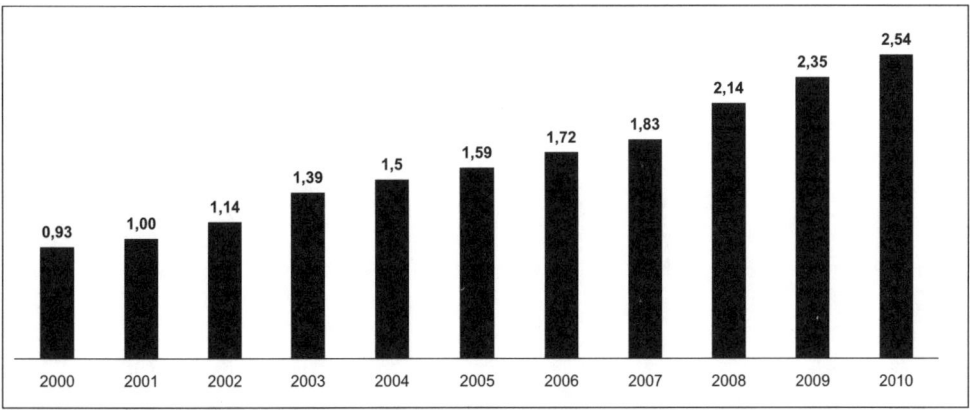

Abb. IV. 2-24 *Umsatzentwicklung Hochsee- und Flusskreuzfahrten insgesamt 2000 bis 2010 in Mio. Euro (Quelle: DRV-Kreuzfahrtstudie)*

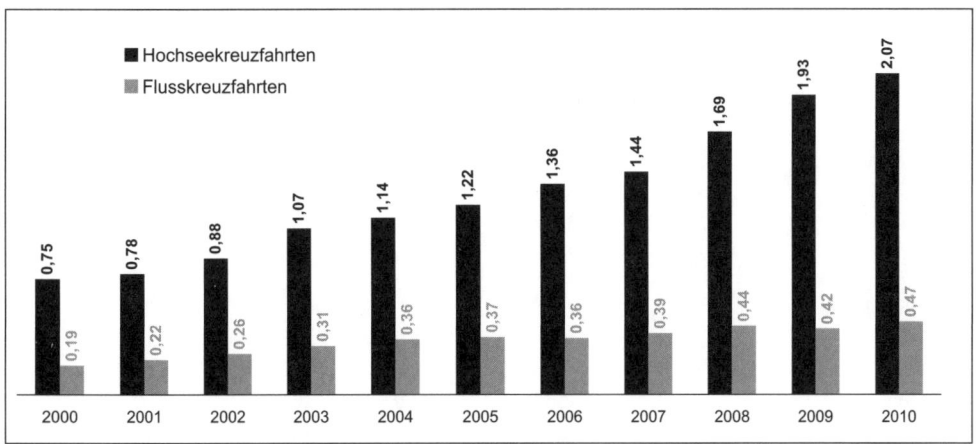

Abb. IV. 2-25 *Umsatzentwicklung Hochsee- und Flusskreuzfahrten separat 2000 bis 2010 in Mio. Euro (Quelle: DRV-Kreuzfahrtstudie)*

Aufgrund des im Vergleich zu flug- und erdgebundenen Reisen deutlich höheren Durchschnittsumsatzes pro Reise hat gleichzeitig der Umsatzanteil von Kreuzfahrten am deutschen Veranstaltermarkt von 4,7% in 2000 auf 11,7% in 2010 deutlich zugenommen (vgl. Abb. IV. 2-26) und unterstreicht die hohe Bedeutung dieser Urlaubsform im deutschen Urlaubsmarkt. Das Volumen des weltweiten Kreuzfahrtmarktes wird 2010 auf 18,8 Mio. Passagiere geschätzt. Davon entfallen auf den größten Hochseekreuzfahrtenmarkt Nordamerika allein 11,1 Mio. Reisen bzw. knapp 60 %. Europa kommt insgesamt auf rund 5,4 Mio. Passagiere bzw. 29%. Führend in Europa ist unverändert Großbritannien mit 1,64 Mio. Hochsee-Kreuzfahrten (+53% gegenüber 2005) vor dem deutschen Markt mit 1,22 Mio. (+91% gegenüber 2005) mit der deutlich höheren Wachstumsdynamik (vgl. Abb. IV. 2-27). Aber auch der italienische und spanische Markt für Hochsee-Urlaube weisen auf Rang drei und vier ein starkes Wachstum auf.

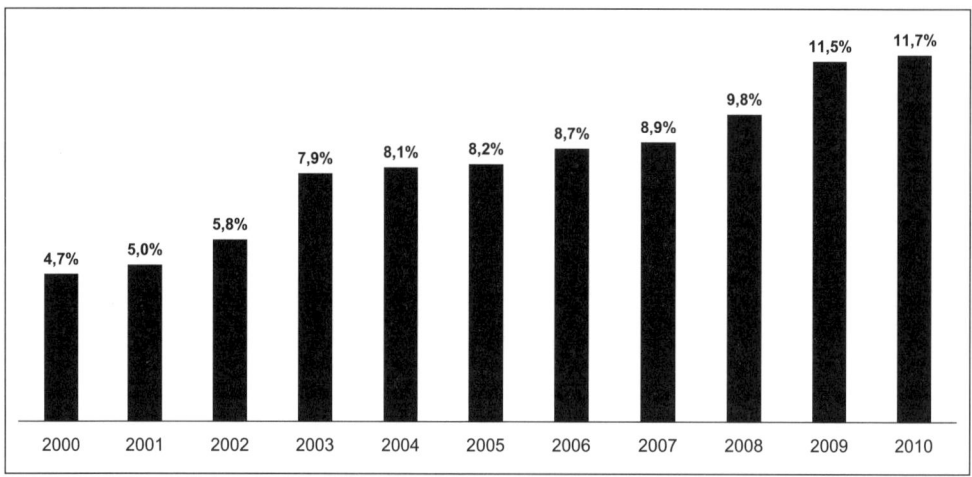

Abb. IV. 2-26 Umsatzanteile Hochsee- und Flusskreuzfahrten am Veranstaltermarkt 2000 bis 2010 (Quelle: DRV-Kreuzfahrtstudie)

	2005	2006	2007	2008	2009	2010
UK	1.071,0	1.204,0	1.335,0	1.477,0	1.533,0	1.640,0
Deutschland	639,0	705,0	763,0	907,0	1.026,0	1.219,5
Italien	514,0	517,0	640,0	682,0	799,0	n/a
Spanien	379,0	391,0	518,0	497,0	587,0	n/a
Frankreich	233,0	242,0	280,0	310,0	347,0	n/a
Skandinavien (inkl. Finnland)	42,0	62,0	94,0	123,0	173,0	n/a
Benelux	42,0	64,0	82,0	92,0	110,0	n/a
Österreich	39,0	44,0	52,0	59,0	80,0	n/a
Schweiz	51,0	56,0	64,0	65,0	76,0	n/a
Rest Europa	117,0	123,0	175,0	211,0	213,0	n/a
Europa insg.	**3.127,0**	**3.408,0**	**4.003,0**	**4.423,0**	**4.944,0**	**2.859,5**

Abb. IV. 2-27 Europa – Passagierentwicklung nach Quellmärkten 2005 bis 2010 in Tsd. (Quelle: DRV-Kreuzfahrtstudie)

2 Marktgrößen und Marktstrukturen

Die Analyse von Zielgruppen in Deutschland zeigt, dass sich der Hochsee-Kreuzfahrten-Markt zu jeweils einem Viertel auf das Budget-, Standard-, Premium- und Deluxe-Segment verteilt. Das Durchschnittsalter über alle Segmente hat sich von rund 60 Jahre in 2000 weiter auf 48 Jahre verringert. Die durchschnittliche Reisedauer liegt relativ unverändert bei knapp zehn Tagen. Allerdings hat sich der Durchschnittsumsatz pro Kreuzfahrt von 2000 bis 2010 um 14% auf 1.700Euro verringert. Bei Fluss-Reisen liegt das Durchschnittsalter mit fast 60 Jahren zwölf Jahre höher als bei Hochseekreuzfahrten. Die Reisedauer ist mit sieben Tagen drei Tage kürzer. Der Durchschnittsumsatz pro Reise hat sich seit 2000 um 8% erhöht. Bei Flusskreuzfahrten entfällt knapp die Hälfte auf das Standard- und ein weiteres Drittel auf das Budget-Segment; Premium- und Deluxe-Segment kommen nur auf knapp 19%.

(4) Zukunftsperspektiven des Kreuzfahrtmarktes

Das Wachstum des Kreuzfahrtenmarktes dürfte noch einige Jahre anhalten allerdings mit abnehmenden Zuwachsraten. Wachstumstreiber in Deutschland war und ist vor allem AIDA Cruises, die von 2001 bis 2013 jährlich ein weiteres neues Schiff in der 2.000-Betten-Kategorie in Deutschland platzieren. Auch die deutschen Anbieter TUI Cruises und Hapag-Lloyd planen zusätzliche Schiffe. International ist das Wachstum ebenfalls noch nicht ausgereizt, wie die Entwicklung des italienischen, spanischen und neuerdings auch des skandinavischen Marktes dokumentieren. Während einerseits immer größere Schiffe wie die Oasis of the Seas mit einer Kapazität von 6.300 Passagieren gebaut werden, für die es kaum noch ausreichend große Häfen gibt, prognostizieren Experten zukünftig einen zusätzlichen Bedarf für kleinere und mittelgroße Schiffe bis zu 800 Passagieren, die flexibel alle Häfen anlaufen können und auch komplett leichter für einzelne Termine oder Saisonzeiten verchartert werden können. Bei Flusskreuzfahrten ist die Größe wie eingangs erwähnt durch die natürlichen Gegebenheiten der Flüsse limitiert, so dass hier eher technische Neuerungen bei Neubauten greifen und die Markt-Expansion über die Erschließung neuer auch internationaler Kunden sowie zusätzlicher teilweise exotischer Zielgebiete erfolgt.

2.1.1.2 Reisevermittlungsmarkt

Der Reisebüromarkt gliedert sich wie bereits in Kapitel III.3 und III.4 dargestellt in die Segmente Stationäre Reisebüros und Business Travel (BT) auf, die sich durch verschiedene Geschäftsmodelle Handelsvertreterstatus im stationären und Makler- bzw. Dienstleister-Funktion im BT-Geschäft unterscheiden. Es wird empfohlen einleitend oder ergänzend diese Kapitel zu lesen, da an dieser Stelle lediglich aus Sicht der Angebotsseite die mittel- bis langfristige Entwicklung der Marktvolumina dargestellt und kommentiert werden.

Der deutsche Reisebüromarkt erreichte nach der Wiedervereinigung Deutschlands im Jahr 2000 mit einem Gesamtumsatz von 25,1 Mrd. Euro sein größtes Volumen (vgl. Abb. IV. 2-28). Vor allem in den Jahren danach folgte ein Einbruch um über 20% auf nur noch 19,83 Mrd. Euro, zu dem maßgeblich das Platzen der E-Commerce-Blase im Jahr 2000, der Anschlag von New York 2001, der 2. Irak-Krieg 2002 und die Geflügelpest SARS in Asien 2003 beitrugen, wobei gleichzeitig durch das 1997 erstmalig in Deutschland kommerziell genutzte Internet permanent Marktanteile an diesen neuen Vertriebskanal abflossen. Dabei war das stationäre Reisebürogeschäft von diesen Entwicklungen deutlich stärker betroffen als das Business Travel Geschäft. Die leichte Aufwärtsentwicklung des Umsatzvolumens bis 2008 wurde durch die Finanz- und Wirtschaftskrise jäh gebremst, konnte sich aber auch danach bis 2010 nur leicht wieder erholen. Im Business Travel hatte der Markt 2008 vor der Finanzkrise bereits wieder das Niveau von 2000 übertroffen, im stationären Reisegeschäft lag er immer noch um fast 20% darunter.

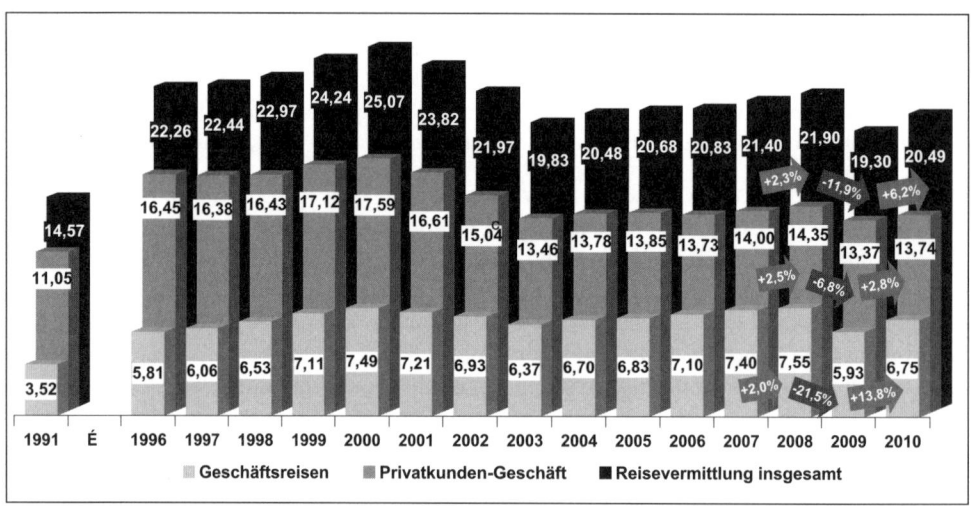

Abb. IV. 2-28 Marktentwicklung stationäre Reisebüros und BT 1991–2010 nach Vertriebsumsatz in MRD. Euro (Quelle: FVW und Hochrechnungen DER-Marktforschung)

Bedingt durch diese Umsatzeinbrüche wurde auch die Zahl der stationären Reisebüros und BT-Center sukzessive bereinigt (vgl. Abb. IV. 2-29). So kam es zu einer sukzessiven Aufgabe vieler klassischer und touristischer Reisebüro-Standorte. Der Rückgang fiel in den Jahren 2005 und 2006 mit insgesamt minus 14% bzw. fast 1.900 Standorten besonders stark aus, nachdem viele Betriebe vier Jahre lang vergeblich versuchten, die beständig schrumpfenden Umsätze durch Kosteneinsparungen zu kompensieren. Wenn aber die durch die hohe Kostenremanenz von Personal- und Mietkosten bedingt Mindestbetriebsgröße dauerhaft unterschritten wird, bleibt kaum eine andere Alternative als die Schließung oder Konsolidierung. Auch im Business Travel wurden viele Standorte zusammengelegt oder in Großkundenzentren konzentriert. Diese Bereinigung des Marktes wirkt sich für die verbliebenen Reisebüros durch ein höheres Marktpotenzial pro Standort aus, das allerdings auch mit anderen Vertriebkanälen in Konkurrenz steht.

2 Marktgrößen und Marktstrukturen

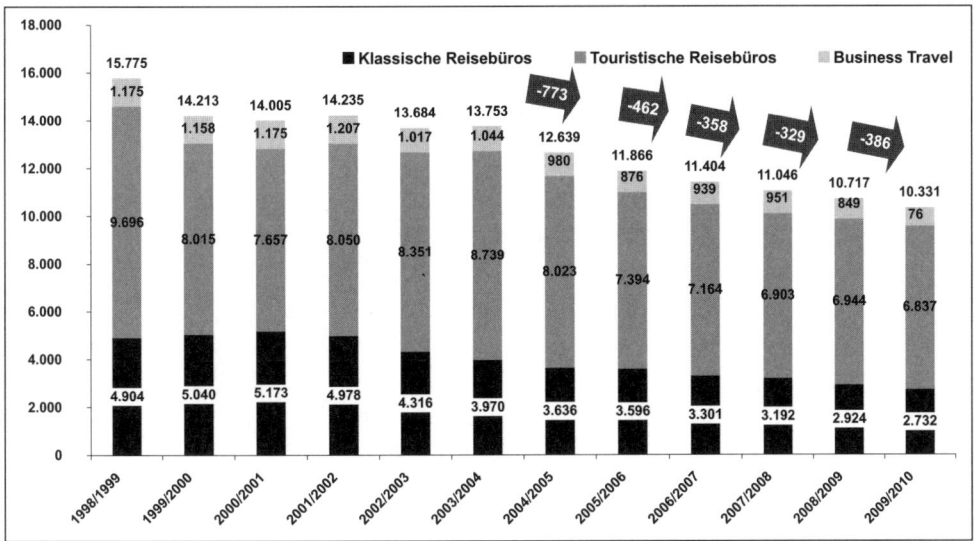

Abb. IV. 2-29 *Entwicklung der Zahl der deutschen Reisebüros (Quelle: DRV Vertriebsdatenbank)*

Die aktuellen Marktanteile der stationären Reisebüros und der BT-Organisationen sind bereits in Kapitel III.3.3 und III.3.4 dargestellt. Interessant ist darüber hinaus eine Langfristbetrachtung. Der Marktanteil nach Umsätzen der fünf größten Reisebüroorganisationen REWE, TUI, Thomas Cook, LH City Center und Reiseland ist von 2001 bis 2010 von 52,3% auf 61,2% gestiegen (vgl. Abb. IV. 2-30). Grundlage hierfür war eine Marktkonsolidierung, die bis 2006 stattfand. Danach haben die großen Organisationen sogar wieder leichte Verluste gegenüber dem selbständigen Mittelstand und kleineren Ketten hinnehmen müssen. Die größten Zuwächse erzielten dabei die REWE Group als Marktführer und die zum Otto-Versand gehörenden Reiseland-Büros.

Im Geschäftsreisesegment nahm der Marktanteil der sieben global operierenden und spezialisierten Business Travel Organisationen insgesamt von 2001 bis 2010 von 82,7% auf 88,9% zu (vgl. Abb. IV. 2-31). Die größten Anteilszuwächse erzielte der Weltmarktführer Carlson Wagonlit Travel mit rund 6%-Punkten (in Deutschland nur Nr. 4). Dahinter folgen die auf eher kleine und mittelgroße nationale Firmen-Reiseetats spezialisierten Franchise-Organisationen von LH City Center und FIRST (jeweils +4%-Punkte). Die größten Anteilsverluste mussten der deutsche Marktführer BCD Travel (–5%-Punkte) sowie die nicht organisierten mittelständischen Reisebüros (-6%-Punkte) hinnehmen.

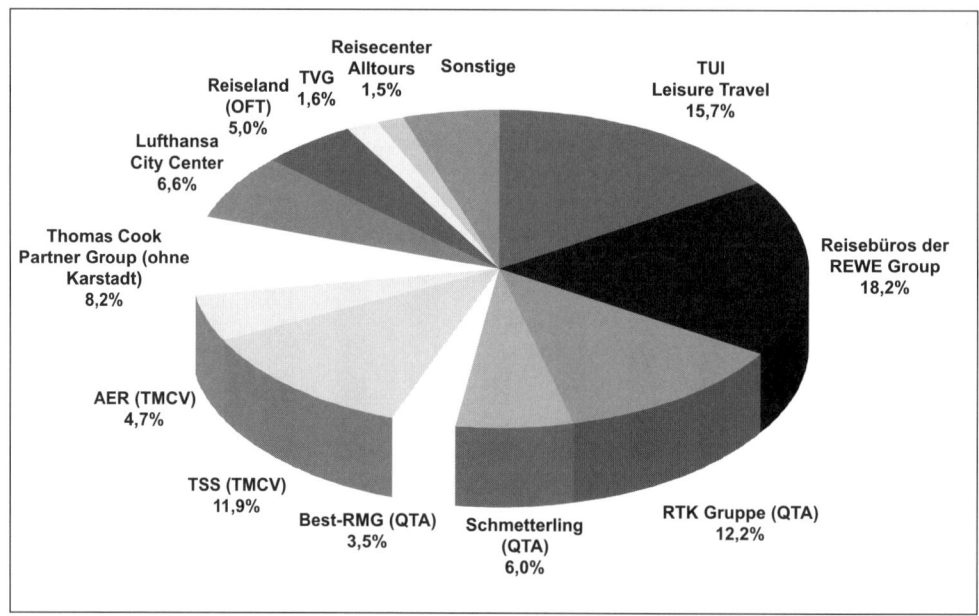

Abb. IV. 2-30 Marktanteile Reisevermittlung Stationäre Reisebüros nach Umsatz 2010
(Quelle: FVW und Hochrechnungen DER-Marktforschung)

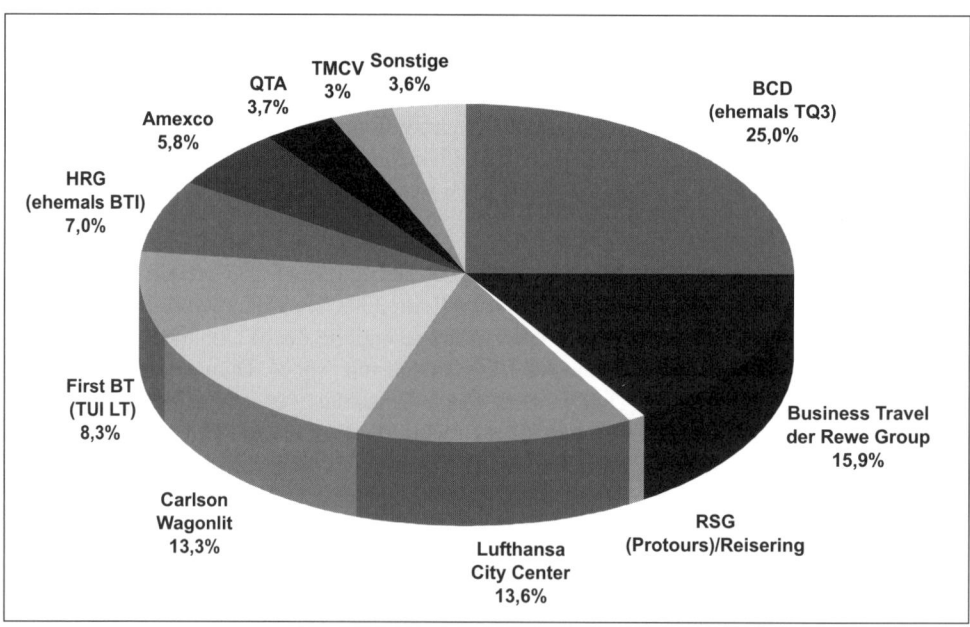

Abb. IV. 2-31 Marktanteile Reisevermittlung Geschäftsreisen nach Umsatz 2010
(Quelle: FVW und Hochrechnungen DER-Marktforschung)

2.1.1.3 Online-Reisen-Markt

Die grundlegende Struktur des Online-Reisemarktes und seiner Marktteilnehmer ist bereits in Kapitel III.4 beschrieben. Es wird empfohlen einleitend oder ergänzend diese Kapitel zu lesen, da hier lediglich aus Sicht der Angebotsseite die Marktvolumina und quantitative Umsatzstruktur dargestellt und kommentiert werden.

Zwar wird seit der Jahrtausendwende der Entwicklung des Online-Reisegeschäftes ein permanent zweistelliges Wachstum zugesprochen, nachweisbar ist dies bis dato allerdings nicht, da anders als in den klassischen Reisemärkten weder die Unternehmen noch die Verbände, in denen sie organisiert sind, Umsatzdaten geschweige denn Ergebnisdaten veröffentlichen. Auch Marktforscher tun sich schwer mit der Ermittlung, da bei der Erfassung viele Unklarheiten auftreten. Zum einen bieten alle Stufen der touristischen Wertschöpfungskette (vgl. Abb. I. 1-2, S. 11) ihre Leistungen im Internet an und wie im klassischen Markt teilweise B2C direkt teilweise B2C über Online-Vermittler- und/oder Reisebüroportale. So vertreiben Veranstalter ihre Leistungen gleichzeitig über eine eigene IBE (Online-Eigenvertrieb) wie auch via Traveltainment-IBE über konzernfremde Online-Portale (Online-Fremdvertrieb). Auch Airlines, Mietwagenanbieter, die Bahn und Hotels verkaufen sowohl direkt B2C als auch über Produkt-Portale wie opodo.de, fluege.de, hrs.de, hotel.de etc. Da aber niemand Daten veröffentlicht, werden bei Marktschätzungen oder Anbieter-Befragungen die über Reisebüro- und Produkt-Portale abgewickelten Umsätze oft mehrfach gezählt. Ferner werden rund die Hälfte aller Online-Buchungen von Reiseleistungen nicht online finalisiert und landen dazu in Call Centern. Es bestehen weite Interpretationsspielräume, ob diese nun zum Online- oder Offline-Vertriebskanal gezählt werden. Je nach Interessenlage des befragten Unternehmens wird dabei die Perspektive gewechselt und im Zweifel auch mal alles doppelt gezählt.

Die nachfolgende Übersicht (vgl. Abb. IV. 2-32) beruht daher auf vielen Erfahrungswerten und groben Schätzungen und geht für 2011 von einem überschneidungsfreien Online-Marktvolumen von rund 12,5 Mrd. Euro aus. Andere verfügbare nationale und internationale Online-Marktanalysen bewegen sich in einem Rahmen von 10–15 Mrd. Euro. Über 50% des Marktvolumens im Online-Reisegeschäft (ca. 6,3 Mrd. Euro) entfällt auf Direktbuchungen der Kunden bei wenigen großen und bekannten Leistungsträgern, an der Spitze Lufthansa, Deutsche Bahn und Air Berlin. Mittelgroße und kleine weniger bekannte Leistungsträger – vor allem Hotels – vertreiben ihre Angebote über spezialisierte Produktportale, die dem Kunden eine Riesenauswahl und zugleich Preisvergleiche ermöglichen und inzwischen rund 26% (3,3 Mrd. Euro) des Online-Geschäftes beherrschen. Leistungsträger und Produktportale haben auch die mit Abstand größte Wachstumsdynamik.

	Umsatz 2011	Anteil	Umsatz 2010	Umsatz 2009
Gesamtmarkt	**12,5Mrd. €**	**100%**	**11,5Mrd. €**	**10,5Mrd. €**
davonLeistungsträger	6,3Mrd. €	50%	5,8Mrd. €	5,4Mrd. €
Produktportale	3,3Mrd. €	26%	3,0Mrd. €	2,7Mrd. €
Reisebüroportale	2,2Mrd. €	18%	2,0Mrd. €	1,8Mrd. €
Veranstalterportale	0,7Mrd. €	6%	0,7Mrd. €	0,6Mrd. €

Abb. IV. 2-32 Online-Reise-Markt Deutschland – Umsatzverteilung 2011 geschätzt (Quelle: Hochrechnung DER-Marktforschung)

Das eigentliche Sorgenkind des Online-Geschäftes sind die Veranstalterreisen. Da die Kunden im Internet primär nach Reiseziel, Hotelausstattungskriterien, Preis und Verfügbarkeit sowie Vergleichbarkeit der Angebote suchen und dabei wegen der Austauschbarkeit und fehlenden Exklusivität der meisten Angebote selten auf Veranstaltermarken fixiert sind, werden die Veranstalter-Websites mit 6% bzw. rund 0,7 Mrd. Euro nur wenig besucht, wobei fast die Hälfte davon auf den eigentlich veranstalterfremden Flugeinzelplatzverkauf von Condor und TUIFly entfällt. Veranstalterreisen werden eher über die Reisebüroportale der Marktführer Unister, Expedia oder Holidaycheck mit Hilfe der Traveltainment-Internet-Booking-Engine gebucht, die dem Kunden Transparenz und Preisvergleiche der dort zusammengestellten dynamischen Pauschalreisen ermöglichen. Rund 90% des Gesamtumsatzes von rund 2,2 Mrd. Euro entfällt dabei auf den für alle Reisebüroportale auch preislich identischen Traveltainment-Content. Weitere 0,3 Mrd. Euro versuchen die Reisebüroportale inzwischen durch selbst kontrahierte Leistungen zu produzieren. Allerdings sind ihnen im klassischen Massenurlaubsgeschäft Wachstumsgrenzen gesetzt, da sie mit ihrem Geschäftsmodell keine bei Saisongeschäften erforderlichen Auslastungsrisiken bei Flügen, Urlaubshotels und Kreuzfahrten eingehen können und wollen. Diese klassische Veranstalterfunktion und das beratungsintensive Pauschal- und Bausteingeschäft sichert somit immer noch die Basis des stationären Reisbüro-Vertriebskanals Reisebüro und begrenzt das Wachstum der Reisebüroportale, die inzwischen beim reinen Reiseumsatz nur noch durch Konsolidierung und Marktanteilsverlagerung wachsen. Beide Vertriebskanäle verlieren aber auch zukünftig weiter an den B2C-Direktvertrieb der großen Leistungsträger.

Die Entwicklung der verschiedenen Online-Vertriebskanäle ging zwangsläufig zu Lasten des Marktanteils des stationären Reisebürovertriebs. Dies bestätigt auch die Nachfrageerhebung aus der Online-Reiseanalyse von F. U. R (vgl. Abb. IV. 2-33). Während 2005 noch 44% aller Buchungen vor Reiseantritt im Reisebüro getätigt wurden, waren es 2010 nur noch 36%. Auch Buchungen, die auf klassischem Weg direkt bei Reiseveranstaltern getätigt wurden, waren rückläufig. Im gleichen Zeitraum nahmen der Anteil der Buchungen auf Internet-Portalen um 7%-Punkte auf 14% und der Anteil der Direktbuchungen bei Unterkunftsanbietern um 8%-Punkte auf 29% zu. Seit 2005 stieg die Buchung fast aller Reiseleistungen im Internet um rund 2%-Punkte, lediglich die Buchung von Flugtickets wuchs doppelt so stark (vgl. Abb. IV. 2-34) Die höchste Akzeptanz haben reine Unterkunfts- und reine Flug-Buchungen sowie Eintrittskartenverkäufe, die weitgehend selbst erklärlich sind. Der Anteil der Buchungen von Pauschalreisen im Internet ist vergleichsweise gering. Der ebenfalls geringe Anteil von Bahnfahrkartenkäufen und Mietwagenbuchungen ist lediglich darauf zurückzuführen, dass in der den Zahlen zugrunde liegenden Reiseanalyse ausschließlich die Buchung von Urlaubsreiseleistungen untersucht wird.

in % von allen Reisen mit Vorabbuchung	2010	2005
Im einem Reisebüro	36%	44%
Direkt beim Reiseveranstalter	6%	8%
Auf einem Internet-Portal	14%	7%
Unterkunft direkt (inkl. Stammkunden)	29%	21%
Verkehrsträger direkt	14%	13%

Abb. IV. 2-33 *Anteil der Buchungsmedien bei vorausgebuchten Reiseleistungen 2005–2010 (Quelle: F.U.R. Reiseanalyse)*

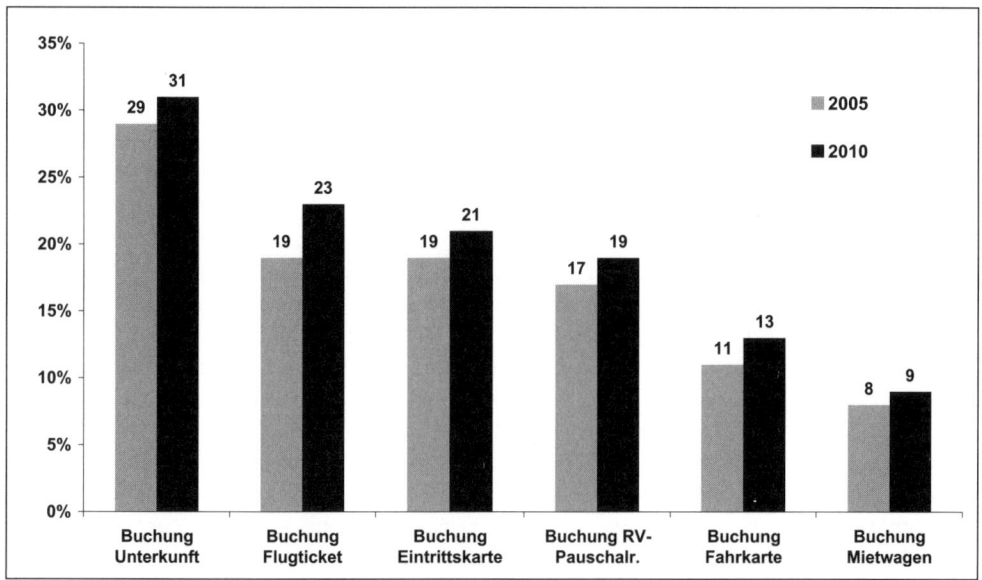

Abb. IV. 2-34 *Buchung von Reiseleistungen im Internet 2005–2010 (Quelle: F.U.R. 2010, Basis: in % der Befragten, die das Internet schon einmal zur Info-Beschaffung und/oder Buchung in Verbindung mit Urlaubsreisen genutzt haben)*

Betrachtet man die Buchungskanäle nach den über die Anreiseverkehrsmittel definierten Reisesparten, so liegt bei allen Veranstalterreisen der durchschnittliche Anteil der Reisebürobuchungen bei 65%, der Anteil der Buchungen in einem Internetportal bei 24% und der Anteil der klassischen Direktbuchungen bei Reisveranstaltern bei 11% (vgl. Abb. IV. 2-35). Überproportional hoch ist der Buchungsanteil von Kreuzfahrten (74%) und Flugreisen (73%) im Reisebüro. Im Internet werden überproportional viele erdgebundene Urlaubsreisen per Bahn und Pkw gebucht, aber auch der Anteil der Flugurlaubsreisen ist relativ hoch. Klassische Direktbuchungen werden vor allem bei Spezialveranstaltern wie Kreuzfahrt-, Bahn- und Busreiseveranstaltern getätigt.

Verkehrsmittel	In einem Reisebüro gebucht	Direkt beim Reiseveranstalter gebucht	Auf einem Internetportal gebucht	Alle Vertriebskanäle
in Mio. Reisen	19,9	3,5	7,5	30,9
PKW	46%	10%	44%	100%
Bahn	54%	15%	31%	100%
Bus	51%	44%	5%	100%
Flugzeug	73%	6%	21%	100%
Kreuzfahrt	74%	20%	6%	100%
Sonstiges	53%	8%	39%	100%
Insgesamt	65%	11%	24%	100%

Abb. IV. 2-35 Verteilung von Veranstalterreisen nach Reiseverkehrsmitteln und Vertriebskanälen 2010 (Quelle: F.U.R. Reiseanalyse 2011)

2.1.2 Europäische Reiseveranstaltermärkte

Viele Branchen suchen ihren Erfolg in den Chancen der weltweiten Globalisierung. Gerade die Internationalität der touristischen Dienstleistungen lässt erwarten, dass der Tourismus besonders geeignet ist für Globalisierungsstrategien. Anders als die Aktionäre bzw. Gesellschafter interessiert den Kunden die Globalisierung nicht, da er ein auf seine nationalen, lokalen und mentalen Bedürfnisse zugeschnittenes Reisedienstleistungspaket erwartet, das von Quellmarkt zu Quellmarkt, ja von Zielgruppe zu Zielgruppe sehr unterschiedlich ist. Bei allen Quellmarkt bezogenen Aktivitäten wie der Reiseveranstaltertätigkeit und der Reisevermittlung macht eine Globalisierung wenig Sinn. Bei der Vermarktung von Zielmarkt bezogenen Reisedienstleistungen (wie vor allem bei Hotels) und vor allem international vernetzten Mobilitätsströmen (wie bei Fluggesellschaften) ist die Globalisierung hingegen Grundlage des Geschäftsmodells. Darüber hinaus sind die jeweiligen Marktzugangsbarrieren zu überprüfen, vor allem wenn es sich um reife, gesättigte Märkte mit einer hohen Marktkonzentration handelt. Viele internationale Reisekonzerne haben diese Zusammenhänge weitgehend ignoriert und suchen daher immer noch vergeblich die den Gesellschaftern versprochenen Renditen. Dies gilt es bei den nachfolgenden Ausführungen über die europäischen Veranstaltermärkte zu berücksichtigen.

Von 1991 bis 2007 dokumentierte die touristische Fachzeitung FVW jedes Jahr ein Ranking der größten europäischen Reiseunternehmen. Darin waren zeitweilig bis zu 50 Unternehmen nach Umsatzgröße gelistet. Nach der Konsolidierungswelle zwischen 1996 und 2004 durch die beiden Marktführer TUI und Thomas Cook schrumpfte das Feld stark zusammen, da die beiden börsennotierten Konzerne die Umsatzgrößen ihrer Tochtergesellschaften nicht mehr veröffentlichten und auch regionale Darstellungen nicht national nach Ländern sondern nach selbst definierten Teilkontinenten abgrenzten. Dabei umfassen Westeuropa, Nordeuropa und Mitteleuropa bei TUI und Cook jeweils unterschiedliche Länder und machen Vergleiche unmöglich. Hinzu kam, dass nicht mehr die gegenüber den Kunden fakturierten Umsätze nach Segmenten (Veranstalter, Vermittler, Hotels, Airlines etc.) berichtet wurden, sondern bilanzielle Umsätze, d. h. touristische und branchenfremde Umsatzerlöse nach unterschiedlichen teilweise nationalen teilweise internationalen Bilanzierungsmethoden. Schon in den beiden letzten Auswertungen 2006 und 2007 waren daher viele ergänzende Informationen,

Um- und Hochrechnungen auf Grundlage langjährigen Branchenwissens erforderlich, um diese Statistik noch aussagefähig zu gestalten. Die letzte nachbearbeitete Version ist in Abb. I. 3-5 (Europäischer Veranstaltermarkt) dargestellt.

Sie dokumentiert, dass unabhängig von der Genauigkeit die TUI auf europäischer Ebene mit großem Abstand vor Thomas Cook und diese wiederum mit einem ähnlich großen Vorsprung auf REWE die Marktführer sind. Aber auch hinter der Touristik der REWE Group tut sich eine große Lücke zum Vierten Kuoni auf, so dass es hier mittelfristig kaum nennenswerte Verschiebungen geben dürfte. Auf den Rängen 6, 9 und 13 tauchen mit Alltours, FTI und Öger bereits drei deutsche inhabergeführte eher mittelständisch organisierte Unternehmen auf. Dies zeigt einerseits, welch starke Position der deutsche Veranstaltermarkt hat und wie stark er im Vergleich zu anderen Ländern zersplittert ist, und andererseits dass das Potenzial für weitere Konsolidierungen und Konzentrationen auf europäischer Ebene sehr begrenzt ist. Damit die REWE zu Cook aufschließt, müsste sie theoretisch die nachfolgenden fünf Wettbewerber komplett übernehmen, zum Erreichen der TUI wären sogar die nächsten neun erforderlich. Aus der Erfahrung des Autors wird es mittelfristig kaum möglich sein, diese Tabelle zu aktualisieren, jedenfalls nicht solange börsennotierte und ähnlich strukturierte Mischkonzerne den Touristikmarkt dominieren.

Es gibt jedoch qualitative und strukturelle Erkenntnisse über die Funktionsparameter verschiedener europäischer Ländermärkte, die dokumentieren dass es nur wenige Gemeinsamkeiten und Synergien zwischen ihnen gibt – und zwar primär aus geografischen Gründen, die als wesentliche Determinante der Reisemärkte auf Angebots- und Nachfrageseite vielfach übersehen werden.

2.1.2.1 Marktvolumina und Marktpotenziale

Leider besteht in den anderen europäischen Reisemärkten keine Transparenz über die Größe, Marktanteile und Marktstrukturen. Ausgenommen hiervon sind partiell lediglich der britische, österreichische und schweizer Veranstaltermarkt, für alle anderen gibt es nur qualitative Beschreibungen und Schätzungen, die nach bestem Wissen und komplexer Recherche in Abb. IV. 2-36 zusammengetragen sind.

Die dargestellten Volumina erheben dabei keinen Anspruch auf absolute Korrektheit, da die verfügbaren Daten zum Teil aus unterschiedlichen Quellen und Geschäftsjahren stammen und auf das Jahr 2008 als Referenzjahr (vor der Finanz- und Wirtschaftskrise) hochgerechnet wurden. Dies gilt im Übrigen auch für die im folgenden Kapitel IV.2.1.2.2 dargestellten Veranstaltermarktstrukturen, für die Unternehmensangaben aus verschiedenen nicht immer harmonierenden Quellen zusammengetragen und teilweise plausibilisiert und hochgerechnet wurden. Angesichts der gewollten Intransparenz vieler Konzerne über Markt- und Unternehmensdaten mögen dem Autor etwaige einzelne Fehleinschätzungen bitte nachgesehen werden. Die dargestellten Daten dürften im Großen und Ganzen dennoch weitgehend stimmig sein. Abweichungen zu anderen Datenquellen ergeben sich vor allem dadurch, dass der organisierte Urlaubsreisenmarkt anders abgegrenzt wird und oftmals auch andere Reisezwecke wie Geschäfts-, Privat- und ethnischen Reisen einschließen. Ferner wird auch nicht ausreichend unterschieden zwischen selbst organisierten und über Veranstalter und/oder Reisebüros organisierten Reisen.

Für die Beurteilung des Quellmarkt-Potenzials eines Landes für organisierte Urlaubsreisen bzw. Veranstalterreisen sind verschiedene Faktoren wichtig, die das Potenzial limitieren. Sie liegen leider nicht in abgesicherter quantitativer Form vor, sondern nur qualitativ und als Schätzungen.

Umsatzvolumen Veranstaltermärkte in Europa 2008	Umsätze in Mrd. Euro	Zahl der Einwohner in Mio.
Deutschland	20,4	81,9
Großbritannien	13,2	61,1
Frankreich	7,0	62,8
Niederlande	4,2	16,5
Italien	4,0	60,2
Russland	*3,0*	*104,0*
Spanien	*2,5*	*46,7*
Belgien	2,4	10,7
Schweiz	2,2	7,8
Schweden	1,7	9,3
Dänemark	1,5	5,5
Norwegen	1,4	4,8
Österreich	1,2	8,4
Finnland	0,6	5,3
Polen	0,6	38,2
Griechenland	*0,6*	*11,1*
Portugal	*0,6*	*10,6*
Irland	*0,6*	*4,2*
Tschechien	0,5	10,5
Slowakei	*0,5*	*5,5*
Rumänien	*0,4*	*21,5*
Ungarn	0,4	10,0
Bulgarien	*0,4*	*7,6*
Serbien/Montenegro/Mazedonien/Bosien-H.	0,3	16,6
Kroatien	0,2	4,5
Slowenien	*0,2*	*2,0*
Estland	0,1	1,3
Lettland	0,1	2,3
Litauen	0,1	3,4
Luxemburg	0,1	0,5
Summe Europa	**70,5**	**634,7**
kursiv Hochrechnungen und Schätzungen		

Abb. IV. 2-36 Umsatzvolumen Veranstaltermärkte in Europa 2008 (Quelle: Schätzung DER-Marktforschung auf Basis verschiedener Quellen)

2 Marktgrößen und Marktstrukturen

(1) Reiseintensität

Das Marktpotenzial wird primär limitiert durch die Reiseintensität der Bevölkerung, das ist der Anteil der erwachsenen (geschäftsfähigen) Einwohner, die jährlich mindestens eine Urlaubsreise mit mehr als vier Übernachtungen unternehmen (d. h. keine Wochenend- sondern eine längere Urlaubsreise). In Märkten wie Deutschland, Großbritannien, Irland, Schweiz, Benelux und Skandinavien liegt dieser Anteil zwischen 65 und 75%. Die Marke von 75% dürfte eine Obergrenze darstellen, da ein hoher Teil der Bevölkerung altersbedingt, aus gesundheitlichen und finanziellen Gründen nicht reisen kann und ein weiterer Teil der Bevölkerung nicht jedes Jahr verreist (Intervallreisende). In Ländern, die selbst Zielländer von Urlaubsreisen sind wie Italien, Spanien, Österreich, Portugal, Griechenland, Ex-Jugoslawien, Ungarn oder Bulgarien, liegt die Reiseintensität in einer Bandbreite zwischen 25 und 40%, weil das Bedürfnis andere Länder zu bereisen gering ist und die Reisemotivation nach Sonne und Meer zuhause erfüllt werden kann. Im Mittelfeld mit ca. 50% Reiseintensität befindet sich lediglich Frankreich. Die meisten osteuropäischen Länder wie auch Russland weisen eine Reiseintensität von weniger als 25% auf. Bei Russland ist dies auch eine Folge der Tatsache, dass Russen für alle bedeutenden Urlaubsreiseländer außer Türkei und Ägypten ein Visum benötigen, das bei Urlaubsreisen weitaus schwieriger zu bekommen ist als bei ethnischen und Geschäftsreisen. Je geringer die Mobilitätsbereitschaft und -motivation umso geringer die Reiseintensität.

(2) Reiseorganisationsgrad

Eine weitere Limitierung des Veranstalter-Marktpotenzials ergibt sich aus dem Anteil der selbst organisierten Reisen. Je mehr Inlandsreisen in einem Land getätigt werden, umso geringer ist der Organisationsgrad bzw. das Organisationsbedürfnis. Auch dabei gibt es klare Abhängigkeiten:

- Eine Insellage wie in Großbritannien, Irland und Skandinavien erzeugt aus infrastrukturellen Gründen einen hohen Organisationsgrad, da ein Verlassen des Landes mit Individualverkehrsmitteln ebenfalls logistische Reservierungen bzw. Organisationsdienstleistungen (Fähre, Eurotunnel etc.) erfordert, deren Kapazitäten begrenzt sind; zudem sind die Entfernungen in die Urlaubsdestinationen auf dem Landweg zum Teil extrem.
- In einem Land, das selbst ein attraktives Urlaubsziel ist wie Italien, Spanien, Griechenland, Portugal, Österreich oder Ungarn, besteht nur eine geringe Nachfrage nach Auslandsreisen und wenn doch, dann sind diese oft ethnisch motiviert; außerdem verfügen viele Bewohner über im Familienbesitz befindliche inländische Immobilien am Meer oder in den Bergen, die sie für Ihren Urlaub nutzen; je höher der Anteil der Inlandsreisen umso geringer der Organisationsgrad und damit das Marktpotenzial.
- Auch die Muttersprache spielt für den Organisationsgrad von Urlaubsreisen eine entscheidende Rolle: je internationaler die Muttersprache und je verwandter/identischer die Sprache im Zielland ist umso weniger wird ein Veranstalter und/oder Reisebüro benötigt. Briten und Iren können sich in 70–80% ihrer Urlaubsziele in Ihrer Muttersprache verständigen, die dort Landessprache oder zumindest offizielle Amtssprache ist; diesen Vorteil hat ein deutscher nur in ca. 10% seiner ausländischen Urlaubsziele; Franzosen und Spanier richten sogar ihren Destinationsmix bei Auslandsreisen nach Ihrer Muttersprache aus, in dem sie Länder bevorzugen, die die gleiche Muttersprache oder eng verwandte Sprachen haben, so dass sie im Zielland dann weitgehend unter sich sind.

Vor diesem Hintergrund wird es verständlich, dass Deutschland, die Schweiz, Großbritannien, Irland und Skandinavien einen Anteil an den organisierten Reisen (online und offline) von 45–55% aufweisen, während die meisten europäischen Länder maximal Anteile von nur 20–30% erreichen; lediglich Frankreich und Benelux liegen noch irgendwo dazwischen.

(3) Marktreife
Die dritte gravierende Limitierung des Marktpotenzials liegt im Reifegrad eines Veranstaltermarktes, die im Wesentlichen über die Wettbewerbsstruktur erkennbar ist. Hierzu liegen aus Archiven und Fachzeitschriften einzelne Erkenntnisse vor, die in diesem Kapitel zusammengetragen sind. Im nachfolgenden Kapitel wurde versucht Marktanteile und Umsatzstrukturen der wichtigsten europäischen Veranstaltermärkte zu dokumentieren und die Besonderheiten darzustellen. Auch dabei wurde mehr auf grundlegende Erkenntnisse als auf Präzision geachtet.

2.1.2.2 Marktstrukturen

Die Umsätze in den verschiedenen Märkten müssen stark relativiert werden. Vor allem in Ländern, die selbst wichtige Urlaubszielländer sind wie Italien, Österreich, Spanien, Griechenland, Portugal, Frankreich, Ungarn, Bulgarien, Ex-Jugoslawien etc., betreiben die meisten Reiseveranstalter und Reisebüros in hohem Umfang Incoming-Geschäft auch mit den ankommenden Urlaubern u. a. als Organisator von Ausflügen, Zimmervermittler für Individualtouristen, Tagungen, Kongressen und Seminarveranstaltungen, als Busunternehmen, Buspaketer oder Groundoperator. Oft sind sie zugleich Zielgebietsagentur für ausländische Reiseveranstalter. In Spanien und Italien sind die Incoming-Agenturen häufig zugleich als Veranstalter bzw. Hotelvermittler für den Inlandstourismus (auf die Kanaren, Balearen, nach Sizilien und Süditalien) tätig. Damit wird der Markt extrem überzeichnet. Das für unsere Marktbetrachtung wichtige Quellmarktgeschäft ist dabei oftmals nur ein Nebengeschäft oder Lückenfüller.

Als **Vergleichmaßstab** wird zunächst der **deutsche Veranstaltermarkt** in einer Gesamtübersicht dargestellt. Verglichen mit anderen europäischen Veranstaltermärkten ist die Marktkonzentration mit 43% für die TOP 3 bzw. 56% für die TOP 6 relativ gering. Ursache hierfür ist die Angebotsvielfalt vieler kleiner und mittelgroßer Spezialisten, das auf stattliche Größe angewachsenen Kreuzfahrtensegment sowie der hohe Anteil erdgebundener Reiseformen, die durch die zentrale Lage Deutschlands in der Mitte Europas begünstigt ist.

2 Marktgrößen und Marktstrukturen

Deutschland (Stand: 2010)	Umsatz in Mio. €	Marktanteile in %
TUI (ohne TUIFly)	3.655	17,7%
REWE	2.978	14,4%
Thomas Cook (ohne Condor)	2.269	11,0%
TOP 3	**8.902**	**43,2%**
Alltours	1.170	5,7%
FTI	1.066	5,2%
Schauinsland	496	2,4%
TOP 6	**11.634**	**56,4%**
Kreuzfahrtveranstalter insg.	2.540	12,3%
Busreiseveranstalter insg.	2.040	9,9%
Studienreisen-Veranstalter insg.	640	3,1%
Übrige Veranstalter	3.776	18,3%
Gesamtmarkt	**20.630**	**100,0%**

Der **österreichische Reisemarkt** weist hinsichtlich der Reiseformen und der Marktteilnehmer eine sehr hohe Affinität zum deutschen Reisemarkt auf. Der Anteil der mit den deutschen Marktführern identischen TOP 3 beläuft sich allerdings auf 74%. Einheimische Reiseveranstalter spielen in Österreich kaum eine Rolle. Die meisten sind eher als Busunternehmen tätig. Aufgrund der attraktiven Lage als Urlaubszielland ist in Österreich die Reiseintensität deutlich geringer als in Deutschland und der selbst organisierte Inlandstourimus deutlich größer.

Österreich (Stand: 2008)	Umsatz in Mio. €	Marktanteile in %
TUI	450	37,5%
REWE	225	18,8%
Thomas Cook	210	17,5%
TOP 3	**885**	**73,8%**
FTI Austria	70	5,8%
Ruefa Reisen (Österreichisches Verkehrsbüro - ÖVB)	40	3,3%
Übrige Veranstalter (viele Busunternehmen)	285	23,8%
Gesamtmarkt	**1.200**	**100,0%**

Auch in der **Schweiz** beherrschen die TOP 3 nahezu drei Viertel des Veranstaltermarktes. Die beiden Marktführer Kuoni (börsennotiert) und Hotelplan (eine 100%-ige Beteiligung des Migros-Handelskonzerns) sind allerdings einheimische Unternehmen. Aus dem benachbarten deutschen Markt konnte sich lediglich die TUI als Nr. 3 etablieren, allerdings auch nur durch Erwerb der beiden Schweizer Veranstalter Imholz Reisen und Vögele Reisen. Die TOP 3 verkaufen 70–80% ihrer Reisen ausschließlich über ihr eigenen Filialnetz und den von ihnen kontrollierten Online- und Offline-Vertrieb. Da es nur noch wenige unabhängige Reisebüros in der Schweiz gibt, haben weitere Veranstalter eine sehr hohe Markteintrittsbarriere. Obwohl die Schweiz auch eine hohe Attraktivität für den Inlandstourismus hat, weisen die Schweizer aufgrund ihrer Kaufkraft eine hohe Auslandsreiseintensität auf. Die italienischen und französischen Bevölkerungsminderheiten werden zumeist von Veranstaltern aus den beiden Nachbarländern mitbedient.

Schweiz (Stand: 2008)	Umsatz in Mio. €	Marktanteile in %
Kuoni (alle Marken in CH)	690	31,4%
Hotelplan (alle Marken in CH)	530	24,1%
TUI Suisse (Imholz Reisen, Vögele Reisen)	380	17,3%
TOP 3	**1.600**	**72,7%**
Reisebaumeister-Gruppe (Übernahme durch Hotelplan 2009)	150	6,8%
IST-COOP Reisen und DERTOUR (REWE)	68	3,1%
FTI Schweiz	40	1,8%
TOP 6	**1.858**	**84,5%**
Übrige Veranstalter	342	15,5%
Gesamtmarkt	**2.200**	**100,0%**

Mit fast 83% für die TOP 3 weist der **niederländische Markt** eine sehr hohe Konzentration auf. Während die beiden Marktführer TUI und Thomas Cook durch sukzessiven Aufkauf von Wettbewerbern in ihre Marktposition gekommen sind und überwiegend klassische Flugpauschalreisen anbieten mit einem Zielgebietsportfolio, das dem deutschen Markt ähnelt, ist die Nr. 3 OAD auch stark im erdgebundenen Geschäft tätig, das auch von vielen teilweise schon relativ großen Busunternehmen bedient wird. Da die großen Filialnetze im Besitz der drei Marktführer sind, ist ein Markteinstieg für ausländische Veranstalter über den inländischen Reisebürovertrieb sehr schwierig.

Niederlande (Stand: 2008)	Umsatz in Mio. €	Marktanteile in %
TUI (Holland International, Arke Reizen)	1.400	33,3%
Thomas Cook (Neckermann, Vrij Uit, Thomas Cook)	1.100	26,2%
OAD (Spezialveranstalter, Bus- und erdgeb. Reisen)	975	23,2%
TOP 3	**3.475**	**82,7%**
Kuoni	120	2,9%
Übrige Veranstalter (viele Busunternehmen)	605	14,4%
Gesamtmarkt	**4.200**	**100,0%**

Belgien weist mit 85% für die beiden Marktführer fast die höchste Marktkonzentration in Europa auf. TUI und Thomas Cook bedienen mit jeweils eigenen Marken die jeweils etwa hälftige flämische und wallonische Bevölkerungsgruppe. Beide haben ihre Marktposition durch sukzessiven Erwerb von Wettbewerbern aufgebaut und können sich auf sprachliche und ethnische Synergien mit den Nachbarmärkten Niederlande und Frankreich stützen, in denen sie ebenfalls Marktführer sind. Diese Konstellation macht einen Markteinstieg für Wettbewerber fast unmöglich.

2 Marktgrößen und Marktstrukturen

Belgien (Stand: 2008)	Umsatz in Mio. €	Marktanteile in %
TUI (Jetair, Sunjet, Sun International)	1.100	45,8%
Thomas cook (Neckermann, Sunsnacks, Thomas Cook)	950	39,6%
TOP 2	**2.050**	**85,4%**
Club Med	100	4,2%
Kuoni	30	1,3%
Übrige Veranstalter (viele kleine Busunternehmen)	220	9,2%
Gesamtmarkt	**2.400**	**100,0%**

Der **französische Veranstaltermarkt** ist mit einem Marktanteil von 60% für die TOP 4 eher zersplittert. Die Marktführer sind dieselben wie in Benelux. Die Nummer 3 ist allerdings ein einheimischer spezialisierter Flug-Consolidator. Auch die Nummer 4 ist mit dem Clubreisen-Pionier Club Méditerranée ein einheimisches Unternehmen, das ca. 55% seines Weltumsatzes im Mutterland erwirtschaftet und weitere 15% in den angrenzenden französischsprachigen Ländern (Belgien und Schweiz). Kuoni France bedient über seine französische Tochtergesellschaft die West-Schweiz und Wallonien. Frankreich weist aufgrund seiner Attraktivität als Reiseziel einen hohen Anteil Inlandstourismus auf, der weitgehend individuell organisiert wird. Auslandsreisen erfolgen mit Vorrang in französisch-sprachige Destinationen in Nordafrika aber auch in der Karibik sowie in die romanischen Nachbarländer Italien und Spanien in denen man sich auch in der Muttersprache leidlich verständigen kann.

Frankreich (Stand: 2008)	Umsatz in Mio. €	Marktanteile in %
TUI France (Nouvelles Frontieres, Jetair)	1.500	21,4%
Thomas Cook Voyage	950	13,6%
Go Voyage (überwiegend Flug-Consolidator, ab 2010 Erwerb Opodo)	910	13,0%
Club Med (Umsatz insg. 1,6 Mrd. €, 55% in F, 45% im Ausland)	850	12,1%
TOP 4	**4.210**	**60,1%**
Look Voyage (Air Transat Gruppe, Canada)	492	7,0%
Fram (inkl. Beteiligung Plein Vent)	454	6,5%
Kuoni France	238	3,4%
TOP 7	**5.394**	**77,1%**
Kreuzfahrtveranstalter insg.	850	12,1%
Übrige Veranstalter	756	10,8%
Gesamtmarkt	**7.000**	**100,0%**

Der **italienische Veranstaltermarkt** ist sehr zersplittert und aufgrund seiner speziellen Nachfragesituation für internationale Veranstalter ein unbefriedigendes Terrain. Die beiden Marktführer sind mit Alpitour und Viaggi del Ventaglio einheimische Unternehmen. TUI hat seine Beteiligung an Alpitour zur Jahrtausendwende wieder aufgegeben, auch die REWE hat sich aus der Veranstalterbeteiligung Atitur wieder zurückgezogen, Thomas Cook hat den italienischen Markt nie betreten. Ursache hierfür ist, dass die Italiener bevorzugt rein italienischsprachige Cluburlaubsreisen buchen (u. a. Venta Clubs, Club Valtur), die zu einem großen Teil nach Süditalien führen. Ferner sind sie sehr Kreuzfahrt affin. Ein Drittel des

Marktvolumens entfällt auf die einheimischen Reedereien MSC und Costa, zumal auch die im Mittelmeer meistfrequentierten Kreuzfahrthäfen Venedig, Genua, Civitavecchia (Rom) im Lande liegen. Hinzu kommt, dass die Auslandsreiseintensität aufgrund der Attraktivität von Italien als Urlaubszielland auch für die Einheimischen gering ist, und viele Italiener über Verwandte oder eigene Immobilien an der Küste verfügen. All diese Faktoren machen den italienischen Veranstaltermarkt wenig attraktiv.

Für **Spanien** gilt nahezu das gleiche wie für Italien. Durch die vielen attraktiven Inselziele (Balearen, Kanaren) ergibt sich ein sehr starker Inlandstourismus, für den keine Reiseveranstalter benötigt werden, da eventuelle Buchungs-Arrangements direkt über die Zielgebietsagenturen auf den Inseln erfolgen. Die wenigen Auslandsreisen gehen fast ausschließlich in den romanischen Sprachraum (Italien, Frankreich, Portugal, Lateinamerika, Karibik) und weisen nur wenige Synergien mit dem Zielgebietsportfolio anderer europäischer Länder auf.

Italien (Stand: 2008)	Umsatz in Mio. €	Marktanteile in %
Alpitour (inkl. Francorosso)	917	22,9%
Viaggi del Ventaglio (Venta Clubreisenveranstalter)	600	15,0%
TOP 3	**1.517**	**37,9%**
Hotelplan (Turisanda)	186	4,7%
Veratour	170	4,3%
Kuoni (Gastaldi)	120	3,0%
TOP 5	**1.993**	**49,8%**
Kreuzfahrtveranstalter insg. (50% Costa, 35% MSC, 15% Sonst.)	1.350	33,8%
Übrige Veranstalter (viele kleine Spezialisten)	657	16,4%
Gesamtmarkt	**4.000**	**100,0%**

Spanien (Stand: 2008)	Umsatz in Mio. €	Marktanteile in %
Travelplan	300	12,0%
Mundicolor	250	10,0%
Viva Tours	250	10,0%
Touravia	150	6,0%
TOP 4	**950**	**38,0%**
Kreuzfahrtveranstalter insg.(u.a. Carnival-Beteiligung Pullmanntur)	1.050	42,0%
Übrige Veranstalter (viele Spezialisten und Inlandsveranstalter)	500	20,0%
Gesamtmarkt	**2.500**	**100,0%**

Der **britische Reisemarkt** weist mit 58% für die beiden Marktführer eine relativ hohe Konzentration auf. Alle weiteren Veranstalter fallen dagegen deutlich ab. Aufgrund des vertikal integrierten Geschäftsmodells zählt ein hoher Anteil der britischen Reisebüros zum kontrollierten Vertrieb der beiden Marktführer. Die anderen Veranstalter sind somit auf den Vertrieb über die wenigen unabhängigen Reisebüros sowie auf den Internet-Vertrieb angewiesen. Dies gilt auch für die seit langem in Großbritannien aktiven Schweizer Veranstalter Kuoni

2 Marktgrößen und Marktstrukturen

und Hotelplan (Marke Ingham's Travel). Hohe Marktanteile entfallen auf den weltweit nach den USA zweitgrößten Kreuzfahrtmarkt sowie auf die zahlreichen Consolidators, Intermediates und Bettenbanken, über die die britischen Reisenden aufgrund der Insellage viele Bausteinreisebuchungen zumeist online tätigen.

Der **skandinavische Reisemarkt** ist nicht zuletzt wegen des identischen integrierten Geschäftsmodells und der Insellage eng mit dem britischern Markt verbunden. Durch die dortigen Fusionen haben auch die vier skandinavischen Veranstaltermärkte eine starke Konzentration erfahren: TOP 4 in Dänemark 87%, TOP 3 in Schweden 90%, TOP 3 in Norwegen 86% und TOP 4 in Finnland 83%. Bis weit in die neunziger Jahre war der britische Airtours Konzern (später My Travel) Marktführer in Skandinavien und Polen über die Scandinavien Leisure Group und die Marken Ving Rejser und Aurinkomatkat. Thomas Cook brachte zusätzlich die Veranstalter Tjaereborg und Spies Rejser in die Fusion mit My Travel ein. Die TUI Nordic erbte über Thomson Travel die Veranstalter Star Tours, Scan Holidays und Finnmatkat, während First Choice zusätzlich den skandinavischen Veranstalter Fritidsresor in die Fusion einbrachte. Kuoni erwarb im Jahr 2000 die dänische Veranstaltergruppe Apollo Rejser und baute diese in den Folgejahren weiter aus. Der größte Teil der verbleibenden Marktanteile entfällt auf die auch in Skandinavien populären Kreuzfahrten.

Großbritannien (Stand: 2008)	Umsatz in Mio. €	Marktanteile in %
TUI UK (alle Veranstaltermarken ohne Airlines)	3.935	29,8%
Thomas Cook UK (alle Veranstaltermarken ohne Airlines)	3.650	27,7%
TOP 2	**7.585**	**57,5%**
Holidaybreak	513	3,9%
Kuoni	424	3,2%
Hotelplan (Inghams)	178	1,3%
TOP 5	**8.700**	**65,9%**
Kreuzfahrtveranstalter insg. (ohne TUI)	2.500	18,9%
DERTOUR	9	0,1%
Übrige Veranstalter (viele Consolidator für Flüge und Hotels)	2.000	15,2%
Gesamtmarkt	**13.200**	**100,0%**

Dänemark (Stand: 2008)	Umsatz in Mio. €	Marktanteile in %
Thomas Cook (Spies, Tjaereborg Rejser)	405	27,0%
Kuoni (Apollo Rejser)	340	22,7%
TUI Nordic (Star Tours, Fritisresor)	315	21,0%
Primera Travel Group (Bravo Tours)	240	16,0%
TOP 4	**1.300**	**86,7%**
Übrige Veranstalter	200	13,3%
Gesamtmarkt	**1.500**	**100,0%**

Schweden (Stand: 2008)	Umsatz in Mio. €	Marktanteile in %
TUI Nordic (Fritidsresor, Star Tours)	680	40,0%
Thomas CooK (Ving)	600	35,3%
Kuoni (Apollo Rejser)	250	14,7%
TOP 3	**1.530**	**90,0%**
Übrige Veranstalter	170	10,0%
Gesamtmarkt	**1.700**	**100,0%**

Norwegen (Stand: 2008)	Umsatz in Mio. €	Marktanteile in %
Thomas CooK (Ving, Spies Rejser)	560	40,0%
TUI Nordic (Fritidsresor, Star Tours)	490	35,0%
Kuoni (Apollo Rejser)	160	11,4%
TOP 3	**1.210**	**86,4%**
Kreuzfahrtveranstalter insg. (u. a. Hurtigruten)	100	7,1%
Übrige Veranstalter	90	6,4%
Gesamtmarkt	**1.400**	**100,0%**

Finnland (Stand: 2008)	Umsatz in Mio. €	Marktanteile in %
Thomas CooK (Aurinkomatkat)	390	39,0%
TUI Nordic (Finnmatkat)	288	28,8%
Primera Travel Group (Bravo Tours)	100	10,0%
Kuoni (Apollo Rejser)	50	5,0%
TOP 4	**828**	**82,8%**
Übrige Veranstalter (viele kleine Spezialisten)	122	12,2%
Gesamtmarkt	**1.000**	**100,0%**

Über den **russischen Reisemarkt** liegen nur wenige Erkenntnisse vor. Die nachfolgende Marktübersicht entstammt einer Internet-Recherche und konnte durch keine weitere Quelle validiert werden. Von den großen europäischen Veranstaltern hat jeder bereits mindestens einen Versuch unternommen, im russischen Veranstaltermarkt tätig zu werden. Thomas Cook, Kuoni und REWE haben sich inzwischen wieder zurückgezogen. Die TUI unternimmt aktuell den zweiten Versuch über den Veranstalter Mostravel, an dem ihr Großaktionär Mordaschow mitbeteiligt ist. Das größte Problem ist, dass die Russen für fast alle gängigen Urlaubsziele ein Visum benötigen, das aufgrund fehlender Garantien schwieriger zu erhalten ist als ein Geschäftsreise- oder Verwandtenbesuchsvisum. Lediglich für die Türkei und für Ägypten wird ein solches Visum nicht benötigt. Diese Komplexität erzeugt erhebliche Dissynergien zu den schnellen tagesaktuellen Abverkaufsmechanismen und Geschäftsmodellen der meisten europäischen Veranstalter.

2 Marktgrößen und Marktstrukturen

Russland (Stand: 2008)	Umsatz in Mio. €	Marktanteile in %
Inturist (viele Bus- und erdgebundenen Reisen)	600	20,0%
Capital Tour	450	15,0%
Natalie Tours	450	15,0%
OTI Group	420	14,0%
TUI Russia (Mostravel)	330	11,0%
TOP 5	**2.250**	**75,0%**
Hotelplan	50	1,7%
Übrige Veranstalter	700	23,3%
Gesamtmarkt	**3.000**	**100,0%**

Unter allen osteuropäischen EU-Veranstaltermärkten ist der **tschechische** neben dem polnischen der bislang professionellste. Marktführer ist Exim Tours, ein Unternehmen, das insgesamt 285 Mio. Euro Umsatz erwirtschaftet und neben dem Kernmarkt Tschechien auch in der Slowakei, Ungarn, Polen und Rumänien aktiv ist. Nr. 2 ist Vaclav Fischer, der Gründer des Hamburger Veranstalters Fischer Reisen, der 1995 an die deutsche Fluggesellschaft Condor verkauft wurde. Vaclav Fischer hat nach dem Verkauf in Deutschland nach dem gleichen Modell einen Pauschalflugreiseveranstalter in Prag gegründet. Neben dem ehemaligen Staatsbetrieb Cedok, der überwiegend erdgebundene Reisen anbietet und das größte nationale Reisebüronetz verfügt, sowie Blue Style und Firotour bearbeiten TUI, Thomas Cook und die Veranstalter der REWE aus Österreich heraus den tschechischen (und auch den slowakischen) Veranstaltermarkt.

Tschechien (Stand: 2010)	Umsatz in Mio. €	Marktanteile in %
Exim Tours (Gruppe inkl.Bet., Incoming, BT und RB 285 Mio. €)	158	26,3%
CK Fischer	88	14,7%
Cedok (Bus- und Pkw-Reisen; inkl. Incoming, RB und BT 137 Mio. €)	57	9,5%
Blue Style	40	6,7%
Firotour	35	5,8%
TOP 5	**378**	**63,0%**
TUI Austria (Buchung über Österreich)	20	3,3%
Neckermann Austria (Buchung über Österreich)	10	1,7%
REWE (ITS-BILLACOOP und DERTOUR)	5	0,8%
Autotourist (Tschechischer Automobilclub)	5	0,8%
Übrige Veranstalter (viele kleine Busunternehmen)	182	30,3%
Gesamtmarkt	**600**	**100,0%**

Polen ist das bevölkerungsstärkste osteuropäische EU-Land und wurde schon Anfang der 90er Jahre über die skandinavischen Veranstaltermärkte durch die dortigen Marktführer TUI (einschl. Thomson Travel) und Thomas Cook (einschl. My Travel) erschlossen. Im Zuge eines harten Preiswettbewerbs haben sich mit Itaka und Triada zwei nationale Anbieter an der Marktspitze etabliert. Hinzu kommt der in allen osteuropäischen Ländern aktive tschechische Veranstalter Eximtours. Der ehemalige Staatsbetrieb Orbis profitiert zu dem immer noch von seinem umfangreichen Reisebürovertriebsnetz und seiner Spezialisierung auf Incoming-Geschäft und Busreisen. Die TOP 6 verfügen zusammen über einen Marktanteil von 66%. Bei geringem Umsatzvolumen ist der übrige Markt ist insgesamt sehr zersplittert auf viele kleine Busreiseveranstalter.

Der relativ kleine **ungarische Markt** hängt immer noch stark von den drei österreichischen und deutschen Marktführern Neckermann, TUI und REWE/BILLA ab. Mit Karthago Tours (Beteiligung von Exim Tours aus Tschechien), Best Reisen und Green Tours haben sich inzwischen aber auch einheimischen Wettbewerber im Markt etabliert. Wie in Polen profitiert auch in Ungarn der ehemalige Staatskonzern Ibusz unverändert von seinem unfassenden Reisebürovertriebsnetz mit Busreisen, Incoming und Business Travel Funktionen. Ansonsten ist der ungarische Markt sehr zersplittert und verfügt überwiegend über kleine Busreiseveranstalter zumeist mit zusätzlichen Incoming-Funktionen.

Polen (Stand: 2010)	Umsatz in Mio. €	Marktanteile in %
Itaka	175	19,4%
Triada	130	14,4%
Neckermann Polska	90	10,0%
Exim Tours (Tschechien)	85	9,4%
TUI Polska (Fritidsresor, Scanholiday)	73	8,1%
Orbis Travel (Bus- und Pkw-Reisen)	40	4,4%
TOP 6	**593**	**65,9%**
DERTOUR	2	0,2%
Übrige Veranstalter (viele kleine Busunternehmen)	305	33,9%
Gesamtmarkt	**900**	**100,0%**

Ungarn (Stand: 2010)	Umsatz in Mio. €	Marktanteile in %
Neckermann Ungarn	56	14,0%
Best Reisen	36	9,0%
Karthago Tours (Exim Tours Tschechien))	33	8,3%
Green Travel	23	5,8%
Ibusz (Bus- Und Pkw-Reisen)	21	5,3%
TUI Magyarorszag	18	4,5%
TOP 6	**187**	**46,8%**
OTP Travel	15	3,8%
Fehervar Travel	13	3,3%
Tensi	13	3,3%
Unitravel	12	3,0%
Medina Tours	9	2,3%
DERTOUR	7	1,8%
Übrige Veranstalter (viele kleine Busunternehmen)	144	36,0%
Gesamtmarkt	**400**	**100,0%**

2 Marktgrößen und Marktstrukturen

Der **slowakische Markt** ist sehr zersplittert und wird in hohem Maß von den Marktführern aus dem benachbarten Österreich und Tschechien bearbeitet, wobei es keinen klaren Marktführer gibt. Die meisten Flugreisen werden über Wien angetreten. Die TOP 7 kommen auf einen Marktanteil von 60%, der Rest entfällt auf viele kleine Veranstalter von Bus- und Pkw-Reisen.

Slowakei (Stand: 2010)	Umsatz in Mio. €	Marktanteile in %
TUI Austria (Buchung über Österreich)	35	11,7%
Kartago Tours (Exim Tours Tschechien)	29	9,7%
Satur Travel	28	9,3%
Koala Touts	25	8,3%
TIP Travel	23	7,7%
Neckermann Austria (Buchung über Österreich)	20	6,7%
Hydrotour	20	6,7%
TOP 7	**180**	**60,0%**
DERTOUR	4	1,3%
Übrige Veranstalter (viele kleine Busunternehmen)	116	38,7%
Gesamtmarkt	**300**	**100,0%**

Der **rumänische Veranstaltermarkt** ist mit Ausnahme der REWE-Bausteintouristik (DERTOUR, Meier'sWeltreisen) bislang noch nicht in den Fokus der westeuropäischen Veranstalter gelangt. Eximtours ist eines der wenigen multinationalen osteuropäischen Unternehmen mit Hauptsitz in Tschechien und Happytour wurde von einer spanischen Venture Capital Firma übernommen. Viele einheimische Unternehmen sind zugleich in verschiedenen anderen touristischen Geschäftsfeldern (u. a. Business Travel, Incoming) tätig. Professionelle Veranstaltermarktstrukturen fehlen bislang. Das Marktvolumen ist gemessen an der Einwohnerzahl des Landes gering.

Rumänien (Stand: 2010)	Umsatz in Mio. €	Marktanteile in %
Happytour	43	10,8%
Paralela 45	42	10,5%
Aerotravel	35	8,8%
Eximtours (auch in Tschechien, Slowakei und Polen tätig)	28	7,0%
Perfect Tour	22	5,5%
TOP 5	**170**	**42,5%**
Jinfo Tour	17	4,3%
Marshal	16	4,0%
DERTOUR (Rang 8!)	14	3,5%
Übrige Veranstalter (viele kleine Busunternehmen)	183	45,8%
Gesamtmarkt	**400**	**100,0%**

In den osteuropäischen EU-Ländern ist die Reiseintensität noch sehr niedrig. Darüber hinaus werden eher erdgebundene preiswerte Reisen per Pkw und Bus unternommen, die weitgehend selbst organisiert werden. Viele Reisen bleiben im Inland oder gehen ins benachbarte Ausland. Für einen klassischen Pauschalflugreisetourismus sind zumeist die notwendigen Voraussetzungen nicht vorhanden (Volumen, Flugkapazität, Vertriebskanäle und Vertriebssysteme). Am ehesten können noch die zu Deutschland und Österreich grenznahen Länder erschlossen werden.

Sonstige Märkte: Für folgende europäische Veranstaltermärkte liegen keine verwertbaren detaillierten Daten vor, sodass nur der Gesamtumsatz aufgeführt werden kann (z. T. geschätzt):

	Umsatz in Mio. €
Griechenland	600
Portugal	600
Irland	600
Bulgarien	400
Serbien	300
Kroatien	200
Slowenien	200
Estland	100
Lettland	100
Litauen	100
Luxemburg	100

2.1.2.3 Wettbewerbsverhältnisse und Marktzugangsbedingungen in den europäischen Veranstaltermärkten

Die Analyse der Wettbewerbsintensität in den einzelnen Ländermärkten lässt Rückschlüsse auf die Reife des jeweiligen Marktes zu. Je höher die Konzentration, desto höher sind Sättigung und Marktreife. In vielen Ländern mit einer hohen Marktkonzentration wird durch das vertikal integrierte Geschäftsmodell der Marktzugang für andere Anbieter aus dem In- und Ausland erschwert, da die den Markt führenden Veranstaltern gehörenden kontrollierten Reisevertriebskanäle on- und offline zu 70–80% ausschließlich die Reisen der Konzernveranstalter anbieten. Aufgefüllt wird das Sortiment durch nicht konkurrenzierende Spezialveranstalter, zu denen in den meisten Märkten auch die wachstumsstarken Kreuzfahrtreedereien gehören, sowie landesspezifische Basisprodukte wie z. B. Flug- und Fährtickets in West-, Nord- und Südeuropa oder Bahnfahrkarten und Busreisen in Zentral- und Osteuropa.

In den hochkonzentrierten Märkten mit vertikaler Vertriebsbindung wie Großbritannien, Irland, Skandinavien, Benelux und der Schweiz steht somit einem Markteinsteiger kein ausreichend großes ungebundenes Reisebürovertriebsnetz zur Verfügung, so dass diese Märkte weitgehend gegen Wettbewerb abgeschottet sind und Newcomern lediglich das Internet oder alternative Vertriebswege zur Verfügung stehen. In diesen Märkten müssen ungebundene Reisebüros als Händler oder Makler operieren, einen Handelsvertreterstatus gibt es dort für sie nicht. Genau aus diesen wettbewerbsbeschränkenden Gründen hatte in Deutschland das Bundeskartellamt 1994 (vgl. Kapitel III.3.2) die Vertriebsbindung untersagt, so dass dort alle

Reisebüros als Handelvertreter zu vergleichbaren Bedingungen im Prinzip jeden Reiseveranstalter vermitteln können. Dennoch gelten rund 5.000 der 9.600 stationären Reisebüros als kontrollierter Vertrieb der drei deutschen Marktführer. Innerhalb des Sortimentes wird zwar die Steuerung der Umsätze auf die jeweiligen Konzernveranstalter besonders honoriert, ausgelistet bzw. offen boykottiert wird jedoch kein Wettbewerber, was auch das in Deutschland geltende Handelsvertreterrecht nicht zulassen würde. Ähnliche Marktverhältnisse bestehen in Österreich, Spanien sowie allen süd- und osteuropäischen Märkten, wo es bislang durchweg kein vertikal integriertes Geschäftsmodell gibt.

In den meisten Ländern Europas gibt es eine **Lizenzierung** von Reiseveranstaltern und Reisebüros, wobei behördliche Auflagen und arbeitsrechtliche Voraussetzungen wie auch der Nachweis der Insolvenzschutzversicherung durch Handels-/Wirtschaftskammern und/oder Gewerbeaufsichtsämter geprüft werden. Deutschland ist eines der wenigen Länder, in dem eine solche Lizenzierung nicht erfolgt. Fragt man die Zulassungsbehörden und auch die Fachverbände nach der Zahl der Veranstalter und Reisebüros ab, so erhält man in vielen Ländern dennoch keine befriedigenden Auskünfte. So ist vor allem in Ländern, die selbst attraktive touristische Zielgebiete sind, eine erhebliche Vermischung von Reisevermittlungsfunktionen gegeben, weil neben der Vermittlung von Outgoing-Veranstalterreisen auch in erheblichem Umfang Incoming-Leistungen eingeschlossen sind wie Ausflugsverkauf, Vermittlung eigener Busreisen, lokale Zimmervermittlung, Wechselstubengeschäfte, Verkauf von Tickets aller Art für lokale Verkehrsmittel, Busse, Bahnen, Bergbahnen, Skipässe, Ausflugsschiffe, Fähren, Fahrradverleihe etc., die in den meisten dieser Länder zur Reisevermittlung zählen. Auch eine Spezialisierung und Separierung der Business Travel Dienstleister ist zumeist nicht vorhanden. In vielen dieser Länder ist die Zahl der zugelassenen Reisevermittler daher mehr als doppelt so hoch wie die tatsächlich im Outgoing-Tourismus tätigen Reisebüros.

2.1.2.4 Divergierende Marktcharakteristika ausgewählter europäischer Länder

In vielen Ländern bestimmen vor allem geografische und natürliche Faktoren die Logistik, Motivation und Art der Reisen, so dass eine Gleichbehandlung verschiedener Märkte durch Synergien und Marketingmaßnahmen aufgrund der Heterogenität nahezu unmöglich ist. Nur wenige Urlaubsreisenmärkte weisen Ähnlichkeiten auf. Vor allem profitgetriebene globale bzw. internationale Reisekonzerne unterschätzen oft, dass ihr Markterfolg primär von diesen individuellen natürlichen Ressourcen und Rahmenbedingungen abhängt und weniger von betriebwirtschaftlichem Know-How und Steuerungsmechanismen. Nationale und regionale Wettbewerber mit Ausrichtung auf die Individualität und Homogenität einzelner Märkte können sich oft besser auf die jeweiligen Besonderheiten einstellen und die oft geringen Margen in der Touristik effizienter ausschöpfen.

In Großbritannien und Irland – aber auch in Schweden, Norwegen und Finnland – findet die Veranstalterreise aufgrund der Insellage fast ausschließlich mit dem Flugzeug statt (überwiegend Charterverkehre aufgrund der extremen Ballung in den Hauptsaisonzeiten). Auch der Kreuzfahrtmarkt profitiert aufgrund der geografischen Lage überproportional. In Großbritannien und Irland sind die durchschnittlichen Reisepreise pro Person sowohl für die Pauschalreise als auch für die Bausteinreise wegen des Fluganteils gegenüber anderen Ländern überproportional hoch. Gleichzeitig profitierten vor allem die Briten bis 2007 von einem extrem starken Pfund-Wechselkurs. Pkw-Tourismus spielt für die Briten wegen des Linksverkehrs nur im Inland eine Rolle; nur 4% aller Briten verlassen Ihre Insel mit dem Auto, so dass dem Flugtourismus eine wesentlich höhere Bedeutung zukommt als in Mitteleuropa. In den skandinavischen Ländern wird aufgrund der klimatischen Verhältnisse (Kälte und Dunkelheit im Winter, Wärme und fast 24 Stunden Tageslicht im Sommer) zu über 80% nur im Winter und dabei zumeist in Fernziele gereist. In Dänemark und Benelux ist der PKW-/Camping- und Ferienwohnungs/-häuser-Tourismus und der Bustourismus überproportional hoch.

In fast allen **osteuropäischen Staaten** liegt das Urlaubsreisegeschäft fest in der Hand von reinen Busveranstaltern sowie beim Pkw-Tourismus (Eigenanreise), wobei zumeist nur ein Hotel oder eine Fewo gebucht wird (mit zunehmender Tendenz direkt im Internet). In den südeuropäischen Ländern wie Spanien, Italien, Frankreich, Griechenland oder Portugal reisen viele Touristen in eigene oder der Familie gehörende Immobilien an die einheimischen Küsten und fallen für den Outgoing-Tourismus aus.

Südeuropäer reisen deutlich weniger als die Bewohner des restlichen Europa, da sie zum einen Sun&Beach Urlaub zuhause zumindest aber im Heimatland machen können und zum anderen sehr häufig Urlaub in eigenen oder Verwandten und Freunden gehörenden Immobilien verbringen. Darüber hinaus sind sie sehr Kreuzfahrt affin, da sich in den Mittelmeerländern die größten Kreuzfahrthäfen mit dem umfangreichsten Angebot quasi vor der Haustür befinden. Eventuell erforderliche Buchungen bei diesen Inlandsreisen werden zumeist über die bestehenden Zielgebietsagenturen in den Urlaubsgebieten getätigt, die oftmals zugleich für die internationalen Reiseveranstalter tätig sind. Wenn Südeuropäer dennoch Auslandsreisen unternehmen, dann bevorzugt in Länder, die zur gleichen zumeist romanischen Sprachfamilie gehören. Aufgrund des gesättigten Sun&Beach-Bedarfs orientieren sich die Reisemotive dann eher an Sightseeing-, Kultur- und Shopping-Motiven. Auffällig ist dabei, dass die internationalen Veranstalter-Marktführer sich in keinem dieser Länder etablieren konnten und auch die einheimischen Veranstalter keine marktbeherrschenden Positionen erreichen.

Auch in **außereuropäischen Quellmärkten** gibt es viele Besonderheiten wie Visa- und Devisen-Problematiken. Darüber hinaus mögen Asiaten grundsätzlich keinen Sun&Beach-Urlaub, den sie ähnlich wie Afrikaner und Lateinamerikaner aufgrund ihrer Hautfarbe weder benötigen noch vertragen. Sie reisen primär zum Shopping oder partiell aus Sightseeing-Gründen, was das Zielgebietsportfolio maßgeblich beeinflusst (eher Städteziele, keine Sonnen-, Wellness und Aktivitätsziele). Ähnlich verhält es sich mit den nordamerikanischen Quellmärkten. Das Interesse an Sehenswürdigkeiten und Events differiert aufgrund religiöser, mentaler, sozialer und historischer Interessenslagen ebenfalls sehr stark vor allem in außereuropäischen Quellmärkten. Auch ethnische Motive zum Verwandtenbesuch dominieren oftmals schon allein aus Visa-Gründen.

2.1.2.5 Abweichendes Destinations-Portfolio in anderen europäischen Märkten

Zu den zuvor aufgeführten Besonderheiten kommt hinzu, dass die Zielgebietsprioritäten von Land zu Land sehr unterschiedlich sind und sich die lokalen Wettbewerber entsprechend darauf eingestellt haben. Österreicher bleiben gern auf den Balkan (Griechenland, Türkei und ehemaliges Jugoslawien) und in Italien, weniger gefragt ist das westliche Mittelmeer (Spanien, Portugal).

Briten, Iren, Franzosen, Spanier, Portugiesen und Niederländer reisen gern in ihre ehemaligen Kolonien in Übersee nicht zuletzt aus sprachlichen, ethnischen und mentalen Gründen. Briten präferieren in Europa stark Spanien (vor allem die Kanaren) und sind zum Teil auch aufgrund der großen Entfernungen seltener in der Türkei, Griechenland und Nordafrika anzutreffen. Somit war der britische Markt auch weniger von den Golf- und Jugoslawien-Kriegen betroffen als die mitteleuropäischen Märkte. Die Skandinavier bevorzugen aus den oben dargestellten Gründen im Winter Fernreisen vor allem nach Asien.

Von den insgesamt 45 Mio. britischen Urlaubsreisen ins Ausland gehen allein 11,7 Mio. nach Spanien inklusive aller Inseln, 7,6 Mio. nach Frankreich, je 2,3 Mio. in die USA, nach Griechenland und Italien, jeweils 1,8 Mio. gehen nach Irland, Portugal und in die Türkei. Die restlichen 13,6 Mio. verteilen sich zu zwei Drittel auf ehemalige Kolonien oder Commonwealth-Länder (wie Kanada, Australien, Neuseeland, Südafrika, Indien, Zypern, Indochina etc.). Unter den restlichen Destinationen befinden sich auch die deutschsprachigen Länder, wobei Österreich und Schweiz aufgrund des sehr starken Wintertourismus fast doppelt so viele britische Urlauber empfangen wie Deutschland. Auffallend ist, dass französischsprachige Destinationen, nordafrikanische Mittelmeerländer, Südamerika und auch osteuropäische Ziele bislang nur ein sehr geringes Interesse bei britischen Auslandsurlaubern aufweisen. Hinzu kommt, dass die Briten mit rund 1,6 Mio. Reisen den zweitgrößten Kreuzfahrtenmarkt nach den USA stellen, rund ein Drittel mehr Schiffsurlauber als aus Deutschland.

Ein ähnliches Destinationsportfolio und Reiseverhalten wie die Deutschen weisen derzeit nur die Österreicher und Schweizer sowie mit Abstrichen die Bewohner der Benelux-Staaten und einige nahe gelegene osteuropäische Länder (Tschechien, Slowakei, Ungarn und Polen) auf. Alle west-, nord- und mitteleuropäischen Quellmärkte verzeichnen – anders als die Südeuropäer – überwiegend aus klimatischen Gründen eine relativ hohe Nachfrage nach Auslandsreisen in Warmwasserziele, da rund zwei Drittel der Reisenden als Hauptmotiv der Urlaubsreise Sonne, Strand und Erholung angeben.

Insoweit ist je nach Land ein sehr unterschiedliches Marketing- und Destinationsportfolio erforderlich, um den spezifischen nationalen und ethischen Reisegewohnheiten gerecht zu werden. Gravierende Unterschiede gibt es ferner bei Verpflegung, Betten-/Zimmer-Konfiguration, Verkehrsmittelwahl je nach Nähe zu den bevorzugten Zielen, Reiseleitung, Sprache/Fremdsprachenkenntnis, Gruppen-, Familien- und Individual-Reisen, Saisonalitäten entsprechend der Schulferien/Feiertage, die in vielen Länder völlig anders liegen als in Deutschland. Für eine internationale Vertriebsstrategie lassen sich allenfalls Ländergruppen bilden, die gewisse Ähnlichkeiten bei Kundenbedürfnissen und Reiseverhalten aufweisen.

Allerdings betrifft dies lediglich reine Hotel- und Beherbergungsangebote und zu einem kleinen Anteil Fernreisen mit Linienfluggesellschaften, die über internationale Hubs fliegen. Bei der Pauschalreise gibt es aufgrund der Flugplanung nur lokale und regionale Quellmärkte, die international ohne Bedeutung sind.

Bei Flugreisen aus den kleineren Quellmärkten in Volumendestinationen wird zusätzlich eine ausreichende Charterflugkapazität benötigt, die in den meisten Ländern weder von den Nationalcarriern noch von unabhängigen Airlines bereitgestellt werden kann, so dass ein Reiseveranstalter diese selbst zur Verfügung stellen muss und damit ein stark risikobehaftetes vertikal integriertes Geschäftsmodell akzeptieren muss. Bei Pauschalreisen differieren zwischen den Ländern zudem Geschäftsmodelle, Preis-, Produkt- und Qualitätsstrategien das verfügbare Flugangebot, die geografische Lage, die Vertriebskanäle und die wirtschaftliche Reife der Märkte. Aufgrund unterschiedlicher internationaler Flugrechte sind nur selten Synergien und Auslastungsoptimierungen über die Umläufe der im deutschen Quellmarkt tätigen Bedarfsfluggesellschaften möglich. Jedes Land ist daher für sich separat zu betrachten. Gemeinsamkeiten sind die große Ausnahme. Beispielsweise haben Österreich und die Schweiz das gleiche Geschäftsmodell, allerdings eine unterschiedliche Produkt- und Preisstrategien sowie einen anderen Zielgebietsmix. Deutschland und die Niederlande weisen hingegen unterschiedliche Geschäftsmodelle auf, aber sowohl die Produkt und Preisstrategie sowie der Zielgebietsmix sind sehr ähnlich. In Osteuropa dominieren das Busreisengeschäft und der Pkw-Tourismus, weil es kaum Bedarfsfluggesellschaften gibt, die ein entsprechendes Flugangebot in die klassischen Urlaubszielgebiete ermöglichen. Dazu würde es auch eines Basisnachfragevolumens bedürfen, das es erlaubt, täglich eine Auslastung von drei, vier oder fünf Flugzeugen mit einem attraktiven Destinationssortiment profitabel zu beschäftigen. Angesichts der geringen Kaufkraft und der geringen Größe vieler osteuropäischer Länder sind diese Voraussetzungen bislang nicht gegeben.

Nicht nur die Tatsache, dass Großbritannien eine Insel ist, fast keinen Pkw-Tourismus ins Ausland aufweist (Linksverkehr!) und eine starke Kreuzfahrernation ist, auch der Urlaubs-Destinations-Mix unterscheidet sich erheblich von den mitteleuropäischen Festlandsmärkten. Von unschätzbarem Vorteil ist dabei, dass sich britische Urlauber sehr individuell und flexibel im Ausland bewegen können, da sie sich in 70–80% ihrer Ziele in ihrer Muttersprache verständigen können, die dort Landes- oder offizielle Zweitsprache ist (z. B. Nordamerika, Indien, ehemaliger Commonwealth) oder auch in fernen Kulturen von breiten Bevölkerungsschichten als erste Fremdsprache von vielen verstanden wird (z. B. China, Japan, Russland). Dies könnte u. a. auch ein Grund sein, warum das Internet im angelsächsischen Sprachraum eine deutlich höhere Verbreitung hat; schließlich werden über die gemeinsame Sprache weit mehr Internet-Nutzer erreicht als in anderen Sprachen. Auch Franzosen (Afrika, Karibik, Südsee) und Spanier (Mittel-/Südamerika, Karibik) nutzen ihren Sprachvorteil bei Urlaubsreisen, Deutsche Urlauber sind hingegen stark benachteiligt, da sie sich ausschließlich in der Heimat sowie in den kleinen Nachbarländern Österreich, Schweiz und Südtirol in Ihrer Landessprache verständigen können; in 90% ihrer Auslandsziele benötigen sie Fremdsprachenkenntnisse. Deutsch zählt gerade mal noch zu den zehn weltweit am meisten gesprochenen Sprachen.

2.2 Die Nachfrageseite des Marktes: Volumina, Strukturen, Zielgruppen

Die Nachfrage nach Urlaubsreisen wird durch Kunden- oder Haushaltsbefragungen ermittelt. Im Kapitel IV.1.4. sind die gängigen Untersuchungen für den deutschen Reisemarkt dargestellt. Die meisten sind öffentlich nicht zugänglich. Lediglich die Reiseanalyse von F.U.R gibt jedes Jahr zur ITB sowie auszugsweise in der öffentlich zugänglichen Literatur ausgewählte Ergebnisse frei. Nachfolgend werden einige auszugsweise Ergebnisse aus der Reiseanalyse dargestellt, aus denen auch ersichtlich wird, welche Auswertungsmöglichkeiten mit diesem Marktforschungsinstrument möglich sind. Der Schwerpunkt der Analysen liegt auf der Untersuchung des Reiseverhaltens bei langen Urlaubsreisen mit mindestens 4 Übernachtungen. Kurzreisen bis maximal 3 Übernachtungen werden in groben Strukturen dargestellt, da im Rahmen einer nur einmal jährlichen Telefonbefragung viele Details dieser Reisen nicht mehr erinnert werden. Ergänzend wird seit 2008 eine Online-Reiseanalyse durchgeführt, die speziell das Reiseverhalten von Online-Nutzern untersucht (vgl. Kapitel IV.2.1.1.3 Abb. IV. 2-33 bis Abb. IV. 2-35).

2.2.1 Grundstrukturen der deutschen Reisenachfrage

Hauptindikator für das Reisverhalten in Deutschland ist die **Reiseintensität**, d. h. der Anteil der Bevölkerung über 14 Jahre, die mindestens eine lange Urlaubsreise (ab vier Übernachtungen) gemacht haben. Die Reiseintensität stagniert seit 2000 bei rund 75% mit einer engen Schwankungsbreite (vgl. Abb. IV. 2-37). Bis 1985 lag diese Kennziffer noch unter 60% und stieg nach der Wiedervereinigung Deutschlands ab 1990 über die 70%-Marke bis auf den bisherigen Höchstwert von 77,8% in 1995. Eine Reiseintensität von 75% bedeutet zugleich, dass 25% der über-14-jährigen Bevölkerung keine langen Urlaubsreisen unternimmt. Das heißt aber nicht, dass diese Menschen nie reisen. Viele von ihnen sind so genannte Intervallreisende, die unregelmäßig alle 2, 3 oder 4 Jahre einmal eine Urlaubsreise unternehmen.

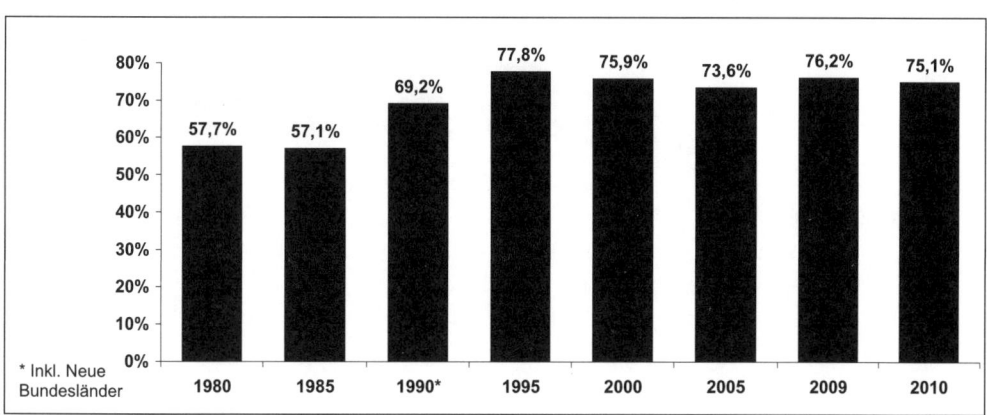

***Abb. IV. 2-37** Entwicklung der Urlaubsreiseintensität (Quelle: F.U.R. Reiseanalyse 2011)*

Kategorisiert man die Urlauber nach den **Reisefrequenzen**, dann waren 61% regelmäßige Urlaubsreisende, 26% waren Intervallreisende, von denen 14% in 2010 tatsächlich gereist sind und 12% nicht, wohl aber in einem der Vorjahre verreisten (vgl. Abb. IV. 2-38). 13% der Befragten sind Selten- oder Nie-Reisende, weil sie zumindest in den letzten drei Jahren keine Urlaubsreise machten.

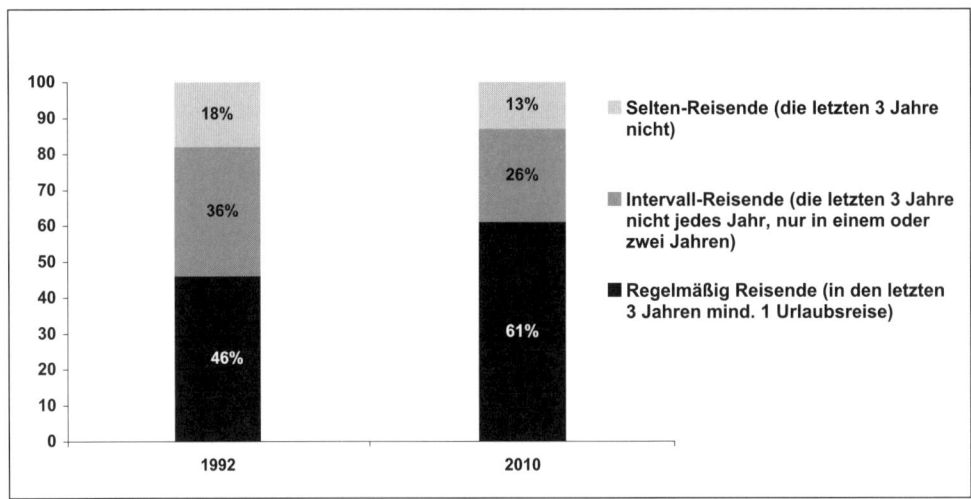

Abb. IV. 2-38 Entwicklung der Reiseregelmäßigkeit (Quelle: F.U.R. Reiseanalyse 2011)

Viele Menschen unternehmen aber auch mehrere lange Urlaubsreisen pro Jahr. Seit ca. 15 Jahren liegt die Zahl der Haupturlaubsreisen bei rund 49 Mio. (vgl. Abb. IV. 2-39). Hinzu kommen ebenfalls stabil rund 15 Mio. Zweit, Dritt- bzw. Mehrfach-Reisen, die überwiegend von Besserverdienenden unternommen werden.

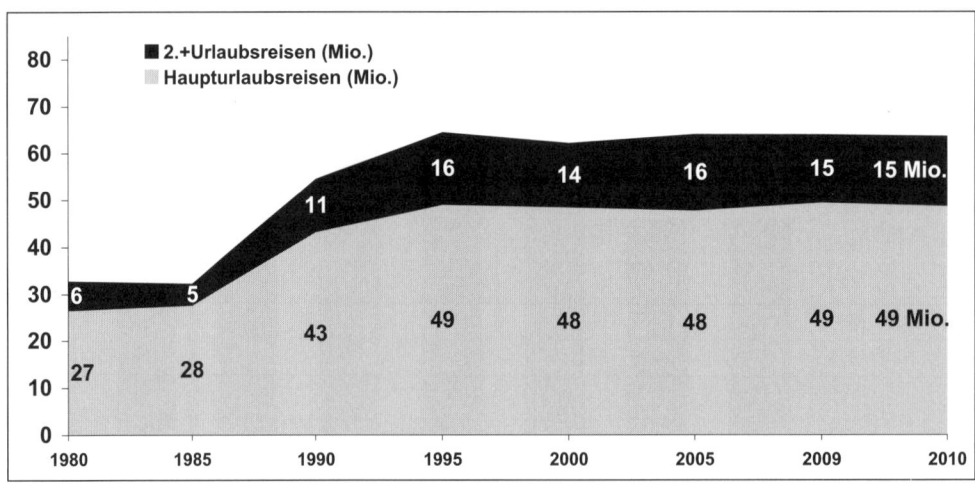

Abb. IV. 2-39 Entwicklung der Haupturlaubsreisen und der zusätzlichen Reisen in Mio. (Quelle: F.U.R. Reiseanalyse 2011)

Die Gründe für die Nichtreisenden sind vielfältig. Häufig kommen gleichzeitig mehrere Ursachen zusammen. 68 % bleiben aus finanziellen Gründen sowie wegen Arbeitslosigkeit oder beruflicher Unsicherheit zuhause. Mit 29% folgen familiäre Gründe und Betreuungspflichten auf Platz zwei dicht gefolgt von gesundheitlichen Gründen mit 26% und anderen Ausgabeprioritäten mit 25%. Weitere wesentliche Reisehindernisse sind Altersgründe mit 12% und fehlende Zeit mit 11%.

2.2.2 Ausgewählte Einzelergebnisse

Eines der wichtigsten Reisemerkmale ist das **Reiseziel**. Die Ziele können länderbezogen noch tiefer gegliedert nach Zielregionen (z. B. Balearen, Kanaren, spanisches Festland) betrachten werden, doch an dieser Stelle werden nur globale Eckwerte analysiert (vgl. Abb. IV. 2-40). Der **Inlandstourismus** hat seit 2000 an Bedeutung zugenommen; ein Drittel aller Urlauber blieb 2010 in Deutschland, 4%-Punkte mehr als 10 Jahre zuvor. Auch der Anteil der **Fernreisen** hat im Betrachtungszeitraum von 7% auf 10% zugenommen. Verloren haben somit fast alle europäischen Ziele, am stärksten die Mittelmeerländer mit minus 3%-Punkten auf nur noch 34%.

Die Daten der Reiseanalyse erlauben es auch die Reiseziele nach **Altersgruppen** aufzugliedern. Dabei wird ersichtlich, dass der Trend zum Inlandstourismus vor allem von den Best Agern (ab 50 Jahre) und Senioren (ab 65 Jahre) getrieben ist, die demografisch am stärksten zunehmen. Fernreisen sind hingegen eher eine Domäne der Existenzgründer (unter 30 Jahre) und Best Ager. Der Mittelmeer-Tourismus wird schwerpunktmäßig von den jungen und mittleren Altersgruppen (20–50 Jahre) sowie den Familien dominiert, spielt mit zunehmendem Alter aber eine immer geringere Rolle. Ost- und Mitteleuropa wird vor allem von den alten Zielgruppen (ab 65 Jahre) präferiert. Alle anderen Ziele sind eher indifferent.

Alter	< 20 Jahre	20-29 Jahre	30-49 Jahre	50-64 Jahre	65-74 Jahre	über 75 Jahre	Gesamt 2010	Gesamt 2000
in Mio	4,6	7,5	20,8	15,8	11,1	3,8	63,6	62,2
Deutschland	30%	21%	27%	33%	**43%**	**49%**	33%	29%
Mitteleuropa	6%	6%	6%	7%	8%	8%	7%	8%
Westeuropa	**13%**	9%	6%	5%	5%	4%	6%	9%
Nordeuropa	**5%**	2%	4%	3%	3%	1%	4%	4%
Mittelmeer insgesamt	37%	**42%**	**40%**	36%	28%	20%	34%	37%
Osteuropa	6%	6%	7%	5%	**9%**	**9%**	6%	6%
Fernziele	4%	**14%**	8%	9%	4%	6%	10%	7%

Abb. IV. 2-40 Entwicklung der Reisezielgebiete nach Altersgruppen (Quelle: F.U.R. Reiseanalyse 2011)

Die Inlands- und Auslandsreisen 2010 können weiter nach den wichtigsten Zielgebieten differenziert werden (vgl. Abb. IV. 2-41). Bayern, Mecklenburg-Vorpommern, Schleswig-Holstein und Niedersachsen – also die Alpen sowie die Nord- und Ostsee – sind das Ziel von fast zwei Drittel (64%) aller Inlandsurlauber, alle anderen Bundesländer spielen kaum eine

Rolle. Betrachtet man alle Reiseformen, dann entfallen fast die Hälfte (48%) aller Auslandsurlaube auf die Ländern Spanien, Italien, Österreich und Türkei.

Inland	Marktanteil an allen Urlaubsreisen nach Deutschland		Ausland	Marktanteil an allen Urlaubsreisen ins Ausland	
	20,994 Mio. Reisen			42,643 Mio. Reisen	
	in %	in Mio.		in %	in Mio.
Bayern	20%	4,3	Spanien	20%	8,5
Meck.-Pomm.	18%	3,8	Italien	11%	4,8
Niedersachsen	13%	2,7	Türkei	9%	3,8
Schleswig-Holstein	13%	2,7	Österreich	8%	3,6
Baden-Württemberg	9%	1,8	Kroatien	4%	1,5
Sachsen	5%	1,0	Frankreich	4%	1,6
Berlin	4%	0,8	Polen	3%	1,3
Nordrhein-Westfalen	4%	0,8	Griechenland	4%	1,5
Thüringen	3%	0,6	Ägypten	3%	1,4
Rheinland-Pfalz	3%	0,6	Niederlande	3%	1,2
Sonstige	9%	2,0	Sonstige	32%	13,4

Abb. IV. 2-41 Urlaubsreiseziele Top 10 Inland und Ausland (Quelle: F.U.R. Reiseanalyse 2011)

Differenziert man die Zielgebietsbetrachtung statt nach Inland und Ausland nach erdgebundenen Reisen und Flugreisen, so ergibt sich ein anderes Zielportfolio (vgl. Abb. IV. 2-42). 53% aller erdgebundenen Reisen per Pkw, Bus oder Bahn führen in Inlandsziele, weitere 26% in Nachbarländer wie Österreich, Niederlande, Frankreich und nach Italien. Auf alle anderen Länder entfallen nur rund 20% aller erdgebundenen Reisen. Jede dritte Flugreise deutscher Urlauber (32%) führt nach Spanien, weitere 16% der Flugreisen betreffen die Türkei. Griechenland und Ägypten auf Rang 3 und 4 sind mit jeweils 6% schon weit abgeschlagen. Alle anderen Flugziele am Mittelmeer und in Europa kommen auf insgesamt 30%, alle Fernflugreisenziele zusammen auf 10%.

Erdgebundene Reisen	Marktanteil an allen erdgebundenen Urlaubsreisen		Flugreisen	Marktanteil an allen Flug-Urlaubsreisen	
	38,664 Mio. Reisen			23,149 Mio. Reisen	
	in %	in Mio.		in %	in Mio.
Deutschland	53%	20,3	Spanien Balearen	19%	4,5
Italien	10%	3,9	Türkei	16%	3,7
Österreich	9%	3,5	Spanien Kanaren	8%	1,9
Frankreich	4%	1,4	Griechenland	6%	1,3
Niederlande	3%	1,2	Ägypten	6%	1,3
Kroatien	3%	1,2	Spanien Festland	5%	1,2
Polen	3%	1,2	USA	4%	0,9
Dänemark	3%	1,1	Italien	3%	0,8
Tschechische Republik	2%	0,7	Portugal	3%	0,8
Spanien Festland	2%	0,6	Süd-Ost-Asien	3%	0,7
Sonstige	9%	3,6	Sonstige	26%	6,0

Abb. IV. 2-42 Urlaubsreiseziele mit erdgebundenen Verkehrsmitteln und Flügen (Quelle: F.U.R. Reiseanalyse 2011)

2 Marktgrößen und Marktstrukturen

Die Urlaubsreisensegmente können auch nach den **Anreiseverkehrsmitteln** aufgegliedert werden (vgl. Abb. IV. 2-43). Große Veränderungen waren dabei in den letzten zehn Jahren nicht festzustellen. Der Anteil der Urlaubsreisen per Pkw (einschl. Wohnmobil/Wohnwagen) nahm um einen Prozentpunkt auf 47% ab. Auch Bahn-Reisen nahmen um jeweils einen %-Punkt auf 5% bzw. 8% ab. Entsprechende leichte Zuwächse weisen Flugreisen auf 36% und Kreuzfahrten auf 2% aus.

in Mio	Gesamt 2010 63,6	Gesamt 2000 62,2
PKW	44%	45%
PKW mit Wohnwagen	1%	1%
Wohnmobil	2%	2%
Bahn	5%	6%
Bus	9%	9%
Flugzeug	36%	35%
Schiff	2%	1%
Sonstiges	1%	1%

Abb. IV. 2-43 *Verkehrsmittel für Urlaubsreisen (Quelle: F.U.R. Reiseanalyse 2011)*

Ein Blick auf die durchschnittlichen **Reiseausgaben** für lange Urlaubreisen zeigt, dass die Preise nur geringfügig schwanken – trotz aller Einflüsse von Wechselkursen, von Preissteigerungen für Energie und Treibstoffe sowie den Inflationsraten in den Zielländern (vgl. Abb. IV. 2-44). Deutsche Urlauber reisen eher budgetorientiert, d. h. sie prüfen ständig, was sie für das verfügbare und im Haushaltsportfolio eingeplante Ausgabevolumen bekommen können. Bei hohen Preisen werden häufig Qualitätseinbußen oder preiswerte Zielländer in Kauf genommen. Bei preisgünstigen Angeboten und günstigen Wechselkursen darf es auch mal eine Fernreise oder ein besseres Hotel sein. Die durchschnittlichen Reiseausgaben pro Person pendeln seit 2005 nur unwesentlich um einen Mittelwert von rund 830 Euro mit einem Höchstwert von 861 Euro in 2010. Das gleiche Phänomen ergibt sich unabhängig davon, ob es sich um Fern-, Mittelmeer-, Europa- oder Inlands-Reisen handelt. Die Ausgaben für Inlandsreisen bewegen sich am unteren Ende der Preisskala bei rund 520 Euro pro Person, Fernreisen am oberen Ende bei rund 1920 Euro. Reisen im Mittelmeerziele liegen mit rund 940 Euro leicht über und Reisen in andere europäischen Länder mit 740 Euro leicht unter dem Gesamtdurchschnitt.

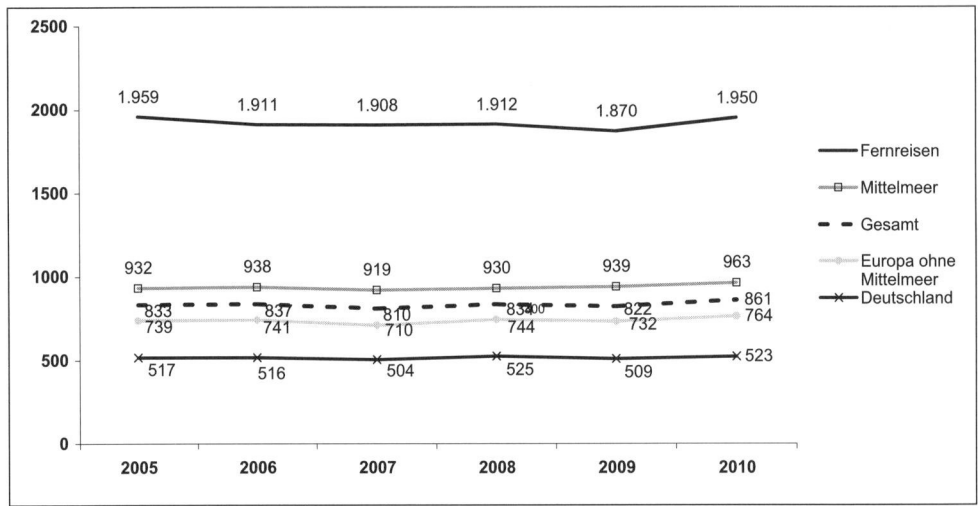

Abb. IV. 2-44 Entwicklung der Reiseausgaben pro Person (Quelle: F.U.R. Reiseanalyse 2011)

Während bei langen Urlaubsreisen zwei Drittel ins Ausland führen, beläuft sich dieser Anteil bei Kurzreisen auf nur ein Viertel. Drei Viertel der Kurzreisen finden im Inland statt (vgl. Abb. IV. 2-45). 41% aller Kurzreisen sind Städtereisen, davon 33% in deutsche und 8% in ausländische Städte.

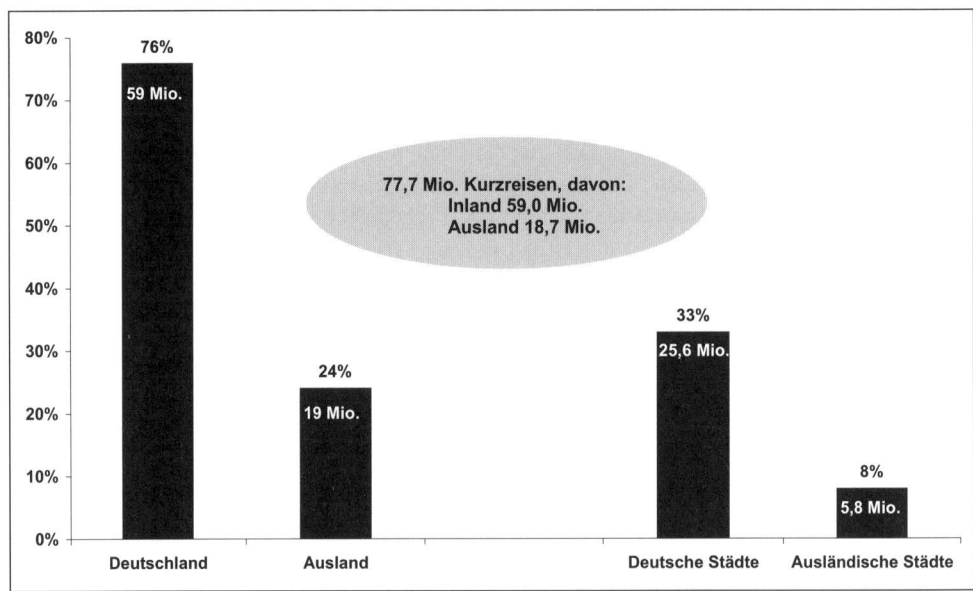

Abb. IV. 2-45 Reiseziele von Kurzreisen (Quelle: F.U.R. Reiseanalyse 2011)

2 Marktgrößen und Marktstrukturen

Die **Hauptmotive** von Kurzreisen sind mit 31% Städtereisen, mit 29% Verwandten-/Bekannten-Besuche und Ausruhurlaub mit 21% (vgl. Abb. IV. 2-46). Dieses Ranking gilt im Wesentlichen auch für alle inländischen Kurzreisen. Bei Auslandsreisen dominiert die Städtereise vor dem Ausruh-Urlaub und der Kulturreise. Erst dann folgen Verwandten-/Bekannten-Besuche. Überproportional stark sind auch die Motive Shopping und Aktivitäten bei Auslands-Kurzreisen.

Reiseart	Gesamt	Inland	Ausland
in Mio.	77,7	59,0	18,7
Städtereise	**31%**	29%	37%
Verwandte/Bekannten-Besuch	**29%**	**33%**	18%
Ausruhurlaub	**21%**	21%	22%
Kultur-Reise	14%	12%	**19%**
Shopping-Reise	11%	10%	14%
Aktivurlaub	10%	8%	**13%**
Eventreise	7%	8%	5%
Gesundheit/Fitness/Wellness	6%	7%	5%
Strand/Baden/Sonne	5%	4%	7%
Sonstiges	7%	8%	5%

Abb. IV. 2-46 Reisearten von Kurzreisen (Quelle: F.U.R. Reiseanalyse 2011)

Die fünf nachfragestärksten **Städtereiseziele** im **Inland** sind Berlin (21%) vor Hamburg (17%), München (11%), Dresden (7%) und Köln (5%) (vgl. Abb. IV. 2-47). Im **Ausland** liegen London, Wien und Paris mit jeweils 15–16% auf Augenhöhe. Dahinter folgen mit Abstand Prag (9%), Amsterdam (6%) und Rom (4%).

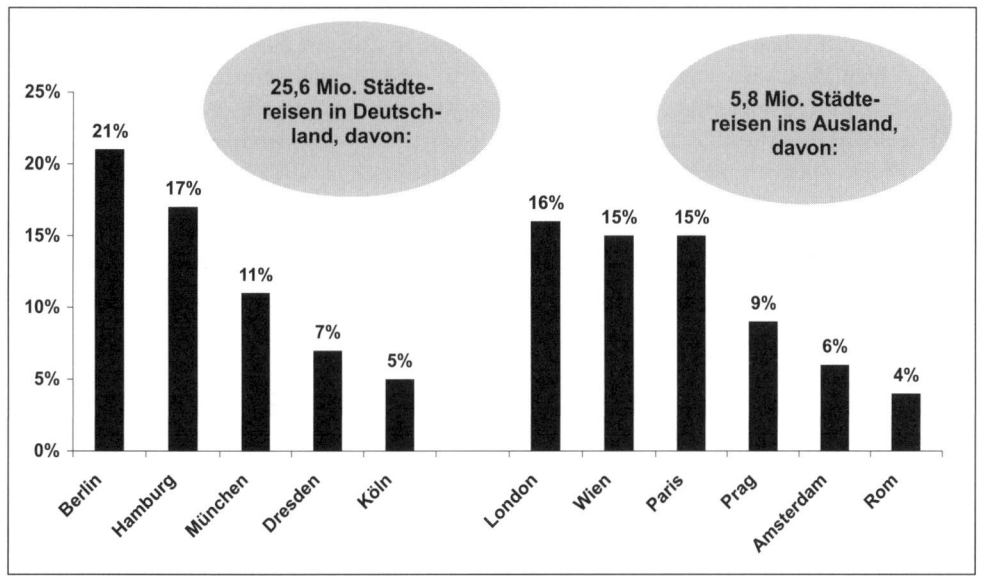

Abb. IV. 2-47 TOP Städte-Kurzreiseziele im In- und Ausland (Quelle: F.U.R. Reiseanalyse 2011)

2.3 Zielgruppen

2.3.1 Definition, Ermittlung, Anwendung

Fast alle Nachfrageanalysen zielen auf die Beschreibung von Zielgruppen ab. Diese können einerseits definiert werden durch **soziodemografische Merkmale** wie u. a. Alter, Geschlecht, Familienstatus, Haushaltsgröße, Einkommen, Bildung, Herkunft, Berufstätigkeit. Andererseits ist aber auch eine Identifizierung durch Merkmale des **Reiseverhaltens** möglich wie Flugreisende, Pkw-Reisende, Campingurlauber, All-Inclusive-Reisende, Italien-, Deutschland- und Fern-Reisende, Reisebüronutzer, Reisveranstalterkunden etc.. Darüber hinaus ist auch die Beschreibung über **psychografische** und Lifestyle-Merkmale möglich, die über multivariate Verfahren erhoben werden.

Demografische Daten sind dabei in dynamischer Betrachtung am zuverlässigsten und praktikabelsten, da über diese auch Verknüpfungen mit anderen Themenbereichen und Marktanalysen möglich sind. Verhaltenskriterien sind weitaus instabiler und im Mehrjahresvergleich oft schwer vergleichbar.

Demografische Merkmale können auf Grundlage von Erfahrungswerten auch als Hilfsvariablen für Verhaltensmuster verwendet werden. Dies geschieht in dem folgenden Anwendungsbeispiel, in dem die Auswirkungen der demografischen Überalterung der deutschen Bevölkerung auf die touristischen Märkte dargestellt werden. Dabei wird das Lebensalter als Hilfsvariable für Lebensabschnitte genommen (Golden Ager, Senioren, Hochbetagte). So ändert sich das Reiseverhalten von Menschen grundlegend beim altersbedingten Ausscheiden aus dem Berufsleben. Als praktikable Altersgrenze wird zu Dokumentationszwecken das Alter von 65 angenommen wohl wissend, dass durch Berufsunfähigkeit und Vorruhestandsmodelle die Zäsur auch schon mit 55 Jahren stattfinden kann, in Zukunft durch gesetzliche oder freiwillige Weiterbeschäftigung aber auch erst mit 67 oder 70 Jahren erfolgen wird. Wie die Analyse zeigt funktioniert aber die Hilfsvariable Alter sehr gut, da eine Verknüpfung mit der sehr realistischen Bevölkerungsprognose des Statistischen Bundesamtes möglich ist, und damit Zielgruppenverschiebungen bis 2050 auch dynamisch identifiziert werden können.

2.3.2 Beispiel einer Zielgruppenstudie: Auswirkungen der demographischen Entwicklung auf die touristische Nachfrage

Eine der einfachsten Zielgruppenbildungen erfolgt über die soziodemografischen Strukturdaten, die als Grundlage in nahezu allen bevölkerungsrepräsentativen Befragungen enthalten sind. Das Statistische Bundesamt verfügt hierzu über ein sehr umfangreiches öffentlich zugängliches Datenmaterial. Alle drei Jahre erfolgt auf dieser Grundlage die Fortschreibung der Bevölkerungsentwicklung für die nächsten 50 Jahre. Die Demografie ist eine sehr exakte Wissenschaft und ermöglicht daher sowohl historisch wie auch prognostisch eine sehr präzise Zielgruppenbildung. Der Autor hat sich seit fast 10 Jahren in der Praxis ausführlich mit den Auswirkungen der Demografie auf die touristischen Märkte befasst, die nachfolgend zusammengefasst mit vielen überraschenden positiven wie negativen Erkenntnissen dargestellt werden.

2.3.2.1 Demografische Strukturen und Entwicklungen im gesamtwirtschaftlichen Umfeld bis 2050

Die Konjunkturlage in Deutschland hat nunmehr bereits seit 1996 zu einer weitgehenden Stagnation des Wirtschaftswachstums bei anhaltender Arbeitslosigkeit geführt und damit verfügbare Realeinkommen und Ausgabebereitschaft weiter Bevölkerungskreise erheblich beeinträchtigt. Die inländische Konsumnachfrage – immerhin über 60% des Bruttoinlandsproduktes – ist seit 2000 fast überhaupt nicht mehr und seit Mitte der 90er Jahre nur noch um 1% pro Jahr gewachsen. Die weitgehende Stagnation der touristischen Märkte, die nach zahlreichen Krisen erst 2008 wieder das Niveau des Jahres 2000 erreicht hatten, um im Zuge der Finanz- und Wirtschaftskrise erneut einen Dämpfer zu erhalten. Gründe für das stagnierende Urlaubsreise-Geschäft lassen sich wahrlich genug finden (vgl. Abb. IV. 2-4, S. 308 und Abb. IV. 2-6, S. 310).

Bislang ist jedoch ein ganz wesentliches Phänomen ignoriert worden, das neben dem Tourismus auch viele andere Bereiche der inländischen Konsumnachfrage betrifft und vor dem Bevölkerungswissenschaftler schon seit fast dreißig Jahren warnen: Die Auswirkungen des gesellschaftlichen Strukturwandels, der sich massiv in einer zunehmend verzerrten demografischen Entwicklung der deutschen Bevölkerung äußert. Die Bevölkerung (West- und Ostdeutschland) ist seit 1949 von insgesamt 68 Mio. über 80,1 Mio. bei der Wiedervereinigung 1990 auf 82,5 Mio. in 2003 gestiegen und seitdem um rund 150.000 Personen p. a. rückläufig (2010: 80,3 Mio.). Der Zuwachs bis 2003 resultierte im Wesentlichen aus Zuwanderungsgewinnen durch Flüchtlinge, Aussiedler und Gastarbeiter sowie den Babyboom in den 60er Jahren (1955–1970). Während die Zuwanderung weitgehend demographieneutral über fast alle Altersgruppen erfolgte und teilweise sogar die bestehenden Lücken aus dem 2. Weltkrieg füllen konnte, brachte der Babyboom die Demographie durch die Ballung auf wenige Jahrgänge aus dem Gleichgewicht. Was sich zunächst in überfüllten Kindergärten, Schulen und später Universitäten äußerte und erhebliche Infrastruktur-Investitionen erforderte, konnte durch das starke Wirtschaftswachstum mit zunehmendem Wohlstand in den 70er und 80er Jahren weitgehend kompensiert werden. Seit Beginn der 90er Jahre sorgen die rund 4 Mio. zusätzlichen Babyboomer – 2010 40–55 Jahre alt – für einen Angebotsüberhang am Arbeitsmarkt und verschärften die durch Wiedervereinigung und Globalisierung ohnehin hohe Arbeitslosigkeit. So kann man heute schon dokumentieren, dass sie mit einem Zuwachs der Über-Fünfzigjährigen (Fifty-Ups) um mehr als 20% zu einer starken Überalterung der Bevölkerung bis 2050 beitragen werden, wenn die letzten Babyboomer aussterben. Denn die Demografie kann sehr exakte Voraussagen treffen, da sie nach den Regeln der Biologie und Mathematik funktioniert. Die negativen Auswirkungen dieser Entwicklung kann man leider nicht mehr beeinflussen sondern nur noch gestalten (vgl. Abb. IV. 2-48 und Abb. IV. 2-49).

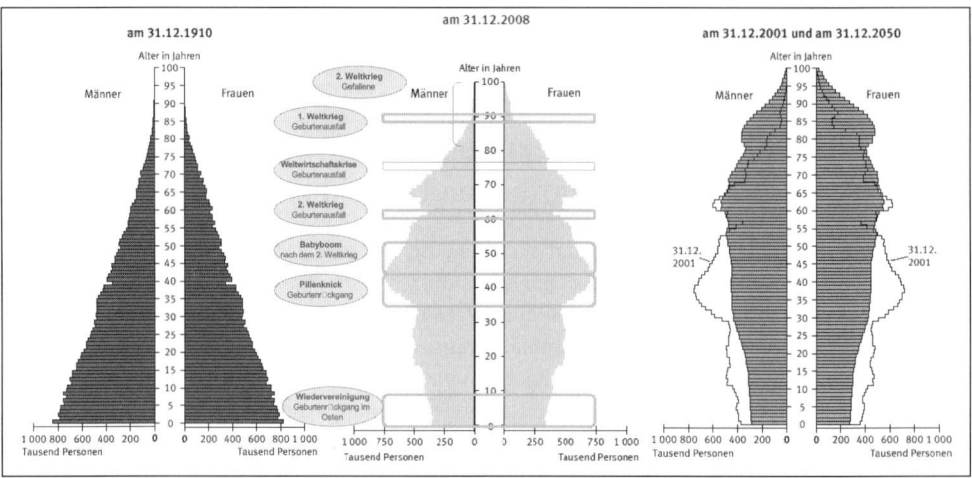

Abb. IV. 2-48 Bevölkerungsentwicklung in Deutschland 1910–2050 (Quelle: STATISTISCHES BUNDESAMT 2009)

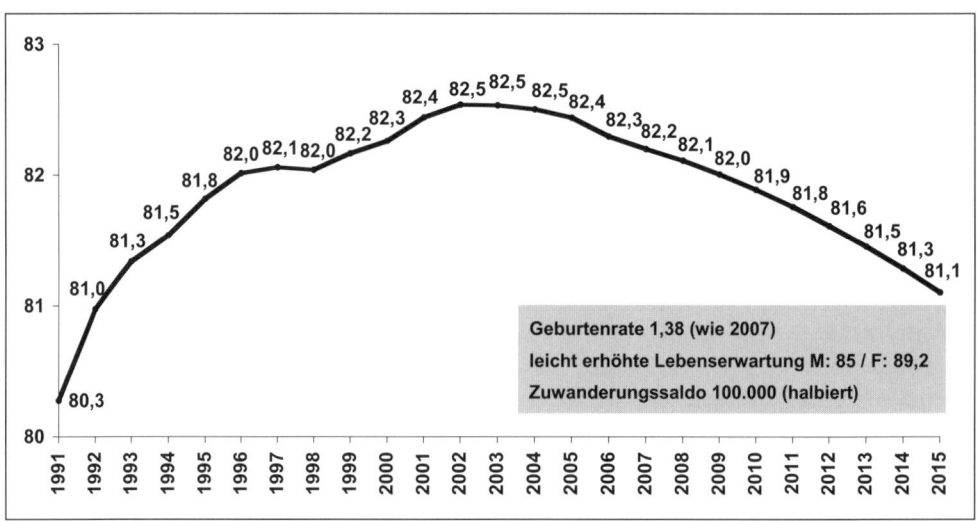

Abb. IV. 2-49 Bevölkerungsentwicklung 1991–2015 (Quelle: STATISTISCHES BUNDESAMT 2009)

In dynamischer Betrachtung haben die Babyboomer allerdings das Problem noch verschärft, da sie nur unzureichend für die eigene Zukunft gesorgt haben. Denn sie haben die Geburtenrate in Deutschland auf nur noch 1,38 Kinder pro Frau absinken lassen, während 2,1 Kinder zur Regeneration bzw. Bestandserhaltung der Bevölkerung erforderlich gewesen wären. Da die stark besetzten Frauenjahrgänge der Babyboomer nun im Alter von rund 50 Jahren nicht mehr gebärfähig sind, und die nachfolgenden Jahrgänge wesentlich weniger Frauen aufweisen, lässt sich an dieser Entwicklung nichts mehr ändern. Somit ist unausweichlich, dass die

2 Marktgrößen und Marktstrukturen

deutsche Bevölkerung unter 50 Jahren bis 2050 um fast 30% abnehmen wird. Die Zahl der Deutschen wird daher zwischen 2010 und 2050 von auf nur noch 67–75 Mio. schrumpfen. Dieser Schrumpfungsprozess fällt um so stärker aus, wenn die durchschnittliche Lebenserwartung (Männer 76,8 Jahre, Frauen 80,8 Jahre) nicht mehr steigt, der prognostizierte durchschnittliche Zuwanderungssaldo von 200.000 Personen p. a. abnimmt und die Geburtenrate noch weiter sinkt wie in anderen europäischen Ländern. Denn: Weniger Kinder bedeuten weniger zukünftige potenzielle Eltern – der Bevölkerungsrückgang wird sich mit einem Multiplikatoreffekt beschleunigen (vgl. Abb. IV. 2-50).

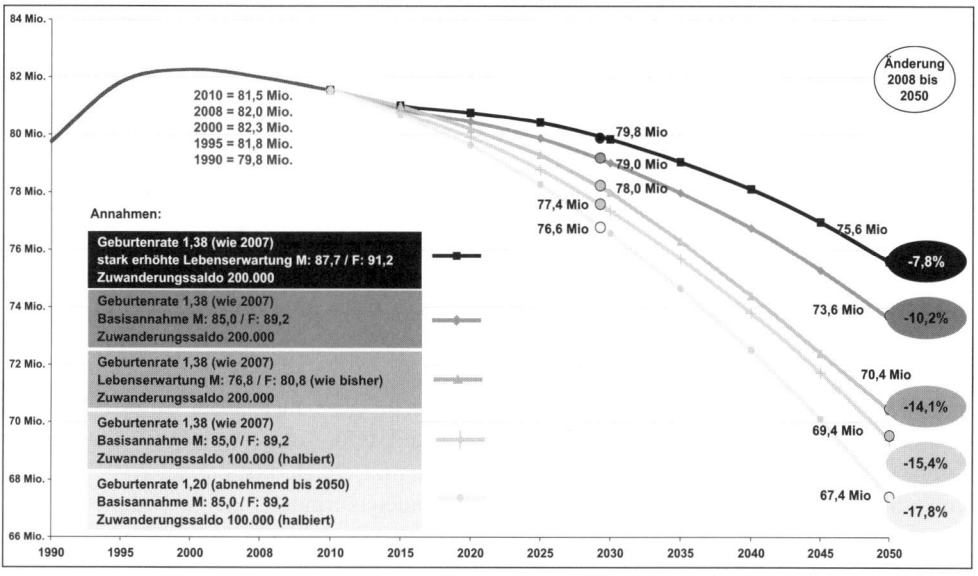

Abb. IV. 2-50 Bevölkerungsentwicklung in Deutschland 1990–2050 (Quelle: STATISTISCHES BUNDESAMT 2009)

Tatsächlich ist der bisherige Zuwanderungssaldo seit 2008 negativ geworden, d. h. es wandern inzwischen 50.000 mehr Menschen aus Deutschland aus als ein. Auch die erhoffte weitere Steigerung der Lebenserwartung bestätigt sich nicht, ist doch aufgrund leerer Krankenversicherungskassen zukünftig keine wesentliche Verbesserung der Gesundheitsversorgung zu erwarten (vgl. Abb. IV. 2-51).

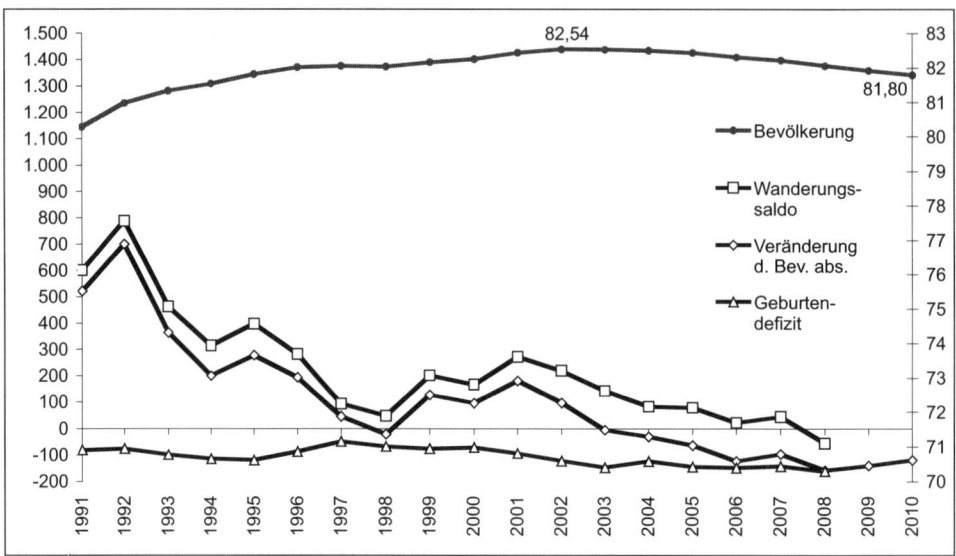

Abb. IV. 2-51 *Bevölkerungsentwicklung in Deutschland 1991–2010 (Quelle: Statistisches Bundesamt)*

Immerhin ist die Geburtenrate nicht weiter abgesunken; aber auch dabei ist zu bedenken, dass die Erhöhung des Bildungsstandes in Deutschland dafür kontraproduktiv ist, wenn die politischen und infrastrukturellen Rahmenbedingungen für die Berufstätigkeit von Frauen in Deutschland nicht verändert werden. So weisen Akademikerinnen eine besonders niedrige Geburtenrate von nur 0,7 Kindern pro Frau auf (vgl. Abb. IV. 2-52).

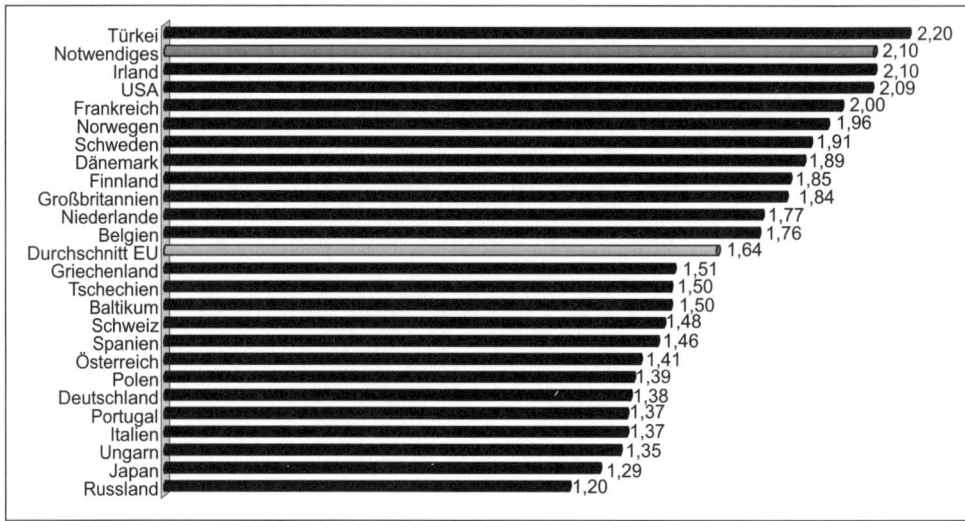

Abb. IV. 2-52 *Geburtenrate international 2008 (Quelle: Eurostat/Statistisches Bundesamt 2009)*

2 Marktgrößen und Marktstrukturen

Wenn aber die Zahl der inländischen Nachfrager dauerhaft rückläufig sein wird und die verfügbaren Einkommen nicht steigen, sind die Rahmenbedingungen für die Konsumnachfrage mittel- bis langfristig düster. Die Konsequenzen – nicht nur für den Tourismus – sind vielschichtig. Viele Bereiche der Konsumnachfrage haben im Verlauf des Lebens eines Menschen oder einer Lebensgemeinschaft eine unterschiedlich hohe Bedeutung innerhalb des Konsumportfolios, so dass sich Verschiebungen zwischen den Alterssegmenten entsprechend auswirken: Heute sind 36% der Bevölkerung über 50 Jahre alt, 2050 werden es 49% sein. Diese Fifty-Ups machen heute 48% aller Veranstalterreisen, erwerben 47% aller Pkw-Neufahrzeuge, wohnen zu 55% in der eigenen Immobilie, verursachen 65% aller Ausgaben für Gesundheits- und Pflegeleistungen, tätigen nur rund 25% aller Ausgaben für Nahrungsmittel, Haushaltsartikel, Bekleidung sowie rund 35% aller Ausgaben für Wohnungseinrichtungen und Unterhaltungselektronik. Behalten sie diese Konsumportfolios und -präferenzen wie in der Vergangenheit längerfristig bei, dann können viele Branchen heute schon recht präzise erkennen, ob die unvermeidliche Überalterung der Gesellschaft für sie eher Chancen eröffnet oder Risiken birgt.

Weitere maßgebliche Veränderungen unserer Bevölkerungsstruktur sind zu erwarten. 2050 wird es nur noch rund 26 Mio. Erwerbstätige geben, von denen knapp die Hälfte älter als 50 Jahre alt sein wird; im Jahr 2009 gab es in Deutschland noch 38 Mio. Erwerbstätige, von denen ein knappes Drittel älter als 50 Jahre war. Und das Alter wird weiblich: Aufgrund der deutlich längeren Lebenserwartung von Frauen steigt der Anteil allein lebender Frauen von 62% ab dem Alter von 65 Jahren auf über 80% ab dem Alter von 75 Jahren. Auch regional wirkt sich die Alterung unterschiedlich aus. Die Bevölkerung im Norden und Osten Deutschlands sowie in ländlichen Gebieten wird älter als die im Westen und Süden sowie in den Städten sein.

Entsprechend der demografischen Entwicklung können folgende Zielgruppen sogar mit Zeiträumen als zukünftige Wachstumssegmente beschrieben werden (vgl. Abb. IV. 2-53):

- 50–65-Jährige (Golden Ager) bis ca. 2020
- 65–75-Jährige (Senioren) von 2020 bis 2030
- über 75-Jährige kontinuierlich bis 2050
- Ehepaare und nicht eheliche Lebensgemeinschaften ohne Kinder (DINKs=Double Income No Kids)
- Alleinerziehende/Patchwork-Familien
- Singles (überproportional Frauen über 65 Jahre)

Gleichzeitig gibt es einige sehr große Zielgruppen, die bis 2050 schrumpfen werden und damit den Bevölkerungsrückgang beschleunigen:

- Kinder und Jugendliche
- Familien mit Kindern (Rückgang seit 1990 und aktuell um 200.000 pro Jahr)
- Alle 20–50-Jährigen
- Erwerbstätige aller Altersklassen

Alter von... bis unter...Jahren	1991	2008	2020	2030	2040	2050	Veränderung von 2008 bis 2050
unter 20	17.294	15.588 -9,8%	13.624	12.927	11.791	10.701	-31,4%
20-30	13.176	9.901 -24,9%	8.549	7.473	7.188	6.784	-31,5%
30-50	22.290	23.861 +7,0%	19.842 -16,8%	18.932	16.591	15.260	-36,0%
20-50 zusammen	35.466	33.762 -4,8%	28.391	26.405	23.779	22.044	-34,7%
50-65	15.482	15.795	19.245 +21,8%	15.743 -18,2%	14.550	13.678	-13,4%
65-75	6.552	9.624	9.113	11.663 +27,9%	10.128 -13,2	8.836	-8,2%
über 75	5.480	7.233	9.540	10.612	13.581 +27,9%	14.152	+95,7%
Fifty-ups ges.	27.514	32.652 +18,7%	37.898	38.018	38.259	36.666	+12,3%
Insgesamt	80.274	82.002 +2,2%	79.913	77.350	73.829	69.411	-15,4%

jeweils zum 01.01. des Jahres

Annahme: Zuwanderungssaldo von 100.000 (halbiert)
Geburtenrate 1,38 (wie bisher)
Basisannahme Lebenserwartung M: 85,0 / F: 89,2

Abb. IV. 2-53 Bevölkerung in Deutschland nach Altersgruppen (Quelle: Stat. Bundesamt, Stand: 12. Bevölkerungsprognose 11/2009)

2.3.2.2 Folgen der demografischen Entwicklung für die Tourismusbranche

Eine Analyse zeigt für die Tourismusbranche dabei ein eher optimistisches Bild, wenngleich auch hier stark zwischen verschiedenen Zielgruppen und für verschiedene Zeiträume differenziert werden muss. Schon heute sind fast die Hälfte aller Veranstalterreisenden zwischen 50 und 75 Jahre alt und diese Zielgruppe der Golden Ager und Senioren wird durch die Babyboomer bis 2030 um über 4 Mio. Personen wachsen. Damit bestehen gute bis sehr gute Wachstumschancen für Angebotssortimente, für die diese beiden Zielgruppen affin sind wie z. B. Städte- und Kulturreisen, Fernreisen, Kreuzfahrten, Busreisen, Wellness-Urlaub, generell anspruchsvolle und qualitativ hochwertige Urlaubsreisen. Mit zunehmendem Alter ab etwa dem 60. und bei entsprechender Gesundheit bis zum 80. Lebensjahr wächst dabei auch die Nachfrage nach Busreisen, wobei Über-Siebzigjährige jede 4. Urlaubsreise mit diesem Verkehrsmittel unternehmen. Ursachen hierfür sind vor allem das Kommunikations- und Sicherheitsbedürfnis der hohen Zahl älterer Singles in einer homogenen, geschlossenen Gruppe mit Betreuung durch Reiseleiter bzw. Busfahrer sowie die Bequemlichkeit beim Gepäcktransport. Dabei steigt ab 65 Jahren der Anteil alleinstehender Frauen aufgrund ihrer um 6 Jahre längeren Lebenserwartung rapide an. Mit zunehmendem Alter wird die Mobilität immer engräumiger, so dass fast 70% aller Senioren aus Sicherheits- und Gesundheitsgründen den deutschsprachigen Raum nicht mehr verlassen. Allerdings ist bereits jetzt bekannt, dass diese durch die Babyboomer erzeugte Zusatznachfrage spätestens 2030 wieder entfällt, da die Jahrgänge der Folgegeneration um fast 5 Mio. Personen schwächer besetzt sind.

Betrachtet man die anderen Wachstumssegmente unter den Zielgruppen, dann sind vor allem Ehepaare und Lebensgemeinschaften ohne Kinder sowie Singles unter 65 Jahren für die Tourismusbranche bedeutend, vor allem, wenn diese aus Doppelverdienern bestehen. Sie verfügen über eine hohe Kaufkraft, haben beim Reisen zunehmende Komfort- und Qualitätsansprüche, verfügen über eine starke Aktivitäts- und Erlebnisorientierung mit breitem Zielgebietsspektrum, sind aber auch sehr flexibel und hybrid in Ihrem Kauf-/Buchungsverhalten. So gut wie keine Bedeutung für den Tourismus haben die ebenfalls wachsenden Segmente der Alleinerziehenden sowie der Über-75-Jährigen, die auch in der Vergangenheit aus finanziellen bzw. gesundheitlichen und organisatorischen Gründen nicht in der Lage waren in größerem Umfang Urlaubsreisen zu tätigen.

Die **Babyboomer-Generation** durchläuft bis 2040 drei wesentliche Zielgruppenphasen, deren heutige Reisepräferenzen sehr unterschiedlich sind. Derzeit befinden sie sich im Stadium der so genannten Best-Ager, zwischen 2020 und 2030 werden sie aus dem Berufsprozess ausscheiden und damit zu Senioren, ab 2030 werden Sie mit dem Erreichen der durchschnittlichen Lebenserwartung und zunehmenden Altersgebrechen zu Hochbetagten. Nachfolgend sind die wesentlichen Reisepräferenzen und Merkmale dieser drei Zielgruppen aus heutiger Sicht dargestellt.

1. **Reisepräferenzen der Best Ager** (ca. 50–65 Jahre in der Endphase der Berufstätigkeit)
   - Sie sind klassisches Establishment mit zumeist überdurchschnittlichen Einkommen und hoher Kaufkraft; zwar ist jede/r 12. arbeitslos, darunter auch viele derzeit finanziell noch gut versorgte Vorruheständler
   - Erbengeneration (Durchschnittsalter von Erben 58 Jahre !)
   - Kinder (falls vorhanden) sind oft bereits wirtschaftlich selbständig, Immobilien zumeist abbezahlt
   - Reisemotive: Erholung, Entspannung, Verwöhnen lassen, Aktivitäts- und Erlebnisorientierung
   - Hohe zeitliche Flexibilität und Mobilität mit breitem Interessens- und Zielgebietsspektrum
   - Sie sind gesellig, treffen sich mit Freunden oder in Vereinen, nutzen kulturelle Angebote und treiben Sport
   - Sie haben hohe Komfort- und Qualitätsansprüche (u. a. überproportionaler Anteil an Fernreisen, Städte-/Kulturreisen, Kreuzfahrten und Wellness-Urlaub stark zunehmend)
   - Sie wissen, was im Trend ist und probieren gern mal was Neues
   - Ausgeprägte Hybridität: mal Schnäppchenjäger, mal Luxus-Shopper

2. **Reisepräferenzen der aktiven Senioren** (ca. 65–75 Jahre vom Eintritt in den Ruhestand bis zum Erreichen der durchschnittlichen Lebenserwartung bzw. Eintritt umfassender Altersgebrechen)
   - Ein Drittel aller Urlauber ist älter als 60 Jahre, während ihr Anteil in der Bevölkerung nur 24% beträgt.
   - Sie sind aktive Ruheständler mit aktuell noch ausreichend hohen Renten, Pensionen, Zusatzversorgungen und Zusatzeinkünften.

- Zunehmende Heimorientierung mit Aktivitäten wie Heimwerkern, Gärtnern, Sammeln, Lesen, Fernsehen, Nutzung lokaler Kulturangebote, Sport reduziert sich auf Wandern und Radfahren
- Für Senioren bzw. nicht mehr aktiv im Beruf stehende Menschen spielen Ruhe, Entspannung und Erholung als Urlaubsmotiv keine entscheidende Rolle mehr.
- Bei Senioren dominieren die Motive Gesellichkeit, Gemütlichkeit, Behaglichkeit, Kommunikation und Unterhaltung (jeder Dritte dieser Zielgruppe lebt allein lebt und sucht in einer homogenen Gruppe Abwechselung gegen Einsamkeit).
- Sie haben ein starkes Bedürfnis nach Bequemlichkeit, Sicherheit und Hilfe beim Gepäcktransport, da jeder 4. über 60 mindestens eine gesundheitliche Behinderung hat und jeder 6. schwer behindert ist.
- Einschränkung der Reisegewohnheiten von Senioren erfolgt erst bei gesundheitlichen Problemen und zunehmendem Sicherheits- oder Betreuungsbedürfnis.
- Beginnende Altersgebrechen, da die sensorische, motorische, kognitive und organische Leistungsfähigkeit ab dem 40. bis 50. Lebensjahr langsam aber kontinuierlich abnimmt und in dieser Altersphase zunehmend Probleme bereitet, besonders häufig: grauer Star, vermindertes Seh- und Hörvermögen, Altersdiabetes, Herz-Kreislauf-Insuffizienz, Durchblutungs-Störungen, Prostatabeschwerden, Inkontinenz, physischer Kraftverlust, Knochen-/ Gelenkerkrankungen, Osteoporose, Stoffwechsel-Störungen, Allergien etc.
- Senioren präferieren in Ihrem Urlaub Ziele, die ihnen die Beibehaltung häuslicher Gewohnheiten und Rituale ermöglichen, Natur, Kultur, Events sowie alters- und gesundheitsaffine Aktivitäten bieten, über ein gemäßigtes Klima verfügen, und eine unkomplizierte Anreise garantieren.

3. **Reisepräferenzen von Hochbetagten** (ca. ab 75 Jahre mit Erreichen der durchschnittlichen Lebenserwartung bzw. Eintritt von umfassenden Altersgebrechen)
- Über 80% sind alleinstehende Frauen, mit steigender Tendenz
- Jede/r 3. ist schwerbehindert, fast jede/r fünfte ein Pflegefall, Pflegefallrisiko steigt gegenüber den Senioren um das Achtfache
- Interessen konzentrieren sich auf die vertraute Umgebung, die eigenen vier Wände (Lesen, Fernsehen, Sammeln, Spazierengehen), im Mittelpunkt steht das gesundheitliche Wohlbefinden
- Mobilität und Reisemöglichkeiten dieser Zielgruppe werden durch weiter zunehmende Altersgebrechen sehr stark eingeschränkt
- Mit zunehmender Vereinsamung, Betreuungs- und Pflegebedürftigkeit nimmt der selbstbestimmte Konsum stark ab und der fremdbestimmte Konsum (u. a. für Hilfs- und Pflegemittel, Versorgungsdienstleistungen, Medikamente etc.) entsprechend zu.
- Steigende Lebenserwartung und extreme Zunahme dieser Altersgruppe bis 2050 bleibt daher weitgehend ohne positive Effekte für den Tourismus und viele andere Branchen

Leider wird der Tourismus aber zugleich besonders hart getroffen durch die Schrumpfung der bisher wichtigsten Zielgruppe, der Familie mit Kindern. Von 23,7 Mio. deutschen Mehrpersonenhaushalten entfallen nur noch 36,5% auf Ehepaare mit Kindern, 14,6% auf Alleinerziehende und Halbfamilien, wobei inzwischen jedes fünfte von 13,6 Mio. Kindern bei nur einem Elternteil lebt, 41,4% auf kinderlose Ehepaare und 7,5% auf nicht eheliche Lebensgemeinschaften ohne Kinder. Der Entwicklungstrend seit 1991: Ehepaare mit Kindern -22%, Alleinerziehende +167%, nicht-eheliche Lebensgemeinschaften mit Kindern +108%, kinder-

2 Marktgrößen und Marktstrukturen 371

lose Ehepaare +17%, nicht eheliche Lebensgemeinschaften ohne Kinder +75%. Neben dem anhaltenden Geburtenrückgang trägt hierzu vor allem bei, dass inzwischen jede dritte Ehe geschieden wird und aus jedem zweiten Scheidungsfall mindestens ein Partner mit Kind als Sozialfall hervorgeht. Eine Trendumkehr zu höheren Geburtenraten erscheint in diesem gesellschaftlichen Umfeld schwer vorstellbar (vgl. Abb. IV. 2-54).

Aufgrund der dargestellten immer differenzierteren Lebensmodelle wird es immer schwieriger die Bedürfnisse von Familien bzw. Mehrpersonenhaushalten in der Altersgruppe der 30- bis 50-Jährigen mit dem klassischen homogenen Urlaubsangebot im Rhythmus der Schulferien zu erreichen. Hinzu kommt, dass Familien mit Kindern inzwischen ein um 10–20% niedrigeres Pro-Kopf-Einkommen haben als Durchschnittsverdiener und in dieser Ziel- und Altersgruppe eine hohe Arbeitslosenquote (jeder Zehnte) besteht, so dass das für Reisen zur Verfügung stehende Budget sehr beschränkt ist. Viele touristische Zielgebiete im Mittelmeerraum (vor allem Spanien, Italien, Österreich, Tunesien) und ihre Infrastruktur sind mit den Babyboomern groß geworden, als diese selbst in den 70er und 80er Jahren Kinder waren und mit ihren Eltern dorthin reisten. Diese Urlaubsregionen müssen sich zukünftig vermehrt neuen, überwiegend alten Zielgruppen und deren völlig andersartigen Bedürfnissen zuwenden, wenn sie ihre Marktposition behalten wollen.

	2008 Haushalte	Anteil	1991 Haushalte	Anteil	Veränderung	2008 Kinder unter 18 J.	1991 Kinder unter 18 J.	Veränderung
Ehepaare ohne Kinder	9,81 Mio.	41,4%	8,39 Mio.	38,3%	16,9%			
Ehepaare mit Kindern	8,65 Mio.	36,5%	11,10 Mio.	50,7%	-22,1%	10,39 Mio.	13,32 Mio.	-22,0%
Allein Erziehende	2,67 Mio.	11,3%	1,00 Mio.	4,6%	167,0%	2,21 Mio.	1,44 Mio.	53,2%
Nicht eheliche Lebensgem. mit Kindern	0,79 Mio.	3,3%	0,38 Mio.	1,7%	107,9%	1,01 Mio.	0,57 Mio.	77,9%
Nicht eheliche Lebensgem. ohne Kinder	1,78 Mio.	7,5%	1,02 Mio.	4,7%	74,5%			
davon gleichgeschlechtlich	0,19 Mio.	0,8%	0,05 Mio.	0,2%	280,0%			
Lebensgem./ Familien/ Mehrpers.-Haushalte insg.	23,70 Mio.	100,0%	21,89 Mio.	100,0%	8,3%	13,61 Mio.	15,33 Mio.	-11,2%
Ein-Personen-Haushalte	16,40 Mio.		13,37 Mio.		22,7%			
Haushalte insgesamt	40,10 Mio.		35,26 Mio.		13,7%	13,61 Mio.	15,33 Mio.	-11,2%

Abb. IV. 2-54 *Haushaltsstrukturen und Lebensmodelle (Quelle: Statistisches Bundesamt 2009)*

Diese Marktveränderungen dokumentiert auch die Reiseanalyse 2010 der F.U.R in Kiel. Die Zahl der Kinder unter 18 Jahren schrumpft von 17,3 Mio. in 1991 über 15,0 Mio. in 2010 auf rund 10 Mio. in 2050. 2009 wurden von insgesamt 64,7 Mio. Haupturlaubsreisen 53,5 Mio. ohne Kinder unternommen. Nur 11,2 Mio. Reisen werden in Begleitung von Kindern getätigt. Davon entfallen drei Viertel auf Pkw-Reisen und ein Viertel auf Flugreisen, von denen wiederum über 90% klassische Flugpauschalreisen sind. Auf den Reiseveranstaltermarkt bezogen bedeutet dies, dass nur 2,5 Mio. von insgesamt 19 Mio. Veranstalter-Flugreisen mit Kindern stattfinden bei demografisch weiter abnehmender Tendenz. Dabei reisen überproportional viele Familien mit nicht schulpflichtigen Kindern, die gegenüber Familien mit schulpflichtigen Kindern zum Teil erhebliche preisliche Nebensaisonvorteile haben. Die

Familienzielgruppe ist daher sehr inhomogen im Hinblick auf die Ferien- bzw. Hauptsaisonabhängigkeit und vor allem hinsichtlich der Einkommenssituation.

Flugreisende mit Kindern verfügen über ein rund 15% höheres Haushaltsnettoeinkommen als der Bevölkerungsdurchschnitt, Pkw-Reisende mit Kindern liegen sogar noch um rund 10% darunter. Flugreisende mit Kindern geben für durchschnittlich 3,5 Personen etwa 3.000 Euro für den Haupturlaub aus, Pkw-Reisende mit Kindern hingegen für durchschnittlich 3,9 Personen – also einem voll ausgelasteten Auto – hingegen nur rund 1.600 Euro. Die Polarisierung der Familienzielgruppe zwischen Existenzminimum und Wohlstand ist nicht zuletzt aufgrund der anhaltenden Zunahme der Alleinerziehenden- und Patchwork-Haushalte weit fortgeschritten. Die attraktive Familienzielgruppe mit überdurchschnittlichen Haushaltseinkommen ist aber nicht beliebig vermehrbar und lediglich unter den TOP 10–15% der deutschen Einkommenspyramide zu finden.

Bedauerlich ist auch der anhaltende Rückgang der 20- bis 30-Jährigen letztlich in Folge der geringen Geburtenrate, die als berufliche Einsteiger und Existenzgründer mit viel Zeit, hoher Flexibilität, starker Aktivitäts- und Erlebnisorientierung und breitem Zielgebietsspektrum immer eine besonders attraktive Zielgruppe für die Tourismusbranche sind.

Oft wird bezweifelt, dass die Prognosen zum Konsum- und Reiseverhalten zutreffen, da viele Forscher davon ausgehen, dass die meisten Menschen auch im hohen Alter ihr im Laufe des Lebens praktizierte Konsumverhalten beibehalten – die so genannte Kohortentheorie. Dem widersprechen die Anhänger der Lebenszyklustheorie, die eher davon ausgehen, dass Menschen sich primär an ihren veränderten physischen und finanziellen Möglichkeiten im hohen Alter orientieren und sich eher verhalten wie die Vorgenerationen. Vieles spricht eher für die Lebenszyklustheorie, da sich zwei wesentliche den Alltag bestimmende Faktoren im Alter immer ändern und das selten zum Positiven: das Einkommen und die Physis.

Per Saldo sind also die demografischen Rahmenbedingungen für den Tourismus zumindest bis 2030 recht positiv, wenn es gelingt die immer vielfältigeren und anspruchsvolleren Bedürfnisse von immer differenzierter werdenden Teilzielgruppen zu erfüllen. Vor allem das Marketing muss sich grundlegend verändern, da es kaum noch große, homogene Zielgruppen gibt, die den Einsatz von breit angelegten Kampagnen und Massenwerbung rechtfertigen. Die demografischen Strukturen liegen biologisch für die nächste Generation (30–40 Jahre) unveränderbar fest. Trendveränderungen sind erst ab 2040 möglich, aber nur wenn ab sofort durch eine grundlegende Verhaltensänderung die Geburtenrate zunähme. Um dies zu erreichen

- helfen keine Marketingkampagnen
- können gesetzliche Steuerungsmaßnahmen nur wenig bewirken
- muss sich mental und ethisch in den Köpfen der Bevölkerung einiges gravierend ändern – und das umgehend.

Denn die Folgen des bislang weitgehend ignorierten demografischen Wandels treffen alle Branchen, die primär von der inländischen Konsumnachfrage abhängig sind – und dazu zählt auch der Tourismus.

2.3.2.3 Zukunftsperspektiven demografischer Zielgruppen

1. **Der deutsche Reisemarkt wächst mittel- bis langfristig nicht mehr**
   - Die mittel- bis langfristige Wachstumsperspektiven für den deutschen Touristikmarkt sind eher gering, da die Konsumnachfrage aufgrund kaum noch steigender realer Nettoeinkommen und einer gleichzeitig sinkenden Bevölkerungszahl tendenziell abnehmen wird.
   - Individuelles Wachstum wird unter diesen Bedingungen zukünftig primär durch Verdrängungswettbewerb und Marktbereinigungen oder durch Verlagerungen zwischen Marktsegmenten erzielt.
   - Noch wachsende Marktsegmente werden verstärkt Wettbewerb anziehen

2. **Die Zeit der Massenmärkte ist vorbei**
   - Austauschbare Massenprodukte ohne Zielgruppendifferenzierung können zukünftig nur noch über den Preis verkauft werden
   - Nur maßgeschneiderte zielgruppenorientierte Reisen sowie Angebote mit erkennbarem Zusatznutzen oder Mehrwert können zu höheren Preisen verkauft werden.

3. **Die Reisenachfrage zerfällt in immer kleinere und inhomogenere Zielgruppen**
   - Die Kundenstruktur wird sich im Hinblick auf die zumindest für die nächsten 30 Jahre unabänderlichen erheblichen demografischen Verschiebungen deutlich verändern.
   - Zielgruppenansprache und Angebote müssen entsprechend modifiziert werden.
   - Die zukünftigen Fifty-Ups (Babyboomer) sind mit einer gravierenden Verschiebung gesellschaftlicher, sozialer und ethischer Werte groß geworden, bilden äußerst heterogene Zielgruppen und zerfallen in eine Vielzahl von Nischensegmenten mit sehr differenzierten Bedürfnissen.
   - Ein unverträglicher Zielgruppenmix – vor allem bei den vielfältigen Lebensmodelle von Familien, Best Agern und Senioren – kann hochwertige Angebote und Serviceleistungen stark abwerten

4. **Die kaufkräftigen Best-Ager und aktiven Senioren prägen den Reisemarkt der nächsten 30 Jahre**
   - Die Ansprache der zukünftigen Fifty-Up-Generation muss über ihre spezifischen Bedürfnisse erfolgen ohne auf Altersthemen einzugehen; die positiven Werte des Altseins, wie Erfahrung, Reife, Anspruch, eignen sich zur Ansprache besser als eine übertrieben jugendliche oder unnatürlich schöne Darstellung des Alters.
   - Senioren sind sich ihrer Einschränkungen und Gebrechen durchaus bewusst und verhalten sich entsprechend, aber sie reden nicht gern darüber und man sieht sie ihnen aufgrund medizinischer Fortschritte zumeist auch nicht an.
   - Ein serviceorientiertes Reiseunternehmen muss sich aber auch ohne konkrete Kenntnis auf alterstypische Gewohnheiten, Befindlichkeiten und Verhaltensmuster bei Service und Infrastruktur einstellen.

5. **Begeisterung, Bequemlichkeit, Zufriedenheit und Vertrauen als Erfolgsbasis des künftigen Best-Ager- und Senioren-Marketings**
   - Zielgebiete bzw. Reisen müssen zielgruppenaffiner ausgewählt werden, da Menschen mit zunehmendem Alter klimaempfindlicher werden und gesundheitsabhängig engräumiger reisen.
   - Die Reisemotive Entspannung, Ruhe und Erholung werden zunehmend durch Geselligkeit, Gemütlichkeit und Kommunikation abgelöst.
   - Bequemlichkeit bei An- und Abreise wird immer wichtiger
   - Emotion und Erlebnis bzw. Themen werden bei anspruchsvollen Reisen wichtiger als Destination und Produkt.

6. **Der Reisemarkt polarisiert sich zunehmend zwischen Schäppchenjägern und Luxusshoppern**
   - Die Polarisierung zwischen Discount und Luxus prägt zunehmend den Reise-Markt, der primär an den Peripherien wächst.
   - Der hybride Kunde der Zukunft gibt einerseits wenig Geld für ein Massenprodukt aus und gönnt sich andererseits gern auch einmal ein maßgeschneidertes hochwertiges Angebot.

Literaturhinweise zu Teil IV

Zu Methoden, Instrumenten und Anwendungen der Marketingforschung (IV.1):
FREYER 2011 (Tourismus-Marketing), FREYER/GROSS 2006, MEFFERT 1986, MEFFERT/BRUHN 2009

Zu Marktgrößen und Marktstrukturen (IV.2): ADV versch. Jg., DERTOUR versch. Jg., DRV versch. Jg., DESTATIS versch. Jg., F.U.R. versch. Jg., FVW 2011, GfK versch. Jg., SAFIR WIRTSCHAFTSINFORMATIONSDIENST GMBH versch. Jg., STATISTISCHES BUNDESAMT 2009, 2011

Fragen zu Teil IV

(1) Auf welche Dimensionen kann die Marktforschung eines Reiseveranstalters fokussieren?

(2) Welche Verfahren der Marktforschung können für Reiseveranstalter angewendet werden?

(3) Im Rahmen der Sekundäranalyse stehen dem Reiseveranstalter verschiedene Quellen zur Verfügung. Geben Sie einen Überblick über die wichtigsten touristischen Informationsquellen.

(4) Beschreiben Sie wirtschaftliche Rahmenbedingungen, die den Quellmarkt von Reiseveranstaltern beeinflussen.

(5) Welche Reiseveranstalter nehmen auf dem deutschen Markt die TOP FIVE Positionen nach Umsatz ein?

(6) Nennen Sie vier international wichtige Kreuzfahrtreedereien.

(7) Beurteilen Sie die Zukunftsperspektiven des Kreuzfahrtmarktes.

(8) Anhand welcher Kriterien kann das Potenzial eines Quellmarktes für einen Reiseveranstalter bestimmt werden?

(9) Welches sind die Top 3 Urlaubsreiseziele der Deutschen jeweils im Inland und im Ausland?

(10) Welche Auswirkungen hat die demografische Entwicklung auf die Reisebranche? Wie können Reiseveranstalter mit den sich dadurch ändernden Marktbedingungen erfolgreich umgehen?

Literaturverzeichnis

ADAC (Hrsg.) versch. Jg.: Reisemonitor, München
ADLER, T./IGL, A. 2005: Notfallmanagement für Reise- und Tourismusunternehmen – Ein Kompendium von Fachvorträgen und Praxisworkshops des 2. Tourismusforums in München, Frankfurt
ADV (ARBEITSGEMEINSCHAFT DEUTSCHER VERKEHRSFLUGHÄFEN E.V.) (Hrsg.) versch. Jg.: ADV-Verkehrsstatistik
AGBG (Allgemeines Bürgerliches Gesetzbuch)
AMANN, S./ILLING, P./SINNING, M. 1995: Die Tourismusbranche – Eine segmentspezifische Strukturanalyse: Charakteristika – Erfolgsfaktoren – strategische Herausforderungen, Trier
AMERSDORFFER, D. ET AL. (Hrsg.) 2010: Social Web im Tourismus – Strategien, Konzepte, Einsatzfelder, Berlin, Heidelberg

BAGEMIHL, J. 1994: Die strategische Bedeutung von Yield Management im Hotelgewerbe, Trier
BASTIAN, H./BORN, K. 2004: Der integrierte Touristikkonzern, München/Wien
BAT-STIFTUNG FÜR ZUKUNFTSFRAGEN (Hrsg.) 2011: Tourismusanalyse 2011, Hamburg
BAUERFEIND, R. 2005: Corporate Social Responsibility- und Nachhaltigkeitsberichterstattung – Grundlagen und Bewertungsverfahren, Saarbrücken
BECKER, J. 1994: Typen von Markenstrategien, in: BRUHN 1994: 463–498
– 2001: Marketing-Konzeption. Grundlagen des strategischen Marketing-Managements, 7. Aufl., München
– 2009: Marketing-Konzeption – Grundlagen des zielstrategischen und operativen Marketing-Managements, 9. Aufl., München
BERCHTENBREITER, R. 2010: IT-gestütztes Kundenbeziehungsmanagement, in: SCHULZ/WEITHÖNER/GOECKE 2010: 197–219
BEREKOVEN, L./ECKERT, W./ELLENRIEDER, P. 2009: Marktforschung. Methodische Grundlagen und praktische Anwendung. 12. Aufl., Wiesbaden
BERNKOPF, G. 1983: Marktbild Touristikbranche, in: Absatzwirtschaft, Sonderausgabe Nr. 10, S. 63
BIERMANN, B. 2002: Die Mathematik von Zinsinstrumenten, 2. Aufl., München usw.
BOHLI, E. 1980: Marketing-Planung der Schweizer Reiseveranstalter, Zürich
BORN, K. 2004: Strategische Vorgaben zur Konzernsteuerung. In: BASTIAN/BORN 2004: 81–99
BORN, K. 2008: Dynamic Packaging. In: FUCHS,/MUNDT,/ZOLLONDZ 2008: 205–206

BÖTTCHER, V. 2004: Die Preis- und Mengenpolitik im integrierten Touristikkonzern im Spannungsfeld drohender Überkapazitäten und vorzeitigem Ausverkauf, in: BASTIAN/BORN 2004: 127–137

BRAUN, S. 2007: Nachhaltigkeitsberichterstattung – Empfehlungen für eine gute Unternehmenspraxis, Berlin

BRINKEN, CH. VAN DEN 1998: Marktforschung im Tourismus: Der Single-Source-Ansatz als innovatives Instrument zur Messung von Marktdaten im Tourismus, in: HAEDRICH ET AL. 1998: 169–185

BRÖZEL, C. 2008: Der Online Markt, in: FREYER/POMPL 2008: 81–102

BRUHN, M. (Hrsg.) 1994: Handbuch Markenartikel, Stuttgart

CASSON, L. 1974: Travel in the Ancient World. London (deutsche Ausgabe: Reisen in der Alten Welt. München 1976)

CHAFFEY, D./ELLIS-CHADWICK, F./MAYER, R./JOHNSTON, K. 2006: Internet Marketing, 3. Aufl., Harlow

CONRADY, R./BAKEN, S. 2008: Climate Change and Impact on the Tourism Industry, in: Trends and Issues in Global Tourism, Berlin

CONRADY, R. 2010: Web 2.0 und soziale Netzwerke im Tourismus, In: SCHULZ/WEITHÖNER/GOECKE 2010: 371–385

CORSTEN, H. 1990: Betriebswirtschaftslehre der Dienstleistungsunternehmen, 2. Aufl., München/Wien (ab 4. Aufl. als „Dienstleistungsmanagement", München/Wien, ab 5. Aufl. siehe CORSTEN/GÖSSINGER 2007)

CORSTEN, H./GÖSSINGER, R. 2007: Dienstleistungsmanagement, 5. Aufl., München/Wien

CROSS, R. 1997: Revenue Management: Das richtige Produkt für den richtigen Kunden zum richtigen Zeitpunkt zum richtigen Preis; weg vom Downsizing hin zu Real Growth, Wien

DAUDEL, S./VIALLE, G. 1992: Yield Management – Erträge optimieren durch nachfrageorientierte Angebotssteuerung. Frankfurt am Main, New York

DEHMER, S. 1996: Die Kur als Markenartikel: Angebotsprofilierung und Markenbildung im Kurwesen, Dresden

DER 2010: Marktforschung 2010

DER o. J.: Versicherungs-Handbuch (unternehmensinterne Quelle)

DERTOUR versch. Jg.: Marktforschung (Berechnungen)

DESTATIS (STATISTISCHES BUNDESAMT) o. J.: verschiedene Zahlen und Fakten, Wiesbaden

DICHTL, E./EGGERS, W. (Hrsg.) 1992: Marke und Markenartikel als Instrumente des Wettbewerbs, München

DICKINSON, B./VLADIMIR, A. 2008: Selling the Sea. An Inside Look at the Cruise Industry, 2nd ed., Hoboken (New Jersey)

DREYER, A. 2001: Krisenmanagement im Tourismus: Grundlagen, Vorbeugung und kommunikative Bewältigung, München

DRIESEBERG, TH. 1992: Lebensstile in der Marktforschung – eine empirische Bestandsaufnahme, in: Planung und Analyse, H. 5: 18–26

DRV 2010: Fakten und Zahlen 2010, Berlin

DRV versch. Jg.: Vertriebsdatenbank, Berlin

EDER, G. 1990: Haftung des Busreiseveranstalters, Schriftenreihe: Aktuelles Reiserecht, Band 3, Wiesbaden, (Hrsg. FÜHRICH)
ELVIA REISEVERSICHERUNG 2006: Umfrage 2005 Buchungs- und Reiseverhalten der Schweizer, Zürich
ESCH, F.-R. (Hrsg.) 2001: Moderne Markenführung: Grundlagen – innovative Ansätze – praktische Umsetzung, 3. Aufl., Wiesbaden
EU-RICHTLINIE 90/314/EWG vom 13.06.1990 über Pauschalreisen
EU-VERORDNUNG Nr. 261/2004 vom 11.02.2004 über eine gemeinsame Regelung für Ausgleichs und Unterstützungsleistungen für Fluggäste im Fall der Nichtbeförderung und bei Annullierung oder großer Verspätung von Flügen und zur Aufhebung der Verordnung (EWG) Nr. 295/91
EUROPÄISCHE KOMMISSION (Hrsg.) 1997: Yield Management in kleinen und mittelständischen Unternehmen der Tourismuswirtschaft – Zusammenfassung. Luxemburg.
– (Hrsg.) 2007: Arbeitspapier der Kommission zur Richtlinie über Pauschalreisen, verfügbar unter: www.ec.europa.eu/consumers/cons_int/safe_shop/pack_trav/index_de.htm
– (Hrsg.) 2009: Eurostat

FINGER, K. 1997: Qualitätsmanagement in der Animation, in: POMPL/LIEB 1997: 323–334
–/GAYLER, B. 2003: Animation im Urlaub – Studie für Planer und Praktiker, München/Wien
FINK, CH. 1970: Der Massentourismus. Soziologische und wirtschaftliche Aspekte unter besonderer Berücksichtigung schweizerischer Verhältnisse, Bern/Stuttgart
FISCHER, P. 1990: Haftung des Reiseveranstalters bei Flugbeförderung. Schriftenreihe Aktuelles Reiserecht, Band 2, Wiesbaden, (Hrsg. FÜHRICH)
FORUM ANDERS REISEN E.V. (Hrsg.) 2011: www.forumandersreisen.de
FRANCK, CH. 1988: Kurssicherung mit Gewinnchance, In: touristik management, Heft 1: 79–80
FREITAG, R. D. 2008: World Travel Monitor (WTM), in: FUCHS/MUNDT/ZOLLONDZ 2010: 774–775
FREYER, W. 1986: Beratung: der goldene Mittelweg. Anmerkungen zu den steigenden Anforderungen an Reisebüromitarbeiter, in: touristik aktuell, Nr. 8: 22: 30f
– 1997: Qualität durch Markenpolitik, in: POML/LIEB 1997: 155–183
– 1999: Reisebüro-Management – allgemeine Grundlagen, in FREYER/POMPL 1999: 99–140
– 2002: Globalisierung und Tourismus, 2. Aufl., Dresden
– 2008: Reisebüro-Management – allgemeine Grundlagen, in: FREYER/POMPL 2008: 137–182
– 2011 (Tourismus): Tourismus: Einführung in die Fremdenverkehrsökonomie, 10. Aufl., München
– 2011 (Tourismus-Marketing): Tourismus-Marketing: Marktorientiertes Management im Mikro- und Makrobereich der Tourismuswirtschaft, 7. Aufl., München
FREYER, W./GROSS, S.: (Hrsg.) 2004: Sicherheit in Tourismus und Verkehr – Schutz vor Risiken und Krisen, Dresden
– 2006: Gästebefragungen in der touristischen Marktforschung, Dresden
FREYER, W./MOLINA, M. 2008: Multichannel-Vertrieb: Innovatives Distributionsmanagement für Destinationen, in: FREYER/POMPL 2008: 123–133

FREYER, W./POMPL, W. (Hrsg.) 1999: Reisebüro-Management, München/Wien
- 2008: Reisebüro-Management - Gestaltung der Vertriebsstrukturen im Tourismus, 2. Aufl., München
FU BERLIN (INSTITUT FÜR TOURISMUS) & KIENBAUM UNTERNEHMENSBERATUNG 1991: Strategische Situation bundesdeutscher Reiseveranstalter, Berlin
FUCHS, W./MUNDT, J., W./ZOLLONDZ, H.-D. (Hrsg.) 2008: Lexikon Tourismus. Destinationen, Gastronomie, Hotellerie, Reisemittler, Reiseveranstalter, Verkehrsträger. München, Wien
FÜHRICH, E. 1988: Die Rechtsprechung des Bundesgerichtshofs zum neuen Reisevertragsrecht, in: Der Betrieb (DB): 2137 ff.
- 1990 a Die Verkehrssicherungspflicht des Reiseveranstalters, in: Der Betrieb (DB): 1501
- 1990 b: Rechtsfragen der Bewirtung des Gastes, in: Touristik & Verkehr, H. 3: 16
- 1991 a Die Risikoverteilung bei höherer Gewalt im Reisevertragsrecht, in: Betriebs-Berater (BB): 493 ff
- 1991 b Umwelteinflüsse bei Pauschalreisen und ihre Konfliktlösungen im Reisevertragsrecht, in: Neue Juristische Wochenschrift (NJW): 2192 ff
- 1991 c Wirtschaftsgesetze im Gastgewerbe und Tourismus, München
- 1993 a: Zur Umsetzung der EG-Pauschalreise-Richtlinie in deutsches Reisevertragsrecht, in: EuZW: 347;
- 1993 b: Gemeinschaftsrechtliche Staatshaftung wegen verspäteter Umsetzung der EG-Pauschalreiserichtlinie, in: Europ. Entw.: 725
- 1994: Das neue Reiserecht nach der Umsetzung der EG-Pauschalreise-Richtlinie, in: NJW: 2446
- 1995 a: Reiserecht, 2. völlig überarbeitete Aufl.
- 1995 b: Der neue Insolvenzschutz des Pauschalreisenden, in: VersR: 1138–2003: BGH: Preiserhöhungsklausel beim Reisevertrag unwirksam, in: Reiserechtaktuell (Rra), 11 (1): 4–7
- 2006 a: Reiserecht von A–Z. Beck–Rechtsberater im dtv, 3. Aufl., München
- 2006 b: Reisevertragsrecht für Reiseveranstalter, in: MUNDT 2006
- 2007: Basiswissen Reiserecht, München
- 2010: Handbuch Reiserecht. Reisevertrags-, Reiseversicherungs- und Individualreiserecht, Rechtsstand, 6. Aufl., München
- 2011: Basiswissen Reiserecht. Grundriss des Reisevertrags- und Individualreiserechts, 3. Aufl., München
F.U.R. (Hrsg.): Reiseanalysen versch. Jg. 1991–2011 (ab 1994 Nachfolgeuntersuchung zu Reiseanalyse des Studienkreises für Tourismus, Starnberg), Kiel
- 2010: RA Online 2010
FVW 2011: Nr. 26/11

GABLER VERLAG (Hrsg.) 2011: Gabler Wirtschaftslexikon, verfügbar unter: www.wirtschaftslexikon.gabler.de/Definition/allgemeine-geschaeftsbedingungen-agb.html
GAUF, D/H. HUGHES 1998: Diversification and German Tour Operators. The Case of TUI and Coach Tourism, in: Tourism Economics, 4 (4): 325–337

GFK (Hrsg.) versch. Jg. a: GfK Haushaltspanel
– versch. Jg. b: GfK TravelScope: Consumer Insights aus der Tourismusforschung
– versch. Jg. c: GfK Mobility
GIRALDO, A., U.A. 2006: Corporate Social Responsibility (CSR) – Leitfaden CSR-Reporting im Tourismus, Stuttgart
GLAESSER, D. 2001: Krisenmanagement im Tourismus, Frankfurt
– 2005: Handbuch Krisenmanagement im Tourismus – Erfolgreiches Entscheiden in schwierigen Situationen, Berlin
GOECKE, R. 2010: Yield-Management-Systeme, in: SCHULZ,/WEITHÖNER/GOECKE 2010: 146–166
GOODALL, B./ASHWORTH, G. 1988: Marketing the Tourism Industry. New York
GROSS, S. 2011: Tourismus und Verkehr, München
GÜNTER, W. (Hrsg.) 2003: Handbuch für Studienreiseleiter. Pädagogischer, psychologischer und organisatorischer Leitfaden für Exkursionen und Studienreisen, 3. Aufl., München
GUNKEL, K./BROCKS, S. 2003: Der Omnibusverkehr in der Europäischen Union, (Hrsg.: Vereinigung Europäischer Verkehrsunternehmen e.V.), Bielefeld
GURTNER, R. 2006: Nachhaltigkeit im Tourismus – Eine Analyse der touristischen Big Players, Saarbrücken
GWB (Gesetz gegen Wettbewerbsbeschränkungen)

HAEDRICH, G. ET AL. (Hrsg.) 1998: Tourismus-Management, 3. Aufl., Berlin/New York
HAEHLING VON LANZENAUER, CH./KLEMM, K. (Hrsg.) 2007: Demographischer Wandel und Tourismus. Zukünftige Grundlagen und Chancen für touristische Märkte, Berlin (Schriften zu Tourismus und Freizeit, Bd. 7)
HÄNSSLER, K. H. (Hrsg.) 2008: Management in der Hotellerie und Gastronomie: Betriebswirtschaftliche Grundlagen, 7. Aufl., München/Wien
HÄSSEL, G./RUMMEL, J. 2008: Besteuerung, Buchführung und Vertragsrecht der Reisebüros. Hinweise – Empfehlungen – Erfahrungen, 4. Aufl., München
HAHN, H. 1989: Die Studienreisenden sind anders als Sie denken... Das Potential für Studienreisen in der Bundesrepublik Deutschland, in: Fremdenverkehrswirtschaft International, Heft 1 vom 3. Januar
HAMELE, H./LASSBERG, D. V. 1990: Mehr Wissen – Mehr Handeln. Bausteine für eine umweltverträgliche Tourismusentwicklung. Eine Planungs- und Orientierungshilfe für Anbieter im Tourismus, München: ADAC
HANRIEDER, M. 1995: Checkliste zur Situationsanalyse im Touristik-Marketing, in: ROTH/SCHRAND 1995: 81–109
HANSEN, U./E. LEITHERER 1984: Produktpolitik, 2. Aufl., Stuttgart
HEBESTREIT, D. 1992: Touristik Marketing, 3. Aufl., Berlin (1. Aufl. 1977)
HELBING, J. 2001: Revenue Management im Tourismus, in: Tourismus Jahrbuch, 5 (1): 5–44
HGB (Handelsgesetzbuch)
HODGSON, P. 1995: Travelling so fast they can't stop for research? in: researchplus (The supplement to the magazine of the Market Research Society), June: 5 f.
HOFMANN, N. 1992: Die Crux mit den Prognosen, Finanzplanung per Computer, in: Top-Business, Nr. 5, S. 172–167
HOLLOWAY, J. C. 1998: The Business of Tourism, 5. Aufl., London

— /PLANT, V. 1992: Marketing for Tourism, 2. Aufl., London
HOLTMEIER, T. 2010: Praxisbeispiel: Webbasierte Kundenbindung am Beispiel des Thomas Cook Travelguides, in: SCHULZ/WEITHÖNER/GOECKE 2010: 220– 227
HÜTTNER, M. 1977: Grundzüge der Marktforschung. Ein Leitfaden für Studium und Praxis mit 107 Beispielen, Wiesbaden

Initiative D21 e.V./TNS Infratest (Hrsg.) 2011: (N)Onliner Atlas 2011, Verfügbar unter: http://www.initiatived21.de/wp-content/uploads/2011/07/NOnliner2011.pdf
INSEAD (EUROPEAN INSTITUTE OF BUSINESS ADMINISTRATION) 1987: UK Travel and Tourism Industry: Tour Operations. Fontainebleau, November 13
— 1987 b: UK Travel and Tourism Industry: Industry Note. Fontainebleau, November 13
ISERMANN, E. 1991: Reisevertragsrecht, 2. Aufl., München

JAESCHKE, A. M./FUCHS, W. 2008: Zusammenarbeit in der Hotellerie – Funktionelle Entkoppelung, Betreiberformen und Kooperationen, in: HÄNSSLER 2008: 71–86
JOCKWER, A. 2010: Kundenbewertungen im Tourismusmarketing., in: SCHULZ/ WEITHÖNER/GOECKE 2010: 440–450
JONES, P./HAMILTON, D. 1992: Yield Management: Putting People in the Big Picture, in: Cornell Hotel & Restaurant Administration Quarterly. Vol. 1: 89–95
JOSSÉ, G. 2004: Strategische Frühaufklärung in der Touristik – Aufbau eines zielorientierten Frühaufklärungssystems für Reiseveranstalter, Wiesbaden

KAPFERER, J.-N. 1992: Die Marke – Kapital des Unternehmens, Landsberg
KAPLAN, R. S./NORTON, D. P. 1997: Balanced Scorecard, deutsche Übersetzung, Stuttgart
KASPAR, C. 1991: Die Tourismuslehre im Grundriß, 4. Aufl., Bern/Stuttgart
KIRSTGES, T. 1992 a: Sanfter Tourismus. Chancen und Probleme der Realisierung eines ökologieorientierten und sozialverträglichen Tourismus durch deutsche Reiseveranstalter, München/ Wien
– 1992 b: Yield Management bei Reiseveranstaltern: Wunderwaffe für Vordenker, in: Touristik Management, H. 10 (Oktober), S. 18–24
– 1994 : Management von Tourismusunternehmen, München/Wien
– 2002: Strukturanalyse des deutschen Reiseveranstaltermarktes 2000. Konsequenzen der Marktkonzentration für den Mittelstand, in: Tourismus Jahrbuch, 6 (1): 27–70
– 2010: Expansionsstrategien im Tourismus. Marktanalyse und Strategiebausteine, unter besonderer Berücksichtigung mittelständischer Reiseveranstalter., 4. Aufl. Wilhelmshaven
– /SEIDL, D. 1989: Basisstrategien im Internationalen Marketing von Reiseveranstaltern. Mannheim
KLATT, H/WAHL, F. (Hrsg.) 2004: Recht der Touristik: Praxishandbuch für die gesamte Reise- und Fremdenverkehrsbranche, Band 1, Loseblattsammlung, Neuwied
KLUDAS, A. 1985: Kreuzfahrtschiffe unter deutscher Flagge – gestern, heute, morgen? in: Seepassage-Komitee Deutschland (SPKD): 43–49
KNEBEL, H. J. 1960: Soziologische Strukturwandlungen im modernen Tourismus, Stuttgart

KÖLLGEN, R. 1991: Strategisches Marketing – Ansatzpunkte für Reiseveranstalter, in: Marketing im Tourismus, Tagungsbericht vom 7. März 1990, Studienkreis für Tourismus, Starnberg

KRÄMER, H. M. 1995: Schnäppchenjagd wird zunehmend gesellschaftsfähig, in: Fremdenverkehrswirtschaft International Nr. 22: 59 f.

KRANAWETTER, S. O. J.: DRV-Krisenleitfaden für Reiseveranstalter, Berlin

KRANAWETTER, S./MÜLLER, I. 2007: Erfolgreiches Krisenmanagement für Reiseveranstalter – Ein Krisenhandbuch für plötzlich auftretende Krisen im Tourismus, Schriftreihe der School of International Business, Bd. 2, Stuttgart

KREILKAMP 1998: Produkt- und Preispolitik, in: HAEDRICH ET AL 1998: 283–305

KUBSCH, W. 1991: Planung, Vorbereitung und Durchführung von Studienreisen, in: GÜNTER 1991: 417–433

LEHMANN, A. 1993: Qualitätsstrategien für Dienstleistungen? in: SEGHEZZI/HANSEN 1993: 109–128

LEVITT, TH. 1986: The Marketing Imagination, New York

LIEBERMAN, W. o. J.: Making Yield Management Work for You: Ten Steps to Enhanced Revenues, Verfügbar unter: http://www.veritecsolutions.com (heruntergeladen am 08.06.1999)

LOHMANN, M./MUNDT, J. W. 2000: Changing Markets for Cultural Tourism, in: VOASE 2000: 213–225

– /ADERHOLD, P 2009 Urlaubsreisetrends 2020. Die RA-Trendstudie – Entwicklung der touristischen Nachfrage der Deutschen, Kiel: F.U.R

MDT MAKLER DER TOURISTIK GMBH (Hrsg.) 2011: www.mdt24.de

MEFFERT, H. 1986: Marketing: Grundlagen der Absatzpolitik, 7. Aufl., Wiesbaden (ab 8. Aufl. siehe MEFFERT 2000, ab 10. Aufl. siehe MEFFERT 2008)

– 2000: Marketing: Grundlagen marktorientierter Unternehmensführung, 9. Aufl., Wiesbaden

– 2008: Marketing: Grundlagen marktorientierter Unternehmensführung, 10. Aufl., Wiesbaden (Verfasser: MEFFERT, H./BURKANN, C./KIRCHGEORG, M.), zitiert als MEFFERT 2008

MEFFERT, H./BRUHN, M. 1995: Dienstleistungsmarketing, 3. Aufl.,Wiesbaden

– 2009: Dienstleistungsmarketing, 6. Aufl., München

MIDDLETON, V. T. C./FYALL, A./MORGEN, M./RANCHHOD, A. 2009: Marketing in Travel and Tourism, 4. Aufl., Amsterdam, Heidelberg, u. a.

MUNDT, J.W. 2002: Internationale Strategien von Tourismusunternehmen, in: POMPL/LIEB 2002: 127–151

– 2006: Tourismus, 3. Aufl., München/Wien

– (Hrsg.) 2011: Reiseveranstaltung, 7. Aufl., München

MURDOCK, R. G./ B. RENDER/ R. S. RUSSEL, 1990: Service Operations Management, Boston

NIES, I. 2011: Reisebüro-Rechts- und Versicherungsfragen, 3. Aufl., München

PAGE, S. 2009: Transport and Tourism, 3rd. ed., Harlow

PALANDT 2010: BGB-Kommentar, Auflage 69, Beck Juristischer Verlag, München

PAPATHANASSIS, A. (Hrsg.) 2009: Cruise Sector Growth. Managing Emerging Markets, Human Resources, Processes and Systems, Wiesbaden

PICHLER, S. 2004: Geleitwort, in: BASTIAN/BORN 2004: XI

PICHLER, ST./TH. KLOUBERT 2004: Expansion und Integration – Erfolgsrezepte eines internationalen Touristik-Konzerns, in: BASTIAN/BORN 2004: 69–80

POMPL, W. 1992: Aspekte des modernen Tourismus, 2. Aufl., Frankfurt

– 1996: Touristikmanagement 2, Qualitäts-, Produkt-, Preismanagement, Berlin usw.

– 1997: Touristikmanagement 1, Beschaffungsmanagement, 2. Aufl., Berlin usw.

– 2007: Luftverkehr. Eine ökonomische und politische Einführung, 5. Aufl., Berlin

– 2011: Das Produkt Pauschalreise – Konzept und Element, in: Mundt 2011: 63–114

– /LIEB, M.(Hrsg.) 1997: Qualitätsmanagement im Tourismus, München/Wien

– /LIEB, M.(Hrsg.) 2002: Internationales Tourismus-Management. Herausforderungen, Strategien, Instrumente, München

PORTER, M. E. 1980: Competitive Strategy, Glencoe (zit. nach dt. Ausgabe: Wettbewerbsstrategie. Frankfurt am Main 1992)

PORTER, M. 1992: Wettbewerbsvorteile: Spitzenleistungen erreichen und behaupten, Frankfurt/M./New York

PREISSNER, A. 2003: Praxiswissen Controlling – Grundlagen, Werkzeuge, Anwendungen. München, 3. Aufl., Wien

PÜMPIN, C. 1986: Management strategischer Erfolgspositionen, 3. Aufl., Bern/Stuttgart

ROOS, L.-M. 2006: Bausteintourismus auf der Überholspur? Konsequenzen für das Pricing und Yield Management des traditionellen Pauschalreiseveranstalters, Ravensburg (unveröff. Diplomarbeit)

ROTH, P. 1981: Werbeplanung, in: Die Werbung – Handbuch der Kommunikations- und Werbewirtschaft. Landsberg

– 1989: Kultursponsoring, Landsberg

– 1995: Grundlagen des Touristik-Marketing, in: ROTH/SCHRAND 1995: 31–147

– /SCHRAND, A. (Hrsg.) 1995: Touristik-Marketing. Das Marketing der Tourismus-Organisationen, Verkehrsträger, Reiseveranstalter und Reisebüros, 2. Aufl., München

–SCHERTLER-ROCK, M. 2011: Das Marketing der Reiseveranstalter, in: MUNDT 2011: 461–530

ROTH, S. 2000: Marketing von Reiseveranstaltern: die Stimmung als Erfolgsfaktor, Wiesbaden

SAFIR WIRTSCHAFTSINFORMATIONSDIENST GMBH, versch. Jg.

SCHÄTZING, E. 1996: Checklisten für das Hote- und Restaurantmanagement, 4. Aufl., Landsberg am Lech

SCHEER, C./DEELMANN, T./LOOS, P. (Hrsg.) 2003: Geschäftsmodelle und internetbasierte Geschäftsmodelle – Begriffsbestimmung und Teilnehmermodell, Johannes Gutenberg-University Mainz, ISYM – Information Systems & Management, Lehrstuhl für Wirtschaftsinformatik und BWL, Mainz

SCHMEER-STURM, M.-L. 1990: Theorie und Praxis der Reiseleitung. Einführung in ein interessantes und anspruchsvolles Berufsfeld, Darmstadt

SCHMID, R. 1997: Rechtsprechung zum Charterflug, Neuwied usw.

SCHNEIDER, O. 2000: Die Ferien-Macher. Eine gründliche und grundsätzliche Betrachtung über das Jahrhundert des Tourismus, Hamburg
SCHUB VON BOSSIAZKY, G. 1992: Psychologische Marktforschung. Qualitative Methoden und ihre Anwendung in der Markt-, Produkt- und Kommunikationsforschung, München
SCHULZ, A./AUER, J 2010: Kreuzfahrten und Schiffsverkehr im Tourismus, München/Wien
SCHULZ, A./WEITHÖNER, U./GOECKE, R. 2010: Informationsmanagement im Tourismus. E-Tourismus: Prozesse und Systeme, München
SCHWALD, R. 2008: Unterlagen zum internen Seminar Devisenmanagement für Mitarbeiter des Reiseveranstalters DERTOUR
SEGHEZZI, H.D./HANSEN, J.R. (Hrsg.) 1993: Qualitätsstrategien – Anforderungen an das Management der Zukunft, Stuttgart
SEITZ, E./MEYER, W. 2006: Tourismusmarktforschung. Ein praxisorientierter Leitfaden für Touristik und Fremdenverkehr, 2. Aufl., München
STATISTA (Hrsg.) 03/2010: http://de.statista.com/statistik/daten/studie/152316/umfrage/reisebuchungen-im-internet-seit-2000/
STATISTISCHES BUNDESAMT 2009: 12. Bevölkerungsprognose 11/2009
– 2011: Daten 2011
STÄHLER, P. 2001: Geschäftsmodelle in der digitalen Ökonomie; Merkmale, Strategien und Auswirkungen, Band 7 der Reihe: Electronic Commerce, 2. Aufl., Lohmar
STERZENBACH, R./CONRADY, R./FICHERT, F. 2009: Luftverkehr: Betriebswirtschaftliches Lehr- und Handbuch, 4. Aufl., München/Wien
STUDIENKREIS FÜR TOURISMUS (Hrsg.) 1978: Studienreisen zwischen Bildungsanspruch und Vermarktung. Bericht über ein Expertengespräch der Evangelischen Akademie Tutzing und des Studienkreises für Tourismus 1977 in Nürnberg, Starnberg
– (Hrsg.) 1991: Marketing im Tourismus. Konzepte und Strategien für heute und morgen. Bericht über eine Fachtagung des Studienkreises für Tourismus am 7. März 1990 im Rahmen der Internationalen Tourismusbörse in Berlin, Starnberg
– (Hrsg.) 1992: Marketing und Forschung im Tourismus. Bericht über eine Fachtagung des Studienkreises für Tourismus am 5. März 1991 im Rahmen der Internationalen Tourismusbörse in Berlin, Starnberg
SÜLBERG 2008: Entwicklungsgeschichte und Marktstrukturen des Reisebürovertriebs in Deutschland, In: FREYER/POMPL 2008: 35–80

TAS TOURISTIK ASSEKURANZMAKLER UND SERVICE GMBH (Hrsg.) 2011: www.tas-ass.de
TEWES, J. 1993: Yield Management – Eine innovative Methode zur Ertragssteuerung bei Autovermietungen, München.
TOURISTIK CONSULTING (Hrsg.) 08/2011: Grundauswertung TOUROM-Studie 2011: Social Media in der Reisebranche, Verfügbar unter: http://www.touristikconsulting.de/download/TOUROM_Studie_2011_Highlights.pdf

UJMA, D./GRABOWSKI, P. 2000: The Travel Industry in the United Kingdom – an Overview, in: Tourismus Jahrbuch, 4 (2): 49–61
UNGER, F. 1997: Marktforschung. Grundlagen, Methoden und praktische Anwendungen, 2. Aufl., Heidelberg

UN & WTO (United Nations and World Tourism Organization) 1994: Recommendations on Tourism Statistics, New York
UN & UNWTO 2008: International Recommendations for Tourism Statistics, Madrid/New York

Valuenet GmbH (Hrsg.) 2011: Lexikon Recht, Verfügbar unter: www.rechtslexikon-online.de
Vetter, K. 1992: Studiosus. Durch Qualität zum Marktführer für Studienreisen, In: Roth/Schrand 1995: 297–307
V-I-R (Verband Internet-Reisevertrieb) 2010: Daten & Fakten zum Online-Reisemarkt, 5. Ausgabe, Verfügbar unter http://www.v-i-r.de
Voase, R. (Hrsg.) 2000: European Experiences of Tourism Destination Development: A Collection of Case Histories, London/New York
Vorlaufer, K. 1993: Transnationale Reisekonzerne und die Globalisierung der Fremdenverkehrswirtschaft: Konzentration, Struktur und Raummuster, in: Erdkunde, Bd. 47: 267–281

Weithöner, U./Goecke, R. 2010: Informationsmanagement bei Reiseveranstaltern, in: Schulz/Weithöner/Goecke 2010: 118–141
Wirtz, B. W. 2010: Business Model Management: Design – Instrumente – Erfolgsfaktoren von Geschäftsmodellen, Wiesbaden
Wöhler, K. 1992: Marktforschung als Voraussetzung für die Produktgestaltung. Zur Anwendung multivariater Analyseverfahren, in: Studienkreis für Tourismus 1992: 105–142
Wolf, C. 2010: Umsatzsteuer in der Touristik, Berlin
Wolf, J. 1991: Struktur der Marktforschung im Tourismus, in: Wolf/Seitz 1991: 223–239
– /Seitz, E. (Hrsg.) 1991: Tourismus-Management und -marketing, Landsberg am Lech
Wolter, H.-J./Wolff, K./ Freund, W. 1998: Das virtuelle Unternehmen. Eine Organisationsform für den Mittelstand, Wiesbaden

Yale, P. 1995: The Business of Tour Operations, Harlow

Zehle, K. O. 1991: Yield-Management – Eine Methode zur Umsatzsteigerung für Unternehmen der Tourismusindustrie, in: Wolf/Seitz 1991: 483–504

Abbildungsverzeichnis

Abb. I. 1-1 Zielpyramide 8
Abb. I. 1-2 Wertschöpfungsstufen des Reisemarktes 11
Abb. I. 1-3 Wertschöpfungsstufen einer Flugpauschalreise 11
Abb. I. 1-4 Aufgaben von Reiseveranstaltern im phasenorientierten Betriebsmodell 12
Abb. I. 1-5 Arten von Reiseveranstaltern 13
Abb. I. 1-6 Programmstruktur von Reiseveranstaltern 17
Abb. I. 2-1 Bestandteile eines Geschäftsmodells...28
Abb. I. 2-2 Die touristischen Kernprozesse eines Reiseveranstalters 30
Abb. I. 2-3 Abgrenzung Pauschal- vs. Bausteinreiseveranstalter 33
Abb. I. 2-4 Horizontale und vertikale Expansionsmöglichkeiten von Reiseveranstaltern 34
Abb. I. 2-5 Trichtermodell: Optimale Verteilung über die verschiedenen Wertschöpfungsstufen 36
Abb. I. 2-6 Produktionsformen eines Reiseveranstalters 39
Abb. I. 2-7 Elemente der Pauschalreise 40
Abb. I. 2-8 Organisationsformen von Reisen 42
Abb. I. 2-9 REWE Pauschal- und Bausteinveranstalter Umsatzanteile TOP 15 Destinationen 47
Abb. I. 3-1 Entwicklung der Reiseveranstalter in Deutschland 52
Abb. I. 3-2 Verflechtung der Reisebranche Stand 31.10.1991 59
Abb. I. 3-3 Verflechtung der Reisebranche Stand 31.10.1998 61
Abb. I. 3-4 Vertikale Integration der drei großen touristischen Konzerne in Deutschland....66
Abb. I. 3-5 Entwicklung der größten europäischen Touristikunternehmen 69

Abb. II. 1-1a Prozesskette eines Reiseveranstalters 92
Abb. II. 1-1b Prozessgruppen eines Reiseveranstalters..92
Abb. II. 1-2 Bindungsmodelle unterscheiden sich in erster Linie über den Bindungsgrad und die damit verbundene Einflussmöglichkeit...118

Abb. II. 1-3 Bindungsmodelle differenzieren sich nach Einflussmöglichkeiten sowie nach Ertragsmöglichkeiten 118

Abb. II. 1-4 Krisenursachen 126

Abb. II. 1-5 Preisbildungsprozess einer Flug-Pauschalreise 129

Abb. II. 1-6 Markenstrategien der Reiseveranstalter 151

Abb. II. 2-1 Rechtsbeziehungen der Beteiligten bei Pauschalreisen 172

Abb. II. 2-2 Funktionen des Finanzmanagements 182

Abb. II. 2-3 Renditeoptimierung unter Sicherstellung der Liquidität 183

Abb. II. 2-4 Fremdwährungsstruktur Reisevorleistungen 184

Abb. II. 2-5 Devisentermingeschäft 187

Abb. II. 2-6 Devisenoptionsgeschäft 188

Abb. II. 2-7 Kombination von Devisenoptionsgeschäften 189

Abb. II. 2-8 Devisenmanagement – Organe und Verantwortung 190

Abb. III. 1-1 Übersicht über das Marketing-Management 211

Abb. III. 1-2 Von der Markteingrenzung zur Marktsegmentierung (Makro- und Mikroabgrenzung) 212

Abb. III. 1-3 Strategie-Box für Marketing-Strategien eines Reiseveranstalters 216

Abb. III. 1-4 Beeinflussbarkeit von Pauschalreisebestandteilen 219

Abb. III. 1-5 Vertriebswege im Tourismus 221

Abb. III. 1-6 Marketing-Mix-Muster bei Reiseveranstaltern 223

Abb. III. 1-7 Touristikunternehmen: Marken-Vierklang Top-30-Marken 2009 231

Abb. III. 1-8 Bekanntheit der Online-Marken in der Touristik 232

Abb. III. 2-1 Distributionsorgane Tourismus – Anzahl der Vertriebsstellen bei Großveranstaltern Top 25 239

Abb. III. 2-2 Einordnungsskala für Reisebüros 242

Abb. III. 2-3 Phasenmodell der Dienstleistungserstellung im Reisebüro 244

Abb. III. 3-1 Konzentration deutscher Reisebüro-Ketten 1990-2009 251

Abb. III. 3-2 Struktur des deutschen Reisebüromarktes 1990-2010 253

Abb. III. 4-1 Erwartungen an ein Online-Reisebüro: Angaben in % der Befragten, die Zugang zum Internet haben 260

Abb. III. 4-2 Erwartungen an ein Reisebüro: Angaben in % der Befragten, die Zugang zum Internet haben 261

Abb. III. 4-3 Reisebuchungsprozesse vor und nach der Einführung des Internets ... 263

Abb. III. 4-4 Anzahl und Umsätze der deutschen Reisebüros 1970–2010 266

Abb. III. 4-5 Entwicklung der Zahl der deutschen Reisebüros und Reisevermittlungsstellen 268

Abbildungsverzeichnis   389

Abb. III. 4-6 Reisebürodichte stationäre Reisebüros nach Bundesländern 270
Abb. III. 4-7 Reisebürodichte stationäre Reisebüros nach TOP 20 Großstädten 271
Abb. III. 4-8 Betriebstypen und Sonderstandorte von stationären Reisebüros...................272
Abb. III. 4-9 Fluktuation bei Stationären Reisebüros im Zeitraum 2004–2010 jeweils gegenüber dem Vorjahr 277
Abb. III. 5-1 Entwicklung der Internetnutzung in Deutschland 280
Abb. III. 5-2 Anteil der Nutzer, die Reisebuchungen im Internet vornehmen 281
Abb. III. 5-3 Nutzung sozialer Netzwerke 283

Abb. IV. 2-1 Der deutsche Reisemarkt 2008 306
Abb. IV. 2-2 Der deutsche Flugmarkt 2008..307
Abb. IV. 2-3 Marktentwicklung der Urlaubsreisen 1990–2010 (Veranstalter- und Individualreisen)..308
Abb. IV. 2-4 Konjunkturelle Rahmenbedingungen 1991 – 2011 (reale Werte) 308
Abb. IV. 2-5 Konsumausgaben der deutschen Privathaushalte 2009 (im Vergleich zu 2000)..309
Abb. IV. 2-6 Entwicklung von Einkommen 1990–2012, indiziert 1991 = 100 310
Abb. IV. 2-7 Marktentwicklung 1991–2011, Veranstalterumsatz in Mrd. Euro und Reisen in Mio. 311
Abb. IV. 2-8 Marktanteile der Reiseveranstalter in Deutschland 2010 (nach Umsatz).......311
Abb. IV. 2-9 Entwicklung der Veranstaltermarktanteile (inkl. Flugeinzelplatzverkauf).....312
Abb. IV. 2-10 Veranstalter-Ranking nach Umsatz 2010 gegenüber 1990..........................313
Abb. IV. 2-11 Anteil der Urlaubsreisen nach Destinationen und Anreiseverkehrsmitteln ..314
Abb. IV. 2-12 Deutsche Flugreisende in touristische Zielgebiete TGJ 2008/2009 Nah-/Mittelstrecke...315
Abb. IV. 2-13 Deutsche Flugreisende in touristische Zielgebiete TGJ 2008/2009 (1990) Fernstrecke 316
Abb. IV. 2-14 Deutsche Flugreisende in touristische Flugziele – Nah- und Mittelstrecke (Touristenanteil > 50%)..317
Abb. IV. 2-15 Deutsche Flugreisende in touristische Flugziele – Fernstrecke (Touristenanteil > 50%)..318
Abb. IV. 2-16 Entwicklung des Euro-Dollar-Kurses seit 1990 319
Abb. IV. 2-17 Wechselkursentwicklung US-Dollar/Euro im Vergleich zur Anzahl deutscher Reisender in die USA 320
Abb. IV. 2-18 Veranstaltermarkt 2010 – nach Angebotssegmenten....................................320
Abb. IV. 2-19 Veranstaltermarkt 2010 – nach Herstellungsform von Veranstalterreisen ...321
Abb. IV. 2-20 Nachfrage-Entwicklung indiziert nach Reisearten 322

Abb. IV. 2-21 Rangordnung wichtiger Kreuzfahrtreederein nach Bettenkapazitäten (2-er Belegung pro Kabine) weltweit 2010 325

Abb. IV. 2-22 Passagierzahlen nach Destinationen Hochseekreuzfahrten 326

Abb. IV. 2-23 Passagierzahlen nach Destinationen Flusskreuzfahrten 326

Abb. IV. 2-24 Umsatzentwicklung Hochsee- und Flusskreuzfahrten insgesamt 2000 bis 2010 in Mio. Euro 327

Abb. IV. 2-25 Umsatzentwicklung Hochsee- und Flusskreuzfahrten separat 2000 bis 2010 in Mio. Euro 327

Abb. IV. 2-26 Umsatzanteile Hochsee- und Flusskreuzfahrten am Veranstaltermarkt 2000 bis 2010 328

Abb. IV. 2-27 Europa – Passagierentwicklung nach Quellmärkten 2005 bis 2010 in Tsd..328

Abb. IV. 2-28 Marktentwicklung stationäre Reisebüros und BT 1991 – 2010 nach Vertriebsumsatz in MRD. Euro 330

Abb. IV. 2-29 Entwicklung der Zahl der deutschen Reisebüros 331

Abb. IV. 2-30 Marktanteile Reisevermittlung Stationäre Reisebüros nach Umsatz 2010 ...332

Abb. IV. 2-31 Marktanteile Reisevermittlung Geschäftsreisen nach Umsatz 2010 332

Abb. IV. 2-32 Online-Reise-Markt Deutschland – Umsatzverteilung 2011 geschätzt 333

Abb. IV. 2-33 Anteil der Buchungsmedien bei vorausgebuchten Reiseleistungen 2005–2010 334

Abb. IV. 2-34 Buchung von Reiseleistungen im Internet 2005–2010 335

Abb. IV. 2-35 Verteilung von Veranstalterreisen nach Reiseverkehrsmitteln und Vertriebskanälen 2010 335

Abb. IV. 2-36 Umsatzvolumen Veranstaltermärkte in Europa 2008 338

Abb. IV. 2-37 Entwicklung der Urlaubsreiseintensität 355

Abb. IV. 2-38 Entwicklung der Reiseregelmäßigkeit 356

Abb. IV. 2-39 Entwicklung der Haupturlaubsreisen und der zusätzlichen Reisen in Mio. ..356

Abb. IV. 2-40 Entwicklung der Reisezielgebiete nach Altersgruppen 357

Abb. IV. 2-41 Urlaubsreiseziele Top 10 Inland und Ausland 358

Abb. IV. 2-42 Urlaubsreiseziele mit erdgebundenen Verkehrsmitteln und Flügen 358

Abb. IV. 2-43 Verkehrsmittel für Urlaubsreisen 359

Abb. IV. 2-44 Entwicklung der Reiseausgaben pro Person 360

Abb. IV. 2-45 Reiseziele von Kurzreisen 360

Abb. IV. 2-46 Reisearten von Kurzreisen 361

Abb. IV. 2-47 TOP Städte-Kurzreiseziele im In- und Ausland 361

Abb. IV. 2-48 Bevölkerungsentwicklung in Deutschland 1910–2050 364

Abb. IV. 2-49 Bevölkerungsentwicklung 1991–2015 364

Abb. IV. 2-50 Bevölkerungsentwicklung in Deutschland 1990–2050 365

Abb. IV. 2-51 Bevölkerungsentwicklung in Deutschland 1991–2010 366
Abb. IV. 2-52 Geburtenrate international 2008 366
Abb. IV. 2-53 Bevölkerung in Deutschland nach Altersgruppen 368
Abb. IV. 2-54 Haushaltsstrukturen und Lebensmodelle 371

Stichwortverzeichnis

A
ADAC Reisen 47, 139, 151, 230
Agenturinkasso 173
Agenturpolitik 220
Agenturvertrag 148, 237
Agenturverwaltung 147
AIDA 17, 69
Air Berlin 70, 109, 234, 333
Allgemeine Geschäftsbedingungen 136, 156, 167, 173
Alltours 15, 337
Amadeus 154
Ameropa 18, 114
Analysephase 209
Ancillary Revenues 107
Arbeitslosigkeit 363
Atlasreisen 248
atmosfair 196
Auslastungsrisiko 39, 44, 130

B
Babyboomer 363, 369
Balanced Scorecard 9
Bausteinreise 5, 30, 39, 41, 44, 321
   Charakteristika 46
   Markt 47
Bausteinreiseveranstalter 7, 30, 33, 97, 110, 185, 229
   Charakteristika 44
   klassische 30
Bedienungsvertrieb 145
Beförderungsmittel 115
Befragungen 299
Beherbergungsstatistik 302
Beratungsvertrieb 145
Beschaffungsmärkte 162, 218

Beschwerde 160, 228, 244
Best Ager 369
Betriebsanalyse 212, 302
Bettensteuer 178
Bevölkerungsstruktur 367
Bewertungsplattform 285, 288
Bindungsmodelle für Hotels 117
Broker 180
Bruttoinlandsprodukt 309
Buchungklasse 129
Buchungsabwicklung 154
Buchungs-Avisierung 156
Buchungskanäle 108, 256, 335
Buchungsmedien 154, 335
Buchungswidget 286
Business Aviation 102
Business Travel 330
Business Travel Büro 245, 264
Busreisen 19, 322
Busreiseveranstalter 14, 19, 235, 335, 352

C
Call Center 145, 146, 154, 155
Carnival 15, 324
Cash Management 182
Cashflow 182
Chancen-Risiken-Analyse 214
Charterflüge 95, 124
   Blockcharter/Bulk 111
   Teilcharter 111, 113
   Vollcharter 111, 113
Condor 233
Consolidator 21, 39, 97, 229, 305
Controlling 163
Conversion-Rate 142, 144

Corporate Blogs 287
Corporate Identity 8, 222
Corporate Social Responsibility 8, 193, 195
Cross Selling 107
Customer Relationship Management 152, 160

D
Dachmarke 151, 230, 233
Datawarehouse 162
Deckungsbeitrag 215, 273
demografische Entwicklung 78, 363, 368
DERTOUR 41, 47, 52, 63
Desk-Research 299
Deutsche Zentrale für Tourismus 303
Deutscher Reiseverband 167, 197, 199, 303
Deutscher Tourismusverband 303
DeutscherReisemonitor 303
Deutsches Reisebüro 248, 251, 255
Devisengremium 189
Devisenmanagement 183
Devisenoptionsgeschäft 187, 188
Devisensicherungsinstrumente 130, 191
Devisentermingeschäft 123, 186
DINKs 367
Direktbuchungen 335
Direktinkasso 136, 157, 174
Direktvertrieb 144, 237, 238
Dispositionslisten 137
Diversifikation 77, 81, 93
DRV-Vertriebsdatenbank 147
Dynamic Bundling 31, 41, 97
Dynamic Packaging 31, 41, 121, 134

E
economies of scale 73
economies of scope 73
ECPAT 9
Eigenvertrieb 144, 238
Emissionshandel 196
empty legs 113, 131
Erfüllungsgehilfe 171, 173
EU-Fluggastrechte-Verordnung 174

EU-Pauschalreiserichtlinie 132, 138, 167, 170
europäische Reisemärkte 337
Expedia 232, 256, 261, 262
Expedient 149, 197, 262

F
Facebook 281, 283, 286
Ferienwohnungen/-häuser 18
Fernreisen 94, 165, 313, 317, 357
Fifty-Ups 367, 373
Filialvertrieb 274
Finanzmanagement 182
Flickr 284, 287
Flugpauschalreise 10, 16, 40, 91, 371
Flugpauschalreisenveranstalter 44
Flugreisen 306, 320
Forschungsgemeinschaft Urlaub und Reisen F.U.R. 303
Forum Anders Reisen 194
Fotosharing-Portal 284
Franchise 117, 238, 250, 252, 267
Franchisevertrieb 274
Fremdvertrieb 144, 238
Frühbucherpreise 133
FTI 15, 337
FVW 304, 336

G
Gebeco 18, 151
gelbes Lager 58, 75
Gelegenheitsveranstalter 13, 23
Generalagentur-Vertrieb 146
Generalisten 16
Georeferenzierung 200
Geschäftsbesorgungsvertrag 171, 173
Geschäftsmodell 7, 14, 27
   Definition 27
   Komponenten 28
Geschäftsreisen 174, 306, 332
Geschäftsreisende 6, 99, 102, 269
Gesellschaft für Konsumforschung GfK 303
gespaltener Reiseveranstaltermarkt 71
Gestaltungsphase 209

Global Distribution Systems 108, 112, 154, 237
Global Monitoring Systems 200
Globalisierung 53, 67, 336
Golden Ager 367, 368
Google 283
Groundoperator 128

H
Haftpflichtversicherung 176
Haftungsrisiko 6
Handelsvertreterstatus 173, 259, 329
Handelsvertretervertrag 171
Händlerfunktion 6, 7, 32, 37
Hapag Lloyd Kreuzfahrten 17
Haupturlaubsreise 42, 356
HolidayCheck 285, 288
horizontale Konzentration 33, 34, 56, 63, 72, 250
    Nachteile 76
Hotel 43, 116, 119, 120, 121
Hotelbewertungen 144
Hotelplan 341
HRS 45
Hub-and-Spoke-System 98
Hummel Reisen 55
hybride Kunden 264

I
IATA 123
IATA-Agentur 245
IATA-Lizenzen 253
Immaterialität 218, 227
Implant 267
Incentive 6, 116, 154, 180
Incoming-Agentur 245
indirekter Vertrieb 237, 238
Individualreise 21, 32
Individualtouristen 18
Individualverkehr 306
Inflationsrate 310
Inlandsreisen 181, 339, 359
Inlandstourismus 357
Insolvenz 158, 170
Insolvenz-Haftpflichtversicherung 176

Insolvenzhaftung 167
Institutionelle Kanäle 240
Integrierter Konzern 7, 10, 35, 237
    Definition 33
Intermediäre 237, 241
Internationalisierung 351, 353
Internet Booking Engine 112, 142, 145, 146, 154, 155
Internetnutzung 279
Intervallreisende 339
ITS 56

K
Kalkulation 130, 131
Kapazitätsgarantien 96
Katalog
    Auflage 139
    Distribution 140
    Layout 139
    Produktion 97, 137
Key-Account-Betreuung 149
Klimawandel 193
Kohortentheorie 372
Kommunikationspolitik 221, 223
Konsolidierung 53, 100, 267, 330, 336
Konsumnachfrage 307, 363, 367
Konsumverhalten 372
Kontrollphase 209
Konzeptionsphase 209, 213
Konzernveranstalter 15
Kooperationen 74, 83, 238, 250, 252
Kooperationsvertrieb 276
Kreuzfahrt 321
    Arten 323
    Definition 322
    Fahrtgebiete 322, 323
    Flusskreuzfahrt 323, 326
    Hochseekreuzfahrt 323, 325
Kreuzfahrt-Veranstalter 17, 43, 229, 324
    Flusskreuzfahrten 18
    Hochseekreuzfahrten 17, 69
Krise 198, 309, 314
Krisenmanagement 126, 197, 199
Krisenprävention 199
Kundeninkasso 157

Kuoni 341
Kurzreisen 360

L
L'tur 262
Last-Minute-Angebote 133
Lebenszyklusanalyse 214
Lebenszyklustheorie 372
Leistungsbündel 29, 30, 209, 217
Leistungsträger als Reiseveranstalter 22
Leistungsträger-Franchise 275
Leisure Carrier 100
Lernidee Erlebnisreisen 20, 114
Liquidität 182
Lizenzierung 351
Low Cost Carrier 103, 261
Lufthansa 57, 80, 98
Lufthansa City Center 58

M
Makro-Marketing 301
Makro-Marketingforschung 298
Management Fee 144, 147, 254
Marge 130, 180
Margensteuer 177, 180
Marke 97, 225, 227, 230, 259
Markenbekanntheit 232
Markenimage 225, 226, 230, 235
Markenpolitik 150, 218
Markenstrategien 151
Markenvielfalt 230
Marketing 30
Marketing-Controlling 224
Marketingforschung 297, 298
Marketing-Implementierung 224
Marketing-Konzept 215
Marketing-Management 211
Marketing-Management-Prozess 209, 297
Marketing-Mix 150, 217, 223
Marketing-Strategie 216, 282
Marketingziele 215
Marktanalyse 210, 212, 301
Markteintrittsbarriere 306
Marktforschung 162, 297

Marktkonzentration 342
Marktreife 340, 350
Marktsegmentierung 212, 301
Mediale Kanäle 240
Mediterranean Shipping Company 324
Meier's Weltreisen 139, 229, 230
Merchant-Modell 45, 122
Metro-Gruppe 57
Mikro-Marketingforschung 298
Montrealer Übereinkommen 174
Motive 361
Multi Value 33, 35
Multi-Channel-Strategie 220, 237
Multi-Channel-Vertrieb 240
Multiplikatoreffekt 365
My Travel 15, 63, 68

N
Nachfrageanalyse 302
Nachhaltigkeit 9, 193
Nachhaltigkeitscontrolling 195
National Tourist Office 227
Neckermann 55, 233, 249
Network Carrier 98, 99
Neue Medien 238
Newsletter 149
Nicht-Kommerzielle Veranstalter 23
Non-Profit-Organisationen 8
Norwegian Cruise Lines 324

O
Öffentlichkeitsarbeit 222
Öger Tours 15, 337
Online-Portale 149, 253, 264, 279, 333
    Kundenanforderungen 260
Online-Reiseanalyse 334
Online-Reisebüro 262
Online-Reisemarkt 333
Online-Vertrieb 144, 239, 245
Operationalisierung 215
Opodo 232, 262
Outsourcing 108

Stichwortverzeichnis

P
Panel 300
Pauschalreise 5, 7, 10, 24, 39, 173, 321, 354
   Charakteristika 46
   Definition 38
   Elemente 40
   Formen 40
   Markt 47
Pauschalreiseveranstalter 33, 97, 110, 229
   Charakteristika 43
Personal 164
   Einsatzplanung 165
   Qualifizierung 166
   Rekrutierung 164
Point-to-Point-Verbindung 101, 103, 106
Portfolioanalyse 214
Preisbildung 128, 131
Preisbindung 132
Preisdifferenzierung 99, 131, 220
Preis-Leistungs-Verhältnis 218
Preispolitik 218, 223
Preisstrategien 95, 219
Preussag AG 58
Pricing 130
Primärforschung 298
Privatreisende 101
Produktionsfunktion 32, 34, 37
Produktplanung 93
   Destinationen 94
   Kapazitäten 95
   Sortiment 93
Produktpolitik 217, 223
Produktportale 41, 256, 333
Programmstruktur 17
Promotionpreise 96
Promotionspreispolitik 108
Pro-Rata-Hotelkontingente 121
Pro-Rata-Kapazitäten 112
Prosumer 279
Provision 144, 147, 148, 238, 254, 274
Prozesskette 30
Public Relations 154, 222

Pull-Prinzips 285
Push-Prinzip 285

Q
Qualitätsstandards 95, 135
Quelle 56
Quellmarkt 43, 46, 48, 68, 83, 96, 113, 117, 120, 164

R
RDA 19
Realisierungsphase 209
Regional Carrier 102
Reiseanalyse 299, 302, 355, 371
Reiseart 14, 16, 17, 226, 322, 361
Reiseausgaben 359
Reisebewertungsportale 228
Reiseblog 288, 289
Reisebüro 230, 241, 266
   Arten 245
   Entwicklung 247
   Kundenanforderungen 260
Reisebürobetriebs-Franchise 275
Reisebürodichte 270
Reisebüroinkasso 158
Reisebüroketten 74, 83, 250
Reisebüromarkt 253, 259, 329
   Strukturen 247
Reisebüroportale 253, 256, 279, 334
Reisebüros mit Veranstaltertätigkeit 21
Reiseentscheidung 231, 288
Reisefrequenz 356
Reiseintensität 339, 349, 355
Reiseleiter 40, 125, 164, 197
Reisemarkt 51, 306
Reisemittler 51, 143, 173, 180, 237, 241
   Aufgaben 6
   Definition 241
   Produkt 243
   Sorgpfaltspflicht 243
Reiseorganisationsform 263
Reiseorganisationsgrad 339
Reiseveranstalter 226
   Aufgaben 6, 12
   Definition 5

Elemente 5
Entwicklung 51
klassisch 5, 7, 29
Produkt 5, 10
Prozessschritte 91, 92
typische 7
Ziele 8
Reiseveranstalterbranche 13
Reiseveranstaltermarkt 13, 310
  europäische Strukuren 340
  Geschichte 53
  Marktanteile 311
Reisevertrag 157
Reisevertragsrecht 169
Reklamationsbearbeitung 45, 125, 160, 168
Release-Disposition 112, 134
Reservierungssystem 46, 134, 135, 156, 161
Ressourcenanalyse 214
Revenue Management 129
REWE Touristik 15, 63
  Organisationsstruktur 79
  Veranstaltermarken 229
RIT-Tickets 115
ROPO-Studie 231
rotes Lager 58, 75
Royal Caribbean Cruise Lines 324
RTK-Kooperation 276

S
Sabre 154
Saisonalität 96, 165
Schadenersatz 138, 176
Schadenersatzansprüche 172
Scharnow Reisen 55
Schauinsland Reisen 16
Schienenkreuzfahrt 114
Schwarz-Touristik 25
Segmentierungskriterien 212, 301
Sekundärforschung 299
Selbstbedienungsvertrieb 146
Sicherungsschein 137, 176
Slot-Koordination 110
Social Bookmarking 284

Social Media 280, 289
Social Media Anwendungen 282
Sonnenklar TV 240
soziale Netzwerke 286
Soziale Netzwerke 282
Spezialisten 17
Städtereisen 321, 361
stationärer Vertrieb 245, 263
Steuerregelungen 177
  ermäßigter Steuersatz 179
  Umsatzsteuer 178
Stichprobe 299
Storno 45, 123, 136, 159, 181
Strategieentwicklung 215
Strategische Analyse 213
Strategische Diagnose 214
strategische Preisbildung 219
strategisches Marketing 213
Strukturwandel 363
Studienreise 18, 55, 128, 238, 321, 324
Studienreisen-Veranstalter 18
Studiosus 195
Suchmaschinen-Logiken 142
SWOT-Analyse 214

T
Tagesreisen 306
taktische Preisbildung 220
taktisches Marketing 217
Terror 197, 268, 310, 316
Thomas Cook 15, 68, 233, 336
Tjaereborg 15, 47, 65, 229, 345
TOMA-Maske 155
Tourguides 126
touristische Suprastruktur 6
TOUROM-Studie 282, 289
Touropa 55
Transfers 43, 124, 219
Traveltainment 156, 256, 333
Treasury 182
Trichtermodell 36
TripAdvisor 285
TSS – Touristik Service System GmbH 276
TUI 15, 55, 67, 233, 336

TUI Cruises 17
Twitter 281

U
Umfeldanalyse 210, 301
Umweltschutz 193
Umweltverträgliches Reisen 194
Urlaubsreise 305, 313
USP 73, 93, 213

V
Veranstalterhaftung 172
Veranstaltermarken 82
Verkaufsförderung 153, 222
Verkehrsmittelwahl 359
Vermittler-Geschäftsmodell 45, 122, 123
Versicherungen 175
vertikale Integration 33, 34, 56, 63, 66, 72, 250
    Gründe 34
    Integrationsgrad 36
    Nachteile 77
    Pro und Contra 35
Vertriebsbindung 248, 350
Vertriebskanäle 143, 232, 240, 256
Vertriebspolitik 220, 223
Vertriebswege 237
Videosharing-Portalen 284
virtuelle Reisebüros 239
virtuelle Reiseveranstalter 7, 41
Virtuelle Reiseveranstalter 31
virtueller Vertrieb 246
Vorsteuer 178, 179, 180
Voucher 137, 159

W
Währungsdisposition 123
Währungsrisiko 183

Web 2.0 281
Weblog 283
Website 288
Website-Management 141
Welt Tourismus Organisation der Vereinten Nationen (UNWTO) 303
Werbekostenzuschüsse 152, 153
Werbung 222, 225
Wertschöpfungskette 10, 33
West LB 56
Wettbewerb 249, 260, 269, 300, 340, 350, 373
Wettbewerbsanalyse 301
Word of mouth 285

X
X-Veranstalter 121, 134

Y
Yield-Kalkulation 120
Yield-Management 99, 129, 163
Yield-Planung 96, 133
YouTube 287

Z
Zielfestsetzung 214
Zielgebiet 124, 126, 165, 217, 226, 313, 316, 353, 357
    Erfolgsfaktoren 318
Zielgebietsagenturen 43, 124, 125, 127, 352
    Arten 127
    Geschäftsmodelle 128
Zielgruppen 6, 95, 119, 222, 234, 329, 362, 367, 373
Zufriedenheit 228
Zuwanderung 363
Zuwanderungssaldo 365

Die Autoren

Arbeitssitzung im Rahmen der DRV-Jahrestagung 2011 in Daegu (Südkorea)

Professor Dr. Adrian Freiherr von Dörnberg lehrt an der FH Worms Reiseveranstaltermanagement und Luftverkehr. Er gehört dem Kuratorium der Willy-Scharnow Stiftung an, ist stellv. Präsident des Travel Industry Club und Gründer und Managing Partner von „The Travel Consulting Group GmbH". Umfangreiche praktische Erfahrungen sammelte er u. a. als Berater bei McKinsey & Company, als Konzernvorstand der Deutschen Lufthansa AG, als Vorstand der Europäischen Reiseversicherung AG, als CEO der Deutschen Seereederei/AIDA Cruises. (Bild: rechts)

Univ.-Prof. Dr. Walter Freyer ist Inhaber des Lehrstuhls für Tourismuswirtschaft an der TU Dresden und Gründungspräsident der Deutschen Gesellschaft für Tourismuswissenschaften (DGT) sowie Verfasser zahlreicher touristischer Fachpublikationen. Praktische Erfahrungen in der Touristik erwarb er u. a. als Inhaber und Geschäftsführer eines mittelständischen Reisebüros und -veranstalters. (Bild: links)

Werner Sülberg, Diplom-Volkswirt ist als Bereichsleiter der Unternehmensentwicklung und Marktforschung für die Touristik der REWE Group tätig. Darüber hinaus wirkt er in verschiedenen Funktionen im Deutschen Reisebüro- und Reiseveranstalter-Verband ehrenamtlich mit, hat Lehraufträge an verschiedenen Universitäten und Fachhochschulen und veröffentlicht zahlreiche Beiträge in wissenschaftlichen Fachpublikationen. (Bild: mitte)

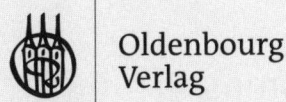

Ein Wissenschaftsverlag der Oldenbourg Gruppe

Walter Freyer

Tourismus

Einführung in die Fremdenverkehrsökonomie

10., überarbeitete und aktualisierte Auflage
2010 | XVII, 578 Seiten | gebunden | 39,80 €
ISBN 978-3-486-59673-8

Der Tourismus-Klassiker – ausgezeichnet mit dem ITB BuchAward 2011

Tatjana Thimm | Walter Freyer

Indien-Tourismus

Reisen von und nach Indien

2011 | ca. 300 Seiten | gebunden | ca. 39,80 €
ISBN 978-3-486-70354-2

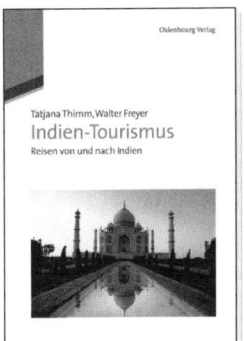

Trends und Strukturen

Walter Freyer

Tourismus-Marketing

Marktorientiertes Management im Mikro- und Makrobereich der Tourismuswirtschaft

7., überarbeitete und ergänzte Auflage
2011 | XXII, 804 Seiten | gebunden | 39,80 €
ISBN 978-3-486-70577-5

Das Marketing-Standardwerk für die Tourismusbranche

In der Reihe »Lehr- und Handbücher zu Tourismus, Verkehr und Freizeit« – herausgegeben von Univ.-Prof. Dr. Walter Freyer – erscheinen mehr als 30 Titel zu Themen wie Luftverkehr, Kultur-, Städte- und Sporttourismus, Tourismus-Marketing, Reisebüro-Management, Ökologie sowie Destinationen (Indien und China). Alle Titel dieser Reihe finden Sie unter
www.oldenbourg-verlag.de/tourismus

Bestellen Sie in Ihrer Fachbuchhandlung
oder direkt bei uns: Tel: 089/45051-248
Fax: 089/45051-333 | verkauf@oldenbourg.de

www.oldenbourg-verlag.de

Tourismus Know-how:
Lehr- und Handbücher zu Tourismus, Verkehr und Freizeit
Herausgegeben von Univ.-Prof. Dr. Walter Freyer

Walter Freyer
Tourismus-Marketing

Marktorientiertes Management im Mikro- und Makrobereich der Tourismuswirtschaft

6., überarbeitete und ergänzte Auflage
2009. | XXII, 804 Seiten | gebunden | 39,80 €
ISBN 978-3-486-58926-9

Standardwerk der Tourismusbranche

Walter Freyer | Wilhelm Pompl (Hrsg.)
Reisebüro-Management

Gestaltung der Vertriebsstrukturen im Tourismus

2., vollständig überarbeitete Auflage
2008. | XX, 442 Seiten | gebunden | 39,80 €
ISBN 978-3-486-58618-3

Professionelle Management-Methoden

Sven Groß | Nico Stengel
Mietfahrzeuge im Tourismus

Grundlagen, Geschäftsprozesse und Marktanalyse

2010. 295 Seiten | gebunden | 39,80 €
ISBN 978-3-486-59774-5

Ein Grundlagenwerk zum Einsatz wichtiger Verkehrsmittel

Oldenbourg Verlag

Bestellen Sie in Ihrer Fachbuchhandlung oder
direkt bei uns: Tel: 089/45051-248, Fax: 089/45051-333
verkauf@oldenbourg.de

Tourismus Know-how:
Lehr- und Handbücher zu Tourismus, Verkehr und Freizeit
Herausgegeben von Univ.-Prof. Dr. Walter Freyer

Renate Freericks | Rainer Hartmann
Bernd Stecker
Freizeitwissenschaft
Handbuch für Pädagogik, Management und nachhaltige Entwicklung
2010 | IX | 376 Seiten | Broschur | 39,80 €
ISBN 978-3-486-58358-8

Freizeit interdisziplinär verstehen

Axel Schulz | Susanne Baumann
Simone Wiedenmann
Flughafen Management
2010. IX, 259 Seiten | gebunden | 39,80€
ISBN 978-3-486-59179-8

Umfassend. Analytisch. Spannend.

In der Reihe »Lehr- und Handbücher zu Tourismus, Verkehr und Freizeit« – herausgegeben von Univ.-Prof Dr. Walter Freyer – erscheinen mehr als 20 Titel zu Themen wie Luftverkehr, Kultur-, Städte- und Sporttourismus, Tourismus-Marketing, Reisebüro-Management, Ökologie sowie Destinationen (Indien und China). Alle Titel dieser Reihe finden sie auf Seite II dieses Buches oder unter **www.oldenbourg-verlag.de**.

Oldenbourg Verlag

Bestellen Sie in Ihrer Fachbuchhandlung oder direkt bei uns: Tel: 089/45051-248, Fax: 089/45051-333
verkauf@oldenbourg.de